Klaus-R. Wagner (Hrsg.)

Mitarbeiterbeteiligung

Michael Lezius

Klaus-R. Wagner (Hrsg.)

Mitarbeiterbeteiligung

Visionen für eine Gesellschaft von Teilhabern

Festschrift für Michael Lezius zum 60. Geburtstag

GABLER

Die Deutsche Bibliothek – CIP-Einheitsaufnahme
Ein Titeldatensatz für diese Publikation ist bei
Der Deutschen Bibliothek erhältlich

1. Auflage Oktober 2002

Lektorat: Ulrike M. Vetter

Der Gabler Verlag ist ein Unternehmen der Fachverlagsgruppe BertelsmannSpringer.
www.gabler.de

Umschlaggestaltung: Nina Faber de.sign, Wiesbaden
Satz: Fotosatz Huhn, Maintal
Druck und buchbinderische Verarbeitung: Wilhelm & Adam, Heusenstamm
Gedruckt auf säurefreiem und chlorfrei gebleichtem Papier
Printed in Germany

ISBN 3-409-11894-2

Michael Lezius: Ein Porträt

Der Pionier und Visionär der Mitarbeiterbeteiligung wird 60 Jahre

Diplom-Kaufmann Michael Lezius (1942) ist „Mister AGP“ mit historischer Lebensaufgabe. Diese Aufgabe war ihm nicht in die Wiege gelegt, als er als Spross einer deutsch-baltischen Familie mitten im 2. Weltkrieg am 23. August 1942 in Berlin-Charlottenburg das Licht der Welt erblickte. Seit 1793 lebte die Familie der Pastoren, Mediziner, Historiker und Hochschulprofessoren in Estland/Lettland (Dorpat, Reval, Riga). Die Eltern Cläre und Heinrich Lezius heirateten nach langen Auslandsaufenthalten in Russland (Vater) und Italien (Mutter) 1936 in Paris.

Michael Lezius verlebte seine Kinder- und Jugendzeit in Berlin und Erlangen (seit 1952), wo er nach dem Abitur 1963 eine zweijährige Lehre im Siemens-Stammhaus in Erlangen und in München, Hamburg und Berlin absolvierte. Eine Industriekarriere schien vorgezeichnet, doch das anschließende Studium der Betriebswirtschaftslehre, der politischen Wissenschaften und der Pädagogik in Nürnberg und Köln (1965-1969) gaben seinem Leben eine andere Richtung. Trotz bürgerlicher Herkunft zog ihn die gewerkschaftliche Arbeit des Hans-Böckler-Kreises an der Universität an. So war der Weg vorgezeichnet, als die Arbeitsgemeinschaft Partnerschaft (AGP) – ein Zusammenschluss von 110 Unternehmen – 1970 den Nachfolger für Dr. Rudolf von Knüpffer suchte. Mit der gewerkschaftlichen Welt der Montan-Mitbestimmung bei der Maxhütte in Sulzbach-Rosenberg (1.1.-1.7.1970) kam er nicht zurecht, denn Lezius wollte eine liberale, offene und partizipative Unternehmenswelt schaffen. Schon damals träumte er von einem historischen Beitrag – ähnlich dem Leistungsbeitrag seiner Vorfahren im Baltikum. Sehr viel später erfuhr er von Georg Leber, dass er sich mit dem Thema Mitarbeiterbeteiligung wohl das „dickste politische Brett“ ausgesucht habe, das die Verbandslandschaft zu vergeben habe.

Bald lernte er die Aversionen der Unternehmer, Gewerkschafter, Steuerberater, Banker und der Verbandsfunktionäre zur Mitarbeiterbeteiligung kennen. Bewertungen wie „Friede-Freude-Eierkuchen-Verein“, „Sie können ja nach drüben gehen“, „Sozialutopist“, „Weißer Rabe“, „Kapitalistenknecht“, „Kommunist“, „AGP-Gemeinde“ sollten ihn lange Jahre begleiten. Doch das Lezius-Urgestein – Mister AGP, wie ihn viele Mitglieder nannten – war nicht unterzukriegen, er war der Fels in der Brandung. Bei allem Auf und Ab der Gefühle, der Anerkennung, der Diskriminierung und Verunglimpfung ging Lezius unbeirrbar seinen Weg und warb für die Idee der Mitarbeiterbeteiligung, die 1950 von den Gründern der AGP als Konzept für ein wiedervereinigtes Deutschland weitsichtig konzipiert wurde.

Oft belächelt, gilt heute die Mitarbeiterbeteiligung als Zukunftskonzeption für die Stärkung der Wettbewerbsfähigkeit der deutschen Wirtschaft im Globalisierungskampf (Reinhard Mohn).

Aus dem „Rufer in der Wüste“ ist dank einer kleinen, aber engagierten AGP-Unternehmerschaft und AGP-Belegschaft, die die AGP-Arbeit über Jahrzehnte finanziell und arbeitsmäßig getragen haben, der erfolgreiche Visionär Lezius geworden, dem als „Zukunftsmacher“ Respekt gezollt wird und der nur manchmal noch als Edelkommunist „eingestuft“ wird (75-jährige Verbandsuraltlast). In der Tendenz findet die Mitarbeiterbeteiligung jedoch hohe Anerkennung bei den Modernisierern in allen Parteien, den Regierungen in Bund und Ländern, den Verbänden und bei den Multiplikatoren.

Lezius verfügt über ein Netzwerk an Verbindungen, das den Betrachter erstaunen lässt, denn er verkehrt nicht nur in besten Unternehmerkreisen, sondern engagiert sich bei kirchlichen, sozialwirtschaftlichen Unternehmen, bei Beschäftigungsgesellschaften, Konkursauffang-Unternehmen, in der Alternativszene, in esoterischen und anthroposophischen Unternehmen genauso wie bei den konkurrierenden Wirtschaftsprüfungsgesellschaften, bei allen Parteigliederungen der verschiedensten Parteien, bei Start-up-Unternehmen, bei Gewerkschaften und Arbeitgeberverbänden. Er schreckt vor keiner Schwierigkeit zurück und hat sogar bundesweit anerkannte Gesellschaftsrechtler für die Mitarbeiterbeteiligung gewonnen. Lezius ist ein Überzeuger und Überzeugungstäter und hat in 32 Jahren in zunehmendem Maße Persönlichkeiten um sich geschart, die ähnlich wie er von der Idee der Mitarbeiterbeteiligung fasziniert sind.

Lezius, der die Ziele der AGP mit außergewöhnlichem Engagement und großer Begeisterung verfolgt und fast täglich in einer anderen Stadt wirkt, fährt jetzt die Ernte auf Grund der jahrzehntelangen AGP-Arbeit ein. Es war auch eine harte Kärrner-Zeit, denn die Finanzen der AGP sprudelten nie gewaltig. Auch manche Niederlage musste er einstecken.

Der Neuausrichtung der Geschäftsstelle 1970 in Hilden folgte eine intensive Seminartätigkeit zum Vermögensbildungs- und Betriebsverfassungsgesetz. Engagiert brachte Lezius den AGP-Sachverstand zum 1. Vermögensbeteiligungsgesetz (1984) ein und schaffte die Verbindung zwischen der konventionellen Wirtschaft und den Alternativbetrieben (1987). Die Entwicklung von Konkursauffanggesellschaften durch Mitarbeiterbeteiligung setzte sich seit 1988 durch. Lezius erlebte seine beruflich erfolgreichste Zeit in den ersten Jahren der Wiedervereinigung. Anfänglich sah es so aus, dass die AGP-Vision von 1950 in Ostdeutschland Wirklichkeit werden könnte, denn die Beteiligung schien der Traum der Ex-VEB-Direktoren und der Betriebsräte zu sein. Bundesregierung und Vorstand der Treuhandanstalt haben dies verhindert.

Norbert Blüm hat erkannt, dass hier eine historische Chance vertan war. In den Neuen Ländern wurde jedoch ein Samenkorn gelegt, das bald zu wachsen beginnen wird. Seit der Rede des Bundeskanzlers am 28. März 2000 zur 50-Jahrfeier der AGP hat sich das Thema Mitarbeiterbeteiligung vom „Tabu zum Trend“ (DGB-Originalton) entwickelt und wird die Zeit 2000-2010 zum Jahrzehnt der Mitarbeiterbeteiligung werden lassen. Lezius ist zutiefst davon überzeugt, dass besondere Flächentarifverträge, Haustarifverträge, Betriebsvereinbarungen, Gesellschaftsverträge etc. bald zur Normalität gehören und tausende neue Mitarbeiterbeteiligungsmodelle entstehen werden.

Dazu können das Altersvermögensgesetz/Rentenreform beitragen, ebenso Basel II, Lohnflexibiliserung, Arbeitszeitbeteiligungspapiere, Personalengpässe, Generationenwechsel, Weiterbildung und Qualifizierung, das Gründerklima etc. Lezius rechnet mit 30 Prozent der Arbeitnehmer, die 2010 neben einem Arbeitsvertrag auch über einen Mitarbeiterbeteiligungsvertrag verfügen. Heute liegt die Quote bei 15 Prozent im Westen und 8,5 Prozent im Osten (IAB-Studie).

Die politischen Rahmenbedingungen von der EU, von Bund und Ländern werden sich künftig so stark verbessern, dass Mitarbeiterbeteiligung zum Alltag gehören wird. Die Pioniere freuen sich. Sie werden bald vergessen sein. Lezius fühlt sich in der Tradition seiner Familie. Er kann zufrieden auf sein Lebenswerk zurückblicken. Seine überragende Fähigkeit, Menschen unterschiedlicher Provenienz zusammenzuführen und für die Mitarbeiterbeteiligung zu begeistern, gepaart mit einem außergewöhnlich großen Engagement, hat zu diesem Erfolg beigetragen. Zusammengefasst kann man sagen: Lezius hat sich um die AGP und die Mitarbeiterbeteiligung verdient gemacht. Die AGP-Mitglieder danken es ihm.

Gerhard Schuler
Vorsitzender des Vorstandes der
AGP Arbeitsgemeinschaft Partnerschaft
in der Wirtschaft e.V.

Michael Lezius
Dank und Anerkennung mit dieser Festschrift

Michael Lezius ist geschäftsführender Vorstand der AGP Arbeitsgemeinschaft Partnerschaft in der Wirtschaft e.V. Dass sich in der AGP 500 Partnerschaftsunternehmen zusammengefunden haben, ist das Verdienst von Michael Lezius. Seine Vision war und ist es, mit Mitarbeiterbeteiligung für Unternehmen und beteiligte Mitarbeiter eine Win-win-Situation zu schaffen. Einerseits soll die Kapitalbeteiligung der Mitarbeiter als materielle Ergänzung der immateriellen Mitarbeiterbeteiligung eine gelebte Unternehmenskultur vervollständigen, andererseits soll es Partnerschaftsunternehmen dadurch ermöglicht werden, produktiver, rentabler und innovativer als konventionell geführte Unternehmen zu sein.

Die Notwendigkeit, solche Visionen umzusetzen, ist aktueller denn je. Und so haben mit dieser Festschrift Persönlichkeiten aus Politik, Wirtschaft, Wissenschaft und Beraterschaft in einer Vielzahl von wegweisenden Beiträgen aufgezeigt, wie facettenreich das Thema ist, dem sich Michael Lezius verschrieben hat und das er immer wieder in den Vordergrund gerückt hat. Die Idee der Mitarbeiterbeteiligung mit Leben zu erfüllen, die unterschiedlichen Interessengruppen zusammenzuführen und praxisorientierte Gestaltungsmöglichkeiten vorzustellen, ist maßgeblich ihm als „Projektsteuerer“ zu verdanken.

Die Autoren und der Herausgeber danken Michael Lezius mit dieser Festschrift für dieses wichtige Wirken, von der er sich gewünscht hat, dass sie zur „Bibel“ der Mitarbeiterbeteiligung werde. Die Komplexität und das hohe Niveau der Beiträge mögen Anlass dafür sein, die Diskussion um den besten Weg weiterzuführen und diese Beiträge dafür als Basis zu sehen.

Dr. Klaus-R. Wagner

Vorwort

Michael Lezius ist ein Fachmann. Wie kein Zweiter kennt er sich auf dem Gebiet der Mitarbeiterbeteiligung aus. Und wie kaum ein anderer hat er sich für den Ausbau dieses spezifischen Elements der sozialen Marktwirtschaft eingesetzt.

Eine funktionierende Mitarbeiterbeteiligung muss das Risiko der Mitarbeiter im überschaubaren Rahmen halten. Das erfordert funktionierende Kapitalmärkte. Mit dem Vierten Finanzmarktförderungsgesetz ist die Bundesregierung gerade dabei, nicht nur die Attraktivität des Finanzplatzes Deutschland zu steigern, sondern vor allem den Anlegerschutz zu erhöhen. Das wird die Grundlagen für die Mitarbeiterbeteiligung verbessern.

Ein weiteres Element zur Risikoeindämmung ist eine stabile Wirtschafts- und Finanzpolitik. In den vergangenen Jahren hat die Bundesregierung hierbei erhebliche Fortschritte erzielt. Der klare Konsolidierungskurs sorgt für Stabilität und verstetigt die Erwartungen von Unternehmern und Mitarbeitern. An diesem auf Stabilität und Solidität ausgerichteten Kurs der Finanzpolitik werden wir festhalten.

Reformen hat es aber nicht nur im Bereich der Finanzpolitik gegeben. Gerade die Rentenreform der Bundesregierung wird der Mitarbeiterbeteiligung neue Chancen eröffnen. Das bisherige System einer umlagefinanzierten Rente kann auf Dauer die Sicherheit der Renten nicht garantieren. Mit der Einführung der kapitalgedeckten Altersvorsorge und ihrer massiven steuerlichen Förderung werden nicht nur die Renten gesichert. Neue Durchführungswege der betrieblichen Altersvorsorge ermöglichen es den Arbeitnehmern, stärker als bisher am Produktionsvermögen teilzuhaben. Das wird sich nicht immer auf den eigenen Betrieb einschränken lassen, aber es ist abzusehen, dass die ab nächstem Jahr tätigen Pensionsfonds ihre Anlagen in großem Umfang in Produktivkapital investieren werden. Die Rentenreform führt damit auch dazu, dass vermehrt aus Arbeitnehmern Teilhaber werden.

Michael Lezius hat die Chancen sicher längst erkannt. Die Vorteile einer stabilitätsorientierten Finanzpolitik und der Reformpolitik der Bundesregierung liegen klar auf der Hand. Für sein bekanntes großes Engagement entstehen neue Möglichkeiten. Seinen ungewöhnlich starken Einsatz für die Mitarbeiterbeteiligung wird das sicher erneut anspornen.

Hans Eichel

Inhalt

Zur Zukunft der Mitarbeiterbeteiligung

Mitarbeiterbeteiligungs-Politik

Mitarbeiterkapitalbeteiligungsmodelle

Europäische Entwicklung der Mitarbeiterbeteiligung

Zur Geschichte der Mitarbeiterbeteiligung

Die Anfänge der Mitarbeiterbeteiligung im 19. Jahrhundert

Eduard Gaugler

Seit ihrer Gründung in Altenberg im Herbst 1950 verfolgt die Arbeitsgemeinschaft der Partnerschaft in der Wirtschaft e.V. (AGP) das Ziel, die partnerschaftliche Beteiligung der Mitarbeiter am arbeitgebenden Unternehmen mit immer neuen Aktivitäten in der deutschen Wirtschaft zu verbreiten. In dieser Absicht hatte bereits ihr Mitbegründer und langjähriger Vorsitzender Gert P. Spindler der AGP und dem Partnerschaftskonzept durch das in seinem Unternehmen praktizierte Mitunternehmertum (Spindler, 1951) sowie durch zahllose Vorträge und Publikationen starke Impulse gegeben. Als Vorsitzende der AGP folgten ihm seit 1969 mit jeweils zwei- bis vierjährigen Amtszeiten die Unternehmer Ernst Sachs jr., Dr. Emil Lux, Dr. Christian Dräger, Claus Zoellner, Dr. Uwe Schäkel, Prof. Dieter Weidemann, Carsten Meyer, Dr. Jörg Knoblauch und derzeit Gerhard Schuler.

Publizistisch verfolgt die AGP ihre Ziele mit einer Vielzahl von Veranstaltungen unterschiedlicher Art und mit Firmenberatungen sowie durch eine Schriftenreihe und den seit 1953 erscheinenden AGP-Mitteilungen. Die Redaktion dieser Zeitschrift der AGP lag bis 1958 bei Dr. Bruno S. Hermann, dann bis 1979 bei Prof. Eduard Gaugler, bis 1981 bei Dr. Norbert Breuer, danach mit einem geänderten Titel (Das Neue Unternehmen) bei Dr. Werner Mühlbradt, von 1987 bis 1990 bei Burghard Flieger, dann für vier Jahre bei der Inforce Öffentlichkeitsarbeit GmbH; seit 1995 redigiert die Geschäftsstelle der AGP ihr Periodikum wieder unter seinem ursprünglichen Titel.

Als Geschäftsführer der AGP waren nach einer kurzen Mitarbeit von Dr. Bruno S. Hermann langjährig Dr. Rudolf von Knüpffer und nunmehr seit 1971 bis heute Diplom-Kaufmann Michael Lezius für die Ausbreitung und Weiterentwicklung des Konzepts der betrieblichen Partnerschaft tätig. Seit einigen Jahren gehört Lezius als geschäftsführendes Vorstandsmitglied dem obersten Gremium der AGP an.

Dieser Überblick über die Entwicklung der AGP seit ihrer Gründung soll nicht den unzutreffenden Eindruck vermitteln, die Mitarbeiterbeteiligung am arbeitgebenden Unternehmen habe in Deutschland erst nach dem Zweiten Weltkrieg begonnen. Auch die aus der Fachliteratur ableitbare Vorstellung, sie sei nach dem Ersten Weltkrieg entstanden (Wagner, 1995, 2001), würde die einschlägigen Bestrebungen im 19. Jahrhundert unbeachtet lassen. Vielmehr setzt die AGP mit ihren Aktivitäten jene Ansätze fort und entwickelt sie weiter, die im deutschsprachigen Raum bereits in der Frühphase der Industrialisierung begonnen haben. An einige dieser frühen Beschäftigungen mit der Beteiligung der Mitarbeiter am arbeitgebenden Unternehmen in Theorie und Praxis erinnert dieser Beitrag.

1. Kontroverse um die Erfolgsbeteiligung

Am 25. April 1837 hielt Franz Joseph Ritter von Buß, der seit 1833 an der Universität Freiburg i. Br. Professor für Staatsrecht war, vor der 2. Kammer der Ständeversammlung des Großherzogtums Baden bei deren XVI. öffentlicher Sitzung eine Rede, die später unter der Bezeichnung „Fabrikrede“[1] berühmt wurde. Den Inhalt dieser Rede überliefert das Protokoll der Badischen Ständeversammlung. In ihr befasste sich von Buß u.a. mit der „Beteiligung der Arbeiter am Fabrikgewinn“. Die Gewinnbeteiligung war schon damals keineswegs neu. Die ersten Modelle einer Beteiligung der Mitarbeiter am ökonomischen Erfolg des arbeitgebenden Unternehmens sind auch im deutschsprachigen Raum schon aus dem letzten Jahrzehnt des 18. Jahrhunderts und aus den ersten Jahrzehnten des 19. Jahrhunderts bekannt (vgl. Feilchenfeld, 1922, S. 158 ff.; Goldschmidt, 1922, S. 158 ff.; Siegler, 1979, S. 143 ff.). Außerdem hat Ritter von Buß in seiner Fabrikrede selbst auf die zuvor in England einsetzende Diskussion um eine erfolgsbezogene Entgeltgestaltung hingewiesen. Erstmals setzt sich aber von Buß in seiner Rede mit Zielen einer solchen Arbeiterbeteiligung am Fabrikgewinn auseinander.

Das Hauptübel in der Frühphase der Industrialisierung sah von Buß in der ökonomischen Unsicherheit der Fabrikarbeiter. In der Absicht, dieses Übel zu überwinden, erörterte er den aus England kommenden Vorschlag, „zur Hebung dieser Unselbstständigkeit der Arbeiter den vorzüglichern unter denselben nicht bloß einen Arbeitslohn zu geben, sondern selbst einen Anteil an dem Fabrikgewinne zuzuwenden: allein dadurch würde nur Einzelnen, nemlich bloß den Vorzüglichern, nicht aber der großen wahrlich der Hülfe noch mehr bedürfenden Masse geholfen.“

Auch und gerade, wenn man die Beteiligung am Fabrikgewinn auf alle Arbeiter ausdehne, sah von Buß vor allem aus drei Gründen in einer Gewinnbeteiligung kein geeignetes Mittel, um das Ziel der Entproletarisierung zu erreichen. Einmal, meinte von Buß, würden „sich die Fabrikherren selbst in einem völlig ausgebildeten Fabrikstaate einen solchen Eingriff in ihre Freiheit und ihr Eigentum nicht gefallen lassen“; schließlich müsse man den Gewinn als „Ersatz für erlittene Verluste“ und als Wagnisprämie verstehen. Ferner, so argumentierte von Buß weiter, beeinträchtige eine staatlich verordnete Gewinnbeteiligung die Chancen der Unternehmen im internationalen Wettbewerb. Schließlich würde sich der Fabrikherr eine Einsicht in seinen Vermögensstand als Grundlage für die Ermittlung der Gewinnbeteiligung der Arbeiter nicht gefallen lassen.

Ohne auf weitere Details seiner Argumentation einzugehen, bleibt festzuhalten, dass von Buß 1837 in einem gewinnbezogenen Zusatzentgelt aus pragmatischen Gründen kein geeignetes Mittel für das von ihm vorrangig betrachtete Ziel sah, die ökonomische Unsicherheit der Industriearbeiterschaft zu überwinden.

Die Ablehnung der Gewinnbeteiligung durch Ritter von Buß beendete die theoretische Diskussion derselben keineswegs. Im letzten Drittel des 19. Jahrhunderts beschäftigten sich nicht zuletzt die sog. Kathedersozialisten mit der Mitarbeiterbeteiligung am arbeitgebenden Unternehmen. Diese völlig unzutreffende Bezeichnung dieser Autoren wurde wiederholt kritisiert. Zumal mit dem Sozialismus zu ihren Lebzeiten hatten sie nichts zu tun (Eidenmüller, 1995). Zu den markanten Mitgliedern dieser Gruppe zählten Lujo Brentano (1844-1931), Gustav Schmoller (1838-1917), Adolf Wagner (1835-1917), Adolf Held (1844-1880) und Ernst Engel (1821-1896). Schmoller sah in der Gewinnbeteiligung (und in der betrieblichen Mitbestimmung) der Arbeitnehmer gute Ansätze für eine soziale Reform in der freien Wirtschaft. Engel befürwortete die Gewinn- und Kapitalbeteiligung der Arbeitnehmer zeitlebens. Sie könne den Gegensatz zwischen Kapitaleignern und Arbeitnehmern aufheben, ohne die Leitungsfunktion des Unternehmers zu beeinträchtigen. Die Mitarbeiterbeteiligung – so Engel – würde die materielle Lage der Arbeiter verbessern und gleichzeitig ihre Identifikation mit dem arbeitgebenden Unternehmen fördern.

Mehrheitlich waren die Kathedersozialisten kritisch gegenüber der Kapitalbeteiligung eingestellt. Einheitlich und nachdrücklich befürworteten sie jedoch die Gewinnbeteiligung, zumal sie sich dabei im letzten Drittel des 19. Jahrhunderts auf Erfahrungen mit praktizierten Beteiligungsmodellen stützen konnten (Eidenmüller, 1995). Außerdem hatte der „Verein für Socialpolitik“ im Jahre 1874 einen von Ernst Engel entworfenen Fragebogen an Unternehmer versandt, die damals bereits eine „Gewinnbeteiligung der Arbeiter“ eingeführt hatten. Auf dieser empirischen Basis beruhte die Befürwortung der Kathedersozialisten zur Teilhabe der Mitarbeiter am wirtschaftlichen Erfolg des arbeitgebenden Unternehmens.

Unter betriebswirtschaftlichen Aspekten begründeten die Kathedersozialisten ihre positive Einstellung zur Gewinnbeteiligung mit folgenden Hinweisen: Die Gewinnbeteiligung verbessere die Produktivität der Betriebe; sie erhöhe den dem Unternehmer verbleibenden Gewinn; sie stärke die Motivation der Mitarbeiter und ihre Identifikation mit dem Unternehmen; sie senke die Fluktuation und festige die Stammbelegschaft; sie stimuliere das wirtschaftliche Denken und Handeln der Mitarbeiter. Ferner hoben die Kathedersozialisten hervor, dass eine Gewinnbeteiligung im Unternehmen leicht zu verwirklichen sei.

Gustav Schmoller sah in der Gewinnbeteiligung eine Alternative zum Akkordlohn, die dessen negative Wirkungen im Arbeitsverhalten der Mitarbeiter überwindbar mache. Adolph Wagner betonte, dass die Gewinnbeteiligung zusätzlich zum vereinbarten Arbeitsentgelt zu zahlen sei und nicht als partieller Lohnersatz dienen dürfe, damit sie die angestrebten Wirkungen erreichen könne.

2. Erfolgsbeteiligung in der Praxis

Ob und inwieweit die hier vorgetragenen Überlegungen der Kathedersozialisten im Allgemeinen und das zuletzt zitierte Postulat Wagners im Besonderen Ernst Abbé gegen Ende des 19. Jahrhunderts bei der Einführung einer Erfolgsbeteiligung bei den von ihm geleiteten Zeiß-Werken in Jena direkt beeinflusst haben, kann offen bleiben. In seiner Rede „Über Gewinnbeteiligung der Arbeiter in der Großindustrie" vom 28. Januar 1897 setzte er sich eingehend mit den unterschiedlichen Motiven auseinander, die in der damaligen, breit geführten Diskussion um die Mitarbeiterbeteiligung eine Rolle spielten. Die Einführung einer erfolgsorientierten Entgeltkomponente stützte Ernst Abbé auf mehrere Argumente. Im Hinblick auf die Garantie der Mindestlöhne, die sich zu seiner Zeit durchzusetzen begann, gab bei ihm die folgende Überlegung den Ausschlag: „Das tatsächliche Arbeitseinkommen des Personals muß in zwei Teile zerlegt werden; der eine von diesen, der Lohn (oder Gehalt), der unwiderruflich sein soll, darf keiner Rücksicht auf aufsteigende Konjunktur oder gehobenen Geschäftsgang unterworfen sein, muß vielmehr bemessen werden können nach den normalen, durchschnittlichen Wirtschaftsbedingungen des Betriebes; der andere Teil muß sich, von der durch den Lohn gegebenen Grundlinie aus, aufsteigendem Geschäftsgang anpassen und diejenige Erhöhung des Arbeitsertrages bringen, die dem Personal als Anteil an den Vorteilen günstiger Konjunktur zukommen muß."[2]

Dieser Auszug aus Ernst Abbés Rede offenbart zwei Ziele der Mitarbeiterbeteiligung bei den Zeiß-Werken. Mit ihr wollte er bei Akzeptanz der Garantie der Mindestlöhne das gesamte Arbeitseinkommen an einer prosperierenden Entwicklung der Geschäftslage des einzelnen Unternehmens teilhaben lassen. Die Arbeitnehmer davon ausschließen zu wollen, sah er als „grobe Unbilligkeit" an. Gleichzeitig diente die Erfolgsbeteiligung nach Abbés Vorstellungen dazu, einen Teil des gesamten Arbeitseinkommens der Mitarbeiter trotz der Fixierung der Löhne und Gehälter durch „Lohnregulierungen", heute vorrangig durch Tarifverträge, wieder elastisch zu machen.

Das herausragendste Praxisbeispiel für eine betriebliche Erfolgsbeteiligung im 19. Jahrhundert stammt von einem hochrangigen Theoretiker der Nationalökonomie, von Johann Heinrich von Thünen (1783-1850). Er gilt als Begründer der makroökonomischen Modellanalysen mit seinen Werken „Der isolierte Staat in Beziehung auf Landwirtschaft und Nationalökonomie" und „Der naturgemäße Arbeitslohn und dessen Verhältnis zum Zinsfuß und zur Landrente". Er wird bis heute in der angelsächsischen und japanischen Wirtschaftstheorie mindestens ebenso stark beachtet wie bei den volkswirtschaftlichen Fachvertretern im deutschen Sprachraum. Dieser Theoretiker beteiligte die landwirtschaftlichen Arbeitnehmer ab dem Wirtschaftsjahr 1847/48 auf seinem Gut Tellow in Mecklenburg, das er im Jahre 1810 käuflich erworben hatte, an der dort erwirtschafteten Wertschöpfung. Einzelheiten dieses prägnant konzipierten Wertschöpfungs-Beteiligungsmodells haben von Thünen selbst und die spätere Fachliteratur mit allen Details dieser am added value ansetzenden Zusatzvergütung der Tagelöhner seines Gutes sehr exakt überliefert. Die Ziele, die von Thünen damit verfolgte, hat er in seinem Beteiligungsstatut klar formuliert (§ 8, siehe v. Thünen, 1850, S. 282 f.):

„Der Zweck dieser Einrichtung ist:

1. daß die Dorfbewohner an dem Wohl und Wehe des Gutsherrn unmittelbar teilnehmen, gleichsam mit ihm eine Familie bilden sollen;
2. daß die Arbeiter sich einer durch den Zinsengenuß mit jedem Jahr um etwas erhöhten, stetig wachsenden Einnahme erfreuen sollen; und

3. daß vor Allem dem Arbeiter ein sorgenfreies, heiteres Alter gesichert werde, daß nachdem er sein kräftiges Mannesalter in angestrengter Thätigkeit vollbracht, er im spätern Alter, wo Kraft und Gesundheit schwinden, nicht darben, nicht der Gnade Anderer leben, nicht seinen Kindern zur Last fallen soll, sondern vielmehr in den Stand gesetzt werde, seinen Kindern noch Etwas hinterlassen zu können."

Drei Ziele strebte also von Thünen mit dieser Mitarbeiterbeteiligung an: Integration und Identifikation der Arbeiter mit dem Unternehmer und mit dem Unternehmen; Erhöhung der Kaufkraft der Arbeitnehmer durch Ausbezahlung der Zinsen für die Thesaurierung der Erfolgsanteile bis zur Pensionierung; Vermögensansammlung für die nachberufliche Lebensphase der Arbeitnehmer und zur Vererbung an die nachfolgende Generation.

Die Teilhabe der Landarbeiter an der Wertschöpfung des Gutes Tellow sollte also drei Teilzielen dienen: Die angestrebte Altersversorgung der Arbeitskräfte, die erfolgsabhängige Vergrößerung ihrer Kaufkraft während des Erwerbslebens und die gewollte Identifikation mit dem arbeitgebenden Gutsherrn und Gutsbetrieb schlossen einerseits bestimmte Verfahrensregelungen aus und erforderten andererseits wiederum Komponenten, die der gemeinsamen Verwirklichung dieser drei Teilziele entsprachen.

Die von von Thünen gewollte Altersversorgung seiner Mitarbeiter bedingte die betriebliche Thesaurierung der individuellen Erfolgsanteile während des ganzen Erwerbslebens der Mitarbeiter; die angestrebte Identifikation mit dem Unternehmen führte zur Anlage der Mitarbeiteranteile im eigenen Unternehmen; die Sicherung dieses Vermögens erfolgte über die Einlage der Erfolgsquoten bei der Werksparkasse, die damals während der Laufzeit dieses Beteiligungsmodells noch nicht gesetzlich verboten war.

Zusätzlich zu diesen beiden Teilzielen wollte von Thünen mit seinem Beteiligungssystem die aktuelle Kaufkraft seiner Mitarbeiter verbessern. Die jährlichen Anteile an der Wertschöpfung benötigte das Modell zur Vermögensansammlung. Die jährlich regelmäßige Ausbezahlung der Zinsen auf die thesaurierten Erfolgsanteile an die Mitarbeiter erlaubte wenigstens eine begrenzte Aufstockung der laufenden Arbeitseinkommen. Das „monetäre Erlebnis", das diese Zinszahlungen den Mitarbeitern und ihren im Dorf lebenden Familienangehörigen zu einem Stichtag vermittelten, erhöhte einerseits die Erfahrbarkeit der sich allmählich aufbauenden Altersversorgung; gleichzeitig konnten diese Zahlungen, insbesondere wenn der Einlagenzins über vergleichbaren anderen Zinsen lag, auch zur Identifikation der Mitarbeiter mit dem Unternehmen beitragen.

Betrachtet man die Einzelheiten der erfolgsbezogenen Vergütungen auf dem Gut Tellow, dann stellt sich die Frage, ob die absolute Gleichbehandlung der Mitarbeiter bei der Erfolgsbeteiligung für die Beteiligungsziele relevant ist. Bekanntlich hat von Thünen allen beteiligten Mitarbeitern jährlich die gleichen Pro-Kopf-Quoten zukommen lassen. Zunächst wird man sich erinnern müssen, dass das Gut Tellow nur eine kleine, leicht überschaubare Mitarbeiterschaft aufwies, ferner, dass im 19. Jahrhundert bei den Arbeitskräften eines landwirtschaftlichen Betriebes kaum nennenswerte Qualifikationsunterschiede auftraten. Vor allem aber wird man beachten müssen, dass von Thünen mit seinem Vergütungssystem keine Leistungsanreize, insbesondere keine Stimulation der Leistungsmenge seiner Mitarbeiter anstrebte.

Die Arbeitnehmerbeteiligung auf dem Gut Tellow wurde fast fünf Jahrzehnte fortgeführt, bis von Thünens Enkel im Jahre 1896 das Gut veräußerte und der neue Gutsbesitzer die Beteiligung mit dem Erwerb des Gutes beendete (vgl. Böhmert, 1902, S. 9). Verschiedene Untersuchungen, die die Literatur überliefert hat, weisen Jahr für Jahr die variierenden Erfolgsanteile der Gutsarbeiter nach und konstatieren die Erfüllung der Ziele, die von Thünen und seine Erben mit der erfolgsorientierten Vergütung der Landarbeiter angestrebt haben.

Eine Reihe weiterer Gutsbesitzer folgten in der zweiten Hälfte des 19. Jahrhunderts dem Beispiel von Thünens (vgl. Frommer, 1886, S. 70 ff.; Böhmert, 1902, S. 14 ff.).

Im Übrigen beschränkte sich die Beteiligung der Mitarbeiter am Unternehmenserfolg bereits im 19. Jahrhundert keineswegs auf die Landwirtschaft, sondern breitete sich auch in anderen Wirtschaftszweigen aus. Unter den mindestens 70 heute noch namentlich bekannten Firmen, die bereits im damaligen Jahrhundert eine Gewinn- bzw. Erfolgsbeteiligung eingeführt hatten, starteten wenigstens fünf – ähnlich wie von Thünen – ihre Beteiligungsmodelle bereits vor 1850; die übrigen begannen die Mitarbeiterbeteiligung in der zweiten Hälfte des 19. Jahrhunderts.

3. Anfänge der Kapitalbeteiligung

Die Beteiligung der Mitarbeiter am ökonomischen Erfolg seines landwirtschaftlichen Gutes Tellow bildete zweifellos den Kern des von Thünen entworfenen und praktizierten Konzepts. Im Hinblick auf die spätere Entwicklung der Mitarbeiterbeteiligung am arbeitgebenden Unternehmen stellt sich die Frage, ob man in der Thesaurierung der jährlichen Erfolgsanteile im Unternehmen bis zum Eintritt in den Ruhestand und der Verzinsung derselben bis zu ihrer Ausbezahlung bereits die frühe Form einer Kapitalbeteiligung der Mitarbeiter erkennen kann. In der zweiten Hälfte des 20. Jahrhunderts sind zahlreiche Beteiligungsmodelle durch eine mehr oder weniger lange Anlage der individuellen Erfolgsanteile im Unternehmen und nicht selten durch eine Verzinsung, die zwischen den marktüblichen Soll- und Habenzinsen lag, charakterisiert. Zweifellos trug das Beteiligungskonzept des Gutes Tellow zur Vermögensbildung der Arbeitnehmer bei, wenn ihm auch noch mehrere Merkmale der staatlichen Förderung der Vermögensbildung in der Bundesrepublik Deutschland seit den 1960er Jahren fehlten. Ferner wird man auch nicht übersehen dürfen, dass die Ansammlung der Erfolgsanteile beim Beteiligungsmodell von Thünens noch verschiedene Komponenten vermissen lässt, die hundert Jahre später die Mitarbeiter-Darlehen in praktizierten Beteiligungskonzepten kennzeichnen (rechtliche Regelungen, finanzwirtschaftliche Steuerung, Verlustabsicherung etc.).

Die fünf Unternehmen, die – nach heutigem Erkenntnisstand – vermutlich als erste im deutschen Sprachraum ihre Mitarbeiter kapitalmäßig beteiligten und namentlich nachweisbar sind, haben die Kapitalbeteiligung in Form von Belegschaftsaktien in der Zeit zwischen 1867 und 1874 eingeführt. Darunter befanden sich Hüttenwerke und Gießereien, ein Messingwerk und eine Weberei. Zwei von ihnen hatten den Firmensitz im Harz, je eine in Baden und in Berlin. Drei dieser frühen Beispiele einer Kapitalbeteiligung überlebten nur einige Jahre; zwei von ihnen bestanden über mehrere Jahrzehnte bis in das 20. Jahrhundert hinein. Eine dieser fünf Firmen praktizierte neben der Kapital- auch eine Erfolgsbeteiligung.

Es dauerte längere Zeit, bis nach diesen Pionierunternehmen für eine Kapitalbeteiligung der Mitarbeiter eine Steingutfabrik in Coburg im Jahre 1901 wieder für diese Art der Mitarbeiterbeteiligung nachweisbar ist. Nach dem Ersten Weltkrieg führten dann in der Zeit von 1919 bis 1922 zehn Kapitalgesellschaften zwischen Aachen und Breslau, zwischen Hamburg und Karlsruhe – vornehmlich in der Chemie und in der Textilwirtschaft – eine Teilhabe ihrer Mitarbeiter am Unternehmenskapital ein.

Diese Informationen zeigen, dass die Kapitalbeteiligung der Mitarbeiter im 19. Jahrhundert im deutschen Sprachraum im Vergleich zur Beteiligung am ökonomischen Unternehmenserfolg später einsetzt und sich deutlich langsamer ausbreitet, eine Entwicklung, die sich nach dem Zweiten Weltkrieg in der Bundesrepublik Deutschland wiederholt.

4. Vorstufen einer zweiseitigen Betriebsverfassung

Seit Gründung der AGP haben ihre Repräsentanten und ihr nahestehende Autoren (u.a. Guido Fischer, Robert S. Hartman) permanent betont, dass sich das Konzept der betrieblichen Partnerschaft nicht in finanziell-materiellen Komponenten erschöpft. Eine partnerschaftliche Mitarbeiterbeteiligung verlange, so betonten sie, zusätzlich zur Erfolgs- und Kapitalbeteiligung auch immaterielle, mentale Bestandteile. Auch für einige dieser immateriellen Beteiligungskomponenten gab es bereits im letzten Viertel des 19. Jahrhunderts erste spezielle Ansätze, die die Literatur mit der Bezeichnung „Das konstitutionelle Fabriksystem" dokumentiert (siehe Teuteberg, 1961, S. 94 ff.).

Seit den 1870er Jahren unternahm eine Reihe von Unternehmen Versuche, den „Fabrikabsolutismus" durch eine Betriebsverfassung zu überwinden, die sich an Grundzügen der konstitutionellen Monarchie orientierte.[3] Zwar sollte der Fabrikant grundsätzlich an der Spitze des Betriebes beibehalten werden; die unternehmerische Willensbildung sollte sich aber verstärkt an Interessen und Erfordernissen der Belegschaft – vermittelt durch Arbeiterdelegierte und Arbeiterausschüsse – orientieren. Eine Gruppe von Unternehmen war vor und nach der Wende vom 19. zum 20. Jahrhundert bestrebt, die überlieferte Form der Betriebsverfassung im Sinne eines konstitutionellen Fabriksystems umzugestalten. Dazu gehörten u.a. die Schnellpressen- und Druckmaschinenfabrik Koenig & Bauer in Kloster Oberzell bei Würzburg sowie die Optischen Werkstätten von Carl Zeiss in Jena. Besondere Beachtung fand die am 3. August 1884 verabschiedete Fabrikordnung der Hamburg-Berliner Jalousiefabrik von Heinrich Freese. Freese (1853-1944) wollte „die in vielerlei materielle Abhängigkeiten verstrickten Industrieproletarier wieder in freie Wirtschaftsbürger verwandeln“ und entwickelte dazu in Zusammenarbeit mit seiner Betriebsvertretung eine Fabrik- und Arbeitsordnung, die die Mitbestimmungsrechte der Betriebsvertretung genau umgrenzte. Ab 1888 kam eine Gewinnbeteiligung zunächst der Angestellten, später auch der Arbeiter hinzu.

5. Weiterentwicklung der frühen Ansätze

Der Rückblick auf die Bestrebungen zur Beteiligung der Mitarbeiter am arbeitgebenden Unternehmen im 19. Jahrhundert führt zur Frage, ob und inwieweit sich die neuere Beteiligungspraxis auf die einschlägigen Erfahrungen mit den damaligen Firmenbeispielen gestützt hat. Hinreichend gesicherte Belege für eine Anbindung der Beteiligungsmodelle des 20. Jahrhunderts und der unmittelbaren Gegenwart an die früher gewonnenen Erfahrungen findet man in den Darstellungen der heutigen Beteiligungsfirmen kaum. Immerhin lassen sich aus dem Vergleich der dargestellten Anfänge der Mitarbeiterbeteiligung mit den Konzepten, die in den letzten Jahrzehnten entwickelt wurden und in deutschen Unternehmen zum Einsatz kamen, vier Entwicklungslinien benennen.

Die praktizierten Modelle für die Erfolgsbeteiligung – insbesondere die Mitarbeiterbeteiligung von Thünens – waren schon im 19. Jahrhundert bemerkenswert entwickelt. Der späteren Beteiligungspraxis ist es auf ihrer Basis im Zusammenwirken mit den einschlägigen wissenschaftlichen Disziplinen gelungen, die modernen Formen der Beteiligung am wirtschaftlichen Erfolg zu verfeinern und sie dem Wandel der Zielsetzungen entsprechend auszurichten (Gaugler, 1982).

Die Kapitalbeteiligung der Mitarbeiter war im 19. Jahrhundert nur relativ selten. Die eigentliche Ausgestaltung der Teilhabe von Mitarbeitern am Kapital des arbeitgebenden Unternehmens beginnt im Wesentlichen erst in der zweiten Hälfte des 20. Jahrhunderts. Den Zielwandel bei der Kapitalbeteiligung haben neue Anwendungsformen und Ausgestaltungstechniken für diese Beteiligungsart begleitet.

Für die Struktur einer zweiseitigen Betriebsverfassung hat eine Reihe von Unternehmen gegen Ende des 19. Jahrhunderts einige Grundelemente entwickelt, die im folgenden Jahrhundert einerseits der Gesetzgeber zur Regelung der Mitbestimmung im Betrieb aufgegriffen hat und die außerdem als Ansätze für die Ausformung des Konzepts der betrieblichen Partnerschaft dienen konnten.

Vor der Mitte des 20. Jahrhunderts waren die Ansätze der Beteiligungsmodelle in der Praxis noch wenig auf die Förderung eines mitunternehmerischen Denkens und Verhaltens der einzelnen Mitarbeiter ausgerichtet. Zwar haben auch schon im 19. Jahrhundert Beteiligungsfirmen die Aufgabe gesehen, Motivation und Identifikation der Mitarbeiter mit dem Unternehmen zu stimulieren. Die Entwicklung und Anwendung entsprechender Instrumente und Vorgehensweisen fanden aber im Wesentlichen erst im Rahmen der partnerschaftlichen Beteiligungskonzepte nach dem Zweiten Weltkrieg statt.

Diese Entwicklungstendenzen schmälern die Bedeutung der Pionierfirmen des 19. Jahrhunderts nicht. Ihre Ansätze und Erfahrungen verdienen Beachtung und Anerkennung. Sie sollten künftig bei der Weiterentwicklung der Beteiligungskonzepte noch mehr als bisher berücksichtigt werden.

Anmerkungen

1 Die sog. Fabrikrede des Franz Joseph Ritter von Buß findet sich in: Verhandlungen der Ständeversammlung des Großherzogtums Baden im Jahr 1837. Protokoll der Zweiten Kammer. Drittes Beilagenheft. Karlsruhe 1837. Ein Auszug aus dieser Rede ist abgedruckt in: AGP-Mitteilungen, Nr. 3 vom 1. April 1962, S. 7 f.

2 Diese Rede Ernst Abbés ist veröffentlicht in: Deutsche Reden und Rufe. Hrsg. von A. Kippenberg und F. von der Leyen. München 1961, S. 141 ff.

3 Bereits zuvor hatte der Deutschen Nationalversammlung von 1848 in der Paulskirche in Frankfurt der Entwurf für eine Gewerbeordnung vorgelegen, der in Art. III eine „Fabrikordnung" enthielt, nach der es „Fabrikausschüsse" mit bestimmten Befugnissen und gewählten Gruppenvertretern geben sollte. Der Abbruch der Nationalversammlung verhinderte die Beratung dieser Vorlage und ihre Verabschiedung.

Literatur

Böhmert, V.: Die Gewinnbeteiligung der Arbeitnehmer in Deutschland, Österreich und der Schweiz. Dresden 1902

Deutsche Reden und Rufe. Hrsg. von A. Kippenberg und F. von der Leyden. München 1961

Eidenmüller, I.: Betriebswirtschaftlich relevante Theorien der Kathedersozialisten. Stuttgart 1995

Feilchenfeld, W.: Die Gewinnbeteiligung der Arbeiter und Angestellten in Deutschland. Berlin 1922

Fischer, G.: Grundlage und Gestaltung der Partnerschaft. Hilden 1959

– Partnerschaft im Betrieb. Heidelberg 1955

Freese, H.: Die Gewinnbeteiligung der Angestellten. 2. Aufl., Gotha 1905

– Die konstitutionelle Fabrik. Jena 1909

Frommer, H.: Die Gewinnbeteiligung, ihre praktische Anwendung und ihre theoretische Berechtigung. Leipzig 1886

Gaugler, E.: Neue Aspekte der Kapitalbeteiligung. in: Lezius, M. (Hrsg.), Menschen machen Wirtschaft. Grafenau 1982, S. 126 ff.

Gaugler, E.: Zieldynamik erfolgsorientierter Mitarbeitervergütungen. in: Verantwortliche Personalführung, Band 7 der Reihe Gesellschaft, Recht, Wirtschaft. Mannheim, Wien, Zürich 1982, S. 107 ff.

– Erfolgsbeteiligung und Vermögensbildung im arbeitgebenden Unternehmen. in: Giersch, H. (Hrsg.) Wie es zu schaffen ist. Agenda für die deutsche Wirtschaftspolitik. Stuttgart 1983, S. 349 ff.

– Mitarbeiter als Mitunternehmer – Die historischen Wurzeln eines Führungskonzepts und seine Gestaltungsperspektiven in der Gegenwart. in: Wunderer R. (Hrsg.), Mitarbeiter als Mitunternehmer. Neuwied 1999, S. 3 ff.

– Entstehung der betrieblichen Partnerschaft. in: Guski, H. G./Schneider, H. J. (Hrsg.), Mitarbeiterbeteiligung MAB. 24. Aktualisierung August 2001. Neuwied 2001, S. 107 ff.

– Mitarbeiterbeteiligung am Unternehmenserfolg. In: FitzRoy, F. R./Kraft, K. (Hrsg.) Mitarbeiterbeteiligung und Mitbestimmung im Unternehmen. Berlin, New York 1987, S. 11 ff.

Goldschmidt, B.: Gewinnbeteiligung der Arbeitnehmer. Berlin 1922

Hartman, R. S.: Die Partnerschaft von Kapital und Arbeit. Köln/Opladen 1958

Lezius, M. (Hrsg.): Menschen machen Wirtschaft. Grafenau 1982

o. V.: Verhandlungen der Ständeversammlung des Großherzogtums Baden im Jahr 1837. Protokoll der Zweiten Kammer. Drittes Beilagenheft. Karlsruhe 1837

Siegler, A.: Der Beteiligungsgedanke im 19. und frühen 20. Jahrhundert und seine Beurteilung durch die organisierte Arbeitnehmerschaft. in: Die Betriebswirtschaft, Heft 1b/1979, S. 143 ff.

Spindler, G.P.: Mitunternehmertum. Lüneburg 1951

– Partnerschaft statt Klassenkampf. Stuttgart, Köln 1954

– Praxis der Partnerschaft. Düsseldorf, Wien 1971

Teuteberg, H. J.: Geschichte der industriellen Mitbestimmung in Deutschland. Tübingen 1961

von Thünen, J. H.: Der isolirte Staat in Beziehung auf Landwirtschaft und Naturöconomie. Hamburg 1821

– Der naturgemäße Arbeitslohn und dessen Verhältniss zum Zinsfuß und zur Landrente. Rostock 1850

Wagner, K.-R.: Renaissance der Mitarbeiterbeteiligung. in: Betriebs-Berater, Beilage 7 zu Heft 25/1995 vom 22.6.1995, Heidelberg 1995

– Schaffung neuer Arbeitsplätze in Europa durch Mitarbeiterkapitalbeteiligung? in: Zeitschrift für Wirtschaftsrecht ZIP vom 24.8.2001, 22. Jg., S. 1483 ff.

Der lange Weg zur Teilhaber-Gesellschaft: Zum Stellenwert der Mitarbeiterbeteiligung in den Parteiprogrammen

Rainer Nahrendorf

Zur deutschen Konsensdemokratie, zu den Leitbildern der Sozialen Marktwirtschaft und der Sozialpartnerschaft gehört für die tradierten politischen Parteien die Beteiligung der Arbeitnehmer am Produktivvermögen. Die SPD propagiert das Leitbild der „modernen Teilhabegesellschaft", in der alle ihren gerechten Anteil erhalten am gemeinsam erarbeiteten Wohlstand. „Wir wollen die Beteiligung der Arbeitnehmerinnen und Arbeitnehmer am Kapital und am Gewinn und an den Entscheidungen der Unternehmen," hieß es im Wahlprogramm der SPD für die Bundestagswahl 1998. Sie versprach, eine SPD-geführte Bundesregierung werde die Rahmenbedingungen für die Beteiligung der Arbeitnehmerinnen und Arbeitnehmer am Produktivkapital verbessern. In ihrem Programm für die Bundestagswahl 2002 erneuert die SPD diese Zusage nicht.

Für die CDU gehört die verstärkte Beteiligung der Arbeitnehmer am Produktivkapital und am Unternehmenserfolg zu den Gestaltungsaufgaben der Wir-Gesellschaft und der „Neuen Sozialen Marktwirtschaft". In einem von der Präsidiumskommission der CDU unter dem Vorsitz von Angela Merkel vorgelegten Diskussionspapier von Ende August 2001 heißt es: „Die soziale Partnerschaft von Arbeitgebern und Arbeitnehmern lässt sich am besten verwirklichen durch die Beteiligung der Arbeitnehmer am Produktivvermögen." In ihrem 1998 in Bremen verabschiedeten Zukunftsprogramm hatte die CDU ihr Eintreten für den Investivlohn mit der Weiterentwicklung der Sozialen Marktwirtschaft zu einer Gesellschaft von Teilhabern begründet, wie dies bereits Ludwig Erhard gefordert hatte. Im Unionsprogramm für die Wahl 2002 wird lediglich die Verbesserung der Rahmenbedingungen für eine Erfolgsbeteiligung der Mitarbeiter angekündigt.

Die Christlich-Soziale Union plädiert in ihrem Parteiprogramm für die Vermögensbildung in Arbeitnehmerhand als Schlüssel zu Ausgleich und Machtbalance. Sie spricht das Ziel der Verteilungsgerechtigkeit direkt an. In dem Programm heißt es: „Wirksame Vermögensbildung der Arbeitnehmer ist ein wichtiger Beitrag zur Verteilungsgerechtigkeit und dient der Machtbalance in einer freiheitlichen Wirtschafts- und Gesellschaftsordnung." Die breit gestreute, individuell gestaltete Vermögensbildung in Arbeitnehmerhand bleibe für die CSU eine wichtige gesellschaftspolitische Zukunftsaufgabe. Sie sieht in der breiten Vermögensbildung eine Festigung der auf privatem Eigentum beruhenden deutschen Wirtschaftsordnung, einen Weg zur Verbesserung der Kapitalausstattung der Unternehmen und zur Erhöhung der Arbeitsplatzsicherheit. Auch ein anderes politisches Ziel nennt die CSU offen: Mitbestimmung aus Miteigentum.

Was die CSU nur andeutet, erheben die Freien Demokraten zum politischen Programm. In ihren „Wiesbadener Grundsätzen/Für die liberale Bürgergesellschaft“ plädieren sie für das Leitbild der Arbeitnehmer als Teilhaber des Betriebes. Wer Teilhabe der Arbeitnehmer ausschließlich als Mitbestimmung durch Funktionäre verstehe, werde der Zukunft nicht gerecht.

Mitarbeiter sollen zu Mitunternehmern werden, fordern die Liberalen und fügen kritisch hinzu, dem Recht auf Privateigentum unserer marktwirtschaftlichen Grundordnung werde durch die geringe Eigentumsquote in der Realität in vielen Betrieben nicht entsprochen. Insbesondere bei der Beteiligung am Produktivvermögen lägen Zukunftschancen brach.

Mitarbeiterbeteiligungen am Produktivvermögen könnten dagegen Bündnisse für Arbeit in den Betrieben sein. Sie überwänden die Trennung von Arbeit und Kapital und machten aus Arbeitnehmern Mitunternehmer, aus Lohnabhängigen Teilhaber. Mitarbeiter als Miteigentümer des Unternehmens hätten mehr Einflussmöglichkeiten im Betrieb.

Alle Parteien sind unzufrieden mit der Vermögenskonzentration und sehen in der Mitarbeiterbeteiligung ein Instrument zur Herstellung einer größeren Verteilungsgerechtigkeit.

Neben die Programmaussagen, die auf wirtschaftspolitische und gesellschaftspolitische Ordnungsvorstellungen zielen, treten zunehmend zeitgebundene wirtschafts- und sozialpolitische Begründungen. Dies wird besonders deutlich in dem CDU-Diskussionspapier zur „Neuen Sozialen Marktwirtschaft“. Darin heißt es: „Angesichts der demographischen Veränderungen, der veränderten Bedeutung der Erwerbsarbeit für die Vermögensbildung und der zunehmend unsteteren Beschäftigungsverhältnisse wird die Verbreiterung der Vermögensbildung zu einem erstrangigen Gebot der Sozialpolitik.“ Die CDU will Aufklärungsarbeit leisten, um ein neues gesellschaftliches Verständnis für die Notwendigkeit und die Chancen einer breit gefächerten Vermögensbildung zu schaffen. Sie will die staatliche Förderung der Vermögensbildung insbesondere der Unterstützung privater Altersvorsorge widmen und vorrangig Beziehern von niedrigen Einkommen zugute kommen lassen. Die verschiedenen, bisher bestehenden Fördermaßnahmen sollen gebündelt und stärker auf das Ziel der Unterstützung privater Altersvorsorge ausgerichtet werden.

Die Union zieht damit die Konsequenz aus der Einsicht, dass die umlagefinanzierte gesetzliche Rente zur Aufrechterhaltung des Lebensstandards durch private Vorsorge ergänzt werden muss. Die Liberalen hatten dieses zusätzliche Ziel bereits in ihrem Wahlprogramm zur Bundestagswahl 1998 markiert. Sie hatten darin die Einrichtung von Pensionsfonds gefordert, in die Arbeitgeber und Arbeitnehmer Zahlungen leisten können. Diese Pensionsfonds dienten neben der Vermögensbildung auch der Eigenverantwortlichkeit der zusätzlichen Altersvorsorge, hieß es im FDP-Wahlprogramm.

Die Liberalen machten sich in ihrem 98er-Programm wie die CDU für eine nachgelagerte Besteuerung stark. Das heißt, Einkünfte sollten in der Ansparphase steuerfrei, in der Entsparphase dagegen besteuert werden.

CDU und CSU und die Liberalen belassen es nicht nur bei Programmsätzen zur Mitarbeiterbeteiligung. Sie konkretisieren ihre Vorstellungen auch zu operativen Aufgaben bzw. Forderungen an den Gesetzgeber. In einem Antrag der Abgeordneten Heinz Schemken, Gerald Weiß und der CDU/CSU-Bundestagsfraktion, einer Initiative der Arbeitnehmergruppe der Fraktion (Drucksache 14/6639 vom Juli des Jahres 2001), wird das gesellschaftspolitische Ziel der gleichmäßigeren Vermögensverteilung mit der Alterssicherung verbunden. In dem Antrag heißt es: „Die Beteiligung der Arbeitnehmerinnen und Arbeitnehmer am Produktivvermögen trägt nicht nur zu einer gleichmäßigeren Vermögensverteilung bei und ist insofern gesellschaftspolitisch wünschenswert. Vielmehr wird durch sie auch für breite Bevölkerungskreise eine neue Einkommensquelle geschaffen, der insbesondere für die Alterssicherung eine besondere Bedeutung zukommen kann."

Der Antrag verweist ferner darauf, dass Investivlohnvereinbarungen die Tarifpolitik entlasten und somit die Arbeitskosten begrenzen können, eine stärkere Kapitalbeteiligung der Arbeitnehmerinnen und Arbeitnehmer die Eigenkapitalbasis der Unternehmen stärke und zu einer partnerschaftlichen – und damit die Produktivität steigernden – Unternehmenskultur beitrage. Er beklagt zugleich, dass die mit dem Dritten Vermögensbeteiligungsgesetz geschaffenen Verbesserungen noch nicht den gewünschten Erfolg gezeigt hätten. Tarifvertragsparteien schlössen kaum Investivlohnvereinbarungen ab, und auf Grund der nach wie vor zu niedrigen Einkommensgrenzen des Fünften Vermögensbildungsgesetzes würden zu wenige Menschen von der Förderung der Mitarbeiterbeteiligung erfasst.

Die Unionsfraktion hat deshalb die Bundesregierung aufgefordert, einen Gesetzentwurf mit diesem Inhalt vorzulegen:

- Die Einkommensgrenzen nach dem fünften Vermögensbildungsgesetz sollten von gegenwärtig 35.000/70.000 auf 50.000/100.000 DM angehoben werden.
- Angesichts der besonderen Situation in den neuen Bundesländern solle die erhöhte Sparzulage von 25 Prozent auf 800 DM für Produktivkapitalbeteiligungen (im Vergleich zu 20 Prozent in den alten Bundesländern) auch über das Jahr 2004 hinaus gewährt werden.
- Für solche Beteiligungen, die für mindestens 15 Jahre oder mindestens bis zum 60. Lebensjahr festgelegt werden, solle der Satz bundeseinheitlich auf 30 Prozent angehoben werden.
- Der Freibetrag nach § 19 a Einkommensteuergesetz von zur Zeit 300 DM für Unternehmensbeteiligungen solle auf 500 DM angehoben werden. Für Mitarbeiterbeteiligungen, die für mindestens 15 Jahre oder mindestens bis zum 60. Lebensjahr festgelegt sind, solle ein zusätzlicher Freibetrag von weiteren 500 DM gewährt werden.
- Sollte das Einkommensteuerrecht mittelfristig radikal vereinfacht werden, sollte die derzeitige Freibetragsförderung nach § 19 a EStG in eine Förderung der Mitarbeiterbeteiligung am Arbeit gebenden Unternehmen durch Direktzulagen ersetzt werden.

Die CDU hat in ihrem Diskussionspapier zur „Neuen Sozialen Marktwirtschaft" diese Forderungen übernommen, allerdings auf ihrem Dresdner Parteitag Anfang Dezember 2001 nur in der Tendenz so beschlossen.

Die Partei Bündnis 90/Die Grünen unterstützt eine Initiative von 40 am Neuen Markt gelisteten Unternehmen der Informations- und Kommunikationstechnologien, Aktienoptionen von Mitarbeitern steuerlich Aktien gleichzustellen. Realisierte Kurssteigerungen bei Aktienoptionen werden steuerlich derzeit wie Arbeitseinkommen behandelt und nach dem Einkommensteuertarif besteuert. Demgegenüber sind die Kursgewinne von Aktionären steuerfrei, wenn die Aktie mindestens ein Jahr gehalten wurde. Mitarbeiter, die Optionen besitzen, sind damit gegenüber Aktionären deutlich schlechter gestellt. Das sei für die Grünen nicht akzeptabel, heißt es in einer Programmaussage der Grünen. Optionen seien sinnvoll, weil sie Mitarbeiter am Produktivkapital und am Erfolg des Unternehmens teilhaben ließen.

Die FDP hatte sich in ihrem 98er-Wahlprogramm dafür ausgesprochen, Teile des Einkommens, insbesondere gewinnabhängige variable Einkommensbestandteile, sofern sie nicht ausgezahlt, sondern angelegt werden, von Steuern und Sozialabgaben so lange zu befreien, bis sie zu einem späteren Zeitpunkt an den Arbeitnehmer bar ausgezahlt werden. Die CDU ist etwas zurückhaltender. In ihrem Papier zur „Neuen Sozialen Marktwirtschaft“ heißt es lediglich, es solle geprüft werden, ob Investivlohnanteile, also Lohnbestandteile, die in Form von Produktivkapital gewährt werden, erst im Fall des tatsächlichen Zuflusses an den Arbeitnehmer besteuert werden können. Die SPD hatte sich zwar in ihrem 98er-Wahlprogramm für Investivlohnvereinbarungen der Tarifpartner stark gemacht, aber keine detaillierten Umsetzungsvorschläge unterbreitet.

Die Freien Demokraten betonen in ihren Programmaussagen zur Mitarbeiterbeteiligung die Freiwilligkeit der Vereinbarung in ihren Betrieben und die Wahlfreiheit der Anlageform. Gesetzlicher Zwang oder Zwang durch Flächentarifvereinbarungen für Mitarbeiterbeteiligungen würden den unterschiedlichen Möglichkeiten der einzelnen Betriebe nicht gerecht. Darum seien in den Flächentarifverträgen grundsätzlich Öffnungsklauseln für Mitarbeiterbeteiligungen vorzusehen, die Teile des Tariflohns ersetzen können.

Allein stehen die Liberalen mit ihrer Forderung, die Übertragung von Unternehmensanteilen an die Arbeitnehmer bei Nachlässen oder Schenkungen völlig steuerfrei zu stellen. Die Erbschaftsteuer entfalle, heißt es in den „Wiesbadener Grundsätzen“ der Liberalen, wenn das Unternehmen oder Teile davon an die beschäftigten Mitarbeiter übertragen werden. Denn diese gemeinnützige Beteiligung am Produktivvermögen sei die private Alternative zu einer steuerlichen Nachlassabgabe. In ihrem Programm für die Bundestagswahl 2002 wird diese Forderung nicht erneut erhoben.

Wie auch immer die Parteien das gesellschaftliche Leitziel formulieren, ob als Gesellschaft der Teilhabe oder als ein Volk von Eigentümern, der Fortschritt wird wie in den zurückliegenden Jahrzehnten eine Schnecke bleiben. Das Papier, auf dem die Programmaussagen zur Mitarbeiterbeteiligung gedruckt sind, hat sich als geduldig erwiesen. Steuerliche Förderungen von Mitarbeiterbeteiligungen passen zudem schlecht zu der grundsätzlichen Steuerreform mit niedrigeren Sätzen bei Streichung steuerlicher Ausnahmetatbestände, für die die Union und die FDP eintreten. Trotz der Notwendigkeit zu verstärkter privater Vorsorge spricht wenig dafür, dass sich dies künftig grundsätzlich ändern wird.

Historische Wurzeln und alternative Ansätze des Mitunternehmertums

Rolf Wunderer

1. Geschichte des Mitunternehmertums

Nach Gaugler reichen einige Wurzeln für die Mitunternehmer-Konzeption bis ins 19. Jahrhundert zurück (vgl. Gaugler, 1999). Wenngleich sich diese Ansätze auf finanzielle sowie Partizipationsaspekte konzentrierten und die damals erstmalig praktizierten Gewinn- und Kapitalbeteiligungsmodelle vor allem sozialpolitisch motiviert waren, verbanden sich damit zumindest einige Zielsetzungen, die auch in unserem heutigen Verständnis von Mitunternehmertum noch bedeutsam sind. So strebte der Nationalökonom Johann Heinrich von Thünen im vorletzten Jahrhundert mit seiner Erfolgsbeteiligung neben der Erhöhung der Kaufkraft und der Vermögensbildung der Arbeitnehmer zugleich deren Integration und Identifikation mit dem Unternehmen an – ein Ziel, das in positiver instrumenteller Beziehung zum unternehmerischen Denken und Handeln der Mitarbeiter steht und damit auch in unserem Ansatz von Bedeutung ist.

Nach dem Zweiten Weltkrieg entstand in Literatur und Praxis „die Konzeption des Mitunternehmertums als besondere Ausprägung der partnerschaftlichen Unternehmensführung" (vgl. Gaugler, 1999, S. 7). Anders als bei den Vorläufern aus dem 19. Jahrhundert umfasste dabei die Beteiligung der Mitarbeiter nicht nur materielle, sondern auch immaterielle Komponenten. So wurde in der 1950 gegründeten Arbeitsgemeinschaft zur Förderung der Partnerschaft in der Wirtschaft e.V. (AGP) betriebliche Partnerschaft definiert als „jede durch eine Vereinbarung zwischen Unternehmensleitung und Mitarbeitern festgelegte Form der Zusammenarbeit, die außer einer ständigen Pflege der zwischenmenschlichen Beziehungen eine Mitwirkung und Mitverantwortung sowie eine materielle Beteiligung am Betriebserfolg zum Inhalt hat" (zitiert nach Gaugler, 1999, S. 7).

„Mitbeteiligen" und „Mitbesitzen" sind notwendige Komponenten eines umfassenden Konzepts internen Unternehmertums (vgl. Wunderer, 1999 und 2001, S. 400 ff.; Lezius, 1999, S. 34 f. und 1984).[1]

In den Fünfziger- und Sechzigerjahren wurden verschiedene Firmenmodelle des Mitunternehmertums entwickelt und praktiziert. Ein prominentes Beispiel ist der Ansatz der Paul-Spindler-Werke aus Hilden, der so genannte „Spindler-Plan", dessen Grundkonzeption von 1951 bis zur Auflösung des Unternehmens im Jahre 1972 unverändert blieb. Darin werden mehrere Komponenten des Mitunternehmertums – nämlich Mitwissen, Mitentscheiden und Mitbeteiligen – angesprochen (vgl. Abbildung 1).

Mitunternehmer-Vertrag: Allen Mitarbeitern mit einer mindestens einjährigen Betriebszugehörigkeit wurde ein individueller Mitunternehmer-Vertrag angeboten.
Gewinn- und Kapitalbeteiligung: Der Mitunternehmer wurde an den Geschäftsergebnissen und an den Veränderungen des Betriebsvermögens beteiligt. Über eine Rücklagenbildung aus den individuellen Gewinnanteilen wurde neben einer Gewinn- auch eine Verlustbeteiligung ermöglicht. Über die Rücklage hinaus konnte der Mitarbeiter Teile seiner Gewinnbeteiligung dem Unternehmen als Darlehen gegen Verzinsung zur Verfügung stellen.
Regelmäßige Mitarbeiterinformation: Der Mitunternehmer wurde von der Geschäftsleitung in mindestens vierteljährlichen Abständen über ihre Pläne und die geschäftliche Lage unterrichtet.
Mitentscheidungsrechte: Der Mitunternehmer hatte in verschiedenen Fällen das Recht zur Mitentscheidung, insbesondere bei: – grundsätzlichen Änderungen des Gegenstandes oder Zweckes des Unternehmens oder eines Produktionsverfahrens – größeren Veränderungen der Belegschaftsstärke – Investitionen mit bestimmten Auswirkungen auf die Kapazität des Unternehmens – größeren Aufwendungen für die Betreuung der Belegschaft – Aufnahme von Krediten und Übernahme von Verbindlichkeiten in bestimmter Höhe Wurde eine dieser Maßnahmen gegen die Entscheidung des Mitunternehmers durchgeführt, so hatte dieser das Recht, binnen einer Woche die Sicherstellung seiner Rücklage zu verlangen.

Abbildung 1: Grundzüge des Spindler-Plans
Quelle: Gaugler, 1999, S. 8 ff.

Zusammenfassend lässt sich mit Gaugler folgende Bilanz ziehen (vgl. Gaugler, 1999, S. 15):

„Ein Vergleich der historischen Wurzeln mit den Gegenwartsvorstellungen, Mitarbeiter zu Mitunternehmern werden zu lassen, zeigt, daß die neueren Mitunternehmer-Konzepte sehr stark auf das Verhalten der Mitarbeiter konzentriert sind; sie betonen das mitunternehmerische Verhalten im betrieblichen Leistungsprozeß; sie sollen die Kreativität der Mitarbeiter stimulieren und auf die Innovationsbedarfe des Unternehmens ausrichten. In den Mitunternehmer-Konzepten der Jahre nach dem Zweiten Weltkrieg dominierte die Überwindung der Klassenkampf-Ideologie der Vergangenheit und die Verwirklichung der Menschenwürde in der Betriebsverfassung. Die Mitunternehmerpostulate der Gegenwart akzentuieren relativ stark ihre Ausrichtung auf die Existenzsicherung des Unternehmens und auf die Stärkung seiner Wettbewerbsfähigkeit."

Vergleicht man speziell die Ansätze aus den Fünfziger- und Sechzigerjahren mit dem heutigen Mitunternehmerkonzept, so lassen sich idealtypisch folgende Kontraste herausarbeiten (vgl. Abbildung 2).

Damals	Heute
... wurde ein dritter Weg zwischen Kapitalismus und Kommunismus gesucht.	... steht die interne Koordination der Unternehmung durch eine Kombination von interner Markt- und sozialer Netzwerksteuerung im Vordergrund.
... dominierten kollektive Gestaltungsansätze zu einer neuen Unternehmens- bzw. Betriebsverfassung.	... geht es vorrangig um zielgruppenorientierte und individualisierte Führungs- und Kooperationskonzepte.
... ging es vorrangig um die Neugestaltung der institutionell verfassten Arbeitsbeziehungen in Wirtschaft und Unternehmen.	... geht es vor allem um die Gestaltung der Führungs- und Kooperationsbeziehungen im Team und im Unternehmen.
... waren normativ-ethische Wertvorstellungen und gesellschaftspolitische Ziele handlungsleitend.	... stehen praktisch-normative Aspekte (insbesondere die Identifikation und Motivation der Mitarbeiter) im Mittelpunkt.
... basierten die meisten Konzepte auf einem patriarchalisch-kooperativen Führungsverständnis.	... wird ein transformationelles Führungskonzept vorgeschlagen, das neben Respekt und Vertrauen die individuelle Beachtung und Förderung der Mitarbeiter durch die Führungskräfte herausstellt.
... stand die Förderung von Fach- und Methodenqualifikationen sowie des menschlichen Miteinanders im Zentrum.	... ist die Förderung der mitunternehmerischen Schlüsselkompetenzen (wie Gestaltungskompetenz, Handlungskompetenz, Sozialkompetenz) gefordert.
... waren viele organisationale und instrumentelle Voraussetzungen für Mitunternehmertum nach heutigem Verständnis noch nicht vorhanden.	... begünstigen organisationale Gestaltungsmaßnahmen wie Dezentralisierung, Lean Management oder Profit-Center und Führungsinstrumente wie MbO, Mitarbeitergespräche und Führungsanalysen die Umsetzung internen Unternehmertums.
... wurden die zentralen Konzepte vor allem von Mittelstandsunternehmern entwickelt.	... wird Mitunternehmertum gerade von Großunternehmen und global players gefordert und gefördert, die darin einen Ansatz zur Vitalisierung ihrer tendenziell bürokratischen und hierarchischen Organisationen sehen.

Abbildung 2: Mitunternehmertum in den Fünfziger-/Sechzigerjahren und heute

2. Mitunternehmertum aus der Perspektive volkswirtschaftlicher Theorien[2]

2.1 Schumpeters aktionsorientierter und evolutionärer Ansatz

Darstellung

Schumpeter wollte die bis dahin vorherrschende statische Betrachtungsweise in der Volkswirtschaft überwinden und eine evolutionäre Theorie entwickeln. Im Mittelpunkt seines Interesses standen nicht – wie bislang üblich – exogene Faktoren und ihr Einfluss auf das individuelle Verhalten, sondern „das schöpferische Gestalten auf dem Gebiete der Wirtschaft" (Schumpeter, 1912, S. 104) selbst.

Bemerkenswert ist Schumpeters *Motivationskonzept* des Unternehmers. Der Unternehmer ist für ihn kein Anpasser an Restriktionen. Er wagt sich vielmehr auf unbekannte Gebiete vor, überwindet Grenzen und schafft Neues: „Während ein statisches Wirtschaftssubjekt aus ihnen (den Restriktionen, der Autor) in einer charakteristischen Weise ‚passiv' die Konsequenzen zieht, gestaltet sie unser Mann der Tat ..." (Schumpeter, 1912, S. 133). Als Motive für unternehmerisches Verhalten der Akteure nennt Schumpeter (Vgl. Schumpeter, 1912, S. 138, 141): Freude an sozialer Machtgestaltung, am schöpferischen Gestalten, am Erfolg und am Sieg über andere.

Dieses „unternehmerische Wirtschaftssubjekt" wird als „das Agens der wirtschaftlichen Entwicklung gesehen, weil es eine Veränderung aus der Wirtschaft selbst heraus erzeugt" (Schumpeter, 1912, S. 147).

Dabei ist neben dem klassischen Eigentümerunternehmer „der Präsident oder ein anderes Mitglied des Verwaltungsrates als Unternehmer zu betrachten (...), in noch anderen der Generalsekretär oder der Manager" (Schumpeter 1912, S. 175).

Schumpeter erkannte weiterhin, dass Fähigkeit und Motivation zu unternehmerischem Handeln in der Bevölkerung sehr unterschiedlich verteilt sind. Er differenzierte in sehr plastischer Weise drei Gruppen von unterschiedlicher unternehmerischer Kompetenz:

„Es erhebt sich die Frage: Wie setzt sich das Neue in der Wirtschaft durch?... Die meisten Leute gehen ihrem täglichen, gewohnten Erwerbe nach und haben damit genug zu tun... Eine Minorität von Leuten mit einer schärfern Intelligenz und einer beweglichen Phantasie sehen zahllose neue Kombinationen... Dann aber gibt es noch eine geringere Minorität – und diese handelt. ... Die neuen Kombinationen kann man immer haben, aber das Unentbehrliche und Entscheidende ist die Tat und die Kraft zur Tat" (Schumpeter, 1912, S. 133; vgl. dazu auch Wunderer/Bruch 2000; Bruch, 2001).

Wenngleich Schumpeter Mitarbeiter ohne Führungsfunktion noch nicht in seine Unternehmerdefinition eingeschlossen hatte, haben diese Überlegungen wichtige Impulse zur Entwicklung unserer unternehmerischen Mitarbeitertypologie (Vgl. Wunderer, 2001, S. 49 f.) geliefert.

Beurteilung

Schumpeters Grundkonzept eignet sich vom Ansatz her für unser Konzept des Mitunternehmertums. Bedeutsam ist auch seine Abkehr von einer Fixierung des Unternehmertums auf die Führungsspitze oder der untrennbaren Verbindung von Leitung und Eigentum (bzw. finanzieller Risikoübernahme).

In einer wesentlichen Charakterisierung finden wir Schumpeters „unternehmerisches Wirtschaftssubjekt" jedoch zu „klassisch" und zu wenig auf die Notwendigkeit moderner Wertorientierungen (vgl. Wunderer, 2001, S. 176) und Organisationsformen ausgerichtet. So beschreibt Schumpeter seinen Unternehmer als grundsätzlich egozentrisch und unkooperativ: „Sehr gleichgültig ist ihm, was seine Genossen und Übergenossen zu seinem Unternehmen sagen werden... Die Fähigkeit, andere sich zu unterwerfen und seinen Zwecken dienstbar zu machen, zu befehlen und zu überwinden ist es, die – auch ohne besonders glänzende Intelligenz – zu erfolgreichem Tun führt." (Schumpeter, 1912, S. 163 f.) Ein solches Verhalten entspricht zwar dem neueren Typus des „Intrapreneurs" nach Pinchot, dessen 10 Verhaltensgebote (vgl. Pinchot, 1988) in dieselbe Richtung gehen und die Ähnlichkeiten mit Verhaltensmodellen *Menschenbildern („homo oeconomicus")* vieler volkswirtschaftlicher Theorien aufweisen.

Dieses stets nutzenoptimierende, nur rational kalkulierende, egozentrische und egoistische Wirtschaftssubjekt erfüllt jedoch keineswegs die Anforderungen, die eine organisationsinterne Kooperation im Dienste einer auch längerfristigen Zusammenarbeit und gemeinsamen *Wertschöpfung* (vgl. Schmid, 1986) für das Unternehmen stellt.

Die von Adam Smith vor über 200 Jahren eindrücklich beschriebenen Vorteile der Arbeitsteilung (vgl. Smith, 1776)[3] müssen gerade in heutigen Organisationsformen mit interner Konkurrenz und Kooperation synergiestiftend zusammengeführt werden. Dazu sind die Fähigkeit und Bereitschaft zur wechselseitigen Kooperation unabdingbar. Sie ist ein notwendiger Teil der Sozialkompetenz, die wir als Schlüsselkompetenz für unternehmerisches Verhalten definieren (vgl. Wunderer, 2001, S. 57 f.).

Problematisch am Konzept Schumpeters scheint uns auch die Annahme, man habe sich als (Mit-)Unternehmer um gesetzte Restriktionen nicht zu kümmern und könne damit der mikropolitischen Philosophie eines Intrapreneurs („Komme jeden Tag mit der Bereitschaft zur Arbeit, gefeuert zu werden") jederzeit folgen: „Die Folgen, die eine Niederlage für ihn haben muss und die Frage, ob alle, die von ihm abhängig sind, dadurch nicht ihre Altersversorgung verlieren werden, beachtet er nicht" (Schumpeter, 1912, S. 163). In wechselseitigen, langfristigen Beziehungen („unendlichen Spielen") ist diese Strategie jedoch suboptimal (vgl. Axelrod, 1984). Weiterhin missachtet diese Annahme, dass die von der Unternehmensführung bewusst gesetzten Restriktionen bzw. strukturell vorgegebenen Verhaltensspielräume auch das Unternehmerische fördern wollen und können – statt es zu verhindern. Da Strukturen als exogene Förderungs- und Anreizkonzepte gänzlich ausgeblendet bleiben, finden wir Schumpeters Perspektive hier zu einseitig.

Fazit:

Der auf innovatives Verhalten – anstatt auf Gewinnmaximierung – ausgerichtete Motivationsansatz, seine Differenzierung der Wirtschaftssubjekte nach ihrer unternehmerischen Eignung sowie die evolutionäre Denkweise Schumpeters erweisen sich als besonders anregend für unser Konzept des *Mitunternehmertums*, insbesondere auch für die direkte Mitarbeiterführung. Die Charakterisierung eines rein „Ich-bezogenen" Unternehmertyps („Ich-AG") und seinen rein personalen Ansatz betrachten wir dagegen als die zentralen Schwachpunkte. Ebenfalls nicht thematisiert wird das unternehmerische Verhalten von Mitarbeitern ohne Führungsfunktion. Somit wird eindeutig aus der Unternehmensführungsperspektive argumentiert. Dies ist zwar auch in der betriebswirtschaftlichen Managementlehre die Regel, erscheint uns jedoch als eine unnötige und unzweckmäßige Einengung der Zielgruppe. Kritisch bewerten wir auch die Reduktion des Unternehmers auf einen frühindustriellen egozentrischen Typ, der zudem nicht nach fördernden Bedingungen, sondern fast ausschließlich nach der Zerstörung oder Überwindung von Strukturen bzw. dem Aufbau neuer fragt. In der mangelnden strukturellen Ausrichtung, der Konzentration auf das Top-Management, der Ausblendung von Kooperationsbereitschaft und -fähigkeit sehen wir somit wesentliche *Grenzen* des Ansatzes von Joseph Schumpeter für unsere Überlegungen zum internen Unternehmertum.

2.2 Der strukturorientierte Ansatz des Ordo-Liberalismus

Darstellung

Der Ordo-Liberalismus ist keine in sich geschlossene Theorie, sondern wird durch mehrere Vertreter mit verschiedenen Ansätzen repräsentiert. Zentrale Gemeinsamkeit der Autoren aber ist die Konzentration auf das Setzen von Rahmenordnungen. Die Vertreter des Ordo-Liberalismus fühlen sich also vor allem strukturellen Steuerungskonzepten verpflichtet.

Von Schumpeters Theorie der wirtschaftlichen Entwicklung unterscheidet sich der Ordo-Liberalismus durch folgende Aspekte: Er geht nicht von einem charismatisch-egozentrischen Unternehmertyp aus, definiert auch kein Anforderungsprofil an das unternehmerische Verhalten und konzentriert sich nicht auf die personelle Dimension der Veränderung. Vielmehr sollen *fördernde Strukturen für unternehmerisches Denken und Handeln* geschaffen werden. Bei nicht ausreichender Wirkung der Strukturen oder unkontrolliertem, abweichendem Verhalten der Wirtschaftssubjekte sollen die zuständigen Instanzen gezielte Interventionen durchführen können.

Obwohl wir den Ordo-Liberalismus hier nicht umfassend darlegen können, möchten wir aber einige Ansätze herausgreifen, die im gegebenen Kontext von besonderer Bedeutung sind.

Dazu zählt zunächst einmal ein Ansatz von Hensel, der in einer Weiterentwicklung eines grundlegenden Konzeptes von Eucken neben die Wirtschaftsordnung ein „rechtliches und sittliches Gebilde" stellte, dem „alle in Verfassungen, Gesetzen und Ordnungen niedergelegten Rechtsregeln zugerechnet" (Hensel, 1992) werden. „Es umfasst sämtliche *Normen,* Institutionen, Sitten und Gebräuche. (...) Dadurch wird versucht, den kulturellen, religiösen und nationalen Besonderheiten von Wirtschaftssystemen gerecht zu werden. Zudem werden die Bedingungen mithilfe von Anreiz- und Kontrollsystemen analytisch zu erfassen versucht" (Hensel, 1992). Dieser institutionelle Ansatz ist für uns bedeutsam, weil er *Struktur und Kultur von Gesellschaft und Wirtschaft* als *konstitutive Merkmale* einbezieht. Theoretisch kann er auch durch den Strukturfunktionalismus (vgl. Parsons, 1951) begründet werden. Hier lassen sich Parallelen zur Unternehmensorganisation, -strategie und -kultur herstellen. Diese reichen bis zur Konzeption von wettbewerbspolitischen Leitbildern (vgl. Molitor, 1990, S. 50 ff.), die eine deutliche Analogie zu Unternehmens- und Führungsleitbildern der Managementlehre aufweisen. Die Theorie der Ordnungspolitik geht folglich von einem Leitbild aus, das heute intern als *Unternehmens- und Führungsleitbild* in vielen mittleren und größeren Unternehmen schriftlich formuliert ist und somit die Sollkultur, -organisation und -strategie festzulegen versucht.

Im Ordo-Liberalismus wird unterstellt, dass sich Volkswirtschaften nicht von selbst in optimaler Weise regulieren, sondern einer „durch Prinzipien geleiteten Wirtschaftspolitik" (Cassel, 1988, S. 324) bedürfen. Cassel verweist in diesem Zusammenhang auf die vier Kategorien von Walter Eucken, der nach konstituierenden, regulierenden, potenziell ergänzenden und staatsordnungspolitischen Prinzipien differenziert. Dieser Ansatz eignet sich gut für die Gestaltung einer internen *Unternehmensverfassung* unter einem (auch internen) Marktsteuerungsprinzip. Die Unternehmens- und Führungspolitik soll danach die Einhaltung der Prinzipien fördern und sichern sowie bei Versagen der strukturellen Steuerung über direkte hierarchische Steuerung eingreifen.

Im Rahmen der Ordnungspolitik lässt die neoklassische „Chicago-School" als „alleiniges *Paradigma* die Steuerung der Effizienz der Einzelunternehmung gelten" (Molitor, 1990, S. 52). Die soziale Marktwirtschaft will dagegen *Effizienz-* und Produktivitätsvorteile mit sozialer Gerechtigkeit verbinden: „Dazu gehört auch ein *Menschenbild*, das sich nicht ausschließlich am Leitbild des egoistisch veranlagten *homo oeconomicus* und einer nur wirtschaftsliberal interpretierten Freiheit orientiert" (Büscher, 1990, S. 424)[4]. Vielmehr wird davon ausgegangen, dass die Akteure über ein hinreichendes Maß an *Sozialkompetenz* – einer zentralen unternehmerischen Schlüsselkompetenz – verfügen: „Das Spannungsverhältnis zwischen Individuum und Gesellschaft wird (...) gelöst im Sinne der Gemeinschaftsbezogenheit und Gemeinschaftsgebundenheit der Person, ohne dabei den Eigenwert anzutasten" (Büscher, 1990, S. 424).

Die Interpretation Cassels (Cassel, 1988, S. 314) von Wirtschaftsordnung, -verfassung und -system als Konzept einer „Koordination und Kooperation aller Wirtschaftseinheiten durch verhaltensbeeinflussende Regeln", die Entscheidungs- und Verhaltensspielräume festlegen und damit die „homo-homini-lupus-Gesellschaft" überwinden wollen, entspricht weitgehend der von uns vorgeschlagenen strukturellen Steuerung über mitunternehmerische Kultur und

Organisation. Die Gesamtheit derartiger Regeln wird als Sitten, Bräuche, Traditionen, Konventionen sowie moralische und rechtliche *Normen* bezeichnet. Auf die Unternehmung übertragen können wir hier von *Führungskulturen* oder *Führungsgrundsätzen* sprechen (vgl. Wunderer/Klimecki, 1990).

Streit widmet sich speziell der Koordination und Information des Ordnungsproblems und differenziert dabei zwischen Koordination über Anweisung und Vereinbarung (Streit, 1991, S. 32 f.). In ähnlicher Weise plädieren wir dafür, die mitunternehmerische Organisation des Unternehmens durch Schaffung und Förderung interner Märkte auszubauen und mit sozialer Netzwerksteuerung zu einem Konzept langfristiger Beziehungen mit Wettbewerb und Kooperation zu entwickeln, das Hierarchie und „Expertokratie" (Bürokratie/Technokratie) zunehmend ablöst bzw. deutlich weniger gewichtet.

Beurteilung

Die Ansätze zum Ordo-Liberalismus sind vielfältig, zumal sie von verschiedenen Autoren in verschiedenen Epochen vertreten werden. Die Betonung der strukturellen Steuerung („Ordnungspolitik") über Organisation und Kultur sowie deren Ergänzung durch direkte Eingriffe („Prozesspolitik") deckt sich mit unserem Verständnis von Mitunternehmertum in besonderem Maße.

Ein entscheidender Vorzug ist die Abkehr vom *Menschenbild* des *„homo oeconomicus"* und die Einbeziehung von Sozialkompetenz („kooperative Selbstorganisation") in das unternehmerische Anforderungsprofil. Diese mitunternehmerische Schlüsselkompetenz wird bei der langfristigen innerorganisatorischen Kooperation als notwendig und effizient betrachtet.

Kritisch ist zu vermerken, dass in den vorwiegend normativen Gestaltungsregeln meist nur erwünschtes Verhalten diskutiert wird; mikropolitische Prozesse in Organisationen (vgl. Neuberger, 1995) werden damit ausgeblendet. Die Diskussion der Bezugsgruppen wird meist auf Konsumenten oder Arbeitnehmer reduziert. Und die Rolle des Managements wird ebenso wenig diskutiert wie spezifisch (mit-)unternehmerische Verhaltensmuster von Mitarbeitern.

3. Mitunternehmertum aus organisationspsychologischer Perspektive – Konzepte zum „Extra-Rollenverhalten in Organisationen"

Darstellung

Mit „Extra-Rollenverhalten" werden eigeninitiative Verhaltensweisen bezeichnet, die nicht in formalen Rollenvorschriften festgelegt, aber dennoch an den organisationalen Werten und Zielen orientiert sind (vgl. Nerdinger, 1998; v. Rosenstiel 1999). „Es soll dazu führen, Engagement und Flexibilität zu stärken, um auf diese Weise u.a. der Innovationskraft des Unternehmens zu Gute zu kommen“ (v. Rosenstiel, 1999, S. 84).

Als konstitutive Elemente des Extra-Rollenverhaltens lassen sich somit Verhaltensweisen bezeichnen (vgl. Nerdinger, 1998, S. 29), die

- nicht unmittelbar vorgeschrieben sind und freiwillig gezeigt werden,
- nicht direkt belohnt werden und
- Auswirkungen auf den Erfolg der Organisation haben.

Es wurden zahlreiche Konzepte – so etwa das Organizational Citizenship Behavior (OBC; vgl. Organ, 1988; Wunderer/Mittmann, 1995b, insb. S. 158 f.), das Konzept des prosozialen organisationalen Verhaltens (vgl. Brief/Motowidlo, 1986; Wunderer/Grunwald, 1980), das Konzept der organisationalen Spontaneität (vgl. George/Brief, 1992), das sog. „Arbeitsengagement aus freien Stücken“ (vgl. Müller/Bierhoff, 1994) und das Konzept der persönlichen Initiative (vgl. Frese et al., 1994, 1996) – entwickelt, die alle in die gleiche Richtung argumentieren und die motivationalen Grundlagen internen Unternehmertums beschreiben (vgl. zusammenfassend Nerdinger, 1998).

Nach v. Rosenstiel umfasst Extra-Rollenverhalten im Kern folgende vier Komponenten (vgl. v. Rosenstiel, 1999, S. 91):

- Eigenverantwortlichkeit,
- Risikobereitschaft,
- Innovation und
- Kooperation.

Auch darin sind deutliche Parallelen zu unseren mitunternehmerischen Schlüsselkompetenzen erkennbar. Eigenverantwortlichkeit und Kooperation sind konstitutive Elemente der Sozialkompetenz, Innovation entspricht der Gestaltungskompetenz und Risikobereitschaft spielt sowohl bei Gestaltungskompetenz (als Bereitschaft, neue, mit Unsicherheit behaftete Problemlösungen zu entwickeln), der Sozialkompetenz (als Fähigkeit und Bereitschaft, Konflikte einzugehen und auszutragen) als auch bei der Handlungskompetenz (als Bereitschaft, Neues durchzusetzen) eine Rolle. Allerdings fehlt die umsetzungsorientierte Handlungskompetenz (vgl. Wunderer/Bruch, 2000).

Sehen wir uns nun zwei Konzepte des Extra-Rollen-Verhaltens etwas näher an:

Einer der ersten und am besten erforschten Ansätze ist das „Organizational Citizenship Behavior“, kurz OCB genannt (vgl. dazu im Einzelnen Nerdinger, 1998; Bretz/Hertel/Moser, 1998). Besonders interessant erscheinen dabei die diversen Untersuchungen zu den Ursachen des OCB, zumal gesicherte Befunde zu den Bedingungsfaktoren Anregungen zur Förderung des Extra-Rollenverhaltens – und damit auch des Mitunternehmertums – versprechen. Als wichtige Einflussfaktoren wurden u.a. identifiziert:

- die Stimmung am Arbeitsplatz (vgl. George, 1991),
- die erlebte Gerechtigkeit am Arbeitsplatz (Lohngerechtigkeit und Fairness der Vorgesetzten; vgl. Organ/Konovsky, 1989; Kemery et al., 1996),
- die Überwachung des Arbeitsverhaltens (enge Überwachung führt zu geringerem OCB; vgl. Niehoff/Moorman, 1993) sowie
- Vielfalt und Anspruchsniveau der Arbeitsaufgaben (vgl. Farh et al., 1990).

Damit wird deutlich, dass es in diesem Kontext um eine Verbindung von fördernden strukturellen Bedingungen und interaktivem Handeln geht. Bedeutung kann dabei der erlebten Fairness der Organisation bzw. der Führungskräfte beigemessen werden (vgl. dazu die Befunde von Moorman, 1991; Konovsky/Pugh, 1994; Robinson/Morrison, 1995).

Müller/Bierhoffs Konzept „Arbeitsengagement aus freien Stücken“ (vgl. Müller/Bierhoff, 1994) entspricht im Wesentlichen dem Ansatz „Organizational Spontaneity“ nach George/Brief (1992).

Müller/Bierhoff sehen in der indirekten Förderung eines positiven Klimas durch Kontrolle des Arbeitskontextes den zentralen Hebel zur Förderung des Extra-Rollenverhaltens. Als Ansatzpunkte nennen sie z. B.:

- gezielte Personalauswahl (Personen bevorzugen, die nicht nur fachlich, sondern auch von der Persönlichkeit mit den übrigen Teammitgliedern harmonieren),
- Teamentwicklungsseminare mit hohem Selbstbestimmungsgrad der Teilnehmer,
- Bildung überschaubarer Kleingruppen,
- Gruppenzusammensetzung nach ähnlichen sozialen Wertvorstellungen,
- stimmungsaufhellende Raumattribute (freundliche Farben, gute Luftqualität, Pflanzen etc.),
- Auszeichnung herausragender Ergebnisse des Extra-Rollenverhaltens,
- Erwähnung/Belobigung von Extra-Rollenverhalten, z. B. in Betriebszeitungen,
- Förderung und Praktizierung von Humor im Arbeitsalltag (z. B. Auflockerung von Schriftstücken durch Cartoons).

Direkte Interventionen – wie z. B. Verhaltenstrainings zur Förderung von Eigeninitiative – lehnen sie demgegenüber ab, weil sie bei den Betroffenen Gefühle des Kontrollverlustes hervorrufen, die Stimmung trüben und somit kontraproduktiv wirken könnten.

In gleicher Weise setzt unser Konzept des internen Unternehmertums schwerpunktmäßig auf strukturelle Führung. Allerdings halten wir – ergänzend dazu – eine wohldosierte und auf die spezifische Person und Situation abgestimmte direkte Beeinflussung für sinnvoll und erforderlich. So können z. B. Führungskräfte vorsichtige, zurückhaltende Mitarbeiter gezielt ermutigen, neue Wege zu beschreiten oder Weiterbildungsmaßnahmen dazu beitragen, dem Extra-Rollenverhalten bzw. Mitunternehmertum abträgliche Denk- und Verhaltensmuster zu erkennen und abzubauen. Ebenso hilft eine konstruktive Interpretation der Arbeitssituation, Blockaden abzubauen sowie die wahrgenommene Instrumentalität unternehmerischen Verhaltens für individuelle Ziele und die Erfolgserwartung der Mitarbeiter zu erhöhen (vgl. Wunderer, 2001, S. 103 f.).

Beurteilung

Das Konstrukt Extra-Rollenverhalten, mit dem sich die psychologische Forschung seit einiger Zeit in verstärktem Maße befasst, liefert eine theoretische Grundlage für die motivationalen Voraussetzungen des Mitunternehmertums. Die einzelnen Konzepte gehen auch davon aus, dass – insbesondere in wirtschaftlich schwierigen Zeiten und bei komplexen Aufgaben – Unternehmen nur dann Erfolg haben werden, wenn breite Schichten der Belegschaft mehr als das in Vorschriften Fixierte leisten, wenn sie ihre jeweiligen Rollen den situativen Erfordernissen entsprechend selbstständig interpretieren sowie engagiert und selbstverantwortlich ausgestalten.

Die grundlegenden Komponenten des Extra-Rollenverhaltens (Eigenverantwortlichkeit, Risikobereitschaft, Innovation und Kooperation) weisen eine große Nähe zu unseren mitunternehmerischen Schlüsselkompetenzen auf und unterstreichen deren Relevanz.

Mit am breitesten untersucht sind die Bedingungsfaktoren des Extra-Rollenverhaltens. Daraus lassen sich einige – empirisch fundierte – Anregungen zur Förderung des internen Unternehmertums finden. Die Befunde verweisen sowohl auf strukturelle Maßnahmen, wie Organisations- oder Abteilungskultur (Einflussfaktor: Stimmung am Arbeitsplatz), (Arbeits-)Organisation (Einflussfaktoren: Kontrolle des Arbeitsverhaltens, Vielfältigkeit und Niveau der Arbeitsaufgaben) als auch auf interaktive Aspekte, wie eine positive Beziehungsgestaltung durch Vorgesetzte. Die Betonung der wahrgenommenen Fairness und Wechselseitigkeit im Konzept des Organizational Citizenship Behavior bestätigt auch die praktische Relevanz der „goldenen Regel der Kooperation“ (vgl. Wunderer, 2001, S. 480 f.).

Kritisch zu bemerken ist, dass Befunde zur Bedeutung der einzelnen Faktoren wenig konsistent sind und keine eindeutige Rangierung der Einflussfaktoren erlauben (vgl. Nerdinger, 1998). Weiterhin wären Forschungsdesigns wünschenswert, die eindeutigere Aussagen über Ursachen und Wirkungen ermöglichen. Diese Kritik gilt damit auch für relevante Elemente des Mitunternehmertums. Wie Bretz et al. bemerken, sind selbst die empirisch gut belegten Zusammenhänge von OCB und anderen Variablen bisher vorwiegend korrelativer Natur (vgl. Bretz et al., 1998, S. 95). Ein dritter Kritikpunkt betrifft schließlich die Auswirkungen des Extra-Rollen-Verhaltens. Besonders interessant wäre es zu untersuchen, in welchen Situationen oder Arbeitsbereichen Extra-Rollen-Verhalten für den Unternehmenserfolg besondere Bedeutung hat, wann es deutlich gehemmt wird und wie es gefördert werden kann. Und schließlich darf nicht vergessen werden, dass extrafunktionales Verhalten langfristig auch nur in einem wechselseitigen Austauschverhältnis realisiert werden kann. Dieses Verhalten muss von der Organisation bzw. dem Management auch explizit beachtet und gratifiziert werden. Ansonsten ist Demotivation schon vorprogrammiert (vgl. Wunderer, 2001, S. 135 f.).

Anmerkungen

1 Im letzten Jahrzehnt hat die Erfolgs- und Kapitalbeteiligung stark zugenommen – insbesondere für Führungskräfte; dies besonders unter der Shareholder-Value-Perspektive. Aus anderer Sicht berichtet der Geschäftsführer der Arbeitsgemeinschaft zur Förderung der Partnerschaft in der Wirtschaft allein von über 2500 Unternehmen mit Kapitalbeteiligung. Er listet dafür 17 Argumente auf, um dieses Konzept als zentralen Förderansatz für Mitunternehmertum zu begründen.

2 Ausführlicher zu diesem Thema Wunderer, 1995

3 Smith hatte übrigens schon zuvor (1759) Anforderungen an das Sozialverhalten in seinen „Sentiments" sehr differenziert beschrieben. Dies wurde von den „Homo Oeconomicus"-Vertretern in der Regel ausgeblendet. Erst in neuester Zeit wurden integrative Ansätze (z. B. das Konzept des „Homo Oeconomicus Maturus" nach Frey 1997) entwickelt.

4 Vgl. dazu auch das wegweisende Modell des „homo oeconomicus maturus (HOM)", der nicht nur auf extrinsische, materielle Belohnungen reagiert (Frey, 1997). Frey leistet mit diesem Ansatz zugleich eine Weiterentwicklung der Neuen Politischen Ökonomie (vgl. Kirchgässner, 2000; Wunderer, 1995h), die gut mit der Entwicklung vom Intrapreneur zum Mitunternehmer vergleichbar ist.

Literatur

Axelrod, R.: The Evolution of Cooperation. New York 1984 (deutsch: Die Evolution der Kooperation. 3. Aufl., München et al. 1985).

Bretz, E./Hertel, G./Moser, K.: Kooperation und Organizational Citizenship Behavior. In: Spieß, E./Nerdinger, F. W. (Hrsg.): Kooperation in Unternehmen. München/Mering 1998, S. 79-97.

Brief, A. P./Motowidlo, S. J.: Prosocial Organizational Behavior. In: Academy of Management Review, 11, 1986, S. 710-725.

Bruch, H.: Leaders' Action. Model Development and Testing. Habil. Universität St. Gallen 2001.

Büscher, M.: Ordnungspolitik vor neuen Aufgaben. In: Wirtschaftsdienst, 70 VIII, 1990, S. 423-426.

Cassel, D.: Wirtschaftspolitik als Ordnungspolitik. In: Cassel, D./Ramb, B. T./Thieme, H. J. (Hrsg.): Ordnungspolitik. München 1980, S. 313-333.

Farh, J./Podsakoff, P. M./Organ, D. W.: Accouting for Organizational Citizenship Behavior. Leader Fairness and Task Scope versus Satisfaction. In: Journal of Management, 14, 1990, S. 705-721.

Frese, M. et al.: Mir ist es lieber, wenn ich genau gesagt bekomme, was ich tun muß: Probleme der Akzeptanz von Verantwortung und Handlungsspielraum in Ost und West. In: Zeitschrift für Arbeits- und Organisationspsychologie, 38, 1994, S. 22-38.

– Personal Initiative at Work. Differences between East and West Germany. In: Academy of Management Journal, 39, 1996, S. 37-63.

Frey, B. S.: Markt und Motivation. Wie ökonomische Anreize die (Arbeits-)Moral verdrängen. München 1997.

Gaugler, E.: Elemente des kooperativen Führungsstils. In: Gaugler, E. (Hrsg.): Verantwortliche Betriebsführung. Stuttgart 1969, S. 114-128.

– Zieldynamik erfolgsorientierter Mitarbeitervergütungen. In: Gaugler, E. (Hrsg.): Verantwortliche Personalführung. Mannheim et al. 1982, S. 107-128.

– Zur Weiterentwicklung der Betriebswirtschaftslehre als Management- und Führungslehre. In: Wunderer, R. (Hrsg.): Betriebswirtschaftslehre als Management- und Führungslehre. 3. Aufl., Stuttgart 1995, S. 251-263.

– Shareholder Value und Personalmanagement. In: Personal, 49, (4), 1997, S. 168-175.
– Mitarbeiter als Mitunternehmer – Die historischen Wurzeln eines Führungskonzepts und seine Gestaltungsperspektiven in der Gegenwart. In: Wunderer, R. (Hrsg.): Mitarbeiter als Mitunternehmer. Grundlagen, Förderinstrumente, Praxisbeispiele. Neuwied/Kriftel 1999, S. 3-21.

George, J. M.: State or Trait. Effects of Positive Mood on Prosocial Behaviors at Work. In: Journal of Applied Psychology, 76, 1991, S. 299-307.

George, J. M./Brief, A. P.: Feeling Good – Doing Good. A Conceptual Analysis of the Mood at Work-Organizational Spontaneity Relationship. In: Psychological Bulletin, 112, 1992, S. 310-329.

Hensel, K. P.: Grundformen der Wirtschaftsordnung. 4. Aufl., Münster 1992.

Kemery, E. R./Bedeian, A. G./Zacur, S. R.: Expectancy-based Job Cognitions and Job Affect as Predictors of Organizational Citizenship Behavior. In: Journal of Applied Social Psychology, 26, 1996, S. 635-651.

Kirchgässner, G.: Wirtschaftspolitik und Politiksystem. Zur Kritik der traditionellen Ordnungstheorie aus der Sicht der Neuen Politischen Ökonomie. In: Cassel, D./Ramb, B. T./Thieme, H. J. (Hrsg.): Ordnungspolitik. München 1988, S. 53-75.
– Homo oeconomicus. Das ökonomische Modell individuellen Verhaltens und seine Anwendung in den Wirtschafts- und Sozialwissenschaften. 2. Aufl., Tübingen 2000.

Konovsky, M. A./Pugh, S. D.: Citizenship Behavior and Social Exchange. In: Academy of Management Journal, 37, 1994, S. 656-669.

Lezius, M.: Menschen machen Wirtschaft. Materielle und immaterielle Elemente betrieblicher Partnerschaft. Spardorf 1984.
– Kapitalbeteiligung als Zukunftsmodell. In: Personalwirtschaft, (1), 1999, S. 34-35.

Molitor, B.: Wirtschaftspolitik. 2. Aufl., München et al. 1990.

Moorman, R. H.: Relationship between Organizational Justice and Organizational Citizenship Behaviors. Do Fairness Perceptions Influence Employee Citizenship? In: Journal of Applied Psychology, 76, 1991, S. 845-855.

Müller, G. F./Bierhoff, H. W.: Arbeitsengagement aus freien Stücken – psychologische Aspekte eines sensiblen Phänomens. In: Zeitschrift für Personalforschung, 8, (4), 1994, S. 367-379.

Nerdinger, F. W.: Extra-Rollenverhalten in Organisationen. In: Arbeit, 7, (1), 1998, S. 21-38.

Neuberger, O.: Mikropolitik. Der alltägliche Aufbau und Einsatz von Macht in Organisationen. Stuttgart 1995.

Niehoff, B. P./Moorman, R. H.: Justice as a Mediator of the Relationship between Methods of Monitoring and Organizational Citizenship Behavior. In: Academy of Management Journal, 36, 1993, S. 527-556.

Organ, D. W.: Organizational Citizenship Behavior. The Good Soldier Syndrome. Lexington 1988.

Organ, D. W./Konovsky, M.: Cognitive versus Affective Determinants of Organizational Citizenship Behavior. In: Journal of Applied Psychology, 74, 1989, S. 157-164.

Parsons, T.: The Social System. New York 1951.

Pinchot, G.: Intrapreneuring. Why you Don't Have to Leave the Corporation to Become an Entrepreneur. New York 1985.
– Intrapreneuring. Mitarbeiter als Unternehmer. Wiesbaden 1988.

Pinchot, G./Pellmann, R.: Intrapreneuring in Action. San Francisco 1999.

Pinchot, G./Pinchot, E.: The Intelligent Organization. Engaging the Talent and Initiative of Everyone in the Workplace. San Francisco 1994.

Robinson, S. L./Morrison, E. W.: Psychological Contracts and OCB. The Effect of Unfulfilled Obligations and Civic Virtue Behavior. In: Journal of Organization Behavior, 16, 1995, S. 289-298.

Rosenstiel, v. L.: Mitunternehmertum – Unterstützung durch unternehmerische Kulturgestaltung. In: Wunderer, R. (Hrsg.): Mitarbeiter als Mitunternehmer. Grundlagen, Förderinstrumente, Praxisbeispiele. Neuwied/Kriftel, 1999, S. 81-106.

Schmid, H.: Die Unternehmung im Spannungsfeld von Wirtschaft und Politik. In: Diskussionspapiere der Forschungsstelle für Arbeit und Arbeitsrecht an der Hochschule St. Gallen, Nr. 5, St. Gallen 1986.

Schumpeter, J. A.: Theorie der wirtschaftlichen Entwicklung. Leipzig 1912.

– Kapitalismus, Sozialismus und Demokratie. 2. Aufl., München 1959.

– Beiträge zur Sozialökonomie. Wien 1987.

Smith, A. (1759): The Theory of Moral Sentiments, editiert von Raphael, D. D./Macfie, A. C., Oxford 1976. (deutsch: Theorie der ethischenGefühle. Hamburg, 1977).

– (1776) An Inquiry into the Nature and Causes of the Wealth of Nations, editiert von Campbell, R.H./Skinner, A.S., Oxford 1976.

– Theorie der ethischen Gefühle. Hamburg 1977 (Originalausgabe 1759, London).

Wunderer, R.: Unternehmerische Führung – aus der Perspektive volkswirtschaftlicher Theorie. In: Brandenberg, A. (Hrsg.): Standpunkte zwischen Theorie und Praxis. Handlungsorientierte Problemlösungen in Wirtschaft und Gesellschaft. Bern et al. 1995h, S. 81-116.

– Mitarbeiter als Mitunternehmer (Hrsg.), Neuwied 1999

– Führung und Zusammenarbeit. Eine unternehmerische Führungslehre, 4. Aufl., Neuwied 2001.

Wunderer, R./Bruch, H.: Unternehmerische Umsetzungskompetenz. München 2000.

Wunderer, R./Grunwald, W.: Führungslehre. Bd. I: Grundlagen der Führung. Bd. II: Kooperative Führung. Berlin et al. 1980.

Wunderer, R./Klimecki, R.: Führungsleitbilder. Grundsätze für Führung und Zusammenarbeit in deutschen Unternehmungen. Stuttgart 1990.

Wunderer, R./Mittmann, J.: Identifikationspolitik. In: Kieser, A./Reber, G./Wunderer R. (Hrsg.): Handwörterbuch der Führung. 2. Aufl., Stuttgart 1995a, Sp. 1155-1166.

– Identifikationspolitik. Stuttgart 1995b.

Gegenwärtige Entwicklung der Mitarbeiterbeteiligung

Systeme der Mitarbeiterbeteiligung in Deutschland:

Grundsätzliche Überlegungen und Ergebnisse aus dem IAB-Betriebspanel zur Verbreitung, Beteiligung und zum Produktivitätseffekt

Lutz Bellmann/Gerhard Kleinhenz

1. Einleitung

Systeme der Mitarbeiterbeteiligung gehören zu den frühen Visionen sozial engagierter „Pionierunternehmer" schon in der Frühindustrialisierung (vgl. Althammer/Lampert, 2001, S. 43 f.). Die Gründerväter der Sozialen Marktwirtschaft sahen in der Mitarbeiterbeteiligung einen entscheidenden Weg, die endgültige Überwindung der Arbeiterfrage des 19. Jahrhunderts zu verwirklichen (vgl. Kleinhenz, 1997). In der aktuellen Diskussion werden für die Einführung von Systemen der Mitarbeiterbeteiligung (MAB) eine Reihe von Gründen aufgeführt: Dazu gehören die Unternehmensfinanzierung in der Gründungsphase und die Nachfolgeregelung ebenso wie die Senkung der Lohnkosten durch die Beteiligung der Mitarbeiter bei der Sanierung finanziell angeschlagener Unternehmen. Kapitalbeteiligungsmodelle wurden von Sinn (1993, 1997) für die Transformationsphase in Ostdeutschland vorgeschlagen. Aber nicht nur neu gegründete Betriebe verwenden Aktienoptionen, um gut qualifizierte und motivierte Mitarbeiter für das Unternehmen zu gewinnen und zu binden. Oftmals werden Mitarbeiterbeteiligungen eingeführt, um Anreize für die Mitarbeiter zu schaffen, sich stärker mit dem Betrieb zu identifizieren, Fehlzeiten zu vermeiden, Weiterbildungsangebote anzunehmen und so durch eine bessere individuelle Leistung zum betrieblichen Erfolg beizutragen. In den 80er Jahren fanden die Überlegungen des amerikanischen Ökonomen Martin Weitzman (1984, 1993) große Beachtung. Er zeigte, dass mit der Beteiligung der Beschäftigten am Gewinn eine ständige Nachfrage nach Arbeit und damit eine Beseitigung von Arbeitslosigkeit einhergeht. Das Ziel eines Abbaus der Einkommens- und Vermögenskonzentration wird auch von einer von der Deutschen Bischofskonferenz berufenen Expertengruppe (1998, S. 14) in einem Memorandum hervorgehoben: „Eine Teilhabe an den materiellen Ressourcen der Volkswirtschaft und eine möglichst breite Eigentums- und Vermögensbildung als wesentliches Fundament der eigenverantwortlichen Daseinsvorsorge werde langfristig ohne eine entscheidende Verbesserung der Beteiligung der Menschen am Produktivvermögen nicht zu erreichen sein". Schließlich nähert sich in einem Versuch gewerkschaftlicher Positionsbestimmung der DGB (2000) diesem Thema an:

Eine Mitarbeiterbeteiligung könne ein Mittel sein, Arbeitnehmer zu Miteigentümern am Produktivkapital zu machen. Voraussetzung sei der Insolvenzschutz der Arbeitnehmer und die

Einbeziehung der Arbeitnehmervertretung bei der Konstruktion von Mitarbeiterbeteiligung in der Praxis.

In diesem Beitrag können natürlich nicht alle diese angesprochenen Aspekte ausführlich behandelt werden. Da aus den Daten des IAB-Betriebspanels neue Ergebnisse über die Vorbereitung, Beteiligung und Produktivitätseffekte der Einführung von Systemen der Mitarbeiterbeteiligung vorliegen, soll schwerpunktmäßig auf diese Aspekte eingegangen werden.

2. Verbreitung von Systemen der Mitarbeiterbeteiligung

Die empirischen Ergebnisse zur Verbreitung von Systemen der MAB wurden auf der Basis des IAB-Betriebspanels (vgl. Bellmann, 1997) erzielt. Hierbei handelt es sich um eine jährliche Wiederholungsbefragung, die seit 1993 für die alten und seit 1996 für die neuen Bundesländer in persönlich-mündlichen Interviews von Infratest Sozialforschung (München) erhoben wird. Grundlage des IAB-Betriebspanels ist die über die Betriebsnummer zum 30.06. eines Jahres aggregierte Beschäftigtenstatistik der Bundesanstalt für Arbeit. Grundgesamtheit sind somit alle Beschäftigten mit mindestens einem sozialversicherungspflichtig Beschäftigten. Grundsätzlich ausgeschlossen sind daher Betriebe ohne sozialversicherungspflichtig Beschäftigte, also vor allem Ein-Personen-Betriebe, Scheinselbstständige, Betriebe mit Beschäftigten selbstständiger Versicherungsarten (Bergleute, Landwirte, Künstler, Publizisten) oder Dienststellen im öffentlichen Sektor, in denen ausschließlich Beamte beschäftigt sind.

In der 6. Welle des IAB-Betriebspanels West und in der 3. Welle in Ostdeutschland wurde im Jahr 1998 die Frage gestellt, ob es im jeweiligen Befragungsbetrieb Modelle der Erfolgs- oder Kapitalbeteiligung für Mitarbeiter gibt. Es standen für Gesamtdeutschland 9.194 Fälle zur Verfügung, von denen 80 Prozent bereits an der Panelerhebung des Vorjahres mitwirkten. Die Gesamtzahl teilte sich auf in 4.289 Fälle in den alten und 4.905 in den neuen Bundesländern.
Hochgerechnet beträgt der Anteil der Betriebe mit Beteiligungsmodellen in Gesamtdeutschland ca. 5 Prozent. Das bedeutet, dass rund 77.000 der westdeutschen und 20.000 der ostdeutschen Betriebe in ein Beteiligungsmodell eingebunden sind. In diesen Betrieben arbeiten in Westdeutschland 4,35 Mio. Mitarbeiter, d. h. rund 15 Prozent der Beschäftigten, und in Ostdeutschland 500.000 Mitarbeiter (8,5 Prozent der Beschäftigten).

3. Beteiligung

Das angestrebte Ziel einer Teilhabe an den materiellen Ressourcen der deutschen Wirtschaft und einer breiteren Eigentums- und Vermögensbeteiligung wird umso weniger erreicht, je kleiner die Zahl der in die Systeme der Mitarbeiterbeteiligung einbezogenen Beschäftigten in den Beteiligungsbetrieben ist.

Allerdings ist dies zumindest in Deutschland bei der Kapitalbeteiligung auch nicht das angestrebte Ziel. Oftmals wird z. B. die Regelung von Unternehmensnachfolgen in den Fällen betrachtet, in denen aus der Familie keine Nachfolger zur Verfügung stehen (vgl. dazu Wagner, 1997). In der im Jahre 2000 durchgeführten Befragung des IAB-Betriebspanels sind Fragen danach enthalten, ob der betreffende Betrieb seine Mitarbeiter am betrieblichen Erfolg und/oder am Kapital beteiligt, Sonderzahlungen leistet oder betriebliche Altersvorsorge anbietet. Zudem wurde erhoben, welcher Anteil der Belegschaft in diese Systeme zum Stichtag 30. Juni 2000 einbezogen worden ist. Es zeigt sich, dass diese neuen Fragen gut angenommen wurden. Nur weniger als ein halbes Prozent der Betriebe machten hierzu keine Angaben. Die Verbreitung von betrieblichen Sonderleistungen über alle Betriebe schlüsselt sich wie folgt auf: Die Fragen zur MAB wurden in Verbindung mit Fragen danach gestellt, ob die Betriebe Sonderzahlungen wie das 13. Gehalt, Weihnachts- und Urlaubsgeld leisten. Die Beteiligung der Mitarbeiter am Kapital bzw. am Ertrag fällt mit 1 Prozent bzw. 6 Prozent vergleichsweise bescheiden aus gegenüber Systemen der betrieblichen Altersvorsorge mit immerhin 17 Prozent der Betriebe. Andere, nicht genauer bezeichnete Sozialleistungen gewähren 8 Prozent der Betriebe. Sonderzahlungen sind mit 64 Prozent am weitesten verbreitet. Fast ein Drittel der Betriebe bietet ihren Mitarbeitern keinen zusätzlichen finanziellen Anreiz an.

Mit wenigen Ausnahmen ist in Westdeutschland die Verbreitung von Mitarbeiterbeteiligung innerhalb der Belegschaft höher als in Ostdeutschland (vgl. Abbildungen 1-4). Die innerbetriebliche Streuung von Kapitalbeteiligung variiert sehr stark. Während nur jeder vierte ostdeutsche Beschäftigte am Kapital seines Beschäftigungsbetriebes im Bereich der sonstigen Dienstleistungen beteiligt wird, sind dies in Westdeutschland in dieser Branche über 80 Prozent der Beschäftigten (vgl. Abbildung 1). Innerhalb der Dienstleistungen, die überwiegend Unternehmen betreffen, ist die Verteilung konträr dazu: über die Hälfte der ostdeutschen Beschäftigten werden in Kapitalbeteiligung eingebunden, während der entsprechende Wert für westdeutsche Beschäftigte bei unter 30 Prozent liegt. Der Finanzdienstleistungssektor und der Bereich Verkehr und Nachrichtenübermittlung (West) binden die Mitarbeiter mit 85 Prozent sehr stark ein, wobei der zuerst genannte Sektor auch in den neuen Bundesländern mit rd. 70 Prozent der Beschäftigten einen sehr hohen Anteil (sogar den höchsten im gesamten Dienstleistungsgewerbe) aufweist.

Eine fast identische Verbreitung in Ost und West ist im Sektor Grundstoffverarbeitung zu finden mit einer sehr hohen Einbezierung in Kapitalbeteiligungsmodelle von ca. 80 Prozent der Beschäftigten (vgl. Abbildung 2).

Im Vergleich dazu ist die Einbeziehung von Mitarbeitern in Kapitalbeteiligungsmodelle in den Bereichen Baugewerbe und Investitionsgüterindustrie geringer und die Verteilung in beiden Sektoren bez. der alten und neuen Bundesländern nahezu identisch, mit 40 Prozent Einbindung in Ost- und 60 Prozent in Westdeutschland.

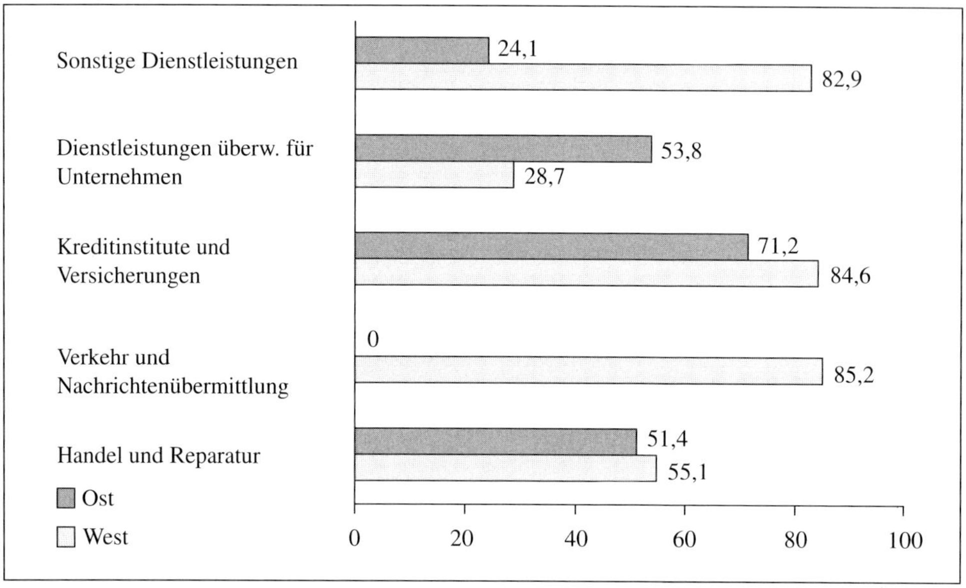

Abbildung 1: Anteil der Beschäftigten mit Kapitalbeteiligung im Dienstleistungsgewerbe (in Betrieben, die eine solche anbieten)
Quelle: IAB-Betriebspanel 2000, 8. Welle West, 5. Welle Ost

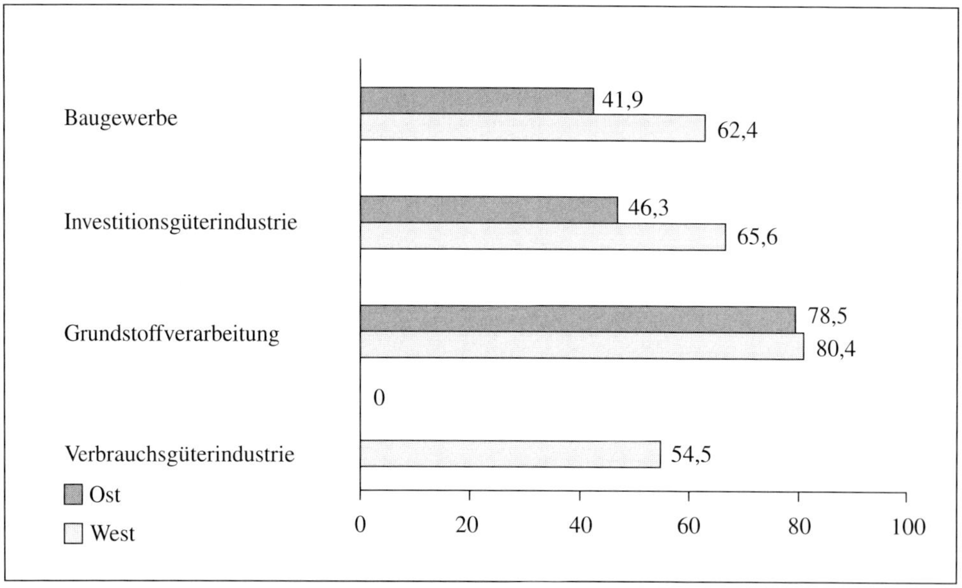

Abbildung 2: Anteil der Beschäftigten mit Kapitalbeteiligung im Produzierenden Gewerbe (in Betrieben, die eine solche anbieten)
Quelle: IAB-Betriebspanel 2000, 8. Welle West, 5. Welle Ost

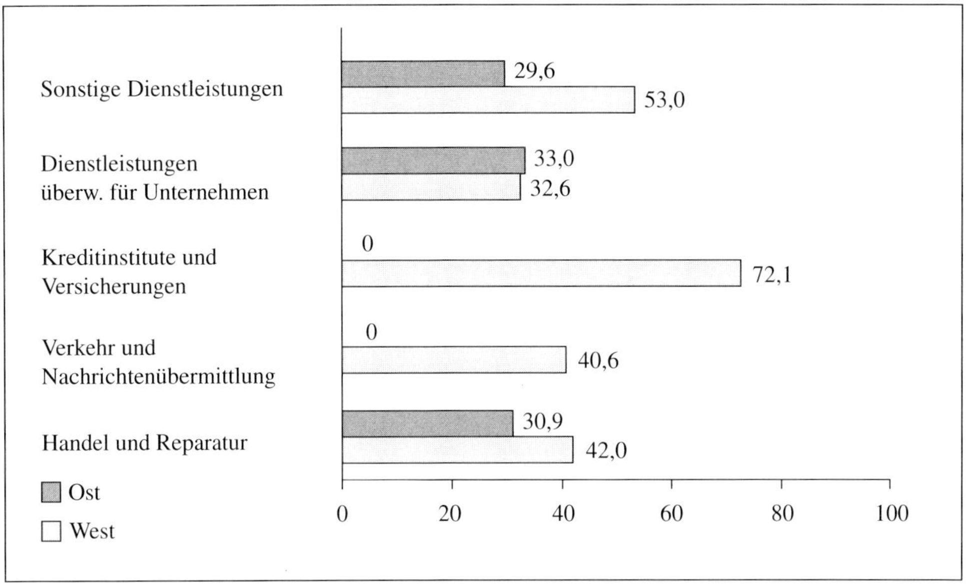

Abbildung 3: Anteil der Beschäftigten mit Gewinnbeteiligung im Dienstleistungsgewerbe (in Betrieben, die eine solche anbieten)

Quelle: IAB-Betriebspanel 2000, 8. Welle West, 5. Welle Ost

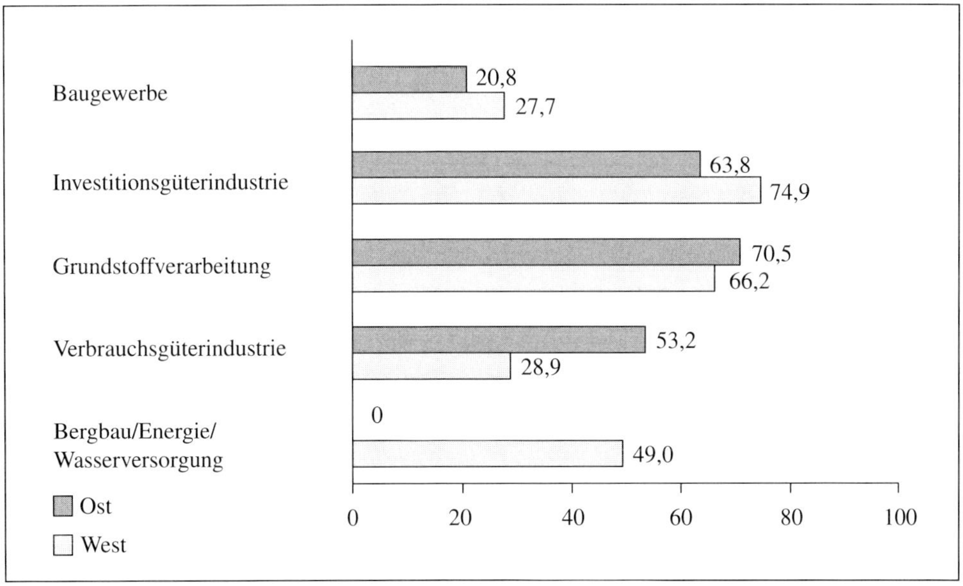

Abbildung 4: Anteil der Beschäftigten mit Gewinnbeteiligung im Produzierenden Gewerbe (in Betrieben, die eine solche anbieten)

Quelle: IAB-Betriebspanel 2000, 8. Welle West, 5. Welle Ost

Wie bei der Kapitalbeteiligung stehen auch bei der Gewinnbeteiligung die Kredit- und Finanzierungsinstitute innerhalb des Dienstleistungssektors an der Spitze der innerbetrieblichen Einbindung der Belegschaft (über 70 Prozent in Westdeutschland, vgl. Abbildung 3; diesbezügliche Werte für Ostdeutschland können aufgrund geringer Fallzahlen bei der im Jahr 2000 durchgeführten Erhebung des IAB-Betriebspanels nicht ausgewiesen werden).

Eine hohe innerbetriebliche Verbreitung von Gewinnbeteiligungsmodellen ist im Produzierenden Gewerbe, insbesondere in der Investitionsgüter- und der Grundstoffverarbeitenden Industrie mit Werten um 70 Prozent vorzufinden (Abbildung 4). Im Vergleich zur Kapitalbeteiligung halbieren sich im Baugewerbe nahezu die Anteile der in Gewinnbeteiligungsmodelle einbezogenen Beschäftigten (West knapp 30 Prozent, Ost rd. 20 Prozent).

4. Produktivitätseffekte der Systeme der Mitarbeiterbeteiligung

Während sich Personalchefs oft sehr positiv über die Auswirkungen der Einführung von Beteiligungssystemen äußern, sind die wissenschaftlichen Ergebnisse über ihre Produktivitätseffekte nicht eindeutig. Bereits 1991 stellte aber in einer international vergleichenden Studie der PEPPER-Bericht eine überwiegend produktivitätsfördernde Wirkung von Mitarbeiterbeteiligungen fest. Zu einer ähnlichen Einschätzung kam die OECD im Jahre 1995.

Die grundsätzliche Begründung für Produktivitätssteigerungen durch Mitarbeiterbeteiligung ist die, dass eine direkte innerbetriebliche Anreizstruktur zu einer höheren Leistung führt. Die Verknüpfung der Arbeitnehmerentlohnung mit dem Erfolg des Betriebes führt über eine Leistungssteigerung der Arbeitnehmer zu einer Verbesserung des Gesamterfolgs des Unternehmens und damit zu einer höheren individuellen Entlohnung. Zusätzlich führt die Gewinnbeteiligung zu einem stärkeren Kostenbewusstsein bei den Arbeitnehmern.

Diese positiven Motivationseffekte werden durch das so genannte „Free-rider-Problem“ (oder auch 1/n-Problem) beeinträchtigt: Der einzelne Arbeitnehmer (n) muss den Nutzen seines vermehrten Arbeitseinsatzes mit Kollegen und der Unternehmensleitung teilen und ihm fällt lediglich 1/n des durch seine Leistungserbringung verursachten Erfolgszuwachses und nicht die volle Produktionssteigerung zu (vorausgesetzt, alle Mitarbeiter erhalten denselben Erfolgsanteil). Insofern würden Individualanreize, wie beispielsweise Akkordlohn, dem Gruppenanreizsystem der Gewinnbeteiligung überlegen sein. Das allerdings setzt voraus, dass der individuelle Output beobachtbar und messbar ist; eine Tatsache, die bei der Entwicklung weg von der Massenproduktion hin zu vernetztem Arbeiten in Arbeitsgruppen und Teams mit interdependenten, qualitativen Arbeitsleistungen und Kommunikations- und Kooperationserfordernissen nicht mehr gegeben ist. Hier setzen Gruppenanreize wie die Mitarbeiterbeteiligung an. Innerhalb von Arbeitsgruppen kann durchaus Druck auf Einzelne ausgeübt werden, die Leistung zu erhöhen und der Gruppennorm anzupassen.

Diese Kontrolle kann sogar wesentlich effizienter als eine Überwachung ausschließlich durch Vorgesetzte sein, da Beschäftigte auf der gleichen Hierarchieebene den Freiraum zur Leistungszurückhaltung genau kennen und ein eventuelles „Sich-Drücken“ von Kollegen effizient beobachten können.

Das Free-rider-Problem lässt sich u. U. vermindern, wenn die ertragsabhängige Komponente auf den Gewinn einer kleineren Unternehmenseinheit bezogen wird. Die gegenseitige Kontrolle der Mitarbeiter wird erhöht, da mangelnde Leistungsbereitschaft der Kollegen jetzt unmittelbar auf das eigene Einkommen durchschlägt.

Eine weitere produktivitätsfördernde Wirkung von Beteiligungsmodellen erfolgt indirekt über eine stärkere Identifikation der Arbeitnehmer mit dem Unternehmen. Dieser Prozess kann vielfältige Wirkungen auslösen, wie beispielsweise eine Verbesserung des Klimas innerhalb der Unternehmung und vermehrte Anstrengung der Beschäftigten. Die Qualifikation der Mitarbeiter hätte eine höhere Bereitschaft zur Investition in firmenspezifisches Humankapital, sinkende Mitarbeiterfluktuation und damit einhergehend geringere Rekrutierungs- und Einarbeitungskosten zur Folge. Eine weitere Verbindung von Mitarbeiterbeteiligung und Produktivität kann sich in einem verbesserten Informationsfluss zeigen, d. h. einer höheren Bereitschaft der Mitarbeiter, Informationen mit dem Management und Kollegen zu teilen und sich darüber hinaus Gedanken über Verbesserungen im Arbeitsprozess zu machen und diese mitzuteilen.

Die stärkere Identifikation der Beschäftigten mit ihrem Arbeitgeber wird sich auch in einem Rückgang an Fehlzeiten, einer größeren Sorgfalt im Umgang mit Material oder beim Einsatz von Maschinen, in einer zunehmenden Interessenidentität mit dem Arbeitgeber und damit in einer verbesserten Zusammenarbeit und in der Bereitschaft zu technologischen, auch arbeitsparenden Veränderungen niederschlagen. Darüber hinaus wird ein Unternehmen, das Leistung belohnt, für Arbeitnehmer mit überdurchschnittlichen Fähigkeiten und überdurchschnittlicher Leistungsbereitschaft attraktiver. Insgesamt kann ein Beteiligungsmodell zu einer größeren Bereitwilligkeit der Arbeitnehmer führen, Initiativen zu entfalten, die für die Firma von großem Nutzen sind.

Erfolgsabhängige Entlohnung in Form von Gewinn- oder Kapitalbeteiligung ist, neben einer Reihe weiterer innovativer arbeits- und personalpolitischer Maßnahmen, wie beispielsweise Gruppenarbeit, Abbau von Hierarchieebenen, Dezentralisierung von Verantwortung und Entscheidungen, Weiterbildungsangebote oder flexible Arbeitszeiten, ein weiteres wichtiges Element des organisatorischen Wandels in Unternehmen. Theoretische sowie empirische Analysen bestätigen, dass geeignete Kombinationen dieser verschiedenen Elemente eine positive Auswirkung auf die Leistungsfähigkeit des Betriebes und dessen Performance haben (vgl. Carstensen et al., 1995). Die Umsetzung der Maßnahmen in einem Betrieb erfordert allerdings eine grundlegende Umstrukturierung der Arbeits- und Betriebsorganisation, die insbesondere auf längere Sicht Erträge bringen wird und auf die Struktur des jeweiligen Betriebes individuell angepasst werden muss. Aufgrund der Komplexität des Reorganisationsprozesses und einer Unsicherheit bezüglich der daraus entstehenden Erträge können Widerstände von allen Beteiligten nicht ausgeschlossen werden.

Wenn Beschäftigte das Gefühl haben, nicht fair behandelt zu werden, oder wenn ungeeignete Maßstäbe zur Gewinnermittlung herangezogen werden, können ebenfalls Konflikte mit der Einführung von Systemen der MAB verbunden sein. Deshalb ist die Einbindung eines Beteiligungssystems in ein Bündel produktivitätsfördernder Maßnahmen sinnvoll und erforderlich. Die empirische Analyse der produktivitätsfördernden Wirkung von Mitarbeiterbeteiligung basiert wiederum auf den Daten des IAB-Betriebspanels.

Die Ergebnisse zeigen bei Betrieben mit Systemen der Mitarbeiterbeteiligung neben den höheren Durchschnittswerten auch Produktivitätsvorteile über nahezu alle Betriebsgrößenklassen und Branchen auch bei unterschiedlichem Innovationsverhalten der Betriebe (vgl. Möller, 2000). Zur Kontrolle weiterer Einflussfaktoren der betrieblichen Produktivität, wie beispielsweise Investitionen, Betriebsgröße, Produkt- und Prozessinnovationen, Qualifikationsvariablen, tarifvertragliche Bindungen, Exporttätigkeit und Wirtschaftsgruppenzugehörigkeit, wurde ein ökonometrisches Modell geschätzt. Der bereits erwähnte Produktivitätseffekt der Mitarbeiterbeteiligung von gut 20 Prozent erweist sich auch unter Berücksichtigung dieser weiteren betriebsstrukturellen Merkmale als statistisch abgesichert.

Fazit

Obwohl die Beteiligung der Mitarbeiter an Kapital und Ertrag bereits in der Frühphase der Industrialisierung bei sozial engagierten „Pionierunternehmern“ und in der Konzeption der Sozialen Marktwirtschaft eine Rolle gespielt hat und heute als einer der wichtigsten Bausteine einer zukunftsorientierten und partnerschaftlichen Unternehmenskultur gilt, ist die Verbreitung von Systemen der MAB in Deutschland noch recht bescheiden. In Systemen der Beteiligung der Mitarbeiter am Kapital bzw. am Ertrag waren ausweislich der Daten des IAB Betriebspanels 2000 nur 1 Prozent bzw. 6 Prozent der Betriebe eingebunden. Im Mittelpunkt dieses Beitrages steht die Frage nach der Verbreitung von Systemen der MAB innerhalb der einbezogenen Betriebe. Dabei zeigen sich recht große Unterschiede zwischen der Beteiligung an Kapital und Ertrag zwischen West- und Ostdeutschland sowie zwischen den Wirtschaftszweigen. Sicherlich sind diese Unterschiede nicht nur mit Traditionen begründbar, sondern auch mit bereits realsierten, aber auch noch möglichen zusätzlichen Produktivitätseffekten von Systemen der MAB. Mit den Daten des IAB-Betriebspanels lässt sich zeigen, dass die Produktivität von Betrieben, die Systeme von MAB verwenden, gut 20 Prozent über der vergleichbarer Betriebe liegt, d. h. wenn weitere betriebsstrukturelle Merkmale berücksichtigt werden.

Literatur

Bellmann, L.: Das Betriebspanel des IAB. In: Hujer, R./Rendtel, U./Wagner, G. (Hrsg.), Wirtschafts- und Sozialwissenschaftliche Panel-Studien. Sonderheft des Allgemeinen Statistischen Archivs, Heft 30, Göttingen 1997, S. 169-182.

Carstensen, V./Gerlach, K,/Hübler, O.: Profit-Sharing in German Firms. Institutional Framework, Participation, Microeconomic Effects, And Comparison With The United States. In: Buttler, F./Franz, W./Schettkat, R. (Hrsg.): Institutional Frameworks and Labor Market Performance. Comparative Views on the US and German Economies. London 1995, S. 168-207.

DGB: Anreize und Sicherheiten für Mitarbeiterbeteiligungsmodelle unter besonderer Berücksichtigung der Lage in klein- und mittelständischen Unternehmen. Versuch einer gewerkschaftlichen Positionsbeschreibung. Informationen zur Wirtschafts- und Strukturpolitik des Deutschen Gewerkschaftsbundes, Bundesvorstand, Abteilung Wirtschafts- und Tarifpolitik, 26.3.2000.

Expertengruppe, berufen durch die Deutsche Bischofskonferenz: Mehr Beteiligungsgerechtigkeit – Beschäftigung erweitern, Arbeitslose integrieren, Zukunft sichern: Neun Gebote für die Wirtschafts- und Sozialpolitik. Memorandum vom 29.10.1998.

Kleinheinz, G. D.: Sozialstaatlichkeit in der Konzeption der Sozialen Marktwirtschaft. Eine ordnungspolitische Fundierung der Sozialstaatsreform. In: Jahrbücher für Nationalökonomie und Statistik Jg. 216 / Heft 4+5, 1997, S. 392-411.

Lampert, H./Althammer, J.: Lehrbuch der Sozialpolitik, 6. Aufl., Berlin, 2001.

Möller, I.: Produktivitätswirkung von Mitarbeiterbeteiligung. In: Mitteilungen aus der Arbeitsmarkt- und Berufsforschung 33, 2000, S. 565-582.

OECD: Profit-Sharing in OECD Countries. In: Employment Outlook, Paris 1995, S. 139-169.

Sinn, H. W.: Eigentum statt Lohn. In: Die Zeit, Nr. 45, 1993.

– Kapitalbeteiligung und Lohndifferenzierung: ein Vorschlag zur Lösung der Beschäftigungskrise. In: Mitteilungen aus der Arbeitsmarkt- und Berufsforschung 30, 1997, S. 822-828.

Uvalic, M.: Der „Pepper-Bericht" – Die Förderung der Gewinn- und Betriebsergebnisbeteiligung der Arbeitnehmer in den Mitgliedsstaaten der Europäischen Gemeinschaft. Florenz, Brüssel 1991.

Wagner: Führungskräftebeteiligung. In: Bertelsmann-Stiftung und Prognos GmbH (Hrsg.): Mitarbeiter im Kapital beteiligen. Leitfaden für die Praxis, Gütersloh 1997, S. 113-126.

Weitzman, M. L.: Some Macroeconomic Implications of Alternative Compensation System. In: Economic Journal, 93, 1983, S. 763-783.

– The Share Economy, Cambridge 1984 (deutsch: Das Beteiligungsmodell, Vollbeschäftigung durch flexible Löhne, Frankfurt, New York).

Zum Stellenwert der materiellen Mitarbeiterbeteiligung in Baden-Württemberg

Walter Döring

1. Einführung

„In der Informations- und Wissensgesellschaft geht das Kapital des Unternehmens abends nach Hause", so Konrad Seitz. Die wertvollste Ressource der Unternehmer sind gut ausgebildete und motivierte und zum „lebenslangen Lernen" bereite und befähigte Mitarbeiter – gleichzeitig angesichts der in Deutschland nach wie vor höchsten Arbeitskosten ein zentraler Faktor im internationalen Standortwettbewerb.

Die traditionelle Industriegesellschaft war geprägt von Zentralität, Normung und Hierarchien. Die Informations- und Wissensgesellschaft aber fordert eigenverantwortliche Leistung, Partizipation, unternehmerisches Denken und selbstgesteuertes Handeln. Die moderne Arbeitswelt, nicht nur in der „new economy", ist mehr und mehr gekennzeichnet von dezentralen bis hin zu „virtuellen" Organisationen oder Arbeitsgruppen mit ganzheitlicher Aufgabenstellung und der Fähigkeit zu eigenverantwortlichem, ergebnis- und zielorientiertem Handeln und entsprechenden Führungsstrukturen („management by objectives").

In diese Arbeitswelt passt eine Verstärkung der formalisierten Teilhabe der Arbeitnehmer über eine Ausweitung der Mitbestimmung, wie sie die Bundesregierung jüngst vorgenommen hat, nicht mehr. Vielmehr sollen aus Mitarbeitern Mitunternehmer werden.

Eine so verstandene Beteiligung der Mitarbeiter sowohl im materiellen wie im immateriellen Sinn trägt zu einer partnerschaftlichen Unternehmenskultur bei und ist sowohl gesellschaftspolitisch wie betriebswirtschaftlich wünschenswert.

Die Arbeitsgemeinschaft Partnerschaft in der Wirtschaft e. V. (AGP) mit ihrem verdienten Geschäftsführenden Vorstandsmitglied Michael Lezius hat sich die Verbreitung des Gedankens der materiellen wie auch der immateriellen Mitarbeiterbeteiligung in Deutschland zur Aufgabe gemacht.

In dieser Zielsetzung weiß sich die Landesregierung von Baden-Württemberg mit der AGP einig. Entsprechend nimmt auch die Zusammenarbeit mit der AGP zur Förderung der Kapitalbeteiligung der Arbeitnehmer in Baden-Württemberg einen hohen Stellenwert ein. So ist es beinahe schon Tradition, dass bei Jahrestagungen der AGP, wenn sie in Baden-Württemberg stattfinden, ein Mitglied der Landesregierung mitwirkt, in aller Regel ist dies der Wirtschaftsminister.

Auch namhafte Veranstaltungen der AGP in Baden-Württemberg erfolgten in Kooperation mit dem Land, so zuletzt im November 1999 in Stuttgart. Im Frühjahr 2001 fand eine Veranstaltung der AGP zusammen mit der Industrie- und Handelskammer Pforzheim statt, im Juni 2001 eine Veranstaltung mit dem Institut für Mittelstandsforschung an der Universität Mannheim.

Dieser Festschriftbeitrag beschränkt sich auf Aspekte der materiellen Beteiligung der Mitarbeiter. Für Baden-Württemberg werden neue Daten vorgestellt, die erstmals seit längerer Zeit wieder einen Überblick über die Verbreitung dieser Beteiligungsformen in diesem Bundesland bieten.

Hierbei wird nicht zwischen einer reinen Erfolgsbeteiligung und einer Kapitalbeteiligung (die ja zumindest indirekt immer auch eine Beteiligung am Erfolg des arbeitgebenden Unternehmens ist) unterschieden. Die Ergebnisse sind – allerdings mit Einschränkungen – vergleichbar mit einer kürzlich erschienenen Studie des Instituts für Arbeitsmarkt- und Berufsforschung IAB mit Daten für die Bundesrepublik Deutschland insgesamt und Daten für Ost- und Westdeutschland (IAB – Mitteilungen Heft 4/ 2000). Eine Kurzfassung der IAB-Studie ist veröffentlicht als IAB-Kurzbericht Nr. 9/2001.

2. Datengrundlage

Benutzt wird im Prinzip für die nachfolgenden Daten aus Baden-Württemberg dieselbe Datenquelle wie in der ebengenannten Studie – das „Betriebspanel" des Instituts für Arbeitsmarkt- und Berufsforschung (auch „IAB-Panel" genannt), dessen Ergebnisse mit finanzieller Beteiligung des Baden-Württembergischen Wirtschaftsministeriums erstmals für Baden-Württemberg ausgewertet werden konnten. Für die Datenaufbereitung bedanke ich mich beim Institut für Angewandte Wirtschaftsforschung Tübingen (IAW).

Wie in der Untersuchung des IAB wird Erfolgs- oder Gewinnbeteiligung definiert als „Prämien oder Gratifikationen, die zusätzlich zu den üblichen Löhnen an Teile der Belegschaft oder die gesamte Belegschaft gezahlt werden und die an Indikatoren wie den Unternehmensgewinn, das Produktivitätswachstum oder die Umsatzentwicklung gebunden sind".

Ein nicht unwichtiger Unterschied zu den Bundesdaten ist, dass die baden-württembergischen Daten um zwei Jahre aktueller sind – sie stammen aus dem Jahr 2000, während die Untersuchung des IAB auf Daten des Jahres 1998 beruht.

Die Daten aus dem Panel können für das Jahr 2000 erstmals für Baden-Württemberg (und die meisten übrigen westdeutschen Bundesländer) ausgewertet werden, nachdem die zugrundeliegende Stichprobe so weit aufgestockt wurde, dass auch Ergebnisse für die Bundesländer repräsentativ sind.

Vorweg ist noch zu betonen, dass es sich bei dem Panel um eine Stichprobe von Betrieben, also den örtlichen Einheiten der Unternehmen handelt. Bei einem Unternehmen mit mehreren Zweigbetrieben wird also jeder einzelne Betrieb als eigene Einheit betrachtet, und der Unternehmenszusammenhang spielt keine Rolle.

In die Befragung aufgenommen sind alle Betriebe, die mindestens einen sozialversicherungspflichtigen Beschäftigten ausweisen. Damit kann (mit Ausnahme der Kleinstunternehmen oder der Selbstständigen ohne „bezahlte" Mitarbeiter) die von kleinen und mittleren Betrieben geprägte Wirtschaftsstruktur gerade in Baden-Württemberg gut abgebildet werden, während manche Erhebungen der amtlichen Statistik die kleinen Betriebe ausschließen.

So ist nicht verwunderlich, dass rund 87 Prozent der befragten Betriebe weniger als 20 Beschäftigte aufweisen. Diese Kleinbetriebe beschäftigten rund 30 Prozent aller Arbeitnehmer in Baden-Württemberg.

3. Verbreitung der materiellen Mitarbeiterbeteiligung in Baden-Württemberg

Im Jahr 2000 hatten 9 Prozent aller Betriebe in Baden-Württemberg eine betriebliche Erfolgs- und/oder Kapitalbeteiligung eingeführt. Dies entspricht hochgerechnet einer absoluten Zahl von 25.000 Betrieben.

Ein Zeitvergleich ist nur sehr eingeschränkt möglich. Im Jahr 1994 hatte die Landesregierung in einer Landtagsanfrage (Landtagsdrucksache 11/3479) eine Schätzung über die Zahl der Unternehmen (nicht der Betriebe als deren örtliche Einheiten) veröffentlicht. Diese Schätzung umfasste allerdings nur die Zahl der Unternehmen mit Kapitalbeteiligung, damals wurde ein prozentualer Anteil solcher Unternehmen von 3,8 Prozent (ohne Kreditgenossenschaften) ermittelt.

Die genannte Studie des IAB kommt bundesweit auf einen Anteilswert von 5 Prozent der Betriebe mit materieller Mitarbeiterbeteiligung (Erfolgs- und/oder Kapitalbeteiligung), wobei dieser Anteilswert für West- und Ostdeutschland gleich hoch ist. Allerdings sind diese Daten nicht nur wegen des für Baden-Württemberg aktuelleren Befragungsjahrs, sondern wohl auch wegen methodischer Unterschiede nur bedingt vergleichbar. Jedoch zeigt auch eine bislang mögliche Grobauswertung der Daten für Westdeutschland für das Jahr 2000, dass auch bei einem Vergleich dieser Daten mit den Ergebnissen für Baden-Württemberg der Anteilswert der Betriebe mit materieller Mitarbeiterbeteiligung in Baden-Württemberg um rund 3 Prozentpunkte höher liegt als in Westdeutschland. Zusammengenommen kann also durchaus gefolgert werden, dass der Anteil der Betriebe mit materieller Mitarbeiterbeteiligung in Baden-Württemberg überdurchschnittlich ist.

In den rund 9 Prozent der Betriebe in Baden-Württemberg mit materieller Mitarbeiterbeteiligung arbeiten rund 980.000 Beschäftigte. So wird mit knapp 21 Prozent rund jedem fünften Beschäftigten in Baden-Württemberg eine materielle Mitarbeiterbeteiligung angeboten. Nach der IAB-Studie für das Jahr 1998 betragen die Vergleichswerte für Westdeutschland 15 Prozent und für Ostdeutschland 8,5 Prozent.

4. Strukturdaten zur Mitarbeiterbeteiligung in Baden-Württemberg

Gerade bei Modellen mit Kapitalbeteiligung nehmen naturgemäß nicht alle Beschäftigten das angebotene Beteiligungsmodell in Anspruch oder das Beteiligungsmodell wird nicht allen Beschäftigten des Betriebs angeboten, sodass die Zahl der Arbeitnehmer, die tatsächlich an einem betrieblichen materiellen Beteiligungsmodell teilnehmen, naturgemäß kleiner ist als die Gesamtzahl der Beschäftigten, die in Betrieben mit einem solchen Modell tätig sind.

In Baden-Württemberg nehmen rund 628.000 Arbeitnehmer an solchen Modellen teil, damit partizipieren über 13 Prozent aller Beschäftigten in Baden-Württemberg an Modellen der betrieblichen Erfolgs- und/oder Kapitalbeteiligung.

Bereits aus früheren Untersuchungen ist bekannt, was kaum erstaunen dürfte, dass der jeweilige Anteil der Betriebe, die ein Modell der materiellen Mitarbeiterbeteiligung aufweisen, mit wachsender Betriebsgröße ansteigt.

Auch für die baden-württembergische Untersuchung ergibt sich diese klare Tendenz. So steigt der Anteilswert der Betriebe mit materieller Beteiligung bei den Betrieben mit mindestens 20 Beschäftigten auf 13 Prozent – ein deutlich höherer Wert als der Anteilswert bei der Gesamtheit der Betriebe (9 Prozent).

Betrachtet man alle Betriebe über 100 Beschäftigte, beträgt der Anteil der Betriebe mit materieller Beteiligung 23,5 Prozent, während bei den Betrieben mit mehr als 500 Beschäftigten bereits 27 Prozent dieser Betriebe in Baden-Württemberg eine materielle Mitarbeiterbeteiligung eingeführt haben.

Untersucht man die verschiedenen Branchen, so zeigt sich ein durchaus differenziertes Bild. Am höchsten ist der Anteil der Betriebe mit Beteiligungsmodell in den privaten Dienstleistungsunternehmen (ohne Handel), von den dortigen Betrieben haben nahezu 13 Prozent ein Beteiligungsmodell der Betriebe eingeführt – also ein deutlich höherer Prozentsatz als beim Durchschnitt aller Betriebe (9 Prozent). Oder anders ausgedrückt: Rund 61 Prozent aller Betriebe mit materieller Mitarbeiterbeteiligung entfallen auf den privaten Dienstleistungssektor, der in Baden-Württemberg einen Anteil von rund 45 Prozent aller Betriebe in diesem Bundesland umfasst.

Im Durchschnitt liegt der Anteilswert der Beteiligungsbetriebe im Verarbeitenden Gewerbe, unterdurchschnittlich ist der Anteil im Baubereich und im Handel.

5. Charakteristika der Betriebe mit Mitarbeiterbeteiligung

Besonders interessant ist die Frage, worin sich Betriebe mit materieller Mitarbeiterbeteiligung von den übrigen Betrieben unterscheiden. Zunächst betrachten wir die Beschäftigungsentwicklung. Von Mitte 1999 bis Mitte 2000 stieg die Beschäftigung in Baden-Württemberg um 3,2 Prozent. Bei den Betrieben mit Mitarbeiterbeteiligung war das Beschäftigungswachstum jedoch deutlich höher (+ 5,6 Prozent) als bei den Betrieben ohne Mitarbeiterbeteiligung, wo sich die Mitarbeiterzahl nur um 2,6 Prozent erhöhte.

Wie immer bei deskriptiven Analysen kann aus solchen Vergleichen nicht auf Ursachen geschlossen werden. So muss offen bleiben, ob und in welchem Umfang die Existenz einer materiellen Mitarbeiterbeteiligung für diese Unterschiede in der Dynamik ursächlich ist – etwa durch höhere Wettbewerbsfähigkeit aufgrund motivierter und unternehmerisch denkender Mitarbeiter – oder in welchem Ausmaß die aufgezeigten Unterschiede in der Branchenstruktur und der Betriebsgröße zwischen Beteiligungsunternehmen und den übrigen Betrieben für diese Unterschiede maßgeblich sind.

Bemerkenswerte Unterschiede zwischen Betrieben mit und ohne Mitarbeiterbeteiligung sind auch sichtbar bei der Ertragslage der Betriebe. Bei der Befragung wurden die Betriebe auch gebeten, ihre Ertragslage einzuschätzen. Die Antwortmöglichkeiten reichten von „sehr gut" über „gut" bis zu „mangelhaft".

Bei den Betrieben mit materieller Mitarbeiterbeteiligung gaben 53 Prozent dieser Betriebe an, ihre Ertragslage sei gut oder sehr gut. Bei den Betrieben ohne Mitarbeiterbeteiligung betrug dieser Anteil nur 30 Prozent. Auch hier gilt, dass aus diesen Ergebnissen allein nicht der Schluss gezogen werden kann, ursächlich oder gar allein ursächlich für die bessere Ertragslage und damit den Erfolg dieser Betriebe sei das Vorhandensein einer Mitarbeiterbeteiligung. Mit Berechtigung lässt sich aber sagen, dass Betriebe mit Mitarbeiterbeteiligung – aus welchen Gründen auch immer – im Durchschnitt eine größere Dynamik und eine bessere Ertragslage aufweisen.

Für weitergehende Aussagen wären ökonometrische Untersuchungen notwendig. Gleiches gilt für die Fragestellung nach Unterschieden in der Produktivität zwischen Beteiligungsbetrieben und Betrieben ohne materielle Mitarbeiterbeteiligung. Hierzu liegen allerdings für das Bundesgebiet und auch aus internationalen Untersuchungen Ergebnisse aus mehreren ökonometrischen Untersuchungen vor. Vor allem die bereits erwähnte Studie des Instituts für Arbeitsmarkt- und Berufsforschung (IAB) stellt solche Ergebnisse zusammen und führt umfangreiche eigene Berechnungen hierzu für Betriebe aus West- wie aus Ostdeutschland durch.

Die IAB-Studie stellt sowohl für West- wie für Ostdeutschland in Beteiligungsbetrieben eine deutlich höhere Produktivität fest. Der Durchschnittswert der Produktivität für Nicht-Beteiligungsbetriebe (gemessen am Median) beträgt danach in Westdeutschland nur 64 Prozent des Wertes für Beteiligungsbetriebe, in Ostdeutschland 72 Prozent. Die ökonometrische Untersuchung hierzu stellt in der Tat fest, dass für diese Unterschiede zwischen Nicht-Beteiligungsbetrieben und Beteiligungsbetrieben das Vorhandensein eines Beteiligungsmodells in der Tat eine signifikante Rolle spielt Andere Einflussgrößen wie Größenklassen- oder Brancheneffekte wurden hierbei „ausgeklammert".

Die Ergebnisse für Baden-Württemberg zeigen in die gleiche Richtung. Bei der Befragung ergibt sich, dass die Produktivität der Nicht-Beteiligungsbetriebe nur knapp 75 Prozent der

Produktivität der Beteiligungsbetriebe erreicht. Diese Daten für die baden-württembergischen Betriebe wurden über die Umsatzproduktivität berechnet. Ein ähnlich deutlicher Abstand zwischen den beiden Betriebstypen ergibt sich auch, wenn man statt der Umsatzproduktivität die Bruttowertschöpfung je Beschäftigten heranzieht.

Schlussbemerkung

Die geschilderten aktuellen Ergebnisse aus Baden-Württemberg bestätigen die Schlussfolgerungen anderer empirischer Studien, dass die materielle Beteiligung der Mitarbeiter nicht nur gesellschaftspolitisch sinnvoll ist, sondern auch betriebswirtschaftliche Vorteile mit sich bringt und damit zugleich einen positiven Faktor im internationalen Standortwettbewerb darstellt. Diese Wirkung von Mitarbeiterbeteiligungen lässt sich zwar auch aus theoretischen Überlegungen heraus begründen, ungeachtet dessen ist es wertvoll, die wirtschaftstheoretischen und wirtschaftspolitischen Schlussfolgerungen auch empirisch abzusichern. Mit den vorgelegten Ergebnissen aus dem Bundesland Baden-Württemberg sollte ein kleiner Beitrag hierzu geleistet werden.

Mitarbeiterbeteiligung im Saarland

Hanspeter Georgi

1. Bürgergesellschaft und Mitarbeiterbeteiligung

„Eine starke Bürgergesellschaft fördert den Gemeinsinn, den solidarischen Zusammenhalt und die Qualität unseres Zusammenlebens. Sie ist darüber hinaus ein Beitrag zur Stärkung der sozialen und ökonomischen Wettbewerbsfähigkeit unseres Landes. Deshalb gehört die aktive Bürgergesellschaft zum Leitbild für ein modernes Saarland."

Das hat der saarländische Ministerpräsident Peter Müller in seiner Regierungserklärung gesagt. Das Zitat zeigt, dass die aktive Bürgergesellschaft viele Komponenten und viele Dimensionen umfasst. Dialog, Mitsprache und Teilhabe sind ihre Basis.

Das Thema Mitarbeiterbeteiligung passt insbesondere unter dem letzten Gesichtspunkt hervorragend zum Konzept der Bürgergesellschaft. Ich verspreche mir von ihrer positiven Wahrnehmung auch Impulse für die Mitarbeiterbeteiligung in unserem Land. Wir haben das Thema auf die Tagesordnung gesetzt, weil es eindeutig ein Zukunftsthema ist.

2. Verantwortung und Partizipation

Sowohl die Bürgergesellschaft als auch die Mitarbeiterbeteiligung gehen auf die Leitidee von Verantwortung und Partizipation zurück. Partizipation in diesem Sinn bezieht sich nicht nur auf den Bereich der Politik, sondern auch auf die Wirtschaft. Wer für die aktive Bürgergesellschaft eintritt und somit auch für mehr Partizipation der Bürger an der politischen Meinungs- und Willensbildung, für den ist Mitarbeiterbeteiligung die logische Entsprechung im wirtschaftlichen Bereich.

Die aktive Bürgergesellschaft und die individuelle Mitarbeiterbeteiligung sind moderne Formen von Subsidiarität und Solidarität. Durch sie entsteht im Übrigen ein neues Gleichgewicht zwischen Rechten und Pflichten in Gesellschaft und Wirtschaft.

Mitarbeiterbeteiligung passt auch gut in die freiheitliche Ordnung unserer Sozialen Marktwirtschaft. Denn die Beteiligung der Mitarbeiter an Gewinn und Kapital ihres Unternehmens erfolgt auf Grundlage einer freiwilligen und individuellen vertraglichen Vereinbarung.

3. Freiwillige statt gesetzliche Regelungen

Die freiwillige Mitarbeiterbeteiligung unterscheidet sich grundlegend von der gesetzlich erzwungenen, betrieblichen Mitbestimmung. Das individuelle Beteiligungsrecht der Mitarbeiter kann im Arbeitsvertrag, in einem Zusatz dazu, in einer Betriebsvereinbarung oder im Tarifvertrag geregelt werden. Für einzelne Gruppen von Mitarbeitern sowie für Führungskräfte können besondere Regelungen bestehen.

Wichtig ist: Es liegt im Ermessen des Unternehmens, ob und in welcher Form es ein Beteiligungsmodell anbietet. Genauso hat der einzelne Arbeitnehmer die freie Wahl, ob er das Beteiligungsangebot annimmt. Dem Staat kommt die Aufgabe zu, gesetzliche Rahmenbedingungen zu setzen und finanzielle Anreize zu schaffen, indem er beispielsweise steuerliche Förderung ermöglicht.

Jedoch darf weder der Staat noch ein anderes Kollektivorgan den Abschluss einer Beteiligungsvereinbarung erzwingen. In unserer pluralen Gesellschaft ist Freiwilligkeit gesetzlich verordneten Handlungsvorgaben überlegen. Der Abschluss und die Ausgestaltung eines Beteiligungsmodells obliegen eindeutig den Betriebs- und Tarifpartnern. Um bestehende Vorbehalte zu überwinden, scheint hier allerdings noch einiges an Überzeugungsarbeit erforderlich zu sein.

4. Wachsendes Interesse an den Modellen

Gleichwohl gewinnt Mitarbeiterbeteiligung als gesellschaftspolitische Maxime an Bedeutung. Nicht zuletzt in Zusammenhang mit der Diskussion um die Zukunft der Alterssicherung erkennen immer mehr Arbeitgeber, Arbeitnehmer und deren Verbände die zahlreichen Vorteile, welche die Beteiligung der Beschäftigen am Unternehmenserfolg bietet.

Die zunehmende Popularität ist aber zweifellos auch dem unermüdlichen Einsatz von Michael Lezius zu verdanken, der sich als Geschäftsführer der Arbeitsgemeinschaft Partnerschaft in der Wirtschaft e.V. (AGP) in außergewöhnlicher Weise für die Idee der Mitarbeiterbeteiligung engagiert. Zu würdigen sind hierbei die zahlreichen Publikationen, die unter seiner Herausgeberschaft entstanden sind, seine Stellungnahmen in den parlamentarischen Beratungen zu Gesetzesvorhaben im Bereich der Vermögensbildung und sein Beitrag zum „Aufbau Ost“.

Ohne die Überzeugungsarbeit von Michael Lezius für das Konzept des Management-Buy-out mit Mitarbeiterbeteiligung wären in den neuen Bundesländern mit hoher Wahrscheinlichkeit weniger Betriebe und damit Arbeitsplätze gerettet worden.

5. Steuerliche Behandlung verbessern

Mitarbeiterbeteiligung ist kein starres Instrument. Vielmehr stehen eine Vielzahl von Modellen zur Auswahl. Sie haben unterschiedliche betriebswirtschaftliche und steuerliche Konsequenzen.

Gewinnbeteiligung mittels leistungs- und erfolgsabhängiger Bonus- oder Prämienzahlung, Belegschaftsaktien, GmbH-Anteile oder Genossenschaftsanteile – all das ist möglich. Um die Akzeptanz zu erhöhen, sollte bei allen Beteiligungsmodellen aber sichergestellt sein, dass die Arbeitnehmer vor dem Insolvenzrisiko hinreichend geschützt sind. Eine Kumulation von Arbeitsplatz- und Kapitalrisiko muss vermieden werden.

Eine aus meiner Sicht wichtige Variante ist die Ausgabe von Aktienoptionen an Mitarbeiter und Manager. Allerdings: Ihre steuerliche Behandlung in Deutschland ist ein Standortnachteil. Hier ist der Vermögenszuwachs bei der Ausübung der Option in voller Höhe einkommensteuer- und sozialabgabenpflichtig. Andere Länder wie Frankreich und Großbritannien verlangen nach einer mehrjährigen Sperrfrist lediglich die zumeist günstigere Kapitalertragssteuer. In Großbritannien gibt es zudem sehr hohe Steuerfreibeträge. Die USA, Kanada und die Niederlande besteuern Aktienoptionen mit einem relativ vorteilhaften Steuersatz bei der Ausgabe, was für den Mitarbeiter in der Regel günstiger ist als die Endbesteuerung.

6. Partnerschaftliche Unternehmenskultur

Die stärksten Verbundwirkungen enstehen, wenn mit der Gewinn- und Kapitalbeteiligung von Mitarbeitern eine kooperative und partnerschaftliche Unternehmenskultur einhergeht. Betriebliche Partnerschaft umfasst auch die immaterielle Beteiligung der Mitarbeiter am Unternehmen, beispielsweise durch Teilhabe an den Entscheidungsprozessen. Jedes Unternehmen entwickelt dabei eine eigene firmenspezifische Kultur.

Im Mittelpunkt einer partnerschaftlichen Unternehmenskultur steht das Bemühen, die sozialen Elemente der Marktwirtschaft zu betonen und die Mitarbeiter verstärkt in das Betriebsgeschehen zu integrieren – durch flache Hierarchien, dezentrale Strukturen und die Delegation von Aufgaben, Verantwortung und Kompetenzen.

Ich setzte darauf, dass die Suche nach der besten Unternehmenskultur über den „Wettbewerb als Entdeckungsverfahren" stattfindet. Sie kann nicht per Gesetz vorgegeben werden. Aufgabe des Gesetzgebers bleibt es vielmehr, wirtschaftsfreundliche Rahmenbedingungen – auch für die Einführung und Pflege von Unternehmensbeteiligungsmodellen – zu setzen.

7. Keine Mitentscheidung ohne Mithaftung

In der Praxis hat sich die Kombination von Kapitalbeteiligung und Entscheidungsbeteiligung als besonders zweckmäßig erwiesen, denn sie folgt der Leitidee von Verantwortung und Partizipation. Wer an unternehmerischen Entscheidungen beteiligt ist, soll vom gemeinsam erarbeiteten Erfolg profitieren, aber auch für die Folgen dieser Entscheidungen mit einem eigenen Anteil Verantwortung tragen.

Umgekehrt bedeutet dies, dass es keine Mitverantwortung ohne Mitsprache und keine Mitentscheidung ohne Haftung geben sollte. Daher ist die Novellierung des Betriebsverfassungsgesetzes „vergangenheitsorientierter bürokratischer Unsinn", wie es immerhin auch Oswald Metzger, der wirtschafts- und finanzpolitische Sprecher der Grünen, ausgedrückt hat.

Die saarländische Landesregierung hat daher den Gesetzentwurf der Bundesregierung im Bundesrat abgelehnt und stattdessen für die Förderung der Mitarbeiterbeteiligung votiert. Ein solcher Weg eröffnet die Chance einer fairen Partnerschaft zwischen Unternehmensführung und Mitarbeitern.

Im Gegensatz zum Betriebsverfassungsgesetz wird die Mitarbeiterbeteiligung den Anforderungen gerecht, welche die moderne Gesellschaft an den Interessenausgleich zwischen Arbeitgebern und Arbeitnehmern stellt.

8. Viele positive Wirkungen

Von einer stärkeren Beteiligung der Arbeitnehmer an Gewinn und Kapital erwarte ich gesamtwirtschaftlich unterschiedliche positive Effekte – für Beschäftigung, Produktivität sowie Einkommens- und Vermögensverteilung.

So sorgen Entgeltbestandteile, die sich am Ertrag des Unternehmens orientieren, für eine stärkere Flexibilität bei der Entlohnung, als dies im Rahmen von Tarifverträgen möglich ist. Eine flexible Entlohnung eröffnet dann die Möglichkeit, die Arbeitskosten an die ökonomische Lage des Unternehmens anzupassen. Dies trägt gerade in wirtschaftlich schwierigen Zeiten dazu bei, die Beschäftigung zu stabilisieren.

Durch die Verknüpfung der Vergütung mit dem Unternehmenserfolg wird ferner ein direkter Anreiz für mehr Leistung geschaffen. Dies wirkt sich wiederum positiv auf Produktivität und Wettbewerbsfähigkeit des Betriebes aus. Dass dies kein Wunschdenken, sondern Realität ist, haben Untersuchungen bewiesen. So hat bekanntlich das Institut für Arbeits- und Berufsforschung der Bundesanstalt für Arbeit empirisch die Produktivität von Betrieben mit und ohne Mitarbeiterbeteiligung verglichen und kam zu dem Ergebnis, dass Beteiligungsbetriebe eine signifikant höhere Wertschöpfung pro Beschäftigten aufweisen als Betriebe ohne eine Beteiligungsvereinbarung. Es geht heute darum, über diese Effekte besser zu informieren, weil die Zahlen zu eigenen Innovationen anregen.

9. Kalkulierbare Nachteile

Mit der Mitarbeiterbeteiligung können jedoch auch gesamtwirtschaftliche Nachteile verbunden sein. So bedeuten betriebliche Kapitalbeteiligungsmodelle mangels Übertragbarkeit unter Umständen eine Barriere für die Mobilität der Arbeitnehmer. Das Ausscheiden von Personal kann einen unerwünschten Kapitalabfluss zur Folge haben, Gewinnbeteiligung aber auch dazu führen, dass sinnvolle Investitionen zugunsten kurzfristiger Gewinnausschüttungen unterbleiben.

Durch eine entsprechende institutionelle Ausgestaltung lassen sich jedoch die möglichen Nachteile minimieren. Die wirtschaftspolitische Gesamtbilanz der Mitarbeiterbeteiligung fällt nach meiner Erfahrung also positiv aus.

10. Chancen für Mittelstand und Gründer

Gespräche mit dem saarländischen Mittelstand zeigen, dass die Mitarbeiterbeteiligung gerade den kleineren Unternehmen mit dünner Eigenkapitaldecke Vorteile bietet. Die Beteiligung der Mitarbeiter am Eigenkapital verbessert Rating und Kreditwürdigkeit des Unternehmens – im Hinblick auf „Basel II" keine Nebensache.

Als wichtiger Aspekt hat sich in unserem Land die Nachfolgefrage erwiesen. Bei vielen mittelständischen Familienunternehmen steht in den nächsten Jahren aus Altersgründen ein Wechsel an der Unternehmensspitze an. Wenn es in der Familie keinen geeigneten Nachfolger gibt, ist die Existenz der Firma gefährdet. An Stelle eines Verkaufs des Unternehmens an Dritte besteht auch die Möglichkeit des Erwerbs des Betriebes durch die Führungskräfte (Management-Buy-out) bzw. Mitarbeiter. Auf diese Weise stellt die Mitarbeiterkapitalbeteiligung den Fortbestand des Betriebes sicher.

Vor dem Hintergrund einer nach wie vor bestehenden Lücke an Selbstständigen sollten im Saarland auch Existenzgründer und junge Unternehmen von den Möglichkeiten der Mitarbeiterbeteiligung stärker profitieren. Junge Unternehmen in der Aufbauphase sind häufig nicht in der Lage, wettbewerbsfähige Gehälter zu zahlen. Hier bietet sich die Beteiligung der Arbeitnehmer an Gewinn und Kapital als ein wichtiges Instrument der Personalpolitik an.

Insbesondere Aktienoptionen ermöglichen jungen Firmen die Rekrutierung qualifizierten Personals, das dann am gemeinsam erarbeiteten Unternehmenserfolg partizipiert. Auch um die dringend notwendigen Existenzgründungen zu fördern, sollten in Deutschland Aktienoptionen steuerlich ebenso günstig behandelt werden wie in anderen Ländern.

11. Instrument des Strukturwandels

Wer im Saarland den Schritt in die Selbstständigkeit wagt, tut es vor dem Hintergrund eines tiefgreifenden Wandels der Wirtschaftsstruktur. Auf dem Weg zu einem modernen Industrie- und Dienstleistungsstandort sind wichtige Schritte schon gemacht. Das Saarland steht heute für Unternehmergeist, Wirtschaftsfreundlichkeit und die Bereitschaft zur Innovation, es steht für Modernisierung der Landesverwaltung, für mehr Privatisierung auf kommunaler wie auf Landesebene sowie für eine stärkere Deregulierung.

Die offensive Gestaltung des Strukturwandels, sei es durch Innovations- und Technologieförderung, berufliche Qualifikation oder die Aufbereitung von Industriebrachen, gehört zu den Kernpunkten der saarländischen Wirtschaftspolitik.

Auf mittlere Sicht wird die Steinkohlenförderung an der Saar sozialverträglich auslaufen. Dafür entstehen in wachstumsstarken Industriebranchen wie Straßenfahrzeugbau und Automobilzulieferer neue Arbeitsplätze. Der industrielle Sektor bleibt eine wesentliche Säule der Wirtschaft des Saarlandes. Gleichwohl sorgt primär der Dienstleistungssektor für merkliche Beschäftigungsgewinne. Insbesondere bei unternehmensnahen Dienstleistungen und in der IT-Branche wurden neue Arbeitsplätze geschaffen. Für den entschlossenen strukturpolitischen Ansatz steht der Begriff des „Aufsteigerlandes". Aktuelle Indikatoren wie die günstige Entwicklung der Arbeitslosigkeit und des Wirtschaftswachstums rechtfertigen ihn. Gleichwohl bleibt noch viel zu tun. Ich sehe die Mitarbeiterbeteiligung auch als Instrument des Strukturwandels.

12. Gute Erfahrungen in der Praxis

Dies zeigt sich an Unternehmen des IT-Bereiches. Einige junge und dynamisch wachsende Unternehmen aus dem Saarland, insbesondere Softwarehäuser und IT-Dienstleister, sind an die Börse gegangen, zum Beispiel die IDS Scheer AG und Infor Business Solutions AG. Durch den Börsengang konnten diese Unternehmen ihr Wachstum finanzieren und neue Arbeitsplätze schaffen. Belegschaftsaktien und Aktienoptionsmodelle ermöglichen es diesen Unternehmen, trotz des Mangels an IT-Fachkräften qualifizierte Bewerber zu gewinnen und zu binden.

Bei der IDS Scheer AG können sich die Mitarbeiter über eine Wandelschuldverschreibung am Unternehmen beteiligen. 95 Prozent der Mitarbeiter sind auf diese Weise Anteilseigner geworden. Die Möglichkeit, Mitarbeiter am Unternehmenskapital zu beteiligen, war neben der Finanzierung weiteren Wachstums ein wesentlicher Grund für den Börsengang. In seinem Buch „Unternehmen gründen ist nicht schwer ..." schreibt dazu Professor Scheer:

„Mit dem Börsengang eröffnen sich dem Unternehmen neue Chancen. Dem Unternehmen werden große Finanzmittel zugeführt und es erhält einen Schub hinsichtlich des Bekanntheitsgrades. Mit der Einführung eines Mitarbeiterbeteiligungsmodells geht ein neuer Motivationsruck durch das Unternehmen."

13. „Ein echter Wettbewerbsvorteil"

Gute Erfahrungen hat auch die PIKON Deutschland AG in Saarbrücken gemacht. Sie ist ein mittelständisches Beratungs- und Softwarehaus mit Schwerpunkt Geschäftsprozessoptimierung, das im Jahr 2001 etwa 25 Mitarbeiter beschäftigte. Zu seiner Philosophie gehört es, dass die Mitarbeiter am gemeinsam erarbeiteten Erfolg teilhaben.

Die Prämienregelung beteiligt jeden Mitarbeiter in dem Maße an der Wertschöpfung, wie er zu ihr beiträgt. Die variablen Gehaltsbestandteile machen bis zu 30 Prozent des Grundgehalts aus. Führungskräfte haben zudem die Möglichkeit, sich über den Erwerb stimmberechtigter Aktien am Kapital zu beteiligen. Bei der Konzeption und Umsetzung des Beteiligungsmodells wird das Beratungs- und Softwarehaus übrigens von Michael Lezius beraten.

Der Vorstand der PIKON Deutschland AG, Jochen Scheibler, sagt zu seinen Erfahrungen mit der Mitarbeiterbeteiligung: „Mitarbeiterbeteiligung ist für uns ein echter Wettbewerbsvorteil. Dank der Erfolgsbeteiligung sind unsere Mitarbeiter hoch motiviert und unsere personelle Fluktuation ist niedrig. Unsere Kunden wissen es zu schätzen, wenn für ihre IT-Projekte über Jahre hinweg derselbe Ansprechpartner zuständig ist."

14. Saarländische Beispiele

Im Saarland wurde über Mitarbeiterbeteiligung in der politischen Diskussion bereits in den 70-er Jahren geredet. Damals wurde bei der Reprivatisierung der „Saarbrücker Zeitung" eine Beteiligungsgesellschaft geschaffen, die sich dann andere Verlagshäuser zum Vorbild nahmen.

Bereits seit vielen Jahren wird Mitarbeiterbeteiligung beispielsweise auch bei der Handelskette Globus und dem mittelständischen Unternehmen Elektro Meyer praktiziert. Die Handelskette Globus hat sich in ihren Unternehmens- und Führungsgrundsätzen dazu verpflichtet, mit ihren Mitarbeitern partnerschaftlich zusammenzuarbeiten. Dazu gehören eine offene Informationspolitik, die Förderung eigenständigen und verantwortlichen Handelns, regelmäßige Mitarbeiterbefragungen und ein wirkungsvolles betriebliches Vorschlagswesen. Die Mitarbeiter von Globus können über ein Kapitalbeteiligungsmodell stiller Gesellschafter ihres Betriebes werden. Sie erhalten für ihre Einlage eine garantierte Basisverzinsung zuzüglich einer erfolgsabhängigen Zinskomponente. 70 Prozent der Belegschaft nehmen an dem Beteiligungsmodell teil.

Aktuell steht das Thema Mitarbeiterbeteiligung im regionalen Bündnis für Arbeit auf der Tagesordnung. Eine Arbeitsgruppe „Beteiligung der Arbeitnehmer am Produktivkapital" wurde gebildet, sie setzt sich aus Vertretern der IHK Saarland, der Handwerkskammer und der Vereinigung der Saarländischen Unternehmensverbände zusammen. Die Arbeitskammer hat Interesse an einer Zusammenarbeit signalisiert.

15. Kampagne zur Information und Beratung

Die Arbeitsgruppe hat einen Kampagnenplan erarbeitet. Ziel ist ist es, durch Informations- und Beratungsveranstaltungen zur Förderung von Konzepten zur Mitarbeiterbeteiligung im Saarland beizutragen. Die Kampagne ist auf drei Jahre angelegt und zielt darauf ab, vor allem bei kleinen und mittleren Unternehmen Interesse zu wecken.

IHK, Handwerkskammer und die Vereinigung der Saarländischen Unternehmensverbände organisieren gemeinsam eine Veranstaltungsreihe und machen entsprechende Öffentlichkeitsarbeit. Sie betreuen ihre jeweiligen Mitglieder bzw. Kunden und bieten eine erste Einstiegsberatung an.

Im Rahmen der Veranstaltungsreihe wurden bisher drei Regionaltreffen mit 100 Teilnehmern durchgeführt. Auf dem Programm standen jeweils eine Einführung in das Thema Mitarbeiterbeteiligung durch Michael Lezius und Praxisberichte von Unternehmen, die Mitarbeiterbeteiligung bereits mit Erfolg praktizieren. Für Unternehmen, die mehr wissen wollten, fanden unter der Leitung von Michael Lezius zwei Workshops statt.

Darauf aufbauend erfolgt eine Einzelberatung durch externe Fachleute, etwa Unternehmens- oder Steuerberater, welche die Unternehmen bei der operativen Umsetzung von Beteiligungsmodellen beraten und unterstützen. Jedes Unternehmen soll die Beteiligungsform erhalten, die zu seiner Unternehmensgruppe, Branche und Betriebsgröße passt.

16. Unterstützung durch das Wirtschaftsministerium

Die Informations- und Beratungskampagne wird vom saarländischen Ministerium für Wirtschaft mit einer Reihe von Maßnahmen ideell und finanziell unterstützt. So fördert das Programm „Lernziel Produktivität" Seminare und Gruppenberatungen zum Thema Mitarbeiterbeteiligung. Ein unternehmensnaher Fortbildungsträger, der entsprechende Seminare anbietet, kann dabei vom Wirtschaftsministerium mit den jeweiligen Fördersätzen (entsprechend der Größe des Unternehmens) unterstützt werden.

Zur Förderung der Einzelberatung steht das Programm „Förderung der Betriebsberatung für kleine und mittlere Unternehmen" zur Verfügung. Das Ministerium für Wirtschaft hat dazu dieses Programm – in Absprache mit den Partnern des Bündnisses für Arbeit – aufgestockt. Das Programm sieht einen pauschalen Fördersatz pro Berater und Tag vor.

Das Saarland hat zusammen mit den Wirtschaftsverbänden verschiedene Informations- und Beratungsangebote sowie Förderprogramme bereitgestellt, um der Mitarbeiterbeteiligung zu einer größeren Verbreitung zu verhelfen. Jetzt kommt es darauf an, dass die saarländischen Unternehmen handeln und die Angebote wahrnehmen und umsetzen.

Mitarbeiterbeteiligung in Deutschland: Aktuelle Trends und Perspektiven

Rüdiger von Rosen

1. Einführung

Die Popularität der Anlage- und Finanzierungsform Aktie ist in den letzten Jahren stetig gewachsen. Im ersten Halbjahr 2001 besaßen nach den Infratest-Umfragen des Deutschen Aktieninstituts bereits rund 13,4 Millionen Bundesbürger über 14 Jahre direkt oder indirekt Aktien. Von den 5,9 Mio. Direktaktionären sind 1,6 Mio. Besitzer von Belegschaftsaktien. Damit sind 2,5 Prozent aller Deutschen über 14 Jahre Belegschaftsaktionäre. Mehr als 10.000 Unternehmen in Deutschland sind in der Rechtsform der Aktiengesellschaft organisiert, von denen inzwischen mehr als 1.000 an einer deutschen Börse notiert sind. Diese positive Entwicklung und die anhaltende Gründungswelle in Deutschland haben das Thema Mitarbeiterbeteiligung verstärkt in den Blickpunkt der Öffentlichkeit gerückt. Auch die seit März 2000 schwache Börsenperformance ist dieser Entwicklung nicht grundsätzlich abträglich.

Dies liegt nicht zuletzt daran, dass sich eine Kapitalbeteiligung der Mitarbeiter bei der Organisationsform Aktiengesellschaft relativ einfach realisieren lässt. Darüber hinaus haben die Erleichterungen für die Gestaltung von Aktienoptionsplänen im Gesetz zur Kontrolle und Transparenz im Unternehmensbereich, welches im Mai 1998 in Kraft getreten ist, dazu beigetragen, dass die Anzahl der eingeführten Aktienoptionspläne stark angestiegen ist.

Es wäre aber verfehlt, das Thema Mitarbeiterbeteiligung allein auf Belegschaftsaktien, Aktienoptionspläne oder sonstige aktienorientierte Vergütungsmodelle zu reduzieren. Es gibt auch bei Unternehmen, die nicht in der Rechtsform der Aktiengesellschaft organisiert sind, vielfältige Möglichkeiten der Mitarbeiterbeteiligung, die sich ebenfalls einer zunehmenden Beliebtheit erfreuen. Häufig partizipieren auch Mitarbeiter von Gesellschaften anderer Rechtsformen an einem aktienbasierten Beteiligungssystem der Mutter-Aktiengesellschaft, was besonders häufig bei deutschen Töchtern ausländischer Muttergesellschaften der Fall ist.

Eines der wesentlichen Ziele dieses Beitrags ist es, einen aktuellen Überblick über die Verbreitung und Akzeptanz von Mitarbeiterbeteiligungssystemen für breite Mitarbeiterkreise zu geben – unabhängig von der konkreten Ausgestaltung. Es gibt eine ganze Reihe guter Gründe, die für eine Kapitalbeteiligung breiter Mitarbeiterkreise am arbeitgebenden Unternehmen sprechen.

Mitarbeiterbeteiligungssysteme werden in vielen Ländern, insbesondere in den Vereinigten Staaten, als ein strategisches Instrument zur Erreichung von Unternehmenszielen eingesetzt.[1] unter einer breiten Mitarbeiterbeteiligung werden in diesem Zusammenhang Systeme verstanden, die nicht nur auf einen kleinen Kreis von Führungskräften beschränkt sind. Viele

Vorstände und Geschäftsführer sind davon überzeugt, dass Unternehmen mit einer breiten Mitarbeiterbeteiligung erfolgreicher sind und sich leichter im globalen Wettbewerb um Kunden und qualifizierte Mitarbeiter durchsetzen.

Diese These wird durch diverse Studien und Untersuchungen gestützt.[2] In Deutschland setzt sich diese Auffassung ebenfalls zunehmend durch. Darüber hinaus hat sich auch die Aktienkultur und die Einstellung der Mitarbeiter zu Mitarbeiterbeteiligungssystemen deutlich gewandelt, sodass das Interesse sowohl der Unternehmen als auch der Mitarbeiter an einer Mitarbeiterbeteiligung stark gestiegen ist. Dies hat dazu geführt, dass viele Unternehmen erstmals ein Beteiligungssystem eingeführt haben oder bereits seit Jahrzehnten bestehenden Beteiligungssystemen plötzlich einen höheren Stellenwert beimessen.

Im Zentrum der Untersuchung steht – neben der quantitativen Bestandsaufnahme der vorherrschenden Systeme – die Frage, inwieweit Unternehmen in Deutschland die von ihnen eingesetzten Mitarbeiterbeteiligungssysteme als ein Mittel zur Erreichung ihrer Unternehmensziele ansehen und welchen Erfolg sie diesen zuschreiben. Hierbei wird auf eine qualitative Einschätzung der Unternehmen abgestellt.

Die nachfolgend genannten Angaben beruhen auf einem Fragebogen, der in Kooperation mit der Hewitt Associates GmbH an die börsennotierten Unternehmen in Deutschland sowie an alle nicht börsennotierten Aktiengesellschaften und Gesellschaften mit beschränkter Haftung mit mehr als 500 Mitarbeitern verschickt wurde.

Letztere wurden einbezogen, um auch inländische Tochtergesellschaften ausländischer Aktiengesellschaften erfassen zu können, die häufig in der Gesellschaftsform der GmbH organisiert sind. Diese Untersuchung wertet die Antworten von 616 Unternehmen aus, von denen mehr als ein Drittel (225 bzw. 36 Prozent der Unternehmen) über ein Mitarbeiterbeteiligungssystem verfügt.

2. Mitarbeiterbeteiligung – Ein Weg zum Unternehmenserfolg

Die Motive für die Einführung oder Ausweitung eines Mitarbeiterbeteiligungsplans können sehr unterschiedlich sein. In der Regel werden sie darauf abzielen, den Unternehmenserfolg zu steigern. Bei den Motiven kann es sich um übergeordnete strategische wie auch um allgemeine personalpolitische Überlegungen handeln. Folgende strategische Zielsetzungen werden oft mit der Einführung eines Beteiligungssystems für allgemeine Mitarbeiterkreise verbunden:

- Stärkere Ausrichtung der Mitarbeiterinteressen an denen der Aktionäre/Gesellschafter und an den Unternehmenszielen.
- Aufbau einer Anteilseignergruppe, die nicht nur kurzfristige finanzielle Interessen verfolgt, sondern am langfristigen Erfolg des Unternehmens interessiert ist.
- Aufbau einer Marke, die als „bester Arbeitgeber für qualifizierte und leistungsorientierte Mitarbeiter“ bekannt ist.

- Begründung einer Vergütungsstruktur, die ein unternehmerisches Handeln des Mitarbeiters fördert und belohnt.
- System, das den Strukturwandel eines Unternehmens begleiten und fördern kann.
- Bei Aktiengesellschaften: Vermeidung einer Zweiklassengesellschaft, die durch die isolierte Einführung eines auf Aktien basierenden Incentive-Programms für das Top-Management entstehen könnte.

Neben diesen übergeordneten strategischen Gesichtspunkten können auch noch folgende personalpolitische Aspekte für ein Mitarbeiterbeteiligungssystem sprechen:

- Steigerung der Attraktivität der Gesamtvergütung,
- Stärkung des Anteils der langfristigen Vergütung,
- Ergänzung oder Ersatz für andere Vergütungsbestandteile, z. B. bei moderaten Gehaltserhöhungen oder Wegfall von betrieblichen Versorgungsleistungen, sowie
- Belohnung der Betriebstreue.

Um die meisten der übergeordneten Zielsetzungen zu erreichen, wird eine finanzielle Beteiligung allein nicht ausreichen, sondern es bedarf einer zusätzlichen psychologischen Komponente.

Eine „Kultur der unternehmerischen Mitverantwortung“, die zum einen hilft, den Unternehmenserfolg zu steigern und zum anderen, das Engagement der Mitarbeiter zu fördern, setzt neben einer finanziellen Beteiligung ausreichende Informationen über das Unternehmen sowie eine Möglichkeit der Einflussnahme auf Unternehmensprozesse voraus. Letzteres kann bei den meisten Mitarbeitern zusammen mit anderen Maßnahmen den Erfolg des Unternehmens spürbar beeinflussen.

Ziel einer solchen „Unternehmerkultur“ ist es, das Bewusstsein und Verhalten der Mitarbeiter so zu verändern, dass die Mitarbeiter

- sich als Stakeholder und Vertreter des Unternehmens verstehen und sich mit diesem verbunden fühlen,
- ein stärkeres Bedürfnis nach Informationen über das Unternehmen verspüren und den Zusammenhang zwischen ihrem Beitrag und dem Unternehmenserfolg verstehen wollen,
- ihre Arbeit effizienter, qualitätsbewusster, kundenorientierter und umsichtiger gestalten;
- ihr Wissen und ihre Erfahrung mit anderen Mitarbeitern teilen,
- sich stärker für die Interessen des Unternehmens, seiner Kunden und Mitarbeiter einsetzen und
- bereit sind, in angemessenem Maße Risiken für sich und das Unternehmen einzugehen.

Die Verhaltens- und Bewusstseinsänderung kann sich dabei auf die Qualität der Produkte, auf die Zufriedenheit der Kunden, die Effizienz der Arbeitsabläufe, die Mitarbeiterzufriedenheit und letztendlich auf den Erfolg des gesamten Unternehmens auswirken.

3. Darstellung der Ergebnisse

3.1 Teilnehmer an der Studie

An der Studie haben 616 Unternehmen teilgenommen. 54 Prozent (335) der Teilnehmer sind Aktiengesellschaften; 46 Prozent (281) der Teilnehmer sind Unternehmen anderer Gesellschaftsformen, im Wesentlichen GmbHs. Falls aus einem Unternehmen mehrere Antworten eingingen, wurde hiervon nur eine berücksichtigt. Antworten von Tochtergesellschaften, die am Beteiligungssystem der Muttergesellschaft partizipierten, wurden jedoch separat erfasst, auch wenn es sich um dasselbe Beteiligungssystem handelt.

Die Teilnehmer wurden in 17 Branchen eingeteilt. Die Zuordnung der Unternehmen zu den verschiedenen Branchen war insbesondere bei Mischunternehmen schwierig und erfolgte auf Basis der Selbsteinschätzung und einer anschließenden Plausibilitätsprüfung unter Berücksichtigung der Einteilung von Vergleichsunternehmen.

Dabei hat sich gezeigt, dass die überwiegende Zahl der Teilnehmer den Branchen „Banken, Versicherung und Finanzdienstleister“ (66 Firmen, 11 Prozent), „IT (Software und Dienstleistung)“ (64 Firmen, 10 Prozent) und „Beratung und sonstige Dienstleistung“ (56 Firmen, 9 Prozent) zuzuordnen ist.

Beantwortet wurden die Fragebögen zumeist von Vertretern der Personalabteilung (223 bzw. 36 Prozent), es folgten die Bereiche Vorstand/Geschäftsführung (188 bzw. 31 Prozent), Controlling (57 bzw. 9 Prozent) und Presse/Öffentlichkeit (27 bzw. 4 Prozent). 100 Fragebögen (16 Prozent) konnten keiner Abteilung zugeordnet werden. Die Tatsache, dass immerhin 31 Prozent aller Fragebögen direkt von der obersten Führungsebene ausgefüllt wurden, ist ein Indiz für den hohen Stellenwert der Mitarbeiterbeteiligung.

3.2 Verbreitung von Beteiligungssystemen

Von den Teilnehmern haben 37 Prozent (225) der Unternehmen berichtet, ein Beteiligungssystem für allgemeine Mitarbeiterkreise eingeführt zu haben. Bezogen auf die teilnehmenden Aktiengesellschaften betrug der Anteil der Unternehmen mit einem Beteiligungssystem 48 Prozent (160 Unternehmen), während bei den anderen Rechtsformen lediglich 23 Prozent (65 Unternehmen) über ein Beteiligungssystem verfügten. 14 Prozent (86) der Teilnehmer (15 Prozent der Aktiengesellschaften und 12 Prozent der anderen Unternehmen) berichteten von der Absicht, einen Plan für ein Beteiligungssystem noch in den nächsten zwölf Monaten einführen zu wollen. Insgesamt – sofern sich die Pläne der beteiligten Unternehmen realisieren – werden also 50 Prozent der Firmen (63 Prozent der Aktiengesellschaften und 36 Prozent der Unternehmen anderer Rechtsformen) Ende 2001 Beteiligungssysteme eingeführt haben.

Hinsichtlich des Ursprungs der Systeme handelt es sich bei 64 Prozent der Unternehmen (79 Prozent der Aktiengesellschaften und 36 Prozent der sonstigen Unternehmen) um ein eigenes Beteiligungssystem. Bei 17 Prozent der Unternehmen (AGs: 15 Prozent, andere: 18 Prozent) wurde das System einer inländischen Muttergesellschaft und bei 19 Prozent der Unternehmen (AGs: 6 Prozent, andere Rechtsformen: 46 Prozent) das System einer ausländischen Muttergesellschaft übernommen. Dies weist darauf hin, dass Mitarbeiterbeteiligungssysteme, die bisher vorwiegend in den USA und Großbritannien verwendet wurden, nunmehr auch in Deutschland Verbreitung und Akzeptanz erfahren bzw. Mitarbeiterbeteiligungssysteme von vornherein für den weltweiten Einsatz konzipiert werden.

In bestimmten Branchen sind allgemeine Mitarbeiterbeteiligungssysteme bereits besonders stark verbreitet. Hierzu gehören insbesondere „IT (Software und Dienstleistung)" mit 48 von 64 Teilnehmern (75 Prozent), „Pharma-Biotech" mit 19 von 33 Teilnehmern (58 Prozent) und „Banken, Versicherung und Finanzdienstleister" mit 33 von 66 Teilnehmern (50 Prozent). Die übrigen Branchen liegen bei durchschnittlich rund 30 Prozent. Aus den Ergebnissen in Bezug auf die Verbreitung und die branchenbezogenen Teilnehmerzahlen lässt sich schließen, dass allgemeine Mitarbeiterbeteiligungssysteme in Dienstleistungsunternehmen häufiger als in Industrieunternehmen angewendet werden.

3.3 Gestaltungsformen

In einigen Unternehmen existieren mehrere Programme, sodass die Anzahl der genannten Systeme über der Anzahl der Teilnehmer liegt (273 Unternehmen mit 356 Programmen). Die am häufigsten genannten Systeme sind Aktienkaufpläne[3] (152 Programme, 43 Prozent). dicht gefolgt von Aktienoptionsplänen[4] (150 Programme, 42 Prozent). Pläne mit einer staatlichen Förderung spielen dabei eine verhältnismäßig untergeordnete Rolle (89 Programme, 25 Prozent). Offensichtlich ist die staatliche Förderung nicht attraktiv genug gestaltet, um dafür die staatlichen Restriktionen in Bezug auf die Plangestaltung und Verwaltung in Kauf zu nehmen.

In 16 Fällen (4 Prozent) wurden Aktienoptionspläne angegeben, die anlässlich eines bestimmten Ereignisses einmalig implementiert wurden (zum Beispiel anlässlich eines Firmenjubiläums, eines Börsengangs oder einer Firmenabspaltung). Hierbei handelt es sich oft um Beteiligungspläne, die zum Ziel haben, einen Unternehmenswandel zu unterstützen.

Es ist eine deutliche Korrelation zwischen den Branchen mit hoher Verbreitung von Mitarbeiterbeteiligungssystemen und der Verwendung von Aktienoptionsplänen festzustellen. So ist die Verbreitung von Aktienoptionsplänen in Branchen mit einer hohen Verbreitung von Mitarbeiterbeteiligungsmodellen überproportional hoch, insbesondere in den Bereichen IT (Software und Dienstleistung) mit 73 Prozent und Pharma-Biotech mit 50 Prozent.

Bei den wenigen anderen Gesellschaftsformen mit einem eigenen Beteiligungssystem (insgesamt 34 Unternehmen) wurden insbesondere Genussrechte, stille Beteiligungen, finanzielle Erfolgsbeteiligungen sowie Phantom-Stock-Modelle genannt.

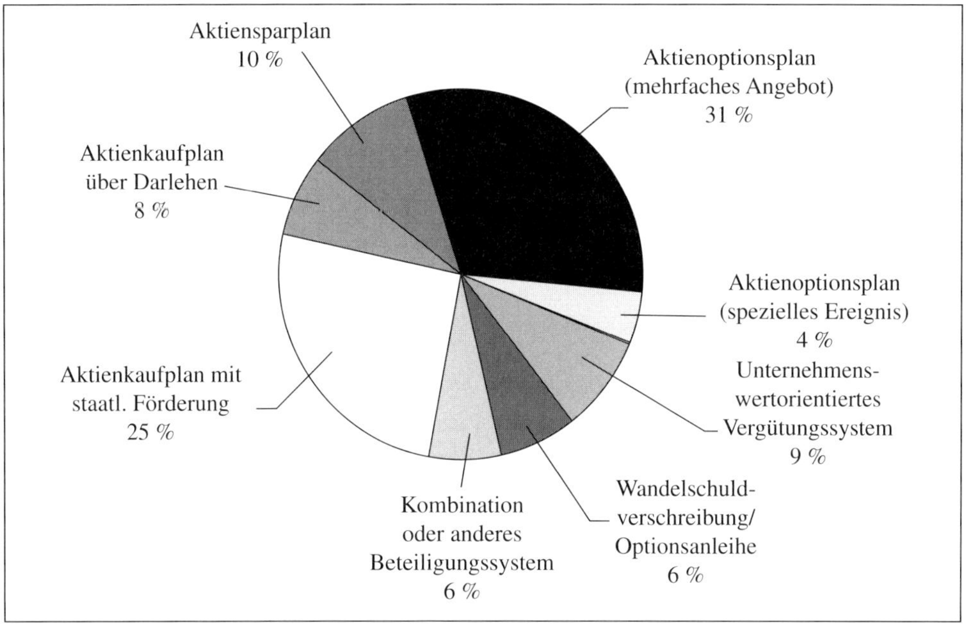

Abbildung: Gestaltungsformen

Der überwiegende Anteil der Unternehmen anderer Gesellschaftsformen hat jedoch entweder kein Beteiligungssystem (65 Prozent) oder nimmt am Beteiligungssystem der Muttergesellschaft (21 Prozent) teil. Die restlichen Unternehmen haben berichtet, einen Plan in den nächsten zwölf Monaten einführen zu wollen.

3.4 Teilnahmeberechtigung bzw. Differenzierungsmerkmale

51 Prozent der Unternehmen mit einem bereits eingeführten oder in den nächsten zwölf Monaten einzuführenden Programm (146) berichten, dass ihr Mitarbeiterbeteiligungssystem für alle Mitarbeiter unter den gleichen Bedingungen zugänglich ist. Bei der Differenzierung von Teilnahmeberechtigung und -umfang spielen vor allen Dingen die Hierarchieebenen (89) und die Dauer des Beschäftigungsverhältnisses (64) eine Rolle. Beide Kriterien sind als Bestandteile des unternehmensweiten Vergütungssystems zu verstehen und unterstützen „Karrieredenken“ bzw. damit in Zusammenhang stehende Verhaltensmuster. Als zweithäufigste Gruppe werden geographische und organisationsbezogene Kriterien verwendet (73), zum Beispiel der Ort der Niederlassung der Gesellschaft (Deutschland oder Ausland). Mehrfachnennungen waren möglich.

Auffällig ist, dass Aktiengesellschaften ihre Beteiligungsprogramme zu 53 Prozent nach speziellen Kriterien differenzieren, Unternehmen anderer Rechtsformen jedoch nur zu 39 Prozent.

Aus den Angaben, die zu den Vergabekriterien zu Aktienoptionen gemacht worden sind, lässt sich eine ähnliche Praxis entnehmen. Eine große Anzahl der Teilnehmer macht die Vergabe der Aktienoptionen bzw. deren Umfang von speziellen Kriterien abhängig. Hierzu zählen der Status des Mitarbeiters (zum Beispiel Hierarchiestufe (21), Verantwortungsstufe (27), Gehalt (4) oder Dauer der Betriebszugehörigkeit (3)), die individuelle Leistung des Berechtigten (21), das Unternehmensergebnis (9) oder andere Kriterien wie z. B. die Anzahl der erworbenen Aktien oder die Ermessensentscheidung des Vorstands (5).

3.5 Umfang der Mitarbeiterbeteiligung in den befragten Unternehmen

Die Belegschaft ist bei den Unternehmen, die hierzu Angaben gemacht hatten, zu durchschnittlich 14 Prozent am Unternehmenskapital beteiligt. Dabei reicht die Bandbreite der Beteiligung von weniger als einem Prozent bis zu 100 Prozent. Es ist daher davon auszugehen, dass manche der teilnehmenden Unternehmen irrtümlich die Höhe der Beteiligung am Plan angegeben haben. Aktiengesellschaften und andere Unternehmen beteiligen ihre Belegschaft jeweils zu 13 bzw. 18 Prozent am Unternehmenskapital.

Im Durchschnitt haben sich bei den Unternehmen, die hierzu Angaben gemacht haben, 59 Prozent der Belegschaft am Mitarbeiterbeteiligungsprogramm des Unternehmens beteiligt. Bei den Aktiengesellschaften waren es 60 Prozent, bei den Unternehmen anderer Rechtsformen 55 Prozent. Erstaunlicherweise lag die durchschnittliche Zahl der beteiligten Mitarbeiter bei Aktiengesellschaften mit 5.451 unter der bei anderen Unternehmen (durchschnittlich 7.758 Mitarbeiter), obwohl Aktiengesellschaften im gesamtwirtschaftlichen Durchschnitt eine höhere Mitarbeiterzahl aufweisen. Ein Grund hierfür ist, dass die börsennotierten Aktiengesellschaften unabhängig von der Mitarbeiterzahl befragt wurden, Unternehmen anderer Rechtsformen jedoch nur ab einer Mitarbeiterzahl von 500.

Die meisten Unternehmen (35 Prozent) gaben 76 Prozent bis 100 Prozent Belegschaftsbeteiligung an, gefolgt von 22 Prozent der Unternehmen, die Beteiligungsquoten von 1 Prozent bis 25 Prozent haben, und weiteren 22 Prozent von Unternehmen, die Beteiligungsquoten von 26 Prozent bis 50 Prozent angaben.

3.6 Ziele und Zielerreichung der Mitarbeiterbeteiligung

Bei der Frage nach den Zielen, die die Unternehmen mit der Mitarbeiterbeteiligung verfolgen, wurden sieben Alternativen vorgegeben, die mit einer Punkteskala von „sehr wichtig" (1) bis „unwichtig" (5) zu bewerten waren. Mehrfachnennungen waren möglich. Die meisten Unternehmen verfolgen mit der Einführung eines Mitarbeiterbeteiligungssystems das Ziel, die Identifikation mit dem Unternehmen zu erhöhen. Dieses Ziel wird von 147 Teilnehmern als sehr wichtig bzw. von 82 Unternehmen als wichtig angesehen (Durchschnitt: 1,6). Hierauf folgen die Ziele „Beteiligung der Mitarbeiter am Unternehmenserfolg" (sehr wichtig:

146; wichtig: 75; Durchschnitt: 1,7), „Förderung der unternehmerischen Mitverantwortung der Mitarbeiter“ (sehr wichtig: 119; wichtig: 89; Durchschnitt: 1,9), „Ausrichtung der Mitarbeiter an den Unternehmenszielen“ (sehr wichtig: 109; wichtig: 88; Durchschnitt: 1,9) und „Erhöhung des Unternehmenserfolgs“ (sehr wichtig: 102; wichtig: 73; Durchschnitt: 2,3).

Als weniger wichtig wurden die Ziele „Verbesserung der Wettbewerbsfähigkeit der Vergütung“ (sehr wichtig: 39; wichtig: 64; Durchschnitt: 2,8) sowie „positives Signal an die Investoren“ (sehr wichtig: 30; wichtig: 48; Durchschnitt: 3,1) bezeichnet. Entsprechend wurde das Ziel „Verbesserung der Wettbewerbsfähigkeit der Vergütung“ von überdurchschnittlich vielen Teilnehmern als „weniger wichtig“ bzw. sogar als „unwichtig“ eingestuft. Die Ziele „Wettbewerbsfähigkeit der Vergütung“ und „Positives Signal an Investoren“ wurden von den Aktiengesellschaften im Durchschnitt als etwas wichtiger eingestuft als von den Unternehmen anderer Rechtsformen. Weitere signifikante Unterschiede zwischen den Rechtsformen waren nicht festzustellen.

Bei den Zielen dominieren somit „strategische Personalthemen“. Taktischen und finanziellen Zielen wurden nur untergeordnete Rollen zugeteilt. Von diesen Zielen wurden insbesondere die Bindung der Mitarbeiter (8 Nennungen) und die Hilfe beim Vermögensaufbau bzw. der Altersvorsorge (7 Nennungen) explizit genannt.

Mehr als zwei Drittel aller Unternehmen (164 von 218) waren mit der Zielerreichung „in vollem Umfang“ oder „überwiegend“ zufrieden. Dies zeigt, dass die Unternehmen das Gefühl haben, hinsichtlich eines wirksamen Mitarbeiterbeteiligungssystems auf dem richtigen Weg zu sein. Allerdings kann von einer vollständigen Zufriedenheit noch lange nicht die Rede sein. Nur 17 Prozent aller Teilnehmer waren mit ihrem System vollständig zufrieden. Die insgesamt eher zurückhaltende Einschätzung bestätigt sich auch darin, dass eine ganze Reihe von Unternehmen diese Frage nicht beantwortete.

Auffällig ist, dass Aktiengesellschaften sich zwar zurückhaltender, aber insgesamt positiver über den Erfolg des Beteiligungssystems äußerten: Lediglich 14 Prozent der Aktiengesellschaften waren „in vollem Umfang“ zufrieden (gegenüber 23 Prozent bei den anderen Rechtsformen), „überwiegende“ Zufriedenheit äußerten hingegen 63 Prozent der Aktiengesellschaften (gegenüber nur 48 Prozent bei den anderen Unternehmen).

Aus Mitarbeitersicht werden die Systeme dagegen offensichtlich als erfolgreicher eingeschätzt. Nur 7 Prozent der Belegschaft sind dem Plan gegenüber neutral oder ablehnend eingestellt. Hingegen beurteilen 93 Prozent der Belegschaft das System als positiv oder sehr positiv.

Anders als in der vom Management verfolgten Zielhierarchie spielen offensichtlich die monetären Aspekte bei der Entscheidung der Mitarbeiter, an dem System teilzunehmen, die größte Rolle. Die Antwort „gute Investitionsmöglichkeit bzw. Vermögensaufbau“ rangiert mit 190 Nennungen auf Platz 1 vor „Vertrauen in die zukünftige Entwicklung des Aktienkurses“ (167)[5]. Es muss allerdings noch einmal deutlich gemacht werden, dass nicht die Mitarbeiter selbst, sondern die für das Beteiligungssystem Verantwortlichen befragt wurden. Es war daher eine positive Antworttendenz zu erwarten.

Es ist bemerkenswert, dass die Antwort „stärkere unternehmerische Einbindung“ nur in 75 Fällen als Grund für die Planteilnahme der Mitarbeiter angegeben wurde und damit eine untergeordnete Rolle spielte. Dies kann als eine Erklärung dafür angesehen werden, dass die unternehmerischen Ziele „Förderung der unternehmerischen Mitverantwortung“ der Mitarbeiter bzw. „Ausrichtung der Mitarbeiter an den Unternehmenszielen“ in vielen Fällen nicht erreicht wurden. Die unverzichtbare psychologische Komponente einer „Kultur der unternehmerischen Mitverantwortung“ wurde offensichtlich in vielen Fällen vernachlässigt.

3.7 Begleitende Maßnahmen

Als begleitende Maßnahmen bei Einführung des Mitarbeiterbeteiligungssystems wurden eine Kommunikationsbroschüre bzw. ein Kommunikationsvideo (59 Prozent), Schulungsveranstaltungen (44 Prozent) bzw. die Einbindung in ein Zielvereinbarungssystem (26 Prozent) genannt.

Erstaunlich ist, dass für die Mitarbeiterkommunikation, der von 84 Prozent der Teilnehmer ein großer (61 Prozent) bzw. sogar entscheidender (23 Prozent) Einfluss auf den Erfolg des Systems beigemessen wird, nur durchschnittlich 23 Prozent des für die Planeinführung zur Verfügung stehenden Gesamtbudgets eingeräumt wurden.

Auch dies kann als ein Grund dafür angesehen werden, dass die Ziele des Systems teilweise nicht erreicht wurden bzw. dass bei der Einführung des Plans in zirka einem Drittel der Fälle Schwierigkeiten bei der Mitarbeiterkommunikation aufgetreten sind.

Im Gegensatz dazu wurden 24 Prozent des Gesamtbudgets für die laufende Systemverwaltung aufgewendet. Dies stellt für die Unternehmen ein kritisches Dilemma dar. Die erprobte Methode, den Mitarbeitern strategische Ziele mithilfe von systematischen Kommunikationsmitteln nahe zu bringen, wird nicht mit ausreichendem Budget unterstützt. Dies schlägt sich konsequenterweise in Zielverfehlungen nieder.

3.8 Messung des Unternehmenserfolgs

Die Teilnehmer wurden gebeten, externe oder interne finanzielle Kennziffern und sonstige Messgrößen für die Messung des Unternehmenserfolges in Bezug auf den Plan anzugeben. Mehrfachnennungen waren zulässig. Von den Teilnehmern, die hierzu Angaben machten, wurden in 141 Fällen (44 Prozent) externe Messgrößen (in der Regel aktienkursbezogene Größen) oder interne betriebswirtschaftliche Messgrößen genannt.

Soweit eine Beantwortung der Frage nach sonstigen Messgrößen erfolgte, wurde in der Mehrzahl der Fälle die Mitarbeiterzufriedenheit (49 Fälle) genannt. Kundenzufriedenheit spielte dagegen eine geringere Rolle (30 Fälle). In wenigen Fällen wurden ausdrücklich Ziele genannt, die sich auf den Plan selbst (Teilnehmerquote, Beteiligungsquote etc.), die durch den Plan zu fördernde Verhaltensweise der Mitarbeiter (höhere Leistungsbereitschaft, stärkere Kundenorientierung) und den Wert des Unternehmens steigernde Faktoren (Umschlagshäufigkeit, Vorräte, Forderungen, Kosten etc.) beziehen.

Die geringe Resonanz auf die Frage nach den konkreten Planzielen (66 Prozent der Unternehmen beantworteten die Frage nicht) kann darauf zurückzuführen sein, dass die meisten Unternehmen sich im Vorfeld nicht darüber im Klaren sind, welche eigentlichen Ziele sie mit dem Plan erreichen wollen.

Die Definition von Zielen, die Festlegung von Messverfahren und die anschließende Durchführung einer Erfolgsmessung sind aber wesentliche Bestandteile einer konsequent auf die Unternehmensstrategie ausgerichteten Vorgehensweise. Eine größere Kundenzufriedenheit, die auf ein stärkeres unternehmerisches Engagement der Mitarbeiter zurückgeführt werden kann, könnte sich zum Beispiel durch den Rückgang von Reklamationen, die Verkürzung des Zeitraums, während dessen Kundenwünsche erfüllt werden, sowie die Ergebnisse einer qualitativen Befragung nachweisen lassen.

Da in den meisten Fällen mehrere Ziele erreicht werden sollen, könnte auch die Balanced Scorecard ein Instrument sein, mit dem man den Erfolg eines Plans messen kann.[6]

4. Schlussfolgerungen

Die Mitarbeiterbeteiligung in Deutschland hat in den vergangenen Jahren große Fortschritte gemacht. Die Anzahl der Unternehmen, die eine breite Mitarbeiterbeteiligung bereits eingeführt haben bzw. in den nächsten zwölf Monaten einführen wollen, ist erfreulich hoch; sie liegt bei über der Hälfte der Teilnehmer unserer Umfrage. Erfreulich ist auch, dass die eingeführten Beteiligungspläne sowohl von den Unternehmensvertretern als auch von den Mitarbeitern überwiegend positiv eingeschätzt werden. Damit ist der Mitarbeiterbeteiligung auch in Deutschland endlich der Durchbruch gelungen. Die bisher oft polarisierend geführte Diskussion zwischen Arbeitgeber- und Gewerkschaftsvertretern scheint endgültig der Vergangenheit anzugehören.

Es hat sich gezeigt, dass bei den teilnehmenden Aktiengesellschaften Aktienoptionspläne auch bei der allgemeinen Belegschaft den bisher dominierenden Aktienkaufplänen den Spitzenplatz streitig machen. Dies ist aus verschiedenen Gesichtspunkten interessant. Erstens handelt es sich wahrscheinlich bei den meisten dieser Pläne um Systeme, die erst in letzter Zeit eingeführt worden sind, zumindest wenn es sich um inländische Unternehmen handelt. Hieraus kann gefolgert werden, dass die Anzahl der Beteiligungspläne in der letzten Zeit stark gestiegen ist. Zweitens erreichen Aktienoptionspläne aufgrund ihrer Planstruktur eine höhere Teilnahmequote als Aktienkaufpläne, sodass auch der Anteil der beteiligten Mitarbeiter in den Unternehmen gestiegen sein dürfte. Drittens können Aktienoptionen nicht mehr ausschließlich als ein Instrument der variablen Führungskräftevergütung angesehen werden.

Es stellt sich damit die Frage, ob die derzeitigen steuerlichen Rahmenbedingungen für Beteiligungssysteme noch zeitgemäß sind. Die von den Unternehmen bevorzugten Formen der Mitarbeiterbeteiligung können nur schwer in Einklang mit den Vorschriften des § 19 a EStG oder des 5. Vermögensbildungsgesetzes gebracht werden. Andererseits erscheint die Besteuerung von Aktienoptionsplänen im internationalen Vergleich zunehmend reformbedürftig. Eine Anpassung an die geänderte Marktpraxis und bessere Rahmenbedingungen sind erforderlich, um auch in Deutschland Mitarbeiterbeteiligungsmodelle attraktiver zu machen.

Durch die zunehmende Globalisierung ist zu erwarten, dass mehr und mehr Unternehmen weltweite Beteiligungssysteme einführen werden. Auch dies sollte bei einer Anpassung der staatlichen Förderung berücksichtigt werden, z. B. in Bezug auf die Länge der Haltefrist und die sich hierauf beziehenden Nachweispflichten. Durch die Ausweitung der Systeme auf andere Länder werden die derzeit bereits vorhandenen Schwierigkeiten bezüglich einer effizienten Verwaltung noch größere Anforderungen an die Unternehmen stellen.

Eine Lösung können auf Internet bzw. Intranet aufbauende Personalinformations- bzw. -kommunikationssysteme bieten. Insbesondere US-amerikanische Unternehmen haben gezeigt, dass auch weltweite Mitarbeiterbeteiligungssysteme hiermit effizient verwaltet werden können und somit ein Beitrag zu einer positiven Unternehmenskommunikation geleistet werden kann. Der in Deutschland derzeit betriebene Aufwand steht noch in keinem angemessenen Verhältnis zur Bedeutung der Kommunikation; hier besteht Nachholbedarf. Die Kommunikation über das Unternehmen, seine strategischen Ziele und den hierzu erforderlichen Beitrag jedes einzelnen Mitarbeiters sollten nicht mit der finanziellen Beteiligung enden, sondern konsequent und dauerhaft fortgesetzt werden.

Letztendlich sollten die Beteiligungssysteme noch stärker an der Unternehmensstrategie ausgerichtet werden. Hierzu gehört neben der klaren und rechtzeitigen Festlegung der Ziele auch die Bereitschaft, diese nach Einführung des Plans fortlaufend zu messen. Auch hier kann die moderne Informationstechnologie unterstützend eingesetzt werden.

In Bezug auf die Mitarbeiterbeteiligung sind die Unternehmen in Deutschland somit zwar auf dem richtigen Weg, doch gibt es keinen Grund, sich mit dem derzeit erreichten Stand zufrieden zu geben. Es besteht sowohl bei der Plangestaltung auf Unternehmensseite wie auch aufseiten des Gesetzgebers bei den steuerlichen Rahmenbedingungen der Mitarbeiterbeteiligung deutlicher und erheblicher Optimierungsbedarf.

Anmerkungen

1 In den USA werden Mitarbeiterbeteiligungen sowohl als Teil der Vergütung wie auch zur Altersvorsorge eingesetzt. Unter die Altersvorsorge fallen insbesondere die in den USA gängigen 401(k)-Pläne. Aufgrund diverser Studien und des eigenen Datenbestandes haben laut einer Schätzung von Hewitt Associates in den USA mindestens 80 Prozent der mittleren und großen börsennotierten Aktiengesellschaften eine oder mehrere Formen der allgemeinen Mitarbeiterbeteiligung.

2 Zum Beispiel: Survey Findings: Unleashing the Power of Employee Ownership, Hewitt Associates und J. L. Kellogg Graduate School of Management der Northwestern University bzw. diverse Untersuchungen des National Center for Employee Ownership (NCEO), vgl. http://www.nceo.org/library/optionreport.html.

3 Aktienkaufpläne mit staatlicher Förderung, Aktienkaufpläne mit Finanzierung über (zinsvergünstigtes) Darlehen, Aktiensparpläne (Ansparen der Mitarbeiterbeiträge über einen Zeitraum).

4 Aktienoptionsplane mit mehrmaligem, regelmäßigen Angebot, Aktienoptionsplan anlässlich eines speziellen Ereignisses (z. B. Firmenjubiläum, Abspaltung), Wandelschuldverschreibungen bzw. Optionsanleihen.

5 Die relativ hohe Bedeutung des Aktienkurses bei allen Rechtsformen erklärt sich auch aus dem hohen Anteil von Tochter-GmbHs ausländischer Mutter-Aktiengesellschaften.

6 Die Balanced Scorecard ist ein Management-, Leistungsmessungs- und Informationssystem, das neben finanziellen auch nichtfinanzielle Kennzahlen beinhaltet. Mit ihrer Hilfe kann die Strategie eines Unternehmens in materielle Ziele und Kennzahlen übersetzt werden (Top-down-Prozess). Vgl. Robert S. Kaplan/David P. Norton (Hrsg.), Balanced Scorecard: Strategien erfolgreich umsetzen, Stuttgart 1997, S. 8 ff.

Zur Zukunft der Mitarbeiterbeteiligung

Mitarbeiterbeteiligung und Altersversorgung: Gemeinsamkeiten und Spezifika

Boy-Jürgen Andresen/Ute Scholz

1. Mitarbeiterbeteiligung und betriebliche Altersversorgung als wichtige Komponenten der Total Compensation

Ziel dieses Beitrags ist es, die Schaffung von Transparenz über die Notwendigkeit und Gestaltungsmöglichkeiten der Mitarbeiterbeteiligung und der betrieblichen Altersversorgung darzustellen. Um dieses Ziel zu erreichen, wird durch die Herausarbeitung der Gemeinsamkeiten und Spezifika der beiden Komponenten ein Überblick über die einzelnen Modelle und ihre Charakteristika gegeben.

In diesem Abschnitt wird zunächst der Rahmen der Mitarbeiterbeteiligung (vgl. Andresen/Förster/Rößler, 1998) und der betrieblichen Altersversorgung (vgl. Andresen, 1998, S. 315 ff.) anhand der Total Compensation erläutert. Anschließend folgt eine detailliertere Beschreibung der Mitarbeiterbeteiligung und der betrieblichen Altersversorgung.

In Abschnitt 2 werden die Gemeinsamkeiten und Spezifika der Mitarbeiterbeteiligung und der betrieblichen Altersversorgung anhand von wichtigen Kriterien, beispielsweise den Finanzierungsmöglichkeiten und den steuer- und tarifrechtlichen Rahmenbedingungen herausgearbeitet, und in Abschnitt 3 werden die wichtigsten Gemeinsamkeiten und Spezifika zusammengefasst.

1.1 Total Compensation

Der Begriff der Total Compensation umfasst alle Vergütungskomponenten, die ein Mitarbeiter im Rahmen seines Beschäftigungsverhältnisses erhalten kann. Hierunter fallen die fixe Vergütung, die variable Vergütung mit kurzfristigen (Short Term Incentives) und mittel- bis langfristigen Laufzeiten (Long Term Incentives), allgemeine Neben- und Sozialleistungen (Benefits) und die betriebliche Alterversorgung.

Die einzelnen Komponenten der Total Compensation sind mit Beispielen in Abbildung 1 dargestellt. Die Abbildung illustriert durch die sich überlappenden Dreiecke das Zusammenspiel von Vergütung und Versorgung auf der einen Seite und ihre Abgrenzung voneinander auf der anderen Seite.

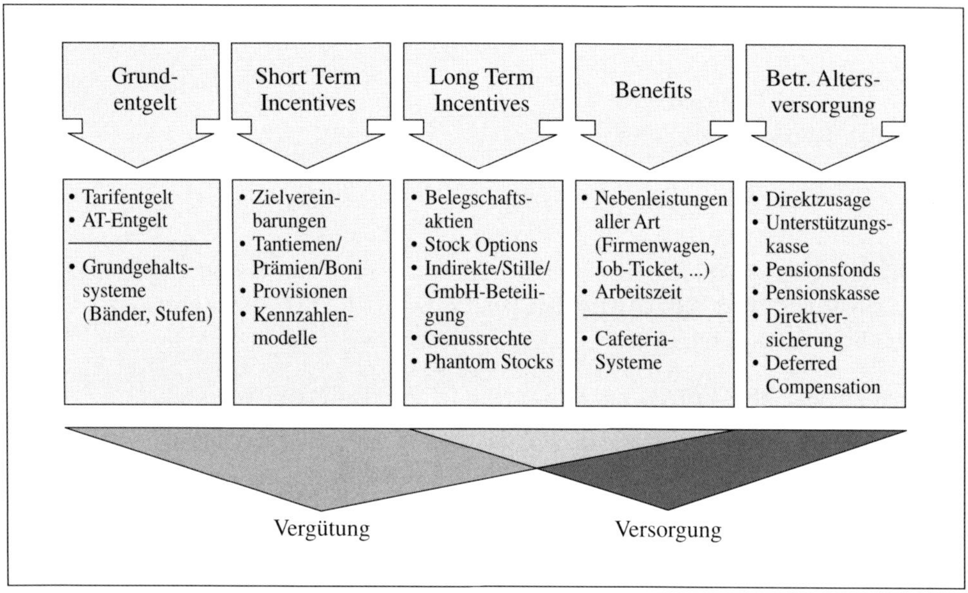

Abbildung 1: Komponenten der Total Compensation

Das Grundentgelt als fixe Komponente und die Short- und Long Term Incentives als variable Komponenten fallen in dieser Systematik ebenso unter die Vergütung wie die Benefits. Dabei werden das Grundentgelt und die Short Term Incentives in bar vergütet. Bei den Long Term Incentives fallen bei einigen Beteiligungsmodellen, beispielsweise bei den Phantom Stocks, ebenfalls Barauszahlungen an. Bei anderen Beteiligungsmodellen erwirbt der Mitarbeiter echte Unternehmensanteile, die er nach einer unternehmensspezifisch festgelegten Frist veräußern kann, aber nicht muss. Die Benefits – besser bekannt als freiwillige soziale Leistungen des Unternehmens – werden dagegen in der Regel nicht in bar ausgezahlt. Trotzdem werden sie zu den Vergütungskomponenten gezählt, da der Mitarbeiter durch die Inanspruchnahme der gewährten Leistungen finanzielle Mittel einspart, beispielsweise im Fall einer Kantine, die aufgrund von Arbeitgeberzuschüssen den Mitarbeitern Verpflegung zu deutlich unter den Marktgegebenheiten liegenden Preisen anbieten kann.

Die betriebliche Altersversorgung stellt aufgrund ihrer Zielsetzung, der Absicherung im Alter, und ihrer Bedeutung für das Unternehmen und den Mitarbeiter zu Recht eine eigenständige Säule im System der Total Compensation dar. Obwohl ihre Leistungssystematik häufig nicht nur dienstzeit-, sondern auch einkommensbezogen ist, wird sie nicht dem Komplex Vergütung, sondern dem Komplex Versorgung zugeordnet.

Eine Überschneidung zwischen Versorgung und Vergütung tritt bei den Benefits und den Long Term Incentives auf. Diese resultiert aus der Tatsache, dass einige Benefits – beispielsweise Arbeitszeitkonten – ebenfalls für die Altersversorgung verwendet werden können. Gleiches gilt für Long Term Incentives, die je nach Modellgestaltung bei Auszahlung für die private Altersvorsorge verwendet oder in Form von Anteilsscheinen bis zum Ruhestand gehalten werden können.

Ein solches Total-Compensation-Modell stellt ein modernes und attraktives Gesamtvergütungspaket dar. Es wird den heutigen Bedürfnissen der Mitarbeiter, die nach Beteiligung am persönlichen Erfolg und am Erfolg des Unternehmens sowie einer Absicherung im Alter streben, gerecht. Das Unternehmen verfügt durch die Anwendung der Total Compensation über eine wettbewerbsstarke Gesamtvergütung, die im immer stärker werdenden Wettbewerb um qualifizierte Arbeitskräfte eben diese für das Unternehmen gewinnen hilft. Aber nicht nur das Gewinnen neuer Mitarbeiter, sondern auch die Bindung bereits im Unternehmen beschäftigter Mitarbeiter kann durch ein Total-Compensation-Modell verstärkt werden.

Darüber hinaus werden durch die Beteiligung des Mitarbeiters am Erfolg Anreize zur Leistungssteigerung generiert, aus denen in der Regel eine Erhöhung der Effizienz und Effektivität des Unternehmens resultiert. Diese Zusammenhänge können im Einzelnen der Abbildung 2 entnommen werden.

	beachtet:	stärkt:
Total Compensation	• Wettbewerb um Mitarbeiter • Unternehmens- & Mitarbeiterbedürfnisse	• Attraktivität der Vergütung (Wettbewerbsfähigkeit) • Variabilisierung der Vergütung • Effizienz & Effektivität des Unternehmens
betriebliche Altersversorgung sonstige Nebenleistungen	• Mitarbeiternutzen & Unternehmenskosten • steuerliche Vorteile • Sonderkonditionen	• Bindung an das Unternehmen • soziale Absicherung der Mitarbeiter • Bedürfnisorientierung der Vergütung bei Cafeteria-Systemen
Long Term Incentives	• Leistung des Unternehmens	• unternehmerisches Denken & Handeln • Identität mit dem Unternehmen • Bindung an das Unternehmen
Short Term Incentives	• Leistung des Mitarbeiters	• Leistung & Motivation
Grundgehalt	• langfristige Leistung • Potenzial • Erfahrung • Kompetenz, Verantwortlichkeit & Einflussnahme auf den Unternehmenserfolg	• Vertrauen in eine Grundvergütung • Bindung an das Unternehmen

Abbildung 2: Inhalte und Auswirkungen der Total Compensation und ihrer Komponenten

Nachdem der Gesamtkontext, in dem sich die Mitarbeiterbeteiligung (Short- und Long Term Incentives) und die betriebliche Altersversorgung bewegen, mithilfe des Total-Compensation-Modells dargestellt wurde, sollen jetzt beide Komponenten detaillierter betrachtet werden.

1.2 Mitarbeiterbeteiligung

Zur Mitarbeiterbeteiligung als Oberbegriff gehören die Erfolgsbeteiligung, die Kapitalbeteiligung und die investive Erfolgsbeteiligung (vgl. Drukarczyk/Schwetzler, 1990, S. 1777). Im Rahmen der Mitarbeiterbeteiligung fallen unter den Begriff „Mitarbeiter" alle Hierarchiestufen – vom ungelernten Mitarbeiter bis zum geschäftsführenden Organ (vgl. Merchel, 1989, S. 11; Wagner, 1990, S. 15).

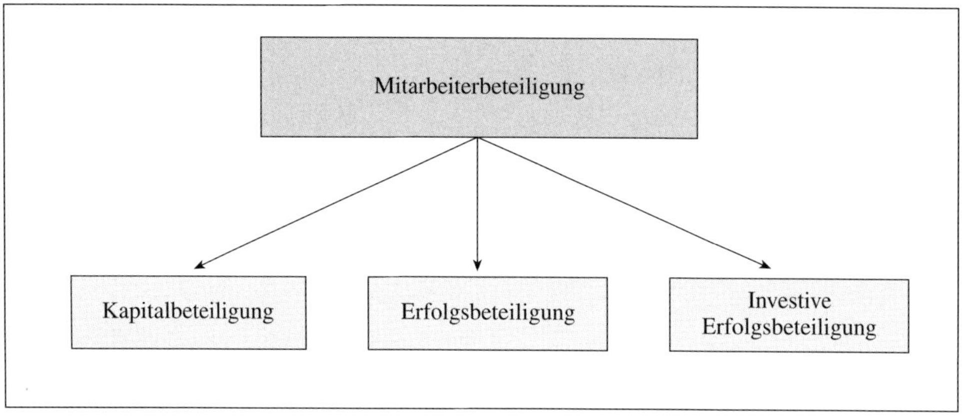

Abbildung 3: Bereiche der Mitarbeiterbeteiligung

Die *Kapitalbeteiligung* stellt eine Beteiligung des Mitarbeiters am Fremd- oder Eigenkapital der Gesellschaft dar. Dabei investiert der Mitarbeiter sein privates Vermögen und erhält einen entsprechenden Anteil am Unternehmen, mit dem Rechte und Pflichten verbunden sind.

Bereits 1982 hat Schanz in einer empirischen Untersuchung festgestellt, dass Kapitalbeteiligungsmodelle hauptsächlich das Ziel verfolgen, unternehmerisches und kostenbewusstes Denken zu fördern (vgl. Laßmann/Schwark, 1985, S. 73). Zu den bekanntesten Kapitalbeteiligungsmodellen zählen:

- Belegschaftsaktien
- Stock Options
- Phantom Stocks
- Wandelschuldverschreibungen
- GmbH-Beteiligungen

- Indirekte Beteiligungen
- Stille Beteiligungen
- Genossenschaftsrechte
- Genussrechte
- Mitarbeiterdarlehen

Eine weitere Form der Mitarbeiterbeteiligung ist die *Erfolgsbeteiligung*, die dem Mitarbeiter neben seinem Grundentgelt eine Beteiligung am Erfolg des Unternehmens gewährt. Zu den bekanntesten Erfolgsbeteiligungsmodellen zählen:

- Zielvereinbarungen
- Tantiemen/Prämien
- Provisionen
- Stock Appreciation Rights
- Phantom Stocks
- traditionelle & wertorientierte Kennzahlenmodelle

Im Vergleich zur Kapitalbeteiligung muss der Mitarbeiter bei der reinen Erfolgsbeteiligung kein zusätzliches Privatvermögen investieren. Phantom Stocks können sowohl in Form der Kapitalbeteiligung als auch in Form der Erfolgsbeteiligung modelliert werden und sind deshalb unter beiden Kategorien genannt.

Bei der *investiven Erfolgsbeteiligung* wird das Volumen der Erfolgsbeteiligung einbehalten und in eine Kapitalbeteiligung am arbeitgebenden oder einem verbundenen Unternehmen umgewandelt. Aufgrund des in der Regel damit verbundenen größeren Risikos und des höheren Volumens werden Stock Options, Stock Appreciation Rights und Phantom Stocks überwiegend für Top Executives verwendet. Auf diesen Punkt wird in Abschnitt 2 noch detaillierter eingegangen.

Ein Vergleich der in Abbildung 1 genannten Total-Compensation-Komponenten mit den hier dargestellten Modellen der Mitarbeiterbeteiligung zeigt, dass die Erfolgsbeteiligungsmodelle – mit Ausnahme der Stock Appreciation Rights und Phantom Stocks – in der Praxis überwiegend im Short-Term-Incentive- und die Kapitalbeteiligungsmodelle eher im Long-Term-Incentive-Bereich vorkommen. Diese Aussage stellt dabei keine Regelung, sondern eine derzeit die Praxis widerspiegelnde Beobachtung dar.

1.3 Betriebliche Altersversorgung

Die ersten betrieblichen Altersversorgungsmodelle entstanden bereits um 1850, z. B. bei Carl Zeiss in Jena, und sind damit älter als die gesetzliche Rentenversicherung von 1879 (vgl. Gaulke, 1997, S. 118).

Betriebsrenten gehören zu den freiwilligen sozialen Leistungen des Unternehmens (vgl. Wöhe, 1990, S. 297) und zählen heute aus Mitarbeitersicht in der Regel zu den unverzichtbaren Gesamtvergütungskomponenten. Eine betriebliche Altersversorgung liegt vor, wenn der Arbeitgeber mindestens ein biometrisches Risiko, d. h.:

- das Alter (Altersversorgung),
- die Invalidität (Invaliditätsversorgung) oder
- den Tod (Hinterbliebenenversorgung)

abdeckt und die Leistungsansprüche erst mit dem Eintritt dieses Ereignisses entstehen (§ 1 BetrAVG in der Neufassung vom 26.6.2001).

Arbeitsrechtlicher Rahmen für die betriebliche Alterversorgung ist das Betriebsrentengesetz (BetrAVG) von 1974 in der aktuellen Fassung vom 26.6.2001 (vgl. zur Entwicklung der betrieblichen Altersversorgung Andresen(Förster/Rößler/Rühmann, 1999), das schwerpunktmäßig:

- die *Legaldefinition* einer Zusage des Arbeitgebers auf betriebliche Altersversorgung (§ 1),
- den Anspruch auf betriebliche Altersversorgung durch *Entgeltumwandlung* (§ 1 a),
- die *Unverfallbarkeit der Ansprüche* bei Beendigung des Arbeitsverhältnisses (§ 1 b) und die Berechnung der Höhe der unverfallbaren Anwartschaft (§ 2),
- die *Anpassungsprüfungspflicht für laufende Betriebsrenten* in Hinblick auf die allgemeine Einkommens- und Preisindexentwicklung unter Berücksichtigung der wirtschaftlichen Lage des Unternehmens (§ 16),
- die *Insolvenzsicherung der Betriebsrenten* bei Insolvenz des Unternehmens durch den Pensions-Sicherungs-Verein (§§ 7 bis 15) und
- die *flexible Altersgrenze* (§ 6)

regelt. Eine Verfahrensanweisung zur Hinterbliebenenversorgung ist nicht Bestandteil des Betriebsrentengesetzes und fällt damit in den Entscheidungsbereich des Unternehmens (vgl. Sternberger-Frey, 1999, S. 75). In der Praxis bieten 50 Prozent der deutschen Unternehmen mit betrieblicher Altersvorsorge eine Hinterbliebenenversorgung an, die üblicherweise 60 Prozent der Rentenansprüche zusichert (vgl. Sternberger-Frey, 1999, S. 75).

Hat sich ein Unternehmen dazu entschieden, seinen Mitarbeitern eine betriebliche Altersversorgung zu gewähren, kann es aus neuerdings fünf Durchführungswegen auswählen. Der fünfte Durchführungsweg – der Pensionsfonds – ist erst im Rahmen der Neufassung des BetrAVG durch Art. 7 des AVmG (Altersvermögensgesetz) eingeführt worden. Die fünf alternativen Durchführungswege und ihre wichtigsten Charakteristika können der Tabelle 1 entnommen werden.

Form (Verbreitung)	*Vermögens-ansammlung*	*Insolvenz-sicherung*	*Finanzierungs-beiträge*	*Steuern*	*Sozialabgaben*	*Besteuerung der Rente*
Direktzusage (26,4 %)	intern, ggf. in betriebseigenen Fonds	Pflicht, durch Pensions-Sicherungs-Verein	AG: Betriebsausgabe AN: Gehaltsumwandlung	nein	nein bis 2008: nein, bis 4 % BBG ab 2008: ja	ja, wie Arbeitsentgelt (§ 19 EStG) FB: 3.072 €
Unterstützungskasse (5,8 %)	extern, ggf. in betriebsmittelbaren Fonds	Pflicht, durch Pensions-Sicherungs-Verein	AG: Betriebsausgabe AN: Gehaltsumwandlung	nein	nein bis 2008: nein, bis 4 % BBG ab 2008: ja	ja, wie Arbeitsentgelt (§ 19 EStG) FB: 3.072 €
Pensionskasse (8,4 %)	extern	nein, Rentenansprüche unabhängig vom AG	AG: Betriebsausgabe AN:Gehaltsumwandlung	nein, bis 4 % BBG und zusätzlich 20 % Pauschalbesteuerung	nein bis 2008: nein, bis 4 % BBG ab 2008: ja	Renten: nur mit Ertragsanteil (§ 22 EStG), soweit Beiträge versteuert
Pensionsfonds	extern	nein, Insolvenzschutz gilt nur für Beitragszusagen	AG: Betriebsausgabe AN: Gehaltsumwandlung	nein, bis 4 % BBG	nein bis 2008: nein, bis 4 % BBG ab 2008: ja	Renten: nur mit Ertragsanteil (§ 22 EStG), soweit Beiträge versteuert
Direktversicherung (6,0 %)	extern	Pflicht, durch Pensions-Sicherungs-Verein	AG: Betriebsausgabe AN: Gehaltsumwandlung	20 % Pauschalbesteuerung	nein bis 2008: nein, bis 4 % BBG ab 2008: ja	Renten: nur mit Ertragsanteil (§ 22 EStG), soweit Beiträge versteuert

Tabelle 1: Modelle der betrieblichen Altersvorsorge mit ihren wichtigsten Charakteristika

Der Gesetzgeber schreibt nicht vor, wie der Altersvorsorgebetrag im Rentenalter ausgezahlt wird. Als Alternativen kommen die Rentenleistung und die Kapitalleistung und – um Nachteile in der Steuerprogression zu verhindern – auch die Verteilung der Kapitalleistung über mehrere Jahre in Betracht.

2. Gegenüberstellung von Mitarbeiterbeteiligung und betrieblicher Altersversorgung

Wie bereits die Abbildung 1 zeigt, kann sowohl die Mitarbeiterbeteiligung als Teil der Vergütung als auch die betriebliche Altersversorgung als Teil der Versorgung zu einem attraktiven und wettbewerbsfähigen Total-Compensation-Modell gehören. Wie diese beiden Total-Compensation-Komponenten zueinander stehen, in welchen Fällen sie in welcher Korrelation und in welcher Ausgestaltung idealerweise zur Anwendung kommen sollten, um dem Mitarbeiter ein attraktives und dem Unternehmen ein wettbewerbsfähiges Gesamtvergütungssystem bieten zu können, soll im Folgenden untersucht werden.

In diesem Abschnitt wird deshalb zuerst auf eine wesentliche Rahmenbedingung dieser beiden Komponenten eingegangen – die aktuelle Versorgungssituation im Ruhestand. Darüber hinaus werden anhand von sechs Charakteristika, die für die Auswahl des Modells und dessen Ausgestaltung wichtig sind, die Gemeinsamkeiten und Spezifika der Mitarbeiterbeteiligung und der betrieblichen Altersversorgung herausgearbeitet.

2.1 Versorgungssituation im Ruhestand als Rahmenbedingung

Ein Blick auf die Versorgungssituation der Mitarbeiter im Rentenalter erhöht den Stellenwert der Mitarbeiterbeteiligung und der betrieblichen Altersversorgung, denn die gesetzliche Rente allein reicht bei weitem nicht aus, um den gewohnten Lebensstandard zu sichern. Dabei sind mit steigendem Bruttojahreseinkommen die Mitarbeiter umso stärker von der so genannten Versorgungslücke, die das Defizit zwischen dem Nettoeinkommen im Erwerbszeitraum und der Nettorente im Ruhestand darstellt, betroffen. Diesen Zusammenhang veranschaulicht die Abbildung 4.

Das hier visualisierte Ausmaß der Versorgungslücke – die bei jedem der hier abgebildeten Einkommenshöhen (wenn auch in unterschiedlicher Stärke) auftritt – macht auf drastische Weise den Handlungsbedarf zur Reduzierung der Diskrepanz zwischen dem Nettoeinkommen im Erwerbszeitraum und dem Nettorenteneinkommen deutlich.

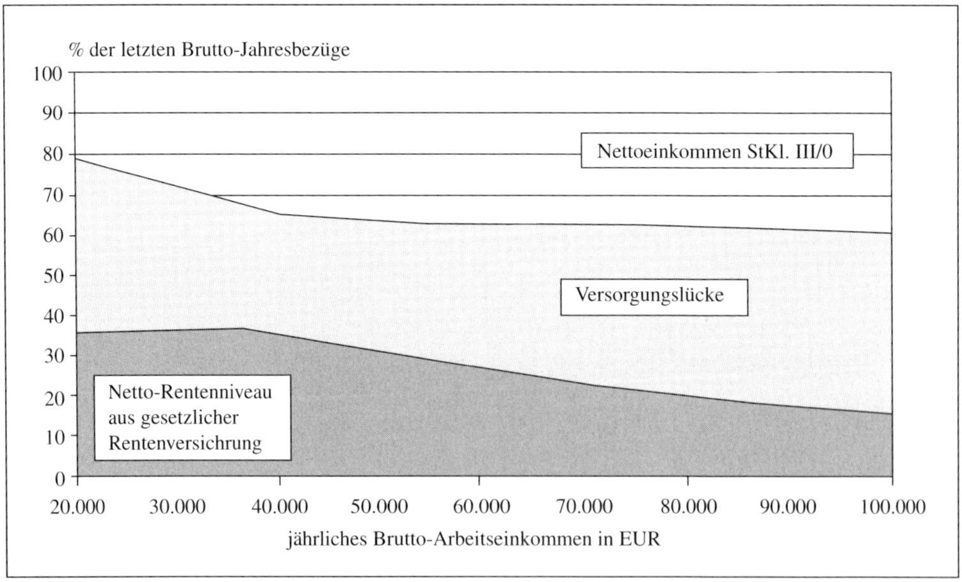

Abbildung 4: Versorgungssituation im Ruhestand (Alter 65/Angaben in Euro)

Durch die unzureichende gesetzliche Absicherung im Alter werden zur Schließung dieser Versorgungslücke Arbeitgeber und Mitarbeiter immer stärker in die Verantwortung einbezogen. Dem Arbeitgeber bieten sich hierfür vor allem die Wege der Mitarbeiterbeteiligung und der betrieblichen Altersversorgung an. Beide Wege ermöglichen dem Mitarbeiter, Gesamtvergütungsbestandteile möglichst steuergünstig und mit einer hohen Wertsteigerung verbunden bis ins Rentenalter zu transferieren. Dabei ist es dem Unternehmen überlassen, ob und mit welcher Dotierung es den Mitarbeiter unterstützen möchte.

Abgesehen von der gesetzlichen und betrieblichen Altersversorgung sind die Mitarbeiter auch privat aufgerufen, für die eigene Rente vorzusorgen, beispielsweise durch Kapital- und/oder Immobilienanlagen.

Im Ergebnis setzt sich die Alterssicherung aus drei Komponenten zusammen, die auch Säulen der Gesamtversorgung genannt werden: der gesetzlichen Rentenversicherung, der betrieblichen Altersversorgung und der privaten Eigenvorsorge.

2.2 Charakteristika der Mitarbeiterbeteiligung und der betrieblichen Altersversorgung

Hat sich ein Unternehmen dazu entschlossen, seinen Mitarbeitern die Mitarbeiterbeteiligung und die betriebliche Altersversorgung anzubieten, beginnt die Phase der differenzierteren Auseinandersetzung mit diesen beiden Komponenten. Hier geht es darum, zu überlegen, wie beide Wege für den Mitarbeiter und das Unternehmen optimal ausgestaltet werden können. Erste wesentliche Hinweise darauf können der Tabelle 2 entnommen werden, die anhand praxisrelevanter Kriterien erste Charakteristika und damit auch erste Gemeinsamkeiten und Spezifika der beiden Komponenten deutlich macht. Eine detailliertere Erläuterung folgt im Anschluss.

2.2.1 Zielgruppe

Wie der Abbildung 4 entnommen werden kann, sind von einer Versorgungslücke Mitarbeiter der verschiedensten Einkommensklassen, d. h. sowohl Gering- als auch Hochverdiener betroffen. Vor dem Hintergrund der Reduzierung der Versorgungslücke sollten deshalb alle Mitarbeiter in Mitarbeiterbeteiligungs- und Altersversorgungsmodelle integriert werden.

Allerdings eignen sich bestimmte Modelle besser für Mitarbeiter mit einem hohen Einkommen als für Mitarbeiter mit einem geringen Einkommen. Dieser Aspekt wurde bereits in Abschnitt 1.2 angesprochen und soll nun weiter ausgeführt werden. In der Praxis werden vor allem Stock Options, Stock Appreciation Rights und Phantom Stocks den Top Executives vorbehalten. Dies rührt daher, dass gerade Top Executives aufgrund ihres stark ausgeprägten Verantwortungs- und Entscheidungsspielraums den Erfolg eines Unternehmens in der Regel

Kriterien	Mitarbeiterbeteiligung	Betriebliche Altersversorgung
1. Zielgruppe:	▪ alle Mitarbeiter	
2. Laufzeit:	▪ mittel- bis langfristig (befristete oder unendliche Laufzeit)	▪ langfristig (feste Bindung an den Eintritt ins Rentenalter)
3. finanziert durch:	▪ Mitarbeiter (z. B. investive Erfolgsbeteiligung) ▪ Arbeitgeber (meistens in Form von Vergünstigungen oder Zuschüssen)	▪ Mitarbeiter (z. B. echte / unechte Gehaltsumwandlung) ▪ Arbeitgeber (meistens in Form eines Grundversorgungssystems)
3. a Finanzierungsmöglichkeiten des Mitarbeiters:	▪ Nettovermögen ▪ Gewinne (beim Gutschriftenmodell)	▪ Umwandlung von Bruttoentgeltkomponenten
3. b Finanzierungsmöglichkeiten des Unternehmens:	▪ je nach Wahl der Beteiligung über Erhöhung des Eigenkapitals oder Belastung der GuV	▪ Belastung der GuV, wenn arbeitgeberfinanziert (Betriebsausgaben)
4. tarifrechtlicher Rahmen:	▪ Tarifbestandteile dürfen nicht in Anteile am arbeitgebenden Unternehmen umgewandelt werden. Nettovergütung (auch aus Tarifentgelt) kann dagegen zum Erwerb von Anteilen (z. B. Belegschaftsaktien) verwendet werden.	▪ Tarifbestandteile dürfen vom Mitarbeiter im Rahmen tariflicher Öffnungsregelungen für die betriebliche AV verwendet werden.
5. gesetzlicher Rahmen:	▪ je nach Wahl der Beteiligungsform: HGB, GmbHG, AktG oder schuldrechtliche Vereinbarungen	▪ BetrAVG
6. Steuervorteile:	▪ Steuerfreiheit der Vergünstigung bis 154 € gem. § 19 a EStG	▪ je nach Durchführungsweg entweder pauschale Besteuerung oder Steuer- und Sozialabgabenfreiheit aufgrund fehlenden Entgeltzuflusses

Tabelle 2: Charakteristika der Mitarbeiterbeteiligung und der betrieblichen Altersversorgung

stark beeinflussen können und aus diesem Grund ein hohes Beteiligungsvolumen an dem Gewinn und der Wertsteigerung des Unternehmens sinnvoll und gerechtfertigt ist.

Dieses hohe Volumen stößt aber z. B. bei Stock Options an bestimmte aktienrechtliche Grenzen, die das insgesamt den Mitarbeitern gewährte Volumen an Stock Options eingrenzen.[1] Aus diesem Grund ist es oft nicht möglich, der gesamten Belegschaft Stock Options zu gewähren.

Ein anderer Aspekt befasst sich mit dem Risiko, das mit Optionen verbunden ist und nicht jedem Mitarbeiter zugemutet werden kann. Abgegrenzt von der Gesamtvergütung kommt der Mitarbeiter allein mit der Option nicht ins Risiko. Im schlimmsten Fall verfällt seine Option, die er umsonst erhalten hat. Damit hat der Mitarbeiter nichts verloren, aber auch nichts gewonnen. Genau an diesem „Gewinn" von Null muss zur Erläuterung des Risikoaspekts angesetzt werden:

> Stock Options dürfen nicht unabhängig von der Gesamtvergütung gesehen werden, da sie in der Regel nicht on top, sondern anstelle anderer fixer Vergütungskomponenten gewährt werden. Vor diesem Hintergrund geht der Mitarbeiter voll ins Risiko, denn wenn seine Option nicht im Geld steht, hat er einen Teil seiner Vergütung riskiert und verloren. Dieses Risiko ist eher Mitarbeitern mit einer hohen Vergütung zuzumuten als einem Mitarbeiter mit geringem Einkommen, das mit großer Wahrscheinlichkeit in nahezu voller Höhe zum Bestreiten seines Lebensunterhalts benötigt wird.

Bei der betrieblichen Altersversorgung ergibt sich ebenfalls eine Abgrenzung zwischen den unterschiedlichen Modellen. Diese wird allerdings nicht durch den bereits erläuterten Volumen- oder Risikoaspekt, sondern durch tarif- und steuerpolitische Betrachtungsweisen hervorgerufen. Dabei ist bei beiden Betrachtungsweisen allein auf die mitarbeiterfinanzierte betriebliche Altersversorgung durch Gehaltsumwandlung abzustellen.

Die für Mitarbeiter unter Renditegesichtspunkten außerordentlich attraktive Umwandlung von nicht versteuertem und nicht verbeitragtem Bruttoentgelt in wertgleiche betriebliche Altersversorgungsansprüche war bis zum 31.12.2001 nach § 4 TVG tarifgebundenen Arbeitnehmern in der Regel versperrt, wenn sie nicht über außertarifliche Einkommensbestandteile verfügten oder in ihrer Branche (z. B. Chemie) Öffnungstarifverträge zur Entgeltumwandlung bestanden. Seitdem der Gesetzgeber in der Rentenreform 2001 allen pflichtversicherten Arbeitnehmern ab 2002 nach Maßgabe des § 10 a EStG staatliche Förderung durch Zulagen oder Sonderausgabenabzug auch für betriebliche Altersversorgung aufgrund des für alle Arbeitnehmer zum 1.1.2002 in Kraft getretenen Entgeltumwandlungsanspruchs nach § 1 a BetrAVG gewährt, werden flächendeckend in allen Branchen Tarifverträge zur Entgeltumwandlung abgeschlossen, um eine sonst drohende strukturelle Benachteiligung gewerkschaftlich organisierter Arbeitnehmer zu vermeiden. Damit steht der Zugang zur Entgeltumwandlung künftig allen Arbeitnehmern in gleicher Weise offen.

Neben die ungeförderte Entgeltumwandlung aus dem Bruttoeinkommen (ab 2008 allerdings Sozialversicherungspflicht) tritt die geförderte Entgeltumwandlung aus dem Nettoeinkommen. Die ungeförderte Entgeltumwandlung bleibt vor allem für Arbeitnehmer mit höheren

Einkommen attraktiv, weil der steuerliche Entlastungseffekt die individuelle steuerliche Belastung widerspiegelt.

2.2.2 Laufzeit

In der Laufzeit unterscheidet sich die Mitarbeiterbeteiligung von der betrieblichen Altersversorgung erheblich. Während bei der betrieblichen Altersversorgung das Laufzeitende und damit der Erhalt der Leistung fest mit dem Beginn des Rentenalters (mindestens Vollendung des 60. Lebensjahrs) verbunden ist, kann die Laufzeit bei den Mitarbeiterbeteiligungsmodellen bis auf einige gesetzlich vorgeschriebene Mindesthaltefristen (zwei Jahre bei Stock Options gem. § 193 Abs. 2 Nr. 4 AktG) unternehmensspezifisch definiert werden.

Dabei sehen echte Mitarbeiterbeteiligungsmodelle – d. h. Modelle, die eine Beteiligung am Eigenkapital des Unternehmens beinhalten (z. B. Aktien, GmbH-Beteiligungen) – keine Laufzeit, sondern eine unbefristete Beteiligung vor. Diese ist meistens mit einer Sperrfrist versehen. Anders dagegen wird bei Beteiligungen am Fremdkapital (z. B. Genussrechte[2], Mitarbeiterdarlehen) immer eine Befristung durch das Unternehmen festgelegt, beispielsweise zehn Jahre. Danach kommt der Wert der Beteiligung automatisch zur Auszahlung.

Es kann – auch mit Blick auf die Abgrenzung zu den Short Term Incentives in Abbildung 1 – festgehalten werden, dass Mitarbeiterbeteiligungsmodelle im langfristigen Bereich angesiedelt sind, d. h. der Mitarbeiter in der Regel mindestens drei Jahre an seine Beteiligung gebunden ist. Damit sollen kurzfristige Gewinnmitnahmen ausgeschlossen und die Bindungswirkung an das Unternehmen erhöht werden.

2.2.3 Finanzierung

Bei der Mitarbeiterbeteiligung und der betrieblichen Altersversorgung sind Modelle möglich, die entweder vollständig durch den Arbeitgeber, vollständig durch den Mitarbeiter oder sowohl vom Arbeitgeber als auch vom Mitarbeiter finanziert werden.

Die zuletzt genannte, von beiden Seiten finanzierte Form der Mitarbeiterbeteiligung wird gerade bei der Belegschaftsaktie – die volumenmäßig in Deutschland die am weitesten verbreitete Mitarbeiterbeteiligungsform darstellt[3] – am häufigsten verwendet. Belegschaftsaktien sind Aktien des arbeitgebenden Unternehmens, die das Unternehmen den Mitarbeitern häufig zu vergünstigten Kursen anbietet.

Nicht so weit verbreitet wie die mit Vergünstigungen versehenen Belegschaftsaktien sind Gratisaktien. Gratisaktien stellen eine allein vom Arbeitgeber finanzierte Beteiligungsform dar, bei der der Mitarbeiter Aktien des arbeitgebenden Unternehmens ohne Eigenbeteiligungsverpflichtung vom Arbeitgeber erhält.

Im Gegensatz zu diesen beiden teilweise oder ganz vom Arbeitgeber finanzierten Beteiligungsformen existieren auch solche, die komplett vom Mitarbeiter getragen werden, z. B. Gutschriftenmodelle. Bei ihnen erhält der Mitarbeiter eine Beteiligung am Gewinn des Unternehmens, bei der eine Gewinnauszahlung nicht jährlich erfolgt, sondern aufgeschoben wird. Da der Mitarbeiter über diesen Gewinn nicht wirtschaftlich verfügen kann, gilt er als nicht zugeflossen und unterliegt deshalb im Zeitpunkt seiner Entstehung nicht der persönlichen Einkommensteuer und den Sozialabgaben (Abschn. 10 a Satz 6 LStR 1999; BFH-Urteil vom 14.05.1982 – BStBl. II, S. 469). Erst im Zeitpunkt der Auszahlung entsteht in Höhe des summierten Gewinns ein Entgeltzufluss, der um die entsprechenden Steuern und Sozialabgaben reduziert wird. Das Gutschriftenmodell gehört der investiven Erfolgsbeteiligung an (siehe Abschnitt 1.2). In diesem Fall stellt der Arbeitgeber lediglich die „Infrastruktur“ zur Verfügung.

Bei der betrieblichen Altersversorgung sind häufig Modelle anzutreffen, bei denen das Unternehmen dem Mitarbeiter einen Sockelbeitrag gewährt und ihm darüber hinaus einen oder sogar mehrere Wege anbietet, diesen Sockelbeitrag mit eigenen Mitteln aufzustocken. Das bedeutet, dass – wie bei der Mitarbeiterbeteiligung – auch bei der betrieblichen Altersversorgung in den meisten Fällen ein vom Arbeitgeber und Arbeitnehmer gemeinsam finanziertes Modell praktiziert wird.

Beispielsweise sichert das Unternehmen einen festen Rentenbeitrag zu, den der Mitarbeiter über die Deferred Compensation (echte Gehaltsumwandlung) variabel aufstocken kann. Bezüglich des gewährten Sockelbeitrags hat das Unternehmen die in Tabelle 1 vorgestellten Durchführungswege zur Auswahl. Sie alle haben gemein, dass die vom Arbeitgeber aufgewendeten Beiträge als Betriebsausgaben abzugsfähig sind.

Bei der Direktzusage bleibt der Beitrag im eigenen Unternehmen, was zur Rückstellungsbildung und dadurch zu Betriebsausgaben in Höhe der erlaubten jährlichen Rückstellung führt. Das Unternehmen kann über diese finanziellen Mittel frei verfügen, sie beispielsweise zur Finanzierung neuer Betriebsmittel verwenden oder sie in Fonds, Aktien, Renten etc. anlegen. Es findet kein zwangsläufiger Liquiditätsabfluss statt. Bei allen anderen Durchführungswegen fließen die Beiträge aus dem Unternehmen an einen externen Anbieter und induzieren damit in gleicher Höhe Betriebsausgaben. In diesen Fällen findet ein Liquiditätsabfluss statt.

Neben der dargestellten arbeitgeberfinanzierten betrieblichen Altersversorgung existiert ebenfalls die mitarbeiterfinanzierte betriebliche Altersversorgung in Form der echten und unechten Gehaltsumwandlung (siehe Tabelle 1). Bei ihr stellt das Unternehmen die Infrastruktur zur Verfügung, beteiligt sich aber nicht über Beiträge. Die echte und die unechte Gehaltsumwandlung haben gemein, dass der Mitarbeiter auf Teile seiner Vergütung verzichtet und diese in einen betrieblichen Rentenanspruch umwandelt. Dabei unterscheiden sich die echte und die unechte Gehaltsumwandlung vor allem in ihrem Zeitpunkt der Besteuerung und der Abgabe von Sozialbeiträgen. Während bei der echten Gehaltsumwandlung (Deferred Compensation) im Zeitpunkt der Umwandlung keine Steuern und Sozialabgaben anfallen, findet bei der unechten Gehaltsumwandlung (Direktversicherung/Pensionskasse) in diesem Zeitpunkt eine Pauschalbesteuerung nach § 40 b EStG statt. Sozialabgaben fallen bei der Direktversicherung nur an, wenn regelmäßig gezahlte Vergütungsbestandteile umgewandelt werden. Dafür wird die Rente mit dem Ertragsanteil versteuert, während die Rente aus der echten Gehaltsumwandlung der persönlichen Einkommensbesteuerung unterliegt.

Insgesamt kann festgehalten werden, dass sowohl die Mitarbeiterbeteiligung als auch die betriebliche Altersversorgung für das Unternehmen nicht unbedingt mit hohen Zusatzkosten verbunden sein müssen.

Finanzierungsmöglichkeiten des Mitarbeiters

Die Finanzierung eines Mitarbeiterbeteiligungsmodells bestreitet der Mitarbeiter entweder durch sein Nettoentgelt und/oder durch sein privates Vermögen. So wird beispielsweise beim Erwerb von Belegschaftsaktien häufig der dafür aufzuwendende Preis direkt in der Gehaltsabrechnung erfasst und vom Nettoentgelt einbehalten. Reicht das Nettoentgelt nicht zur Deckung des Kaufpreises aus, können entweder zukünftige Gehaltszahlungen reduziert oder Überweisungen aus dem Privatvermögen des Mitarbeiters getätigt werden.

Allein im Fall des Gutschriftenmodells wird nicht auf das Nettoentgelt oder das Privatvermögen des Mitarbeiters zurückgegriffen, sondern die Gewinne aus der Gewinnbeteiligung am arbeitgebenden Unternehmen verwendet. Diese werden nicht an den Mitarbeiter ausgeschüttet, sondern in die Zukunft aufgeschoben.

Zur Finanzierung der betrieblichen Altersversorgung durch den Mitarbeiter wird sein Bruttoentgelt verwendet, das entweder ins Rentenalter verschoben (Deferred Compensation) oder mit einem Pauschalsteuersatz (Direktversicherung) versteuert wird.

Bei der Deferred Compensation muss der Mitarbeiter vor dem Entstehen des Entgeltanspruchs auf eben diesen verzichtet haben. Ansonsten liegt ein Entgeltzufluss vor, der mit Steuern und Sozialabgaben belastet wird. Möchte ein Mitarbeiter folglich z. B. seine variable Vergütungskomponente, die vom Unternehmenserfolg abhängt, ins Rentenalter verschieben, muss er bereits vor Beginn des Geschäftsjahrs auf diesen variablen Anteil verzichten.

Das heißt, er verzichtet in 2001 auf seine variable Vergütung für das Geschäftsjahr 2002, die ihm in der Regel erst im Jahr 2003 zufließen würde. Neben den steuer- und sozialabgabensparenden Effekten hat die Deferred Compensation den Vorteil, dass die Höhe der umgewandelten Beträge unbegrenzt und absolut flexibel ist. Der Mitarbeiter kann bei entsprechendem Angebot des Arbeitgebers in Abhängigkeit von seiner persönlichen Lebens- und Finanzsituation jedes Jahr frei seine Entscheidung darüber treffen, ob und wie viel Entgelt er in Altersversorgung umwandeln möchte. Der gesetzliche Anspruch auf Entgeltumwandlung ist allerdings gem. § 1 a BetrAVG auf 4 Prozent der Beitragsbemessungsgrenze in der gesetzlichen Rentenversicherung limitiert.

Im Gegensatz zur Deferred Compensation liegt bei der Direktversicherung im Zeitpunkt der Beitragszahlung ein Entgeltzufluss vor, der die Steuer- und Sozialabgabenpflicht generiert. Bis zu einem Betrag in Höhe von 1.752 € p. a. kommt nach § 40 b EStG eine Pauschalversteuerung in Höhe von 20 Prozent zuzüglich Solidaritätszuschlag und Kirchensteuer zum

Tragen. Wird der Beitrag durch eine variable Sonderzahlung bestritten, entfällt zusätzlich die Sozialabgabenpflicht – allerdings nur noch bis zum Jahr 2008. Im Rentenalter findet dafür – bis auf die Besteuerung des Ertragswerts (Zinsen und Zinseszinsen) – keine Besteuerung der Versicherungssumme statt. Neben dem Zeitpunkt der Besteuerung existieren zwei weitere Abgrenzungskriterien der Direktversicherung von der Deferred Compensation: erstens ist die Pauschalbesteuerung auf einen vorgegebenen Betrag pro Jahr begrenzt und zweitens basieren Versicherungen auf festen bzw. dynamisierten Beiträgen. Gerade der letzte Punkt bindet den Mitarbeiter über einen langen Zeitraum an einen einmal vereinbarten Beitrag.

Finanzierungsmöglichkeiten des Unternehmens

Bei den Mitarbeiterbeteiligungsmodellen kann das Unternehmen aus zwei Finanzierungsalternativen wählen.

Erstens besteht die Möglichkeit der Kapitalerhöhung: Diese Finanzierungsmöglichkeit des Beteiligungsmodells hat den Vorteil, dass zusätzliches Eigenkapital geschaffen wird. Hier entsteht – von den Administrationskosten abgesehen – kein Posten, der durch die GuV läuft und den Gewinn negativ beeinflusst. Allerdings werden die Altaktionäre durch die Kapitalerhöhung, die in diesem Fall kein Bezugsrecht vorsieht, benachteiligt, da sich ihr Anteil am Unternehmen und damit am Gewinn verwässert.

Eine andere Möglichkeit sieht den Weg vor, dass die Beteiligung kein zusätzliches Eigenkapital schafft, sondern komplett durch die GuV läuft. Beispielsweise wird im Fall der Stock Appreciation Rights die Wertsteigerung der Aktien nach einem bestimmten Zeitraum in bar, d. h. kostenlastig in Form von Personalaufwand vergütet.

In diesem Zusammenhang kann folgende Klassifizierung getroffen werden: Echte Beteiligungsmodelle, d. h. Beteiligungen am Eigenkapital des Unternehmens, können immer kostenneutral durch die Erhöhung des Eigenkapitals finanziert werden. Dagegen liegt bei den unechten Beteiligungsmodellen keine Beteiligung am Eigenkapital, sondern eine schuldrechtliche Nachbildung einer Beteiligung vor.

Die Wertsteigerung – ebenso wie die Gewinne – werden nicht über den Markt oder die Gewinnverwendung beglichen, sondern gehen zulasten der GuV.

Bei der betrieblichen Altersversorgung sind nur die mitarbeiterfinanzierten Wege – unter Nichtberücksichtigung der Administrationskosten – für das Unternehmen kostenneutral. In diesen Fällen bestreitet der Mitarbeiter die Beiträge für die betriebliche Altersversorgung allein – ohne Beteiligung des Unternehmens. Bei der arbeitgeberfinanzierten betrieblichen Altersversorgung ist dagegen eine kostenneutrale Finanzierung der Beiträge in der Regel nicht möglich. Zwar können die Aufwendungen im Rahmen der steuerlichen Regelungen (z. B. §§ 6 a und 4 d EStG) als Betriebsausgaben geltend gemacht werden. Dies führt jedoch nicht zu einer Steuerentlastung, sondern nur zu einer periodengerechten Verteilung und steuerlichen Berücksichtigung des Versorgungsaufwands. Zu einer Entlastung des Arbeitgebers kann es nur kommen, wenn die unternehmensinterne oder über den Kapitalmarkt langfristig erzielte Verzinsung des für die Altersversorgung gebildeten Deckungskapitals deutlich über dem der Kalkulation der Versorgungszusagen zugrunde gelegten Rechnungszinsfuß liegt und die überrechnungsmäßigen Erträge dem Arbeitgeber zustehen.

2.2.4 Tarifrechtlicher Rahmen

Die Mitarbeiterbeteiligung ist in der Regel nicht Gegenstand tariflicher Regelungen. Hinsichtlich der Umwandlung von Tarifentgelt in betriebliche Altersversorgung finden sich in den meisten Tarifverträgen zur Entgeltumwandlung jedoch Beschränkungen – z. B. Öffnung nur für Sonderzahlungen. Dies ist bei jeder individual- oder kollektivrechtlichen Regelung auf Betriebsebene zu beachten.

2.2.5 Gesetzlicher Rahmen

Bei den Mitarbeiterbeteiligungsmodellen bestimmt das ausgewählte Beteiligungsmodell den rechtlichen Rahmen. Beim Belegschaftsaktienprogramm z. B. bildet das Aktienrecht den Rahmen, bei der GmbH-Beteiligung das GmbHG, bei der stillen Beteiligung das HGB etc.

Die schuldrechtlichen Beteiligungsformen (Genussrechte, Mitarbeiterdarlehen, Phantom Stocks) haben keinen gesetzlichen Rahmen, sondern basieren auf den unternehmensspezifisch geregelten Vereinbarungen. Sie genießen den Vorteil, dass sie durch den Freiraum ihrer Ausgestaltung konkret die vom Unternehmen gewünschte Zielstellung abbilden können.

Da mit den echten Beteiligungsformen in der Regel Mitbestimmungs- und Informationsrechte der Anteilseigner vorgesehen sind, die nicht vollständig durch gesonderte unternehmensspezifische Vereinbarungen abbedungen werden können, fällt die Wahl vor allem bei mitarbeitervolumenstarken Gesellschaften eher auf schuldrechtliche Beteiligungsformen.

Legt eine Kapitalgesellschaft dagegen besonderen Wert auf die direkte gesellschaftsrechtliche Beteiligung der Mitarbeiter, besteht die Möglichkeit, eine Mitarbeiterbeteiligungs-GmbH zu gründen und diese an der arbeitgebenden Kapitalgesellschaft zu beteiligen.

Anders als die Mitarbeiterbeteiligung mit ihrer Zweiteilung in Modelle mit gesetzlichem und mit schuldrechtlichem Rahmen liegt bei der betrieblichen Altersversorgung nur ein Rahmen vor. Dieser ist gesetzlicher Natur und im Betriebsrentengesetz (BetrAVG) verankert. Dem BetrAVG können alle Durchführungswege mit den dazugehörigen Bestimmungen entnommen werden.

Im Rahmen der Rentenreform 2000/2001 – siehe Abbildung 5 – haben sich auch Veränderungen für die betriebliche Altersversorgung ergeben. Diese gehen vor allem auf die Regelungen des Altersvermögensgesetzes vom 26.6.2001 zurück, das wiederum Änderungen des BetrAVG vorsieht.

- Gesetz zur Reform der Renten wegen verminderter Erwerbsfähigkeit vom 23.12.2000: in Kraft seit 1.1.2001

- Altersvermögensergänzungsgesetz (AVmEG) vom 26.3.2001
  - Neuregelung der Rentenanpassung, Absenkung des Rentenniveaus
  - Berücksichtigung von Kindererziehung
  - Reform der Witwen-/Witwerrenten

- Altersvermögensgesetz (AVmG) vom 26.06.2001
  - Einführung eines Anspruchs auf Entgeltumwandlung in das Betriebsrentengesetz
  - Förderung der kapitalgedeckten Altersvorsorge
  - Einführung von Pensionsfonds
  - Verbesserung der arbeits- und steuerrechtlichen Rahmenbedingungen für die betriebliche Altersversorgung

Abbildung 5: Rentenreform 2000/2001

Im Folgenden werden die wesentlichen Auswirkungen, die die Rentenreform auf die betriebliche Altersversorgung hat, aufgezeigt:

- Angleichung der betrieblichen Versorgungsregelungen an die gesetzliche Rente wegen verminderter Erwerbsfähigkeit
- Überprüfung von sozialrentenabhängigen Systemen (Anrechnungs- oder Limitierungssysteme) aufgrund der Absenkung des Rentenniveaus
- Angleichung der betrieblichen Regelungen an die gesetzliche Neuregelung des Hinterbliebenenrechts
- Verkürzung der allgemeinen Unverfallbarkeitsfristen (Zusagen ab 2001):
  - Zusagedauer fünf Jahre (bisher: zehn Jahre) und
  - mindestens Vollendung des 30. Lebensjahrs (bisher: 35. Lebensjahrs),
  - 12/3 Alternative entfällt

- Einführung der „Beitragszusage mit Mindestleistung“ bei Pensionsfonds, Pensionskasse und Direktversicherung

- Einführung eines individuellen Rechtsanspruchs auf betriebliche Altersversorgung durch Entgeltumwandlung („Anspruchsmodell“) ab 2002

- Flankierung des Anspruchs auf Entgeltumwandlung durch sofortige gesetzliche Unverfallbarkeit der Anwartschaften für Zusagen ab 1.1.2001 und deutlich verbesserte steuerliche Vorfinanzierung mittels sofortiger Rückstellungsbildung

- bei Neuzusagen (inkl. Neueintritte) ab 1.1.2001: Verbesserung der Finanzierung bei Direktzusagen und Unterstützungskassen (Finanzierungsbeginn: Alter 28 statt Alter 30)

- Pensionskasse und Pensionsfonds: Arbeitgeberbeiträge bleiben bis 4 Prozent der Rentenversicherungs-Beitragsbemessungsgrenze (RV-BBG) lohnsteuerfrei (§ 3 Nr. 63 EStG)

- Direktversicherung, Pensionskasse und Pensionsfonds: staatliche Förderung der Entgeltumwandlung durch Zulagen oder Sonderausgabenabzug
- Beschränkung der Beitragsfreiheit der Altersversorgung durch Entgeltumwandlung:
  - in den Jahren 2002 bis 2008 bleiben maximal 4 Prozent der RV-BBG beitragsfrei,
  - nach 2008 volle Beitragspflicht in allen Durchführungswegen,
  - Umwandlung von tarifvertraglich geregelten Entgeltansprüchen soll nur möglich sein, wenn tarifvertragliche Vereinbarung oder Öffnungsklausel besteht (Tarifvorrang).
- Einführung von Pensionsfonds als fünftem Durchführungsweg

2.2.6 Steuervorteile

Der bei den Mitarbeiterbeteiligungsmodellen in den 70er-Jahren noch im Vordergrund stehende Steuervorteil (§ 19 a EStG) ist mittlerweile aufgrund seiner geringen Attraktivität eher in den Hintergrund getreten. Er beschränkt sich darauf, dass Vergünstigungen des Arbeitgebers beim Mitarbeiter bis zu 154 € p. a. steuerfrei gestellt werden. Die Sperrfrist von mindestens sechs Jahren ist zum 1.1.2002 (Steueränderungsgesetz 2001) entfallen.

Gewinne aus Mitarbeiterbeteiligungen unterliegen – wie private Kapitalanlagen auch – der Kapitalertragsteuer von derzeit 20 Prozent. Bis zu dem Sparer-Freibetrag in Höhe von 1.550 € p. a. (3.100 € bei Verheirateten) sind sie steuerfrei.

Wertsteigerungsgewinne der Anteile einer Mitarbeiterbeteiligung unterliegen der Spekulationsteuer (in Höhe der persönlichen Einkommensteuer), wenn sie innerhalb von einem Jahr realisiert werden. Das heißt, der Mitarbeiter erwirbt einen Unternehmensanteil für 50 € und verkauft diesen nach zehn Monaten für 75 €. Die Differenz – der Wertsteigerungsgewinn – wird der persönlichen Einkommensteuer unterworfen.

Da die Mitarbeiterbeteiligung eine langfristige Anlageform darstellt und in der Regel mit entsprechenden Veräußerungssperren versehen ist, kommt ein solcher Steuertatbestand nur in Ausnahmefällen vor.

Bei der betrieblichen Altersversorgung wurde bereits erwähnt, dass die Attraktivität der mitarbeiterfinanzierten Form je nach Durchführungsweg in der aufgeschobenen Steuerlast bzw. in der Pauschalversteuerung liegt.

Gerade vor dem Hintergrund der Steuerreform 2000, die vorsieht, dass sich die Einkommensteuer bis zum Jahr 2005 auf einen Höchstsatz von 42 Prozent reduziert (2001: 48,5 Prozent), ist die Deferred Compensation gerade heute besonders attraktiv. So kann der Mitarbeiter – neben dem positiven Effekt der Zinserwirtschaftung auf das aufgeschobene *Brutto*entgelt – die Versteuerung in eine Lebensphase mit in der Regel deutlich niedrigerer Steuerbelastung verlagern. Die Sozialabgabenersparnis, die in einigen Fällen realisiert werden kann, entfällt aufgrund der aktuellen Rentenreform ab dem Jahr 2008.

3. Schlussbemerkung

Zusammenfassend werden die wichtigsten Gemeinsamkeiten und Spezifika zwischen der Mitarbeiterbeteiligung und der betrieblichen Altersversorgung in Abbildung 6 genannt.

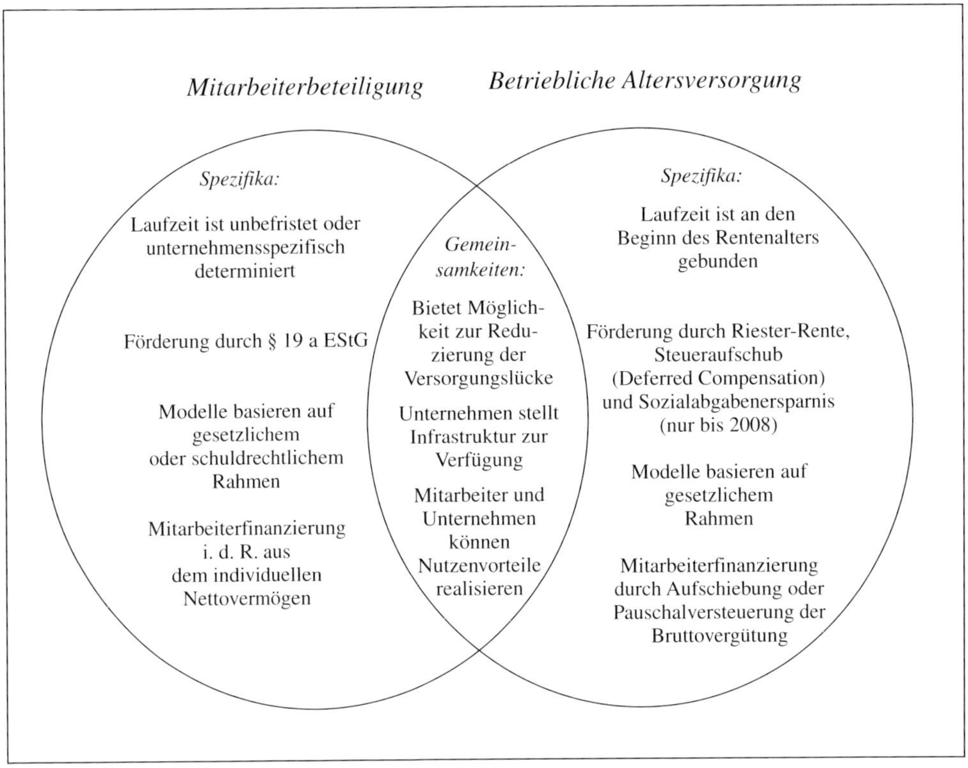

Abbildung 6: Gemeinsamkeiten und Spezifika der Mitarbeiterbeteiligung und der betrieblichen Altersversorgung

Mitarbeiterbeteiligung und betriebliche Altersversorgung haben unterschiedliche Zielsetzungen und unterschiedliche rechtliche Rahmenbedingungen. Ihre Funktionalität hat jedoch gemeinsame Schnittmengen. Ein erfolgreiches Modell der Mitarbeiterbeteiligung kann mit dazu beitragen, die Versorgungslücke im Alter zu füllen.

Umgekehrt kann ein System der arbeitgeberfinanzierten betrieblichen Altersversorgung mit unternehmenserfolgsabhängigen Arbeitgeberbeiträgen ähnlich wie ein Mitarbeiterbeteiligungsmodell unternehmerische Einstellungen und Verhaltensweisen unterstützen.

Festzuhalten ist deshalb im Ergebnis, dass sowohl die Mitarbeiterbeteiligung als auch die betriebliche Altersversorgung wichtige und einander ergänzende Komponenten eines attraktiven und wettbewerbsstarken Total-Compensation-Modells sind und deshalb von jedem Unternehmen angeboten werden sollten, um qualifizierte Fach- und Führungskräfte zu gewinnen und zu halten.

Das Design dieser Komponenten sollte stets auf die konkrete Unternehmens-, Finanz- und Personalstrategie abgestimmt sein und die vielfältigen Gestaltungsmöglichkeiten nutzen. Dazu bedarf es regelmäßig einer Begleitung durch Spezialisten, die auf dem einen wie dem anderen Gestaltungsfeld Kenntnisse und Erfahrung haben.

Anmerkungen

1 Die bedingte Kapitalerhöhung ist begrenzt auf maximal 10 Prozent des Grundkapitals gem. § 192 Abs. 3 AktG. Gleiches gilt für den Rückkauf eigener Aktien gem. § 71 Abs. 2 AktG.
2 Genussrechte können auch so ausgestaltet werden, dass sie eine Eigenkapitalbeteiligung vorsehen.
3 86,3 Prozent (23,3 Mrd. DM) des Mitarbeiterkapitals (insgesamt 27 Mrd. DM) liegt in Belegschaftsaktien (Stand: 01.01.2000). Vgl. H. Schneider: Innovative Beteiligungsmodelle, in: Personal, Heft 10/2000, S. 514, Abb. 1: Mitarbeiter Kapitalbeteiligung (Untersuchung der AGP/GIZ, Stand: 1/2000).

Literatur

Andresen, B.-J.: Betriebliche Altersversorgung als strategische Komponente einer effizienten Gesamtvergütung, in Cramer/Förster/Ruland (Hrsg.), Handbuch zur Altersversorgung, Frankfurt am Main 1998, S. 315-330.

Andresen, B.-J./Förster, W./Rößler, N.: Betriebliche Erfolgs- und Kapitalbeteiligung, 4. Aufl., Freiburg 1998.

Andresen, B.-J./Förster, W./Rößler, N./Rühmann J., Arbeitsrecht der betrieblichen Altersversorgung mit sozialversicherungsrechtlicher Grundlegung, Loseblattwerk, Köln 1999.

Drukarczyk, J./Schwetzler, B.: Mitarbeiterbeteiligung und Unternehmensfinazierung, in Wochenschrift für Betriebswirtschaft, Steuerrecht, Wissenschaftsrecht, Arbeitsrecht 1990, S. 1 777.

Goulke: Kursbuch Altersvorsorge 97/98, Frankfurt am Main 1997.

Laßmann, G./Schwark E. (Hrsg.): Beteiligung der Arbeitnehmer am Produktivvermögen, Berlin 1985, S. 73.

Merchels: Management Buy-Out und Mitarbeiterbeteiligung als Lösungsansatz für Nachfolgeprobleme, in: Der Betriebswirt 3/1989, S. 11.

Schneider: Innovative Beteiligungsmodelle, in: Personal 2000, S. 514.

Sternberger-Frey, B.: Wenn nur noch das Geld arbeitet – Die optimale Altersversorge, Frankfurt am Main 1999.

Wagner, K. R.: Mitarbeiterbeteiligung: Erfolgs- und Risikoteilen, in: Personalwirtschaft 11/1990, S. 15.

Wöhe, G.: Einführung in die Allgemeine Betriebswirtschaftslehre, 17. Aufl., München 1990.

„Die Gesellschaft von Teilhabern (Ludwig Erhard) wird Realität" – Mitarbeiterbeteiligung zu Beginn des 21. Jahrhunderts

Roland Koch

Mit der Sozialen Marktwirtschaft hat Deutschland in den letzten 50 Jahren eine einzigartige Erfolgsgeschichte geschrieben. Entstanden ist eine Gesellschaft, in der Leistung die entscheidende Voraussetzung für Teilhabe am Erfolg war und ist. Gleichzeitig hat diese Gesellschaft durch ihre Leistungsstärke die Kraft entwickelt, ihre Verantwortung für Leistungsschwächere wahrzunehmen und Solidarität in einer Weise zu üben, die keinen internationalen Vergleich zu scheuen braucht. „Wohlstand für alle" wurde zur Realität.

Mit Blick auf die Vermögenspolitik der Sozialen Marktwirtschaft formulierte Ludwig Erhard das Ziel einer Gesellschaft von Teilhabern. Erhards Prinzip, dass die Vermögenspolitik der Sozialen Marktwirtschaft alle durch Vermögensbesitz am Unternehmen beteiligt, ist nach wie vor richtig. Seine beschriebene Zielsetzung, die Gesellschaft von Teilhabern, ist aber heute auch angesichts der Globalisierung über die engere Vermögenspolitik hinaus relevant.

Menschen, die heute im Erwerbsleben stehen oder in Zukunft dorthin drängen, fragen sich völlig zu Recht, was die rasanten Veränderungen in der Welt für sie bedeuten, ob sie an den Chancen der Globalisierung Teil haben werden oder ob der Zug über sie hinweg rollt und sie zu Verlierern gestempelt werden – materiell wie ideell – und welche Spielräume sie selbst haben. Wir haben daher Vermögenspolitik und Mitarbeiterbeteiligung in einem weit größeren Zusammenhang zu diskutieren als nur im Bereich einer Optimierung betrieblicher Strukturen und von Innovationsprozessen. Es geht in dieser schnelllebigen Zeit um die Beteiligung aller und in allen Bereichen. Es geht um mehr als nur die Teilhabe im materiellen Sinn. Ob Wirtschaft oder Gesellschaft, Kultur oder Kirchen: Die Menschen müssen beteiligt werden, sonst beteiligen sie sich nicht mehr.

In einer in Entstehung befindlichen Wissensgesellschaft mit allen ihren modernen Informations- und Kommunikationssystemen geht es zum Beispiel auch um die Frage des Zugangs zu diesen Systemen. Die Teilhabe an einer bestmöglichen Bildung entscheidet, ob die Mitglieder der nächsten Generation zu den Teilhabern oder den Ausgeschlossenen der Fortschrittsentwicklung im 21. Jahrhundert gehören.

Dies war und ist ein zentraler Grund für die Hessische Landesregierung, der Bildungspolitik Priorität einzuräumen. Wenn nach drei Jahren durch die Schaffung der Stellen, die zur Erteilung 100-prozentigen Unterrichts benötigt werden und durch die nötige Zurverfügungsstellung finanzieller Mittel für Vertretungsunterricht eine 100-prozentige Versorgung aller hessischen Schulen erreicht ist , dann bedeutet das eine drastische Erhöhung der Teilhabechancen junger Menschen.

Mit dem Ausbau unserer Verkehrsinfrastruktur, allem voran der Ausbau des Frankfurter Flughafens, schaffen wir Bedingungen für Mobilität, die uns allen die Chance geben, an europäischen wie internationalen Entwicklungen teilzuhaben und von ihnen zu profitieren.

Der Rahmen einer Gesellschaft von Teilhabern reicht heute von der Verteilung des Produktivvermögens über Bildungs- und Infrastrukturentscheidungen oder die Stärkung der Mitwirkungsmöglichkeiten der Bürger, die wir in Hessen schon mit der Änderung des Kommunalwahlrechts verbessert haben, bis hin zu einem Vorstoß zur Stärkung der Mitarbeiterbeteiligung auf Bundesebene.

So wie Ludwig Erhard nach dem Zweiten Weltkrieg veränderte Ausgangsbedingungen zur Grundlage seiner Überlegungen machen musste, so befinden sich die wirtschaftlichen Rahmenbedingungen am Beginn des 21. Jahrhunderts vor einer völligen Umgestaltung. Aus der Globalisierung und besonders der rasanten Entwicklung im Bereich der Informations- und Kommunikationstechnologien ergeben sich Konsequenzen, die sich nicht nur auf den Bereich Wirtschaft beschränken, sondern unsere Gesellschaft bis in ihre Fundamente hinein tangieren. Das innere Gefüge, die gesamte Architektur von Gesellschaft ändert sich.

Wir stehen heute vor der Situation, dass wir jungen Menschen sagen müssen, dass ihre Ausbildungs- und Erwerbsbiographien in Zukunft stark von den heutigen abweichen werden. Schon heute erfahren viele Jugendliche, dass es nicht mehr möglich ist, nach der Ausbildung in einem Betrieb ausschließlich den erlernten Beruf auszuüben, schon gar nicht bis zum Erreichen der Rente. Flexible Weiterbildungszeiten, bewusst eingelegte Familienzeiten und vieles mehr werden diesen Prozess weiter beschleunigen.

Flexibilität, Internationalität, Mobilität gehören zu den Schlagworten, die die Diskussion um Antworten auf die Herausforderung der Globalisierung prägen. Sie prägen sie zu Recht. Weil das aber so ist und weil Politik die Aufgabe hat, Menschen etwas zuzumuten – man könnte auch sagen zuzutrauen, weil Freiheit vor allem Chance und nicht nur Risiko bedeutet – bleibt Politik auch in der Verantwortung, Rahmenbedingungen zu schaffen, die Teilhabe im Geist der Sozialen Marktwirtschaft weiter ermöglichen. Durch den Wegfall der nationalen Schutzwälle sind dabei die Möglichkeiten von Politik eher begrenzter als größer geworden.

Dennoch: Ein demokratisches Staatswesen steht – auch aus eigenem Interesse – in der Verantwortung, die von Ludwig Erhard eingeforderte Gesellschaft von Teilhabern auch für die Zukunft zu ermöglichen.

Die gewaltige Wohlstandsmehrung breiter Bevölkerungsschichten in den letzten Jahrzehnten findet jedoch nicht ihren Niederschlag in der Beteiligung am Produktivvermögen. Lediglich etwas mehr als 6 Prozent des Geldvermögens sind in Beteiligungen am Produktivvermögen angelegt. Es gibt eine Reihe von Gründen, warum dies so ist, angefangen bei der Sozialstaatsidee Bismarcks, die weit wirkungsmächtiger in Deutschland geworden ist als etwa in angelsächsischen Ländern, bis hin zu historischen Erfahrungen, wie die Weltwirtschaftskrise, die in Deutschland eine sehr nachhaltige Wirkung zeigte.

Das häufig beklagte Fehlen einer Aktienkultur in Deutschland hat auch etwas zu tun mit der Tradition der Finanzierung von Unternehmenswachstum durch Bankkredite und weniger durch Aktienemissionen. Es gab und gibt steuerliche Lenkungen von Einkommen, die eben nicht auf Unternehmensbeteiligungen abzielen, sondern auf „Betongold", wie man Immobilien bisweilen umschreibt.

Notwendig zu erwähnen, weil häufig ungern gehört, sind auch Widerstände gegen die individuelle Vermögensbildung in Arbeitnehmerhand sowohl durch Gewerkschaften als auch durch Unternehmer aus ganz unterschiedlichen Motiven. Das Spektrum reicht in der Vergangenheit von der Kultivierung des Gegensatzes von Arbeit und Kapital über die Konzentration auf eine sogenannte aktive Lohnpolitik bis hin zu Befürchtungen, Gewinne teilen und sich „in die Bücher" sehen lassen zu müssen oder unter Umständen sogar der Kontrolle zu unterliegen. Wir müssen feststellen, dass die großen Vermögenswellen des Wirtschaftswunderlandes in Geldvermögen, in Wohnungseigentum oder auch in Autos geflossen sind, nicht aber in eine Vermögensbildung im produktiven Bereich.

Nur 10 Prozent der staatlich geförderten vermögenswirksamen Leistung flossen in die Beteiligung der Arbeitnehmer am Produktivvermögen, 50 Prozent dagegen in Sparverträge und Versicherungssparen und ca. 40 Prozent in das Bausparen. Das Schiff namens Mitarbeiterbeteiligung landete mit vollen Segeln auf den Klippen zinsgünstigerer und mit größeren Sicherheiten ausgestatteter anderer Anlageformen. Eine weitere nicht zu umschiffende Klippe war das Bewusstsein von Arbeitgebern und Gewerkschaften, die auf die alte Lohnmaschinerie setzten, die viel Geld, aber wenig Kapitalbeteiligung ausspuckte, wie Norbert Blüm es einmal formulierte. Wenn dann noch das Menetekel zusätzlichen bürokratischen Aufwands im Vergleich zu traditionellen Vermögensbeteiligungen, verursacht allein schon durch die Vielzahl der möglichen Formen von Mitarbeiterbeteiligungen, an der Wand erscheint, dürften – ohne Anspruch auf Vollständigkeit – ausreichend Probleme und Hindernisse der Vergangenheit beschrieben sein.

In einer Zeit jedoch, in der ein sinkender Nettonutzen ständig steigenden Personalkosten für die Mitarbeiter gegenübersteht, gewinnen Modelle der Mitarbeiterbeteiligung zunehmend an Attraktivität. Dass dabei der Gedanke der Verteilungsgerechtigkeit gegenüber dem der Wettbewerbsfähigkeit ins Hintertreffen zu geraten scheint, hat sicherlich auch etwas mit Politik zu tun. Die Versuche der Politik, über die Vermögensbildungsgesetze Anreize zu schaffen, damit sich mehr Menschen mit Kapital am Produktivkapital ihres Unternehmens beteiligen, endete in der Regelung des §19 Einkommensteuergesetz (EStG) bzw. des häufig als eine Art „Taschengeld-Förderung" kritisierten §19 a EStG.

Hier ist in der Tat die Politik gefragt. Ihre Möglichkeiten liegen nicht zuletzt in der Steuerpolitik. Ich möchte hier nicht die ganze Diskussion um die Steuerreform aufrollen, auch wenn sie unter dem Gesichtspunkt von Teilhaberaspekten, nicht zuletzt bei mittelständischen Unternehmen, zweifellos interessant wäre. Das gilt auch für die Ökosteuer, die in meinen Augen Belastung und Nutzen ungerecht auf die Schultern der Bevölkerung verteilt. Sie wirft ein bezeichnendes Licht darauf, wie die Bundesregierung Teilhabe für den Mittelstand und die Menschen, die ihr Geld noch durch Arbeit verdienen müssen, definiert, nämlich als Zahlmeister.

In der aktuellen Diskussion um Mitarbeiterbeteiligung bewegt das Modell der Mitarbeiter-Option besonders stark die Gemüter. So wie sich mir die Sache darstellt, werden wir den Versuch unternehmen müssen, die steuerlichen Rahmenbedingungen von Mitarbeiter-Optionen zu verbessern, wenn wir die Vorteile optimaler nutzen wollen. Ich halte es nicht für richtig, dass Wertzuwächse zwischen dem festgelegten Bezugspreis der Aktie und dem tatsächlichen Kurs zum Zeitpunkt der Ausübung der Option wie Arbeitseinkommen besteuert werden, obwohl der Arbeitnehmer ein unter Umständen hohes Risiko trägt. Entwickelt sich der Aktienkurs negativ, so kann die Option ihren Wert völlig verlieren. Sollten Wertsteigerungen von Mitarbeiter-Optionen nicht ebenso wie Kurssteigerungen von Aktien nach Ablauf einer gesetzlichen Spekulationsfrist steuerfrei gestellt werden? Unter diesem Aspekt gehört der § 19 EStG auf den Prüfstand, weil bei einer neuen Entlohnungsstruktur, in der womöglich moderate Löhne durch Aktienoptionen ergänzt werden, dies nicht in einer Lösung zu Lasten der Beschäftigten enden darf.

Gleichzeitig muss dafür gesorgt werden, dass Arbeitgeber im Wettbewerb um qualifizierte Arbeitskräfte durch bestehende Regelungen nicht unnötig behindert werden. Wir sind bereit, diese Herausforderung anzunehmen und zwar bewusst auf der Basis: Steigerung der Wettbewerbsfähigkeit für Unternehmen bei günstigen Konstellationen für die Mitarbeiter. Die in den Mitarbeiterbeteiligungsmodellen angelegte Win-Win-Konstellation darf durch politische Rahmenbedingungen nicht beeinträchtigt werden. Dort, wo dies der Fall ist, ist eine Politik, die ernsthaft Interesse an einer Stärkung der Mitarbeiterbeteiligung hat, etwa auch im Hinblick auf die Eigenvorsorge bei der Alterssicherung, aufgefordert, Abhilfe zu schaffen.

Diese Maxime hat vom Investivlohn bis zur Risikostreuung in Fonds zu gelten. Gewinner muss der Arbeitnehmer wie der Unternehmer sein. Die Sorge der Gewerkschaften, dass Arbeitnehmer ein doppeltes Risiko bei Insolvenz tragen, nämlich dass Arbeitnehmer im Insolvenzfall nicht nur ihre Beteiligung, sondern auch ihren Arbeitsplatz verlieren, kann gemildert werden, wenn eine breitere Streuung des Risikos über Investment- oder Kapitalfonds erfolgt, in die Arbeitnehmer ihr Kapital einbringen. Der Markt in Deutschland kennt genug geeignete Akteure, Banken, Kapitalanlagegesellschaften und so weiter, die diese Fonds betreuen können. Auch hier ist es Aufgabe der Politik, diesen Fonds die notwendige Attraktivität zu geben im Vergleich zu anderen Anlage- oder Altersvorsorgemöglichkeiten. Wer nicht bereit ist, bei der Altersvorsorge im Allgemeinen und bei Pensionsfonds im Besonderen über eine nachgelagerte Besteuerung nachzudenken, der entzieht der Mitarbeiterbeteiligung an entscheidender Stelle die Attraktivität und erweist der Förderung von Produktivkapital in Arbeitnehmerhand einen Bärendienst.

Heute wird Mitarbeiterbeteiligung eher unter dem Aspekt der Flexibilisierung von Gehältern, der Unternehmensnachfolge, des Personalkostenabbaus ohne Entlassung von Mitarbeitern oder als Einbindung von Mitarbeitern zwecks Mobilisierung ihrer innovativen Potenziale für das Unternehmen diskutiert. An dieser Stelle begegnen sich, insbesondere bei Unternehmen des Neuen Marktes, Unternehmensinteresse und Selbstverständnis von Arbeitnehmern, die den Wunsch nach persönlicher Entwicklung und Teilhabe am betrieblichen Geschehen stärker zum Ausdruck bringen.

Man stelle sich einfach mal vor, an einem Büfett entlangzugehen. Auf diesem Büfett finden sich aber keine Kanapees, erlesene Fleischspeisen, opulente Käse- und Fischplatten oder sonstige Leckereien, wie sie dem einen oder anderen sicherlich schon einmal begegnet sind, sondern man sieht dort den vollgetankten Dienstwagen für Mitarbeiter, eine Hinterbliebenenversorgung als Sicherungspaket für Frau und Kinder, ein Modell zur Altersversorgung, Sparpakete, Kinderbetreuungsservice, Fahrkostenzuschüsse, car-sharing. Dies ist längst keine Zukunftsmusik mehr, sondern eine aus den USA stammende Vergütungsform namens Cafeteria-System, die seit den 80er Jahren auch in Deutschland Fuß gefasst hat. Statt traditioneller starrer Entlohnung bieten Unternehmen ihren Mitarbeitern ein Menü variabler Zusatzleistungen, das den Arbeitsplatz attraktiver machen soll.

Bei SAP zum Beispiel haben 70 Prozent der Mitarbeiter, die es in Anspruch nehmen können, dieses Modell gewählt. SAP gelang es bis 1999 binnen vier Jahren, den Anteil der flexiblen Entlohnung am Gesamtlohn von 8 Prozent auf 28 Prozent zu steigern.

Und es gibt weitere interessante Modelle: Ein DaimlerChrysler-Mitarbeiter zum Beispiel, der seit 1973 jeweils die Höchstzahl der ihm zustehenden Belegschaftsaktien gezeichnet hat, hat 390 DaimlerChrysler-Aktien für 20.307 DM erworben, die 1999 einen Wert von 54.600 DM hatten, somit hat er durchschnittlich knapp 1.500 DM jährlich durch Aktien des eigenen Arbeitgebers dazuverdient.

Aktive Formen der Mitarbeiterbeteiligung sind also längst keine Geheimwissenschaft mehr. Nicht zuletzt die in Kassel beheimatete Arbeitsgemeinschaft Partnerschaft in der Wirtschaft e.V. (AGP) hat maßgeblich und in dankenswerter Weise mit dazu beigetragen, solche Modelle bekannt zu machen. Viele Initiativen gehen von der AGP aus, um die Mitarbeiterbeteiligung am Produktivvermögen zu verbreitern und mehr Verteilungsgerechtigkeit zu erreichen. So bietet etwa die Internet-Plattform des Hessischen Sozialministeriums einen Service an, der über die Möglichkeiten der Mitarbeiterbeteiligung informiert und für sie wirbt.

Mitarbeiterbeteiligungsmodelle sind nie Lösungen von der Stange. Es gibt kein Standardmodell bei der Beteiligung, das auf alle Unternehmen anwendbar wäre. Es gibt stattdessen eine Reihe von Beteiligungsformen, aus denen die Unternehmen und Mitarbeiter die für sich jeweils günstigste auswählen müssen. Es liegt mir fern, die Mitarbeiterbeteiligung nun zum Königsweg auszurufen. Sie ist aber zweifellos ein sehr zentraler Bestandteil für ein Lösungskonzept, das dazu beiträgt, damit die entstandene neue Konkurrenzsituation in der Welt, die häufig zunächst einmal als Drohung erlebt wird, als Angriff auf Besitzstände, als Kostenkonkurrenz, ihren Schrecken verliert. Die Unternehmen erhalten die Chance, ihre Arbeit anders zu organisieren als dies heute häufig der Fall ist. Dies ist eine große Hilfe. Klar ist aber auch: Damit allein werden wir höchste Löhne und ein höchstes Niveau an sozialer Sicherheit nicht erhalten können. Hinzutreten muss ein klares Bekenntnis zur Hochtechnologie und zu technologischen Spitzenprodukten in Deutschland parallel zu Produkten aus traditionellen Industrien. Die Mitarbeiterbeteiligung gibt uns im Hinblick auf die Lohnkosten – ernsthaft mit fernöstlichen Lohnkosten in Deutschland zu konkurrieren, kann niemand wollen – ein Stück weit die Freiheit zu mehr Flexibilität, die wir brauchen, um die

Wettbewerbsfähigkeit international zu erhalten – und zwar zum Nutzen von Unternehmern und Arbeitnehmern.

Vorteile hat die Mitarbeiterbeteiligung für Unternehmen wie Mitarbeiter. Als Stichworte nenne ich neben der Erhöhung der internationalen Wettbewerbsfähigkeit die Stärkung des Eigenkapitals, Aufbau von Vermögensbildung und Altersvorsorge durch Kapitalbeteiligung, die Einführung flexibler Vergütungsmodelle mit Erfolgsbeteiligung, Umwandlung von Lohnkosten in Eigenkapital, langfristige Installierung einer partnerschaftlichen Unternehmenskultur, Bindung von Mitbestimmung und Mitverantwortung durch Risikobeteiligung.

In den Unternehmen der „New" wie der „Old Economy" finden sich zahllose und eindrucksvolle Beispiele für den Erfolg von Modellen zur Mitarbeiterbeteiligung in einer Vielzahl von Varianten und Möglichkeiten. Alle diese Modelle haben eines gemeinsam: Sie machen den Mitarbeiter zum Mitunternehmer.

So wird zum Beispiel für den angestellten Aktionär der Erfolg des Arbeitgebers zum persönlichen Interesse. Über Aktienoptionen oder andere Beteiligungsformen werden Mitarbeiter am Wertzuwachs beteiligt. Shareholder Value – häufig in Diskussionen der jüngeren Vergangenheit als Kampfbegriff missbraucht – hat für Arbeitnehmer in Deutschland längst einen hohen Stellenwert bekommen.

Die Mitarbeiterbeteiligung löst den alten Konflikt zwischen Arbeit und Kapital zunehmend auf. Die alte Gleichung, wer Einkommen aus Arbeit erwirbt, ist Arbeiter, und wer Einkommen aus Kapital erwirbt, ist Kapitalist, funktioniert nicht mehr. Im 21. Jahrhundert wird beides notwendig kombiniert sein. Das ist gut so, weil damit Arbeitnehmer ein zusätzliches Standbein ihrer Existenzsicherung erhalten, das es ihnen erleichtert, auf die Anforderungen an Flexibilität und Mobilität zu reagieren. Der Einzelne erhält neue und größere Handlungsspielräume. Vermögen in Arbeitnehmerhand kann zur Alterssicherung eingesetzt werden. Wenn Regelarbeitszeitverhältnisse zukünftig nicht mehr die Regel sind, kann Vermögen in Arbeitnehmerhand aber auch dazu beitragen, neue Freiräume auszugestalten, zum Beispiel durch „sabbaticals".

Mit den Modellen der Mitarbeiterbeteiligung können wir auf der Grundlage der Sozialen Marktwirtschaft eine moderne Antwort auf die Herausforderung der Globalisierung im Hinblick auf Wettbewerbsfähigkeit und soziale Sicherung geben. Da sind wir wieder bei der Sozialen Marktwirtschaft als Teilhabergesellschaft und ihrer im 21. Jahrhundert nicht mehr ernsthaft in Frage gestellten Grundposition: Individuelles Eigentum als wesentliche Grundlage persönlicher Freiheit und Vorsorge. Motivation, Engagement und damit Produktivität, Innovation und Rentabilität werden durch partnerschaftliche Strukturen im Rahmen der unterschiedlichen Formen von Mitarbeiterbeteiligung gefördert. Gleichzeitig werden die Lohnstückkosten gesenkt, die Unternehmen gestärkt und die Arbeitsplätze sicherer. Durch Mitarbeiterbeteiligung wird die Gesellschaft von Teilhabern Realität.

Mitarbeiterbeteiligung, Vermögens- und Altersvorsorge – Überlegungen zum aktuellen Stand und zu den Zukunftsperspektiven

Karl-Georg Loritz

1. Mitarbeiterbeteiligung als Aufgabe in der Marktwirtschaft

Michael Lezius ist die personifizierte Verkörperung der Idee und des Ideals der Mitarbeiter- und Führungskräftebeteiligung in Deutschland. Ohne ihn wäre die Idee längst nicht da, wo sie ist. Ohne ihn hätte es in den 80er Jahren keine Management-Buy-Out-Kongresse mit dieser Breitenwirkung gegeben und die Idee der Mitarbeiterbeteiligung hätte nach der Wiedervereinigung in den neuen Bundesländern nicht Fuß gefasst. Als die Deutschen endlich die Aktie als Mittel zur Kapitalanlage und zum (für viele allerdings nur erhofften) schnellen Wohlstand „entdeckten" und Stock-Options für Mitarbeiter und Führungskräfte zum Ende der 90er Jahre in vielen, vor allem neu gegründeten Unternehmen eingeführt wurden, war so manchem nicht mehr geläufig, dass es sich hier im Grunde nur um eine spezielle Ausprägung der Idee der Mitarbeiterbeteiligung handelt. Wenn dennoch die Mitarbeiterbeteiligung in Deutschland bislang nicht den entscheidenden Durchbruch hatte,[1] so lag und liegt es an dem vielfach verbreiteten „Schubladen- und Kästchen-Denken" vieler, die über Mitarbeiterbeteiligung, Stock-Options und Ähnliches sprechen und schreiben. In Deutschland ist, wie noch darzustellen ist, die Rechtsordnung mit ihren verschiedenen Fördermaßnahmen denn auch so kompliziert, dass sich immer für den, der sucht, hinreichende Bedenken finden lassen, die gegen diese Idee vorgebracht werden können.

Ein grundlegender Wandel ist nunmehr insofern eingetreten, als der Staat verstanden und zugestanden hat, dass er nicht in der Lage ist, mit seinem staatlichen Rentensystem die Altersvorsorge der aufgrund gesetzlichen Zwangs oder freiwillig Rentenversicherten sicherzustellen, und sie durch eine Förderung gezielt dazu veranlassen will, für ihre Vorsorge die Chancen der Kapitalmärkte zu nutzen. Anders als dies die komplizierten gesetzlichen Neuregelungen des Gesetzes zur Reform der gesetzlichen Rentenversicherung und zur Förderung eines kapitalgedeckten Altersvorsorgevermögens (Altersvermögensgesetz – AVermG; BGBl. 2001 S. 1310) auf den ersten Blick suggerieren mögen, ist das Thema Altersvorsorge nicht isoliert zu betrachten. Es handelt sich jeweils um ein und denselben Arbeitnehmer, der aus seinem in Deutschland mit erheblichen Steuern und Sozialabgaben belasteten Einkommen Mittel für die Altersvorsorge, für die Mitarbeiterbeteiligung, für einen Bausparvertrag, für eine Lebensversicherung und für eine sonstige Anlageform verwendet. Die bisherige Vielfalt der Fördersysteme ist historisch gewachsen. Dies ist eine Erklärung, aber keine Rechtfertigung, nicht endlich nach einem integrierten Gesamtkonzept zu suchen.

2. Die aktuelle Entwicklung zur Altersvorsorge

2.1 Allgemeine Hinweise

Es ist erstaunlich, dass im Bereich der Altersvorsorge ausgerechnet eine sozialdemokratisch-grüne Bundesregierung mit einem ehemaligen Gewerkschaftsfunktionär als Arbeitsminister – er war immerhin Funktionär einer Gewerkschaft, die in Tarifauseinandersetzungen eine sehr starre Haltung bewies, und kein Funktionär einer fortschrittlichen Gewerkschaft, wie der IG Chemie, die stets Vorreiter bei Erkennen und Durchführung ökonomisch sinnvoller Schritte war – den Kapitalmarkt als Medium für die Altersvorsorge heranzieht. Entsprechende Vorschläge in früheren Jahren[2] wurden gerade von manchen Gewerkschaften, aber auch in der Wissenschaft und von den politisch Verantwortlichen eher skeptisch aufgenommen. Damals glaubte man noch, die Vorsorge für die Nichtselbstständigen vertrage sich nicht mit den Risiken der Kapitalmärkte.

Da Deutschland bekanntlich zu den Ländern mit sehr hohen Arbeitskosten gehört, ist es indes eine wirtschaftliche und gesellschaftspolitische Notwendigkeit, wenn die über 90 Prozent Nichtselbstständigen und Beamten der arbeitenden Bevölkerung an den Chancen des Wirtschaftswachstums noch angemessen partizipieren sollen, dass sie auch auf die „Kapitaleignerseite" rücken. So gesehen darf das Altersvermögensgesetz erst der Anfang sein. Damit soll aber keinesfalls ähnlich umfänglichen und komplizierten Gsetzeswerken das Wort geredet werden, im Gegenteil: Es gilt, die Fördersysteme so zu vereinheitlichen und insbesondere das Steuerrecht so zu gestalten, dass die positiven Zielsetzungen den Betroffenen auch deutlich werden.

2.2 Defizite des unkoordinierten Fördersystems als Ausgangspunkt hin zu erstrebenswerten Zielen

Das Altersvermögensgesetz hat schon im Verlauf der parlamentarischen Beratungen in Fachkreisen deutliche Kritik erfahren. Die entscheidenden Defizite liegen darin, dass der Gesetzgeber wieder einmal halbherzig vorgegangen ist. Einerseits will er die Nichtselbstständigen an den Chancen der Kapitalmärkte teilhaben lassen, andererseits verlangt er von den Produktanbietern eine Sicherheit, die sich dann vernünftigerweise aber doch auf eine Einzahlungsgarantie beschränken muss. Jedoch ist bekannt, dass eine ausreichende Altersvorsorge nicht allein durch die eingezahlten Beträge, sondern nur durch Zinsen und Zinseszinsen und bei Investition in Aktien durch einen entsprechenden Kursanstieg entsteht. Auch ist das Gesetz überaus kompliziert und gerade für Arbeitnehmer, aber auch für Arbeitgeber, in weiten Teilen unverständlich.

Das Gesetz reiht sich ein in die Historie der Förderung der Vermögensbildung in Arbeitnehmerhand.[3] Nach dem 2. Weltkrieg wurde die Vermögensbildung vor allem im Wohnungsbau[4] und in Form des Prämiensparens[5] gefördert. Nur eine Randbedeutung hatte damals eine Vergünstigung für Belegschaftsaktien.[6] Die Gesetze wurden im Laufe der Jahre vielfach geändert. Erst mit dem Wechsel der Bundesregierung im Jahre 1982 wurde die Förderung von der Sparförderung zur

Förderung der Produktivkapitalbeteiligung ausgebaut.[7] Entscheidend war, dass nunmehr für Produktivkapitalbeteiligungen die Beschränkung auf Belegschaftsaktien entfiel und die Förderung auch zahlreicher anderer Beteiligungen in Form des § 19 a EStG und durch das 5. Vermögensbildungsgesetz geschah. Die heutige Ausgestaltung erfolgte dann durch das 2. Vermögensbildungsgesetz vom 19.12.1986.[8] Auch das hielt der Gesetzgeber nicht durch. Erwähnt sei nur, dass der Steuerfreibetrag des § 19 a EStG mit Wirkung vom 1.1.1993 von damals 500 DM auf 300 DM herabgesetzt wurde.[9] Der Staat gab zu erkennen, dass er selbst der Produktivkapitalbeteiligung der Arbeitnehmer keine große Bedeutung mehr beimaß. Die Erhöhung der Fördergrenzen des 5. Vermögensbildungsgesetzes und der Anhebung der Arbeitnehmersparzulage durch das 3. Vermögensbeteiligungsgesetz vom 24.3.1998 (BGBl. I 1998, S. 2647) hat daran nichts geändert. Eine Koordinierung mit der Förderung des Bausparens, mit Einzahlungen in Lebensversicherungen oder mit sonstigen Anlageformen gab es nicht. Jedes geförderte „Produkt" stand und steht für sich im Raum. So gesehen ist das Altersvermögensgesetz nur die Fortsetzung einer „schlechten Tradition". Das Gesetz ist nur insoweit der Höhepunkt der Kompliziertheit, als die Förderung zusätzlich zu allen anderen Erfordernissen die Zertifizierung voraussetzt.[10] Damit steht zu erwarten, dass sich nur relativ wenige „große" Produktanbieter – man rechnet mit insgesamt nicht mehr als 200 – in diesem Markt überhaupt behaupten und durchsetzen können. Die weitere Gefahr liegt darin, dass überall dort, wo es einen vorgegebenen staatlichen starren Rahmen gibt, die Innovationsfreude der Unternehmer unterdrückt wird.

Die unterschiedlichen Arten der steuerlichen und zulagenmäßigen Behandlungen auch nur in etwa darzustellen, würde den Umfang dieser Darstellung bei weitem sprengen. Einige Hinweise mögen genügen, um zu zeigen, wie unkoordiniert und kompliziert das System ist. Die Vorsorge durch Lebensversicherungen wird, wenn diese bestimmte Voraussetzungen erfüllen, durch die Zulassung eines jährlich betragsmäßig begrenzten Beitrags als Sonderausgaben gefördert. Das Bausparen wird im Gegensatz zu früher, wo auch der Sonderausgabenabzug zulässig war – dieser wurde durch Gesetz vom 15.12.1995 (BGBl. I, S. 1783) mit Wirkung zum Veranlagungszeitraum 1996 aufgehoben –, nur noch durch staatliche Prämien gefördert (siehe § 2 Abs. 1 Ziff. 1 Wohnungsbauprämiengesetz, alternativ § 2 Abs. 1 Ziff. 4 5. Vermögensbildungsgesetz). Die Kapitalbeteiligung der Arbeitnehmer wird, wenn sie in Form der Sachzuwendung des Arbeitgebers erfolgt, nach § 19 a EStG durch einen Freibetrag und damit durch eine Verringerung der steuerlichen Bemessungsgrundlage bis zur Höhe von 300 DM gefördert (siehe § 19 a EStG), alternativ durch Zulagen nach dem 5. Vermögensbildungsgesetz (siehe § 2 5. Vermögensbildungsgesetz). Hier ist wiederum Voraussetzung, dass es sich um Geldleistungen handeln muss, die der Arbeitgeber für den Arbeitnehmer in einer der gesetzlich geregelten Formen anlegt. Die immer noch relativ niedrigen Einkommensgrenzen des 5. Vermögensbildungsgesetzes und der einschlägigen Vorschriften des EStG lassen es nicht zu, dass sich schon Bezieher mittlerer und vor allem solcher gehobener Einkommen aus eigenen Mitteln eine angemessene Vorsorge schaffen; denn bei ihnen ist die Abgabenlast, die zu den Sozialversicherungsbeiträgen durch die Besteuerung hinzutritt, so hoch, dass es oftmals nicht möglich, in jedem Fall aber wirtschaftlich wenig sinnvoll ist, aus versteuertem Einkommen Eigenvorsorge zu betreiben.

Im Bereich der betrieblichen Altersvorsorge, also insbesondere dann, wenn ein Arbeitnehmer von seinem Arbeitgeber eine Versorgungszusage erhält, wird diese mit Ausnahme der „Riester-geförderten Produkte" von staatlicher Seite überhaupt nicht gefördert, im Gegenteil: Der Arbeitgeber darf weder durch entsprechend hohe Rückstellungsbildung bei Direktzusagen (§ 6 a EStG) noch durch einen Betriebsausgabenabzug in der erforderlichen Höhe bei Unterstützungskassen (siehe § 4 d EStG) die Altersversorgungszusage voll umfänglich finanzieren.[11] Auch bei Pensionskassen gibt es betragsmäßige Grenzen, bis zu welcher Höhe den Leistungsempfängern Ansprüche zugesagt werden dürfen (§ 2 KStDV).[12] In steuerlicher Hinsicht besteht der entscheidende Unterschied, dass Beiträge an Unterstützungkassen und Pensionsfonds, die der Arbeitgeber leistet, für diesen bis zu den, wie erwähnt, viel zu niedrigen Grenzen Betriebsausgaben und für den Arbeitnehmer steuerfrei sind und dass erst die späteren Zahlungen der Unterstützungskasse und des durch das Altersvermögensgesetz neu geschaffenen Pensionsfonds (§ 4 e EStG in der Fassung des Altersvermögensgesetzes) beim Eintritt des Versorgungsfalles vom Arbeitnehmer zu versteuern sind (so genannte nachgelagerte Besteuerung). Bei direkten Pensionszusagen findet ebenfalls eine nachgelagerte Besteuerung statt. Der Arbeitnehmer versteuert also im Zeitpunkt der Zusage nichts, da ihm im Sinne des Steuerrechts nichts zufließt. Vielmehr versteuert er die späteren Pensionszahlungen. Demgegenüber muss er bei einer Pensionskasse die vom Arbeitgeber geleisteten Zahlungen bereits im Zeitpunkt der Zuführung versteuern.

Es lässt sich unschwer vorstellen, dass dieses gesamte Gesetzes- und Förderwirrwarr für den durchschnittlichen Arbeitnehmer und selbst für viele rechtlich und wirtschaftlich Vorgebildete schlichtweg nicht durchschaubar ist. Das Altersvermögensgesetz hat nicht einmal im Ansatz den Versuch gemacht, hier Klarheit zu schaffen, sondern nur punktuell auf das bestehende Förderchaos aufgesetzt. Der neue § 10 a EStG in der Fassung des Altersvermögensgesetzes sieht nunmehr alternativ für in der gesetzlichen Rentenversicherung Pflichtversicherte die Möglichkeit vor, Altersvorsorgebeiträge (§ 32 EStG) bis zu einer bestimmten Höhe, die ab dem Veranlagungszeitraum 2008 jährlich bis zu 2100 Euro beträgt, als Sonderausgaben abzuziehen oder eine Zulage nach §§ 79 ff. EStG in der Fassung des Altersvermögensgesetzes zu erhalten. Dabei geschieht die Auswahl automatisch durch das Finanzamt und hat danach zu erfolgen, was günstiger ist. Die Zulage beträgt maximal ab dem Jahr 2008 jährlich für jeden Zulageberechtigten 154 Euro und für jedes Kind, für das dem Zulageberechtigten Kindergeld ausgezahlt wird, jährlich 185 Euro. Dies hängt wiederum davon ab, dass auch tatsächlich der entsprechend hohe Eigenbeitrag geleistet wird. Diese Form gilt allerdings nur für Produkte von Anbietern von Altersvorsorgeverträgen nach § 1 Abs. 2 des Altersvorsorgeverträge-Zertifizierungsgesetzes. Dies wiederum stellt zahlreiche Voraussetzungen auf, die ein Altersvorsorgevertrag erfüllen muss, um zertifizierbar zu sein.

Stark umstritten war und ist bis heute vor allem die Mindestauszahlungsgarantie, die einen erheblichen Teil der Rendite kostet. Zudem kommen als zertifizierbare Altersvorsorgeverträge nur bestimmte Rentenversicherungen und Kapitalisierungsprodukte, Bankguthaben mit Zinsenansammlung oder mit kostenfreier Anlage der Zinserträge in bestimmten Investmentfonds sowie Anteile an in- und ausländischen thesaurierenden oder ausschüttenden Investmentfonds, die wiederum nur in bestimmte Anlagen investieren dürfen, in Betracht. Nicht zulagenberechtigt sind Immobilieninvestitionen, obwohl längst erwiesen ist, dass eine gebräuchliche und für die Beteiligten ausgesprochen sinnvolle Form der Altersvorsorge die Anschaffung oder Herstellung einer eigenen Immobilie ist, um im Alter mietfrei zu wohnen.

Das sog. „Riester-Wohnmodell" (siehe §§ 92 a ff. EStG n. F.) war ein in letzter Minute mit heißer Feder geschriebener Kompromiss, um die Immobilienwirtschaft nicht ganz außen vor zu lassen. Der Nachteil ist aber, dass gerade die Bezieher kleiner und auch mittlerer Einkommen, die bestimmte Beträge angespart haben, diese dringend als Eigenkapital benötigten, wenn sie eine Immobilie anschaffen oder herstellen wollen. So müssen sie aber bis zum 65. Lebensjahr die in ein „Riester-Produkt" einbezahlten und dort angesparten Beträge, die sie entnommen haben, zurückzahlen. Dieses Modell dürfte sich kaum als erfolgreich erweisen.

3. Zielrichtung einer koordinierten Förderung

Angesichts dieser Nichtkoordination und Verwirrung ist vorprogrammiert, dass das Altersvorsorgegesetz wie so viele subventionierenden Gesetze in der Vergangenheit für Produktanbieter Medium sein wird, um ihre Produkte in den Markt zu bringen. Sie verhalten sich marktwirtschaftlich und tun das, was der Gesetzgeber gewollt hat. Diese Aussage ist also keineswegs als Kritik zu verstehen. Erste Entwicklungen von Produkten, die die verschiedenen Formen der Förderung zu kombinieren versuchen, wie etwa die Wohnungsbauprämien und die Arbeitnehmersparzulage sowie die Altersvorsorgeförderung, werden im Markt bereits beworben. Es ist deshalb an der Zeit, über ein Gesamtkonzept zu diskutieren, das einerseits den Wettbewerb unter den Produkten zulässt und das wirtschaftlich Sinnvolle fördert, ohne den Wettbewerb der Produkte untereinander zu verfälschen. Dies nützt keinem: Für die Anbieter und vor allem für die Arbeitgeber entsteht ein erheblicher Verwaltungsaufwand, für die Arbeitnehmer werden Transparenz und damit Qualität eines Produkts erheblich erschwert.

Der Gesetzgeber sollte endlich lernen, dass wettbewerbsverzerrende Fördermechanismen schon in der Vergangenheit selten Nutzen gebracht haben. In einer vielschichtigen Industriegesellschaft muss es zwangsläufig, um den ganz unterschiedlichen Vorsorgebedürfnissen gerecht zu werden, auch verschiedene Anlageformen geben. Es gibt nun einmal Arbeitnehmer, die nur gegen Risikofälle des Lebens Sicherheit benötigen, die aber im Alter aufgrund eigenen Einkommens und Vermögens ausreichend versorgt sein werden. Es gibt andere, die etwa als Alleinstehende keine Familien zu versorgen haben, die sich also auf Eigenvorsorge für persönliche Unglücksfälle und für das Alter beschränken können. Wieder andere haben überhaupt kein Vorsorgebedürfnis, sondern bei ihnen geht es nur darum, ihr Geld sinnvoll zu investieren. Überall dort, wo der Staat versucht, typisiert zu fördern, indem er etwa im Bereich der Altersvorsorge durch das Altersvermögensgesetz nur die rentenversicherungspflichtigen Nichtselbstständigen einbezieht, diskriminiert er die übrigen Teile der Bevölkerung, die nicht weniger förderungsbedürftig sind.

Das einfachste Fördersystem wäre ein solches, das zugleich auch in steuerlicher Hinsicht korrekt wäre. Es muss der Tatsache Rechnung tragen, dass die über 90 Prozent Nichtselbstständigen einschließlich der Beamten an der arbeitenden Bevölkerung nur dann an den Chancen einer Industriegesellschaft angemessen beteiligt werden können, wenn sie auch am Produktivvermögen beteiligt sind. Eine solche Beteiligung, dies sollte eigentlich klar sein, kann dann aber nicht durch Umverteilung des Vorhandenen, sondern nur durch Teilhabe an Zuwächsen geschehen, sonst erreicht sie keine relevanten Größenordnungen. In den vielen gut funktionierenden Unternehmen bieten sich deshalb betriebliche Beteiligungen an. Hierdurch muss weder die Mitbestimmung verstärkt noch die unternehmerische Freiheit beeinträchtigt werden, wie zahlreiche Beispiele in der Praxis zeigen. Mit der heutigen Förderung bewegt man nichts. Wegen dieser minimalen Beträge wird ein seriöser Berater vielen Unternehmern abraten, Beteiligungsmodelle mit all ihren Komplikationen einzuführen, die für Arbeitnehmer den Nachteil haben, das Kapital über relativ lange Zeit zu binden.

Generell darf man sich nicht der Illusion hingeben, im deutschen Recht könne die vielschichtige Materie der Mitarbeiterbeteiligung, der Alters- und Vermögensvorsorge rechtlich einfach und für jeden bis ins Detail verständlich geregelt werden. Dennoch lassen sich die Grundstrukturen und Ziele einfach darstellen: Der Staat hat vor dem Hintergrund der Krise der Sozialversicherungs-, insbesondere der Rentensysteme, ein erhebliches Interesse daran, dass die Bürger selbst Vorsorge treffen. Die Auswahl des für den Einzelnen in seiner konkreten Lebenssituation geeigneten Instruments und auch die Auswahl der Anlagemöglichkeiten der einzelnen Versorgungseinrichtungen sollte grundsätzlich den Betroffenen, also den Bürgern und den Versorgungseinrichtungen, selbst überlassen werden. Dass dabei ein hoher Bedarf an Absicherung besteht, liegt auf der Hand. Diese lässt sich aber durch ein System der marktwirtschaftlichen Absicherung, wie es bei den betrieblichen Rentenmodellen bereits heute besteht, besser erreichen als durch die Zertifizierung durch staatliche Behörden. Zudem ist auch hier ein größeres Maß an Realismus geboten als der Gesetzgeber beim Altersvermögensgesetz ihn hatte.

Eine ausreichende Versorgung kann für die wenigsten Arbeitnehmer dadurch geschaffen werden, dass ihnen zugesagt wird, sie erhielten wenigstens die einbezahlten Beiträge zurück. Altersvorsorge und Anlage im freien Kapitalmarkt bedeuten nun einmal gewisse Risiken. Durch professionelle Anlagestrategien und professionelles Risikomanagement, das der Wettbewerb zwangsläufig erzwingt, wird den Betroffenen sicher mehr geholfen als durch überzogene Reglementierungen, die sie dann von einem erheblichen Teil der Chancen abschneiden.

Vor diesem Hintergrund sollte sich der Staat darauf beschränken, die Mitarbeiterbeteiligung, die Alters- und Vermögens-, aber auch die Risikovorsorge systemgerecht dadurch zu fördern, dass der Steuerpflichtige die erforderlichen Aufwendungen in möglichst großem Umfang bis zur Grenze der (primär nach politischen Erwägungen zu bestimmenden) Angemessenheit aus unversteuertem Einkommen bestreiten kann. Dies ist auch in steuersystematischer Hinsicht keine unerwünschte Subvention; denn in einem der reichsten Länder der Welt, das die Bundesrepublik Deutschland immer noch ist, gehört es zu den Aufgaben des Staates, zumal dann, wenn sein Rentensystem unzureichend ist, sein Steuerrecht so auszugestalten, dass dem Bürger genügend verbleibt, um für Notfälle, Alter und sonstige Lebenssituationen ausreichend eigene Vorsorge zu treffen.[13]

Vollzieht man den Schritt, dass der Wettbewerb unter den Produkten nicht durch einen komplizierten Dschungel staatlicher Födernormen gestört werden soll, sondern die Förderung den Blick auf die Produkte, statt auf die Fördermechanismen lenken soll, so gibt es im Grunde nur eine Art der Förderung: Aufwendungen bis zu dem sich im Wesentlichen nach politischen, u. a. haushaltsmäßigen Erwägungen bemessenden und vom Gesetzgeber festzulegenden Höchstbetrag sollten von der Besteuerung freigestellt werden, gleichgültig, ob der Arbeitnehmer selbst eine Mitarbeiterbeteiligung erwirbt, ob er in eine Lebensversicherung einbezahlt oder in einen Bausparvertrag, gleichgültig auch, ob ihm etwas, wie z. B. eine Beteiligung am arbeitgebenden Unternehmen, unmittelbar vom Arbeitgeber zugewendet wird oder ob er sie mit eigenem Geld erwirbt. Im Bereich der betrieblichen Altersversorgung sollte durchgehend das Prinzip der nachgelagerten Besteuerung eingeführt werden.

Der Gesetzgeber kann sich dann darauf beschränken, bei Mitarbeiterbeteiligungen die Rechtsformen aufzuzählen, um so wirtschaftlich unerwünschte oder für Arbeitnehmer zu risikoreiche Beteiligungen nicht auch noch steuerlich zu fördern. Bezieher niedriger Einkommen, die von der steuerlichen Förderung nicht profitieren, können alternativ durch entsprechende Zulagen gefördert werden, wobei hier durchaus Zweifel angebracht sind. Im Regelfall dürfte eine solche Zulagenförderung ohnehin nur von relativ wenigen in Anspruch genommen werden, weil gerade die Bezieher solcher Einkommen, die so niedrig sind, dass keine Steuern anfallen, kaum in der Lage sind, davon etwas für eine Vorsorge abzuzweigen. Dies ist auch die typische „Klientel", bei der die staatliche Rente das Existenzminimum auch im Alter sichern muss. So gesehen wäre eine Harmonisierung des Rentensystems im Hinblick auf die Bezieher solcher niedrigen Erwerbseinkommen besser als die Verkomplizierung einer Förderung durch ein Zulagensystem.

4. Ausblick

Obwohl der Staat erkannt hat, wie wichtig es für die Vorsorge des Arbeitnehmers ist, an den Chancen der Kapitalmärkte teilzuhaben, ist es bis heute nicht gelungen, wenigstens die grobe Zielrichtung staatlicher Förderungen zu vereinheitlichen. Eine Wirtschaftsnation wie Deutschland, das nie zum Billiglohnland werden kann und soll, kann seine Stellung im Weltmarkt nur behalten, wenn ein erheblicher Teil der Arbeitnehmer am Wohl und Wehe der Unternehmen und insbesondere des arbeitgebenden Unternehmens elementares Interesse hat. Nur dann wird ein Arbeitnehmer bereit sein, in Krisenzeiten auf etwas zu verzichten und in Zeiten hoher Auftragsbestände flexibel länger zu arbeiten, um die Chancen zu nutzen. Um all dies zu erreichen, ist die Mitarbeiterbeteiligung ein unverzichtbares Element. Die Beteiligung an einem florierenden arbeitgebenden Unternehmen ist erwiesenermaßen eine hoch rentable Anlage, die mit zu den besten Formen der Altersvorsorge zählt. Nicht alternativ, sondern kumulativ müssen außerbetrieblich Risiko- und Altersvorsorge hinzutreten. Statt vieler komplizierter Systeme brauchen wir eine Vereinheitlichung. Sie zu erreichen, muss ein wichtiges Ziel sein. Es macht keinen Sinn, wenn bis in die Achtzigerjahre hinein das Sparen gefördert wurde, in den Achtzigerjahren die Produktivkapitalbeteiligung im Vordergrund stand und zu Beginn des 3. Jahrtausends die Altersvorsorge dokumentiert wird, wenn dabei die jeweils vorhergehenden, nicht weniger wichtigen Bereiche aus den Augen der politisch Verantwortlichen offenbar verloren gehen. Auch das künftige Wirken von Michael Lezius ist die beste Garantie, dass Derartiges bei der Mitarbeiterbeteiligung nicht geschieht.

Anmerkungen

1 Hierzu Loritz, ZFA 1989, 543.

2 Loritz/Wagner: Konzeptionshandbuch der steuerorientierten Kapitalanlage, Bd. 2, 1995, Rn. 502 ff., S. 233 ff.

3 Umfassend hierzu: Thüsing, 5. Vermögensbildungsgesetz 1992, Einf. Rn. 1 ff.; Wagner, K.-R., BB 1995, Beil. 7, S. 2 ff.

4 Die erste vermögenspolitische Maßnahme des Gesetzgebers war der Erlass des Wohnungsbau-Prämiengesetzes vom 17.3.1952, BGBl. I, S. 139; das Gesetz gewährte eine staatliche Prämie für bestimmte Wohnungsbauaufwendungen.

5 Dies erfolgte durch das Vermögensbildungsgesetz vom 12.7.1961, BGBl. I, S. 909.

6 Geregelt war dies im Gesetz für steuerliche Maßnahmen bei Erhöhung des Nennkapitals aus Gesellschaftsmitteln und bei Überlassung von eigenen Aktien an Arbeitnehmer (steuerliches Kapitalerhöhungsgesetz) vom 30.12.1959, BGBl. I, S. 834. Dort wurde bestimmt, dass der eingeräumte geldwerte Vorteil in Form der Differenz zwischen Börsenkurs und Vorzugskurs für Arbeitnehmer unter bestimmten Voraussetzungen und bis zu einer bestimmten Höhe steuer- und sozialabgabenfrei ist.

7 Durch das 1. Vermögensbeteiligungsgesetz vom 22.12.1983, BGBl. I, S. 1592; es trat am 1.1.1984 in Kraft.

8 Loritz, Die Beteiligung der Nichtselbstständigen am Produktivvermögen, 1992, S. 13 ff.

9 Durch das Missbrauchsbekämpfungs- und Steuerbereinigungsgesetz vom 21.12. 1993, BGBl. I, S. 2310, 2312.

10 Geregelt im Gesetz über die Zertifizierung von Altersvorsorgeverträgen (Altersvorsorgeverträge-Zertifizierungsgesetz – AltZertG), geregelt in Art. 7 des Altersvermögensgesetzes.

11 Eine Ausnahme besteht wiederum bei rückgedeckten Unterstützungskassen, die bei Rückdeckung durch eine Lebensversicherung voll finanziert werden können. Zu zusätzlichen Voraussetzungen siehe § 3 KStDV.

12 Beträge in Höhe von 50.400 DM als jährliche Pension, 33.600 DM als Witwengeld, 10.080 DM als Waisengeld und 15.000 DM als Sterbegeld sind dabei für heutige Verhältnisse gerade für die Bezieher mittlerer und erst recht für die Bezieher hoher Einkommen viel zu niedrig.

13 Hinzuweisen ist darauf, dass ein solches System auch mit einem reformierten System der Renten- und Beamtenpensionsbesteuerung harmonieren könnte; hierzu im Einzelnen Loritz, Die Verfassungsmäßigkeit der unterschiedlichen Formen der Besteuerung der Renten, Zeitschrift des Verbandes Deutscher Rentenversicherungsträger; Möglichkeiten der Rentenbesteuerung, Vortrag bei den Bayreuther Sozialrechtstagen 2000, veröffentlicht in den LVA-Mitteilungen 2000.

Perspektiven der Mitarbeiterbeteiligung vor dem Hintergrund sich ändernder Finanzierungsstrukturen in Deutschland

Hans Reckers

1. Einleitung

Die Aussichten für eine breitere Nutzung von Mitarbeiterbeteiligungsmodellen als unternehmenspolitisches und gesellschaftspolitisches Instrument werden von Veränderungen in den gesamtwirtschaftlichen Finanzierungsstrukturen in Deutschland beeinflusst. Die Erfahrungen anderer, insbesondere der angloamerikanischen Industrieländer, deuten darauf hin, dass mit zunehmender Kapitalmarktorientierung die allgemeine Akzeptanz für entsprechende Beteiligungsformen steigt. So dürften sowohl die breitere Nutzung des Kapitalmarkts als auch die jüngsten Fortschritte bei der Schaffung effizienter rechtlicher und institutioneller Rahmenbedingungen auch hierzulande die Attraktivität von Formen der Beteiligung der Mitarbeiter am Produktivkapital vergrößern.

In diesem Beitrag wird die Entwicklung der deutschen Anlage- und Finanzierungsstrukturen in den letzten Jahren beleuchtet, die bereits von einem erkennbaren Trend der Verbriefung und Disintermediation geprägt sind. Im Vordergrund stehen die stärkere Nutzung des Kapitalmarktes für die Geldvermögensbildung der privaten Haushalte auf der einen und für die Unternehmensfinanzierung auf der anderen Seite. Im Anschluss daran wird auf die Triebkräfte eingegangen, die eine Fortsetzung dieses Trends erwarten lassen und insofern auch die Perspektiven für eine stärkere Beteiligung der Mitarbeiter am Produktivkapital der Wirtschaft positiv beeinflussen dürften. Dabei stehen die Konsequenzen der jüngst beschlossenen Rentenreform und die zu erwartende Änderungen bei der Fremdfinanzierung durch die Kreditwirtschaft (Stichwort Basel II) im Mittelpunkt.

2. Wandel in den Anlage- und Finanzierungsstrukturen

Seit Ende der Achzigerjahre haben sich die Bedingungen im Umfeld des deutschen Finanzsystems gravierend verändert und die Kapitalmarktpolitik zur Anpassung der Rahmenbedingungen gezwungen. Im Zentrum standen verschiedene Maßnahmen der Deregulierung und Modernisierung, die in bisher vier Finanzmarktförderungsgesetzen gebündelt worden sind. Der größte Veränderungsdruck geht von der fortschreitenden Vernetzung der europäischen und internationalen Finanzmärkte aus, hinter der wiederum die Liberalisierung der nationalen Kapitalmärkte sowie die Schaffung einer Europäischen Währungsunion mit Einführung des Euro stehen.

Erst die parallel dazu stattfindende Revolution in den Informations- und Kommunikationstechnologien hat die Globalisierung der Finanzmärkte ermöglicht, abzulesen an den heute dominierenden grenzüberschreitenden Kapitalströmen. Allein im weltweiten Devisenhandel werden täglich über 1200 Mrd. US-Dollar umgesetzt. Technologiebedingt sinkende Informations- und Transaktionskosten haben Kapitalmarktinstrumente als alternative Anlage- und Finanzierungsformen zu den in Deutschland vorherrschenden Bankprodukten attraktiv gemacht, aber auch neue Marktteilnehmer im Bereich der Vermögensdienstleistungen (Asset Manager, Versicherungen, Fondsgesellschaften) auf den Plan treten lassen.

3. Gesamtwirtschaftliche Finanzierungsströme in Deutschland seit Anfang der 90er Jahre

Deutschlands Finanzsystem wird im Gegensatz zu demjenigen der angloamerikanischen Länder traditionell als eher bankorientiert eingestuft. Grund ist die große Bedeutung von Bankeinlagen und Krediten für die Anlage- und Finanzierungsentscheidungen von Haushalten und Unternehmen. Betrachtet man die gesamtwirtschaftlichen Finanzierungsströme in Deutschland in der jüngeren Vergangenheit, so sind Strukturveränderungen im Anlage- und Finanzierungsverhalten seit Beginn, verstärkt aber seit Mitte der 90er Jahre, erkennbar. Besonders auffällig ist die Bedeutungszunahme der Anlage in Wertpapieren bei den privaten Haushalten. Weniger ausgeprägt, aber ebenfalls mit steigender Tendenz, findet eine Gewichtsverlagerung zugunsten von Kapitalmarktfinanzierungen bei den Unternehmen statt. Die Zuwächse gehen jedoch von niedrigem Niveau aus: der Anteil der verbrieften Unternehmensverschuldung gemessen am Bruttoinlandsprodukt betrug 1999 in Deutschland lediglich 3 Prozent gegenüber Vergleichswerten von 14 Prozent und 34 Prozent für Frankreich und die USA.

3.1 Verändertes Anlageverhalten der privaten Haushalte

Das veränderte Anlageverhalten der privaten Haushalte lässt sich am besten an der längerfristigen Strukturentwicklung der Geldvermögensbildung verdeutlichen (siehe Tabelle 1). Die Anlagepräferenz der privaten Haushalte hat sich im letzten Jahrzehnt eindeutig zugunsten der Anlagen bei Versicherungen und in Wertpapieren verschoben, auf die zuletzt zwei Drittel aller neuangelegten Mittel entfielen. Der zunehmende Bedeutungsverlust der klassischen Bankprodukte dokumentiert sich in dem Anteilsverfall auf unter 30 Prozent, wohingegen noch in den 70er Jahren die Bankeinlagen dominierten. Im Jahr 2000 reduzierten die Privathaushalte sogar erstmals ihre Netto-Bankguthaben (siehe Tabelle 2).

Geldanlage in %	1950/59	1960/69	1970/79	1980/89	1991/2000
bei Banken	67	65	61	40	26
bei Versicherungen	14	16	17	28	36
in Wertpapieren	7	14	15	23	32
▪ Rentenwerte	5	10	14	22	5
▪ Aktien	2	4	1	1	4
▪ Investmentzertifikate	.	.	.	.	20

Tabelle 1: Struktur der Geldvermögensbildung privater Haushalte
Quelle: Deutsche Bundesbank

Für diese Gewichtsverlagerung dürften auch steuerliche Aspekte und häufiger werdende Diskussionen über Probleme der gesetzlichen Rentenversicherung Anlass gewesen sein. Versicherungen wurden in den 90er Jahren mit einem jahresdurchschnittlichen Anteil von einem Drittel zur dominierenden Anlageform. Im Jahr 2000 wurden sie dann erstmals von der Wertpapieranlage, die in den 90er Jahren ebenfalls einen Anteil von knapp einem Drittel an der Geldvermögensbildung erreichte, übertroffen. Aufgrund der günstigen Entwicklung an den Aktienmärkten verdreifachte sich die Neuanlage in Wertpapieren zwischen 1998 und 2000 auf rund 156 Mrd. DM, wobei der Löwenanteil mit 118 Mrd. DM auf Investmentzertifikate entfiel. Dies lässt vermuten, dass private Anleger den Erwerb von Anteilsscheinen bei Investmentbanken wegen der vergleichsweise geringeren Transaktions- und Informationskosten direkten Käufen von Aktien vorziehen (MB 6/01 S. 29). Hinter der Zunahme im direkten und indirekten Erwerb von Aktien ab Mitte der 90er Jahre spiegelt sich das mit wachsendem Finanzvermögen gestiegene Renditebewusstsein der deutschen Anleger wider, aber auch eine im Vergleich zu früher geringere Risikoaversion. Öffentlichkeitswirksame Börsengänge wie der der Telekom und die überzogene Kursentwicklung an den Börsen haben den Einstieg breiter Bevölkerungskreise in die Aktie über das normal zu erwartende Ausmaß begünstigt. Nach Angaben des Deutschen Aktieninstituts hat die Zahl der direkten und indirekten Aktionäre noch bis zur Mitte des Jahres 2001 zugenommen, unbeschadet der im Frühjahr 2000 begonnenen Konsolidierungsphase an den weltweiten Wertpapiermärkten (DAX –8 Prozent 2000). Mitte 2001 besaßen 13,4 Millionen Deutsche oder rund 12 Prozent der Bevölkerung Aktien oder Anteile an Aktienfonds, womit die Zahl der Aktienbesitzer seit 1997 um die Hälfte und die der Aktienfondsbesitzer sogar um das Dreifache zugenommen hat (Pressemitteilung des DAI vom 7. August 2001).

Über diese mittlerweile solide verankerte Aktienkultur, die auch das Platzen der „Technologieblase“ überstanden hat, ist die deutsche Börsenkapitalisierung (Marktkapitalisierung gemessen am Bruttoinlandprodukt) rasch auf 70 Prozent gestiegen, was sich im Vergleich zu Frankreich (112 Prozent) oder den USA (150 Prozent) aber immer noch gering ausnimmt.

Das veränderte Anlageverhalten hat sich in den Geldvermögensbeständen der privaten Haushalte niedergeschlagen, wobei die Volatilität von Marktpreisveränderungen von Wertpapieren berücksichtigt werden muss. Ende 2000 belief sich das gesamte Geldvermögen der privaten Haushalte in Deutschland auf etwa 7,1 Mrd. DM. Während der Anteil der Bankguthaben mit 33 Prozent etwa zehn Prozentpunkte niedriger als noch 1995 liegt, haben die Deutschen bereits 40 Prozent ihres Finanzvermögens in die beiden institutionalisierten Sparformen Versicherungen und Investmentzertifikate (29 Prozent bzw. gut 11 Prozent) investiert und 15 Prozent direkt in Aktien oder sonstige Beteiligungen. Weniger als ein Zehntel des Privatvermögens entfällt auf festverzinsliche Wertpapiere, der bis vor wenigen Jahren noch dominierenden Form der Wertpapieranlage.

Mrd. DM	1995	1996	1997	1998	1999	2000
insgesamt	259	275	248	276	278	227
bei Banken	68	102	56	90	21	–61
bei Versicherungen	104	113	118	123	129	120
in Wertpapieren	73	52	66	53	117	157
▪ Rentenwerte	47	11	9	–27	2	10
▪ Aktien	–3	11	8	8	27	23
▪ Investmentzertifikate	21	22	42	63	85	118

Tabelle 2: Geldvermögensbildung der privaten Haushalte
Quelle: Deutsche Bundesbank

3.2 Verändertes Finanzierungsverhalten der Unternehmen

Der Wandel im Finanzierungsverhalten deutsche Unternehmen in den letzten Jahren war auf aggregierter Ebene nicht ganz so ausgeprägt wie beim Anlageverhalten der privaten Haushalte. Unterscheidet man jedoch nach Unternehmensgröße und Rechtsform, so erkennt man, dass gerade die großen, international ausgerichteten Kapitalgesellschaften ihre Mittelaufbringung in den letzten Jahren massiv umgestellt haben, während viele der kleineren und mittleren Unternehmen gezwungenermaßen eher noch traditionellen Finanzierungsmustern verhaftet sind. Die von der Bundesbank analysierten Bilanzen von nichtfinanziellen Kapitalgesellschaften (also ohne Kreditinstitute und Versicherungen) deuten auf nachhaltige Änderungen der Finanzierungsgewohnheiten hin, der Trend zur Disintermediation ist unverkennbar.

Mrd. DM	1995	1996	1997	1998	1999	2000
Innenfinanzierung	356	363	357	378	345	338
▪ Innenfinanzierungsquote	72 %	69 %	72 %	55 %	44 %	36 %
Außenfinanzierung	161	173	154	321	385	604
▪ bei Banken	89	100	85	131	124	81
▪ bei sonst. Kreditgebern	32	26	35	70	171	273
▪ Rentenwerte, Finanzderivate	–6	–9	–6	–73	17	
▪ Aktien und sonstige Beteiligungen	32	50	33	118	79	225
Bildung von Pensionsrückstellungen	14	7	7	9	9	9

Tabelle 3: Finanzierung der nichtfinanziellen Kapitalgesellschaften
Quelle: Deutsche Bundesbank

Darüber hinaus erfolgt die Finanzierung von Investitionen und laufenden Ausgaben anteilsmäßig immer weniger aus unternehmensinternen Quellen, sondern zunehmend aus externer Eigen- oder Fremdkapitalaufnahme. Die dabei getroffene Entscheidung über den Verschuldungsgrad, d. h. dem Verhältnis von Fremd- zu Eigenkapital, hängt wiederum stark von der jeweiligen Unternehmensgröße und der Branchenzugehörigkeit ab.

3.2.1 Innenfinanzierung bei Kapitalgesellschaften

Auf die sich im Wesentlichen aus nichtentnommenen Gewinnen und Abschreibungen zusammensetzende Innenfinanzierung entfällt heute nur noch ein Anteil an 36 Prozent der gesamten Unternehmensfinanzierung von Kapitalgesellschaften, was eine Halbierung des Anteilswertes von 1997 (72 Prozent) entspricht. Unter anderem wird dies auf ein, von zunehmendem Shareholder-Value-Denken geprägtes Ausschüttungsverhalten zurückgeführt. Demnach wird an Anteilseigner heute durchschnittlich ein größerer Gewinnanteil ausgeschüttet. In letzter Zeit könnte darüber hinaus die Steuerbefreiung von Gewinnen aus Anteilsveräußerung an Kapitalgesellschaften ab 2002 eine Rolle gespielt haben.

3.2.2 Außenfinanzierung bei Kapitalgesellschaften

Im Vergleich zu anderen wichtigen Industrieländern ist die Außenfinanzierung im deutschen nichtfinanziellen Unternehmenssektor stärker auf die Bankenintermediation konzentriert, allerdings bei zunehmender Unternehmensgröße mit wachsender Kapitalmarktbeanspruchung.

Der Trend zur Disintermediation ist aber auch hier unübersehbar: Zulasten der traditionellen Kreditfinanzierung über Banken (zwischen 1998 und 2000 von 130 Mrd. DM auf gut 80 Mrd. DM gesunken) gewinnen Finanz- und Handelskredite von sonstigen Kreditgebern (zwischen 1998 und 2000 von 70 Mrd. DM auf 270 Mrd. DM gestiegen), wie beispielsweise inländischen und ausländischen Finanzierungstöchtern, immer mehr an Bedeutung. Auch wenn im Jahre 2000 Sondereinflüsse (z. B. Mannesmann-Übernahme, UMTS-Finanzierung) die tatsächlichen Verhältnisse überzeichnet haben, rechnen Beobachter mit einer Fortsetzung dieser Tendenz. Vor dem Hintergrund der fortschreitenden Internationalisierung der Wirtschaft nutzt das Kreditmanagement zumindest der größeren Unternehmen immer stärker konzerneigene Finanzierungsmöglichkeiten durch ausländische Niederlassungen oder Unternehmensteile oder errichtet eigene Finanzierungstöchter.

Aber auch der Verbriefungstrend setzt sich fort; die Außenfinanzierungen in Form von Beteiligungen sind in den letzten Jahren überproportional gewachsen, auch wenn der in 2000 erreichte Rekordwert von 225 Mrd. DM angesichts der eingetretenen Börsenkonsolidierung so schnell nicht wieder erreicht werden dürfte. Die in den letzten fünf Jahren beobachtete Gründerwelle hat die Rechtsform der Aktiengesellschaft aber zweifelsohne gestärkt und den entsprechenden Abstand zu anderen Industrieländern verringern können. Ende 2000 wurden etwa 11.400 inländische AGs in Deutschland gezählt, von denen rund 1.000 börsennotiert sind. Dabei haben insbesondere die ersten drei Erfolgsjahre des Neuen Marktes zu einer breiten Beteiligungskultur beigetragen und gezeigt, wie wichtig dieses Wachstumssegment für eine leistungsfähige Volkswirtschaft und einen reifen Aktienmarkt sein kann.

Im Rahmen der Außenfinanzierung zählt die Bildung von Pensionsrückstellungen zu den traditionellen Finanzierungsinstrumenten in Deutschland, auch wenn sie mit einem Prozent gemessen am gesamten Finanzierungsvolumen der Kapitalgesellschaften nicht sonderlich ins Gewicht fallen. Absolut gesehen ist diese Finanzierungsform mit jährlich rund 9 Mrd. DM in den letzten Jahren konstant geblieben. Die Bedeutung von Pensionsrückstellungen ist gleichwohl nicht zu unterschätzen. Nach der Unternehmensbilanzstatistik der Deutschen Bundesbank betrugen sie bei allen erfassten Unternehmen im Jahr 1999 etwa 340 Mrd. DM, das entsprach gut 21 Prozent des den Unternehmen langfristig zur Verfügung stehenden Kapitals (andere sind Eigenmittel und langfristiges Kapital). Viele größere mittelständische Unternehmen substituierten in den vergangenen Jahren Bankverbindlichkeiten durch Pensionsrückstellungen, sodass sich der Anteil der Rückstellungen, gemessen am gesamten Eigenkapital auf bis 30 Prozent erhöhte. Bei der Gruppe der kleinen und mittelgroßen Unternehmen beläuft sich die Rückstellungsquote aufgrund fehlender Möglichkeiten, eigene Pensionsverpflichtungen einzugehen, auf lediglich 5 Prozent. In jüngster Zeit sind die im Unternehmen eingeschlossenen Pensionsrückstellungen problematisiert worden, weil die Hälfte der Pensionsrückstellungen in den Unternehmen investiert ist. Da bei dieser Form der betrieblichen Altersvorsorge der demografische Faktor zum Tragen kommt – die aktiven Beschäftigten müssen die ehemaligen Beschäftigten im Ruhestand finanzieren – könnten in Zukunft Liquiditätsprobleme bei einigen Unternehmen auftreten.

Unternehmensanleihen

Global tätige Konzerne aus Deutschland haben ihre Fremdkapitalfinanzierung durch die Begebung von Unternehmensanleihen in den letzten Jahren erheblich diversifiziert. Wegen der ungünstigeren steuerlichen Behandlung gegenüber anderen Verschuldungsformen ist der Großteil der von deutschen Konzernen begebenen Unternehmensanleihen über Finanzierungstöchter im Ausland begeben worden. Ihre Bedeutung ist somit in den Bundesbank-Statistiken, die nur im Inland begebene Industrieobligationen registriert, unterzeichnet. Insgesamt wird das ausstehende Volumen der von deutschen Unternehmen begebenen Anleihen auf über 100 Mrd. Euro geschätzt. Im Zuge der Diskussion um eine risikoadäquatere Unterlegung von Firmenkrediten, die bei der Kreditvergabe bereits heute einer größeren Differenzierung nach der Bonität begünstigt, dürften sie als Instrument der Unternehmensfinanzierung zukünftig noch attraktiver werden. Schon jetzt werden sie von den Kapitalmarktinvestoren gemäß der Bonität bewertet. Die Zins-Spreads zur laufzeitgleichen Bundesanleihe bewegen sich in einer Bandbreite von 0,6 bis 2,5 Prozentpunkten, im Vergleich dazu liegt die Standardmarge bei Firmenkrediten bei rund 1 Prozent.

Ohne Rating einer anerkannten Agentur ist eine Unternehmensanleihe heute aber kaum platzierbar. Dies und die nicht unerheblichen Emissionskosten schränken den Kreis der kapitalmarktfähigen Unternehmen in Deutschland ein. Aber selbst wenn nur etwa 1 Prozent aller deutschen Unternehmen dafür in Frage kämen, bedeutet dies ein langfristiges Potenzial von bis zu 250.000 Unternehmen. Bisher sind lediglich 50 große deutsche Unternehmen geratet.

Markt für Wagniskapital

Ohne das Entstehen eines breiten Marktes für Wagniskapital (venture capital) in der Hälfte der Neunzigerjahre wäre die Gründungswelle ab den Jahren 1998/99 nicht möglich gewesen. Trotz fehlenden Zugangs zu Bankkrediten aufgrund ihrer begrenzten Kreditwürdigkeit konnten so viele junge und innovative Firmen der „new economy“ mithilfe von Frühphasenfinanzierungen ihre Geschäftsideen realisieren. Ein entscheidener Fortschritt war die Gründung des Neuen Marktes im Jahr 1997, wodurch die Möglichkeit zur Beteiligungsveräußerung geschaffen wurde, sobald sich ein Start-up am Markt etabliert hatte. Nachdem lange Zeit fast ausschließlich staatlich geförderte, mittelständische Beteiligungsgesellschaften in diesem Bereich aktiv waren, wurden in den Neunzigerjahren zunehmend Venture-Capital-Gesellschaften nach angloamerikanischem Vorbild gegründet. Ihre Neuinvestitionen haben sich seit 1995 auf 4,8 Mrd. Euro im Jahr 2000 verdreifacht, das Portfoliovolumen insgesamt ist auf 11,5 Mrd. Euro angewachsen. Neben diesen offiziellen Kapitalbeteiligungsgesellschaften hat sich ein dynamischer „inoffizieller“ Beteiligungsmarkt von „Business Angels“ und „Family & Friends“ entwickelt, für den keine verlässlichen Statistiken vorliegen, der den offiziellen Markt aber wirkungsvoll ergänzt.

3.3 Die Finanzierung kleiner und mittlerer Unternehmen

Das Finanzierungsverhalten der überwiegenden Zahl kleiner und mittelgroßer Unternehmen weicht von den oben beschriebenen Tendenzen für die Kapitalgesellschaften deutlich ab, da hier immer noch mehr oder weniger feste Eigentümer- und Kreditbeziehungen üblich sind. Wenngleich nicht mehr so dominierend wie früher, spielt das Hausbankenprinzip für den Mittelstand weiterhin eine zentrale Rolle. Rund ein Viertel seiner gesamten Verschuldung entfällt noch immer auf die Hausbank. Ferner zeigen Umfragen, dass etwa 40 Prozent der kleinen und mittelgroßen Unternehmen über nur eine Bankbeziehung verfügen. Im Kontrast zum gesamten Unternehmenssektor steigt hier der Anteil der Bankverbindlichkeiten gemessen an der Bilanzsumme sogar noch an, während die Eigenmittel an Bedeutung verloren haben, wie an der zunehmend problematisch, niedrigen Eigenkapitalquote abzulesen ist.

Für nicht wenige mittelständische Firmen stellen überdies einbehaltene Gewinne immer noch die wichtigste Finanzierungsform dar, da ihre niedrige Eigenkapitalquote und unzureichende betriebliche Sicherheiten die Möglichkeiten zur Kreditfinanzierung einschränken. Als Lösung für Finanzierungsprobleme von mittelständischen Unternehmen werden unter anderem mezzanine Finanzierungsmodelle diskutiert, d. h. Mischformen zwischen Eigen- und Fremdkapital. Aus Unternehmersicht bieten diese den Charme, dass sich beispielsweise durch Aufnahme von Nachrangkapital oder das Eingehen stiller Beteiligungen an der Eigentümerstruktur nichts ändert.

4. Zukünftige Herausforderungen und Chancen für das deutsche Finanzsystem

Manches spricht dafür, dass sich die Trends zunehmender Disintermediation und Verbriefung auch in Zeiten ungünstiger Börsenentwicklungen verfestigen. Dies ist insofern zu begrüßen, als eine ausgewogenere Mischung an bankbasierten und kapitalmarktorientierten Finanzierungs- und Anlageangeboten Basis für einen vielfältigen effizienten Kapitalmarkt ist. Nicht nur, aber gerade im Hinblick auf Basel II und die Einführung einer kapitalgedeckten Altersvorsorge bestehen in Bezug auf bewährte oder innovative Kapitalbeteiligungsformen noch Defizite. Eine noch notwendige berbesserte „Eigenkapitalkultur“ dürfte letztlich auch die Idee der Mitarbeiterbeteiligung stärken.

4.1 Auswirkungen von Basel II auf die Unternehmensfinanzierung

Die künftige Ausgestaltung der Unternehmensfinanzierung in Deutschland wird von den neuen Regeln für die Eigenkapitalunterlegung von Bankkrediten, wie sie der Baseler Ausschuss für Bankenaufsicht derzeit berät, massiv beeinflusst werden. Nach den derzeitigen Vorschlägen (Basel II) müssen die Risiken aus Bankgeschäften künftig risikogerechter mit Eigenkapital unterlegt werden, d. h. die Kreditkonditionen richten sich stärker nach der Bonität des Kreditnehmers als heute. Vor allem mittelständische Unternehmen müssen sich in Zukunft auf erhöhte Anforderungen an ihre Eigenkapitalausstattung und Finanzkraft sowie transparente Informationen zur Geschäftspolitik einstellen. Eigenkapital wird zur Schlüsselgröße, hier sollte auch aufseiten der Arbeitgeber ein Anreiz liegen, über Möglichkeiten der Mitarbeiterbeteiligung am Unternehmenskapital nachzudenken, die sich darüber hinaus noch als personalpolitisches Instrument anbieten kann.

Generell sollte Basel II aus Sicht der mittelständischen Unternehmen aber nicht als Existenzbedrohung gesehen werden. Die Angleichung der Konditionen am Kreditmarkt an die des Kapitalmarktes wird die Funktionsweise des Marktes für Unternehmensfinanzierungen verbessern. Mit der breiten Anwendung des internen Rating wird der Zugang kleinerer Banken zum Markt für Forderungsverbriefungen erleichtert, d. h. sie können Kredite im Wege von Asset-backed Securities (ABS) aus den Bilanzen auf Kapitalmarktinvestoren übertragen und so Freiraum für neue Kreditvergaben schaffen. Über die Verbriefung von Kreditforderungen wird der klassische Firmenkundenkredit mittelbar kapitalmarktfähig und zudem die Kreditversorgung des Mittelstandes gewährleistet.

4.2 Auswirkungen der Riester-Rente auf den deutschen Kapitalmarkt

Die 2001 beschlossene Rentenreform stärkt neben der privaten auch die betriebliche Altersvorsorge und gibt dem deutschen Kapitalmarkt kräftige Impulse, indem sie die Strukturverschiebung der Geldvermögensbildung in Richtung auf institutionalisierte Sparformen weiter forciert. Unter der Annahme, dass nur 75 Prozent aller gesetzlich versicherten Arbeitnehmer am staatlich geförderten Vorsorgesparen teilnehmen werden, errechnet die Deutsche Bank einen bis 2008 zusätzlich entstehenden Kapitalstock von 160 bis 180 Mrd. Euro. Die betriebliche Altersvorsorge, auf die heute nur ein Anteil von 5 Prozent aller Renteneinkommen entfällt, dürfte eine Renaissance erleben. Ende 1999 belief sich der Kapitalstock der betrieblichen Altersvorsorge auf ca. 620 Mrd. DM. Den Löwenanteil von etwa 60 Prozent machen Pensionsrückstellungen aus, gefolgt von den Pensionskassen (22 Prozent), Direktversicherungen (13 Prozent) und Unterstützungskassen (6 Prozent). Große Hoffnungen verbinden sich mit der Einführung von Pensionsfonds als fünftem Durchführungsweg der betrieblichen Altersvorsorge. Allerdings unterscheiden sich diese von ihren angloamerikanischen Pendants durch eine wesentlich strengere Regulierung, denn als rechtlich selbstständige Einrichtung unterliegen sie dem deutschen Versicherungsaufsichtsrecht. Dennoch gewähren sie den Arbeitnehmern im Vergleich zu den bisherigen unternehmensexternen Durchführungswegen mittels Pensionskassen und Direktversicherungen größere Flexibilität in der Anlage. Mit dem Instrument der staatlichen Förderung wird die unternehmensexternen Durchführungswege der betrieblichen Altersvorsorge gestärkt und die Allokationsfunktion des deutschen Kapitalmarktes gefördert. Erklärlich wird damit auch, warum das von den institutionellen Investoren verwaltete Vermögen in den USA dem Doppelten des Bruttoinlandprodukts entspricht, in Deutschland aber lediglich der Hälfte. In den USA hat diese Kapitalmarkttiefe wiederum die Entwicklung neuer Kapitalmarktprodukte, z. B. Asset Backed Securities, gefördert.

5. Weiterentwicklung des deutschen Kapitalmarkts als Chance für Mitarbeiterbeteiligungsmodelle

Öffnung und Vertiefung des Kapitalmarktes haben den Standort und Finanzplatz Deutschland bereits deutlich gestärkt und die Rahmenbedingungen für die Mitarbeiterbeteiligung wesentlich verbessert. Die sich zunehmend festigende Aktienkultur und die Verbreitung neuer Anlage- und Finanzierungsinstrumente hilft bei der Erschließung noch weithin brachliegender Potenziale, wozu auch der Gesetzgeber noch Beiträge leisten kann. Unter anderem kann man hier die Zulassung von echten Pensionsfonds angloamerikanischen Typs als sechsten Durchführungsweg nennen, die die Wahlfreiheit der Arbeitnehmer bezüglich individueller Rendite-Risiko-Präferenzen deutlich erhöhen würden. Der Staat bleibt in der Pflicht, Anreize zur breiteren Nutzung von Mitarbeiterbeteiligungsmodellen zu setzen, u. a. durch entsprechende steuerliche Rahmenbedingungen. Mitarbeitermodelle eignen sich nicht allein als Instrument der Vermögens- oder Verteilungspolitik, sondern unterstützen zudem die gesamtwirtschaftlich so dringende Eigenkapitalzuführung in Deutschland. Basel II und die demografische Entwicklung in Deutschland erfordern den raschen Aufbau eines umfangreichen Kapitalstocks. Dabei fällt der betrieblichen Altersvorsorge eine besondere Rolle zu.

Viele Arbeitnehmer sind heute bereit, unternehmerisches Risiko mitzutragen, vor allem dann, wenn sie dazu beitragen können, damit den Lebensstandard im Alter zu sichern und eventuell sogar ihren Arbeitsplatz sicherer zu machen. Gelingt es, auch über Mitarbeiterbeteiligung eine neue Kultur der unternehmerischen Mitverantwortung aufzubauen, kann der notwendige Strukturwandel in Deutschland gelingen. Für die deutsche Wirtschaft ergeben sich „endogene“ Anreize zur Mitarbeiterbeteiligung auch aus den aktuellen Themen „Facharbeitermange“ und „Nachfolgeproblematik im Mittelstand“.

Letztendlich wird ein entwickelter und effizienter Kapitalmarkt aber nur die notwendige Grundlage für die Ausweitung der Mitarbeiterbeteiligung sein. Inwieweit die verbesserten Möglichkeiten genutzt werden, hängt schließlich auch von der Bereitschaft der beteiligten Arbeitnehmer und Arbeitgeber sowie von den staatlichen Anreizen ab.

Einkommen der Zukunft: Mitarbeiterkapitalbeteiligung und betriebliche Altersversorgung – Eine Initiative des nordrhein-westfälischen Bündnisses für Arbeit, Ausbildung und Wettbewerbsfähigkeit

Harald Schartau

1. Einleitung

Mitarbeiterkapitalbeteiligung und betriebliche Altersvorsorge sind bei weitem keine neuen Themen. Kaum jemand anderes in Deutschland als Herr Lezius, der Geschäftsführer der Arbeitsgemeinschaft Partnerschaft in der Wirtschaft e.V. (AGP), kann darüber so umfangreich und kenntnisreich berichten. Aber die beiden Themen werden aktuell unter neuen Vorzeichen diskutiert:

- Unternehmer suchen nach neuen Wegen, um die Wettbewerbsfähigkeit ihres Unternehmens auch zukünftig zu erhalten.
- Beschäftigte interessieren sich für neue Wege der Vermögensbildung und der Sicherung ihrer Altersversorgung.

In diesem Zusammenhang kann Mitarbeiterkapitalbeteiligung – richtig eingesetzt – ein Weg sein, um gleichermaßen den Interessen der Unternehmen wie der Beschäftigten gerecht zu werden.

Mit dem Altersvermögensgesetz werden darüber hinaus neue Möglichkeiten geschaffen, um die betriebliche Altersversorgung stärker als bisher in kleinen und mittleren Unternehmen zu verankern.

Beide Themen zusammen werden folglich im Rahmen der Gestaltung der Einkommen der Zukunft eine immer größer werdende Bedeutung erhalten. Derzeit behindern jedoch die Komplexität der gesetzlichen Bestimmungen, Informationsdefizite und ein im Voraus schwer einzuschätzender Verwaltungsaufwand die stärkere Verbreitung von innovativen Modellen der Kapitalbeteiligung und der betrieblichen Altersversorgung.

Damit mehr Unternehmen und Beschäftigte in Nordrhein-Westfalen als bisher die Chancen, die Kapitalbeteiligung und betriebliche Altersversorgung bieten, auch wirklich nutzen, hat die Landesregierung die Landesinitiative „Einkommen der Zukunft – Mitarbeiterkapitalbeteiligung und betriebliche Altersversorgung in Nordrhein-Westfalen“ im April 2001 ins Leben gerufen. Zusammen mit den Partnern im Bündnis für Arbeit, Ausbildung und Wettbewerbsfähigkeit NRW will die nordrhein-westfälische Landesregierung zu einer Verbesserung der Situation beitragen.

Die Angebote der Landesinitiative erfolgen auf der Grundlage der geltenden Tarifverträge und des geltenden gesetzlichen Rahmens. Das heißt, die Landesregierung greift nicht in die Tarifhoheit ein. Dabei ist aber auch klar, dass die Chancen von Mitarbeiterkapitalbeteiligung und vor allem der betrieblichen Altersversorgung auch über Tarifverträge gestaltet und genutzt werden können.

2. Mitarbeiterkapitalbeteiligung

2.1 Chancen der Mitarbeiterkapitalbeteiligung

Unternehmen und Beschäftigte werden derzeit mit vielfältigen neuen Herausforderungen konfrontiert. Technologische Entwicklungen führen zu gravierenden Änderungen der Unternehmen und der Arbeitswelt Der Einstieg in eine umfassende Informations- und Kommunikationsgesellschaft sowie die Internationalisierung der Wirtschaften verändern Investitionsströme. Diese Entwicklungen erzeugen nicht nur einen erhöhten Qualifizierungsbedarf. Damit einher geht ein erheblicher Kapitalbedarf.

Insofern rückt in diesem Zusammenhang zunehmend auch das Instrument der Kapitalbeteiligung der Mitarbeiter ins Blickfeld, also die vertragliche und dauerhafte Beteiligung der Beschäftigten am Produktivvermögen ihres Unternehmens.

Aber die Gründe, Mitarbeiterkapitalbeteiligung im Betrieb zu nutzen, sind vielfältiger. Durch neue Formen der Beteiligung kann die Motivation der Mitarbeiter gesteigert und bei zunehmendem Mangel an qualifizierten Mitarbeitern die Bindung wertvoller Fachkräfte an Betriebe verbessert werden. Und dieses betrifft nicht nur Unternehmen der sog. Neuen Ökonomie; auch für das Handwerk bzw. für den Mittelstand insgesamt werden schwierigere Zeiten vorausgesagt.[1]

Zum Bild eines kompetenten und motivierten Mitarbeiters passt die Beteiligung am Wertzuwachs des Unternehmens! Wer Verantwortung, Innovation, unternehmerisches Mitdenken und Handeln seiner Mitarbeiter einfordert, kann dies nachdrücklich durch Mitarbeiterkapitalbeteiligung flankieren. Sie ist quasi die materielle Seite einer modernen Unternehmenskultur. Die Beschäftigten nehmen am wirtschaftlichen Erfolg ihres Unternehmens teil und erschließen sich zusätzliches Einkommen.

Zusätzlich wird die Eigenkapitalausstattung der Betriebe erhöht. Dem Eigenkapital kommt als „Gradmesser für Solidität" eine wichtige Funktion zu. Eine zu geringe Quote an Eigenmittel hat negative Auswirkungen auf die Kreditaufnahmefähigkeit.

Die Kapitalbeteiligung kann in vielen Fällen sicherlich auch eines der großen Zukunftsprobleme des Mittelstandes lösen helfen – nämlich den Generationenwechsel zu meistern, wenn es in der Familie des Betriebsinhabers keinen geeigneten Nachfolger gibt.

Hier, wie bei manch anderer Konstellation, gilt immer wieder: Belegschaftsangehörige können über Beteiligungen für die Weiterentwicklung und Innovationsfähigkeit des Unternehmens, der Arbeitsplätze und damit für ihr zukünftiges Einkommen sorgen.

2.2 Gute Gründe für Mitarbeiterkapitalbeteiligungsmodelle

Im Rahmen einer Recherche, die Isa Consult GmbH in Zusammenarbeit mit der AGP im Auftrag des Ministeriums für Arbeit und Soziales, Qualifikation und Technologie des Landes Nordrhein-Westfalen durchgeführt hat, wurden viele überzeugende und innovative Formen der finanziellen Mitarbeiterbeteiligung in nordrhein-westfälischen Unternehmen gefunden.

Die Verbreitung dieser Ansätze in Nordrhein-Westfalen ist aber – wie in den übrigen Bundesländern auch – bislang eher gering. Bis Mitte 2001 konnten 130 Unternehmen in Nordrhein-Westfalen ermittelt werden, bei denen breite Mitarbeitergruppen direkt am Produktivvermögen ihrer Gesellschaft über Aktien, stille Gesellschaften, Genussscheine bzw. -rechte, Mitarbeiterdarlehen oder -guthaben beteiligt sind.[2]

Im Rahmen der Bestandsaufnahme wurden aus systematischen, insbesondere regionalwirtschaftlichen Gründen nur Muttergesellschaften erfasst (im Gegensatz zu den AGP-Veröffentlichungen). Unter Berücksichtigung der Tochtergesellschaften, die ebenfalls Kapitalbeteiligungssysteme praktizieren, liegt die Anzahl der Unternehmen mit finanziellen Beteiligungssystemen um das Fünf- bis Zehnfache höher. Damit würde der Verbreitungsgrad von Beteiligungsunternehmen gemessen an der Anzahl der Unternehmen im Bundesland in etwa dem auf Bundesebene entsprechen. Es ist also von einer durchschnittlichen Häufung auszugehen (obwohl wirklich belastbare statistische Daten bislang fehlen).

Im Verhältnis zu der Zahl der Unternehmen, die potenziell für eine Mitarbeiterkapitalbeteiligung in Frage kommen, ist die Anzahl der Beteiligungsbetriebe in Nordrhein-Westfalen aber viel zu niedrig. Zudem ist die Verteilung der Beteiligungssysteme ausgesprochen einseitig.

Fast alle großen Aktiengesellschaften in NRW bieten Mitarbeiterbeteiligung an (Belegschaftsaktien, Aktienoptionen). Auch bei den nordrhein-westfälischen Unternehmen des Neuen Marktes sind Aktienoptionspläne weit verbreitet.

Anders sieht es bei dem Großteil der vielen kleinen und mittleren Unternehmen aus, obwohl in Nordrhein-Westfalen auch rund 60 kleine und mittelständische Unternehmen mit Beteiligungsmodellen ermittelt werden konnten. Am weitesten verbreitet ist dabei das in der Abbildung gezeigte Mittelstandsmodell. Zusammenfassend zeigt sich, dass es gerade im Mittelstand große Umsetzungsprobleme zu geben scheint. Die Recherchen haben eindrucksvoll unterstrichen, dass die Chancen von Mitarbeiterkapitalbeteiligung gerade in kleinen und mittleren Unternehmen in viel zu wenig Fällen genutzt werden.

2. Steuerung von Weiterbildung in Entwicklungsprozessen: Die Grenzen der Anforderungsorientierung

Während sich die institutionalisierte Aus- und Weiterbildung in relativ stabilen Verhältnissen zur Reproduktion und Vervielfältigung von Qualifikationen bewährt hat, zeigen sich in Entwicklungsprozessen Begrenzungen. Weiterbildung traditioneller Prägung setzt feste Positionierungen bzw. Orientierungen voraus. Üblicherweise orientiert sich die Weiterbildung an bestehenden und bekannten Anforderungen. Diese Anforderungen werden dem vorhandenen Qualifikationsprofil gegenübergestellt; aus der Differenz ergibt sich der Weiterbildungsbedarf, der durch geeignete Maßnahmen zu befriedigen ist. Eine hohe Abbildungsqualität dieses Bedarfs soll durch möglichst exakte und formalisierte Methoden der Ermittlung und des Vergleichs von geforderten und vorhandenen Qualifikationen gewährleistet werden.

Die Ableitung notwendiger Weiterbildungsaktivitäten ist aber mit einer Reihe von Problemen behaftet, die bei der Abbildung aktueller Anforderungen beginnen und bei der Prognose zukünftiger Erfordernisse eskalieren. Wachsende Komplexität und Änderungsdynamik aufgrund technischer und organisatorischer Innovationen erschweren die valide Ermittlung zusätzlich:

- Bei schnellen und diskontinuierlichen Entwicklungen sinkt die Aussagekraft der in Berufsbildern formalisierten Abschlüsse als Indiz für das vorhandene Potenzial: Mit zeitlicher Entfernung der Mitarbeiter von ihrem Ausbildungsabschluss beruhen die tatsächlich eingesetzten Kompetenzen immer weniger auf der beruflichen Erstausbildung als vielmehr auf späteren Erfahrungen.

- Aufgrund der Abbildungsprobleme kann auf Basis der bisher entwickelten Verfahren zur Gewinnung von Anforderungs- und Potenzialinformationen nur in Grenzfällen eine fehlerfreie Bestimmung der erforderlichen Kompetenzentwicklungsaktivitäten erfolgen. Dabei ist der Bereich des expliziten Wissens noch relativ gut zu erfassen, während sich der Bereich des impliziten Wissens, als dominante Größe der Handlungsfähigkeit, weitgehend der direkten Beobachtung entzieht.

- Detaillierte Kompetenzanforderungen können nur aus einer tatsächlich vorliegenden Arbeitstätigkeit ermittelt werden. Das setzt bestehende Arbeitsplätze voraus, findet also zu einem Zeitpunkt statt, zu dem die Bildungsmaßnahmen, die als Ergebnis der Analyse geplant, entwickelt und umgesetzt werden sollen, bereits realisiert sein müssten. Schon aus logischen Gründen sorgt ein solches Vorgehen für eine strukturelle Verspätung.

- Bei sich dynamisch verändernden Marktverhältnissen, beschleunigten technisch-organisatorischen Veränderungen, variablen, teilweise betriebsindividuellen technisch-organisatorischen Gestaltungsformen kommt zur Prognoseunschärfe die Möglichkeit ungeplanter Eingriffe und unvorhergesehener externer Störungen. Das zukünftige betriebliche Geschehen ist immer weniger informatorisch abbildbar.

Das traditionelle Modell der Bestimmung von Qualifikationsentwicklungsbedarf ist daher nur stückweise – bei statischen Verhältnissen – praktikabel. Seine strukturellen Mängel bewirken in Phasen beschleunigten strukturellen Wandels stark verzögerte und in ihrer Wirkung unsichere Aktivitäten.

Bei fehlender Kenntnis der Eingangspotenziale der Teilnehmer und unscharfen Vorstellungen über Anforderungen ist die Trefferwahrscheinlichkeit der Maßnahmen nur sehr gering. Wenn die Ableitung von Anforderungen aus Arbeitsaufgaben bzw. Arbeitstätigkeiten schon bei statischen Verhältnissen mit beträchtlichen Schwierigkeiten verbunden ist, eskaliert dieses Problem im Innovationsfall: Die Bestimmung von Anforderungen findet zu einem Zeitpunkt statt, zu dem die Weiterbildungsmaßnahmen bereits wirksam geworden sein müssten. Erforderliche Kompetenzen stehen dann regelmäßig erst mit einem erheblichen Zeitversatz zur Verfügung. Im Ergebnis werden etwa neue Techniken nicht beherrscht oder nur suboptimal genutzt, weil kompetentes Personal fehlt, diese zu bedienen, zu warten und Störungen zu beseitigen. Mit erheblichen Aufwendungen startet man dann meistens sehr experimentell, um sich die Kompetenzen einer Integration der Technik in die eigene Fertigung oder Dienstleistungsorganisation anzueignen und über dieses Experiment die Kompetenzentwicklung zu betreiben. Wenn überhaupt, kann das neue Technikniveau erst mit erheblichen Verzögerungen eingesetzt werden.

Weil Fixpunkte fehlen, kommt Weiterbildung chronisch verspätet. Bis in dynamischen Entwicklungsprozessen Weiterbildungsangebote entwickelt sind, stimmen die Anforderungen damit schon nicht mehr überein. Mechanismen der Fremdregulation, wie sie in der Tradition

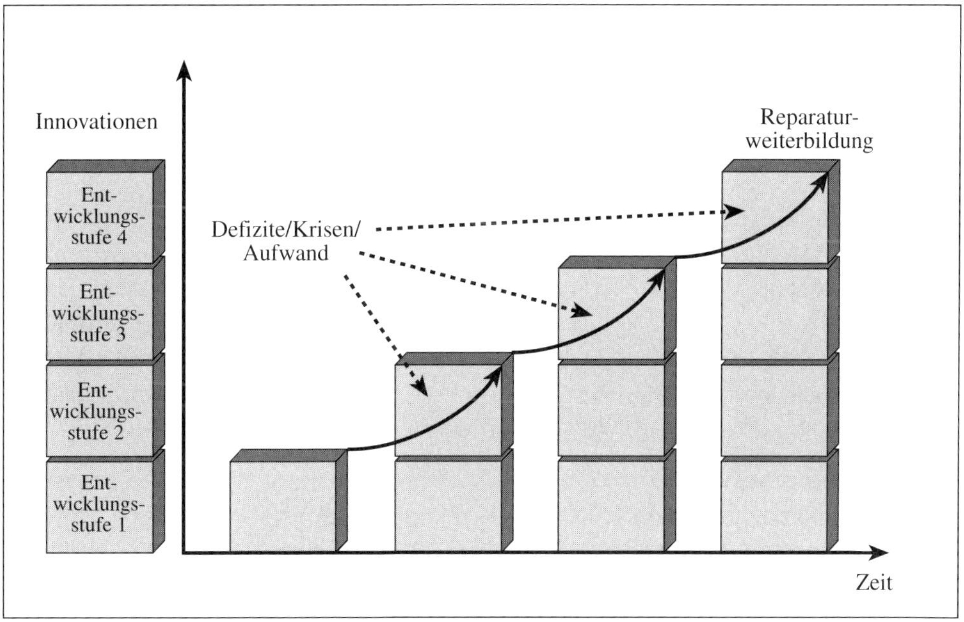

Abbildung 1: Friktionen bei nachlaufender Weiterbildung

einer wissenschaftlichen Betriebsführung propagiert werden, versagen in Innovationsprozessen. Innovationen beruhen auf selbstregulierten Prozessen (vgl. Staudt/Hinterwäller, 1982, S. 1000-1042). Die darin erforderlichen und zum Vorschein tretenden Kompetenzen der Beteiligten zur Gestaltung von Nicht-Routineprozessen sind kaum auf der Schulbank oder in Seminaren zu vermitteln (vgl. Staudt, 1989, S. 1-29). Die veraltete statische Vorstellung der Berufspädagogik von einem „Lernen auf Vorrat" greift nicht.

3. Die Differenz zwischen Qualifikation und Kompetenz

3.1 Die Rolle von Kompetenz in dynamischen Entwicklungsprozessen

Die wenigen vorliegenden empirischen Befunde zur Reichweite traditioneller Weiterbildungsbemühungen machen deutlich, dass neben der Wissensvermittlung noch etwas anderes wirksam ist, das die Kompetenz bestimmt. Den meisten Praktikern ist klar, dass ihre Kompetenzentwicklung nicht aus der traditionellen Aus- und Weiterbildung, sondern aus Erfahrung resultiert. Hinterfragt man empirische Befunde zur Bedeutsamkeit einzelner Kompetenzelemente für individuelle Handlungen, bestätigen Studien über die Art des Lernens schon frühzeitig einen 80-Prozent-Anteil selbstständigen oder informellen Lernens und damit die Bedeutung der Handlungsfähigkeitsentwicklung durch eigene Erfahrungen. Und das vielgepriesene duale Modell der gewerblichen Berufsausbildung folgt längst – wohl aufgrund positiver praktischer Erfahrung – in etwa diesen Aufteilungsregeln, vier Tage praktische Tätigkeit und einen Tag Schule. Für die konventionelle institutionalisierte Weiterbildung oder die explizite Wissensvermittlung bleibt also bestenfalls ein Beitrag von 20 Prozent. Das wird z. B. durch folgende Befunde deutlich:

- Fallstudien in dynamischen Entwicklungsprozessen (vgl. Staudt et al., 1996) zeigen die Dominanz impliziten Wissens für die individuelle Handlungsfähigkeit. Explizites Wissen, wie es institutionalisierte Weiterbildung vermittelt bzw. Wissensmanagement verwaltet, ist wichtig als „formale" Basis zur Erfüllung beruflicher Handlungen. Gerade in dynamischen Entwicklungsprozessen stellt explizites Wissen jedoch eine sehr instabile Größe dar (sinkende Halbwertzeit des Wissens), während etwa implizites Wissen im Zeitablauf weitgehend stabil und (selbst lange nicht abgerufene) Fertigkeiten schnell aktualisierbar sind. Implizites Wissen – als dominante Wissensgröße – schafft die Voraussetzungen, den „Sprung" des expliziten Wissens in reale Anwendungssituationen zu vollziehen. Implizites Wissen wird im „Tagesgeschäft" durch „Erfahrung machen" aufgebaut.
- Eine empirische Analyse unter ca. 2660 Wissenschaftlern in außeruniversitären Forschungseinrichtungen belegt, dass berufliche Erfahrungen bei potenziellen Gründern deutlich höher sind als bei Nicht-Gründern. In Instituten, deren Gründungsaktivität deutlich über dem Durchschnitt liegt,
  - ist ein größerer Anteil der Wissenschaftler an der Akquisition und Durchführung von Industrieprojekten beteiligt. Ihnen bietet sich damit eher die Möglichkeit, marktfä-

hige Sach- und Dienstleistungsideen zu erkennen und unternehmerisch verwertbare Erfahrungen zu erwerben.

- haben Wissenschaftler häufiger Führungsfunktionen als Projekt-, Gruppen- oder Abteilungsleiter inne, die mit der Übernahme von Personal- und Kostenverantwortung verbunden sind.

Diese Erfahrungswelten bereiten Wissenschaftler auf Aufgaben vor, die selbstständige Unternehmer wahrnehmen müssen und sind somit gleichzeitig „Spielwiese", um die individuelle Eignung für eine mögliche unternehmerische Selbstständigkeit zu erproben.

- In einer nationalen empirischen Studie unter 1500 kanadischen Erwachsenen wurde die Bedeutung des informellen Lernens in vier Bereichen untersucht: arbeitsbezogen, ehrenamtsbezogen, haushaltsbezogen und interessenbezogen. Deutlich wurde dabei, dass diese Quellen informellen Lernens die Handlungsfähigkeit im Gegensatz zu formellem Lernen in Kursen dominant bestimmen. Weite Bereiche der Kompetenzentwicklung laufen ungeplant außerhalb „künstlich" geschaffener Lernarrangements ab. „The major conclusion from this survey is that our organized systems of schooling and continuing education and training are like big ships floating in a sea of informal learning. If these education and training ships do not pay increasing attention to the massive amount of outside informal learning, many of them are likely to sink in Titanic irrelevancy" (vgl. Livingstone, 1998).

- Eine Analyse der Kompetenzbiographie von Unternehmern (vgl. Erpenbeck/Heyse, 1999) zeigt, dass die im Berufsleben erfolgsentscheidenden Kompetenzen im Schwerpunkt außerhalb der beruflichen Entwicklung, im sozialen Umfeld, im Alltag entwickelt werden. Frühe Kindheitserfahrungen konstituieren Unabhängigkeitsstreben, Selbstvertrauen, Beharrlichkeit, Risikobereitschaft etc., Eigenschaften, die durch Training zu stimulieren, aber nicht zu entwickeln sind. Aber auch die Verantwortungsübernahme, die Bewältigung von Verlusterlebnissen und kritischen Lebensphasen prägen das Kompetenzprofil stärker als Kurse. Die sich in einem Entwicklungsprozess formierenden Erfahrungen werden als personale Kompetenzen zu stabilen Verhaltensdispositionen.

- „Die Schule des Managers scheint der Alltag zu sein" (vgl. Gronwald/Sommer, 1997, S. 132-141). Das ist das Resümee einer Umfrage des Manager Magazins unter 50 Vorständen. Erfolgreiche Manager sehen Lernen aus Umbruchsituationen, aus dosierter projektorientierter Überforderung und aus der Bewältigung von Verlustsituationen, aber auch aus Lernfeldern außerhalb des Unternehmens als besonders effektiv an. Weiterbildung bringt gerade in Bereichen wie Führungstraining wenig. Die Skepsis gegenüber dem Nutzen seminaristischer Weiterbildung basiert dabei auf einer Einschätzung der eigenen beruflichen Entwicklung und den „hilfreichen" Stationen auf diesem Weg.

Diese Einzelbefunde aus sehr heterogenen Bereichen dokumentieren die Dominanz personengebundener Kompetenzelemente für individuelle Handlungen. Ein verbreitetes, auf Qualifikation resp. explizite Wissensvermittlung und Wissensmanagement basierendes Weiterbildungsverständnis unterstellt jedoch, mechanistisch bei Fach- und Führungskräften fast beliebig Voraussetzungen für wechselnde Anforderungen schaffen zu können. Es besteht aber offensichtlich eine Differenz zwischen explizitem Wissen und Kompetenz zur Handlung, die nicht über traditionelle Weiterbildung ausgeglichen werden kann. Ordnet man die empirischen Befunde nach den Elementen, die letztlich ursächlich für Handlungen sind, ergibt sich ein sehr viel differenzierteres Kompetenzverständnis, zu dem die traditionelle Weiterbildung einen Teilbeitrag liefert.

3.2 Die Kompetenz zur Handlung

Kompetenz zur Handlung basiert auf individueller Ebene auf einem Zusammenspiel der

- Handlungsfähigkeit als kognitive Basis,
- Handlungsbereitschaft als motivationale Basis und
- Zuständigkeit als organisatorische Legitimation und Einbindung in den Unternehmenskontext (vgl. Staudt/Kailer/Kriegsmann, 1997).

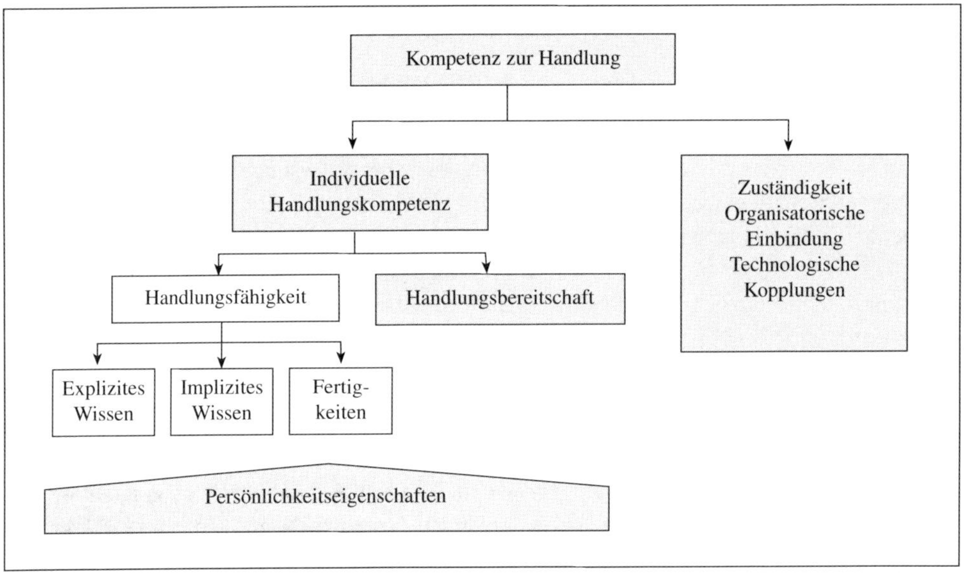

Abbildung 2: Die Elemente der Kompetenz zur Handlung

Handlungsfähigkeit und Handlungsbereitschaft bestimmen dabei zusammen die individuelle Handlungskompetenz, die eng mit Persönlichkeitseigenschaften verbunden ist. Erst die organisatorisch-technologische Einordnung in den Unternehmenskontext (Zuständigkeit) macht die Kompetenz zur Handlung in arbeitsteiligen Organisationen aus.

3.2.1 Elemente der Handlungsfähigkeit

Fähigkeiten stellen die kognitive Basis für Handlungen dar. Die individuelle Handlungsfähigkeit ist dabei eine Funktion von explizitem und implizitem Wissen sowie Fertigkeiten.

Persönlichkeitseigenschaften schaffen die Grundlagen für menschliche Verhaltensweisen bzw. Handlungen und beeinflussen gleichsam die Entwicklungsfähigkeit der individuellen Kompetenzelemente „explizites Wissen", „implizites Wissen" und „Fertigkeiten" (vgl. Pervin, 1993, S. 546).

- *Explizites Wissen:* Explizites Wissen lässt sich in Worten und Zahlen ausdrücken und ist damit frei konvertierbar, d. h. über ein Medium kommunizierbar. Explizites Wissen ist das Feld, auf das sich traditionelle Weiterbildung und Wissensmanagement konzentrieren.
- *Implizites Wissen:* Während sich explizites Wissen leicht vermitteln und nutzbar machen lässt, ist implizites Wissen personengebunden, schwierig zu formulieren und damit schwer zugänglich. Implizites Wissen umfasst das aktionsgebundene und auf individuellem Engagement bzw. Erfahrung basierende Wissen, das aus der eigenen Handlung oder Erfahrungsaustausch resultiert. Implizites Wissen kann dabei bedingt in explizites Wissen transformiert werden. Sind die Grenzen der Explizierbarkeit erreicht, ist die Verfügbarkeit von implizitem Wissen nur durch die Verfügbarkeit der Person gewährleistet, an die das implizite Wissen gebunden ist.
- *Fertigkeiten:* Fertigkeiten stellen ein konkretes und inhaltlich bestimmbares Können dar, das durch Übung so weit automatisiert ist, dass eng umgrenzte Verhaltensweisen routiniert vollzogen werden können. Hier besteht ein gleitender Übergang zu Persönlichkeitseigenschaften.

Um Kompetenz realistisch zu erfassen, sind die Elemente der individuellen Handlungsfähigkeit – explizites Wissen, implizites Wissen, Fertigkeiten – auf Inhalte zu beziehen. Solche Inhalte ergeben sich aus den fachlichen, methodischen und sozialen Ausprägungen konkreter Handlungen oder Aufgaben in arbeitsteiligen Organisationen. Das was gern durch Ausweichen auf die Meta-Ebene als überfachlich etc. und damit generell handlungsrelevant klassifiziert wird, erfährt vor diesem Hintergrund eine konkrete inhaltliche Füllung und verbleibt nicht im Unverbindlichen. Erst die Verfügbarkeit eines „Sets" von Fähigkeitsbausteinen ermöglicht Handlungen. Aus der Gegenüberstellung von Elementen und Ausprägungen der Handlungsfähigkeit ergibt sich ein Erfassungsraster zur Deskription individueller Handlungsfähigkeit.

Konfrontiert man die Handlungsfähigkeitsmatrix mit den genannten empirischen Befunden, wird deutlich, dass traditionelle Weiterbildung nur einen Ausschnitt der Handlungsfähigkeit berührt. Gerade die an Personen gebundenen Elemente der Handlungsfähigkeit und die Schnittstelle zu Persönlichkeitseigenschaften sind durch konventionelle Weiterbildung und Wissensmanagement nicht zugänglich. Dabei ist der Bereich der fachlichen Handlungsfähigkeit durch Weiterbildung noch relativ gut beeinflussbar, während insbesondere der stark mit

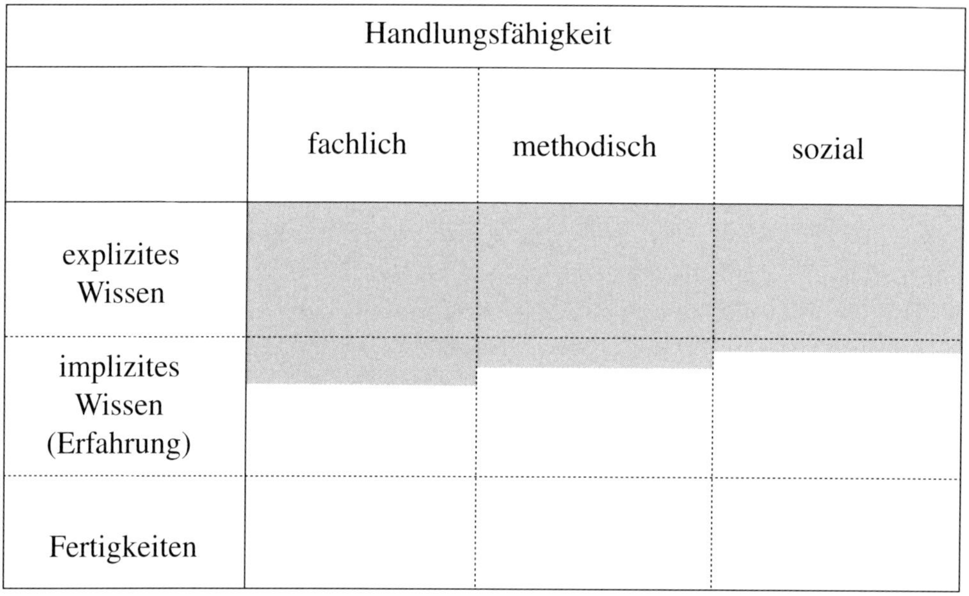

Abbildung 3: Dimensionen der Handlungsfähigkeit

der Persönlichkeitsentwicklung verbundene Bereich der sozialen Handlungsfähigkeit der Weiterbildung weitgehend verschlossen ist.

3.2.2 Handlungsbereitschaft

Handlungsfähigkeit führt nicht zwangsläufig zur Handlung. „Dass jemand etwas weiß, versteht und kann, bedeutet noch nicht, dass er es auch anwendet“ (vgl. Reischmann, 1998, S. 269) Neben explizitem Wissen, implizitem Wissen und Fertigkeiten ist auf der individuellen Ebene die Handungsbereitschaft Basis der individuellen Handlungskompetenz. Motive als Triebfeder des Handelns sind dabei personenindividuell und nicht im Sinne von explizitem Wissen beliebig transferier- oder entwickelbar.

Organisationsmitglieder richten ihr Verhalten an dem Nutzen aus, den sie für spezifische Handlungen erwarten und den sie aufgrund zurückliegender Handlungen erfahren haben. Lohnt sich der Einsatz von Fähigkeit und Anstrengung unter dem Aspekt der Motivbefriedigung oder nicht? Die Erwartungsbildung ist dabei zum einen abhängig von den Besonderheiten der Situation und zum anderen von den individuellen Merkmalen und spezifischen Bedürfnissen (vgl. Kriegesmann, 1993). Auch hier bestehen Übergänge zu Persönlichkeitseigenschaften. Die Dringlichkeit der Einzelbedürfnisse hängt stark von der individuellen Motivstruktur, der unterschiedlichen Sozialisation sowie der spezifischen Versorgungslage ab. Entsprechend dem persönlichen Hintergrund bewerten Mitarbeiter betriebliche Anreizsysteme unterschiedlich bzw. setzen unterschiedliche Schwerpunkte in ihrem Präferenzsystem für spezifische Anreize. Objektiv gleiche Anreize lösen bei Mitarbeitern unterschiedliche Verhaltensweisen aus.

3.2.3 Zuständigkeit oder die Schnittstelle zur Organisation

Individuelle Handlungsfähigkeit und -bereitschaft zusammen machen die individuelle Handlungskompetenz aus. Die reicht allein nicht aus, damit es zur Handlung kommt. Wenn ein Druckingenieur neben den „klassischen“ Druckaufgaben auch Internet- und Datenbankservices beherrscht – also handlungsfähig ist – und auch willens ist, dies zur Arrondierung der Geschäftsfelder einzubringen, reicht das in arbeitsteiligen Organisationen noch nicht zur Handlung aus. Erst wenn dies zu seinem Aufgabengebiet gemacht wird bzw. er das selbstorganisiert ansteuert, wenn entsprechende Betriebsmittel zur Verfügung stehen und Arbeitsbeziehungen etabliert werden, kann es zur Handlung kommen. In arbeitsteiligen Organisationen ist die Zuständigkeit organisatorisches Regulativ für Handlungen. Kompetenz in diesem Sinne richtet sich auf die innere Struktur der Organisation und charakterisiert die sachliche, zeitliche und räumliche Kopplung zum Arbeitssystem.

Diese organisatorische Schnittstelle relativiert gleichzeitig die Rolle von Individualkompetenzen im Gesamtunternehmenskontext und determiniert die Möglichkeit zur – auch ungesteuerten – Kompetenzentwicklung. In arbeitsteiligen Organisationen sind die Individualkompetenzen eingebettet in Arbeitssystemkompetenzen. Die Arbeitssystemkompetenz hängt dabei von funktionalen Verknüpfungen der einzelnen Kompetenzelemente ab, die letztlich durch soziale Prozesse und technisch-organisatorische Kopplungen (technische Ausstattung, Einbindung in Informations- und Materialflüsse etc.) bestimmt sind. Die Bedeutung dieser funktionalen Verknüpfungen wird klar, wenn man die Handlungsergebnisse zweier Projektteams unter objektiv gleichen Bedingungen vergleicht oder versucht, über die schlichte Addition individuell kompetenter Mitarbeiter zu guten Ergebnissen im Team zu kommen. Selbst der Austausch einer Fach- oder Führungskraft ist dann nicht mehr als einfacher Anpassungsprozess zu verstehen, sondern wird zum formativen Prozess der Organisationsentwicklung.

Die Einbindung von Individuen mit ihren Kompetenzen in Arbeitssysteme entscheidet somit darüber, inwiefern die individuelle Handlungskompetenz überhaupt zur Entfaltung kommt. Bezogen auf Arbeitssystemebenen können dann die Kopplungen im Arbeitssystem für das Handlungsergebnis bedeutsamer als die Individualkompetenzen sein. Die Annahme, dass die Summe der Individualkompetenzen der Arbeitssystemkompetenz entspricht, ist damit obsolet.

Insgesamt ist dieser Zusammenhang zwischen individueller Kompetenz und organisatorischer Einbindung in Theorie und Praxis ebenso ungeklärt wie die Formierung einzelner Kompetenzträger zu „kompetenten“ Organisationseinheiten. Wenn dann Berater oder Management-Gurus schon von „schnell lernenden Unternehmen“ reden, haben sie das Entwicklungsproblem gar nicht verstanden.

4. Der Beitrag der traditionellen Weiterbildung zur Kompetenzentwicklung: Ein Mythos zerbricht

Nimmt man die hier aufgezeigten Kompetenzelemente und konfrontiert sie mit empirischen Befunden zu ihrer Handlungsrelevanz, wird die Differenz zwischen Qualifikation und Kompetenz und damit auch zwischen traditioneller Weiterbildung und Kompetenzentwicklung deutlich. Da Kompetenz im überwiegenden Teil nicht frei konvertierbar, sondern

- hoch individualisiert mit komplexen Entwicklungen von Kindheit an verbunden ist,
- durch motivatorische Zusammenhänge gesteuert wird und
- stark vom organisatorisch-technologischen Kontext (Zuständigkeit) abhängt,

sind individuelle und situationsspezifische Bedingungen handlungsentscheidend.

Eine Weiterbildung, die diesen Gesamtzusammenhang ignoriert, kann nur mit erheblichen Streuverlusten partiell zur Kompetenzentwicklung beitragen, in der Regel führt sie zu Fehladressierung und Demotivation bei den Betroffenen.

Die traditionelle Weiterbildung ist auf Instruktion ausgerichtet. Mit Instruktion lässt sich der Bereich des expliziten Wissens gut entwickeln. Weiterbildung konzentriert sich damit aber hoch professionalisiert auf einen Teilausschnitt der individuellen Handlungsfähigkeit. Wesentliche, gerade an die Person gebundene Elemente der Handlungsfähigkeit bleiben unberücksichtigt bzw. werden oft zufällig, unsystematisch und mit einem deutlich geringeren Professionalisierungsgrad angegangen. Deshalb ist zu erwarten, dass schon erste Systematisierungsversuche hier zu durchschlagendem Erfolg führen.

Aber die konventionelle Weiterbildung ist noch an explizitem Wissen orientiert. Explizites Wissen, das ist ein frei transferierbares Gut, das im Kurssystem zu vermitteln ist. Doch Innovationen ergeben sich daraus nicht. Schwimmen lernt man nicht auf der Schulbank, sondern nur im Wasser. Dabei kann es ganz sinnvoll sein, neben dem Schwimmen auch das „explizite Wissen" über die Technologie des Schwimmens zu vermitteln. Nur die Kausalität, aus dieser Wissensvermittlung folge Handlungsfähigkeit oder gar Kompetenz, ist falsch. Der Mythos Weiterbildung zerbricht!

Weiterbildungsbemühungen traditioneller Prägung sind wichtig, decken aber bestenfalls 20 Prozent der Handlungsfähigkeit ab. Wenn mehr als 80 Prozent der Handlungsfähigkeit eben nicht aus der institutionalisierten Aus- und Weiterbildung, sprich der Vermittlung expliziten Wissens, sondern aus dem Aufbau impliziten Wissens durch Erfahrungen resultiert, dann gehen viele Weiterbildungsaktivitäten in Unternehmen am Ziel vorbei. Teilnehmer sind zwar nach dem Durchlaufen von Maßnahmen höher qualifiziert, aber inkompetent, ihr explizites Wissen zur Anwendung zu bringen.

Während traditionelle Weiterbildung damit hochprofessionalisiert auf den gut beeinflussbaren Bereich des expliziten Wissens ausgerichtet ist, fehlen für die dominant handlungsbestimmenden Kompetenzbestandteile „implizites Wissen, Fertigkeiten, Persönlichkeiten" analoge Entwicklungsmuster und sind die organisatorischen Zusammenhänge in Teilbereichen noch gar nicht transparent.

5. Den Zusammenhang von Innovation und Kompetenzentwicklung neu ordnen

Angesichts der Lücke zwischen dem Teilbereich, auf den traditionelle Weiterbildung wirken kann, und der Kompetenz zur Handlung wird die von fortschrittlichen Praktikern forcierte „Flucht aus der Schule" verständlich. Nimmt man die beschriebenen Zusammenhänge zur Kompetenz ernst, wird gerade für betriebliche Neuerungsprozesse schnell deutlich, dass Kompetenzentwicklung kein einfaches Anpassungsproblem ist, indem „fehlende" Kompetenzen beliebig prognostiziert und anschließend auf der Schulbank vermittelt werden können.

Der naive Glaube an das planwirtschaftlich technokratische Anpassungsmuster Weiterbildung führt dann in eine innovatorische Pattsituation. Aus dieser Pattsituation auszubrechen erfordert neue Konzepte und eine andere Lernkultur, die sich nicht auf die verkrusteten Wissensvermittlungsinstitutionen von gestern verlässt, sondern auf die reale Problematik von Strukturwandel eingeht. Die Aufgabe der Alibifunktion von Wissensvermittlung macht den Weg zur echten Innovation frei. Das bedeutet, einzelbetrieblich sind nicht nur erhebliche Mittel für den „Personalentwicklungs-Budenzauber" einzusparen, sondern auch demotivierende Frustrationsschleifen bei den Teilnehmern zu beseitigen.

Die Integration von Personal- und Organisationsentwicklung ist Basis für die Umsetzung betrieblicher Innovationsprozesse. Diese Integration (statt künstlicher Trennung individueller Lernwelten von betrieblichen Entwicklungen) löst das Dilemma einer anforderungsorientierten Weiterbildung auf. Dazu sind Innovationsprozesse zu personifizieren. Potenzialbeurteilung und Personalauswahl sind gleichsam Basis solcher Entwicklungsprozesse. Da die Aussagefähigkeit traditioneller Verfahren in diesem Bereich begrenzt ist, sind diese durch formative Testverfahren zu ergänzen.

Das hat erhebliche Konsequenzen für die Personal- bzw. Organisationsentwicklung. Selbstregulation und Eigeninitiative müssen entfaltet und genutzt werden. Es ist ein neues Verständnis der Vorbereitung und Durchsetzung von Personal- und Organisationsentwicklungsmaßnahmen zu schaffen, indem den alten Zentralinstanzen der Personalentwicklung bestenfalls noch eine Servicefunktion zukommt, die eigentlichen Entwicklungsaufgaben aber dezentral in die Fachabteilungen verlagert werden.

Diese Umorientierung wirft neue Fragen für die Planung, Gestaltung und Kontrolle des gesamten betrieblichen Geschehens auf. Wenn die Etablierung von sich selbst entwickelnden Organisationseinheiten gelingt, setzt das Entwicklungen in Gang, deren Verlauf im Voraus kaum zu bestimmen ist und deren Ergebnisse nicht determiniert werden können. In optimierten, naiv-technokratisch geregelten Organisationen geht das nur sehr schwer. Das erfordert eine Strategie, die bisher in keinem betriebswirtschaftlichen Lehrbuch steht und auch den Beratermanuals fremd ist. Diese Strategie erfordert die Entkopplung der innovativen Kräfte aus den verkrusteten alten Netzwerken, die Bereitstellung von Ressourcen ohne die kontraproduktiven Kontrollschleifen der eingefahrenen Regulierungssysteme und das Zutrauen in die Leistungsfähigkeit der so abgespaltenen Innovationseinheiten. Die Betroffenen werden so zu den eigentlich handelnden Akteuren. Diese Strategie hat nichts mit der gouvernantenhaften Förderung von „High Potenzials" in Kadettenschulen, die heute „Corporate Universities" genannt werden, zu tun, sondern ist eine Herausforderung an die Ausgewählten. Nur mit Fordern statt Fördern kommt man weiter.

Wir nennen diese Art integrierter Personal- und Organisationsentwicklung, die den Aufbruch möglich macht, „Partisanenstrategie". Sie meidet technokratische Personalentwicklungsansätze und große Generalstäbe, denn wenn die fördern oder eingreifen, ist der Partisanentrupp schon tot.

Diese Trupps überwinden Hindernisse und gehen Risiken ein, die in Gremien und an runden Tischen gar nicht diskutierbar sind. Auf sich selbst gestellt haben sie den Unternehmensgeist, der in wohl regulierten und gut kontrollierten Organisationen nicht mehr aufkommen kann. Sie brauchen keine Kurse für Kommunikation und Sozialkompetenz, denn sie sind aufeinander angewiesen. Teamgeist und Kooperationsfähigkeiten werden nicht gezüchtet, sondern gehören zum Überleben – sind also Auswahlprinzip (das macht die Formierung und die Organisationsentwicklung zum integralen Bestandteil der Personalentwicklung). Der Erfolg dieser Partisanengruppen basiert auf der richtigen Personalauswahl und den Freiheitsgraden, die ihnen eingeräumt werden. Freilich eskaliert mit dem Erfolg das Problem der Altorganisationen, diese Partisanen wieder einzubinden, aber innovatorische Erfolge haben eben ihren Preis.

Literatur

Erpenbeck, J./Heyse, V.: Die Kompetenzbiographie, Münster 1999.

Gronwald, S./Sommer, Ch.: Graue Theorie, in: Manager Magazin, Nr. 8/1997, S. 132-141.

Kriegesmann, B.: Innovationsorientierte Anreizsysteme, Bochum 1993.

Livingstone, D. W.: The Education Jobs Gap, Toronto 1998.

Pervin, L. A.: Persönlichkeitstheorien, 3. Aufl., München, Basel 1993, S. 546.

Reischmann, J.: Andragogisch-didaktische Überlegungen zwischen Wissen und Können, in: GdWZ, 6/1998, S. 269.

Staudt, E.: La Gestione dei Processi Innovativi, in: CIS (Centro Studi d'Impresa) (Hrsg.): Tagung ‚Innovazione e Imprenditorialita' im Oktober 1987 in Lecco, Padua 1989, S. 1-29.

Staudt, E./Hinterwäller, H.: Von der Qualitätssicherung zur Qualitätspolitik – Konzeption einer integralen unternehmerischen Qualitätspolitik, in: Zeitschrift für Betriebswirtschaft, 11/12 1982, S. 1000-1042.

Staudt, E./Kottmann, M.: Deutschland gehen die Innovatoren aus – Zukunftsbranchen ohne Zukunft, Frankfurt/M. 2001.

Staudt, E./Kriegesmann, B.: Weiterbildung: Ein Mythos zerbricht – Der Widerspruch zwischen überzogenen Erwartungen und Misserfolgen der Weiterbildung, in: Arbeitsgemeinschaft QUEM (Hrsg.): Kompetenzentwicklung '99, Münster et al. 1999.

Staudt, E./Kailer, N./Kriegesmann, B. et al.: Kompetenz und Innovation – Eine Bestandsaufnahme jenseits von Personalentwicklung und Wissensmanagement, Bochum 1997.

Staudt, E. et al.: Weiterbildung von Fach- und Führungskräften in den neuen Bundesländern, in: Arbeitsgemeinschaft Qualifikations-Entwicklungs-Management (Hrsg.): Studien zur beruflichen Weiterbildung im Transformationsprozess, Münster et al. 1996.

Es ist in der Praxis schwierig, die oben beschriebenen vier Grundtypen entlang der beiden Achsen – einerseits „Gewinnbeteiligung/Kapitalbeteiligung“ und andererseits „Für alle Mitarbeiter/nur für das Management“ – statistisch sauber auseinander zu halten. Mit etwas Mut zur Vereinfachung lässt sich feststellen, dass Gewinnbeteiligung sehr viel häufiger praktiziert wird als Kapitalbeteiligung und dass Beteiligungssysteme für Manager und leitende Angestellte weiter verbreitet sind als Beteiligungssysteme für alle Mitarbeiter.

Eine kürzlich veröffentlichte empirischen Studie über die Verbreitung derartiger Formen der Mitarbeiterbeteiligung in der Europäischen Union (European Foundation for the Improvement of Living and Working Conditions, 2001) kommt zu dem Ergebnis, dass 24 Prozent aller Unternehmen in der EU ein Modell der Erfolgsbeteiligung haben, 9 Prozent eine Kapitalbeteiligung und 4 Prozent ein Modell, welches sowohl eine Erfolgs- als auch Kapitalbeteiligung beinhaltet. Dabei wurden jedoch nur Beteiligungsmodelle berücksichtigt, die allen Mitarbeitern zugänglich sind. Mit Blick auf andere empirische Erhebungen ist davon auszugehen, dass insbesondere der geschätzte Verbreitungsgrad der umfassenden Kapitalbeteiligung etwas zu hoch geschätzt ist.

Trotz der bekannten Probleme einer fundierten Schätzung des Verbreitungsgrades enthält die Untersuchung interessante Ergebnisse hinsichtlich der Motive zur Einführung von Mitarbeiterbeteiligung und zum Zusammenhang von bestimmten Unternehmenstypen und finanziellen Beteiligungssystemen (siehe Übersicht 1).

	Hohe Affinität	**Geringe Affinität**
Erfolgsbeteiligung	▪ Unternehmen mit einer hoch qualifizierten Mitarbeiterschaft in einer wettbewerbsintensiven Marktsituation. ▪ Managementkonzept sieht in der Motivation der Mitarbeiter und in deren aktiver Beteiligung einen entscheidenden Wettbewerbsvorteil.	▪ Unternehmen mit einer stark diversifizierten Mitarbeiterschaft in einem weniger wettbewerbsintensivem Markt. ▪ Keine beteiligungsorientierten Managementkonzepte, oftmals konfrontative Arbeitnehmer-Arbeitgeber-Beziehungen.
Kapitalbeteiligung	▪ Größere Unternehmen (> 200 Mitarbeiter) mit einer hoch qualifizierten Mitarbeiterschaft und einer intensiven direkten Beteiligungskultur. Zumeist dynamische Unternehmen in Wachstumsbranchen.	▪ Vor allem kleinere Unternehmen (oftmals noch in Familienbesitz) mit lediglich formalen Beteiligungsrechten der Arbeitnehmer.

Übersicht 1: Unternehmenstyp und dessen Affinität zur finanziellen Beteiligung
Quelle: In Anlehnung an die Studie „Recent Trends in Employee Financial Participation in the EU“ der European Foundation

Die EU-Studie ergibt hinsichtlich der zentralen Motive, die heute ein Unternehmen dazu bewegen, ein Modell der Erfolgs- und/oder Kapitalbeteiligung einzuführen, vor allem die vier Kategorien:

- Größere Flexibilität in den Entlohnungsstrukturen
- Steigerung der Produktivität
- Erzielung von Steuervorteilen
- Steigerung der Motivation und Identifikation der Mitarbeiter

Bezogen auf bestimmte Unternehmenstypen lässt sich überall in Europa ein ähnliches Profil feststellen: Finanzielle Beteiligung wird vor allem angeboten in größeren Unternehmen, vorzugsweise Aktiengesellschaften mit (starker) Arbeitnehmervertretung und einem hohen Qualifikationsniveau der Mitarbeiter. Dagegen bilden Beteiligungsmodelle in kleineren und mittleren Unternehmen in privatem Besitz ohne etablierte Mitarbeitervertretungsstrukturen eher die Ausnahme.

Interessanterweise ergibt die Studie auch für Länder mit einer starken Tradition konfliktbezogener Arbeitnehmer-Arbeitgeberbeziehungen keinen Zusammenhang zwischen finanzieller Mitarbeiterbeteiligung und – mit abschwächender Bedeutung – der gewerkschaftlichen Interessenvertretung am Arbeitsplatz. Vielmehr scheint in der Praxis ein positiver Zusammenhang zwischen finanzieller Beteiligung und Formen immaterieller Beteiligung und Partizipation, u. a. der gewerkschaftlichen Interessenvertretung, zu bestehen. Dort, wo eine starke Interessenvertretung aktiv Beteiligungsangebote aushandelt und propagiert, sind diese in der Regel besser ausgestattet und werden von mehr Mitarbeitern angenommen.

Für die Verbreitung von Mitarbeiterkapitalbeteiligungsangeboten spielt die staatliche Politik eine wichtige Rolle. Am deutlichsten zeigt sich dies in Frankreich mit seinem gesetzlich vorgeschriebenen Gewinnbeteiligungssystem für Mitarbeiter und Mitarbeitersparpläne. Aber auch in Großbritannien, Deutschland oder den Niederlanden zeigt sich der Einfluss von Gesetzgebung und Förderpolitik (siehe Übersicht 2).

Bei den staatlichen Anreizsystemen dominieren einerseits Steuervorteile bei Mitarbeiterbeteiligung und andererseits direkte Einkommenszuschüsse für Kapitalbeteiligung einkommensschwächerer Gruppen. Begünstigt werden in vielen Ländern sowohl Beschäftigte als auch Unternehmen, welche die Beteiligungskosten steuerlich geltend machen können.

Die Programme werden so meist genutzt, um zusätzliche Anreize und einen Bonus zu bieten oder um Steuervorteile zu nutzen. Sie sind nur in seltenen Ausnahmen Instrumente für eine Gehaltsflexibilisierung oder einer strikt leistungsbezogenen Bezahlung. Finanziell ergibt sich durchschnittlich ein Betrag von 2 bis 5 Prozent des Jahreseinkommens pro Mitarbeiter, was einem halben Monatsgehalt entspricht.

Die Übersicht 2 verdeutlicht zentrale gesetzliche Rahmenbedingungen, Verbreitung und aktuelle Trends der Mitarbeiterbeteiligung in den Ländern der Europäischen Union:

Land	Gesetzlicher Rahmen	Verbreitung von Mitarbeiter-Modellen	Aktuelle Trends
Belgien	Seit 1983 Gesetz für Mitarbeiteraktien; nur sehr geringe Steueranreize	Gewinnbeteiligung und Mitarbeiteraktien vorwiegend in multinationalen Konzernen Gruppenspezifische Programme auch in anderen Großunternehmen	Politischer Stimmungswandel: Es wird ein neuer gesetzlicher Rahmen zu Förderung von Aktienoptionen diskutiert
Dänemark	Seit 1958 Gesetzgebung und (minimale) Steueranreize für finanzielle Beteiligung durch Kapitalbeteiligung und Ergebnisbeteiligung	Lediglich einige wenige Unternehmen haben eine Kapitalbeteiligung Profit Sharing: ca. 10 % Kapitalbeteiligung: 6 %	In den Neunzigerjahren kam in die Diskussion kaum Bewegung
Deutschland	Kapitalbeteiligung wird seit dem Ende der 90er Jahre ähnlich gefördert wie die Vermögensbildung; keine Begünstigung von Erfolgsbeteiligung	Deutlich weniger verbreitet als die Vermögensbildung durch Bausparpläne oder Lebensversicherungen Profit Sharing: 13 % Kapitalbeteiligung: 4 %	Starker Bedeutungszuwachs bei Aktienoptionsplänen
Griechenland	Es gibt beträchtliche Steueranreize für Kapital- wie Gewinnbeteiligung	k.A.	k.A.
Spanien	Steueranreize für Aktienoptionsprogramme und Unternehmen der „sozialen Ökonomie" (Genossenschaftssektor)	Profit-Sharing: 10 % Kapitalbeteiligung: 8 %	Sowohl Erfolgsbeteiligung als auch Kapitalbeteiligung und Kooperativen haben in den Neunzigerjahren an Bedeutung zugenommen
Frankreich	Seit den Fünfzigerjahren ist Gewinnbeteiligung gesetzlich vorgeschrieben Gesetzgebung zur Kapitalbeteiligung in den 90er Jahren verbessert	Profit-Sharing: 57 % Kapitalbeteiligung: 7 %	Starker Anstieg der Verbreitung von Kapitalbeteiligung auf Aktienbasis
Irland	Mitte der Neunzigerjahre Förderung von Kapitalbeteiligung	Profit-Sharing: 8 % Kapitalbeteiligung: 4 %	Es besteht ein „National Programme on Partnership"
Italien	Keine speziellen Gesetze zur Gewinn- oder Kapitalbeteiligung, keine Steuervorteile	Profit-Sharing: 4 % Kapitalbeteiligung: 3 %	Erfolgsbeteiligung und in etwas geringerem Maße auch Kapitalbeteiligung haben an Bedeutung gewonnen
Luxemburg	Keine spezielle Gesetzgebung, keine Steuervorteile	k.A.	Leichte Zunahme von Gewinn- und Erfolgsbeteiligung
Niederlande	Gesetzgebung zu Gewinn- und Kapitalbeteiligung mit entsprechender steuerlicher Begünstigung seit 1994	Profit-Sharing: 13 % Kapitalbeteiligung: 3 %	Erfolgsbeteiligung nimmt deutlich zu

Übersicht 2: Finanzielle Mitarbeiterbeteiligung in den Ländern der Europäischen Union

Land	Gesetzlicher Rahmen	Verbreitung von Mitarbeiter-Modellen	Aktuelle Trends
Österreich	Seit 1974 gewisse Steuervorteile, Reform der Gesetzgebung 1994	Nur sehr geringe Verbreitung von Erfolgs- wie Kapitalbeteiligung	k.A.
Portugal	Seit 1969 steuerliche Begünstigung für Profit-Sharing, seit 1989 auch für Kapitalbeteiligung	12,4% aller Aktienbesitzer in Portugal besitzen Belegschaftsaktien Profit-Sharing: 6 % Kapitalbeteiligung: 2 %	Privatisierung öffentlicher Unternehmen hat Kapitalbeteiligung auf Aktienbasis stark ansteigen lassen
Finnland	Aufgeschobene Gewinnbeteiligung wird seit 1990 steuerlich begünstigt	Nur geringe Verbreitung	Lediglich zeitweiser Anstieg von steuerlich begünstigten Gewinnbeteiligungssystemen
Schweden	Keine staatliche Förderung	Profit-Sharing: 20 % Kapitalbeteiligung: 2 %	Kaum Thema der politischen Diskussion
Großbritannien	Starke Begünstigung von Kapitalbeteiligung wie Gewinnbeteiligung seit den Siebzigerjahren	Profit-Sharing: 40 % Kapitalbeteiligung: 23 %	auch in den Neunzigerjahren große Dynamik bei Erfolgs- wie Kapitalbeteiligungsmodellen

Übersicht 2: Fortsetzung

Die Übersicht und vor allem die Schätzungen der Verbreitung von Gewinn- und Kapitalbeteiligung zeigen, dass finanzielle Mitarbeiterbeteiligung in den EU-Ländern für die Unternehmenskultur bzw. „Corporate Governance" und die industriellen Beziehungen eher eine untergeordnete Rolle spielen.

Mitarbeiterbeteiligung in Arbeitnehmerhand wird zwar in den südeuropäischen Ländern wie in den skandinavischen Staaten mit ihren jeweils sehr besonderen Systemen der industriellen Beziehungen durch staatliche Programme gefördert, ist aber weit davon entfernt, zu einem strukturprägendem Aspekt der Unternehmenskultur oder der betrieblichen Arbeitsbeziehungen zu werden.

Die einzige Ausnahme bilden Frankreich und in gewissem Umfang auch Großbritannien. Diese beiden Länder und ihre jeweiligen sehr spezifischen Rahmenbedingungen sollen im Folgenden zusammen mit dem deutschen Beispiel kurz dargestellt werden.

3. Länderprofile

3.1 Frankreich

Das französische System der Mitarbeiter(erfolgs)beteiligung wurde nach dem Zweiten Weltkrieg von der Regierung De Gaulle eingeführt und spiegelt ein spezifisches Modell der Kooperation zwischen Arbeit und Kapital wider. Es ist eine gesetzlich verpflichtend geregelte Beteiligung am Unternehmenserfolg, die jedoch nicht mit einer Intensivierung immaterieller Mitbestimmung im Unternehmen verbunden ist.

Frankreich ist das einzige Land in Europa, in dem für Firmen ab 50 Beschäftigten eine Form der aufgeschobenen Gewinnbeteiligung gesetzlich vorgeschrieben ist. Nach einer Reform 1993/94 weist das französische Modell der finanziellen Mitarbeiterbeteiligung die folgenden Komponenten auf:

- Freiwillige Gewinnbeteiligung *(intéressement)*.
- Eine seit 1967 gesetzlich vorgeschriebene (aufgeschobene) Gewinnbeteiligung *(participation)*.
- Unternehmenssparpläne für Mitarbeiter *(PEE)*.

Gesetzlich gefördert werden ebenfalls Arbeitszeitkonten *(compte d'épargue temps)*, die es erlauben, Einkünfte aus Gewinnbeteiligung *(intéressement)* für Sabbaticals zu nutzen.

Alle drei Typen der finanziellen Beteiligung sind steuerlich begünstigt und weit verbreitet:

- *Intéressement du salariés de L'enterprise* als freiwilliges, aber betrieblich verhandelbares System gab es 1997 für ca. drei Millionen Mitarbeiter bei einer Gewinnsumme von 12,5 Milliarden französische Francs, d. h. durchschnittlich 5.300 FF pro Mitarbeiter.

- *Participation aux fruits de L'expansion* verpflichtet alle Firmen mit mehr als 50 Beschäftigten mindestens gemäß einer staatlich vorgegebenen Formel zur Gewinnbeteiligung, wobei das Geld für fünf Jahre angelegt wird. 1997 gab es ca. 15.500 Vereinbarungen für 4,8 Millionen Beschäftigte in ca. 17.600 Unternehmen. Es wurden ca. 17,3 Milliarden FF verteilt.

- Unternehmenssparpläne (PEE) sind Investmentpläne, die aus Einzahlungen der Unternehmen und der Mitarbeiter gespeist werden. Die Anlage der Gelder erfolgt in der Regel nicht im eigenen Unternehmen. Ca. 26.000 Unternehmen bieten in Frankreich ihren Mitarbeitern ein solches (steuerlich) begünstigtes Angebot zum Vermögensaufbau an, in das auch Gewinnbeteiligungen einfließen können.

Außer diesen Modellen finanzieller Mitarbeiterbeteiligung spielen andere Formen direkter Kapitalbeteiligung in Frankreich nur eine untergeordnete Rolle. Ähnlich wie in anderen Ländern werden sie insbesondere von Aktiengesellschaften zusätzlich angeboten, wie zum Beispiel von Vivendi, BNP, Air France und vielen anderen. Es finden sich hier die in anderen Ländern auch üblichen Systeme der Vorzugsaktien oder der Stock-Options-Pläne.

3.2 Großbritannien

In Großbritannien gibt es eine lange Tradition der finanziellen Mitarbeiterbeteiligung, die nach dem Zweiten Weltkrieg begünstigt wurde durch die Besonderheit des angloamerikanischen Corporate-Governance-Modells. Heute existieren fünf gesetzlich anerkannte und geförderte Beteiligungssysteme, die im Wesentlichen in der Ära der Thatcher-Regierungen eingeführt wurden:

- Gewinnabhängige Einkommensbestandteile – *Profit Related Pay* (PRP)
- Kapitalbeteiligungsmodelle
  - Aktiensparpläne – *Save-As-You-Earn* (SAYE)
  - Aufgeschobene Gewinnbeteiligung – *Approved Profit-Sharing-Scheme* (APSS)
  - Betriebliche Aktienoptionspläne – *Company Share Option Plans* (CSOP)
- Mitarbeiterbeteiligung durch Treuhandfonds – *Employee Share Ownership Trusts* (ESOT)

Die Profit-Related-Pay-Modelle (PRP) wurden 1987 eingeführt, um einen Anreiz zur Flexibilisierung der Gehaltszahlungen zu geben. Nach einer staatlichen Registrierung des Modells können Mitarbeiter und Firmen bis 20 Prozent des Gehalts (bei einer Obergrenze von 4.000 Pfund) steuerlich begünstigt gewinnabhängig gestalten. 1997 gab es rund 14.000 Unternehmen mit PRP-Modellen für ca. 4 Mio. Arbeitnehmer, was etwa einem Viertel aller in der Privatwirtschaft beschäftigten Arbeitnehmer entspricht (vgl. Maack/Voss/Wilke/Würz, 2000, S. 91. Allerdings sind aus Sicht von Kritikern die Mitnahmeeffekte sehr hoch, da viele Firmen im Grunde nur einen Teil der erreichbaren Steuerreduzierung ohne Risiko an die Mitarbeiter weitergeben. PRP wirkt also im Wesentlichen wie eine Lohnsubvention für Firmen, die sich die Mühe machen, ein solches System einzuführen. Aufgrund dieser Fehlwirkung und der starken Belastung des Staatshaushalts werden PRP-Systeme seit Ende 1999 nicht mehr steuerlich gefördert.

Deutlich anders angelegt sind die drei existierenden Varianten von Mitarbeiter-Anteil-Modellen. Sie beruhen im Grundsatz auf der Ausgabe von Aktien bzw. Wertpapieranteilen an Mitarbeiter mit einer steuerlichen bzw. preislichen Präferenz.

Bei den Aktiensparplänen (SAYE) wird Mitarbeitern seit 1980 die Möglichkeit geboten, Aktienoptionen des arbeitgebenden Unternehmens zu erwerben zu einem fixen, sogar um 20 Prozent reduzierten Preis. Zuwächse aus Wertsteigerung und Ausschüttung sind steuerfrei, Erlöse aus dem Verkauf müssen allerdings bei mehr als 6.000 Pfund versteuert werden. 1998 gab es 1.200 registrierte SAYE-Pläne mit ca. 1,25 Millionen Teilnehmern und einer durchschnittlichen Beteiligungssumme von 2.700 Pfund.

Die Programme aufgeschobener Gewinnbeteiligung (APSS) weichen von diesem Muster etwas ab, weil sie es den Firmen erlauben, Fonds für ihre Mitarbeiter einzurichten, in welche die Gewinnbeteiligungen oder auch die Teile des Gehaltes einkommenssteuerfrei eingezahlt werden können. Die Anteile werden allerdings nicht direkt von den Mitarbeitern gehalten, sondern von Fondsmanagern (Trustees), und die Auszahlung sollte genutzt werden für Rente, Arbeitsunfähigkeit etc. 1998 gab es vor allem in größeren Firmen 859 solcher Modelle mit 900.000 Teilnehmern und einer durchschnittlichen Anlagesumme von 680 Pfund.

Als dritte Variante existieren noch so genannte betriebliche Aktienoptionspläne (CSOP), die vor allem für leitende Angestellte und Manager gelten. Auch hier gibt es steuerliche Vorteile. 1998 gab es 3.769 solcher Pläne mit ca. 300.000 Berechtigten. Die durchschnittliche Anlagesumme lag bei 5.700 Pfund.

Die britischen ESOT-Modelle *(Employee-Share-Ownership-Trusts)* sind den US-amerikanischen ESOPs nachgebildet. Hier ist zwischen die begünstigten Mitarbeiter und die Firma ein Treuhandfonds geschaltet, der Firmenanteile kauft und nach festgelegten Regeln an Mitarbeiter abgibt. Diese Möglichkeit wurde seit 1989 vor allem bei Privatisierungen von öffentlichen Betrieben genutzt. Die steuerliche Förderung ist an Sperrfristen gekoppelt: Aktien können frühestens nach fünf Jahren, müssen aber vor Ablauf von sieben Jahren veräußert werden. Im Unterschied zu den USA sind ESOT-Modelle in Großbritannien deutlich geringer verbreitet, was vor allem auf die weitaus geringere staatliche Förderung und die unterschiedliche Zielsetzung (in den USA zusätzliche Altersvorsorge) zurückzuführen zu sein scheint.

Insgesamt gibt es damit in Großbritannien eine recht breite Kultur finanzieller Mitarbeiterbeteiligung, die in einem engen Zusammenhang zum angloamerikanischen Modell der Corporate Governance zu sehen ist. Dieses Modell kennzeichnet zum einen die im Vergleich zu den übrigen europäischen Ländern sehr hohe Marktkapitalisierung und Börsenfinanzierung der britischen Unternehmen und zum anderen eine nur schwach ausgeprägte Kultur immaterieller Mitarbeiterbeteiligung und Partizipation zugunsten eher materiell ausgerichteter Beteiligung.

Eine positive Beziehung zwischen Kollektivbeziehungen und finanzieller Mitarbeiterbeteiligung ergibt sich für Großbritannien lediglich insoweit, als diejenigen Unternehmen mit einer starken kollektiven Interessenvertretung auch diejenigen sind, in denen weitergehende Ideen einer Beteiligung auf einen fruchtbaren Boden fallen. Die Mechanismen des oben aufgezeigten Beziehungsgeflechts zwischen materieller und immaterieller Beteiligung werden aber auch im Falle Großbritanniens nicht durchbrochen.

3.3 Deutschland

Finanzielle Mitarbeiterbeteiligung hat in den industriellen Beziehungen in Deutschland immer eine untergeordnete Rolle gespielt. Zwar gab es schon früh Ansätze für eine politisch gewollte stärkere Beteiligung der Mitarbeiter am Produktivkapital und auch eine ganze Reihe von „Vorzeige"-Unternehmern und Unternehmen, die nicht müde wurden, das Modell einer Beteiligung der Mitarbeiter als betriebliches Innovationsinstrument und soziales Ziel zu propagieren, aber die Zahl der Unternehmen mit Beteiligungsangeboten wuchs lange Zeit nur langsam.[3]

Nach Angaben der AGP (Arbeitsgemeinschaft Partnerschaft in der Wirtschaft e.V. beteiligten Ende 2000 ca. 2.700 deutsche Unternehmen ihre Mitarbeiter am Kapital. Insgesamt halten nach dieser Schätzung rund 2.3 Millionen Mitarbeiter 30 Mrd. DM Beteiligungskapital. Die hohe Zahl von Mitarbeitern mit Beteiligungskapital kommt zustande durch die von den großen Aktienunternehmen angebotenen Modelle von Belegschaftsaktien.

Generell ist für die deutsche Situation typisch, dass Beteiligungsangebote und Modelle sich stark nach Firmengröße und Firmentypus unterscheiden:

- Bei den großen deutschen Aktiengesellschaften (wie sie im Dax vertreten sind) kann man in fast allen Unternehmen Angebote von vergünstigten Mitarbeiteraktien finden. Teilweise sind in den letzten Jahren auch Aktienoptionspläne aufgelegt worden. Die Beteiligung der Mitarbeiter ist freiwillig und schwankt zwischen 80 Prozent bei sehr gut ausgestatteten und erfolgreichen Modellen (wie bei Schering, Telekom u. a.) und 10 Prozent.
- Im neuen Segment der New Economy mit vielen neu gegründeten schnell wachsenden Unternehmen war Mitarbeiterbeteiligung eine kurze Zeit das Schlagwort der Stunde. Teilweise wurden über Aktienoptionangebote Hoffnungen auf schnelles Geld und Beteiligung am außerordentlichen Unternehmenserfolg suggeriert. Eine große Zahl von Unternehmen am Neuen Markt ist diesen Weg gegangen.
- Im Bereich der für Deutschland typischen Klein- und Mittelbetriebe finden sich zwar auch viele erfolgreiche Einzelbeispiele für Mitarbeiterbeteiligung (die von der AGP zu Recht immer wieder propogiert werden), aber sie bleiben, gemessen an der Zahl der Unternehmen, die eine Beteiligung einführen könnten, doch Ausnahmen.

Die Ursachen für die schwerfällige Umsetzung von Beteiligungsmodellen vor allem im Mittelstand sind leicht benannt und vielfach analysiert worden:

- Die am häufigsten benutzte Rechtsform deutscher mittelständischer Unternehmen, die GmbH, begünstigt keine einfache Beteiligung und keinen leichten Kauf und Verkauf von Anteilen. Beteiligung von Mitarbeitern ist hier meist nur über Umwege und indirekt möglich.
- Die Tarifparteien in Deutschland haben lange Zeit keinen besonderen Wert auf die Umsetzung von Beteiligungsmodellen gelegt. Die Auffassung vom doppelten Risiko im Krisenfall (Verlust des Arbeitsplatzes und des eingesetzten Kapitals) hat die Diskussion mehr bestimmt als die Aussicht auf Gewinn-Chancen durch eine Beteiligung.
- Die Politik hat nach zaghaften Anläufen in den Siebzigerjahren, die in der Förderung vermögenswirksamer Leistungen endeten, erst Ende der Neunzigerjahre eine stärkere Beteiligung der Mitarbeiter am Produktivkapital wieder in eine Förderung einbezogen. Und die seit dem 1.1.1999 existierenden Fördersätze (300 DM steuer- und beitragsfrei bei Zuwendung des Arbeitgebers und 160 DM Zulage bei Beteiligung in Höhe von 800 DM durch Arbeitnehmer) sind eher geringe steuerliche Anreize.

Auffällig an der deutschen Diskussion ist ein klarer Stimmungswechsel in der Öffentlichkeit zugunsten von Mitarbeiterbeteiligungsmodellen seit einigen Jahren. In vielen Großunternehmen gehören solchen Angebote längst zum festen Bestandteil der angebotenen sozialen Leistungen. Die Angebote werden mit den Interessenvertretungen der Beschäftigten erarbeitet bzw. abgestimmt und von einer Mehrheit der Mitarbeiter auch angenommen.

Bundeskanzler Schröder hat im Jahr 2000 für seine Regierung eine klar befürwortende Position zu Mitarbeiterbeteiligungsprogrammen eingenommen: „Mitbestimmung und Beteiligung der Arbeitnehmer am Produktivvermögen sind bewährte und geeignete Instrumente, den Strukturwandel in Wirtschaft und Gesellschaft zu gestalten. Sie können dazu beitragen, die Qualität der Arbeit und der Betriebsergebnisse zu verbessern. Sie können auch eine wichtige Rolle spielen beim Umbau der Systeme der sozialen Sicherung, insbesondere der Altersversorgung. Vor allem aber bringen Mitbestimmung und Mitarbeiterbeteiligung uns in einer Zeit, da viele alte Gewissheiten der Sozialen Marktwirtschaft infrage gestellt werden, unserem großen gesellschaftlichen Ziel näher: einer zivilen Teilhabegesellschaft, in der Verantwortung, Chancen und Mitsprache gerecht verteilt sind“ (Gerhard Schröder, Frankfurter Rundschau vom 3.7.2000, S. 15).

Eine breitere Umsetzung dieser Ideen ist aber in Deutschland nur langsam zu erwarten. Doch Ansätze sind zu erkennen: so hat das Land Nordrhein-Westfalen im Jahr 2000 eine Initiative „Einkommen der Zukunft“ für Mitarbeiterbeteiligung gestartet. Und auch Arbeitgeber und Gewerkschaften diskutieren sehr offen über Vor- und Nachteile von Beteiligungsmodellen.

3.4 Entwicklungen in anderen europäischen Ländern

Finanzielle Mitarbeiterbeteiligung erfuhr in den Neunzigerjahren auch in Irland, Finnland und den Niederlanden positive Anreize. In *Irland* wird z. B. ein deutliches Wachstum der Gewinnbeteiligung auf Aktienbasis erwartet, da die Steuervorteile für die Gewinnbeteiligung von 2.000 Pfund auf 10.000 Pfund erhöht wurden, während in *Finnland* Verbesserungen an dem Gesetz von 1995 über Belegschaftsfonds in Bezug auf langfristige Aktiensparpläne vorgenommen wurden.

In den *Niederlanden* enthält das Vermeend/Vreugdenhil-Gesetz von 1994 (bescheidene) Steueranreize für Arbeitgeber wie Arbeitnehmer, und zwar für eine Gewinnbeteiligung durch Barausschüttungen, Aktienoptionen und Belegschaftsaktien. Diese Rahmengesetzgebung war von der Notwendigkeit geleitet, die Wettbewerbsfähigkeit und das Wachstum der niederländischen Volkswirtschaft im Einklang mit einer nachhaltigen Politik der Lohnmäßigung und Arbeitsmarktflexibilität zu verbessern.

In anderen EU-Staaten, die traditionell keine oder nur eine begrenzte Unterstützung für eine Gewinn- und Betriebsergebnisbeteiligung der Arbeitnehmer vorsehen, wurden jedoch kaum Fortschritte erzielt, auch wenn einige Regierungen zunehmend Interesse bekundet haben. Unter dem Druck der schlechten Arbeitsmarktsituation und angesichts der Notwendigkeit, ihre Wettbewerbsstellung zu halten, wandte sich z. B. die Regierung in *Italien* mit der Bitte an die Sozialpartner, die Möglichkeit zu prüfen, bei ihren Verhandlungen gewinn- oder produktivitätsbezogene Modelle zu berücksichtigen.

4. Europa auf dem Weg zu einem spezifischen Modell der Unternehmenskultur?

4.1 Die PEPPER-Berichte und die Diskussion in der Europäischen Union

Angesichts der völlig verschiedenen Ausgangssituation in den Ländern der Europäischen Union und der eher geringen Bedeutung von Mitarbeiterbeteiligung im Rahmen der industriellen Beziehungen kann es kaum überraschen, dass auch in der EU-Kommission das Thema bisher eine eher randständige Rolle gespielt hat.

Es wird zwar ein Potenzial und auch die Notwendigkeit für eine Modernisierung der europäischen Modelle der Corporate Governance durch Beteiligung gesehen, aber vor dem Hintergrund der Verschiedenartigkeit der Modelle in den nationalen Systemen ist bislang keine geschlossene Politiklinie formuliert worden. Die Kommission hat sich daher darauf beschränkt, regelmäßig aktualisierte Bestandsaufnahmen in Form von Reports und Fachtagungen durchzuführen. Die seit 1991 vorliegenden beiden PEPPER-Berichte (eine weitere Aktualisierung ist jüngst veröffentlicht worden) betonen den Ansatz für ein gemeinsames Modell einer Gewinnbeteiligung *(Promotion of Employee Participation in Profit and Enterprise Results)*. Der Ansatz des Modells einer Kapitalbeteiligung oder gar der Verknüpfung mit Mitbestimmung ist umstritten.

Eine grundsätzliche Änderung ist hier nicht zu erwarten, auch wenn in den letzten Jahren ein spürbar größeres Interesse am Thema der Mitarbeiterbeteiligung festzustellen ist. Denn die Europäische Kommission sieht in der aktiven Unterstützung der Sozialpartner eine wesentliche Voraussetzung für einen deutlichen Ausbau der Gewinn- und Betriebsergebnisbeteiligung in der Union. Und gerade hier bewegt sich nur wenig: Während der Europäische Verband der Arbeitgeber (UNICE) noch gar keine gemeinsame Position zum Thema Mitarbeiterbeteiligung entwickelt hat, begann der Europäische Gewerkschaftsbund ETUC im Jahre 1999 immerhin damit, das Terrain mit ersten Thesen zu sondieren.

4.2 Perspektiven eines europäischen Modells der Unternehmenskultur

Die Vielfalt der Traditionen und Modelle einer Beteiligung in den Ländern der Europäischen Union enthält ohne Zweifel eine große Chance, eine eigene Beteiligungskultur im Rahmen eines Corporate-Governance-Modells zu entwickeln, die sich sowohl an Aspekte des so genannten „Rheinischen Kapitalismus“ mit seiner starken immateriellen Beteiligungskomponente als auch an die französisch-romanischen Traditionen einer umfassenden Gewinnbeteiligung der gesamten Belegschaften und an das angloamerikanische Modell der hohen Börsenkapitalisierung anlehnt. Dabei müssten jedoch drei Elemente miteinander verbunden werden, um eine erfolgreiche Beteiligung „am Haben und am Sagen“ zu ermöglichen:

- Finanzielle Beteiligung der Mitarbeiter an Kapital und Gewinn des sie beschäftigenden Unternehmens,
- verlässliche Mitbestimmung bzw. immaterielle Beteiligung der Mitarbeiter in relevanten Bereichen der Unternehmen und
- Nutzung beider Beteiligungsstränge in einem Human Ressource Management, welches das Wissen und die Motivation der Mitarbeiter als entscheidenden Faktor im Wettbewerb sieht.

Ein solches Corporate-Governance-Modell kann aber nicht allein staatlich verordnet oder durch Förderprogramme angeregt werden. Es muss sich vor allem durch praktischen Nutzen und alltägliche Vorteile für alle Beteiligten beweisen und durchsetzen. Nur dann ist eine nachhaltig wachsende Verbreitung nicht nur in bestimmten Unternehmenstypen zu erwarten, sondern es könnte ein „europäisches Modell“ einer Corporate Governance am Horizont auftauchen.

Anmerkungen

1 Dieser Beitrag geht auf einen gemeinsam mit Eckhard Voss verfassten Aufsatz zur Mitarbeiterbeteiligung in Europa zurück.
2 PEPPER steht für Promotion of Employee Participation in Profit and Enterprise Results.
3 Dieses Wachstum ist auch Verdienst der AGP und des unermüdlichen Einsatzes von Michael Lezius. Eine Würdigung der finanziellen Mitarbeiterbeteiligung in Deutschland geht nicht ohne Nennung der AGP.

Literatur

European Foundation for the Improvement of Living and Working Conditions: Recent Trends in Employee Financial Participation in the EU, Luxembourg 2001.

Europäische Kommission: The Pepper Report, Promotion of Employee Participation in Profits and Enterprise Results, *Social Europe,* 3/91.

– Pepper II, Report from the Commission, 1996, Brüssel, 8. Januar 1997.

IAB-Kurzbericht: Mitarbeiterbeteiligung. Ein Weg zu höherer Produktivität, Ausgabe Nr. 9, vom 30.05.2001.

Maack, K./Voss, E./Wilke, P./Würz, S.: Einkommen der Zukunft. Beteiligung der Arbeitnehmer/innen am Produktivkapital. Neue Elemente der Einkommensgestaltung für das 21. Jahrhundert, Hamburg, 2000.

Poutsma, Eric: Financial Participation within the European Union. Developments and Prospects of Employee Participation in Profits and Enterprise results, University of Nijmegen, September 2000, unveröffentlichtes Manuskript.

Bedeutung und Zukunft der Mitarbeiterbeteiligung

Margareta Wolf

Nach dem 2. Weltkrieg ist in Deutschland die historische Entscheidung für die Soziale Marktwirtschaft gefallen. Seither wird dieses Ordnungsprinzip unserer Wirtschaft häufig als Königsweg zwischen Kapitalismus und Sozialismus bezeichnet. In den letzten Jahrzehnten ist es gelungen, in teils kontroversen Auseinandersetzungen zwischen den politischen und den Tarifparteien, diese Wirtschaftsordnung weiter auszugestalten. Dass es dabei gelungen ist, in die marktwirtschaftliche Ordnung auch Elemente von sozialer Verantwortung zu integrieren, zeigt sich nicht nur an den weltweiten Erfolgen unserer Volkswirtschaft, sondern auch daran, dass das Prinzip Soziale Marktwirtschaft von keiner relevanten politischen Gruppierung in Deutschland ernsthaft in Frage gestellt wird. Für viele Länder dieser Erde gilt die Soziale Marktwirtschaft inzwischen als Vorbild für eigene Wirtschaftsordnungen.

Die Väter des Konzepts der Sozialen Marktwirtschaft sind ursprünglich von der Vorstellung einer Einheit von Wirtschafts-, Sozial- und Gesellschaftspolitik ausgegangen. Aus ihrer Sicht war dabei die Wirtschaftspolitik zugleich das entscheidende Instrument einer gerechten Sozialpolitik. Als Ansatzpunkt einer so verstandenen Sozialpolitik galt die Eigentumsverteilung in der Gesellschaft. Privateigentum sollte die eigentliche Grundlage für die materielle Sicherheit des Einzelnen sein. Das Ziel einer gerechten Einkommensverteilung sollte über eine Strukturpolitik erreicht werden, die auf eine breite Streuung der Einkommen und Vermögen hinwirken und dafür bereits an der Verteilung der Produktionsmittel, also der funktionellen Einkommensverteilung, ansetzen sollte.

Dieser Weg der Integration der Sozialpolitik in die Wirtschaftspolitik hat sich allerdings weitgehend als nicht gangbar erwiesen. Versuche, zu einer breiten Streuung des Eigentums an Produktionsmitteln zu kommen, etwa durch die Ausgabe von Volksaktien, durch Reprivatisierung von Staatsbetrieben oder durch flächendeckende Mitarbeiterbeteiligungen am Produktivvermögen, sind Episoden geblieben oder haben sich nicht mit entsprechender Breitenwirkung durchgesetzt. Daher ist ein immanentes Spannungsverhältnis zwischen der Freiheit am Markt und dem Ziel der sozialen Gerechtigkeit geblieben.

Es ist daher für die Wirtschaftspolitik eine Daueraufgabe geworden, einen Ausgleich zwischen den Polen Marktfreiheit und Verteilungsgerechtigkeit zu schaffen.

So wie die Soziale Marktwirtschaft als Königsweg der Wirtschaftsordnung gelten kann, wird die Mitarbeiterbeteiligung vielfach als Königsweg angesehen, diesen Konflikt zu entschärfen. Und in der Tat scheint es einleuchtend, dass die Mitarbeiterbeteiligung an Unternehmen zum Abbau der Konfrontation zwischen Kapital und Arbeit und damit auch zu einer Stabilisierung des Systems der Sozialen Marktwirtschaft beitragen kann. Trotzdem ist Mitarbeiterbeteiligung in Deutschland aus meiner Sicht ein immer noch relativ wenig genutzter Weg. Der Wirtschafts- und Sozialpolitik, insbesondere aber auch der Tarifpolitik, ist es bisher nicht gelungen, eine Gesellschaft von Teilhabern zu etablieren, wie sie bereits Ludwig Erhard vorschwebte. Gerade im Mittelstand hat die Mitarbeiterbeteiligung bisher nur eine relativ geringe Verbreitung gefunden.

Dabei ist die Idee einer Beteiligung der Arbeitnehmer am Erfolg oder Kapital ihres arbeitgebenden Unternehmens nicht neu und wurde bereits im 19. Jahrhundert diskutiert, in Einzelfällen sogar realisiert. So hat der als Theoretiker der Nationalökonomie bekannte Johann Heinrich von Thünen auf seinem Gut Tellow in Mecklenburg bereits Mitte des 19. Jahrhunderts die Arbeiter an der dort erwirtschafteten Wertschöpfung beteiligt. Bemerkenswert sind auch die von ihm definierten Ziele, die nichts an Aktualität verloren haben. Thünen strebte die Integration und Identifikation der Arbeiter mit dem Unternehmen, die Erhöhung der Kaufkraft und die Vermögensansammlung für die nachberufliche Lebensphase der Arbeitnehmer an. Insbesondere lag ihm am Herzen, dass „dem Arbeiter ein sorgenfreies, heiteres Alter gesichert werde, dass, nachdem er sein kräftiges Mannesalter in angestrengter Tätigkeit vollbracht, er im späteren Alter, wo Kraft und Gesundheit schwinden, nicht darben, nicht von der Gnade anderer leben, nicht seinen Kindern zur Last fallen soll, sondern vielmehr in den Stand gesetzt werde, seinen Kindern noch etwas hinterlassen zu können". Von nicht minderer Aktualität erscheint die Begründung von Ernst Abbé in den von ihm geleiteten Zeiß-Werken in Jena Ende des 19. Jahrhunderts zur Einführung eines unwiderruflichen Arbeitseinkommens und einer erfolgsorientierten Entgeltkomponente. Die Erfolgsbeteiligung diente ihm dazu, einen Teil des gesamten Arbeitseinkommens trotz der Fixierung der Löhne und Gehälter durch die Möglichkeit einer „Lohnregulierung" wieder elastisch zu machen.

Auch die christliche Gesellschaftslehre hat sich mit Fragen der Mitarbeiterbeteiligung beschäftigt und überwiegend weltanschaulich-politische Begründungen für Beteiligungsmodelle beigesteuert. Im Jahr 1847 wurde von katholischer Seite gefordert, der Arbeiter setze sein „Blut und Fleisch" ein und verarbeitete täglich gleichsam ein Stück seines Lebens. Daher sei es billig, ihn zum Teilhaber und Miteigentümer zu machen. Im Jahre 1931 empfahl die katholische Kirche die betriebliche Partnerschaft, 1941 folgte die protestantische Kirche mit der Forderung nach dieser Form der Betriebsverfassung. Und der Begründer der katholischen Soziallehre, der Jesuit Oswald von Nell-Breuning plädierte in den 50er Jahren für die Eigentumsbildung in Arbeiterhand.

Bei der Diskussion um die Mitarbeiterbeteiligung nach dem Zweiten Weltkrieg standen anfangs häufig die sozialpolitischen Motive im Vordergrund. An vorderster Stelle stand das Anliegen, den strukturellen Interessengegensatz zwischen Arbeitgebern als Eigentümer der Produktionsmittel und den Arbeitnehmern auf betrieblicher, aber auch auf gesellschaftlicher Ebene zu mindern. Durch den Abbau unerwünschter Vermögenskonzentration sollte die Akzeptanz der Wirtschaftsordnung der Sozialen Marktwirtschaft verbessert werden. Mit steigendem Wohlstand und zunehmender Akzeptanz der Sozialen Marktwirtschaft durch alle gesellschaftlich relevanten Gruppen wurde aber der politische Druck genommen, die Mitarbeiterbeteiligung aus diesen Gründen weiter zu etablieren.

Als weiteres sozialpolitisches Motiv ist die Verbesserung der wirtschaftlichen Existenzgrundlage der Arbeitnehmer mit einer zusätzlich zu den sozialen Sicherungssystemen gegebenen Absicherung gegen persönliche Risiken wie Krankheit, Invalidität und Alter oder sogar gegen wirtschaftliche Risiken wie Arbeitslosigkeit oder sinkende Einkommen angesehen worden. Inzwischen haben wir in den letzten Jahren ein so hohes Maß an sozialer Absicherung erreicht, dass diese Gründe auch für weitere politische Maßnahmen zur Durchsetzung von Mitarbeiterbeteiligungen ebenfalls nicht mehr angeführt wurden. Allerdings sind wir bei der Finanzierung unserer Sozialsysteme jetzt an Grenzen gestoßen. Eine verstärkte Verbreitung von Modellen der Mitarbeiterbeteiligung könnte hier inzwischen einen Beitrag zur Unterstützung und Entlastung unserer Sozialsysteme leisten. Bei der Reform unseres Altersversorgungssystems sind allerdings die Möglichkeiten einer zusätzlichen Absicherung durch Mitarbeiterbeteiligungssysteme bisher wenig diskutiert worden.

Dabei hat sicherlich auch eine Rolle gespielt, dass hier bei Mitarbeiterbeteiligungsmodellen noch eine Reihe von ungelösten Problemen bestehen. So könnte eine direkte Mitarbeiterbeteiligung z. B. zu Schwierigkeiten beim Arbeitsplatzwechsel führen und dadurch die gewünschte und notwendige Flexibilität auf unserem Arbeitsmarkt beeinträchtigen.

Inzwischen hat sich in Deutschland eine Vielzahl von Mitarbeiterbeteiligungsmodellen etabliert, die von unterschiedlicher Ausprägung und Gestaltung sind. Gleichwohl haben alle sozial- und verteilungspolitischen Begründungen insgesamt nicht dazu führen können, dass sich die Mitarbeiterbeteiligung in Deutschland auf breiter Front durchgesetzt hat. Das liegt daran, dass es auf beiden Seiten – bei Arbeitgebern und Arbeitnehmern – nach wie vor große Widerstände und Vorurteile gibt. Aufseiten der Unternehmen hat sich bisher noch nicht herumgesprochen, welche Vorteile eine Mitarbeiterbeteiligung für das Unternehmen und seinen Erfolg am Markt haben kann. Insbesondere bei unseren mittelständischen Unternehmen dominiert gelegentlich eine „Herr im Haus"-Mentalität und es besteht geringe Bereitschaft, wichtige Entscheidungskompetenzen mit den Beschäftigten zu teilen.

Aber auch aufseiten der Beschäftigten gibt es wenig Bereitschaft, für die Bildung von Mitarbeiterbeteiligung auf Teile des Einkommens und damit auf Konsum zu verzichten und ein doppeltes Risiko – Verlust des Arbeitsplatzes und der Beteiligung im Konkursfall – einzugehen.

Neuer Schwung in der Diskussion um die Mitarbeiterbeteiligung ist durch eine breite Diskussion um aktuelle unternehmens- und wirtschaftspolitische Vorteile von Mitarbeiterbeteiligungen im Zuge der fortschreitenden Globalisierung und durch den beschleunigten Strukturwandel unserer Wirtschaft zu erwarten. Die fortschreitende Globalisierung, der auch zunehmend unsere mittelständischen Unternehmen ausgesetzt sind, könnte dazu führen, Mitarbeiterbeteiligungen in Deutschland weiter auszubauen, um nicht im weltweiten Wettbewerb mit Ländern, die uns hier teilweise weit voraus sind, ins Hintertreffen zu gelangen. In unserer wissensbasierten Wirtschaft sind hoch qualifizierte und hochmotivierte Arbeitskräfte ein entscheidender Produktionsfaktor.

Von ihrer Leistungsfähigkeit und von ihrem Engagement hängt es ab, ob unsere Unternehmen im globalen Wettbewerb bestehen, ob Arbeitsplätze erhalten und Wohlstand und soziale Stabilität am Standort Deutschland dauerhaft gewährleistet werden können. Hochqualifizierte und hochmotivierte Arbeitnehmer zu gewinnen und dauerhaft an die Unternehmen zu binden, könnte wirkungsvoll durch Modelle der Mitarbeiterbeteiligung gelingen. Insoweit ist sich auch die EU-Kommission der wirtschaftspolitischen Bedeutung von Mitarbeiterbeteiligungen für den EU-Binnenmarkt bewusst. In den vom ECOFIN-Rat am 19. Juni 2000 verabschiedeten Grundzügen der Wirtschaftspolitik 2000 wurde die Notwendigkeit zügiger Maßnahmen zur Förderung von Mitarbeiterbeteiligungen betont. Danach tragen Beteiligungssysteme zu den Strukturreformen bei, mit denen das Wachstums- und Beschäftigungspotenzial und der soziale Zusammenhang in der Gemeinschaft gestärkt werden sollen. Durch die individuelle Beteiligung der Arbeitnehmer am Produktionsvermögen „ihres“ Unternehmens lassen sich dennoch eine Reihe von unternehmenspolitischen Zielsetzungen erreichen, die letztlich zur Sicherung der wirtschaftlichen Existenz des Unternehmens und zur Verbesserung seiner Effizienz beitragen.

Welche Auswirkungen ergeben sich durch eine individuelle Mitarbeiterbeteiligung in den Unternehmen? Können sie im Ergebnis zu einer Produktivitätssteigerung beitragen?

Zunächst erhöht die Beteiligung das Verständnis der Mitarbeiter für wirtschaftliche Zusammenhänge von Investitionen, Eigenkapitalausstattung, Wachstum und künftiger Lohnentwicklung. Durch eine engere Verbundenheit der Arbeitnehmer zum arbeitgebenden Unternehmen wird die Bereitschaft verbessert, Neugestaltungen von Arbeitsabläufen und Flexibilisierung von Arbeitszeiten mitzugestalten und zu akzeptieren und durch diese Einsicht auch eine unternehmerische Verantwortung für den Erhalt ihrer Arbeitsplätze und die Schaffung neuer Arbeitsplätze erzeugt.

Die Motivation wird gesteigert und mehr Leistungsbereitschaft sowie Kosten- und Qualitätsbewusstsein gefördert. Insgesamt erhöhen sich dadurch die Produktivität und Wettbewerbsfähigkeit des Unternehmens und Arbeitsplätze werden gesichert. Darüber hinaus könnten auch das äußere Erscheinungsbild des Unternehmens positiv beeinflusst und das Vertrauen der Kunden und Lieferanten in die Leistungsfähigkeit des Unternehmens, insbesondere in seine soziale Kompetenz, gestärkt werden.

Durch die Übertragung von Beteiligungswerten an die Mitarbeiter können die Liquidität und die Finanzierungsmöglichkeiten des Unternehmens auf eine breitere Basis gestellt werden. Kurzfristig kann durch diesen Kapitalzufluss Fremdkapital durch günstigeres Beteiligungskapital ersetzt werden, sodass sich langfristig die Eigenkapitalausstattung der Unternehmen, ihre Kapitalstruktur und damit ihre Ratingposition verbessern. Diese Möglichkeiten sollten insbesondere von den mittelständischen Unternehmen genutzt werden, deren Eigenkapitalausstattung im internationalen Vergleich niedrig ist und deren Finanzierungsmöglichkeiten sich als Folge der neuen Eigenkapitalvorschriften nach Basel II zu verschlechtern drohen, was die Bundesregierung aber zu verhindern sucht.

Durch eine stärkere finanzielle und damit auch persönliche Bindung an das Unternehmen kann die Fluktuation der Mitarbeiter verringert werden. Dadurch wird sich auch die Attraktivität des Unternehmens auf dem Arbeitsmarkt erhöhen und seine Stellung bei der Nachfrage nach hoch qualifizierten Arbeitskräften gestärkt werden.

Auch zur Lösung von Nachfolgeproblemen in kleinen und mittleren Familienunternehmen können Modelle der Mitarbeiterbeteiligung beitragen. Durch Zusammenfassung der Anteile in eine Mitarbeiterbeteiligungsgesellschaft können Teile der bis hin zur gesamten Belegschaft diese Betriebe übernehmen. Damit wäre dem Wunsch des Eigentümers nach kompetenter Nachfolgeregelung, die ein Weiterbestehen des Betriebes sichern kann, Rechnung getragen und die Beschäftigten würden für ihren Einsatz für das Unternehmen belohnt.

Betriebliche Modelle der Mitarbeiterbeteiligung lassen sich aber insbesondere dazu nutzen, Löhne und Gehälter flexibler zu gestalten. Durch eine Kombination von Fixlohn und Beteiligungslohn kann ein Unternehmen besser auf unterschiedliche Konjunkturzyklen oder Auftragssituationen reagieren, ohne wie bei starrer Entlohnung bei schlechter Auftragslage mit Entlassungen reagieren zu müssen. Vorteile ergeben sich hier nicht nur für den einzelnen Beschäftigten durch Sicherung seines Arbeitsplatzes, sondern auch für die Gesamtbeschäftigung und damit für den Arbeitsmarkt.

Eine breite Mitarbeiterbeteiligung lässt sich aber weder staatlich verordnen noch durch steuerliche oder sonstige staatliche Anreize durchsetzen. Individuelle Modelle der Mitarbeiterbeteiligung werden nur realisiert werden, wenn beide Seiten – Arbeitgeber und Arbeitnehmer – derartige Lösungen entwickeln und durchsetzen wollen. Das setzt einmal voraus, dass sie von den Vorteilen einer Mitarbeiterbeteiligung überzeugt sind.

Aber Voraussetzung zum anderen ist auch, dass für die einzelnen Unternehmen und ihre Erfordernisse maßgeschneiderte Modelle entwickelt werden. Der Anlass zu mehr individueller Mitarbeiterbeteiligung könnte dabei von dem beschleunigten Strukturwandel unserer Volkswirtschaft und einer Vielzahl von Neugründungen ausgehen. Gerade in den neu gegründeten, schnell wachsenden Unternehmen werden die Vorteile einer Mitarbeiterbeteiligung z. B. bei der Finanzierung und der Gewinnung von hoch qualifizierten Arbeitnehmern, besonders deutlich. Darüber hinaus ist hier kein vorhandenes Produktionsvermögen neu zu verteilen, sondern es gilt neues Produktionsvermögen gemeinsam zu schaffen und zu erarbeiten.

Die Mitarbeiterbeteiligung ist Kern einer modernen und zukunftsfähigen Unternehmenskultur. Ich bin zuversichtlich, dass Modelle der Mitarbeiterbeteiligung in Deutschland auf zunehmendes Interesse stoßen werden. Dadurch könnte nicht nur unsere internationale Wettbewerbsfähigkeit und unsere Beschäftigungssituation verbessert werden. Der Ausbau der Mitarbeiterbeteiligung wäre zugleich ein wichtiger Beitrag zur Weiterentwicklung unserer sozialen Marktwirtschaft.

Mitarbeiterbeteiligungs-Politik

Der Investivlohn: Schlüssel zur Partnerschaft

Hermann-Josef Arentz

„Investive Lohnkomponenten auf tarifvertraglicher Basis sind wichtiger Bestandteil einer beschäftigungs- und investitionsfördernden Tarifpolitik. Zwar können nur die Tarifparteien Investivlöhne vereinbaren, aber der Staat muss sie rechtlich ermöglichen, finanziell fördern und den Anlegerschutz sicherstellen. Der Investivlohn ist bei einer langfristig zurückhaltenden Barlohnpolitik ein Gebot der Gerechtigkeit und der ökonomischen Vernunft." Diese Aussage stammt aus dem 30-Punkte-Programm, das die Christlich-Demokratische Arbeitnehmerschaft (CDA) 1997 auf ihrer Magdeburger Bundestagung verabschiedet hat.

Die Forderung nach einer ergänzenden Kapitalpartnerschaft zwischen Unternehmern und Arbeitnehmern ist ein Kernbestandteil der christlichen Soziallehre, sie ist aber auch ordoliberales Gedankengut. AGP und CDA sind in dieser Frage seit vielen Jahrzehnten auf dem gleichen Weg. Doch noch früher, im 19. Jahrhundert, finden sich die ersten Visionäre, die eine Beteiligung der Arbeitnehmer am Wirtschaftskapital aus christlich-sozialem Geist heraus forderten. Erstmals wurde die Kapitalbeteiligung der Arbeitnehmer 1837 in der „Fabrikrede" von Franz-Joseph Buß, dem damaligen bildungspolitischen Sprecher des „Katholischen Klubs" im Badischen Landtag angesprochen. Später waren es der Mainzer Arbeiterbischof von Ketteler und Adolph Kolping, die dafür eintraten, dass Arbeitnehmer zu Mitunternehmern werden. Im 20. Jahrhundert war es die ordoliberale „Freiburger Schule" um Alfred Müller-Armack und Ludwig Erhard, die sich für eine Gesellschaft der „Teilhaber" vehement aussprachen.

Es ist ein alter Traum der Christlich-Sozialen, durch die Beteiligung der Arbeitnehmer am Produktivvermögen den Konflikt zwischen Arbeit und Kapital zu überwinden. Es gab einige politische Erfolge mit dem großen Lastenausgleich, dem Wohnungsbaugesetz, der Sozialprivatisierung großer Unternehmen und dem 312-Mark-Gesetz Anfang der Sechzigerjahre. Der endgültige Durchbruch jedoch blieb aus. Ein neuer Anfang war das in der Endphase der Kohl-Regierung durch den gemeinsamen Druck der christlich-sozialen Verbände verabschiedete neue Vermögensbeteiligungsgesetz. Es klärte die rechtlichen Voraussetzungen für den tariflichen Investivlohn, förderte seit seinem In-Kraft-Treten 1999 neben dem Bausparen von jährlich 936 DM als zweite Säule das Produktivsparen bis zu 800 DM und verbesserte die Einkommensgrenzen für den Erhalt der Sparförderung erheblich.

Doch wo bleibt die Tarifpolitik? Für sie schien der Zeitpunkt nie günstig. Zunächst waren es kräftige Lohnerhöhungen, die wichtiger waren, später kamen Zeitrunden, die tariflich dominierten, und in Zeiten geringer Lohnerhöhungen gab es zu wenig Spielraum für investive Lohnvereinbarungen. „Barlohn statt Sparlohn", diese Aussage stand einem wirklichen Durchbruch der Vermögensbeteiligung im Weg. Selbst bei vielen Arbeitgebern gab es Vorbehalte, ob durch Arbeitnehmer als Anteilseigner unternehmerische Freiheiten allmählich reduziert würden.

Dabei zeigte das Scheitern des Sozialismus in Mittel- und Osteuropa eindrucksvoll: Gehört allen alles, so hat niemand mehr Verantwortung für das, was geschieht. Es entsteht eine Gesellschaft mit beschränkter Haftung. Gegen Funktionärswirtschaft auf der einen Seite und Kapitalkonzentration auf der anderen Seite formulierte der frühere christdemokratische Ministerpräsident und CDA-Mitbegründer, Karl Arnold, die Zielmarke einer Politik der Sozialen Marktwirtschaft: „Eigentum für jeden." Unmittelbar nach der Einigung Deutschlands bot sich 1990 eine zweite Chance, in den neuen Bundesländern die Vermögensbeteiligung flächendeckend durchzusetzen. Doch die großen Umbau- und Privatisierungsprojekte wurden zwar unter erheblicher Beteiligung von Steuermitteln für Investitionshilfen finanziert, eine breite Vermögensbildung für alle blieb aus. Der damalige Bundeskanzler Helmut Kohl bot im Rahmen des ersten Solidarpaktes ein Investivlohngesetz an, der DGB lehnte ab.

Steter Tropfen höhlt den Stein. So zeichnet sich heute ein Klimawandel für die Vermögensbeteiligung bei Gewerkschaften und Arbeitgeberverbände ab. Die Rentenproblematik auf der einen Seite, aber auch Fragen der Globalisierung und der Schutz vor feindlichen Übernahmen durch Mitarbeiterbeteiligung auf der anderen Seite zeigen die neuen Herausforderungen einer Kapitalpartnerschaft. Die Zeit ist reif für den Investivlohn.

Eine Umfrage christlich-sozialer Verbände im Rahmen ihrer Kampagne „Investivlohn – Jetzt" von 1997 zeigt das erhebliche Interesse der Arbeitnehmer an diesem Thema. Von 1.500 Befragten sprachen sich 82 Prozent dafür aus, einen Teil künftiger Lohnerhöhungen als Investivlohn zu vereinbaren. Der von ihnen eingeräumte investive Lohnanteil lag bei durchschnittlich 0,8 Prozent. Dies würde, hochgerechnet auf die Bruttolohnsumme in Deutschland, immerhin einen jährlichen Sparbeitrag von fast 20 Mrd. DM ergeben. 52 Prozent derjenigen, die Investivlohnvereinbarungen befürworteten, wünschten eine betriebliche Beteiligung; 48 Prozent sprachen sich für eine außerbetriebliche Beteiligung aus. Ein Drittel der Arbeitnehmer sahen die Vermögensbeteiligung als langfristige Anlage zur Ergänzung ihrer Alterssicherung.

Wie dringlich eine vermögenspolitische Offensive ist, zeigen die westdeutschen Zahlen der Vermögensverteilung. So besitzen zehn Prozent der privaten Haushalte mehr als die Hälfte, drei Billionen, aller Vermögenswerte. Auf 65 Prozent der privaten Haushalte verteilt sich ein Zehntel der Vermögenssumme, eine halbe Billion DM.

Die Hälfte aller westdeutschen Privathaushalte hat überhaupt kein Grundvermögen. Diese Kapitalkonzentration wird sich durch Erbschaften weiter verschärfen. 2002 werden über 100 Mrd. Euro weitervererbt. In der Regel profitieren hiervon die vermögenden Privathaushalte.

Eine offensive Vermögenspolitik der Tarifpartner ebnet Wege aus der lohnpolitischen Sackgasse, bietet Flexibilisierungschancen und ergänzt die sozialen Sicherungssysteme. Die persönlichen Bedürfnisse des Arbeitnehmers können stärker mit den betrieblichen Erfordernissen des Unternehmens kombiniert werden. So könnte mit dem Investivlohn auch ein weiteres

Erziehungsjahr oder längere Zeiten der Weiterbildung finanziert werden. Denkbar ist ebenso der gleitende Ausstieg aus dem Erwerbsleben. Am Ende würden alle profitieren: die Arbeitnehmer, die Unternehmen und auch die Arbeitslosen, weil der Investivlohn mehrjährige moderate Lohnrunden abfedert und so die Beschäftigungshürde in vielen Betrieben senkt.

Nicht zuletzt durch das vorbildliche Wirken der AGP haben viele Unternehmer erkannt, dass die Beteiligung der Mitarbeiter am Unternehmensgewinn oder am Unternehmenskapital die Wettbewerbsfähigkeit stärkt und Konflikte reduziert. Hinzu kommt, dass die oft beklagte schwache Eigenkapitalausstattung kleiner und mittlerer Betriebe durch dieses Arbeitnehmerkapital verbessert würde. Hier würden Kapitalinteresse mit Arbeitsplatzinteressen verbindend gelöst. Hinzu kommt eine stärkere Identifikation des Beschäftigten mit „seinem Unternehmen."

„Eigentum für jeden" ist auch die beste Garantie, um die Akzeptanz der Sozialen Marktwirtschaft in Ost- und Westdeutschland zu stärken. Im Sinne von Karl Arnold steigt durch persönliches Eigentum für viele die „soziale Verteidigungsbereitschaft" für unsere Wirtschafts- und Gesellschaftsordnung. Die AGP belegt in einer Studie ferner: „Firmen mit Mitarbeiterbeteiligung sind produktiver als Firmen ohne solche Modelle." Die befragten Unternehmen, die ihre Mitarbeiter am Gewinn beteiligen, konnten innerhalb von zwei Jahren einen durchschnittlichen Produktivitätszuwachs von 11,3 Prozent verbuchen. Der Krankenstand lag mit 4,5 Prozent einen Prozentpunkt unter dem bundesdeutschen Durchschnitt. Dies zeigt: Sozialer Fortschritt und wirtschaftliche Leistungsfähigkeit sind zwei Seiten der gleichen Medaille.

„Die Bildung von Produktiveigentum in Arbeitnehmerhand ist eine soziale Notwendigkeit." So steht es im Grundsatzprogramm der CDU. Es stimmt: Eine Gesellschaft, in der immer weniger Menschen immer mehr Vermögen ansammeln, während große Teile der Bevölkerung leer ausgehen, droht ihren inneren Zusammenhalt zu verlieren. Hier ist soziale Ordnungspolitik gefordert. Soziale Marktwirtschaft lebt von Wettbewerb und Machtverteilung. Sie hat erfolgreich den Klassenkampf überwunden und die Sozialpartnerschaft entwickelt. Im Zeitalter der Globalisierung ist die Kapitalpartnerschaft der Weg in eine bessere und gemeinsame Zukunft.

Es gilt auch heute das, was Karl Arnold 1951 auf dem Bundesparteitag der CDU in Karlsruhe sagte: „Die Menschen werden nur das als verteidigungswert und verteidigungswürdig empfinden, was ihnen Mitsprache und auch materielle Teilhabe an den Erträgen des Wirtschaftens ermöglicht."

Perspektiven einer neuen Vermögenspolitik: Die Integration von Human- und Kapitalvermögensbildung

Wilga Föste/Hans Peter Haarland/Peter Janßen

1. Flexibilisierung, Sicherheit und Vermögen

Im Zeitalter der Globalisierung gilt die Flexibilisierung des Arbeitsmarktes als eine notwendige Voraussetzung für den Erhalt der internationalen Wettbewerbsfähigkeit. Flexibilisierung erfordert ihrerseits ein ausreichendes Maß an Sicherheit, wie eine in diesem Jahre unter dem Titel „Flexibilität und Sicherheit am Arbeitsmarkt" veröffentlichte Studie des Kölner Forschungsinstituts für Ordnungspolitik gezeigt hat (vgl. Föste et al., 2001). Die traditionellen Systeme der sozialen Sicherheit sind jedoch offensichtlich mit flexibleren Arbeitsmarktstrukturen überfordert, sodass innovative, den Veränderungen des Erwerbslebens entsprechende Formen gesucht werden müssen (vgl. Föste et al., 2001, S. 28). An Bedeutung gewinnt in diesem Zusammenhang die individuelle Schaffung von Sicherheit, die durch entsprechende institutionalisierte Angebote flankiert werden muss. Private Vermögensbildung ist dabei der Schlüssel zu einer individualisierten Sicherheit und muss im Rahmen einer neuen Vermögenspolitik gefordert und gefördert werden.

2. Humanvermögensbildung als Thema der Zukunft

Privates Vermögen entsteht grundsätzlich nicht durch Konsum, sondern durch individuelle Investitionen. Die traditionelle Vermögenspolitik konzentriert sich bislang weitgehend auf die private Bildung von Geld- und Kapitalvermögen. Der dabei implizit verwendete Vermögensbegriff ist unter den Bedingungen von Wettbewerbsglobalisierung und der damit einhergehenden Arbeitsmarktflexibilisierung jedoch grundsätzlich zu eng gefasst. In der zukünftigen Wissensgesellschaft wird die Notwendigkeit lebenslangen Lernens zur Erhaltung eines wettbewerbsfähigen Qualifikationsprofils integraler Bestandteil der individuellen Sicherheit sein. Investitionen in das eigene Humanvermögen sind notwendig. Der Vermögensbegriff ist daher um das Humanvermögen zu erweitern, das in die Vermögenspolitik einbezogen werden muss. Bereits Adam Smith versteht Vermögen als Vorschüsse, die als *Geld, Güter* oder *Fähigkeiten* vor Produktionsbeginn angesammelt werden und die Voraussetzung des wirtschaftlichen Handelns bilden (vgl. Smith, 1993, S. 230 ff. sowie Krüsselberg, 1997, S. 48).

Humanvermögen bildet die Gesamtheit aller Fähigkeiten einer Person, die sie dazu in die Lage versetzen, ihr Leben in der Gesellschaft zu gestalten (vgl. Schultz, 1972, S. 9 sowie Boettcher, 1986, S. IX). In Abgrenzung zum Humankapital ist es subjekt- und nicht objektbezogen: Das Humankapital wird gängigerweise als funktionale Bestandsgröße verstanden, während das Humanvermögen personenbezogen ist und einen Gewinn für den Akteur darstellt. Humanvermögen setzt sich dabei aus dem Arbeitsvermögen und dem Vitalvermögen zusammen. Arbeitsvermögen umschreibt die Fähigkeit, sich aufgrund der eigenen Fachkompetenz im Berufsleben zu behaupten. Vitalvermögen kann als „Daseinskompetenz" beschrieben werden und beinhaltet die in sozialen Prozessen erworbenen Schlüsselqualifikationen (vgl. Krüsselberg, 1997, S. 218 f.). Das zentrale Ergebnis einer verstärkten Humanvermögensbildung auf individueller Ebene ist eine erhöhte Flexibilisierungsfähigkeit des Einzelnen. Durch eine verbesserte Qualifikationsstruktur können die Arbeitnehmer schneller und selbstständiger auf veränderte Anforderungen des Arbeitsmarktes reagieren.

3. Die Integration von Human- und Kapitalvermögensbildung als Kern einer neuen Vermögenspolitik

Für die individuelle Schaffung von Sicherheit sind Investitionen in das eigene Humanvermögen mindestens ebenso wichtig wie die Bildung von Kapitalvermögen. Humanvermögen bildet letztlich sogar die Grundlage für die Kapitalvermögensbildung: Investitionen in die eigenen Fähigkeiten erhöhen die Arbeitsmarkt- und Einkommenschancen des Einzelnen und können darüber hinaus zur Schaffung neuer Arbeitsplätze beitragen, da verbesserte Qualifikationsstrukturen die Produktivität in den Unternehmen erhöhen. Humanvermögenszuwächse steigern die Flexibilisierungsfähigkeit, die interne Mobilität, die Selbstständigkeit und die Eigenverantwortlichkeit der Mitarbeiter. Arbeitnehmer profitieren von der Humanvermögensbildung durch den Erhalt und den Ausbau eigener Fertigkeiten und eigenen Wissens. Aus der Humanvermögensbildung können so vermehrte Karrieremöglichkeiten resultieren. Anspruchsvollere Aufgaben steigern wiederum die Arbeitszufriedenheit und damit die Arbeitsmotivation. Insgesamt kann der Einzelne durch ein zunehmendes Humanvermögen ein höheres Maß an Selbstsicherheit und sozialer Kompetenz gewinnen. Dies vergrößert seine beruflichen Chancen und infolgedessen die Möglichkeiten zum Auf- und Ausbau von Kapitalvermögen.

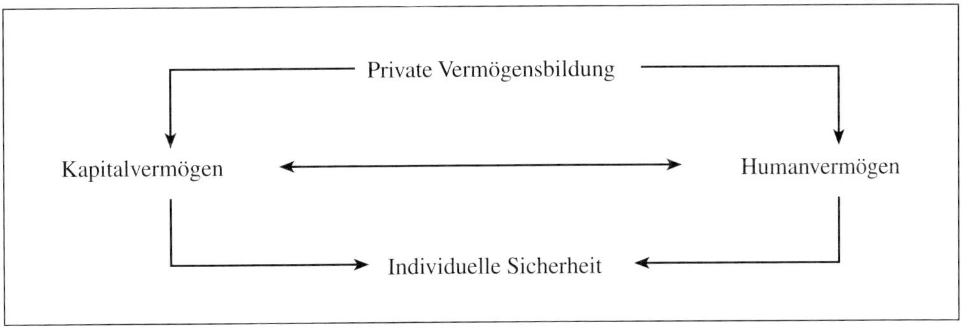

Abbildung 1: Die Ebenen einer neuen Vermögenspolitik
Quelle: FiO 2001, S. 2.

Angesichts der zunehmenden Bedeutung des Humanvermögens unter den Bedingungen der Wettbewerbsglobalisierung ist eine Integration von Human- und Kapitalvermögensbildung in der Vermögenspolitik notwendig. Es sind Perspektiven einer neuen Vermögenspolitik aufzuzeigen, bei der die Bildung von Kapitalvermögen mit der Bildung von Humanvermögen verknüpft wird (Abbildung 1). Die integrierte Human- und Kapitalvermögensbildung ist in Zukunft die notwendige Voraussetzung zur Gewährleistung individueller Sicherheit in einer flexiblen Arbeitswelt. Grundgedanke ist dabei, dass die im internationalen Wettbewerb erforderliche Flexibilität und ein ausreichendes Maß an Sicherheit miteinander verbunden werden (vgl. Föste et al., 2001, S. 143 ff.). Die Entwicklung einer solchen integrierten Vermögenspolitik wirft eine Vielzahl von Fragen auf. Daher ist zunächst eine Differenzierung der Elemente und der Optimierungskriterien der Vermögensbildung erforderlich, bevor integrative und damit innovative Vermögensbildungsmodelle entwickelt werden können.

4. Risikoorientierte Optimierung des Human- und Kapitalvermögens in einem individuellen Vermögensportfolio

Die Integration von Human- und Kapitalvermögensbildung könnte in ein risikoabhängig optimiertes Vermögensportfolio münden. Langfristiges Ziel eines individuellen Vermögensportfolios ist die Maximierung der zukünftigen Erträge aus Geld- und Kapitalanteilen.

Dazu sind die einzelnen Komponenten des Human- und Kapitalvermögens unter Berücksichtigung der individuellen Risikopräferenzen zu optimieren. Die Optimierung erfolgt also in Abhängigkeit von der Risikobereitschaft bzw. dem Sicherheitsbedürfnis des Einzelnen. Zu unterscheiden ist zwischen

- Modulen mit höherem Risiko bei größeren Ertragserwartungen und
- Modulen mit höherer Sicherheit bei niedrigeren Ertragserwartungen.

Die Humanvermögensbildung ist grundsätzlich mit relativ hohem Risiko verbunden, da zunächst unsicher ist, ob Investitionen in das Humanvermögen langfristig zu Vorteilen für den Einzelnen führen. Offen bleibt insbesondere, ob in der Zukunft tatsächlich ein höheres Einkommen realisiert werden kann. Durch die Kombination verschiedener Module können individuell angepasste Vermögensbaupläne erstellt werden, die in unterschiedlichem Maße risikoorientiert sind. Die Risikoneigung kann sich dabei lebensphasenspezifisch ändern (z. B. sinkende Risikobereitschaft mit steigendem Lebensalter). Außerdem treten gruppenspezifische Unterschiede bei der Gestaltung der individuellen Vermögensportfolios auf: So sind die Bedürfnisse und Fähigkeiten bei der Bildung von Vermögen bei Arbeitslosen ganz anders gelagert als bei älteren Arbeitnehmern oder bei Berufseinsteigern. Die Aufteilung der Bestandteile des Vermögensportfolios ist entsprechend anzupassen. Aktuell werden in diesem Zusammenhang z. B. Wahltarife in der Arbeitslosenversicherung mit nach Leistung gestaffelten Beiträgen diskutiert.

5. Möglichkeiten der Integration von Human- und Kapitalvermögensbildung auf der betrieblichen Ebene

Auf der betrieblichen Ebene bestehen bereits zahlreiche Möglichkeiten der Förderung einer integrierten Human- und Kapitalvermögensbildung. Dabei sind zwei Ansätze zu unterscheiden, aus denen sich eine Vielzahl verschiedener Varianten für unterschiedliche Unternehmensformen und -größen ableiten lässt: Die Kapitalvermögensbildung kann als Anreiz für eine verstärkte Humanvermögensbildung oder aber die Humanvermögensbildung als Anreiz für eine verstärkte Kapitalvermögensbildung genutzt werden.

Die Integration bedeutet konkret, dass insbesondere Modelle der Mitarbeiterkapitalbeteiligung und Weiterbildungsstrategien miteinander verbunden werden. Jede Variante der integrierten Human- und Kapitalvermögensbildung bedient sich unterschiedlicher Bausteine der Human- und Kapitalvermögensbildung. Beide Strategien führen zum Aufbau eines privaten Vermögens, insbesondere zu einer Erhöhung des Humanvermögens.

Ein positives Beispiel für die Integration von Human- und Kapitalvermögensbildung ist das VW-Modell, bei dem die Qualifikation integraler Bestandteil der Entlohnung ist und der Arbeitnehmer einen Eigenanteil in Form von unbezahlter Freizeit für die Qualifikation investieren muss (vgl. o. V. 2001, S. 8).

- *Kapitalvermögensbildung als Anreiz für Humanvermögensbildung:* Als Anreiz für die Bereitschaft der Arbeitnehmer, sich während der Freizeit weiterzubilden und so die Qualifikationsstruktur im Unternehmen zu verbessern, gewährt das Unternehmen eine Mitarbeiterkapitalbeteiligung. Die von den Arbeitnehmern in unternehmensbezogene Weiterbildung investierte Freizeit wird so mit investiven Lohnbestandteilen abgegolten. Für die Modellvarianten des Typs I stehen verschiedene Formen der Kapitalbeteiligung zur Auswahl. Zu nennen sind z. B. die mit allen Rechten und Pflichten des Anteilseigners einhergehende direkte Beteiligung des Arbeitnehmers, Arbeitnehmerdarlehen an das Unternehmen, Genussrechte mit einem Anspruch auf Gewinnbeteiligung und die stille Gesellschaft ohne Mitwirkungs- und Kontrollrechte. Denkbar ist z. B. die Verwendung eines vorher definierten Gewinnanteils (Gewinnspitze) als jährliche Kapitalanlage. Diese Mittel können auch in innovative Kapitalanlageformen der betrieblichen oder außerbetrieblichen Altersvorsorge fließen. Insbesondere für kleine und mittelständische Unternehmen sind Beteiligungsmodelle zu entwickeln, die a) der jeweiligen Rechtsform bzw. den Eigentumsverhältnissen entsprechen (z. B. Beteiligung am Stammkapital bei der GmbH, als Aktionäre bei der Aktiengesellschaft oder als stiller Gesellschafter bei der Handelsgesellschaft) und die b) in Bezug auf die Belastung mit Steuern und Sozialabgaben zu optimieren sind (z. B. durch pauschale Besteuerung, aufgeschobene Vergütung oder Entgeltumwandlung nach dem Betriebsrentengesetz).
- *Humanvermögensbildung als Anreiz für Kapitalvermögensbildung:* Als Anreiz für die Bereitschaft der Arbeitnehmer, risikoabhängige Investivlohnkomponenten zu akzeptieren

und mit einem partiellen Verzicht auf feste Lohnbestandteile dem Unternehmen eine flexiblere Lohngestaltung zu ermöglichen, richten die Unternehmen Weiterbildungskonten ein. Auf diesen wird der in Weiterbildungseinheiten verrechnete Lohnverzicht gutgeschrieben. Je risikoorientierter der Einzelne sein Einkommen gestaltet, desto mehr Weiterbildungsguthaben stellt ihm das Unternehmen zur Verfügung. Darüber hinaus kann der Arbeitnehmer erzielte Gewinnanteile nach freiem Ermessen ganz oder zu einem Teil seinem Weiterbildungskonto gutschreiben. Weiterbildungsguthaben können von den Arbeitnehmern eigenverantwortlich in die eigene Qualifikation investiert werden. Weiterbildung wird damit zur selbstständigen Entscheidungsoption des Arbeitnehmers, wodurch deren Effizienz steigt. Damit wird dem Arbeitnehmer die Möglichkeit eröffnet, durch individuelle Qualifizierung zusätzliche Karriere- und Einkommenschancen in der Zukunft zu erwerben. Für kleine und mittelständische Unternehmen besteht die Möglichkeit, durch Qualifizierungsnetzwerke einen zwischenbetrieblichen Transfer von Weiterbildungsleistungen zu organisieren.

6. Ziel einer neuen Vermögenspolitik: Die Schaffung einer Qualifikationskultur

Über die betriebliche Ebene hinaus muss es langfristiges Ziel einer neuen Vermögenspolitik sein, eine Wissens- und Qualifikationskultur zu schaffen. Hier müssen ordnungspolitisch neue Anreize geschaffen werden.

Allen voran ist die gesamtgesellschaftliche Akzeptanz von Qualifizierung zu erhöhen. So müssen Arbeitgeber und Kollegen Qualifikationsbedürfnisse und Qualifikationszeiten akzeptieren, anerkennen und fördern. Diese Qualifikationskultur ist in Ansätzen bereits vorhanden, jedoch überwiegend bei Hochqualifizierten. Voraussetzung ist zunächst, dass die Beteiligten im System benannt werden und ihre Rollen zugewiesen bekommen: Die Arbeitnehmer als qualifikationsorientierte „Mikrounternehmer“, die Unternehmen als flexibilitätsorientierte und Freiräume schaffender Partner sowie der Staat als anreizorientierter Rahmensetzer. Aufwand und Ertrag der Humanvermögensbildung ist unter allen Beteiligten zu verteilen. Grundsätzlich muss im Rahmen einer neuen Vermögenspolitik die Eigenverantwortung mündiger Bürger bei der Bildung von Humanvermögen im Mittelpunkt stehen.

7. Kriterien für eine neue Vermögenspolitik: Humanvermögensbildung als eigenverantwortliche Investition in die Zukunft

Leitidee einer neuen Vermögenspolitik ist, neben der Kapitalvermögensbildung auch die Humanvermögensbildung zu individualisieren. Nur so kann sie flexibleren Arbeitsmarktstrukturen entsprechen. Der Arbeitnehmer muss als „Mikrounternehmer" seine Humanvermögensbildung in Zukunft in größerem Umfang individuell organisieren. Bei der Humanvermögensbildung sind darüber hinaus Vorleistungen zu erbringen. Der Einzelne muss sowohl Zeit als auch Geld investieren, um sein Humanvermögen zu erhöhen und so marktfähig zu bleiben. Damit stellt die Humanvermögensbildung eine vergleichsweise umfangreiche Investition dar, die jedoch langfristig hohe Erträge verspricht. Für den Einzelnen ergeben sich damit große Chancen. Im Gegenzug muss ein Eigenanteil investiert werden, so z. B. in Form von Lohnverzicht oder Verzicht auf Freizeit. Grundsätzlich gilt: Je höher der eingebrachte Eigenanteil ist, desto größer muss der potenzielle Vorteil sein, der daraus erwachsen kann.

Die individuellen Vermögensportfolios sind dabei so zu optimieren, dass Win-Win-Situationen entstehen, dass also alle Beteiligten profitieren: Die Arbeitnehmer in Form höherer Vermögensbildungschancen und damit größerer individueller Sicherheit, die Unternehmen in Form von Flexibilität und Produktivität sowie der Staat in Form einer Entlastung bei den sozialen Ausgaben, die letztlich zu einer Senkung der Lohnnebenkosten führt, die wiederum Arbeitnehmern und Unternehmen zugute kommt. Für die Unternehmen ergibt sich eine höhere Produktivität durch die bessere Qualifikationsstruktur der Mitarbeiter, die flexibler und eigenverantwortlicher handeln. Zugleich resultiert eine Kostenreduktion auf der Ebene der betrieblichen Weiterbildung, da die Kosten für die Qualifizierung stärker individualisiert werden. Im Gegenzug müssen die Unternehmen einen Verlust an Bindungskräften in Kauf nehmen, da durch die erhöhte Flexibilisierungsfähigkeit die Arbeitnehmer von einzelnen Unternehmen unabhängiger werden und die externe Mobilität der Mitarbeiter – d. h. die Bereitschaft zum Wechsel des Arbeitgebers – zunimmt. Für den Staat ergeben sich positive externe Effekte durch eine langfristige Entlastung bei sozialen Transferzahlungen.

Grundlegend für eine integrierte Vermögenspolitik sind konkrete ordnungspolitische Strukturmerkmale: Auf allen Ebenen der Vermögensbildung müssen Effizienzkriterien im Vordergrund stehen und das Prinzip des marktwirtschaftlichen Wettbewerbs ist zu verankern. Von zentraler Bedeutung aber ist es, dem Einzelnen die Notwendigkeit einer individualisierten Humanvermögensbildung sowie die Vorteile seiner eigenen Qualifizierung zu verdeutlichen. Hierfür wird eine Anreizstruktur benötigt, die der Humanvermögensbildung einen Schub verleiht. Ziel muss es daneben sein, entsprechende institutionalisierte Finanzierungsmodelle für die Humanvermögensbildung und für die in diesem Zusammenhang notwendigen eigenverantwortlichen Investitionen zu entwickeln.

8. Integrative Ansätze zur Stärkung der Humanvermögensbildung

Folgende institutionelle Beispiele zur Stärkung der Humanvermögensbildung sind denkbar und könnten entsprechende Anreize setzen:

- *Pensionsfonds mit Qualifizierungskomponente:* Pensionsfonds müssen grundsätzlich privat organisiert sein. Neben verschiedenen Pensionsfonds mit unterschiedlichen Anlageschwerpunkten können auch solche entstehen, die über die reine Kapitalvermögensbildung hinaus zusätzlich die Möglichkeit einräumen, aus dem Fondsvermögen Qualifizierungszeiten für ihre Kunden zu finanzieren.
- *Vermögenswirksame Leistungen als Qualifizierungsleistungen oder -gutscheine:* Vermögenswirksame Leistungen können wahlweise als Geldleistungen oder als Qualifizierungsleistungen ausgezahlt werden. Mit den Qualifizierungsleistungen ist ein höheres individuelles Risiko verbunden, da nicht sicher ist, ob die höhere Qualifikation in Zukunft in Kapitalvermögen transformiert werden kann. Die Qualifizierungsleistungen sind daher steuerlich stärker zu fördern.
- *„Bausparmodell" für Qualifikation:* Nach einer festgelegten Ansparphase kann das angesparte Kapital zuzüglich eines zinsgünstigen Darlehens für die Finanzierung von Qualifizierungszeiten genutzt werden.
- *Private Qualifizierungsversicherung:* Hierbei kann das individuelle Risiko der Veralterung eigener Qualifikationen versichert werden, sodass eine erforderliche Weiterqualifizierung finanziert werden kann. Während einer vertraglich festgelegten Laufzeit (z. B. 20 Jahre) kann der Versicherungsnehmer einen bestimmten Zeitraum (z. B. 12 Monate) entweder am Stück oder in mehreren Abschnitten für individuelle Qualifizierungsmaßnahmen nutzen. Dafür zahlt er über die Laufzeit hinweg monatlich gleich bleibende Beiträge.
- *Risikokapital für Qualifikation:* Staatliche oder private Risikokapitalgeber stellen dem Einzelnen Kapital für die Finanzierung von Qualifizierungszeiten zur Verfügung mit dem Ziel, aufgrund der höheren Qualifikation eine deutliche Einkommensverbesserung zu erreichen. Ein Teil des höheren Einkommens fließt als Qualifizierungsdividende an den Kapitalgeber zurück. Für den Kapitalgeber besteht dabei zwar das Risiko des Totalverlusts des eingebrachten Kapitals. Diesem stehen jedoch entsprechende Renditemöglichkeiten durch jährliche Erträge gegenüber.
- *Private Qualifizierungspools:* Mitglieder einzelner Berufsgruppen können sich auf freiwilliger Basis zu privaten Qualifizierungspools zusammenschließen. Die Mitgliedschaft in einem solchen Pool begründet den Anspruch, aus einem von dem Pool zusammengestellten Angebot für die eigene Entwicklung geeignete Qualifizierungsmodule auszuwählen und eine entsprechende (Teil-)Finanzierung zu erhalten. Die Qualifizierungspools können sich entweder über regelmäßige Mitgliedsbeiträge oder über eine Rückzahlungsverpflichtung nach Ablauf der Qualifizierung finanzieren.

9. Der Staat als ordnungspolitischer Rahmensetzer für die Schaffung einer Qualifikationskultur

Der Staat hat im Rahmen einer neuen Vermögenspolitik die Funktion des ordnungspolitischen Rahmensetzers: Er muss mithilfe geeigneter institutioneller Rahmenbedingungen die individuelle Humanvermögensbildung fordern und fördern und so zur Schaffung einer Qualifikationskultur beitragen. Dabei sind bestimmte übergeordnete Kriterien zu erfüllen. Insbesondere ist der Wettbewerb der Systeme zur Vermögensbildung zu gewährleisten, damit Verzerrungen zwischen Konsum, Kapital- und Humanvermögensbildung minimiert werden. Außerdem ist für Anpassungsspielräume an individuelle Gegebenheiten (Budgets, Risikoneigungen, Lebensplanungen, Fähigkeiten) zu sorgen. Schließlich müssen Transparenz und Planungssicherheit gegeben sein.

So kann ein überbetrieblicher Qualifizierungsmarkt entstehen, der eine optimale Allokation der Ressourcen zur Humanvermögensbildung ermöglicht und so den Erhalt und die Erweiterung der Qualifikation des Einzelnen gewährleistet.

Grundsätzlich ist die Idee der Humanvermögensbildung auf alle Bevölkerungsgruppen auszudehnen und entsprechend gruppenorientiert zu gestalten. So könnte für Arbeitslose der Einstieg in den Arbeitsmarkt erleichtert werden, indem Kombilohnmodelle mit Qualifizierungskomponenten verbunden werden. In eine ähnliche Richtung gehen Vorschläge, den individuellen Verzicht auf umfassende Kündigungsschutzrechte durch Qualifizierungsgarantien zu kompensieren (vgl. BDA 2001, S. 12). Der Trade-off muss sich nicht auf die monetäre Ebene beschränken, sondern kann auch aus einem Tausch zwischen Deregulierung und Qualifizierung bestehen. In der staatlichen Vermögenspolitik müssen die Finanzierungsstrukturen modernisiert werden. Dabei wäre es ordnungspolitisch geboten, die bestehenden Formen der Qualifizierungshilfen, so z. B. Umschulungsmaßnahmen, Meister-Bafög, Studenten-Bafög, Wiedereingliederungshilfen, als Bestandteil einer neuen Vermögenspolitik zu begreifen und zu bündeln.

Literatur

BDA – Bundesvereinigung der Deutschen Arbeitgeberverbände, BDA-pro-job.de – Wir entfesseln den Arbeitsmarkt, Berlin 2001.

Boettcher, E., Vorwort zur deutschen Ausgabe, in: Schultz, Th. W., In Menschen Investieren – Die Ökonomik der Bevölkerungsqualität, Tübingen, 1986, S. VII – XI.

FiO – Forschungsinstitut für Ordnungspolitik (Hrsg.): Grundzüge einer neuen Vermögenspolitik, FiO-Brief 1/01, September 2001.

Föste, W./Haarland, H. J./Janßen, P./Niessen, H.-J.: Flexibilität und Sicherheit am Arbeitsmarkt, Schriftenreihe des Forschungsinstituts für Ordnungspolitik, Frankfurt am Main, New York 2001.

Krüsselberg, H.-G.: Ethik, Vermögen und Familie – Quellen des Wohlstands in einer menschenwürdigen Ordnung, Schriften zu Ordnungsfragen der Wirtschaft, Band 56, Stuttgart, 1997.

o.V.: VW-Tarifmodell – Ein Muster an Flexibilität, in: iwd Nr. 37, Jahrgang 27, 13. September 2001, S. 8.

Schultz, Th. W.: Human Capital – Policy Issues and Research Opportunities, in: National Bureau of Economic Research, Human Resorces, Fiftieth Anniversary Colloquium, VI, New York, 1972, S. 1-73.

Smith, A.: Der Wohlstand der Nationen – Eine Untersuchung seiner Natur und seiner Ursachen, vollständige Ausgabe nach der 5. Aufl., London 1789, 6. Aufl., München, 1993.

Wie viel „sozial“ verträgt die Marktwirtschaft? Marktwirtschaft und Sozialwirtschaft bilden (noch) keine Einheit

Michael Jungblut

Hat sich Ludwig Erhards Traum erfüllt, in der Bundesrepublik Deutschland eine Soziale Marktwirtschaft zu schaffen, oder wurden seine Absichten gründlich missverstanden? Seit den Fünfzigerjahren wurde zunächst im Westen und seit 1990 auch im Osten Deutschlands eine marktwirtschaftliche Ordnung aufgebaut. Wir geben gleichzeitig ein gutes Drittel des dank dieser höchst effizienten Wirtschaftsordnung geschaffenen hohen und ständig wachsenden Sozialprodukts für soziale Leistungen aus. Bedeutet das, dass wir eine Soziale Marktwirtschaft geschaffen haben? Oder müsste es ein wenig mehr oder weniger Markt beziehungsweise Soziales sein, damit da, wo „Soziale Marktwirtschaft“ drauf steht auch wirklich Soziale Marktwirtschaft drin ist?

Der westliche Teil Deutschlands hatte das Glück, dass nach Diktatur, Befehlswirtschaft und einem verlorenen Krieg mit auch wirtschaftlich verheerenden Folgen mit Ludwig Erhard einen Politiker an einer entscheidenden Stelle zu haben, der eine Vision hatte. Zudem hatte er auch das Geschick, den Mut und die Tatkraft, sie in die Wirklichkeit umzusetzen. Er wusste, dass es nur durch eine rasche und möglichst kompromisslose Wiederherstellung marktwirtschaftlicher Verhältnisse gelingen konnte, das in Trümmern liegende und von tief verunsicherten Menschen bevölkerte Land rasch wieder aufzubauen, seine Bewohner von Hunger und Wohnungsnot zu befreien und ihnen wieder eine Zukunft zu geben. Aber das ist ihm und dem Land nicht in den Schoß gefallen. Erhard hat sich dabei gegen erbitterten Widerstand durchsetzen müssen. Er hatte es nicht nur mit politischen und ideologischen Gegnern zu tun, sondern auch mit vielen wohlmeinenden „Bedenkenträgern“, die sich einfach nicht vorstellen konnten, dass die „blinden Kräfte des Marktes“ durch eine Ordnungspolitik gebändigt und für das Allgemeinwohl dienstbar gemacht werden könnten. Sie vermochten sich nicht vorzustellen, dass es nicht auf die Verwaltung des Mangels sondern auf die Wiederbelebung der produktiven Kräfte ankam. Als dies dann doch gelang und noch zu Erhards Lebzeiten ein Wiederaufbau stattfand, der die Welt in Staunen versetzte und den Bürgern der Bundesrepublik einen Massenwohlstand bescherte, wie es ihn noch nie zuvor auf deutschem Boden gegeben hatte, wurde dies zum Wirtschaftswunder verklärt.

Dieser Ausdruck hat sich bis heute gehalten, obwohl der Wiederaufbau unzutreffender und irreführender nicht beschrieben werden könnte. Denn es war alles andere als ein – seiner Natur nach unerklärliches – Wunder. Es war das Ergebnis einer Kombination von Faktoren, die auch in vielen anderen westlichen Ländern zu einem bis dahin unbekannten Wohlstand geführt haben: Demokratie, Marktwirtschaft und Rechtsstaat, verbunden mit einem jedermann zugänglichen Bildungswesen, intensiver Forschung und guter Infrastruktur – um nur die wichtigsten Elemente zu nennen. Diese Unterscheidung ist deshalb so wichtig, weil wir daran erkennen können, dass wir auch zur Lösung unserer heutigen Probleme (allen voran die Massenarbeitslosigkeit) nicht darauf warten müssen, ob wieder ein Wunder geschieht. Wir müssen uns nur auf unsere eigenen geschichtlichen Erfahrungen besinnen.

Aber zu den Instrumenten, zu denen Erhard damals so mutig gegriffen hat, besteht heute wieder einmal kein so rechtes Vertrauen. Stattdessen wird immer wieder nach verstärktem Einsatz von Mitteln gerufen, die sich in Gegenwart und Vergangenheit nicht nur als untauglich, sondern geradezu als kontraproduktiv erwiesen haben: Dauer-Subventionen für kränkelnde Unternehmen und Branchen, administrative Eingriffe und vor allem die Bewirtschaftung des Mangels. Denn nichts anderes ist eine Politik der Arbeitszeitverkürzung (geringere Wochenarbeitszeit, Verbot von Überstunden, Vorruhestand), die nicht dem Ziel dient, mehr Lebensqualität zu schaffen und die Früchte steigender Produktivität zu verteilen, sondern die allein darauf abzielt, die angebliche Mangelware Arbeit gerecht und gleichmäßig auf alle zu verteilen, die „hier" rufen. Dabei kann doch überhaupt nicht übersehen werden, dass die Strategie der Umverteilung von Beschäftigungschancen – beziehungsweise der forcierten Arbeitszeitverkürzung – ein ebenso grandioser wie tragischer Fehlgriff war.

In keinem anderen Land der Welt ist die Tages-, Wochen-, Jahres- und Lebensarbeitszeit so rigoros verringert worden wie in Deutschland. Dennoch ist die Zahl der Arbeitslosen nicht gesunken, sondern im Gegenteil gestiegen. Während die USA und Kanada, Neuseeland und andere Länder beweisen, dass auch unter den Bedingungen der modernen Wirtschaft und Technik die Zahl der Arbeitsplätze zu- statt abnehmen und Vollbeschäftigung erreicht werden kann, beweist Deutschland nur, dass die Verwaltung des Mangels zu keiner Lösung des Problems führt. Es macht das Übel stattdessen chronisch. Und daran, dass es so weit kommen konnte, trägt Ludwig Erhard durchaus eine Mitschuld.

Erhard wollte nicht nur eine Marktwirtschaft, die durch Ordnungspolitik dauerhaft funktionstüchtig erhalten wird. Er wollte eine „Soziale Marktwirtschaft". Dieser von ihm und seinen Mitstreitern geprägte Begriff klingt so gut, dass sich niemand seinem Charme entziehen kann. Er ist deshalb bis heute das große politische Ziel geblieben, auf das sich alle demokratischen Parteien in Deutschland zumindest im Grundsatz verständigen können. Und selbst diejenigen, die in einer Marktwirtschaft an sich eine unmoralische (weil vom Eigennutz getriebene und angeblich auf die Ausbeutung anderer Menschen gerichtete) Veranstaltung sehen, können sich mit einer Sozialen Marktwirtschaft halbwegs abfinden. Vorausgesetzt natürlich, dass die Betonung eindeutig auf „sozial" liegt. Das Problem ist nur, dass der von Erhard geprägte Begriff gründlich missverstanden und daher auch in einer Form in die Wirklichkeit umgesetzt wurde, die sich immer mehr als selbstzerstörend erweist.

Die Soziale Marktwirtschaft sollte nach Erhards Vorstellung die Gesellschaft stabilisieren und die verschiedenen sozialen Gruppen miteinander und mit der marktwirtschaftlichen Ordnung versöhnen. Doch es zeigt sich immer deutlicher, dass der in den letzten Jahrzehnten geschaffene Sozialstaat auf die Dauer nicht lebensfähig ist. Die Kette der „Notoperationen" (gern auch als Reformen bezeichnet) reißt nicht ab. Die Abstände zwischen den Eingriffen werden immer kürzer, die Schnitte immer tiefer. Dennoch sind wir von einer Gesundung des sozialen Sicherungssystems weiter denn je entfernt. Das wird so lange so bleiben, wie mit Beharrlichkeit immer wieder die falschen Diagnosen gestellt werden. Das Problem besteht nicht darin, dass die eine oder andere soziale Leistung zu großzügig bemessen wurde und deshalb wieder etwas gekürzt werden muss. Es besteht auch nicht darin, dass als Folge von weltwirtschaftlichen oder technischen Entwicklungen die Arbeitslosgkeit schicksalhaft über uns gekommen ist und dadurch die Finanzierung sozialer Leistungen im gewohnten Umfang vorübergehend schwieriger geworden ist.

Das eigentliche Problem ist, dass bei der Konstruktion der real existierenden Sozialen Marktwirtschaft ein fundamentaler Fehler gemacht worden ist. Wir haben nämlich nicht ein in sich logisches und prinzipiell stabiles System aufgebaut, wie es die Bezeichnung Soziale Marktwirtschaft suggeriert. Wir haben vielmehr eine Sozialwirtschaft und eine Marktwirtschaft geschaffen, die nebeneinander existieren, nach grundsätzlich unterschiedlichen Prinzipien funktionieren und sich gegenseitig daher nicht stützen, sondern behindern. Das ist die eigentliche Ursache dafür, dass wir inzwischen von Krise zu Krise stolpern und dass es derzeit keine Chance gibt, das Übel der Massenarbeitslosigkeit nachhaltig zu bekämpfen.

Das lässt sich leicht erkennen, wenn die Funktionsweisen und Konstruktionsprinzipien beider Ordnungen betrachtet werden. In der Marktwirtschaft wird der (zum Überleben notwendige) Eigennutz des Menschen als mächtige Triebfeder in den Dienst des Gemeinwohls gestellt. Die meisten Menschen möchten Erfolg haben und gut verdienen.

Das können sie in einer arbeitsteiligen Gesellschaft aber nur, wenn sie zuvor etwas produzieren oder leisten, wofür andere freiwillig bereit sind zu zahlen, weil sie das Produkt als schön, nützlich oder wertvoll ansehen. Mit anderen Worten: Die Leistung muss vom Markt (also den Menschen) positiv bewertet werden. Da dies außerdem im Wettbewerb stattfindet, muss sich jeder Anbieter darum bemühen, Leistungen anzubieten, die besser oder preiswerter sind als die Angebote seiner Konkurrenten. Nur wer handwerkliche Qualität bietet, nur wer etwas erfindet, das andere für nützlich halten, wer so Arbeitsplätze für sich und andere schafft, für Unterhaltung, Bequemlichkeit oder Sicherheit sorgt, verdient gut oder macht Gewinn.

Insgesamt tragen so alle Teilnehmer an diesem Wertschöpfungsprozess dazu bei, dass der allgemeine Wohlstand steigt. Eigennutz und gesellschaftlicher Nutzen wirken in die gleiche Richtung. Es gibt keine Wirtschaftsordnung, die die Marktwirtschaft in dieser Hinsicht bisher übertreffen konnte.

In der Sozialwirtschaft (wie im Sozialismus) profitiert dagegen der am meisten, der es am besten versteht, ohne eigene Gegenleistung auf Kosten der Allgemeinheit zu leben. Damit es kein Missverständnis gibt: Gemeint sind damit nicht diejenigen, die eine ihnen zustehende Versicherungsleistung im vorgesehenen Maße bei Alter, Krankheit oder Arbeitslosigkeit in Anspruch nehmen. Es gilt auch nicht für diejenigen, die ohne eigenes Verschulden in Not geraten sind und einen moralischen Anspruch darauf haben, von der Gesellschaft unterstützt zu werden. Es geht um diejenigen, die jede Gelegenheit wahrnehmen, um die Angebote des Sozialstaates so extensiv wie möglich zu nutzen, oder die entdeckt haben, dass es sich eigentlich nicht lohnt zu arbeiten, weil der Lebensunterhalt durch das Ausfüllen von Anträgen viel bequemer zu bestreiten ist. Ob es sich um Arbeitslose oder Bezieher von Sozialhilfe handelt, die jedem Beschäftigungsangebot geschickt aus dem Weg gehen, um Empfänger von Wohngeld oder um Sozialmieter, deren tatsächliche Bezüge längst die vorgesehenen Einkommensgrenzen überschritten haben, um Subventionsbetrüger, Spesenritter oder Schwarzarbeiter: Sie alle beuten die Gesellschaft aus, ohne selber etwas einzubringen. Eigennutz und Gemeinnutz stehen in krassem Widerspruch. Dies alles wird dadurch verschärft, dass in allen Wohlfahrtsstaaten die Steuern und Abgaben auf das durch Arbeit verdiente Einkommen immer höher geschraubt werden mussten, um die ohne Gegenleistung gewährten Sozialbezüge zu finanzieren.

Es ist schwer zu verstehen, dass die Sozial- und Umverteilungpolitiker nicht erkannt haben, dass dies notwendigerweise zu weitreichenden und für das System tödlichen Verhaltensänderungen führen muss. Der Mensch hat es immer verstanden, sich den jeweiligen Umweltbedingungen klimatischer, wirtschaftlicher oder politischer Art anzupassen – und musste es tun, um überleben zu können. Warum sollte dies im Wohlfahrtsstaat plötzlich anders sein? Das bedeutet in diesem Fall, dass er angesichts des immer härteren Zugriffs des Fiskus versucht, die Taschen so weit wie möglich zuzuhalten. Er nutzt also jede legale Möglichkeit, um seine Steuern und Abgaben so niedrig wie möglich zu halten. Angesichts eines als übermäßig empfundenen Abgabendrucks wird es oft auch nicht mehr als unmoralisch, sondern als Notwehr empfunden, den Staat zu betrügen. Selbst die in dieser Hinsicht sicher sehr vorsichtige Bundesbank geht davon aus, dass in Deutschland mindestens 15 Prozent der gesamtwirtschaftlichen Leistung inzwischen auf die Schattenwirtschaft entfällt.

Umgekehrt geht die Scheu, der Allgemeinheit zur Last zu fallen, in einem solchen System immer mehr verloren. „Wenn ich schon so viel abgeben muss, dann hole ich mir auch alles zurück, was ich beanspruchen kann.“ Diese Einstellung wird heute kaum noch als anstößig empfunden und gilt bei vielen als selbstverständlich. Es bedarf daher sicher keiner langen Begründung, dass ein System, in das jeder möglichst wenig einzahlen, aber soviel wie es irgend geht herausholen will, finanziell fundamental instabil sein muss.

Die in immer rascherer Folge erforderlichen Einschnitte in das soziale Netz, die meist diejenigen am härtesten treffen, die diese Hilfen wirklich brauchen, sind der beste Beweis dafür, dass es hier nicht nur um theoretische Erwägungen geht. An dieser Stelle lässt sich auch leicht zeigen, dass die (finanzielle) Krise des Sozialstaates zwar auch eine Folge der hohen Arbeitslosigkeit ist, weil einer sinkenden Zahl von Beitragszahlern immer mehr Leistungsempfänger gegenüberstehen. Aber der real existierende Sozialstaat ist selber zugleich einer der wichtigsten Verursacher der hohen Arbeitslosigkeit. Denn er zerstört die arbeitsteilige Gesellschaft und das führt dazu, dass wir uns gegenseitig arbeitslos machen.

Die so oft beklagten hohen Löhne spielen demgegenüber nur eine untergeordnete Rolle. Denn: Den deutschen Export haben sie – wie die Statistik zeigt – bisher kaum behindert und im Inland bedeuten hohe Löhne nicht nur Kosten, sondern auch hohe Kaufkraft und eine entsprechende Nachfrage. Das eigentliche Problem ist das krasse Missverhältnis zwischen der Höhe der Arbeitskosten insgesamt und dem verfügbaren Nettoeinkommen.

Das folgende Beispiel lässt dies leicht erkennen: Wenn ein Kfz-Mechaniker das Auto eines Heizungsbauers repariert und dieser bei ihm den Ölbrenner wartet, werden für beide je Arbeitsstunde rund 75 Mark berechnet. Wenn die beiden Handwerksgesellen am Ende des Monats ihre Lohnabrechnung prüfen, werden sie feststellen müssen, dass kaum mehr als ein Viertel der Summe auf ihren Konten gelandet ist. Mit anderen Worten: Jeder muss vier Stunden arbeiten, um sich eine Arbeitsstunde des anderen leisten zu können.

Was hier an einem einfachen Beispiel gezeigt wurde, zieht sich heute durch die gesamte Wirtschaft. Es zeigt: Nicht Arbeit an sich ist zu teuer. Das vor allem durch Steuern und Abgaben entstandene Missverhältnis zwischen Arbeitskosten und verfügbarem Arbeitseinkommen ist zu groß. Wer sich das vor Augen hält, wird sich nicht mehr wundern, dass viele es sich nicht mehr leisten können oder wollen, andere zu beschäftigen. Das ist die Erklärung dafür, dass Do-it-yourself, Schwarzarbeit und Schattenwirtschaft solche Ausmaße angenommen haben und zum heimlichen Zentrum des wirtschaftlichen Wachstums geworden sind.

Die Wirtschafts- und vor allem die Sozialpolitiker und die Mehrzahl der Gewerkschaftsfunktionäre verschließen davor aber immer noch standhaft die Augen, da – frei nach Christian Morgenstern – nicht sein kann, was nicht sein darf. Sie wollen nicht sehen, dass der Sozialstaat einen sehr wesentlichen Teil der Arbeitslosigkeit, die er anschließend finanzieren muss, selber verursacht.

Weil dadurch aber einerseits seine materielle Basis unterhöhlt wird und andererseits die Lasten steigen, die er tragen muss, ist der Zusammenbruch des bisherigen Systems programmiert. Dieser Prozess wird noch dadurch verschärft, dass die Entwicklung zu einem Staat der Rentner und Pensionäre, die aus demografischen Gründen ohnehin vorgezeichnet ist, durch die gedankenlose Politik der Lebensarbeitszeitverkürzung dramatisch verschärft wird.

Weil wir uns heute vor den notwendigen Reformen drücken und stattdessen immer wieder Zuflucht zu Scheinlösungen nehmen, belasten wir die nächste Generation in einer Weise, die weder wirtschaftlich noch moralisch vertretbar ist.

Somit lässt sich festhalten: Wir haben in den vergangenen Jahrzehnten keine soziale Marktwirtschaft aufgebaut, die diesen Namen verdient, weil sie ein in sich geschlossenes, logisches System darstellt. Wir haben nicht den Traum Ludwig Erhards verwirklicht, Effizienz und Gerechtigkeit in einer gemeinsamen Ordnung zu verbinden. Wir haben stattdessen neben die erfolgreiche Marktwirtschaft eine instabile Sozialwirtschaft gestellt. Sie droht nicht nur die Marktwirtschaft, von der sie lebt, mit ihrer Last zu ersticken. Sie geht – wie derzeit für jedermann zu beobachten – auch an ihren eigenen Widersprüchen zu Grunde.

Wir haben deshalb nur die Wahl, entweder durch ständige Änderungen am Rentenrecht, durch dirigistische Eingriffe in das Gesundheitswesen, durch Kürzungen bei der Sozial- und

Arbeitslosenhilfe, durch bürokratische Kontrollen von Arbeitslosen, die Jagd auf Schwarzarbeiter, Streichungen von Subventionen und andere punktuelle Maßnahmen auf die sich in immer schnellerer Folge wiederholenden Finanzkrisen des Systems der sozialen Sicherung zu reagieren und es dabei immer weiter zu reduzieren. Oder wir können uns dafür entscheiden, seine Geburtsfehler zu beseitigen.

Es gäbe viele Möglichkeiten, auch die soziale Ordnung so zu gestalten, dass bewährte Elemente der Selbststeuerung aus dem Bereich der Marktwirtschaft in die Sozialwirtschaft übernommen werden können. Erst wenn es gelingt, auch die sozialen Sicherungssysteme grundsätzlich so zu gestalten, dass die Menschen sich auch dort so verhalten, dass Eigennutz und Gemeinwohl tendenziell übereinstimmen, können wir sagen, dass wir wirklich unter den Bedingungen einer Sozialen Marktwirtschaft beziehungsweise einer marktwirtschaftlichen Sozialordnung leben und arbeiten. Doch dann dürfen wir nicht warten, bis wieder einmal ein Wunder geschieht. Wir müssen vielmehr wie zu Ludwig Erhards Zeiten zielgerichtet darauf hinarbeiten und einen Ordnungsrahmen schaffen, in dem sich eine Soziale Marktwirtschaft entwickeln kann, die diesen Namen tatsächlich verdient.

Mitarbeiterbeteiligung aus Sicht der FDP

Hermann Otto Solms

1. Eigentum vermittelt Freiheit und Sicherheit

Oswald von Nell-Breuning hat einmal gefordert, man solle der klassenlosen Gesellschaft des Marxismus – in der alle vermögenslose Proletarier sind – die klassenfreie Gesellschaft gegenüberstellen – in der alle Kapitalbesitzer sind. Anders gesagt, er plädiert für ein vermögenspolitisches Ideal nach dem Motto: Jedermann soll am Gesamtvermögen einer Volkswirtschaft partizipieren. Damit ist der Kern einer vernünftigen Vermögenspolitik umrissen.

Die Freie Demokratische Partei (FDP) setzt sich seit Jahrzehnten für eine Gesellschaftspolitik ein, die auf eine möglichst breite Streuung des Eigentums zielt. Ziel dieser Politik ist es, den Eigentumsgedanken zu stärken. Eigentum vergrößert die individuellen Freiheitsräume. Das Streben nach Eigentum ist auch Triebkraft für eigenverantwortliches Handeln und ermöglicht dadurch dynamischen Wettbewerb und wirtschaftliche Leistung zum Wohl des Einzelnen und der Gemeinschaft. Die Bildung von Vermögen erschließt zusätzliche Einkommensquellen, die die wirtschaftliche Abhängigkeit verringern. Dadurch schützt es vor Notfällen, dient der Altersvorsorge und verschafft wirtschaftliche Unabhängigkeit. Vermögen in den Händen vieler wirkt aber gleichzeitig der Konzentration von wirtschaftlicher Macht entgegen. Nicht zuletzt fördert eine breite Vermögensstreuung die gesellschaftliche Integration.

Ziel der FDP ist es deshalb, ein Volk von Eigentümern zu schaffen. Mit den Freiburger Thesen hat sie 1971 die Vermögensbildung zum ersten Mal ins Zentrum der Gesellschaftspolitik gerückt: „Liberale Vermögenspolitik zielt auf eine gleichmäßigere Vermögensverteilung ... durch eine stärkere Beteiligung breiter Schichten insbesondere am Zuwachs des Produktivvermögens“.

2. Vermögenspolitik in der Bundesrepublik Deutschland

Es gibt gute Gründe für eine staatliche Vermögenspolitik. Das erste und zweite Vermögensbildungsgesetz schufen hier eine Grundlage. Absicht des Gesetzgebers war zunächst ganz global die Heranführung der Arbeitnehmer an das Sparen. Mit dem ersten Vermögensbildungsgesetz von 1961, dem so genannten 312-DM-Gesetz, wurde für vermögenswirksame Leistungen der Arbeitgeber an ihre Arbeitnehmer bis zu 312 DM pro Jahr eine Pauschalsteuer von 8 Prozent und Sozialabgabenfreiheit eingeführt. Das zweite Vermögensbildungsgesetz von 1965 erlaubte dann vermögenswirksame Tarifverträge und stellte Leistungen bis zum Höchstbetrag von 468 DM steuerfrei.

Das dritte Vermögensbildungsgesetz von 1970 hob die Steuer- und Sozialabgabenvergünstigung auf und führte stattdessen die sogenannte Arbeitnehmersparzulage ein. Der staatlich geförderte Sparrahmen wurde auf 624 DM pro Jahr erhöht, gleichzeitig wurden Einkommenshöchstgrenzen für die Arbeitnehmer festgelegt und der Anlagekatalog erweitert.

Insgesamt führten die ersten drei in den 60er Jahren verabschiedeten Vermögensbildungsgesetze zu einer Änderung des Sparverhaltens. Zu einer stärkeren Vermögensbildung in Arbeitnehmerhand haben sie jedoch wenig beigetragen, insbesondere nicht zu einer breiteren Streuung des Eigentums am Produktivvermögen.

Anfang der 80er Jahre kam Bewegung in die Vermögenspolitik. Die Akzente wurden in Richtung der Beteiligung der Arbeitnehmer am Produktivvermögen verschoben. Mit dem 1983 verabschiedeten vierten Vermögensbildungsgesetz wurde der Förderbetrag von 624 DM pro Jahr um zusätzlich 312 DM für die Anlage in Beteiligungstiteln erhöht. Der Katalog der Anlagemöglichkeiten wurde wesentlich erweitert: Neben Aktien konnten nun auch Genussscheine und Genussrechte, Anteilsscheine an Kapitalanlagegesellschaften, Geschäftsguthaben bei Genossenschaften und stille Beteiligungen gefördert werden, ebenso Darlehen an den Arbeitgeber unter der Voraussetzung, dass diese durch Versicherungsunternehmen oder Bankbürgschaften in voller Höhe privatrechtlich gesichert wurden.

Als eigentlicher vermögenspolitischer Durchbruch des neuen Gesetzes galten jedoch die begleitenden Änderungen im Einkommensteuerrecht. Nach dem neu eingeführten § 19 a EStG wurden Beteiligungswerte, die vom Arbeitgeber dem Arbeitnehmer unentgeltlich oder verbilligt überlassen wurden, im Rahmen eines Freibetrags von der Einkommensteuer und den Sozialabgaben befreit. Damit war es nun ausnahmslos allen Arbeitgebern, Klein-, Mittel- und Großbetrieben, unabhängig von ihrer Rechtsform, Ärzten, Rechtsanwälten und der öffentlichen Hand möglich, ihren Mitarbeitern steuerbegünstigt Beteiligungen am Produktivkapital anzubieten.

1987 trat das fünfte Vermögensbildungsgesetz (auch zweites Vermögensbeteiligungsgesetz) in Kraft, das die 1983 beschlossene erste Stufe ergänzte. Zugelassen wurden jetzt auch Kapitalanlagegesellschaften, die für ihr Sondervermögen Wertpapiere sowie stille Beteiligungen an nicht börsennotierten Unternehmen erwerben konnten. Damit sollte sichergestellt werden, dass auch diejenigen Arbeitnehmer Beteiligungen am Produktivkapital erwerben können, die aufgrund ihres Beschäftigungsverhältnisses keine Möglichkeit zur Beteiligung am Kapital ihres Arbeitgebers besitzen. Außerdem sollte damit Arbeitgebern, die keine Beteiligung am eigenen Unternehmen anbieten konnten – insbesondere kleinen und mittleren Unternehmen – ein Weg eröffnet werden, die Mitarbeiter an der Produktivvermögensbildung teilhaben zu lassen.

Die letzte Verbesserung zugunsten der Anlage in Produktivkapital erfolgte mit der Verabschiedung des dritten Vermögensbeteiligungsgesetzes im Jahr 1998. Zum 1. Januar 1999 wurde das Gewicht in der Vermögensbildung verstärkt vom Geldvermögen auf das Produktivvermögen verlagert und die Förderung der Mitarbeiterbeteiligung ausgebaut, ohne andere

Sparformen – etwa das Bausparen – zu beeinträchtigen. So wurden die Einkommensgrenzen von bisher 27.000 DM auf 17.900 €, bei Verheirateten von bisher 54.000 DM auf 35.800 € angehoben und zwei Förderkörbe angeboten, die nebeneinander nutzbar sind: Während der erste für das Bausparen bis 480 € mit 10 Prozent Sparzulage reserviert bleibt, begünstigt der zweite neue Korb nun Beteiligungen – Anteilsscheine an Aktienfonds, Aktien und Mitarbeiterbeteiligungen – bis 408 € mit 20 Prozent Sparzulage, insgesamt statt 480 € jetzt 888 € jährlich. In den neuen Bundesländern beträgt die Sparzulage bis Ende 2004 sogar 25 Prozent. Damit erhöhten sich die staatlichen Aufwendungen für die Vermögenspolitik deutlich, und zwar um über 300 Mio. Euro auf rund 920 Mio. Euro pro Jahr.

3. Vorteile für Arbeitnehmer, Arbeitgeber und die Gesellschaft

Die im Rahmen der Arbeitsgemeinschaft Partnerschaft in der Wirtschaft zusammengeschlossenen, vorwiegend mittelständischen Unternehmen weisen modellhaft den Weg in eine liberale Wirtschaftsordnung von Teilhabern und Eigentümern – zum Vorteil aller. Die Mitarbeiterbeteiligung macht aus Arbeitnehmern Mitunternehmer und fördert somit die Schaffung einer Unternehmer- und Selbstständigenkultur. Das Verständnis für die wirtschaftlichen Zusammenhänge und für die Chancen und Risiken der Märkte wird gestärkt, der immer wieder bemühte „Gegensatz“ zwischen Arbeit und Kapital überwunden.

Beteiligungsmodelle bringen Lohnflexibilität und helfen mit, die Verkrustung auf dem deutschen Arbeitsmarkt zu lösen. Eine Abkehr vom starren Tariflohn hin zu einer erfolgsabhängigen Entlohnung hat auch aus volkswirtschaftlicher Sicht positive Effekte. Zum einen werden bei den Arbeitgebern Anreize für Investitionen geschaffen, da flexible Löhne eine bessere Auslastung des Sachkapitals mit sich bringen. Zum anderen führt dies zu einer höheren Arbeitsplatzsicherheit und fördert so auch die Bereitschaft der Arbeitnehmer zu betriebsspezifischer Weiterbildung. Beides, sowohl Investitionen in Sachkapital als auch in Humankapital, führt zu Produktivitätssteigerungen und hat deshalb positive Beschäftigungseffekte.

Aus Sicht der Betriebe liegt der Einführung von Beteiligungssystemen der Gedanke zugrunde, eine direkte innerbetriebliche Anreizstruktur für mehr Leistung zu schaffen. Die Verknüpfung der Arbeitnehmerentlohnung mit dem Erfolg des Betriebes kann zu einer Verbesserung des Gesamterfolgs des Unternehmens und damit zu einer individuell höheren Entlohnung führen. Eine weitere produktivitätsfördernde Wirkung von Beteiligungsmodellen wird indirekt über eine stärkere Identifikation der Arbeitnehmer mit dem Unternehmer ausgelöst.

Dies kann zu einer größeren Bereitschaft der Arbeitnehmer führen, Initiativen zu entfalten, die für das Unternehmen von Nutzen sind. So werden Mitarbeiter motiviert, die bereit sind, in ihrem Betrieb Verantwortung zu übernehmen, der Informationsfluss wird verbessert, das Kostenbewusstsein gestärkt, Fehlzeiten nehmen ab und die Mitarbeiterfluktuation sinkt.

Für kleine und junge Unternehmen erweist sich die Möglichkeit, einen Teil des Lohns in Form von Unternehmensbeteiligungen zu zahlen, als wichtiges personalpolitisches Instrument. Nur so können sie in der Konkurrenz um qualifizierte Fach- und Führungskräfte bestehen und sie auch langfristig an das Unternehmen binden.

Eine kürzlich veröffentlichte Analyse des Instituts für Arbeitsmarkt- und Berufsforschung hat festgestellt, dass Beteiligungsbetriebe größer sind, einen höheren Qualifizierungs- und Exportanteil haben, innovativer sind und mehr ausbilden als der Durchschnitt. Vor allem aber ist ihre Produktivität – und zwar nahezu unabhängig von der Betriebsgröße und der Branche – höher als in Betrieben ohne Beteiligungsmodelle. Dieser Zusammenhang zwischen der Wertschöpfung pro Beschäftigten und der Beteiligung der Mitarbeiter am Unternehmenserfolg hat sich als stabil und im statistischen Sinne als abgesichert erwiesen.

Wer Teilhabe der Arbeitnehmer vor allem als Mitbestimmung durch Funktionäre versteht, wird der Zukunft der Arbeitswelt nicht gerecht. Wesentliche Voraussetzung einer erfolgreichen Beteiligung am Produktivvermögen sind für die FDP sowohl die Freiwilligkeit der Vereinbarungen in den Betrieben als auch die Wahlfreiheit der Anlageformen. Gesetzlicher Zwang oder Zwang durch Flächentarifvereinbarungen können den unterschiedlichen Möglichkeiten und konkreten Zielvorstellungen der einzelnen Unternehmen nicht gerecht werden.

Neue Tariffonds, also Gemeinschaftstöpfe ohne individuell zuzuordnende Ansprüche und ohne Wahlfreiheit hinsichtlich der Anlageformen, lehnt die FDP aus ordnungs- und vermögenspolitischen Gründen ab. Die hinter ihnen stehende Annahme, man könne den Arbeitnehmern aufgrund besseren Wissens zu ihrem Glück verhelfen, passt nicht in eine marktwirtschaftliche Ordnung. Tariffonds verhindern darüber hinaus den fairen Wettbewerb mit anderen Kapitalsammelstellen, beeinträchtigen dadurch die Funktionsfähigkeit des Kapitalmarkts, sie nehmen dem Arbeitnehmer die Anlagewahlfreiheit und sie übertragen den Gewerkschaften Verantwortung, obwohl deren unternehmerische Fähigkeiten zumindest bezweifelt werden dürfen.

Deshalb ist zu begrüßen, dass in letzter Zeit in der Vermögenspolitik offensichtlich ein Paradigmenwechsel stattgefunden hat. Im Vordergrund heutiger Debatten steht nicht mehr die gesellschaftspolitische Funktion des Produktivvermögens als Quelle wirtschaftlicher Macht. Heute geht es eher darum, auf ganz pragmatische Fragen wie etwa die folgenden eine Antwort zu geben:

Wie können Anreize für höhere Leistungen geschaffen werden? Wie können motivierte Mitarbeiter leistungsgerecht bezahlt werden? Wie kann möglichst viel für Vermögensbildung und Altersvorsorge getan werden? Die Mitarbeiterbeteiligung ist in der Lage, dabei einen richtigen Beitrag zu leisten.

4. Spielräume für die Mitarbeiterbeteiligung schaffen

Eine Reihe kritischer Fragen, die in der Diskussion um die Wettbewerbsfähigkeit des Standortes Deutschland aufgeworfen wurden, wird nur dann zufriedenstellend beantwortet werden können, wenn auf allen Ebenen von Wirtschaft und Gesellschaft mehr Selbstverantwortung und Eigeninitiative zum Tragen kommen. Auch deshalb muss der Weg frei gemacht werden für eine breitere Beteiligung der Bürger und Mitarbeiter am Produktivvermögen. Aus Sicht der FDP sind zunächst Reformen in den Bereichen Arbeitsmarkt-, Renten- und Steuerpolitik vorrangig:

- Die Sperrwirkung des Tarifvorbehalts in § 77 Abs. 3 Betriebsverfassungsgesetz darf dann, wenn eine Regelung über vermögenswirksame Leistungen tarifüblich ist, einer auf den einzelnen Betrieb abgestimmten Hausvereinbarung nicht mehr entgegenstehen. Dies schränkt die Wahlfreiheit der Beschäftigten bei der Ausgestaltung ihres Lohns ein. Daher fordert die FDP gesetzliche Öffnungsklauseln in den Flächentarifverträgen für Mitarbeiterbeteiligungen, die Teile des Tariflohns ersetzen können. Ob Sparlohn statt Barlohn, ob Gewinnbeteiligung oder Investivlöhne – die jeweilige Form der Mitarbeiterbeteiligung sollte den Vereinbarungen zwischen Geschäftsführung und Belegschaft vorbehalten bleiben. Dabei muss es möglich sein, bei der erfolgsabhängigen Entlohnung die starren Tariflöhne sowohl über- als auch unterschreiten zu können. Die Mitarbeiterbeteiligung kann hierzu einen wichtigen Beitrag leisten und so die Arbeitsplätze in Deutschland sicherer machen.

- Die Beteiligung am Produktivvermögen schlägt eine Brücke zur effizienten Stärkung der Eigenvorsorge. Angesichts der Notwendigkeit, unser Rentensystem umfassend zu reformieren, bietet die Mitarbeiterbeteiligung eine Chance zum Ausbau der kapitalgedeckten Altersvorsorge. Immerhin hat auch die Bundesregierung den Ernst der Lage erkannt und mit der Verabschiedung des Altersvermögensgesetzes einen Schritt in die richtige Richtung getan. Trotzdem vertraut sie den Chancen kapitalgedeckter Systeme zu wenig, die Reform ist viel zu zaghaft. Statt ein Produkt anzubieten, das den Wünschen der Anleger entspricht und die Mitarbeiterbeteiligung erleichtert, wurde die private Zusatzvorsorge so ausgestaltet, dass der Eindruck entsteht, man wolle sie durch komplizierte, völlig unpraktikable und intransparente Anlagekriterien verhindern. Zunächst müssten die neu geschaffenen so genannten Pensionsfonds so umgestaltet werden, dass ein wirklich attraktives Instrument zur Mitarbeiterbeteiligung entsteht.

- Wer es ernst meint mit einer breit angelegten Vermögensbildung, kommt um eine grundlegende Steuerreform und die schrittweise Einführung der nachgelagerten Besteuerung nicht herum. Denn das beste Mittel zur Förderung einer privaten Vermögensbildung ist nach wie vor eine durchgreifende Steuerreform, die die zu hohe Steuer- und Abgabenbelastung spürbar senkt und Bürgern sowie Unternehmen mehr Spielraum gibt. Zu hohe Steuern und Abgaben verringern die Chancen der privaten Vermögensbildung. Deswegen ist eine deutliche Netto-Entlastung der Bürger und der Unternehmen eine zwingende Voraussetzung für eine breitere Streuung des Produktivvermögens. Auch nach der Steuerreform der Bundesregierung gilt die Forderung der FDP nach einem einheitlichen Steuersatz für sämtliche Einkunftsarten. Er soll als Stufentarif gestaltet werden und Einkommensteile von 7.501 bis 15.000 Euro mit 15 Prozent, Einkommensteile von 15.001 bis 40.000 Euro mit 25 Prozent und Einkommensteile ab 40.001 Euro mit 35 Prozent belasten.

Mitarbeiterkapitalbeteiligungsmodelle

Produktivitätswirkung von Mitarbeiterbeteiligungsmodellen in Deutschland

Ulrich Blum/Frank Leibbrand

In diesem Beitrag wird auf der Basis von Daten aus einer Unternehmensbefragung überprüft, wie wirtschaftlich erfolgreich Mitarbeiterbeteiligungsmodelle tatsächlich sind und ob sie grundsätzlich geeignet sind, Arbeitnehmer an Erträgen aus Wissen und Kapital teilhaben zu lassen. Dabei zeigt sich, dass durch Mitarbeiterbeteiligungen erhebliche Produktivitätseffekte, aber keine signifikanten Erfolgsbeiträge bei den Unternehmen ausgelöst werden, d. h. die Produktivitätsgewinne fließen hauptsächlich den Mitarbeitern und den Kunden zu.

1. Notwendigkeit von Mitarbeiterbeteiligungen

1.1 Ziele und Relevanz

Ziel dieses Abschnitts ist die empirische Untersuchung der Wirkung von Mitarbeiterbeteiligungen (MAB), um durch den Nachweis des Erfolgsbeitrages den unterschiedlichen Kenntnisstand der verschiedenen daran beteiligten gesellschaftlichen Gruppen zu beheben bzw. zu reduzieren. Es wird daher dem Gedanken nachgegangen, ob MAB die *Wettbewerbsfähigkeit* der Unternehmen *steigern*. Präziser formuliert wird also die These untersucht, ob Mitarbeiterbeteiligungsmodelle – entgegen dem traditionellen Menschenbild des homo oeconomicus[1] – (über die Motivationswirkung auf Mitarbeiter) eine empirisch belegbare Steigerung der Unternehmensproduktivität und des -erfolges zur Folge haben.

Die Relevanz von Mitarbeiterbeteiligungen ist sicherlich vor der aktuellen Entwicklung der Einkommen und Vermögen der nicht selbstständigen Erwerbspersonen zu sehen. Folgt man nämlich der von der Kommission für Zukunftsfragen der Freistaaten Bayern und Sachsen (1996, 1997a,b,c) konstatierten Entkopplung von Wissen, Kapital und Arbeit und der ökonomischen Entwertung der (Muskel-)Arbeit selbst, so muss zwingend überlegt werden, wie die Bevölkerung an Kapitaleinkommen herangeführt werden kann – wie also beispielsweise die Arbeitnehmer am Produktivkapital zu beteiligen sind. Auch aufgrund der Globalisierung sollten die in der Organisation des Arbeitsprozesses liegenden Produktivitätsreserven verstärkt genutzt werden.

Mitarbeiterbeteiligungen verändern die Risikoaufteilung der Unternehmen und der Arbeitnehmer und können durch die Flexibilisierung von Löhnen die Wettbewerbsfähigkeit von Unternehmen und Arbeitsplätzen steigern. Letztlich muss jedoch hervorgehoben werden, dass der Anreizeffekt der Mitarbeiterbeteiligung für den Mitarbeiter selbst kaum logisch stringent abgeleitet werden kann, weil er im Falle der Zeichnung von Firmenanteilen i.d.R.

einen geringeren Grad an Risikodiversifikation erreicht, als wenn er ein Portfolio aus am Markt verfügbaren Kapitalanlagen bildet. Bei der Mitarbeiterkapitalbeteiligung hat der Arbeitnehmer auch das vom Markt nicht entlohnte unsystematische Risiko zu tragen. Lediglich durch den erzielbaren Motivationseffekt kann über eine erhöhte Produktivität ein zusätzlicher Ertrag entstehen, der dann für die Verteilung zur Verfügung steht. Dem zusätzlichen Ertrag steht ein erhöhtes Risiko gegenüber, sodass a priori kein Urteil über die Vorteilhaftigkeit gefällt werden kann.[2]

In diesem Beitrag erfolgt der Nachweis, dass eine Mitarbeiterbeteiligung ein Positivsummenspiel (kein Nullsummenspiel) ist und alle Beteiligten durch eine Mitarbeiterbeteiligung besser gestellt werden können. Eindrucksvoll kommt dies auch in dem Zitat von Friedrich Goswin (Geschäftsführer der Firma Schrag, Hilchenbach) zum Ausdruck: „Seitdem ich Geld verschenke, habe ich mehr davon ...“.

Auch die speziell in Amerika und Großbritannien konzipierten Indizes von Unternehmen mit einer breit gestreuten, nicht vernachlässigbaren Mitarbeiterbeteiligung scheinen dies zu bestätigen. Sowohl der amerikanische Index als auch noch viel deutlicher der britische Index eilen dem Markt voraus (siehe Abbildungen 1 und 2, Tabelle 1).

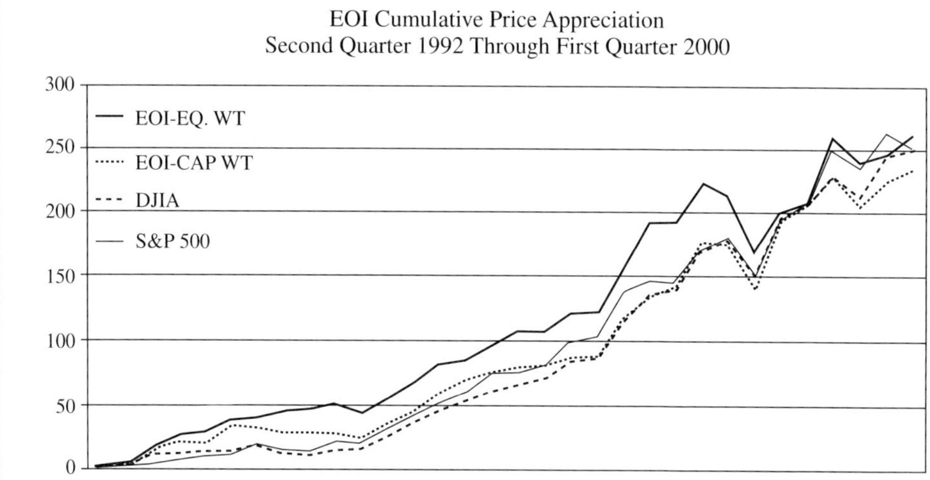

	Jun 92	Sep 92	Dez 92	Mrz 93	Jun 93	Sep 93	Dez 93	Mrz 94	Jun 94	Sep 94	Dez 94	Mrz 95	Jun 95	Sep 95	Dez 95	Mrz 96
EOI-EQ.WT	–1	–1	14	25	20	36	38	43	45	49	43	53	66	80	84	96
EOI-CAP WT	2	3	12	20	20	32	32	27	27	28	24	34	44	57	68	76
DJIA	3	1	2	6	9	10	16	12	12	19	19	29	41	49	59	73
S&P 500	1	4	8	12	12	14	16	10	10	15	14	24	35	45	53	60

	Jun 96	Sep 96	Dez 96	Mrz 97	Jun 97	Sep 97	Dez 97	Mrz 98	Jun 98	Sep 98	Dez 98	Mrz 99	Jun 99	Sep 99	Dez 99	Mrz 00
EOI-EQ.WT	106	106	121	122	153	183	183	224	214	170	202	210	259	240	247	263
EOI-CAP WT	78	80	88	88	113	135	147	178	176	141	187	208	230	206	227	236
DJIA	76	83	100	104	138	147	146	173	178	143	194	214	252	237	264	250
S&P 500	66	70	84	88	119	135	141	173	181	152	196	208	230	215	246	261

Quartale

Abbildung 1: Entwicklung des gleichgewichteten und des kapitalgewichteten (EOI-CAPWT)American Capital Employee Ownership Index™ relativ zum S&P 500 und DJIA

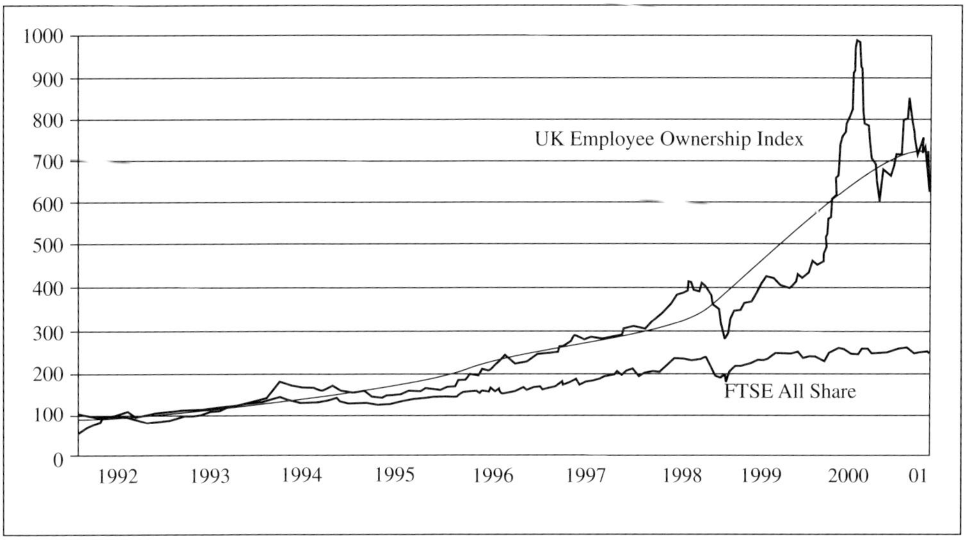

Abbildung 2: Entwicklung des UK Employee Ownership Index™ relativ zum FTSE All Share

	UK Employee Ownership Index™	FTSE All Share	FTSE Small Cap	FTSE 100
Q1 2001	–16.23 %	–9.73 %	–9.45 %	–10.20 %
1 Year	–33.36 %	–12.54 %	–14.64 %	–13.29 %
3 Years	40.62 %	–2.88 %	9.17 %	–5.37 %
5 Years	162.82 %	46.00 %	37.06 %	51.05 %

Tabelle 1: Entwicklung des UK Employee Ownership Index™ relativ zu verschiedenen FTSE-Indizes über verschiedene Zeiträume

Ein weiteres Indiz für die produktivitätssteigernde Wirkung einer Mitarbeiterbeteiligung sind die Ergebnisse einer Befragung von 100 Unternehmen durch die Arbeitsgemeinschaft für Partnerschaft in der Wirtschaft (AGP) in Zusammenarbeit mit der Gesamthochschule Kassel. Im Zeitraum von 1994 bis 1996 steigerten Unternehmen mit einer MAB ihre Produktivität um 11,3 Prozent, wohingegen der Durchschnitt im produzierenden Gewerbe bei 9,8 Prozent lag. Auch der Krankenstand konnte bei MAB-Unternehmen auf 4,65 Prozent im Vergleich zu 5,5 Prozent bei den anderen Unternehmen reduziert werden, sodass auch mehr Produktionsstunden genutzt werden konnten.

Bei all diesen Vergleichen ist jedoch das Henne-Ei-Problem nicht zu lösen, ob nämlich besonders erfolgreiche Unternehmen eine Mitarbeiterbeteiligung einführen, oder ob die Unternehmen durch die Einführung einer Mitarbeiterbeteiligung erfolgreicher werden.

1.2 Verbreitung der Mitarbeiterbeteiligung

Die AGP ermittelte für das Jahr 1997 insgesamt 2.500 Beteiligungsunternehmen mit 2,05 Mio. beteiligten Mitarbeitern und einem Beteiligungskapital von 25 Mrd. DM. Die durchschnittliche Beteiligung pro Mitarbeiter beträgt ca. 12.000 DM. Bei den praktizierten Beteiligungsformen entfallen nach der Zahl der Beteiligungsunternehmen 40 Prozent auf die „Stille Beteiligung", 20 Prozent auf das „Mitarbeiterdarlehen" und 14 Prozent auf die „Belegschaftsaktie". Bemerkenswert ist, dass 14 Prozent aller Unternehmen auf Belegschaftsaktien setzen, damit 78 Prozent aller beteiligten Mitarbeiter erreicht werden und dadurch 88 Prozent allen Kapitals aufgebracht wird. Hier zeigt sich, dass die großen Aktiengesellschaften den Mitarbeiterbeteiligungsmarkt dominieren. Fasst man die KMU-dominanten anderen Gesellschaftsformen zusammen, so haben diese einen Anteil von 22 Prozent an den Beschäftigten und 12 Prozent am Kapital, jedoch einen Anteil von 86 Prozent an den MAB-Unternehmen.

Zu beachten ist, dass bei den genannten Befragungen lediglich Unternehmen mit einer Mitarbeiter*kapital*beteiligung berücksichtigt wurden, während bei der vorliegenden Untersuchung auch Erfolgsbeteiligungen als weitere Möglichkeit der betrieblichen Mitarbeiterbeteiligung einbezogen wurden.

1.3 Struktur der Untersuchung

Ausgehend von theoretischen Überlegungen zu den von Mitarbeiterbeteiligungen ausgehenden Anreizen und der Aufbereitung bisheriger empirischer Untersuchungen können verschiedene, empirisch überprüfbare Hypothesen aufgestellt werden. Diese werden dann getestet, wobei großer Wert auf die sorgfältige Analyse der statistischen Signifikanz gelegt wird, was den meisten bereits durchgeführten Studien fehlt und daher als Mangel anhaftet.

Neben der Aufbereitung der in der Literatur vorhandenen Ergebnisse zum Produktivitäts- und Erfolgsbeitrag von Mitarbeiterbeteiligungen werden die selbst erhobenen Daten mit univariaten und bivariaten Methoden der Statistik sowie einer multiplen Regressionsanalyse ausgewertet.

2. Literaturauswertung von empirischen Untersuchungen

2.1 Allgemeine empirische Untersuchungen zu Mitarbeiterbeteiligungen

Die Studie von Conte (1992), untersucht wurden 482 amerikanischen Unternehmen, kommt zu dem Ergebnis, dass die meisten Mitarbeiterbeteiligungsmodelle das Verhältnis zwischen Mitarbeiterbezahlung und Unternehmensleistung nicht statistisch signifikant erhöhen. Dennoch schneiden Unternehmen mit einer hohen Rate von erfolgsabhängigen Zahlungen an Mitarbeiter in nichtleitenden Positionen besser ab als Unternehmen mit geringeren erfolgsabhängigen Zahlungen. Dieses Ergebnis bleibt über mehrere bedeutende Industriebranchen hinweg konstant.

Schäfers (1992) separate Befragung von Geschäftsführungen und Betriebsräten von Unternehmen mit praktizierter Kapitalbeteiligung der Arbeitnehmer kommt u. a. zu dem Ergebnis, dass „Motivation und Leistungsbereitschaft" nach Ansicht der Geschäftsführungen überwiegend positiv beeinflusst werden, wobei diese Ansicht von den Betriebsräten nur teilweise bestätigt wird. Der positive Einfluss auf die Leistungsbereitschaft nimmt jedoch von der Gesellschaftsform GmbH zur AG deutlich ab. Untersuchungsraum waren die alten Bundesländer der Bundesrepublik Deutschland, die Daten wurden mittels Fragebogen im Jahre 1990 erhoben, die Auswertung wurde 1991 beendet. Es wurden bei 773 Firmen jeweils die Unternehmensführung und die Betriebsräte angeschrieben, von denen 131 Betriebsräte und 120 Unternehmensführungen aus insgesamt 209 Firmen antworteten.

2.2 Produktivitätswirkung von Mitarbeiterbeteiligungen

In wissenschaftlichen Zeitschriften gilt das Hauptaugenmerk bei Untersuchungen von Mitarbeiterbeteiligungen den Produktivitätsgewinnen und nicht den direkten Unternehmensgewinnen. So werden vor allem das Profit Sharing, d. h. Bonussysteme, und ESOP (employee stock ownership programs) herangezogen. Letzteres folgt allerdings nicht der hier getroffenen Unterscheidung von Kapitalbeteiligungen, sondern konzentriert sich lediglich auf Aktiengesellschaften, die in unserer Untersuchung einen verschwindend geringen Anteil einnehmen. Im Folgenden soll ein kurzer Überblick über die wichtigsten Ergebnisse aus dieser Forschung gegeben werden.

Kruse (1992) untersucht den Zusammenhang zwischen Profit Sharing und Produktivität in den USA. Seine Stichprobe beinhaltet 1.382 Unternehmen mit Daten aus dem Zeitraum von 1971-1985 sowohl aus dem verarbeitenden Gewerbe als auch aus dem Dienstleistungssektor. Er verwendet einen Panel-Data-Ansatz, mit dem er Produktionsfunktionen schätzt. Je nach verwendetem Produktionsfunktionstyp ergibt sich eine Produktivitätssteigerung durch Profit Sharing zwischen 2,5-4,2 Prozent. Die Aktienprogramme (ESOP) wirken wesentlich weniger und damit teilweise auch insignifikant, verstärken allerdings im Zeitablauf ihre Wirkung.

Kumbhakar und Dunbar (1993) untersuchen den Zusammenhang zwischen ESOP und Produktivitätssteigerungen, indem sie auf Unternehmensebene die Produktionsfunktionen schätzen. Sie verwenden Variablen sowohl für ESOP als auch Profit Sharing, wobei die Variablen in den seit der Einführung vergangenen Jahren gemessen wird. Ihrer Literaturrecherche folgend ist zu vermuten, dass die Wirkungen von ESOP weniger eindeutig als die zumeist bestätigten Produktivitätssteigerungen durch Erfolgsbeteiligungen sind. Die Autoren verwenden einen Panel-Data-Ansatz für 1.700 Unternehmen für die Jahre 1982-1987, wovon 123 Unternehmen eine MAB hatten. Die jeweils signifikanten Wirkungen eines ESOP liegen bei knapp 2 Prozent, die von Profit Sharing bei knapp 4 Prozent.

Hübler (1995) untersucht die Produktivitätssteigerungen durch Mitarbeiterbeteiligungen, insbesondere auch im Zusammenhang mit begleitenden Personalmaßnahmen wie Qualitätszirkeln, Partizipation bei der Lohn- bzw. Arbeitsplatzgestaltung, in 351 Unternehmen in Deutschland. Insgesamt kann er in einem Querschnittsmodell, welches nur Produktivitätsunterschiede verschiedener Unternehmen berücksichtigen kann, nicht signifikante Produktivitätszuwächse in Höhe von 30-40 Prozent feststellen. Am günstigsten erscheinen ihm die Mitsprache bei der Jobgestaltung und die Einführung von Qualitätszirkeln im Verbund mit Erfolgsbeteiligungen. Hübler betont, dass die univariaten Ergebnisse eindeutiger sind als die multivariaten.

Jones und Kato (1995) untersuchen das japanische System von Profit Sharing und ESOP, welches einige Besonderheiten aufweist. So sind die Partizipationsraten am Beteiligungsprogramm auch in den niedrigeren Einkommensgruppen sowie der durchschnittlich gebundene Wert außergewöhnlich hoch. Zudem gehen die Aktien aus dem ESOP erst nach ca. 20 Jahren in den privaten Besitz über. Die Studie basiert auf den Daten von 109 Firmen während des Zeitraumes von 1973-1980. Ein ESOP bewirkt demnach erst nach ca. 3-4 Jahren ein um 4-5 Prozent erhöhtes Produktionsvolumen. Werden hingegen die Bonuszahlungen um 1 Prozent angehoben, so führt dies zu einem Outputwachstum von ca. 0,1 Prozent.

Mehran untersucht im Auftrag von Hewitt Associates (1998) 382 am Kapitalmarkt gehandelte Unternehmen und stellt fest, dass der Return on Assets (RoA, Gewinn-Kurs-Verhältnis) in den ersten vier Jahren nach der Einführung um 6,9 Prozent höher war als man aufgrund der Performance vor der Einführung (gemessen relativ zur Branchenentwicklung) hätte erwarten dürfen. Bei den 303 den gesamten Untersuchungszeitraum überlebenden Unternehmen betrug der Vorsprung sogar 14 Prozent. Betrachtet man wie wir also nur die überlebenden Unternehmen, so kann man einen beträchtlichen selection bias haben.

3. Eigene empirische Untersuchung

3.1 Untersuchungsraum, Erhebungszeitraum und Eigenschaften der Stichprobe

Als Untersuchungsräume wurden der Freistaat Sachsen, der Freistaat Bayern und das Land Baden-Württemberg gewählt. Bei den Unternehmen mit MAB erfolgte eine „Vollerhebung" in den drei Ländern. Die (Kontroll-)Unternehmen ohne MAB wurden aus den Kammerbezirken Sachsen, Oberfranken (inkl. Coburg) und Stuttgart gewählt, weil diese einerseits Kriterien wie Wirtschafts- und Gruppenstruktur nahe legten, zum anderen wurde damit auch eine weite technologische Palette erfasst. Der Schwerpunkt lag auf Unternehmen mit 20 bis 500 Mitarbeitern der Branchen Verarbeitendes Gewerbe, Verkehr und Nachrichtenübermittlung (ohne Schifffahrt und Luftfahrt) sowie Datenverarbeitung und Datenbanken, Forschung und Entwicklung, Erbringung von Dienstleistungen überwiegend für Unternehmen (KA 72-74) und Unternehmen, die produktionsorientierte Dienstleistungen anbieten oder im Software-

Bereich tätig sind. Danach wurden die Unternehmen ohne MAB zufällig und proportional ausgewählt.

Die anonyme schriftliche Befragung wurde sowohl der Unternehmensleitung, als auch der Anteilnehmervertretung in der Zeit von Juli 1998 bis November 1998 durchgeführt. Die angeschriebenen 1179 Unternehmen teilten sich in 223 Unternehmen mit MAB und 910 Unternehmen ohne MAB auf. Bei 46 der angeschriebenen Betriebe war unbestimmt, ob diese bereits eine MAB eingeführt hatten oder nicht. In Tabelle 2 ist die Verteilung des Sample auf die Bundesländer erkennbar.

	Sachsen	**Bayern**	**Baden-Württemberg**	**Summe**
mit MAB	116*	43	64	223
ohne MAB	257	328	325	910
unbestimmt	10	22	14	46
Summe	227	393	403	1179

Tabelle 2: Aufteilung der befragten Unternehmen
* davon 10 aus anderen NBL

Den Fragebogen der Unternehmensleitung sandten insgesamt 86 der angeschriebenen Unternehmen ausgefüllt zurück. Tabelle 3 zeigt die Verteilung des Rücklaufs auf Neue und Alte Bundesländer sowie auf Unternehmen mit und ohne MAB. Die zurückgesandten Fragebögen entsprachen einer durchschnittlichen Rücklaufquote von 7,6 Prozent. Diese geringe Beteiligung lag in dem umfangreichen Fragebogen begründet, welcher der Komplexität des Themas und der gewählten Analysemethodik, die hohe Ansprüche an das Datenmaterial stellt, geschuldet war.

	NBL	**ABL**	**Summe**
mit MAB	11	17	28
ohne MAB	28*	30**	58
Summe	39	47	86

Tabelle 3: Rücklauf nach Bundesland sowie MAB und nicht MAB
* davon planen 6 Unternehmen die Einführung ** davon planen 4 Unternehmen die Einführung

Die zu betrachtenden Unternehmen stammten zum größten Teil aus dem Verarbeitenden Gewerbe. Eine Aufstellung der Branchenzugehörigkeit der Unternehmen mit und ohne MAB sowie ein Test auf Repräsentativität sind in Blum et al. (1999) dokumentiert. Die Repräsentativität der Stichprobe wurde im Fall der Kontrollgruppe (Unternehmen ohne MAB) durch die Anwendung des Zufallsprinzips bei der Stichprobenziehung gewährleistet. Bezüglich der Unternehmen mit MAB handelte es sich (wie oben bereits erwähnt) um eine „Vollerhebung", sodass damit die Repräsentativität ebenfalls gegeben war.

Der Chi-Square Goodness-of-Fit Test, ob auch der eingegangene Rücklauf die Grundgesamtheit charakteristisch widerspiegelt, wird in Blum et al. (1999) dokumentiert. Nach einigen Korrekturen und der Berücksichtigung von Besonderheiten der sächsischen Sektoralstruktur kann davon ausgegangen werden, dass die gewonnenen Ergebnisse aus dem Rücklauf aussagekräftig sind.

3.2 Charakteristika der analysierten Mitarbeiterbeteiligungsmodelle

Die Analyse umfasst 28 Unternehmen mit MAB, wovon 22 eine Kapitalbeteiligung und 19 eine Erfolgsbeteiligung eingeführt haben. Lediglich vier Unternehmen beteiligen ihre Mitarbeiter auch immateriell.[3]

Im Rahmen einer Erfolgsbeteiligung stellt sich die Frage, an welcher Art von Erfolg die Beteiligung ansetzt. Vorstellbar in diesem Zusammenhang sind die Leistungserstellung (Produktion, Produktivität, Kosten), der Ertrag (Umsatz, Wertschöpfung, Nettoertrag) oder der Gewinn (Ausschüttungsgewinn, Substanzgewinn, Bilanzgewinn). Von den 19 Unternehmen, die eine Erfolgsbeteiligung eingeführt haben, wählten 14 die Beteiligung am Gewinn, acht am Ertrag und lediglich fünf an der Leistung. Das Volumen von Erfolgsbeteiligungsmodellen lässt sich anhand des Anteils am Gewinn und an den Personalkosten darstellen. Im Durchschnitt umfassen die 19 Erfolgsbeteiligungen 15 Prozent des Gewinns und 5 Prozent der Personalkosten.

Als die häufigsten Varianten der Kapitalbeteiligung wurden dabei die typisch Stille Gesellschaft (9) und das Mitarbeiterdarlehen (7), gefolgt von der indirekten Beteiligung (4), dem Genussrecht (3) und der Belegschaftsaktie (3) umgesetzt. Der Umfang einer Kapitalbeteiligung gemessen als Anteil am Eigenkapital ergab durchschnittlich 27 Prozent, als Anteil an der Bilanzsumme 4 Prozent oder als Kapital pro Beteiligten knapp 14.000 DM.

3.3 Hypothesen zu Produktivitäts- und Erfolgswirkungen

Die Fragebögen wurden jeweils an Unternehmen mit und ohne MAB und dort jeweils an die Arbeitgeber- und an die der Arbeitnehmerseite geschickt. Dabei ist es auch aufgrund der Ausgestaltung des Fragebogens möglich zu überprüfen, ob die Einschätzungen von Arbeitgebern und Arbeitnehmern in *demselben* Betrieb/Unternehmen voneinander abweichen, da die Unternehmen beide Fragebögen mit einer gemeinsamen Kennung versehen sollten – wodurch zugleich die Anonymität erhalten blieb.

Es stellt sich zunächst die Frage, ob die Beteiligung der Mitarbeiter am Unternehmenserfolg oder am Unternehmenskapital überhaupt einen Einfluss hat, d. h. zumindest einer der beteiligten Gruppen einen zusätzlichen Nutzen bringt. Deshalb sollen im Folgenden die Auswirkungen auf die Produktivität untersucht werden. Lassen sich Produktivitätssteigerungen feststellen, so kann anschließend die Frage gestellt werden, wem diese zufließen. Prinzipiell in Betracht kommen dabei die Kunden, die Mitarbeiter oder die Unternehmenseigentümer. Bei letzteren stellt sich dann das Problem der Messbarkeit des Erfolgsbeitrages, da die zufließenden Produktivitätseffekte beim Kapital auch zu einem erhöhten Marktwert führen können, was dann ein Ansteigen des Jahresüberschusses verschleiern kann, wenn insgesamt die (Eigenkapital-)Rentabilität des Unternehmens unverändert bleibt.

Herrscht starker Wettbewerb auf den Märkten, dann kann das Unternehmen aufgrund einer gesteigerten Produktivität noch wettbewerbsfähig bleiben, muss allerdings sämtliche Produktivitätsgewinne an die Kunden weiterreichen. Weiterhin wäre möglich, dass die Mitarbeiter zwar einen erfolgsabhängigen Lohn oder eine Erfolgsbeteiligung erhalten und dadurch die Produktivitätssteigerung neben einer möglicherweise erhöhten Arbeitsplatzsicherheit voll den Arbeitnehmern zufließt. Außerdem wäre denkbar, dass beim Unternehmen der Gewinn, die Eigen- oder Gesamtkapitalrendite steigen oder dass das Risiko, also die Ertragsschwankung, zurückgeht. Letzterer Effekt lässt sich empirisch nur mit nicht zur Verfügung stehenden Längsschnittdaten, also Zeitreihen- oder Panel-Data-Analysen, nachweisen. Auch hier ist die Datenlage in Deutschland unbefriedigend. Schließlich wäre auch denkbar, dass die den Kapitaleignern zuzurechnenden Effekte in den Unternehmen zu betrieblich nicht zwingend erforderlichen Kosten werden.

Die oben angeführten internationalen Studien lassen Effekte in einer Größenordung zwischen 2 Prozent und 10 Prozent erwarten, mit Ausnahme der Querschnittsuntersuchung von Hübler, der auf Werte von über 30 Prozent kommt. Die ökonomische Signifikanz auch von geringer Produktivitätssteigerung gemessen in Wertschöpfung ist enorm. Lässt sich beispielsweise die Produktivität durch eine MAB um 3 Prozent steigern, so müsste bei einer Einkommenselastizität des Kapitals von 0,3 Prozent der Kapitaleinsatz um 10 Prozent gesteigert werden, was annähend einer Verdoppelung der Investitionen entsprechen würde.

Im Folgenden sollen die aufgeführten Grundthesen zu den Produktivitätswirkungen empirisch getestet werden.

3.3.1 Vergleich von Unternehmen mit und ohne MAB

These 1: Die Unternehmen mit MAB unterscheiden sich von Unternehmen ohne MAB.

Mit Hilfe des Mittelwertvergleichs soll ein erster Eindruck entstehen, ob sich Unternehmen mit MAB von solchen ohne MAB signifikant unterscheiden. Bei diesem Verfahren wird die Signifikanz der Differenz zweier Mittelwerte über ein Konfidenzintervall abgeschätzt. Dabei wird unterstellt, dass aus zwei sehr großen Grundgesamtheiten zwei große Stichproben gezogen werden. Nach dem Zentralen Grenzwertsatz ist dann auch die Differenz normal verteilt. Vor der Analyse der Mittelwerte muss jedoch sichergestellt werden, dass ein Vergleich überhaupt zulässig ist. Dazu muss die Unabhängigkeit beider Stichproben sichergestellt sein und außerdem sollen die Varianzen beider Stichproben (Grundgesamtheiten) gleich hoch sein, was durch den Levene-Test überprüft wird. Ergibt sich bei Letzterem ein signifikantes Ergebnis, so besteht keine Varianzhomogenität und es müssen zur Beurteilung der Mittelwerte nicht die Angaben des T-Tests für gleiche, sondern eine ähnliche Teststatistik mit niedrigeren Freiheitsgraden für unterschiedliche Varianzen herangezogen werden. Die jeweiligen Vergleiche für die metrischen Variablen sind der Tabelle 4 zu entnehmen.

	n not MAB	n MAB	Mittelwert not MAB	Mittelwert MAB	T (2-seitig)	df	Sig.
Unternehmens-alter	54	25	48,39	69,88	–1,60	77	0,114
Umsatz 1997	49	26	65.206.041	149.352.956	–1,43	73	0,157
Beschäftigte 1997	56	26	233,59	427,15	–1,15	80	0,255
Personalkosten zu Umsatz	35	21	0,39	0,28	2,26	54	0,028
Eigenkapitalquote	31	18	0,24	0,26	–0,43	47	0,673
Materialkosten zu Umsatz	27	18	0,33	0,47	–2,36	43	0,023
Gewinn 1997	32	19	6.707.465	4.333.651	0,32	49	0,750
Umsatzrendite	32	19	0,05	0,04	0,11	49	0,912

Tabelle 4: Mittelwertvergleich von Unternehmen mit und ohne Mitarbeiterbeteiligung

Bei dieser Analyse fällt auf, dass sich lediglich die Verhältnisse von Personal- und Materialkosten zum Umsatz signifikant unterscheiden, nämlich dass die eher materialintensiven Unternehmen eine Mitarbeiterbeteiligung besitzen. Eine mögliche Erklärung könnte sein, dass die MAB-Unternehmen stärker unter Wettbewerbsdruck stehen und sich der Personalprobleme durch einen verstärkten Einsatz von Material und Kapital entziehen. Nicht signifikant, aber dennoch bemerkenswert ist, dass ein niedrigerer Gewinn mit einem höheren Umsatz der MAB-Unternehmen im Vergleich zu anderen Unternehmen einhergeht, was das Argument der „versteckten" Kosten stützt. Diese Ergebnisse weisen darauf hin, dass vielleicht mit multivariaten Verfahren ein Erfolgsbeitrag der MAB gezeigt werden kann, nicht jedoch mit uni- bzw. bivariaten Analysen. Die Trennschärfe von ebenfalls durchgeführten Diskriminanzanalysen war niedrig.

3.3.2 Produktivitätssteigerung durch MAB

These 2: Unternehmen mit Mitarbeiterbeteiligungen haben Anreize, sowohl den Faktor Kapital als auch den Faktor Arbeit effektiver einzusetzen, welche dann in einer erhöhten Produktivität sichtbar werden.

Für die Produktivität gibt es keine isolierte Kennzahl, die sich über beliebige Unternehmen aus verschiedenen Branchen vergleichen lässt. Zur Messung sind zumindest Produktionsfunktionen mit mehreren Inputfaktoren heranzuziehen. Deshalb verbietet sich hier auch die sonst übliche Anwendung von univariaten und bivariaten Methoden, d. h. es lassen sich Effekte mit der multivariaten Regressionsanalyse isolieren. Dies soll im folgenden Abschnitt geschehen.

3.4 Ökonometrisches Modell zur Analyse der Produktivitätssteigerung

3.4.1 Formaler Ansatz

Hier soll durch den Vergleich von Unternehmen festgestellt werden, ob solche mit MAB produktiver sind. Generell wird davon ausgegangen, dass Unternehmen mit MAB nicht eine generell stärkere Produktivitätssteigerung haben, sie sind lediglich um den geschätzten Abstand produktiver. Letztendlich lässt sich auch im Nachhinein nicht feststellen, ob die erhöhte Produktivität von der Kapital- oder Arbeitsseite herrührt. Dies könnte sich in einem erhöhten Arbeitseinsatz, einer verbesserten Organisation, einem verbesserten Informationsfluss innerhalb der Organisation, einer verbesserten Technologie oder einem höheren Humankapital wiederfinden.

Es wird eine Produktionsfunktion vom Typ Cobb-Douglas angenommen, bei der die MAB über eine Produktivitätssteigerung beider Inputfaktoren Kapital *(K)* und Arbeit *(L)* wirkt:

(1) $Y = f(\theta_K K, \theta_L L)$ mit

(2) $\theta_K = exp(\beta_K \ MAB)$ *und* $\theta_L = exp(\beta_L \cdot MAB)$

Hat die Variable MAB den Wert 1, es handelt sich also um ein MAB-Unternehmen, dann wird das Kapital- bzw. das Arbeitsvolumen um den Faktor $\exp(\beta_K)$ bzw. $\exp(\beta_L)$ erhöht. Bei einem Nicht-MAB-Unternehmen gilt $MAB=0$, sodass dann der Koeffizient $\theta_K=1$ bzw. $\theta_L=1$ ist. Die Schätzgleichung der Cobb-Douglas-Produktionsfunktion sieht dann wie folgt aus:

(3) $ln\, Y_i = \alpha_0 + \alpha_K \, ln\, K_i + \alpha_L \, ln\, L_i + \theta_M \, MAB_i + \mu_i$ mit

(4) $\theta_M = \alpha_K \beta_K + \alpha_L \beta_L$

Der Index *i* bezeichnet das Unternehmen ($i = 1, ..., U$). Eine Rückrechnung auf die Wirkungspfade über Kapital und Arbeit ist nicht möglich. Der Parameter θ_M kann wie folgt interpretiert werden:

(5) $\theta_M = E(ln\, Y \mid MAB\ Unternehmen) - E(ln\, Y \mid Nicht\text{-}MAB\ Unternehmen)$

Dies ist gleichbedeutend mit einem um 100·(exp(θ_M)−1) Prozent höheren Output Y für MAB-Unternehmen.

3.4.2 Variablen

Im Idealzustand würden die Faktoren Kapital und Arbeit in gleicher Qualität in allen Unternehmen in der Produktion eingesetzt, sodass über eine geeignete Produktionsfunktion, mit der Wertschöpfung als Output, ein Zusammenhang ermittelt werden kann. In empirischen Untersuchungen sind diese Größen zu operationalisieren, wobei hierbei auch die Messbarkeit und Verfügbarkeit von Daten eine gewichtige Rolle spielen. Die Wertschöpfung liegt nicht vor und wird durch den logarithmierten Umsatz (lnums97) angenähert, als Kapital wird das gesamte Investment, also die logarithmierte Bilanzsumme (lnbils97), die trotz aller zu Stillen Reserven führenden Bilanzierungsfreiheiten aufgrund der Vernachlässigung von Risikomaßen am geeignetsten erscheint, herangezogen. Für den Faktor Arbeit werden die logarithmierten Personalkosten (lnpers97) der Beschäftigtenzahl vorgezogen, da bei letzteren nicht sichergestellt ist, wie die Teilzeitkräfte und gering Beschäftigten gezählt wurden. Die Variable Abläufe soll bereits bekannte und auf einer Notenskala erfasste Werte für die Effektivitätsunterschiede der einzelnen Unternehmen berücksichtigen, d. h. die Note 1 verspricht einen Vorsprung vor der Konkurrenz, die Note 5 entspricht einem Nachteil. Hier gilt es zu bedenken, dass darunter auch bekannte Effektivitätsgewinne durch MAB zumindest teilweise subsumiert sind. Die Wirkungen der Mitarbeiterbeteiligung werden durch eine Dummy-Variable abgebildet, wobei aufgrund der mäßigen Datenlage auf eine Unterscheidung zwischen Erfolgs- und Kapitalbeteiligung verzichtet wird. Schlussendlich werden dann noch Branchendummies herangezogen, durch die unterschiedliche Konjunkturverläufe für die Unternehmen unterschiedlicher Branchen berücksichtigt werden.

3.4.3 Ergebnisse der Schätzung

Bei 50 der insgesamt 86 Unternehmen waren alle für die Schätzung benötigten Daten vorhanden. Die bei den in der Tabelle 5 (s. S. 212) aufgeführten vier unterschiedlichen Modellen erreichten Erklärungswerte der Varianz liegen stets bei guten 0,96. Diese Modelle unterscheiden sich durch die Anzahl der einbezogenen Branchendummies.

Angegeben sind in der Tabelle – neben den jeweiligen Variablen – der jeweilige geschätzte Koeffizient (bei den Produktionsfaktoren sind dies die Elastizitäten) und die beiden Qualitätsmaße Standardfehler und T-Statistik. Schließlich ist auch das Signifikanzniveau angegeben; dadurch wird gemessen, wie wahrscheinlich es ist, dass der geschätzte Parameter tatsächlich Null ist, aber ein anderer (positiver oder negativer) Wert errechnet wurde.

Grundlegende Ergebnisse:

Die Elastizitäten für Kapital liegen zwischen 0,31 und 0,35, für Arbeit zwischen 0,67 und 0,71, jeweils hoch signifikant und äußerst plausibel – sie müssen nämlich der prozentualen Aufteilung des Volkseinkommens auf Arbeit und Kapital entsprechen. Die Variable Abläufe trägt das erwartete negative Vorzeichen, d. h. eine verbesserte Organisationseffizienz führt auch zu einer erhöhten Produktivität. Die Signifikanz variiert zwischen dem 5 Prozent und 8 Prozent Niveau. Die Dummy-Variable für Mitarbeiterbeteiligung, MAB, deutet auf außerordentlich hohe Produktivitätsgewinne zwischen 14 Prozent und 21 Prozent hin. Allerdings variiert das Signifikanzniveau stark, nämlich zwischen 4 Prozent und 15 Prozent.

Branchendummies:

Durch die Aufnahme von Branchendummies wird die Signifikanz der Variable MAB beeinflusst. Bei allen anderen hier nicht dokumentierten Schätzungen variierte der Koeffizient zwischen 14 Prozent und mehr als 30 Prozent, wurde jedoch nie negativ. Daraus lässt sich folgern, dass die MAB einen (schwach) signifikanten positiven Einfluss auf die Produktivität hat, diese also steigert.

Zieht man zur Beurteilung der Ergebnisse die oben angeführten Untersuchungen heran, so wird klar, dass in der hier verwendeten Querschnittsanalyse tendenziell die Produktivitätswirkung überschätzt wird. Dies könnte daran liegen, dass eine MAB in den produktiveren Betrieben eingeführt wird. Gerade die Kontrolle unternehmensinterner Produktivitäten kann aber nur in einem Panel-Data-Ansatz erfolgen.

Fazit

Die ökonometrische Untersuchung deutet darauf hin, dass bei Einführung einer Mitarbeiterbeteiligung erhebliche Produktivitätsgewinne in einer Höhe zwischen 14 Prozent und 21 Prozent realisiert werden. Allerdings variiert das Signifikanzniveau zwischen 4 Prozent und 15 Prozent. Typischerweise werden die Ergebnisse in dieser Art von Analyse (Querschnitt) leicht überschätzt. Trotz der Verwendung verschiedener objektiver und subjektiver Erfolgsmaßstäben sind die bei den Unternehmen ausgelösten Erfolgsbeiträge nie signifikant,[4] d. h. die Produktivitätsgewinne fließen hauptsächlich den Mitarbeitern und den Kunden zu oder sie erhöhen den Marktwert.

Bei den Unternehmen mit und ohne MAB unterscheiden sich lediglich die Verhältnisse von Personal- und Materialkosten zum Umsatz signifikant. So produzieren MAB-Unternehmen materialintensiver als die übrigen. Eine Erklärung könnte neben einer möglichen Festlegung über die für die entsprechenden Güter erforderlichen Technologien sein, dass die MAB-Unternehmen unter erhöhtem Wettbewerbsdruck stehen, sodass der Risikofaktor „Personal" durch eine erhöhte Material- bzw. Kapitalintensität abgefedert wird.

Modell		Nicht standardisierte Koeffizienten B	Nicht standardisierte Koeffizienten Standardfehler	T-Wert	Signifikanz
1	(Konstante)	,668	,578	1,156	,255
	LNBILS97	,312	,067	4,674	,000
	LNPERK97	,711	,074	9,599	,000
	ABLÄUFE	–,158	,078	–2,033	,049
	MAB	,208	,097	2,138	,039
	B201DUMY	,654	,238	2,744	,009
	B203DUMY	,439	,201	2,181	,036
	B205DUMY	,400	,325	1,228	,227
	B206DUMY	,319	,195	1,635	,110
	B210DUMY	,213	,175	1,218	,231
	B214DUMY	,207	,151	1,368	,180
	B500DUMY	,541	,318	1,703	,097
	B700DUMY	,480	,191	2,507	,017
	Korrigiertes R^2	,961	,306		
2	(Konstante)	,885	,563	1,572	,123
	LNBILS97	,348	,064	5,451	,000
	LNPERK97	,667	,072	9,235	,000
	ABLÄUFE	–,154	,077	–1,997	,052
	MAB	,139	,096	1,453	,154
	B201DUMY	,543	,241	2,248	,030
	B203DUMY	,328	,201	1,635	,110
	B700DUMY	,378	,193	1,959	,057
	Korrigiertes R^2	,958	,316		
3	(Konstante)	1,553	,546	2,844	,007
	LNBILS97	,309	,068	4,554	,000
	LNPERK97	,670	,073	9,233	,000
	ABLÄUFE	–,123	,069	–1,771	,084
	MAB	,149	,092	1,625	,112
	B201DUMY	,487	,231	2,108	,041
	B208DUMY	–,277	,162	–1,714	,094
	B215DUMY	–,401	,145	–2,771	,008
	B800DUMY	–,326	,154	–2,114	,041
	Korrigiertes R^2	,962	,300		
4	(Konstante)	1,345	,562	2,393	,022
	LNBILS97	,309	,068	4,543	,000
	LNPERK97	,684	,073	9,391	,000
	ABLÄUFE	–,149	,073	–2,055	,047
	MAB	,144	,091	1,578	,123
	B201DUMY	,501	,229	2,186	,035
	B203DUMY	,222	,193	1,153	,256
	B208DUMY	–,228	,163	–1,395	,171
	B215DUMY	–,355	,146	–2,428	,020
	B700DUMY	,248	,188	1,318	,195
	B800DUMY	–,268	,157	–1,705	,096
	Korrigiertes R^2	,963	,297		

Tabelle 5: Koeffizienten der Produktionsfunktion nach Cobb-Douglas

Anmerkungen

1 Bei großen Unternehmen ist der zurechenbare Erfolgsbeitrag des einzelnen Mitarbeiters so gering, dass der rationale Mitarbeiter trotz Erfolgsbeteiligung gerade so viel arbeitet wie bei fehlender Erfolgsbeteiligung.

2 Eine Untersuchung von Conte und Jampani (1996) zeigt, dass die Geldanlage der Mitarbeiter im eigenen Betrieb über eine MAB mehr einbringt, aber nicht für das erhöhte Risiko entschädigt.

3 Am Rande sei hier bemerkt, dass sowohl die Arbeitnehmervertreter als auch die Unternehmensleitung durch die Einführung einer MAB Erfahrungen über die tatsächlichen Wirkungsweisen ihrer MAB sammeln. Dabei drehen sich die Einschätzungen über die Wirkungen um, was durch die Rangkorrelation von –0,71 bei der Unternehmensleitung und –0,82 bei den Arbeitnehmervertretern zum Ausdruck kommt. Der Meinungsumschwung von vor der Einführung auf nach der Einführung zeigt deutlich, dass Informationsasymmetrien auf beiden Seiten bestehen, die MAB also ein Erfahrungsgut ist.

4 Hierzu wurden viele hier nicht dokumentierte Modelle geschätzt.

Literatur

Blum, U./Gleißner, W./Leibbrand, F./Leuteritz, A./Militzer, J.: Vermögensbeteiligung von Mitarbeitern – empirische Untersuchung in Sachsen, Baden-Württemberg und Bayern, in: Sächsisches Staatsministerium für Wirtschaft und Arbeit (Hrsg.), Studien, 1999, Heft 16.

Conte, M. A.: Contingent Compensation: (How) Does It Affect Company Performance?, Journal of Economic Issues, Vol. 26, No. 2, June 1992, S. 583-592.

Conte, M. A./Jampani, R.: Are ESOPs as good as other pension plan?, in Owners a Work, Vol. VII, No. 1, Summer 1996, pp. 4-7.

Hewitt Associates: Unleashing the Power of Employee Ownership, A Hewitt Associates Research Report, July 1998.

Hübler, O.: Produktivitätssteigerung durch Mitarbeiterbeteiligung in Partnerschaftsunternehmen, MittAB 2/95, 214-223.

Jones, D./Kato, T.: The Productivity Effects of Employee Stock-Ownership Plans and Bonuses: Evidence from Japanese Panel Data, in American Economic Review, 85 (3), June 1995, 391-414.

Kommission für Zukunftsfragen der Freistaaten Bayern und Sachsen: Erwerbstätigkeit und Arbeitslosigkeit in Deutschland, Band I, 1996; Band II, 1997a; Band III, 1997b; Band IV, 1997c.

Kruse, D.: Profit Sharing and Productivity: Microeconomic Evidence from the United States, The Economic Journal, 102, January 1992, 24-36.

Kumbhakar, S./Dunbar, A.: The elusive ESOP-productivity link – Evidence from U.S. firm level data, Journal of Public Economics, 52, 1993, 273-283.

Schäfer, C.: Betriebliche Kapitalbeteiligung der Arbeitnehmer – Verbreitung, Strukturen, Wirkungen, in: Köbele, B./Schütt, B. (Hrsg.): Erfolgsbeteiligung – Ein neuer Weg zur Vermögensbildung in Arbeitnehmerhand, 1992, S. 99-143.

Mitarbeiterbeteiligung als Lösung der Unternehmensnachfolge in Familienbetrieben

Helga Breuninger

Sind Mitarbeiter geeignete Nachfolger für Familienunternehmen? Ob und wie, darum geht es in diesem Beitrag.

Wer Michael Lezius kennen gelernt hat, weiß, wie kreativ er Mitarbeiterbeteiligung zur Lösung von Problemen im Unternehmen einsetzt. Die Unternehmensnachfolge in mittelständischen Familienbetrieben ist ein hochbrisantes, hochpolitisches und hochproblematisches Thema und damit eine Herausforderung für Michael Lezius, adäquate Formen der Mitarbeiterbeteiligung als Lösung vorzuschlagen und im Einzelfall die Umsetzung zu begleiten.

Als geschäftsführende Gesellschafterin der successio-Gesellschaft zur integrativen Nachfolgeberatung in Stuttgart arbeite ich deshalb besonders gerne mit Michael Lezius zusammen, wenn es darum geht, einen Mitarbeiter als Nachfolger aufzustellen und eine passende Form zu finden, wie Eigentum und Führung auch mit einem familienfremden Nachfolger zusammengehalten werden können.

Im einführenden Teil dieses Beitrages gehe ich kurz auf die Nachfolgesituation von Familienunternehmen und die typischen Probleme ein.

Im zweiten Teil stelle ich ein konkretes Beispiel vor, in dem es mir gemeinsam mit Michael Lezius gelungen ist, eine Mitarbeiterbeteiligung als Lösung für die Unternehmensnachfolge umzusetzen. An diesem Beispiel will ich zeigen, worauf es bei der Beurteilung des Mitarbeiters für die Eignung als Unternehmenschef ankommt: Auf das Führungspotenzial, die Beziehung zur Unternehmerfamilie und seine Akzeptanz im Unternehmen.

Im dritten Teil lasse ich Michael Lezius hier in seiner Festschrift selbst zu Wort kommen mit seiner persönlichen Meinung und seinen Erfahrungen zu den typischen und kritischen Fragen im Zusammenhang mit der Mitarbeiterbeteiligung bei der Unternehmensnachfolge in Familienbetrieben.

1. Einführung

1.1 Die Nachfolge im Familienbetrieb

Familienbetriebe entwickeln besondere Strukturen und unterscheiden sich dadurch grundsätzlich von anderen Unternehmen wie z. B. von internationalen Konzernen. Oft fehlen genaue Stellenbeschreibungen, feste Kompetenzgrenzen und eine klar definierte Führungsebene mit entsprechend exakt formulierten Entscheidungsbefugnissen.

Der Umgang miteinander im Betrieb ist durch einen familiären Kommunikationsstil geprägt, das verbindende Element ist die große Loyalität zum Unternehmen und zur Unternehmerfamilie. Viele Unternehmen sind dabei oft so auf die Unternehmerpersönlichkeit zugeschnitten, dass ein Generationswechsel eine Erschütterung im Unternehmen auslöst, und zwar umso mehr, je erfolgreicher und angesehener der Senior im Betrieb ist. Dabei ist es heute von existenzieller Bedeutung für ein Unternehmen, für die nächste Generation fit zu sein – eine große Herausforderung für den Nachfolger und seine eigene Karriereplanung im Familienunternehmen.

1.2 Psychologische Anforderungen an den Nachfolger

Die Nachfolge im Unternehmen anzutreten, ist psychologisch gesehen eine ganz andere Aufgabe, als ein Unternehmen selbstständig zu gründen. Die Gründerpersönlichkeit zeichnet sich durch Mut, Entschlossenheit, Biss, Selbstbewusstsein und die Bereitschaft aus, alles auf eine Karte zu setzen. Konflikte löst er eher dominant und neigt zum herrschen. Der Nachfolger kann sich diesen Stil nicht leisten. Akute Gefahr besteht durch Cliquenbildung, die der Nachfolger immer wieder auflösen muss, um handlungsfähig zu bleiben.

Erfolgreiche Nachfolger sind tolerant gegenüber anderen Ansichten, zielstrebig in der Ausbildung und haben ein klares Karriereziel vor Augen, das sie ohne Verkrampfung anstreben. Sie verfügen über Einfühlungsvermögen, können Gespräche gestalten, gut zuhören und vermitteln. Sie verhalten sich in Konfliktfällen eher diplomatisch und professionell. Das heißt, sie verbünden sich nicht vorschnell mit einer Seite und verurteilen die Gegenseite, sondern sie akzeptieren den Konflikt und tragen dazu bei, dass eine sachliche Lösung mit allen Beteiligten erarbeitet wird, in der alle ihr Gesicht wahren können.

Bei allem was er tut, darf der Nachfolger die Loyalität gegenüber dem Senior und die Anerkennung von dessen Erfolgen nicht in Frage stellen. Der Senior kann sich aus dem operativen Geschäft erst dann mit gutem Gewissen zurückziehen, wenn er dem Nachfolger die verantwortungsvolle Aufgabe der Führung voll zutraut. Dieses Zutrauen ist insbesondere dann nötig, wenn der Nachfolger gravierende Veränderungen vornehmen und geradezu das Gegenteil von dem unternehmen muss, was der Senior und seine Mannschaft bisher praktiziert haben.

Die zentralen Kategorien zwischen Senior und Nachfolger sind dabei Vertrauen, Zutrauen, Anerkennung und Achtung. In einer solchen Beziehung lassen sich alle inhaltlichen Kontroversen verhandeln und Konflikte lösen.

Fehlt eine stabile Vertrauensbeziehung zwischen Nachfolger und Senior, dann wird der Zeitpunkt der Übergabe ständig hinausgeschoben, oder es kommt im Laufe des Generationswechsels zu existenziellen Auseinander setzungen, zu einer Art Machtkampf wie im Tierreich, mit einem offenen Ausgang, wer übrig bleibt. Wer kein Vertrauen hat, gibt die Macht nicht freiwillig ab.

Meist ist eine Misstrauenskultur in einer Unternehmerfamilie auch der tieferliegende Grund dafür, dass Söhne und Töchter kein Interesse an einer Nachfolge zeigen und die Suche nach einem familienfremden Nachfolger gestartet werden muss.

Familienfremde Nachfolgelösungen gelingen sehr viel leichter, wenn der „Fremde" menschlich integriert wird: Familienbetriebe brauchen eben einen Nachfolger und keinen Fremdmanager. Insbesondere in kleineren Betrieben muss der Senior den familienfremden Junior „emotional" adoptieren, um ihm den Betrieb übergeben zu können. Wenn Ertragskraft und Betriebsgröße es zulassen, ist ein „going public" die richtige Strategie, den Boden für ein funktionierendes Fremdmanagement zu bereiten.

1.3 Nachfolgeprobleme in Familienunternehmen

Inzwischen werden nur noch knapp drei von zehn Familienunternehmen von Familienmitgliedern übernommen. Für die zweite Generation stehen die Chancen noch am besten. Die weiteren Generationen haben statistisch gesehen sehr viel schlechtere Aussichten, die für Familienbetriebe typische und schlagkräftige Einheit von Eigentum und Führung nach dem Generationswechsel aufrechtzuerhalten.

Das hat viele Gründe. Zum einen sind die Betriebe oft so klein und so eng auf die Persönlichkeit und das Know-how der Eltern zugeschnitten, dass es prinzipiell schwierig ist, passende Nachfolger zu finden. Die Wahrscheinlichkeit ist gering, dass es sich bei dieser Person auch noch um ein Familienmitglied handelt, auf das das Eigentum per Vererbung übergehen kann.

Bei den etwas größeren Betrieben bis zu 30 Mitarbeitern sind auffallend viele Söhne und Töchter überqualifiziert für diese Betriebsgröße. Sie verdienen als leitende Angestellte eines Konzerns bereits wesentlich mehr, als sie im Betrieb der Eltern verdienen könnten, und genießen dabei sehr viel mehr Freiheiten.

Andererseits zögern Eltern, deren Kinder bereits im Betrieb mitarbeiten viel zu lange, bis sie sich aus der Verantwortung zurückziehen und ihren Nachfolgern ein klares und faires Angebot zur Betriebsübergabe machen. Engagierte und fähige Söhne und Töchter aus Unternehmerfamilien werden überall in der Wirtschaft gebraucht und steigen bald aus, wenn sie nur die Tagesarbeit machen dürfen und ihnen die eigentlich reizvolle Aufgabe der unternehmerischen Entscheidung durch die Senioren vorenthalten wird.

In vielen Fällen ist die Beziehung zwischen Kindern und Eltern derart angespannt, dass eine Übergangsregelung mit verteilten Aufgaben nicht mehr möglich ist. Falsche Erwartungen, daraus resultierende Enttäuschungen und Kränkungen belasten die Kommunikation zwischen Eltern und Kindern derart, dass ohne einen neutralen und ausgleichenden Dritten kaum ein zielführendes Gespräch mehr möglich ist. Für die Mitarbeiter sind solche Zustände ein Albtraum. Aus dem ursprünglichen Zutrauen und Vertrauen der Unternehmerfamilie ist ein Klima des Misstrauens entstanden, in dem negative Unterstellungen eine sachliche Auseinander setzung bei Meinungsverschiedenheiten verhindern. Wenn es so weit gekommen ist, macht es keinen Sinn mehr, den Betrieb mit einer solch schwierigen Familiendynamik zu belasten.

Bei kinderlosen Familienunternehmern löst sich der Generationswechsel meist durch Verkauf oder die Inhaber arbeiten so lange, bis sie krank werden und dann unter Druck verkaufen müssen, wenn sich nicht eine andere Lösung findet.

2. Fallbeispiel

2.1 Der Beratungsanlass

Das Unternehmerpaar, wir nennen es hier die Maiers, kam mit der Frage auf die successio-Gesellschaft zu, wie eine Lösung aussehen könnte, drei ihrer besten Mitarbeiter als Nachfolgeteam einzusetzen. Neben vermögens- und steuerrechtlichen Aspekten waren den Maiers die menschlichen besonders wichtig. Da sie kinderlos waren, wurde ihnen von allen bisher befragten Beratern geraten, den Betrieb zu verkaufen. Aber mit dieser Lösung konnten sie sich nicht anfreunden. Sie hatten sich ein respektables Privatvermögen angespart und waren nicht unbedingt darauf angewiesen, ihren Ruhestand vom Erlös des Betriebes zu finanzieren.

Ihr Betrieb, den sie zusammen sehr erfolgreich zu einer beachtlicher Größe mit einigen Zweigstellen und knapp 100 Mitarbeitern geführt hatten, stellte ihren ganzen Lebensinhalt dar. Sie verließen morgens gemeinsam gegen 7 Uhr das Haus und kamen abends spät gegen 22 Uhr zurück. Selbst an den Wochenenden war ihre Anwesenheit notwendig, weil ihre besondere Ware versorgt werden musste und sie ihre Mitarbeiter nicht mit Wochenenddienst belasten wollten. Maiers wünschten sich Nachfolger, die mit der gleichen Liebe und Zuverlässigkeit wie sie selbst handelten. Das Betriesbsklima bei Maiers war herzlich und familiär. So sollte es nach ihren Vorstellung auch bleiben.

Nach dem Erstgespräch rief ich Michael Lezius an und bat ihn, im successio-Team als Fachmann in Sachen Mitarbeiterbeteiligung mitzuarbeiten.

2.2 Das Beratungsergebnis

Wir konnten die Maiers davon überzeugen, anstatt der drei vorgesehenen Mitarbeiter nur einen Mitarbeiter als Nachfolger auszuwählen. Warum nur einen? Ein Mitarbeiterteam für die Nachfolge zu positionieren ist ebenso konfliktträchtig wie ein Geschwisterteam, das die Nachfolge in einem Unternehmen antreten soll. Der eingebaute psychologische Zündstoff ist ein latenter Gefahrenherd, der dem Unternehmen in kritischen Phasen Energien zu entziehen droht.

Nach ausführlichen Einzelgesprächen mit den Mitarbeitern kam deutlich zum Vorschein, dass alle zwar sehr selbstständig und mit hohem Verantwortungsbewusstsein einzelne Filialen zu leiten imstande waren, aber die Auffassungen in Bezug auf die Unternehmensführung und die zukünftigen Unternehmensziele zu unterschiedlich waren und zwischen den einzelnen Mitarbeitern eine rivalisierende Spannung überwog.

So baten wir die Maiers, sich für einen ihrer Mitarbeiter als designierten Nachfolger zu entscheiden. Dazu brauchten sie nicht lange. Sie entschieden sich spontan für einen, wir nennen ihn hier Karl, und waren über diese Entscheidung fast erleichtert.

Karl war von den Maiers sozusagen emotional adoptiert. Sei kannten ihn seit seinem 12. Lebensjahr und hatten ihn im Betrieb „großgezogen". Er war ihnen unter allen Mitarbeitern der liebste und vertrauteste. Sie wollten ihn aber gegenüber den anderen Mitarbeiter nicht bevorzugen, weil ihnen Gerechtigkeit sehr wichtig war und sie vermeiden wollten, die beiden anderen Mitarbeiter zu enttäuschen, die ähnlich loyal und einsatzbereit waren.

Ähnlich wie bei Eltern, denen Gerechtigkeit gegenüber ihren Kindern ein zentrales Anliegen ist, verdrängten auch die Maiers die Spannungen unter den Mitarbeitern und waren im Konflikt zwischen ihren Interessen als Unternehmer und ihren Interessen als gerechte „Zieheltern" befangen. Diesen Rollenkonflikt hatten wir ausführlich bearbeitet und uns dann auf die Frage konzentriert, ob Karl als Nachfolgepersönlichkeit menschlich und fachlich geeignet ist.

2.3 Die Überprüfung von Karl auf seine Eignung als potenzieller Nachfolger

Erfahrungsgemäß sind es vielmehr die so genannten „soft-factors" des Nachfolgers als seine „hard-factors", die über den Erfolg entscheiden. Es kommt weniger auf die Ausbildung und die fachlich-sachlichen Kenntnisse an als auf die so genannte „Unternehmer-Persönlichkeit", über die ein guter Mitarbeiter nicht zwangsläufig verfügt. Deshalb ist es dringend erforderlich, den für die Nachfolge designierten Mitarbeiter auf seine persönliche Eignung für die Aufgaben als Unternehmer kritisch zu überprüfen.

Dabei handelt es sich um sechs empirisch gesicherte Persönlichkeitsmerkmale, die hier kurz beschrieben werden:

1. *Führungsvermögen*, d. h. die Fähigkeit, eine Führungsrolle zu übernehmen mit dem Anspruch, den Arbeits- und Gruppenprozess wirksam zu steuern und Ziele durchzusetzen.
2. *Belastbarkeit*, d. h. die Befähigung, auch über einen längeren Zeitraum hinweg starken psychischen und geistigen Anforderungen ausgeglichen und selbstkontrolliert zu begegnen.
3. *Entscheidungsvermögen*, d. h. die Fähigkeit und Bereitschaft, sachdienliche Informationen analytisch und systematisch zu bewerten, angemessene Prioritäten zu setzen und daraus ziel- und ergebnisorientierte Arbeitsschritte und Entscheidungen abzuleiten.

4. *Kundenorientierung*, d. h. die Fähigkeit, im Umgang mit Menschen schnell eine Vertrauensbasis zu schaffen, aktiv und zielsicher „die Welt des anderen zu erforschen", die dabei gewonnenen Informationen in die eigenen Überlegungen aufzunehmen und lösungsorientiert umzusetzen, sich und seine Ideen/Produkte überzeugend zu verkaufen und Kundenzufriedenheit herzustellen.

5. *Kooperationsvermögen*, d. h. die Fähigkeit und Bereitschaft, die Meinungen und Ideen der anderen bewusst in das eigene Überlegungs- und Handlungsspektrum mit einzubeziehen und andere konstruktiv an eigenen Erfahrungen teilhaben zu lassen, um so die optimale Zielerreichung sicherzustellen.

6. *Kritik- und Konfliktvermögen*, d. h. die Fähigkeit und Bereitschaft, Konflikte zu erkennen und auszuhalten, sich mit den Stärken und Schwächen der eigenen Person und des sozialen Umfelds bewusst auseinanderzusetzen, dies aus verschiedenen Perspektiven zu betrachten und damit verbundene Probleme zu verarbeiten und zu lösen.

Für Karl hatten wir zur Überprüfung seiner Ausprägungen in diesen sechs Merkmalen einen Persönlichkeitstest für das Eigenbild und eine individuelle Potenzialanalyse für das Fremdbild entwickelt. Das Ergebnis fiel positiv für Karl aus. Seine ihm selbst bekannten kaufmännischen Schwächen sollte er mit einem persönlichen Lernprogramm abbauen und wir schlugen ihm vor, wo er sich welche Unterstützung holen kann.

Als wir den Senioren das Ergebnis präsentierten, fühlten sie sich in ihrer persönlichen Einschätzung eher bestätigt als überrascht. Es wäre auch verwunderlich, wenn nach jahrelanger Zusammenarbeit völlig unterschiedliche Einschätzungsergebnisse erzielt worden wären.

In vielen Fällen kann man sich eine aufwendige Potenzialanalyse für den Nachfolger sparen, aber zur Absicherung einer so weit reichenden Entscheidung, wie sie Maiers zu treffen hatten, macht es Sinn, die Einschätzung der Senioren durch ein Fremdbild professioneller Experten zu überprüfen und ein Nachfolger-Assessment durchzuführen.

Nachdem Maiers und Karl sich auf der menschlichen Seite geeinigt hatten, konnte Michael Lezius daran gehen, ein passendes Mitarbeitermodell für die Nachfolgeregelung zu erarbeiten. Hier wollen wir nur einige Einzelheiten nennen, die das Beispiel illustrieren:

2.4 Vermögensübertragung

Karl war bereits mit 15 Prozent am Betrieb beteiligt. Michael Lezius schlug den Maiers vor, Karl bei seiner Ernennung zum Nachfolger weitere 15 Prozent der Firmenanteile als sichtbaren Beweis dafür zu schenken, wie sehr sie ihm vertrauten. Ein Stufenplan über 10 Jahre wurde erstellt, wie sich Karl aus Teilen seines Einkommens und seiner Prämien weitere 40 Prozent der Firmenanteile erwerben kann.

In ihrem Testament wollen die Maiers ihm die restlichen Anteile vererben. Die Betriebsbewertung wurde aus der Perspektive dieser Übertragungswünsche entsprechend im unteren Bereich angesiedelt.

Es wurde eine Übergabezeit von zwei Jahren vereinbart. Karl wurde als dritter Geschäftsführer gleichberechtigt neben den Maiers bestellt. Den Mitarbeitern wurde er dann offiziell als Nachfolger vorgestellt, als alle formellen Schritte vollzogen waren.

Mit den beiden anderen zunächst für die Nachfolge ins Auge gefassten Mitarbeitern wurden ausführliche Einzelgespräche geführt. Die übrigen Mitarbeiter wurden über die Entscheidungen im Rahmen der Weihnachtsansprache informiert, die zeitlich den passenden Rahmen darstellte. Mit der Führungskräftemannschaft wurde ein von successio moderierter Tages-Workshop durchgeführt, wo jeder Teilnehmer ausführlich Gelegenheit hatte, seine Bedenken und Fragen zu äußern. Für diesen Part haben wir konkrete Vorschläge sowohl für Maiers als auch für Karl ausgearbeitet, die dankbar angenommen wurden.

2.5 Mitarbeiterbeteiligung als Einstieg für den Nachfolger

Michael Lezius schlug Karl ein für den Betrieb maßgeschneidertes Mitarbeiterbeteiligungsmodell vor, das sowohl liquiditätsverbessernd als auch motivationssteigernd gestaltet war und sich vor allem positiv für Karls Akzeptanz als Nachfolger auswirken sollte.

Karl eröffnete seine Rede gegenüber den Mitarbeitern bei seinem offiziellen Antritt als Nachfolger mit der Mitteilung, dass er sich für ein Mitarbeiterbeteiligungsmodell entschieden habe. Mit diesem inhaltlichen Schwerpunkt und seiner persönlichen Begründung, warum ihm das so wichtig war, sicherte er sich das Vertrauen seiner früheren Kollegen und sorgte für ein positives Betriebsklima.

Fazit

Dieses Fallbeispiel zeigt, dass es insbesondere die psychologischen Faktoren sind, die bei der Nachfolgeregelung eine große Rolle spielen. Ein Betrieb ist kein Möbelstück, das man übergibt. Ein Familienbetrieb ist ein Lebensraum mit gewachsenen Beziehungen der Senioren zu ihren Mitarbeitern. Die Nachfolgeregelung muss sich „gut anfühlen" und die Chemie zwischen Senioren und Nachfolgern muss stimmen.

Ohne Vertrauen sind viele Lösungen nicht denkbar. Die Kommunikation während des Such- und Gestaltungsprozesses der Nachfolgelösung ist heikel. Sie erfordert Fingerspitzengefühl, Einfühlung und Erfahrung. Es muss sowohl offen geredet werden als auch der richtige Zeitpunkt und die richtigen Worte gewählt werden. Viele Gespräche sind ohne professionelle Moderation nicht effizient. Insbesondere bei den heiklen und emotionalen Fragen zur Unternehmensbewertung und zum Testament muss behutsam, rücksichtsvoll, aber sachlich und professionell gearbeitet werden. Der Wechsel vom Mitarbeiterstatus zum Chef gelingt in den meisten Fällen wesentlich leichter, wenn sich der Nachfolger im Verhalten gegenüber den früheren Kollegen und im Auftreten gegenüber dem früheren Chef in einem Einzelcoaching unterstützen lässt.

Der Einstieg für den Nachfolger mit einem Mitarbeiterbeteiligungsmodell bewährt sich für das Betriebsklima und die Liquidität des Unternehmens.

3. Interview mit Michael Lezius

3.1 Eigentum und Führung

Ein Familienunternehmen unterscheidet sich von jedem anderen Unternehmen dadurch, dass Eigentum und Führung in einer Hand liegen. Viele Unternehmer zögern, Mitarbeiter für die Nachfolge in Erwägung zu ziehen, weil sie sich nicht vorstellen können, wie sie die Einheit von Eigentum und Führung bei einem Mitarbeiter realisieren können. Wie viel eigenes Geld sollte ein Mitarbeiter mindestens einbringen und wie kann dies ermöglicht werden?

Antwort Michael Lezius

Bei einer Nachfolgeregelung durch einzelne Führungskräfte sollten die Führungskräfte so viel Geld mitbringen, dass sie noch schlafen können, am Tag gut arbeiten, die Beteiligung aber im Geldbeutel spüren. Der Nachfolger sollte EKH-Mittel in Anspruch nehmen und auch Kredite (z. B. KfW) aufnehmen. Zusätzlich kann eine Kapitalbeteiligungsgesellschft gewonnen werden. Eine Nachfolgeregelung kann über 6-10 Jahre dauern, sodass der bisherige Unternehmer die Anteile nach und nach überträgt. Dieser Prozess der Nachfolge kann durch eine Mitarbeiterbeteiligung für weitere Führungskräfte bzw. der ganzen Belegschaft ergänzt werden.

Sollte die komplette Belegschaft das Unternehmen mehrheitlich übertragen bekommen, können die Finanzmittel aus vermögenswirksamen Leistungen, Lohnanteilen, Weihnachtsgeld, Urlaubsgeld, Erfolgsbeteiligungen, Prämien u. Ä. aufgebracht werden. Diese ist über Jahre anzulegen. Kredite pro Mitarbeiter sind mit seinem Einkommen abzustimmen, damit er vom Zins- und Tilgungsdienst nicht erdrückt wird. Hier sind noch die gesetzlichen Rahmenbedingungen zu schaffen, z. B. ein Steuerfreibetrag pro Mitarbeiter pro Jahr von 2.500 DM, sofern ein Arbeitnehmer einen Beitrag zum Kauf eines Unternehmens leistet.

Mithilfe von Kreditkapital auf das Arbeitnehmer-Eigenkapital könnten die finanziellen Mittel aufgestockt werden, um das Unternehmen als Belegschaft vom abgebenden Unternehmer in 6-10 Jahre käuflich zu erwerben. Im Falle der Firma Grünbeck, Höchstadt/Donau läuft dieser Prozess bereits seit 25 Jahren.

3.2 Die Seniorperspektive

Welche besonderen Hilfestellungen brauchen die Senioren bei ihrer Entscheidung, einen Mitarbeiter als Nachfolger aufzubauen?

Antwort Michael Lezius

Die Senioren verfügen meistens über gute Steuerberater und Rechtsanwälte sowie ihren Wirtschaftsprüfer. Diese sind notwendig, aber nicht hinreichend. Die Senioren benötigen einen Berater, der die psychologische, geistig-spirituelle Seite der Nachfolgeregelung aufgreift und unterstützt. Dies ist mindestens 50 Prozent der Arbeit, so wie dies auch von Frau Dr. Breuninger, der geschäftsführenden Gesellschafterin der successio GmbH aus Stuttgart gesehen wird. Ich möchte allen Unternehmern empfehlen, sich hier wirklich die ausgewiesenen Berater zu holen, bei denen die notwendige Kompetenz wie bei der Stuttgarter Firma vorhanden ist.

3.3 Die Juniorperspektive

Wenn ein Mitarbeiter als Nachfolger gewählt wird, hebt man ihn aus der Gruppe der anderen Mitarbeiter, d. h. man löst ihn aus der Gemeinschaft heraus. Was kann der Senior tun, um negative Auswirkungen zu vermeiden, welche Hilfe sollte der Junior in Anspruch nehmen und welche Erfahrungen gibt es dazu?

Antwort Michael Lezius

Die Erfahrungen sind sehr vielfältig. Einzelne Mitarbeiter fanden rasch die Anerkennung der Kollegen, andere nicht. Der Prozess der Abgrenzung ist nicht einfach, doch sollte er von allen Beteiligten offen und klar dargestellt und gelebt werden. Die Beschäftigten können den Rollenwechsel des ehemaligen Kollegen manchmal nicht verkraften. Hier sind Informationen nötig über die Gefahren und Risiken des neuen Unternehmers, der einst Kollege war. Eine Mitarbeiterbeteiligung mit Risikoanteil kann hier Wunder wirken, denn es gibt nicht viele Arbeitnehmer, die groß ins Risiko steigen. Der neue Unternehmer ist gut beraten, seinen Entwicklungsprozess nicht großspurig zu demonstrieren, sondern auch seine Ängste und Hoffnungen zu kommunizieren und das unternehmerische Risiko in der Wettbewerbswirtschaft offen zu legen.

Die Senioren sind gut beraten, ehrlich ihre Entscheidung zu begründen und dazu zu stehen. Sollten sie eine Fehlentscheidung getroffen haben, so muss dies nach einer angemessenen Zeit für die Bewährungsprobe korrigiert und neue Personen gesucht werden. Hauptsache ist, dass vom Unternehmer der Stufenplan zur Weiterbildung des Nachfolgers und der Zeitplan zum Ausscheiden aus dem Unternehmen genau eingehalten wird. Der oder die Nachfolger sind gut beraten, ihre Unternehmerdefizite durch individuelle Weiterbildung, durch Coaching und kluge Beratung auszugleichen. Für diesen Lernprozess sollten sich die Nachfolger 2-3 Jahre einräumen und ihn mutig angehen. Allerdings nicht auf eigene Faust, das Risiko ist viel zu groß. Die Erfolgschancen der Nachfolger steigen mit einem erfahrenen Coach.

3.4 Psychologische Aspekte

Was ist auf der menschlichen Seite zu berücksichtigen, wenn der Chef sein Lebenswerk einem Mitarbeiter als familienfremdem Nachfolger übergibt und was sollte man in der Beratung konkret ansprechen und bearbeiten?

Antwort Michael Lezius

Für einen Unternehmer ist es schon kaum vorstellbar, dass seine Kinder sein Unternehmen einst führen sollen. Noch unvorstellbarer ist es für ihn, dass ein Mitarbeiter oder die Belegschaft das bewerkstelligen soll. Zuerst ist die Herkules-Arbeit zu stemmen, dem Unternehmer sein „Lebenswerk wegzunehmen". Deshalb braucht der Unternehmer einen „Haltegriff", eine Alternative für die Zukunft. Das kann nicht nur Golfspielen sein. Hier setzt die Beratung aktiv an, um aus der Lebensbiographie des Unternehmers Tätigkeitsfelder zu entwickeln. Der familienfremde Nachfolger oder die neue Führungscrew in einer Mitarbeitergesellschaft muss so hoffnungsvoll in ihrer Entwicklung sein, dass der Unternehmer die Übergabe als plausibel und als die bessere Alternative zum Verkauf / Schließen des Unternehmens ansieht. Der bisherige Chef sollte bald als Geschäftsführer ausscheiden, aber im Beirat als Mitgesellschafter (5-30 Prozent Kapitalanteile) noch einige Jahre zur Verfügung stehen.

3.5 Die Vermögensnachfolge

Welche Modelle der Unternehmensbewertung sind sinnvoll und welche juristischen Schritte sind notwendig?

Antwort Michael Lezius

Beim Nachfolgeprozess ist die Zukunft im Visier, so auch der Wert des Unternehmens in der Zukunft. Der Nachfolger (Führungskraft wie Belegschaft) kauft nicht die Vergangenheit, sondern die Zukunft des Unternehmens (Ertragswertverfahren). Nur solche Verfahren der Unternehmensbewertung sind sinnvoll. Was nutzen alte Gebäude bzw. Maschinen, die keinen Nutzen in der Zukunft abwerfen. Folgend juristische Schritte sind empfehlenswert:

- Wahl des Konzepts
- Aussuchen des Nachfolgers
- Letter of intent
- Proklamation der Nachfolgeregelung

- Qualifizierung
- Übertragung von 25,1 Prozent auf den Nachfolger
- Verbindlicher Finanzierungsplan
- Fester Zeitplan für weitere Übertragungen
- Kapitalmehrheit beim neuen Unternehmer
- Parallele Einführung einer Belegschaftsbeteiligung
- Schaffung von partnerschaftlicher Führungsstruktur
- möglichst langes Halten eines Gesellschaftsanteils des bisherigen Unternehmers
- Controlling für den Nachfolgeprozess

Zeitwertmodelle: Die Verbindung von Lebensarbeitszeitflexibilisierung und kapitalmarktbasiertem Vermögensaufbau

Michael Bursee/Hans-Rainer Pohl

1. Das Zeitwertmodell – Funktionsweise und Rechtsgrundlage

Unternehmen stellen sich zunehmend die Frage, welche Konzepte und Instrumente geeignet sind, um im Wettbewerb um Human Capital erfolgreich zu sein. Um als Unternehmen attraktiv zu sein, bedarf es einer stärkeren Berücksichtigung der Bedürfnisse der Beschäftigten. In diesem Zusammenhang taucht in jüngerer Zeit verstärkt das Konzept der „Work Life Balance" auf, d. h. die Ermöglichung eines individuellen Ausgleichs von Arbeitswelt und privater Lebenssphäre. Um einen solchen Ausgleich herzustellen, können langfristig ausgerichtete Arbeitszeitkonten ein geeignetes Instrument der Personalpolitik sein.

Gegenstand dieses Beitrags ist die spezielle Form eines Langzeit- bzw. Lebensarbeitszeitkontos, das in der aktuellen Diskussion auf besonderes Interesse stößt und bereits von namhaften Großkonzernen implementiert worden ist – das so genannte Zeitwertmodell. Bei Zeitwertmodellen handelt es sich um Arbeitszeitkonten, die eine individualisierte Lebensarbeitszeitgestaltung ermöglichen. Die jeweiligen Zeitkonten werden in Geld geführt und erlauben sowohl die Einbringung von monetisierten Zeitguthaben wie Mehrarbeit oder Urlaubstage als auch die Umwandlung von Gehaltsbestandteilen zugunsten des Zeitwertkontos. Die Einbringung der Mittel erfolgt zu ihrem Brutto-Wert. Die Besteuerung und sozialversicherungsrechtliche Verbeitragung erfolgt nachgelagert, d. h. erst bei Inanspruchnahme des Wertguthabens.

Ein hervorzuhebender Unterschied zu klassischen, in Zeiteinheiten geführten Lebensarbeitszeitkonten besteht in der Anlage und Verzinsung der Wertguthaben über den Kapitalmarkt. Hierbei werden die Wertguthaben in einem oder mehreren Fonds angelegt und verzinsen sich entsprechend der Entwicklung der Fonds. Durch die Verzinsung der Wertguthaben ist das Langzeitkonto, anders als bei in Zeiteinheiten geführten Modellen, von der Gehaltsentwicklung des Mitarbeiters unabhängig. Nur in dem Fall, in dem die tatsächliche Verzinsung der Wertguthaben exakt der Gehaltsentwicklung des Arbeitnehmers entspricht, besteht im Ergebnis kein Unterschied zur Führung der Konten in Zeit.

Ein weiterer Unterschied zu in Zeit geführten Konten besteht in der größeren Nutzungsbreite des Guthabens. Grundlage ist das Gesetz zur sozialrechtlichen Absicherung flexibler Arbeitszeitregelungen (Flexi-Gesetz) vom 6. April 1998.[1] Hierauf basierend hat nun der Arbeitnehmer die Möglichkeit, Zeit- und Wertguthaben beim Arbeitgeber aufzubauen, die später während einer Freistellungsphase wieder abgebaut werden können. Neben der Verwendung des Wertguthabens für Freistellungsphasen und Teilzeitbeschäftigung ist unter bestimmten Bedingungen auch eine Überführung nicht genutzter Wertguthaben in eine betriebliche Altersversorgung möglich. Zudem können im Falle eines Abeitgeberwechsels individuelle Wertguthaben übertragen werden, ohne dass steuer- und sozialversicherungsrechtlich ein Störfall eintritt. Voraussetzung hierfür ist, dass der neue Arbeitgeber ein vergleichbares Modell anbietet.

2. Personalpolitische Gründe für Zeitwertmodelle

Mit der Einführung eines Zeitwertmodells sind je nach konkreter Ausgestaltung eine Reihe von Vorteilen sowohl für Mitarbeiter als auch für den Arbeitgeber verbunden. Wesentlich für den Erfolg eines solchen Modells ist eine genaue Analyse der hiermit verfolgten personalwirtschaftlichen Ziele, die von Unternehmen zu Unternehmen variieren können. Während bei Dienstleistungsunternehmen möglicherweise die Steigerung der Attraktivität am Arbeitsmarkt im Vordergrund steht, mag für ein produzierendes Industrieunternehmen der Aspekt des Ausgleichs von Beschäftigungsschwankungen von besonderer Bedeutung sein. Aus Sicht des Unternehmens können z. B. folgende personalpolitische Ziele relevant sein:

- Förderung der Mitarbeiterbindung durch zunehmende Attraktivität des Modells im Zeitablauf,
- höhere Anreizwirkung für die Mitarbeiter durch attraktive, individuelle und flexible Möglichkeiten der Entgeltverwendung,
- Unterstützung des Images als innovativer und leistungsstarker Arbeitgeber,
- weitgehende Kostenneutralität des Modells hinsichtlich der Lohn- und Gehaltssumme,
- in Verbindung mit entsprechenden Arbeitszeitmodellen eine ereignisnahe Kapazitätsdisposition.

Insgesamt kann das Unternehmen einen attraktiven und steueroptimierten Cafeteria-Baustein anbieten und hierdurch seine HR-Strategie effektiv untermauern. Zeitwertmodelle sind jedoch nicht geeignet, um Personalkosten zu sparen. Die Gehaltssummen, auf die der Mitarbeiter zugunsten des Zeitwertmodells verzichtet hat, werden einschließlich der Arbeitgeberanteile zur Sozialversicherung in den Fonds eingezahlt und müssen insolvenzgesichert werden. Die Liquidität und finanzielle Dispositionsfähigkeit des Arbeitgebers wird daher nicht erhöht. Stattdessen liegt die finanzielle Vorteilhaftigkeit beim Arbeitnehmer. Als Vorteile auf Arbeitnehmerseite sind insbesondere zu sehen:

- Freiwilligkeit der Teilnahme an dem Programm,
- Angebot flexibler Verwendungsmöglichkeiten der angesparten Guthaben für Freistellungen, den gleitenden Übergang in den Ruhestand oder die Finanzierung zusätzlicher Versorgungsbausteine,
- attraktive Renditechance durch kapitalmarktfinanziertes, steuerbegünstigtes Bruttosparen,
- Möglichkeit zur flexiblen und individuellen Einbringung,
- Insolvenzschutz der Fonds-Einlagen sowie ggf. weitere Sicherheiten.

Aufgrund der langfristigen Renditeentwicklung der eingebrachten Guthaben aus unversteuertem Einkommen können sich für den Mitarbeiter deutlich höhere Renditen ergeben als bei vergleichbaren Anlageformen, die aus Netto-Mitteln angespart werden.

3. Modelldesign

Der Gesetzgeber schreibt vor, dass Wertguthaben aufgrund einer schriftlichen Vereinbarung geschaffen werden. In dieser ist festzulegen, welche Bestandteile der betrieblichen Bezüge in das Wertguthaben eingebracht werden können, wie die Guthaben fortzuentwickeln sind und wann sowie in welcher Form das individuelle Wertguthaben in Anspruch genommen werden kann. Die Implementierung eines Zeitwertmodells setzt von daher eine Reihe von personalpolitischen Gestaltungsentscheidungen hinsichtlich der einzelnen Parameter des Modells voraus. Bezüglich der Gestaltungsbereiche lassen sich Einbringung, Aufbau und Entnahme unterscheiden.

3.1 Mitteleinbringung

Die Teilnahme am Zeitwertmodell bedingt, dass die Mitarbeiter gegenüber ihrem Arbeitgeber auf die Auszahlung von Teilen ihrer Arbeitsvergütung verzichten. Der Verzicht kann sich, sofern der Tarifvertrag dies zulässt, auf alle tariflichen sowie auf außertarifliche Vergütungsbestandteile beziehen. Analog den Vorgaben für Deferred-Compensation-Modelle darf der Arbeitnehmer auch nur auf solche Vergütungsbestandteile verzichten, die im Anspruch noch nicht entstanden sind. Das setzt voraus, dass der Mitarbeiter in einer Verzichtserklärung zukünftig entstehende Gehaltsansprüche bzw. Mehrarbeitsstunden beziffert, die in sein Zeitguthaben einfließen sollen. Eine gesetzliche Obergrenze für die individuellen Einbrinungsbeträge existiert derzeit nicht. Dem Mitarbeiter muss allerdings ein Betrag oberhalb der Grenzen der Sozialversicherungsfreiheit geringfügiger Beschäftigung von derzeit 325 Euro verbleiben.

Das in das Zeitwertmodell eingebrachte Entgelt muss gemeinsam mit den eventuellen Wertsteigerungen erst bei der späteren Nutzung versteuert werden. Der Arbeitgeber stellt sicher, dass die Einbringung der Beträge nicht zu einer Verdienstkürzung führt, soweit davon die Bemessung weiterer betrieblicher und/oder tariflicher Leistungen sowie Tariferhöhungen betroffen sind. Maßgeblich hierfür bleiben insoweit Arbeitszeit und Entgelt inklusive des Verzichts. Die Höhe der Einbringung kann je nach Bedarf mit jeder Verzichtserklärung neu festgelegt werden. Um den administrativen Aufwand für den Arbeitgeber in Grenzen zu halten, sollte eine Untergrenze für die jährliche Einbringung (z. B. 500 Euro) definiert werden.

3.2 Aufbau und Sicherung des Wertguthabens

Die vom Mitarbeiter eingebrachten Beträge werden durch den Arbeitgeber in einen bzw. mehrere professionell gemanagte Fonds eingezahlt und verzinsen sich dort bis zum Zeitpunkt der Inanspruchnahme. Hierbei kann es sich sowohl um Publikumsfonds wie auch um für diesen Zweck aufgelegte Spezialfonds handeln. Fonds-Inhaber ist der Arbeitgeber, sodass die Mitarbeiter keinen unmittelbaren Anspruch gegenüber den Fonds geltend machen können.

Die Anlage erfolgt mit der Zielsetzung, gute Ertrags- und Wachstumsaussichten unter Berücksichtigung eines moderaten Risikoprofils miteinander zu verbinden. Um dies zu erreichen, eignen sich insbesondere gemischte Fonds, die sich aus internationalen Aktien und Rentenpapieren zusammensetzen. Im Sinne einer Kombination von Mitarbeiterbeteiligung und Lebensarbeitszeitflexibilisierung ist auch die Auflegung eines Spezialfonds denkbar, der ausschließlich in Aktien des arbeitgebenden Unternehmens bzw. der Obergesellschaft investiert.

Möchte man den Mitarbeitern differenzierte Anlagemöglichkeiten eröffnen, so können z. B. so genannte „Switch-Fonds“ aufgelegt werden. Dabei handelt es sich um eine Art Dachfonds, der wiederum in Fonds verschiedener Risikoklassen investiert. Die konkrete Anlage der Wertguthaben erfolgt dabei gemäß dem Lebensalter eines Mitarbeiters.

Beispiel: Beginnt ein Mitarbeiter den Aufbau seines Wertguthabens z. B. mit Ende zwanzig, so werden die Beträge in reine Aktienfonds angelegt. Bei Erreichen des 35. Lebensjahres wird sein angespartes Guthaben in eine risikoärmere Anlageform – z. B. einen Mischfonds mit 60 Prozent Rentenanteil – überführt. Mit Erreichen des 50. Lebensjahres wird sein Wertguthaben erneut umgeschichtet, diesmal z. B. in einen Mischfonds mit 80 Prozent Rentenanteil. Hierdurch kann das Risiko eines starken Verzehrs der angesparten Mittel kurz vor Beginn einer geplanten Freistellungsphase durch eine Baisse an den Kapitalmärkten verhindert werden. Neben solchen Anlagekonzepten mit vordefinierten Umschichtungen sind auch Modelle geeignet, die dem Mitarbeiter die Wahl zwischen verschiedenen Fonds einräumen. Wichtig ist hierbei die Information des Mitarbeiters bezüglich der unterschiedlichen Risikoprofile der jeweiligen Anlageform durch den Arbeitgeber.

In der Nutzungsphase wird die Anlagestrategie den geänderten Bedürfnissen des Mitarbeiters angepasst. Das bedeutet vor allem, dass das Anlagekapital in seinem bisher aufgelaufenen Wert gesichert werden muss, um für die Finanzierung der Freistellung verwendet werden zu können. Die Anlageform für die Nutzungsphase muss zu jedem Auszahlungszeitpunkt einen gesicherten Wert aufweisen, d. h. es muss nicht nur das Risiko auf einen Endtermin bezogen minimiert werden, sondern auch die Volatilität während der Laufzeit. Diese Bedingung wird nur durch geldmarktnahe Anlageinstrumente erfüllt; als prinzipielle Anlagealternativen kommen daher Tagesgelder/Festgelder oder Geldmarktfonds in Frage. Zur Risikominimierung wird das Guthaben bei Eingang der Verwendungserklärung des Mitarbeiters z. B. in einen Geldmarktfonds umgeschichtet, der das Kapitalrisiko minimiert und gleichzeitig für hohe Liquidität und attraktive Verzinsung sorgt. Vor Eintritt in die Nutzungsphase muss ein detaillierter Auszahlungsplan erarbeitet werden. In der Freistellungsphase erfolgt monatlich ein Verkauf von Fondsanteilen (maximal) im Wert der zuvor bezogenen monatlichen Gehaltszahlung.

Die jeweiligen Fonds werden von einem professionellen Fondsmanagement einer KAG gesteuert, das an klar definierte Anlagerichtlinien gebunden ist. Alle Wertpapiere des Fondsvermögens werden bei einer Depotbank verwahrt, die dafür sorgt, dass die Berechnung des Wertes der Fondsanteile den Gesetzesvorschriften sowie Vertragsbedingungen entspricht.

Als weitere Sicherheit für den Arbeitnehmer kann der Arbeitgeber freiwillige Garantien bezüglich einer Mindestverzinsung bzw. auf den Nominalwert des eingesetzten Kapitals gewähren.

3.3 Verwendung des Wertguthabens

Wahlmöglichkeiten

Die in den Fonds eingebrachten Mittel zuzüglich der sich ergebenden Zuwächse stellen das Wertguthaben des Mitarbeiters dar. Entnahmen aus dem individuellen Wertguthaben erfolgen durch Freistellung von der Arbeit unter Fortzahlung des jeweiligen Grundgehalts. Das Arbeitsverhältnis mit dem Arbeitgeber bleibt in der Freistellungsphase bestehen. Die Auszahlungen an den Mitarbeiter erfolgen unter Abführung der Steuer- und Sozialversicherungsbeiträge, sodass der Mitarbeiter hieraus keine Rentenverluste erleidet. Die Dauer der Freistellung richtet sich nach dem vorhandenen Guthaben und dem hieraus zu finanzierenden Gehalt des Mitarbeiters. Durch eine Reduzierung des auszuzahlenden Betrages auf mindestens jedoch 70 Prozent des zuvor erzielten Grundgehaltes lässt sich die Freistellungsphase verlängern. Das aufgelaufene Wertguthaben kann bei Verwendung grundsätzlich für verschiedene Arten der Freistellung in Anspruch genommen werden. Ausschlaggebend für die Wahl sind die individuellen Präferenzen des Mitarbeiters.

Eine Verwendungsalternative kann darin bestehen, dass der Arbeitnehmer entsprechend seinem angesparten Guthaben direkt vor Eintritt in den (gesetzlichen) Ruhestand von der Arbeit freigestellt wird. Diese Alternative kann auch in Verbindung mit einem Altersteilzeitmodell genutzt werden, bei dem beispielsweise eine Freistellung während des Arbeitsblocks aus dem Wertguthaben finanziert oder aber die Freistellungsphase der Altersteilzeit verlängert wird. Alternativ zur vollständigen Freistellung kann das Guthaben auch für eine teilweise Freistellung verwendet werden. Der Mitarbeiter arbeitet nach dieser Variante ab einer bestimmten Zeit nur noch Teilzeit, erhält aber trotzdem sein volles Gehalt. Eine solche Verwendung ermöglicht dem Arbeitnehmer einen gleitenden Übergang in den Ruhestand und hilft gleichzeitig dem Unternehmen, die Erfahrungen des Arbeitnehmers noch länger zu nutzen.

Die Freistellungsphase muss der Altersrente nicht zwingend unmittelbar vorangehen. Ebenso sind im Rahmen eines Zeitwertmodells kurzfristige Freistellungen im Sinne eines Sabbaticals möglich, beispielsweise als Auszeit für eine finanzierte Familienphase, ausgedehnten Bildungsurlaub oder andere private Vorhaben. Ein Zeitwertguthaben kann weiterhin vorsehen, dass ein Mitarbeiter vorzeitig unter Berücksichtigung seines individuellen Wertguthabens und der gesetzlichen Möglichkeiten in Rente geht (Vorruhestand). Sein Arbeitsverhältnis mit dem Arbeitgeber wird in diesem Fall beendet. Das angesparte Guthaben dient dazu, die Rentenverluste bei der betrieblichen und gesetzlichen Altersversorgung durch den vorzeitigen Ruhestand vollständig oder teilweise auszugleichen.

Zudem definiert der Gesetzgeber bestimmte Störfälle, in denen es zu einer sofortigen Auszahlung des Wertguthabens an den Mitarbeiter bzw. dessen Erben kommt. Hierzu zählen (ausschließlich) folgende Fälle:

- Insolvenz des Unternehmens
- Invalidität des Mitarbeiters
- Tod des Mitarbeiters
- Wechsel des Arbeitgebers.

In allen aufgezählten Fällen kommt es zu einer sofortigen Versteuerung und Verbeitragung der ausgezahlten Beträge. Eine Ausnahme stellt der Wechsel des Arbeitgebers dar. Sofern der neue Arbeitgeber ein vergleichbares Modell anbietet, kann das individuelle Zeitwertguthaben des Mitarbeiters inklusive der Arbeitgeberbeiträge und der Wertzuwächse übertragen werden, ohne dass die Versteuerung und Verbeitragung erfolgt. Bei dem derzeit noch geringen Verbreitungsgrad von Zeitwertmodellen ist dies jedoch noch eine eher theoretische Perspektive.

Sozialversicherungsrechtliche Grundsätze

Die oben skizzierten Verwendungsmöglichkeiten individueller Wertguthaben hängen von der Einhaltung einer Reihe von sozialversicherungsrechtlichen Bedingungen ab. Nach § 7 Abs. 1 a SGB IV müssen folgende fünf Voraussetzungen erfüllt sein, damit während einer Freistellungsphase von einer Beschäftigung gegen Arbeitsentgelt ausgegangen werden kann:

- Abschluss einer schriftlichen Vereinbarung über die Freistellung,
- während der Freistellung wird Entgelt gezahlt,
- das Arbeitsentgelt wird mit einer vor der Freistellungsphase erbrachten eigenen Arbeitsleistung erzielt,
- die Höhe des Freistellungsentgeltes weicht nicht unangemessen von dem monatlich fälligen Arbeitsentgelt der vergangenen 12 Monate ab. Die Spitzenverbände der Sozialversicherung sehen ein Mindestentgelt von z. Zt. 70 Prozent des durchschnittlich während der vorangegangenen 12 Monate regelmäßig erzielten Arbeitsentgeltes als angemessen an,
- das Arbeitsentgelt während der Arbeits- und der Freistellungsphase muss mehr als 631 DM betragen.

Darüber hinaus regelt § 7 Abs. 1 a SGB IV nunmehr,[2] dass die Arbeitsvertragsparteien beim Abschluss der o. a. schriftlichen Vereinbarung „einen anderen Verwendungszweck vereinbaren" können, jedoch nur dann, wenn das Wertguthaben wegen der Beendigung der Beschäftigung

- aufgrund verminderter Erwerbsfähigkeit,
- des Erreichens einer Altersgrenze, zu der eine Rente wegen Alters beansprucht werden kann oder
- des Todes des Beschäftigten

nicht mehr für Zeiten einer Freistellung von der Arbeitsleistung verwendet werden kann.

§ 23 b Abs. 3 a SGB IV in der Fassung des 4. Euro-Einführungsgesetzes definiert diesen „anderen Verwendungszweck" als Verwendung für Zwecke der betrieblichen Altersversorgung: (Nur) in den Fällen, in denen der Mitarbeiter das Wertguthaben wegen Eintritts einer der o. a. Versorgungsfälle nicht in Anspruch nehmen kann, ist dieses für die Finanzierung einer betrieblichen Altersversorgung verwendbar, ohne dass diese Verwendung die Sozialversicherungsbeitragspflicht auslöst. Diese „Umwandlung" des Wertguthabens in betriebliche Altersversorgung führt allerdings dann zur Sozialversicherungsbeitragspflicht (d. h. wird als „Störfall" behandelt), wenn

- die Versorgungszusage die Möglichkeit einer Abfindung der Versorgungsleistungen vorsieht,
- „Leistungen im Falle des Todes, der Invalidität und des Erreichens einer Altersgrenze, zu der eine Rente wegen Alters beansprucht werden kann, nicht gewährleistet sind" oder
- bereits im Zeitpunkt der Ansammlung des Wertguthabens vorhersehbar ist, dass es nicht für eine Freistellung genutzt werden kann.

4. Aspekte der erfolgreichen Implementierung

Die Implementierung von Zeitwertmodellen stellt hohe Anforderungen an das Projektmanangement. Dies liegt zum einen an der Neuartigkeit dieser Modelle in der Unternehmenspraxis und zum anderen an deren komplexer Gestaltung, resultierend aus dem differenzierten Zusammenspiel rechtlicher, steuerlicher, betriebs- und personalwirtschaftlicher Gestaltungselemente. Neben der personalwirtschaftlichen Modellkonzeption ergeben sich weitere Felder, die bei der Implementierung beachtet werden müssen und von denen einige nachfolgend skizziert werden.

4.1 Arbeitsrechtliche Voraussetzungen

Ist das betrachtete Unternehmen tarifgebunden, so ist, um tarifliche Entgeltbestandteile in das Zeitwertkonto einbringen zu können, eine geeignete Öffnungsklausel erforderlich. Verschiedene Tarifverträge – so z. B. der Metalltarifvertrag Nordrhein-Westfalen oder der Manteltarifvertrag des Bankengewerbes – beinhalten bereits entsprechende Klauseln, in denen auch der konzeptionelle Rahmen für die betriebliche Ausgestaltung von Zeitwertmodellen geregelt ist. Enthält der jeweilige Tarifvertrag keine entsprechende Öffnungsklausel, so kann sich die individuelle Gehaltsumwandlung für tarifliche Mitarbeiter nur auf über- und außertarifliche Leistungen beziehen. Als Lösungsmöglichkeit kann sich gegebenenfalls der Abschluss eines Haustarifvertrages erweisen. Ist eine tarifliche Öffnung gegeben bzw. ist diese aufgrund des Teilnehmerkreises oder fehlender Tarifgebundenheit nicht relevant, so muss das Zeitwertmodell über eine Betriebsvereinbarung oder einzelvertragliche Regelungen fixiert werden.

4.2 Steuerrechtliche Voraussetzungen

Ein zentraler Vorzug von Zeitwertmodellen liegt in der hiermit verbundenen nachgelagerten Versteuerung der Wertguthaben. Auch wenn hierbei der Wertzuwachs der vollen Besteuerung unterliegt, ist der Nutzen höher als bei der Anlage von Nettobeträgen. Wichtige Voraussetzung für diese Art des Bruttosparens ist, dass der Verzicht zugunsten des Zeitwertguthabens sich auf noch nicht verdiente bzw. zugeflossene Gehaltsbestandteile bezieht. Dies muss daher durch die unternehmensspezifische Ausgestaltung des jeweiligen Modells sichergestellt werden. Weiterhin ist eine schriftliche Vereinbarung zwischen Arbeitgeber und Arbeitnehmer bezüglich des Aufbaus von Wertguthaben zu schließen. Diese hat den Charakter einer arbeitsrechtlichen Vertragsänderung, mit der die Vergütungsansprüche des Arbeitnehmers für den Zeitraum nach Vertragsabschluss neu geregelt werden. Der Arbeitnehmer hat danach – außer bei den hierin festgelegten Ereignissen – kein Verfügungsrecht über die in das Wertguthaben eingebrachten Vergütungsbestandteile.

Um Rechtssicherheit bezüglich der Zulässigkeit einer nachgelagerten Besteuerung zu erlangen, empfiehlt es sich, bei dem zuständigen Betriebsstättenfinanzamt eine verbindliche Vorabauskunft einzuholen.

4.3 Insolvenzsicherung

Gemäß § 7 d SGB IV werden im Rahmen der Vereinbarung der Einrichtung von Zeitwertguthaben Vorkehrungen getroffen, die sicherstellen, dass die Arbeitnehmeransprüche aus den Wertguthaben einschließlich des auf sie entfallenden Arbeitgeberanteils am Gesamtsozialversicherungsbeitrag bei einer Insolvenz des Arbeitgebers erfüllt werden. Der Höhe nach umfasst der Insolvenzschutz also das im Zeitwert-Guthaben „angesparte" Arbeitsentgelt (einschließlich Wertsteigerungen), den Arbeitnehmeranteil sowie den Arbeitgeberanteil am Gesamtsozialversicherungsbeitrag in Höhe der Beträge, wie sie jeweils im Insolvenzfall fällig wären. Der Insolvenzschutz kann durch das Unternehmen auf verschiedene Arten gewährleistet werden, so z. B. durch „klassische" Instrumente wie Bankbürgschaft oder Verpfändung der jeweiligen Wertguthaben an die Mitarbeiter. Der Nachteil dieser Methoden liegt in ihren relativ hohen Kosten bzw., wie im Fall der Individualverpfändung, in dem hohen Administrationsaufwand. Besonders große Unternehmen mit einer hohen Zahl an Zeitwertkonten suchen daher nach eleganteren Wegen der Insolvenzsicherung. Hierbei kommen vor allem Treuhandmodelle (z. B. so genannte Contractual Trust Agreements oder Vereinsmodelle) in Betracht, bei denen ein bzw. mehrere Treuhänder dafür Sorge tragen, dass die Wertguthaben der Mitarbeiter im Insolvenzfall nicht in die Insolvenzmasse eingehen. Obgleich der Gesetzgeber für das Fehlen einer Insolvenzsicherung bislang keine Sanktionen vorsieht, kann das Vertrauen der Arbeitnehmer in das Zeitwertmodell durch einen wirksamen Insolvenzschutz erheblich gestärkt werden.

4.4 Bilanzierung

Dem Aufbau von Wertguthaben liegt grundsätzlich eine Vorleistung des Arbeitnehmers zugrunde, die aufseiten des Arbeitgebers einen entsprechenden Erfüllungsrückstand zur Folge hat. Für diese Verpflichtung sind gemäß § 259 HGB in der Bilanz des Unternehmens Rückstellungen für ungewisse Verbindlichkeiten auszuweisen. Diese Rückstellungsbildung gilt auch für die Ertragssteuerbilanz des Unternehmens. Vereinbart der Arbeitgeber mit dem Arbeitnehmer, die Dynamisierung des Wertguthabens an die Wertentwicklung eines externen Fonds zu koppeln, so entfällt die ansonsten gemäß der Grundsätze des § 6 Abs. 1 Nr. 3a Buchstabe e EStG erforderliche Abzinsung der künftigen Verpflichtungen. Der Mitarbeiter ist damit an den Wertzuwächsen des Fonds mittelbar beteiligt, rechtlicher Eigentümer des Fonds bleibt in der Anwartschaftsphase jedoch der Arbeitgeber. In der Bilanz des Arbeitgebers sind daher Rückstellungen für die Leistungsverpflichtungen aus Wertguthaben zu bilden, die entsprechend ihrem tatsächlichen Zeitwert auszuweisen sind. Demgegenüber werden die Fondsanteile bei den Aktiva auf Basis des Niederstwertprinzips erfasst. Bei unterstellter positiver Wertentwicklung des Fonds würde dies die Aktivierung zu Anschaffungskosten unterstellen.

In der Regel entwickeln sich Aktiv- und Passivseite nicht kongruent zueinander, sodass dies im Zeitverlauf weitere bilanzielle Effekte nach sich zieht. Positive Wertentwicklungen führen dann zu einer Bewertungsdifferenz, die sich als Personalaufwand in der GuV steuerwirksam niederschlägt. Durch die Rückstellungsbildung gemäß § 6 EStG wird offensichtlich beabsichtigt, für arbeitnehmerfinanzierte Freistellungsregelungen grundsätzlich andere, aus Unternehmenssicht günstigere Passivierungsvorgaben vorzuschreiben als z. B. für die arbeitnehmerfinanzierte Altersversorgung. Auch hier empfiehlt es sich jedoch, die Frage der Rückstellungsbildung im Vorfeld mit dem zuständigen Finanzamt abzuklären, damit die bilanziellen Auswirkungen verlässlich abgeschätzt werden können.

4.5 Kommunikation

Zeitwertmodelle sind attraktive Bausteine eines modernen Total Compensation Ansatzes. Die Einführung von Zeitwertmodellen wird daher in aller Regel auch durch die Arbeitnehmervertretung unterstützt. Gleichwohl kommt der internen „Vermarktung" eines solchen Modells entscheidende Bedeutung für Akzeptanz und Verständnis in der Belegschaft zu. Dies liegt vor allem an der Komplexität solcher Modelle, bedingt durch die Verknüpfung rechtlicher, personalwirtschaftlicher und finanzwirtschaftlicher Themenfelder, die der Teilnehmer zunächst „durchdringen" muss, bevor er bereit sein wird, Gehaltsteile in sein persönliches Zeitwertguthaben einzubringen. Wichtig ist daher eine gezielte Informationspolitik in allen Phasen der Einführung. Hierbei hat sich der Einsatz eines differenzierten Kommunikationsmixes bewährt, der nicht nur Instrumente der einseitigen Information (z. B. Intranetdarstellung, Broschüre, Artikel in Mitarbeiterzeitung u. Ä.) sondern auch Instrumente der mehrseitigen Kommunikation beinhaltet. Dies kann z. B. durch die Vorstellung des Modells im Rahmen von (interaktiven) Mitarbeiter- oder Führungskräfteversammlungen gewährleistet werden. Besonders bewährt haben sich der Einsatz von Intranet „Chat-Foren" und temporären Hotlines, bei denen Experten direkt alle persönlichen Fragen der Mitarbeiter zum Zeitwertmodell beantworten. Erste Erfahrungen mit der Einführung von Zeitwertmodellen bestätigen den signifikanten Einfluss einer professionellen Kommunikationsunterstützung auf Akzeptanz und Teilnahmequote, wobei letztere bei adäquater Kommunikationsunterstützung bereits im Jahr der Einführung bei mehr als 25 Prozent der teilnahmeberechtigten Mitarbeiter liegen kann.

5. Ausblick

Durch die mit dem Flexi-Gesetz geschaffenen rechtlichen Grundlagen für Wertguthaben ist eine sehr interessante Gestaltungsform ermöglicht worden. Hierdurch eröffnen sich sowohl für Arbeitgeber als auch für Arbeitnehmer eine Fülle personalpolitischer Optionen.

So stellt das Zeitwertmodell den derzeit einzigen Weg für Arbeitnehmer dar, um verschiedene Optionen der individualisierten Lebensarbeitszeitgestaltung potenziell nutzen zu können. Darüber hinaus ergibt sich ein besonderes Anreizpotenzial aus der Kombination des kapitalmarktbasierten Vermögensaufbaus mit den Bereichen Lebensarbeitszeitflexibilisierung und Altersversorgung, die der engen Verzahnung dieser Felder für die Planung persönlicher Lebensentwürfe Rechnung trägt. Durch das hierdurch entstehende Flexibilisierungs- und Individualisierungspotenzial sind Zeitwertmodelle ein idealer Baustein im Rahmen moderner Cafeteria- und Total-Compensation-Konzepte.

Es bleibt abzuwarten, inwieweit die Tarifvertragsparteien solche Modelle in den nächsten Jahren vertraglich verankern werden. Die Chancen für einen nachhaltigen Erfolg von Zeitwertmodellen sind gut: so wurden die bisher in deutschen Großunternehmen eingeführten Modelle durchweg mit großem Interesse aufgenommen, und die Einstellungen in die persönlichen Wertkonten laufen rege an.

Anmerkungen

1 Gemäß § 7 Abs. 1 SGB IV ist auch dann von einer „Beschäftigung gegen Arbeitsentgelt" auszugehen, wenn Arbeitsentgelt für Zeiten einer Freistellung von der Arbeitsleistung fällig wird, das mit einer vor oder nach diesem Zeitraum erbrachten Arbeitsleistung erzielt wird (Wertguthaben).

2 In der Fassung des Gesetzes zur Einführung des Euro im Sozial- und Arbeitsrecht sowie zur Änderung anderer Vorschriften – 4. Euro-Einführungsgesetz – vom 21. Dezember 2000.

Literatur

Bode, Joachim: Flexibilisierung der Arbeitszeit über Wertguthaben – Aspekte zur praktischen Umsetzung und Abwicklung, in: Betriebliche Altersversorgung Heft 8/1999, S. 364-370.

BMF-Schreiben vom 11.11.1999 – IV C2 – S2176 – 102/99 (Rückstellungen für Verpflichtungen zur Gewährung von Vergütung für die Zeit der Arbeitsfreistellung vor Ausscheiden aus dem Dienstverhältnis sowie Jahreszusatzleistungen im Jahr des Eintritts des Versorgungsfalls).

BMF-Schreiben vom 04.02.2001 – IV C5 – S2332 – 11/00 (Lohnsteuerliche Behandlung von Zusagen auf Leistungen der betrieblichen Altersversorgung, die im Zusammenhang mit einer Entgeltumwandlung erteilt werden).

Buchs, Gabriele/Narischkin, Nikolaus: Das Zeitwertkonto „zeitinvest" bei der Deutschen Bank AG, in: Personalführung Heft 10/2001, S. 36-41.

Gesetz zur Einführung des Euro im Sozial- und Arbeitsrecht sowie zur Änderung anderer Vorschriften vom 21.12.2000 (4. Euro-Einführungsgesetz).

Gesetz zur sozialrechtlichen Absicherung flexibler Arbeitszeitregelungen vom 06.04.1998 (Flexi-Gesetz).

Grawert, Achim: Vorruhestand oder Altersversorgung? Ein Vergleich arbeitnehmerfinanzierter Modelle, in: Personal, Heft 8/1999, S. 396-402.

Lichtfers, Iris/Buttler, Andreas: Finanzierung und steuerliche Behandlung von Lebensarbeitszeitmodellen, in: Der Steuerberater, Heft 2/1999, S. 50-56.

Wonneberger, Wolfgang: Das Gesetz zur sozialrechtlichen Absicherung flexibler Arbeitszeitregelungen, in: Der Betrieb, Heft 19/1998, S. 982-987.

Rahmenbedingungen der Mitarbeiterkapitalbeteiligung in hoheitlichen und steuerbegünstigten Organisationen

Udo Donau

1. Ausgangslage

Zweifel an herkömmlichen Unternehmensstrukturen im Bereich öffentlicher und steuerbegünstigter Unternehmen ergeben sich vor allem aus der Veränderung tatsächlicher Verhältnisse. Viele als Nonprofit-Organisation oder als zur hoheitlichen Aufgabenerfüllung gegründete Organisationen und Unternehmen haben sich im Laufe der Zeit in wirtschaftliche Betriebe umgewandelt.

Verursacht wurde die Veränderung durch die zunehmende Konkurrenz sowie die Verlagerung der Zwecke vom statuierten Organisations- bzw. Unternehmensansatz hin zu einer teilweise ausgeprägten wirtschaftlichen Orientierung, welche auch im zunehmenden Einsatz von Technik ihren Ausdruck findet. Auch dienten viele Angebote der öffentlichen Hand der Bedarfsdeckung, beispielsweise der Ernährung in Notzeiten oder der Versorgung mit bezahlbarem Wohnraum nach dem Krieg und der Sicherstellung der medizinischen Versorgung.

Es liegt auf der Hand, dass mit dem Bestreben der Privatwirtschaft nach Ausdehnung der Geschäftsbereiche der Gesichtspunkt der Bedarfsdeckung zurücktritt. Bei einer Überversorgung, wie dies etwa im Bereich der Energieversorgung und bei Lebensmitteln oder in manchen Gebieten Deutschlands bei der Wohnungsversorgung der Fall ist, besteht für eine Betätigung der öffentlichen Hand, vor allem für eine Subventionierung, kein Bedürfnis mehr.

Zudem lehren die Beispiele aus dem Ausland, dass das Expansionsbestreben der Privatwirtschaft mit der Übernahme der Bereiche der früheren Bedarfsdeckung nicht befriedigt sein wird, sondern dass auch mannigfaltige Bereiche der allgemeinen Verwaltung, bei welchen dies bisher außerhalb des Vorstellungsvermögens lag, dem Bereich des selbstverantworteten Wirtschaftens unterworfen werden.

Bei Bahn und Post, medizinischer Behandlung und Pflege haben wir uns an privatwirtschaftliche Verhaltensweisen gewöhnt. Bei Gefängnissen und Polizeidienststellen ist die Vorstellung der Privatwirtschaftlichkeit noch gewöhnungsbedürftig, obwohl es in anderen Ländern schon genügend Beispiele gibt.

Auch die Politik wird nicht verschont bleiben. In manchen Ländern wird das Wirtschaftsressort nicht von einem Wirtschaftsministerium, sondern von einer bei uns als international aktiven Wirtschaftsprüfungsgesellschaft bekannten Privatorganisation geführt. Im Bereich der Justiz kann z. B. das internationale Privatrecht heute schon als Domäne der privaten Schiedsgerichtsbarkeit bezeichnet werden. Wenn die öffentliche Hand für bestimmtes Handeln kostendeckende Gebühren anstrebt, ist das Signal gegeben, dass auch dieser Bereich sich der Wirtschaftlichkeit unterwirft.

Im Folgenden werden diejenigen wirtschaftenden Organisationen betrachtet, welche entweder genuin hoheitlicher Art sind oder aber als Annexe der öffentlichen Hand öffentlich-rechtlichen Restriktionen unterliegen, entweder weil sie direkt öffentlich finanziert werden oder indirekt, zum Beispiel weil sie wegen der Verfolgung gemeinnütziger, mildtätiger oder kirchlicher Zwecke steuerbegünstigt sind und daher Auflagen der Finanzordung nachkommen müssen.

Allen diesen Organisationen ist gemeinsam, dass sie in der Regel nicht auf die Auszahlung von Gewinnen an die Kapitaleigner oder Träger orientiert sind. Sie werden daher im internationalen Sprachgebrauch auch als Nonprofit-Organisationen (NPO) bezeichnet.

Die Restriktionen in Verbindung mit der Finanzierung oder Subventionierung sowie der zum Wirtschaften notwendigen Agglutination von Kapital, Arbeit und Humankapital machen die hoheitlichen und steuerbegünstigten Organisationen in ihrer Funktionalität besonders beachtenswert, und zwar weniger deshalb, weil sie eine (heterogene) Symbiose von Markt und Staatdarstellen, sondern weil die Organisationen dazu prädestiniert sind, deutlich zu machen, wo es zum Staat und wo es in die Ökonomie geht.

Daraus ergibt sich für das Thema Mitarbeiterkapitalbeteiligung in diesem Bereich, dass insbesondere deutlich gemacht werden kann, wo es um die Alimentierung der Mitarbeiter geht und wo um die selbstverantwortete Teilhabe am Erfolg.

Zu untersuchen ist, wie eines der wichtigen Agenzien der Privatwirtschaft, nämlich die Beteiligung der Mitarbeiter am Unternehmenskapital und am Unternehmenserfolg, in Organisationen der öffentlichen Hand und des Nonprofit-Bereichs eingeführt werden kann, welche gesetzlichen Restriktionen ggf. entgegenstehen und wie in diesem Rechtsumfeld gleichwohl die Vorteile der Kapitalbeteiligung zum Nutzen der Organisation und der Mitarbeiter wirksam gemacht werden können.

2. Hoheitliche Organisationsformen wirtschaftlicher Betätigung

Juristische Personen des öffentlichen Rechts, beispielsweise Bund, Länder und Gemeinden, Kirchen, Universitäten, öffentlich-rechtliche Anstalten etc. sind mit einer eigenen Rechtspersönlichkeit ausgestattet. Sie üben ihre hoheitliche bzw. kirchliche Tätigkeit regelmäßig in Bereichen aus, in denen keine Wettbewerbssituation mit privatrechtlich tätigen Unternehmen besteht.

Die juristischen Personen des öffentlichen Rechts sind aber nicht unbedingt auf ihren originären Wirkungskreis beschränkt. Vielmehr können sie auch untergeordnete wettbewerbsrelevante Tätigkeiten durchführen, ohne dass hierzu besondere Einrichtungen vorgesehen sein müssten.

Als untergeordnet sind die wettbewerbsrelevanten Tätigkeiten der juristischen Personen des öffentlichen Rechts dann anzusehen, wenn sie mit der hoheitlichen Aufgabenerfüllung untrennbar verknüpft sind und eine Art Nebentätigkeit darstellen, welche der dem Gesamtwesen nach einheitlich hoheitlichen Tätigkeit dienen (Überwiegenheitsregel).

2.1 Betrieb gewerblicher Art einer juristischen Person des öffentlichen Rechts (BgA)

Wenn aber besondere Einrichtungen vorhanden sind, welche einer nachhaltigen wirtschaftlichen Tätigkeit zur Erzielung von Einnahmen – außerhalb der Landund Forstwirtschaft – nachgehen und sich innerhalb der Gesamtbetätigung der juristischen Person wirtschaftlich herausheben, sind diese als Betrieb gewerblicher Art (§ 1 Abs. 1 Nr. 6 KStG) anzusehen. Eine Gewinnerzielungsabsicht und eine Teilnahme am allgemeinen wirtschaftlichen Verkehr sind zur Qualifizierung nicht erforderlich.

Besondere Einrichtung:

Die Finanzverwaltung geht ohne weiteres von einer besonderen Einrichtung jedenfalls dann aus, wenn der Jahresumsatz von 127.825 € überschritten wird. Hieraus darf man aber nicht den schluss ziehen, dass immer dann, wenn die Umsatzgrenze von 127.825 € nicht überschritten wird, keine besondere Einrichtung anzunehmen wäre. Wenn eine organisatorische Verselbstständigung mit funktioneller Einheit vorliegt, ist auch bei darunter liegenden Umsätzen vom Vorliegen einer besonderen Einrichtung auszugehen.

Wirtschaftliche Heraushebung:

Die Finanzverwaltung geht von einer wirtschaftlichen Heraushebung aus, wenn der Jahresumsatz von 30.678 € überschritten wird. Unter dem Betrag von 30.678 € entscheidet die konkrete Wettbewerbslage (sog. Aufgriffsgrenze), aber auch das Verhältnis der Einnahmen aus der wirtschaftlichen Betätigung zu den Gesamteinnahmen des hoheitlichen Zweigbereichs.

2.2 Verlustausgleich

Verschiedene Betriebe gewerblicher Art einzelner Körperschaften können mit steuerrechtlicher Wirkung nur dann zu einem Betrieb zusammengefasst werden, wenn zwischen ihnen nach dem Gesamtbild der Verhältnisse objektiv eine enge wechselseitige technisch-wirtschaftliche Verflechtung besteht (BFH, 4.12.1991, 1 R 74/89). Anders also als bei den wirtschaftlichen Geschäftsbetrieben der steuerbegünstigten GmbH bzw. des Vereins ist eine Verlustverrechnung bei verschiedenen Betrieben gewerblicher Art nur möglich, wenn die geforderte Verflechtung vorhanden ist.

2.3 Privatwirtschaftliche Organisationsformen

Die juristischen Personen des öffentlichen Rechts können sich zur Durchsetzung wirtschaftlicher Ziele aber auch im Prinzip aller privatgesellschaftlicher Organisationsformen, insbesondere der juristischen Personen, bedienen. Sie unterliegen dann, soweit ihr Betätigungsdrang nicht aufgrund der nachfolgend beschriebenen speziellen öffentlich-rechtlichen Restriktionen eingeschränkt ist, dem Privatrecht einschließlich der ganz normalen Besteuerung.

2.4 Einschränkungen der wirtschaftlichen Betätigung der öffentlichen Hand

Beschränkungen können sich aus den allgemeinen Grundsätzen des Wirtschafts- und Sozialrechts ergeben; Beschränkungen ergeben sich ferner aus Spezialvorschriften, etwa den Haushaltsordnungen des Bundes und der Länder sowie den Gemeindeordnungen der Länder, welche vielfach insbesondere die Neuerrichtung, Übernahme oder wesentliche Erweiterung von wirtschaftlichen Unternehmen durch Gemeinden und Gemeindeverbände an bestimmte Auflagen knüpfen.

Daneben sind im Einzelfall wie bei jeder Unternehmung die Vorgaben von Fördermittelgebern und für den speziellen Bereich der steuerbegünstigten Zweckbetriebe die den Wettbewerb beschränkende Vorschrift des § 65 Z. 3 AO einzuhalten.

Allgemeines Wirtschafts-und Sozialrecht

Aus dem Allgemeinen Wirtschafts-und Sozialrecht mit den Befehlen Wirtschaftlichkeit, Sparsamkeit, insbesondere aus dem Begriff „gesamtwirtschaftliches Gleichgewicht“, wird bisweilen ein Verbot oder zumindest eine gravierende Einschränkung der wirtschaftlichen Betätigung der öffentlichen Hand hergeleitet. Eine tragfähige juristische Begründung für diese Meinung fehlt aber.

Im Gegenteil ist in der Rechtsprechung und der juristischen Lehre in der Regel anerkannt, dass die öffentliche Hand auch im Wettbewerb tätig sein kann (vgl. Vahle, 1993, S. 605).

Ausnahmen von dieser Regel werden nur innerhalb enger Grenzen gemacht; insbesondere wird betroffenen Mitbewerbern der Grundrechtsschutz zumeist versagt.

So ist die Anwendung des Art. 12 I Grundgesetz auf die wirtschaftliche Betätigung der öffentlichen Hand abgelehnt worden, soweit es sich nicht um monopolartige Konkurrenztätigkeit handelt (Tagung der Vereinigung der Deutschen Staatsrechtslehrer, Göttingen, 1984; in DVBl. 1984, S. 809). Dies gilt umso mehr, wenn die Tätigkeit der öffentlichen Hand durch öffentliche Zwecke gerechtfertigt ist, etwa dann, wenn sie sozialpolitischen Belangen Rechnung trägt (BVerwG, Beschl. v. 1.3.1978 in NJW 78, S. 1540, m. w. N. aus Rspr. u. Lehre). Von einer Auszehrung der Konkurrenz, so das Bundesverwaltungsgericht, könne zum Beispiel keine Rede sein, wenn der Marktanteil eines kommunalen Unternehmens nur 5 Prozent beträgt.

Ein Verstoß gegen Art. 3 GG könnte sich aus einer Übermachtstellung der öffentlichen Hand und damit einer Verletzung eines Gleichheitsgrundsatzes ergeben. Ein allgemeiner Grundsatz der Chancengleichheit im Wirtschaftsleben lässt sich allerdings aus Art. 3 GG nicht herleiten. Zwar schützt die Vorschrift vor willkürlichen Regelungen; Willkür wird aber nicht anzunehmen sein, wenn, ähnlich wie bei der Auslegung des Art. 12 I GG, die wirtschaftliche Betätigung zumindest auch im öffentlichen Interesse liegt.

Die Anwendung des Art. 14 GG, also die Annahme einer Enteignung oder auch eines enteignungsgleichen Eingriffs, wird nur in denjenigen Fällen zu bejahen sein, wo die behördlichen Maßnahmen zu einer Monopolstellung führen.

Eine Verletzung des Art. 15 GG wird von der Rechtsprechung erst bei Zwangszugriffen in Verfolgung staatlicher Sozialisierungspolitik angenommen (Urteil des BVerwG vom 19.12.1963, in BVerwGE 17, S. 311 ff.).

Das Verhältnis öffentlicher und privater Wettbewerber ist weder als Über-/Unterordnungsverhältnis noch als sonst wie öffentlich-rechtlich zu qualifizieren, wenn beide demselben Kundenkreis als gleichberechtigte Anbieter gegenüberstehen (BGH-Urteil in BGHZ 82, S. 381 f.). Entsprechend wurde für Streitigkeiten aus diesem Bereich der Zivilrechtsweg eröffnet (BGH, Beschluss des großen Senats v. 22.3.1976, in BGHZ 61, S. 89 f., m. w. N aus Rspr. u. Lehre).

Für die Regelung des entstehenden wettbewerbsrechtlichen Spannungsfeldes wurden die Vorschriften der Gesetze gegen Wettbewerbsbeschränkungen und den unlauteren Wettbewerb für ausreichend erachtet.

Aber auch nach UWG und GWB werden Wettbewerbshandlungen der öffentlichen Hand erst dann für rechtswidrig gehalten, wenn sie auf einem zweckwidrigen Einsatz öffentlicher Mittel beruhen oder in den Fällen, wo der öffentliche Wettbewerber nicht auf Gewinnerzielung ausgerichtet ist, kein unternehmerisches Risiko trägt und auch steuerlich begünstigt ist und seine wirtschaftlichen Aktivitäten auf einen Vernichtungs- oder Behinderungswettbewerb hinauslaufen (Tagung der Vereinigung der Deutschen Staatsrechtslehrer, Göttingen, 1984).

Ein unlauterer Wettbewerb wurde zum Beispiel erst in einem Fall bejaht, wo eine Gemeinde die ihr in der Gemeindeordnung zum Schutz der privaten Mitbewerber gezogenen Grenzen vorsätzlich und planmäßig überschritt, obwohl sie dem privaten Mitbewerber Unterlassung des Wettbewerbs zugesichert und die Aufsichtsbehörde ihr Verhalten beanstandet hatte (BGH, Urt. v. 12.2.1965, in DVBl. 1965, S. 362). Bedeutsam bei dieser Entscheidung ist meines Erachtens, dass wohl erst das sich aus der Gemeindeordnung ergebende Verbot letztlich die Basis für die rechtliche Qualifizierung des hoheitlichen Verhaltens als wettbewerbswidrig bildete.

Gemeindeordnungen, kommunale Haushaltsverordnungen

Überhaupt sind es wohl die sich aus diesen Ordnungen ergebenden Verbote, welche die einschneidendste Regulierung des privatwirtschaftlichen Verhaltens der öffentlichen Hand darstellen. So ist es den Gemeinden in der Regel untersagt, „Vermögensgegenstände mit der alleinigen Zielsetzung zu erwerben, das Gemeindevermögen zu mehren“ sowie „ein erwerbswirtschaftlich-fiskalisches Unternehmen“ zu betreiben (vgl. Beschluss des BVerfG v. 8.7.1982, in BVerfGE 61, S. 107). Andererseits ist anerkannt, dass die kommunale Pflichtaufgabe „Förderung des gemeinsamen Wohls ihrer Einwohnerschaft“ auch durch wirtschaftliche Betätigung erfüllt werden kann. Die Beurteilung der Frage, was hierunter zu verstehen ist, ist den „Anschauungen und Entschließungen der kommunalen Organe überlassen und hängt von den örtlichen Verhältnissen, finanziellen Möglichkeiten, Bedürfnissen der Einwohnerschaft und anderen Faktoren ab“ (Urteil des BVerwG v. 22.2.1972 in BVerwGE 39, S. 334, m. w. N.).

Vielfach engen die Länder aber mit ihren Haushaltsordnungen das Wirtschaften ihrer Gebietskörperschaften weiter ein, indem sie ein Primat der Privatwirtschaft statuieren: Mit der sog. Subsidiaritätsklausel schreiben einige Gemeindeordnungen vor, dass Gemeinden nur tätig werden dürfen, wenn durch einen anderen der Zweck nicht besser und wirtschaftlicher (manchmal auch: nicht ebenso gut und wirtschaftlich) erfüllt wird oder erfüllt werden kann.

Möglicherweise sind solche Vorschriften verfassungswidrig (vgl. Cronauge, 1995, Rn. 477). Der Wissenschaftliche Beirat der Gesellschaft für öffentliche Wirtschaft e. V. empfiehlt, dass diese Klausel jedenfalls für den Kernbereich der gemeindlichen Tätigkeit ganz entfallen solle (INF. HStT 4-5/2001), denn „die Entscheidung über Güte und Wirtschaftlichkeit von Leistungen sollte dem Markt überlassen bleiben“.

Immerhin lassen auch diese Vorschriften einen nicht unerhebliche Gestaltungsspielraum offen.

3. Rechtsformen der steuerbegünstigten Organisationen

Steuerbegünstigt, insbesondere gemeinnützig und mildtätig, können nur die vom Körperschaftsteuergesetz erfassten Körperschaften, Personenvereinigungen und Vermögensmassen sein (§ 51 AO), insbesondere:

Verein

Der Verein ist eine auf Dauer angelegte Vereinigung von anfangs mindestens sieben Mitgliedern mit einer körperschaftlichen Verfassung, die in der Regel nichtwirtschaftliche Zwecke verfolgt (Idealverein, §§ 21 ff. BGB). In der Satzung, welche regelmäßig in einer einheitlich vorgegebenen Form abgefasst ist, sind die Vereinszwecke bestimmt. Ein Verein erlangt seine Rechtsfähigkeit durch Eintragung in das Vereinsregister (e.V). Ein Stamm- oder Mindestkapital ist nicht erforderlich.

Gesellschaft mit beschränkter Haftung

Gesellschaften mit beschränkter Haftung (GmbH) können von einer oder mehreren Personen für allgemeinwirtschaftliche, aber auch für steuerbegünstigte Zwecke gegründet werden (GmbHG). Hierzu schließen die Gesellschafter einen Gesellschaftsvertrag (= Satzung) und zahlen zumindest die Hälfte des gesetzlich vorgeschriebenen Mindestkapitals von 25.000 EURO ein. Mit der anschließenden Eintragung in das Handelsregister entsteht eine rechtsfähige juristische Person, welche kraft Gesetzes Kaufmann ist.

Ähnlich wie die GmbH einzuordnen, jedenfalls im Rahmen unserer Betrachtung steuerlich vergleichbar, sind die Aktiengesellschaft (geregelt im Aktiengesetz, AG), die Stiftung (§§ 80 ff. BGB) und die Genossenschaft (geregelt im Genossenschaftsgesetz, GenG).

Öffentliche Hand

Steuerbegünstigt können auch Einrichtungen der öffentlichen Hand sein; dazu gehören insbesondere die Betriebe gewerblicher Art einer Körperschaft des öffentlichen Rechts (s.o.). Sie müssen die von der Abgabenordnung gesetzten Rahmenbedingungen einhalten.

4. Verfolgung steuerlich begünstigter Zwecke

4.1 Bedeutung der Steuerbegünstigung

- Berechtigung zum Empfang steuerbegünstigter Spenden unter bestimmten zusätzlichen Voraussetzungen;
- Befreiung von staatlichen Gebühren;
- Steuerbefreiung, Steuerermäßigung bei Körperschaftsteuer, Gewerbesteuer, Umsatzsteuer, Grundsteuer (ggf. Vermögenssteuer);
- Steuerfreiheit gewisser Aufwandsentschädigungen für Übungsleiter bei bestimmten nebenberuflichen Tätigkeiten;
- Berechtigung zum Empfang öffentlicher Gelder, wie bestimmte Fördermittel oder Bußgelder;
- höheres Ansehen in der Öffentlichkeit.

4.2 Restriktionen aus der Steuerbegünstigung im Einzelnen

Die Körperschaft (bzw. die Einrichtung der öffentlichen Hand) muss ausschließlich und unmittelbar gemeinnützige (§ 52 AO), mildtätige (§ 53 AO) oder kirchliche (§ 54 AO) Zwecke verfolgen und selbstlos sein, d. h. Mittel der steuerbegünstigten Einrichtung dürfen nur für satzungsmäßige Zwecke verwendet werden (§ 55 AO).

Voraussetzung der Steuerbegünstigung ist zudem u. a., dass die verfolgten steuerbegünstigten Zwecke aus der Satzung genau bestimmt werden können (§§ 59, 60 AO).

Auch der Betrieb gewerblicher Art bedarf einer Satzung oder sonstigen Verfassung, die den Anforderungen an die satzungsmäßige steuerbegünstigte Tätigkeit gerecht wird. Von einer Satzung oder sonstigen Verfassung kann auch dann nicht abgesehen werden, wenn nur aus sonstigen Vorschriften, und seien diese auch eindeutig, erkennbar ist, dass der Betrieb allein auf die Verwirklichung eines anerkannten steuerbegünstigen Zwecks gerichtet ist (BFH, 31.10.1984, 1 R 21/81).

Die zur Steuerbegünstigung berechtigende Unternehmensverfassung des Betriebs gewerblicher Art muss von der tragenden Körperschaft konkret festgelegt werden. Die in der Regel für ein bis drei Jahre im Voraus bescheinigte Steuerbegünstigung (Freistellungsbescheid) steht unter dem Vorbehalt der Überprüfung durch die Finanzverwaltung, welche insbesondere die Übereinstimmung von Satzungszwecken und tatsächlicher Geschäftsführung zum Gegenstand hat. Im Freistellungsbescheid muss jeder einzelne steuerbegünstigte Betrieb gewerblicher Art aufgeführt sein.

4.3 Die steuerlichen Bereiche bei steuerbegünstigter Tätigkeit des Vereins und der steuerbegünstigten GmbH

Ideelle Sphäre: Unmittelbare Verfolgung der steuerbegünstigten Zwecke. Folge:

- Steuerbefreiung;
- keine Umsatzsteuer, kein Vorsteuerabzug.

Vermögensverwaltung (§ 14 S. 1 AO): In der Regel bei Nutzung vorhandenen Vermögens durch verzinsliche Kapitalanlage, Vermietung oder Verpachtung unbeweglichen Vermögens. Steuerliche Folgen:

- Steuerbefreiung, Ausnahme Grundsteuer;
- Umsatzsteuer, Vorsteuerabzug.

Wirtschaftlicher Geschäftsbetrieb (§ 64 AO): Selbstständige, nachhaltige Tätigkeit, durch die Einnahmen oder andere wirtschaftliche Vorteile erzielt werden und die über den Rahmen einer Vermögensverwaltung hinausgeht; die Absicht, Gewinn zu erzielen, ist nicht erforderlich (§ 14 S. 1 AO). Mehrere wirtschaftliche Geschäftsbetriebe werden zusammengefasst (§ 64 Abs. 2 AO). Wenn die wirtschaftlichen Zwecke insgesamt überwiegen, ist das Merkmal der Selbstlosigkeit nicht mehr gegeben und die Steuerbegünstigung der Gesamtkörperschaft fällt weg (§ 55 AO); die Rechtsfolge tritt auch ein, wenn Mittel der Körperschaft zum Verlustausgleich defizitärer wirtschaftlicher Geschäftsbetriebe eingesetzt werden (§ 55 Abs. 1 Nr. 1 AO). Steuerliche Folgen, wenn die Einnahmen einschließlich Umsatzsteuer 30.678 € oder mehr betragen (§ 64 Abs. 3 AO):

- Besteuerung mit Körperschaftsteuer (Freibetrag von 3.836 € beim steuerbegünstigten Verein),
- Gewerbesteuer (strittig: Gewinnerzielungsabsicht erforderlich),
- Grundsteuer,
- Vermögenssteuer (gibt es zur Zeit nicht),
- Umsatzsteuer, Vorsteuerabzug.

Zweckbetrieb: Ein Zweckbetrieb ist ein wirtschaftlicher Geschäftsbetrieb, der unabdingbar zur Verwirklichung der steuerbergünstigten Satzungszwecke benötigt wird und nicht mehr als vermeidbar zu nicht begünstigten vergleichbaren Betrieben in Wettbewerb tritt (§ 65 AG). Steuerliche Folgen:

- nicht steuerbar, Ausnahme Grundsteuer;
- Umsatzsteuer ermäßigter Satz, Vorsteuerabzug.

4.4 Steuerliche Bereiche der hoheitlichen bzw. kirchlichen juristischen Person

Hoheitlicher bzw. kirchlicher Bereich: Unmittelbare Verfolgung der hoheitlichen bzw. kirchlichen Zwecke. Steuerliche Folgen:

- nicht steuerbar;
- keine Umsatzsteuer, kein Vorsteuerabzug.

Vermögensverwaltung: In der Regel bei Nutzung vorhandenen Vermögens durch verzinsliche Kapitalanlage, Vermietung oder Verpachtung unbeweglichen Vermögens. Steuerliche Folgen:

- kein Betrieb gewerblicher Art, sondern hoheitlicher bzw. kirchlicher Bereich; nicht steuerbar, Ausnahme Grundsteuer, wenn BgA-Nutzung über 50 Prozent;
- keine Umsatzsteuer, kein Vorsteuerabzug.

Betrieb gewerblicher Art: Besondere Einrichtungen, welche einer nachhaltigen wirtschaftlichen Tätigkeit zur Erzielung von Einnahmen außerhalb der Land- und Forstwirtschaft nachgehen und sich innerhalb der Gesamtbetätigung der juristischen Person wirtschaftlich herausheben.

Steuerliche Folgen, wenn die Einnahmen einschließlich Umsatzsteuer entweder 30.678 € bei Vorliegen einer besonderen Einrichtung oder aber 127.825 € DM übersteigen, bei Wettbewerbslage ggf. auch unter 30.678 €:

- Besteuerung mit Körperschaftsteuer (§§ 1 Nr. 6, 4 KStG, Freibetrag von 3.836 €),
- Gewerbesteuer (§ 2 Abs. 1 GewStG, Gewinnerzielungsabsicht nötig),
- Grundsteuer, wenn BgA-Nutzung über 50 Prozent,
- Vermögenssteuer (gibt es zur Zeit nicht),
- Umsatzsteuer, Vorsteuerabzug.

Steuerbegünstigter Betrieb gewerblicher Art: Wie vorher mit folgenden zusätzlichen Merkmalen: Ausschließliche, selbstlose und unmittelbare Verfolgung steuerbegünstigter Zwecke gemäß §§ 52 ff. AO; Betrieb wird unabdingbar zur Verwirklichung der steuerbegünstigten Satzungszwecke benötigt und tritt nicht mehr als vermeidbar zu nicht begünstigten vergleichbaren Betrieben in Wettbewerb (Zweckbetrieb, § 65 AO); Satzung oder sonstige Verfassung vorhanden, in der die Zwecke des Betriebs gewerblicher Art und die Art ihrer Verwirklichung genau bestimmt sind (§ 59 AO). Steuerliche Folgen:

- nicht steuerbar (§ 5 Nr. 9 KStG, § 3 Nr. 6 GewStG);
- Umsatzsteuer ermäßigter Satz, Vorsteuerabzug. Innerhalb des steuerbegünstigten Betriebs gewerblicher Art der juristischen Person des öffentlichen Rechts ist wieder die Untergliederung wie bei der steuerbegünstigten Tätigkeit des Vereins und der GmbH möglich.

4.5 Zweckbetriebe

Problematisch in diesem Zusammenhang ist die Zweckbetriebseigenschaft (§ 65 AO) wirtschaftlicher Geschäftsbetriebe in steuerbegünstigten Unternehmen: Sowohl die mit der wirtschaftlichen Betätigung einhergehende Zweckveränderung als auch der gesteigerte Wettbewerb sind steuerbegünstigungsrechtlich relevant:

- Mit den Produktions- oder Dienstleistungserfolgen darf kein eigener Zweck verfolgt werden; diese haben lediglich das Mittel zur Erfüllung des steuerbegünstigten Hauptzwecks darzustellen;
- Wettbewerb ist soweit als möglich zu vermeiden.

5. Wirtschaftliche Geschäftsbetriebe

Wenn die Zweckbetriebseigenschaft nicht als gegeben angesehen werden kann, liegt ein wirtschaftlicher Geschäftsbetrieb (§ 14 AO) vor. Die unmittelbare Folge dieser rechtlichen Einstufung ist der Wegfall der steuerlichen Begünstigung dieses Unternehmensbereichs.

5.1 Formen wirtschaftlicher Geschäftsbetriebe

Steuerpflichtige wirtschaftliche Geschäftsbetriebe kommen in zwei Formen vor:

- Der unmittelbar den satzungsmäßigen steuerbegünstigten Zwecken dienende wirtschaftliche Geschäftsbetrieb, welcher kein Zweckbetrieb ist,
  - weil entweder die steuerbegünstigten Zwecke auch in anderer Form als durch einen wirtschaftlichen Geschäftsbetrieb erreicht werden können (§ 65 Z. 2 AO) oder
  - weil zu viel Wettbewerb auftritt (§ 65 Z. 3 AO).

- Der wirtschaftliche Geschäftsbetrieb mit eigener Zwecksetzung, insbesondere der Mittelbeschaffungsbetrieb.

5.2 Gefährdung der Steuerbegünstigung

Dominanz der Wirtschaftlichkeit

Eine Infizierung der Steuerbegünstigung des Gesamtunternehmens wird insbesondere dann anzunehmen sein, wenn der wirtschaftliche Geschäftsbetrieb entweder allein oder zusammen mit anderen Erwerbstätigkeiten eine dominierende Stellung einnimmt (§ 55 Abs. 1 Z. 1 AO). Dabei besteht durchaus Uneinigkeit darüber, wie groß der Erwerbsbereich, welcher wirtschaftliche Geschäftsbetriebe, vermögensverwaltende Tätigkeit und auch sonstige, etwa nur gelegentliche Erwerbseinnahmen im ideellen Bereich umfasst, sein darf, damit ihm nicht eine dominierende Stellung im steuerbegünstigten Unternehmen zugewiesen wird. Das Meinungsspektrum reicht von:

- Die These der herrschenden Lehre, gemäß § 55 Abs. 1 Z. 1 AO dürfe ein wirtschaftlicher Geschäftsbetrieb nicht im Vordergrund der Gesamttätigkeit stehen, ist „praktisch nicht relevant“ und „sachlich entbehrlich“ (Hüttemann, 1991, S. 47), über:
- „zumindest unter 50 Prozent des Gewichts der Tätigkeit, aber auch keine deutlich weitergehende Beschränkung“ (Franz, 1991, S. 114) bis zu:
- „die erwerbswirtschaftliche Tätigkeit darf nicht zum Selbstzweck werden, der wirtschaftliche Geschäftsbetrieb darf im Rahmen der Gesamtbetätigung des Vereins nur von untergeordneter Bedeutung sein“ (Herbert, 1988, S. 125).

Dabei bleibt zusätzlich durchaus offen, welches Kriterium für die Beurteilung der Frage der Gewichtigkeit herangezogen werden soll:

„Allgemein gültige Kriterien für die Beurteilung des Verhältnisses der Förderung ideeller Zwecke und der wirtschaftlichen Betätigung können nicht festgelegt werden“ (Kießling-Buchna, Gemeinnützigkeit im Steuerrecht, S. 132, 7. Aufl.).

Die Vertreter der herrschenden Meinung wägen den Umfang der entfalteten ideellen und wirtschaftlichen Tätigkeiten gegeneinander ab; sie sprechen sich dabei überwiegend gegen zahlenorientierte Abgrenzungsversuche aus (vgl. Herbert, 1988, S. 121, m. w. N.).

Natürlich ist die Grenze des § 64 Abs. 3 AO von 30.678 € ein Anhaltspunkt.

Verstoß gegen Mittelbindungsvorschriften

Daneben kommt als Grund für den Wegfall der Steuerbegünstigung ein Verstoß gegen Vorschriften über die Bindung der Mittel, vor allem deren satzungsgemäße Verwendung (§ 55 Abs. 1 Z. 1 S. 1 AO), in Betracht.

Insbesondere führen Verluste, soweit sie nicht durch Erlöse anderer wirtschaftlicher Geschäftsbetriebe ausgeglichen werden können (§ 64 Abs. 2 AO) zum Wegfall der Steuerbegünstigung, wenn sie nicht einmalig und nur ganz geringfügig sind. Bei den Mittelbeschaffungsbetrieben soll schon ein über die Jahre hin nur dauernd ausgeglichenes Ergebnis diese Rechtsfolge haben (vgl. Hüttemann, 1991, S. 103).

6. Mitarbeitervermögensbeteiligung

6.1 Übersicht

Kapital, auf welches letztlich der Mitarbeiter einen Anspruch hat, steht einem Unternehmen des Arbeitgebers zur Verfügung.

Mittelherkunft:
- vom Mitarbeiter (z. B. erspartes Arbeitseinkommen)
- vom Unternehmen (z. B. Gewinnbeteiligung)
- von Dritten (z. B. VwL-Förderung)

Vom Mitarbeiter verfolgte Zwecke:
- Sicherung des Arbeitsplatzes
- Kapitaleinkünfte
- Subventionsmitnahme
- Sparen, Altersvorsorge

Vom Arbeitgeber verfolgte Zwecke:
- Liquiditätsvorteil
- Bindung der Mitarbeiter an das Unternehmen
- Motivation der Mitarbeiter
- Ersparnis von Lohnnebenkosten

Mittelverwendung, Beteiligungsformen:
- stock-options und virtuelle stock-options: Die Hoffnung auf eine wirtschaftlich erfolgreiche Zukunft durch Erlangen einer wertvollen Kapitaleignerstellung zu günstigem Optionspreis wird wirksam gemacht.
- Aktie (Belegschaftsaktie) und GmbH-Anteil: Anteile mit echten Gesellschafter- bzw. Aktionärsrechten mit Gewinnbeteiligung.
- Typische stille Beteiligung: Es handelt sich um eine nach außen nicht erkennbare kapitalmäßige Beteiligung am Handelsunternehmen eines anderen mit Anspruch auf Gewinn und eingeschränkten Informations- und Kontrollbefugnissen.
- Genussrecht: Frei gestaltbare Einräumung einer Beteiligung am Unternehmenserfolg; das in Wertpapierform verbriefte Genussrecht heißt Genussschein.
- Indirekte Beteiligung: Hierbei sind die Mitarbeiter an einer eigenen Mitarbeitergesellschaft beteiligt, und zwar entweder als Gesellschafter oder kapitalmäßig. Die Mitarbei-

tergesellschaft ist gesellschaftsrechtlich und vertraglich mit dem arbeitgebenden Unternehmen verbunden. Die Mitarbeiter profitieren hierbei von den Ausschüttungen, welche vom arbeitgebenden Unternehmen an die Mitarbeitergesellschaft erfolgen.

- Darlehen (Mitarbeiterdarlehen): Der Mitarbeiter legt aufgrund eines Darlehensvertrages versteuerten Arbeitslohn im Unternehmen ohne gesellschafterliche Rechte an. Er erhält dafür Zinsen, welche fest oder gewinnabhängig (partiarisches Darlehen) ausgestaltet sein können.
- Stundungslohn: Der Mitarbeiter wird hierbei aufgrund einer Betriebsvereinbarung oder aufgrund des individuellen Arbeitsvertrags verpflichtet, einen Teil des Arbeitslohns dem arbeitgebenden bzw. vertraglich gebundenen Unternehmen im Rahmen eines Beteiligungsmodells zur Verfügung zu stellen. Ein Wahlrecht des Mitarbeiters besteht nicht. Der nicht ausgezahlte Betrag darf nicht den Charakter einer gesellschaftsrechtlichen Beteiligung erhalten. Vor Ablauf der vorher vereinbarten Sperrfrist darf keine Auszahlung erfolgen. Das Stehenlassen des Lohnanteils muss im Interesse des Unternehmens erfolgen. Wenn diese Voraussetzungen erfüllt sind, entsteht eine Investivanlage, welche erst mit Zufluss steuer- und sozialversicherungspflichtig wird (BFH, 14.5.1982, BP 1982, 1350, vgl. Wagner, 1999).

6.2 Erfolgsbeteiligung im steuerbegünstigten Bereich

Gewinnbeteiligung

Üblicherweise sind an dieser Stelle die Kapitalbeteiligung und die Erfolgsbeteiligung verknüpft. Die Gewinnbeteiligung wird entsprechend dem Kapitalanteil am Unternehmen errechnet und ausgezahlt oder für den Mitarbeiter thesauriert.

Insoweit bestimmt allerdings § 55 Abs. 1 Z. 1 AO: „Mittel der Körperschaft dürfen nur für die satzungsmäßigen Zwecke verwendet werden. Die Mitglieder oder Gesellschafter (Mitglieder im Sinne dieser Vorschriften) dürfen keine Gewinnanteile und in ihrer Eigenschaft als Mitglieder auch keine sonstigen Zuwendungen aus Mitteln der Körperschaft erhalten."

Damit ist die Verknüpfung von Gesellschafterkapital und Erfolg bei steuerbegünstigen, mildtätigen und kirchlichen Einrichtungen für Zwecke der Mitarbeiterbeteiligung ausgeschlossen.

Staatliche Förderung: § 19 a EStG

Nach dieser Vorschrift sind (vereinfacht) Sachbezüge in Form von Kapitalbeteiligungen oder Darlehensforderungen (Vermögensbeteiligungen) des Arbeitgebers an Arbeitnehmer für Vermögensbeteiligungen bis zur Höhe von 150 € im Kalenderjahr steuer-und sozialabgabenfrei. Zusätzlich war bisher eine Sperrfrist bezüglich Verfügungen über die Kapitalanlage von sechs Jahren einzuhalten.

Wegen des Ausschüttungsverbots kommt die Anwendung des § 19 a EStG im steuerbegünstigten Bereich nicht in Betracht. Dies gilt auch für die wirtschaftlichen Geschäftsbetriebe, welche zwar steuerpflichtigen Gewinn haben können, der aber für steuerbegünstigte Zwecke zu verwenden ist und nicht nach außen verbracht werden darf.

Fünftes Vermögensbildungsgesetz

Nach dem Fünften Vermögensbildungsgesetz werden (vereinfacht) Produktivkapitalbeteiligungen des Arbeitnehmers beim Arbeitgeber gefördert, unabhängig davon, ob sie vom Arbeitgeber zusätzlich oder vom Arbeitnehmer aufgebracht werden. Die Förderung ist ausgeschlossen, wenn das zu versteuernde Einkommen von Ledigen 17.900 €, von Verheirateten 35.800 € übersteigt.

Bei einem Anlagehöchstbetrag von 408 € pro Jahr beträgt die Förderung in den alten Bundesländern 20 Prozent, in den neuen Bundesländern 25 Prozent. Eine Sperrfrist von sechs Jahren ist einzuhalten.

Gefördert werden unter anderem die Begründung oder der Erwerb einer Darlehensforderung gegen den Arbeitgeber, wenn auf dessen Kosten die Ansprüche des Arbeitnehmers aus dem Darlehensvertrag durch ein Kreditinstitut verbürgt oder durch ein Versicherungsunternehmen privatrechtlich gesichert sind (§ 2 Abs. 1 Nr. 1 k VermBG).

6.3 Ertragsbeteiligungen im steuerbegünstigten Bereich

Die gesellschaftskapitalmäßig gebundenen Beteiligungsmöglichkeiten Aktie und Stock-option, GmbH-Gesellschafteranteil, stille Beteiligung und Genussrecht kommen aus besagten Gründen für den steuerbegünstigten Bereich nicht in Betracht.

Indirekte Beteiligung

Die indirekten Beteiligungen können im steuerbegünstigten Bereich nicht wie sonst aus den Gewinnen des arbeitgebenden Unternehmens gespeist werden: dies wäre eine verbotene Umgehung des § 55 AO. Damit ist der Wirkungsbereich der indirekten Beteiligung auf den umgekehrten Fall beschränkt, dass nämlich das Beteiligungsunternehmen selbst Gewinne am Markt erzielt und die Mitarbeiter des steuerbegünstigten Unternehmens davon profitieren. Die Konstellation ist somit auf spezielle Anwendungsfälle beschränkt; es lassen sich aber durchaus sinnvolle Modelle damit begründen.

Ertragsabhängige Verzinsung von Darlehen und Stundungslohn

Die Verknüpfung von gewinnabhängiger Verzinsung von Darlehen oder stehen gebliebenem Arbeitsentgelt (deferred compensation) mit dem Betriebsergebnis ist möglich; fraglich ist allerdings, welcher Gewinn die Grundlage für die Verzinsung darstellen soll und welche Einschränkungen sich aus der besonderen Situation ergeben.

Da das steuerbegünstigte Gesamtunternehmen wegen des Ausschüttungsverbots Kostendeckung anstrebt und die zeitnahe Verwendung aller Mittel für die steuerbegünstigten Zwecke rechtlich geboten ist, kann ein Gewinn des Gesamtunternehmens kein sinnvoller Anknüpfungspunkt für die Bemessungsgrundlage von Zinsen sein.

Dies gilt in der Regel auch für die Unternehmensbereiche ideeller Teil, Vermögensverwaltung und Zweckbetriebe, weil sie für eine Querfinanzierung mit steuerbegünstigten Mitteln offen sind.

Im Einzelfall kann aber auch der Unternehmenserfolg der angesprochenen steuerbegünstigten Bereiche den Maßstab für eine vom Bereichsgewinn abhängige Verzinsung sein. Bedingungen hierzu sind dann aber neben einer hinreichenden Ausgestaltung des Rechnungswesens, dass im Unternehmen Übereinstimmung hinsichtlich der Umlage von Gemeinkosten und der Bewertung der innerbetrieblichen Leistungsverrechnungen besteht.

Besser als Bemessungsmaßstab eignet sich das Ergebnis der wirtschaftlichen Geschäftsbetriebe, und zwar entweder jeweils eines Einzelbetriebes oder aller wirtschaftlichen Geschäftsbetriebe zusammen; denn in diese Bereiche dürfen keine steuerbegünstigten Gelder hineinfließen, ohne dass die Steuerbegünstigung der Institution insgesamt konkret gefährdet wäre. Zudem erhöhen die aus dem Bereich der wirtschaftlichen Geschäftsbetriebe gezahlten Zinsen die Betriebsausgaben und mindern die Steuern.

Der Einfluss solcher Bereichsergebnisse auf die Verzinsung des Mitarbeiterkapitals wird allerdings zur Erreichung des Motivationszweckes auf die Mitarbeiter desjenigen Bereiches beschränkt sein, welches den Maßstab liefert.

Zudem ist bei dieser „Gewinnbeteiligung“ im steuerbegünstigten Bereich darauf zu achten, dass die Verzinsung von Darlehen und stehen gebliebenem Arbeitseinkommen nicht unangemessen hoch sein darf; dies würde zu einer Umgehung des § 55 AO führen. Grundsätzlich sollte die Verzinsung nicht über dem höchsten zu zahlenden Fremdkapitalzins liegen.

6.4 Besonderheiten

Das ergebnisabhängig zu verzinsende Darlehen stammt aus Mitteln des Arbeitnehmers. Bei solchen Darlehen ist das so genannte Werkssparkassenverbot (§ 3 Abs. 1 KWG) zu beachten: Sie sind nur zulässig, wenn das Mitarbeiterdarlehen bankbürgschaftlich abgesichert wird.

§ 5 Abs. 3 Z. 5a VermBG bestimmt, dass der Arbeitgeber vor der Anlage vermögenswirksamer Leistungen im eigenen Unternehmen in Zusammenarbeit mit dem Arbeitnehmer Vorkehrungen zu treffen hat, die der Absicherung der angelegten vermögenswirksamen Leistungen bei einer während der Dauer der Sperrfrist eintretenden Zahlungsunfähigkeit des Arbeitgebers dienen.

Bisher geht man zwar in der Praxis davon aus, dass der Anspruch auf vermögenswirksame Leistungen auch im Falle der Nichtabsicherung besteht; dies ist aber nicht sicher.

7. Umwandlungsvorgänge

Dem bei wirtschaftlicher Betätigung bei steuerbegünstigten juristischen Personen entstehenden Risiko des Verlusts der Steuerbefreiung kann durch eine Aufspaltung der Unternehmensbereiche in steuerbegünstigte einerseits und allgemein-wirtschaftliche andererseits ausgewichen werden. Durch die Begründung einer privatwirtschaftlichen juristischen Person neben der steuerbegünstigten Ursprungsorganisation wird zugleich das Instrumentarium der Mitarbeiterkapitalbeteiligung in seiner Gänze eröffnet; die Überlegung gilt auch für die wirtschaftliche Betätigung der öffentlichen Hand.

Literatur

Buchna in: Kießling-Buchna, Gemeinnützigkeit im Steuerrecht, 2.6, S. 132, 7. Aufl., 2000.
Cronauge: Kommunale Unternehmen, Berlin 1995, Rn. 477.
Franz, Grundlagen der Besteuerung gemeinnütziger Körperschaften bei wirtschaftlicher Betätigung, Berlin 1991, S. 114.
Herbert, Der Wirtschaftliche Geschäftsbetrieb des gemeinnützigen Vereins, Köln 1988, S. 125.
Hüttemann, Wirtschaftliche Betätigung und steuerliche Gemeinnützigkeit, Köln 1991, S. 47.
Vahle, Jürgen: Die erwerbswirtschaftliche Betätigung der öffentlichen Hand, in NWB Nr. 12 v. 22.3.1993, Fach 15, S. 605.
Wagner, in: Kapitalbeteiligung von Mitarbeitern und Führungskräften, Heidelberg 1999.

Über partnerschaftliche Elemente im Beziehungsgefüge des Unternehmens

Christian Dräger

Blickt man zurück auf die betriebswirtschaftliche Diskussion der letzten 30 Jahre in der Bundesrepublik, kann man sich des Eindrucks nicht erwehren, dass es innerhalb dieses Zeitraumes auch so etwas wie Modeströmungen gab. Diskussionsschwerpunkte, die auftauchten, lebhaft bewegt wurden und auch wieder verschwanden. Die Lebhaftigkeit, mit der der Diskussionsschwerpunkt Shareholder Value zur Zeit behandelt wird, ebenso wie die Geschwindigkeit seines Auftauchens lassen – im Lichte der vergangenen 30 Jahre gesehen – durchaus auch die Vermutung zu, dass irgendwann wieder andere Themen im Vordergrund stehen werden.

1. Zur Bedeutung von „Partnerschaft" in der Wirtschaft

Das Thema Partnerschaft in der Wirtschaft hat in einer vergleichbaren Betrachtungsweise durchaus nicht den Charakter einer Modeerscheinung. Blickt man zurück auf die Entwicklung der Diskussion dieser Idee in den letzten Jahrzehnten, kann man feststellen, dass sie niemals im Vordergrund stand, sondern, gleichsam bei allem Kommen und Gehen von Modeerscheinungen, wie ein stiller, stetiger Untergrund wirkte. Ein Thema, das zwar niemals brennend aktuell war, aber dafür auch niemals gealtert ist.

Ist Partnerschaft in der Wirtschaft tatsächlich ein immer währendes Thema? Oder ist die Tatsache, dass es niemals im Vordergrund der wirtschaftspolitischen Diskussion stand, nur ein Beleg dafür, dass es sozusagen nur ein immer währender Traum ideologisch verblendeter Idealisten ist, die die Realität nicht sehen wollen und dabei uneinsichtig und unbelehrbar bleiben?

Denkt man über diese Frage nach und fragt darüber hinaus, ob es für ein Unternehmen neben der Partnerschaft zwischen Kapital und Arbeit auch noch andere Partnerschaften gibt, deren Vorhandensein oder deren Fehlen für das Überleben des Unternehmens mitentscheidend sind, so gewinnt man bald den Eindruck, dass solche Partnerschaften durchaus vorhanden sind bzw. vorhanden sein sollten. Das Gutenbergsche Modell der Unternehmensexistenz, wie Walter Deuss in seinem beeindruckenden Beitrag zur Festschrift für Hans-Heinrich Otte nachgewiesen hat, wird nicht nur durch die richtige Kombination der Faktoren Arbeit, Werkstoffe und Betriebsmittel, ergänzt durch das erwerbswirtschaftlich Prinzip und das Prinzip der Automie und Alleinbestimmung, korrekt beschrieben.

Ich zitiere: „Das deterministische Weltbild, das bei der Gutenbergschen Definition der Unternehmung Pate stand, hat inzwischen jedoch seine Tauglichkeit als Zugang zum Verständnis des Bedingungsgefüges verloren, dessen Zusammenspiel aus Anlässen und Wirkungen das Weltgeschehen treibt. Das gilt im Hinblick auf den engeren Lebensbereich wie in globaler Betrachtungsweise." (a. a. O., S. 98)

Wir müssen uns also um ein neues Verständnis dieses Bedingungsgefüges bemühen. Dass es sich bei allen Teilen dieses Beziehungsgeflechtes, ob es die Beziehungen zu den Lieferanten sind, Beziehungen zu den Kunden, zu den Geldgebern und Aktionären oder die zwischen Managern und Mitarbeiter, es sind immer Beziehungen zwischen Menschen. Es bietet sich daher an, in diesen Beziehungen nach Elementen der Partnerschaft zu suchen, denn der Terminus Partnerschaft ist ja eher der humanen Kategorie als der ökonomischen Kategorie zuzurechnen.

2. Partnerschaft heißt „teilen"

Versucht man nun den Gedanken der Partnerschaft etwas weiter auszudehnen und nicht nur die Partnerschaft zwischen Kapital und Arbeit zu sehen, so zeigt sich bald, dass eine solche Ausweitung durchaus nicht abwegig ist, da die Konsequenzen daraus zu einem stimmigen Gesamtbild führen. Geht man der tieferen Bedeutung des Wortes Partnerschaft nach, so stellen wir fest, es kommt aus dem Lateinischen von partiri = teilen. Partnerschaft hat also immer etwas mit Teilen zu tun. Zurück zu dem Beispiel Partnerschaft zwischen Kapital und Arbeit: nicht nur das Ergebnis, das heißt der Erfolg, wird zwischen den Partnern geteilt, sondern die Partner haben Teil an den Informationen und der Dispositionsmacht über die zur Verfügung stehenden Ressourcen. Die beiden letzten Teile bezeichnen wir als Mitbestimmung.

Betrachten wir aber die Partnerschaft zwischen Kapital und Arbeit und die Art und Weise des Teilens von Erfolg, Informationen und Disposionsgewalt, stellen wir sehr schnell fest, dass es hier eine Größe gibt, die einerseits Voraussetzung für das Funktionieren einer solchen Partnerschaft ist, aber anderseits durch solch eine Partnerschaft geschaffen wird. Bei genauerer Betrachtung stellt sich heraus, diese Größe ist in der Tat das A und O für das Funktionieren einer Partnerschaft zwischen Kapital und Arbeit, ich meine nämlich das Vertrauen zwischen den Partnern. Es ist ohne weiteres einsehbar, braucht nicht weiter begründet zu werden, es liegt im Wesen der conditio humana, der menschlichen Existenz, dass Partnerschaft ohne Vertrauen nicht möglich ist. Teilen setzt Vertrauen voraus. Ist dieses Vertrauen nicht vorhanden, verschafft man sich den Anteil, von dem man glaubt, dass er einem gehöre, nicht durch Teilen, sondern durch Kampf. Auch dies ist ein Urgesetz der conditio humana.

3. Vertrauen als Voraussetzung für Zusammenarbeit

Wenn wir uns diesen Zusammenhang vergegenwärtigen, fällt es uns leicht darzustellen, was die Partnerschaft zwischen Kapital und Arbeit im Betrieb fördert und was sie hindert. Denn alles, was Vertrauen zwischen den Partnern schafft und stärkt, fördert die Partnerschaft und alles, was das Vertrauen mindert, das schadet auch der Partnerschaft. Für innerbetriebliche Informationspolitik zum Beispiel sollte diese Regel ein unumstößlicher Grundsatz sein.

Erkennen wir aber den Zusammenhang zwischen Partnerschaft und Vertrauen, dann können wir unseren Horizont erweitern; dann können wir sagen: dort, wo Vertrauen ist, ist auch wohl so etwas wie Partnerschaft vorhanden. Diesen Gedanken, den Zusammenhang zwischen Partnerschaft und Vertrauen, den möchte ich im Folgenden auch auf einige andere Gebiete anwenden und auf seine Tragfähigkeit hin überprüfen.

Gerade die kürzlich geführte Diskussion über Shareholder Value und unser ungutes Gefühl, dass diese Größe wohl kaum der einzige Antrieb für ein Unternehmen sein kann, hat erneut die Frage aufgeworfen: Durch welche Größen wird dieses eine Unternehmensziel – Steigerung des Unternehmenswertes für die Aktionäre – durch andere begleitende Unternehmensziele ergänzt werden müssen? Die aktuelle Stakeholder-Diskussion ist ja schon ein Zeichen dafür.

Dass Shareholder Value nicht das einzige Unternehmensziel sein kann, zeigt schon die kurzfristige Überlegung, dass Unternehmensziele dann wirkungslos sind, wenn sie nicht von der breiten Mitarbeiterschaft ebenfalls als Ziel ihrer Arbeit anerkannt werden. Zwar ist es gut und richtig, dass ein Unternehmen niemals das Vertrauen seiner Geldgeber verlieren darf, weder das der Bank noch das der Aktionäre, und dass ein solcher Vertrauensverlust für den Fortbestand des Unternehmens sehr gefährlich sein kann, aber eine kurze Überlegung zeigt, dass es auch noch andere Bereiche gibt neben den Aktionären und Geldgebern, die für die Existenz des Unternehmens im wahrsten Sinne des Wortes überlebensnotwendig sind.

4. Die fünf Säulen der Unternehmensexistenz

Denken wir z. B. an den Kreis der Kunden. Entziehen die Kunden dem Unternehmen das Vertrauen, so ist seine Existenz noch stärker gefährdet, weil sich dieser Vertrauensentzug viel schneller auswirkt, als wenn beispielsweise die Aktionäre das Vertrauen entziehen. Das Gleiche gilt für das Vertrauen der Mitarbeiter. Wenn die Mitarbeiter einmal dem Unternehmen das Vertrauen entziehen, werden die Guten bald abwandern und die anderen werden innerlich kündigen – auch jetzt ist die Weiterexistenz des Unternehmens gefährdet. Nehmen wir weiter das Verhältnis des Unternehmens zu seinen Lieferanten, stellen wir fest, dass – zumindest heute, in Zeiten minimierter Fertigungstiefe – ein Unternehmen ohne Lieferanten, auf die es bauen kann, nicht existieren kann. Alle diese Beziehungen sind ohne Vertrauen nicht denkbar.

Und eine fünfte Säule sollten wir nicht außer Acht lassen: auch wenn die Öffentlichkeit dem Unternehmen das Vertrauen entzieht, kann dies für ein Unternehmen existenzgefährdend sein. So haben wir fünf Säulen des Vertrauens, auf denen die Existenz eines Unternehmens ruht: Vertrauen der Mitarbeiter, Vertrauen der Kunden, Vertrauen der Geldgeber, Vertrauen der Öffentlichkeit und das Vertrauen der Lieferanten, aber haben wir es auch in allen fünf Fällen mit Partnerschaft zu tun? Schauen wir es uns mal im Einzelnen an.

Die Frage, ob das Verhältnis einer Beziehung partnerschaftlich ist, ist ja selten eine, die sich mit einem klaren Nein und mit einem klaren Ja beantworten lässt, deshalb sollten wir eher fragen, ob, wann und mit welcher Intensität partnerschaftliche Elemente in einer Beziehung zu finden sind. Dies wollen wir im Folgenden für die fünf wichtigsten Vertrauenssäulen, für die fünf wichtigsten Beziehungen untersuchen.

4.1 Partnerschaft mit Mitarbeitern

Bei der ersten Säule des Vertrauens, das Vertrauen der Mitarbeiter, können wir uns sehr kurz fassen, denn wir haben oben festgestellt, dass es eine Partnerschaft ohne Vertrauen nicht gibt. Dass Vertrauen zwischen Mitarbeitern und der Unternehmensführung Partnerschaft schafft und dass Vertrauen bei der Partnerschaft zwischen Kapital und Arbeit, wo es ums Teilen geht, eine notwendige Voraussetzung ist, auf diese Selbstverständlichkeit haben wir ebenfalls hingewiesen.

Schon die gebräuchlichen Termini in der Diskussion über betriebliche Partnerschaft belegen dies, denn dort sprechen wir ja von Vermögens- und Kapitalbeteiligung, von Erfolgsbeteiligung. Die betriebliche Mitbestimmung ist ja nichts anderes als Teilhabe an den betrieblichen Entscheidungsprozessen, das aber heißt auch Teilhaben an den Informationen. Denn wie kann ich jemanden an einem Entscheidungsprozess teilhaben lassen, ohne dass ich ihn vollständig informiere? Ich muss also alle Informationen mit ihm teilen. Solch Teilhaben an Informationen ist ohne gegenseitiges Vertrauen undenkbar. Nicht umsonst heißt es daher auch in unserem Betriebsverfassungsgesetz von 1972 in § 2 Absatz 1: Arbeitgeber und Betriebsrat arbeiten unter Beachtung der geltenden Tarifverträge vertrauensvoll und im Zusammenwirken mit den im Betrieb vertretenen Gewerkschaften und Arbeitergebervereinigungen zum Wohle der Arbeitnehmer und des Betriebes zusammen.

Auch wenn – wie so oft – das Gesetz nicht den Ist-Zustand beschreibt, bleibt die Herstellung des Sollzustandes eine tägliche Aufgabe in der Partnerschaft zwischen Unternehmen und Mitarbeitern.

4.2 Partnerschaft mit Kunden und Lieferanten

Wenden wir uns nun einer zweiten Vertrauenssäule zu, die für die Existenz des Unternehmens unabdingbar ist. Das Vertrauen der Kunden. Es mag auf den ersten Blick etwas abwegig erscheinen, in diesem Bereich von Partnerschaft zu reden, eine solche könnte es auch nicht geben, hätten wir es überall mit dem reinen homo oeconomicus zu tun, aber auch hier, genau wie im Unternehmen, sind es Menschen, zwischen denen Beziehungen aufgebaut werden, bestehen und verloren gehen.

So ist z. B. der Begriff der Kundentreue durchaus geläufig. In vielen Märkten (insbesondere, aber nicht nur, in der Investitionsgüterindustrie) spielen ja gerade die langfristigen Bindungen sowohl für die Unternehmen als auch für die Kunden eine nicht zu unterschätzende Rolle; und es gibt viele Märkte, die ausgesprochen von Kundentreue geprägt sind. Eine Treue, die auch mal belastbar sein kann, wo der Kunde, getragen von seinem Vertrauen, nicht bei dem ersten Schwächeanfall des Unternehmens, bei dem ersten Flop einer Produktentwicklung sich von dem Unternehmen abwendet und zur Konkurrenz wechselt.

Gerade in den letzten Jahren hat sich – ausgehend von der Automobilindustrie – das Verhältnis zwischen Herstellern und ihren Zulieferern mit beachtlicher Geschwindigkeit in Richtung Partnerschaft entwickelt. So z. B. auch in der Luftfahrtindustrie, insbesondere bei deren Bestrebungen nach Single-Source-Logistik, ist das Verhältnis zwischen Unternehmen und Lieferant bzw. Zulieferer geradezu per definitionem vom Charakter der Partnerschaft geprägt.

Halten wir fest: Auf Vertrauen basierende Partnerschaft kann auch durchaus das Verhältnis zwischen Unternehmen und Kunden charakterisieren. Natürlich ist es in verschiedenen Märkten unterschiedlich ausgeprägt, aber ebenso wie kein Kaufvertrag ohne ein Mindestmaß an Vertrauen auskommt und das Maß des erforderlichen Vertrauens durchaus unterschiedlich sein kann, so lassen sich auch in der Beziehung zwischen Kunden und Unternehmen in unterschiedlicher Weise Elemente der Partnerschaft, des Teilens erkennen. So teilt ein Unternehmen mit seinen Kunden ja nicht nur seine Erfolge in Forschung und Entwicklung, seine Fortschritte in der Produktivitätsentwicklung, sondern im Falle der belastbaren Kundentreue ja auch sein Risiko mit dem Kunden.

Zusammengefasst: Selbst dort, wo man es zunächst nicht vermutet, in der Beziehung zwischen Kunden und Unternehmen gibt es durchaus Elemente der Partnerschaft, das gegenseitig aufeinander Angewiesensein, das gegenseitig einander Vertrauen, dies gilt selbstverständlich auch, wenn wir eine solche Beziehung von der anderen Seite betrachten. Denn jede Beziehung von einem Lieferanten zu einem Kunden ist ja auch eine Beziehung von einem Kunden zu einem Lieferanten.

4.3 Partnerschaft mit Aktionären und Kreditgebern

Kommen wir nun zu einer weiteren Vertrauenssäule des Unternehmens, sein Vertrauen zu Aktionären und Kreditgebern. Obgleich schon sehr früh in der Wirtschaftsgeschichte der Ausdruck Partner für die kapitalmäßige Beteiligung an einem Geschäft gebraucht wurde, bleibt es doch fragwürdig – des Fragens würdig –, ob wir partnerschaftliche Elemente auch in den Beziehungen zwischen Unternehmen und seinen Kreditgebern und Aktionären finden können, denn die Aktionäre sind ja die Eigentümer des Unternehmens, sind gleichsam ja souverän, können der Form nach in der Hauptversammlung alle wesentlichen Entscheidungen bestimmen und indirekt über den von ihnen zu wählenden Aufsichtsrat auch den Vorstand ein- und absetzen. Auf den ersten Blick bleibt also kaum Platz für Partnerschaft zwischen dem Eigentümer und seinem Eigentum, zwischen Aktionären und dem Unternehmen.

Blickt man aber genauer hin, ändert sich das sehr schnell. Und zwar deshalb, weil das Unternehmen sich den Aktionären, seinen Eigentümern gegenüber ja nicht in amorpher Gestalt präsentiert, sondern in Form eines Vorstandes; Vertrauen in ein Unternehmen heißt doch immer nichts anderes als das Vertrauen in die Unternehmensführung, in Vorstand und Management. Wenn wir daran denken, dass in dem Wort Vertrauen ja das schöne deutsche Wort trauen steckt, was so viel wie wagen heißt, dann wird es hier ganz deutlich: die Aktionäre sind ein Risiko eingegangen – sie haben sich getraut, diesen Aufsichtsrat zu wählen, der diesen Vorstand bestellt hat, sie sind das Risiko eingegangen, dem von diesem Vorstand geleiteten Unternehmen ihr Geld anzuvertrauen mit der Chance, dass daraus mehr wird, mit dem Risiko, dass daraus weniger wird. Durch den Aktienerwerb hat sich der Aktionär entschlossen, teilzuhaben am Erfolg und am Misserfolg des durch die Aktie vertretenen Unternehmens. Auch rein juristisch ist er ja Teilhaber, und so sehen wir bei genauerem Hinschauen: ohne Vertrauen, ohne Teilhabe und ohne Teilen ist auch das Verhältnis zwischen Aktionär und Unternehmen nicht denkbar. Mit anderen Worten: auch hier können wir Elemente einer Partnerschaft erkennen.

Diese Überlegung wird noch verstärkt durch die Erkenntnis, dass es analog zur Kundentreue ja so etwas wie Aktionärstreue gibt. Das gemeinsame Durchstehen auch mal einer Durststrecke, wie es charakteristisch für eine auf Langfristigkeit angelegte Verbindung ist. Das ist sicher nicht bei allen Aktionären und bei allen Gesellschaftern der Fall, doch bei der Betrachtung der Geschichte der Deutschen Aktiengesellschaften im Zeitraum der letzten 30 Jahre ein gut zu beobachtendes Phänomen.

Wenn wir uns nun dem Verhältnis zu den Banken, den Kreditgebern, zuwenden, ist das Vorhandensein von partnerschaftlichen Elementen in diesem Bereich ebenfalls nicht offensichtlich. Die Welt ist voll von Anekdoten von dem eiskalten Banker, der dem armen kreditsuchenden Mittelständler den Kredithahn zudreht und ihn – wie der Volksmund so schön sagt – am ausgestreckten Arm verhungern lässt.

Dabei ist es ebenso offensichtlich, dass Kreditbeziehungen ohne ein Mindestmaß an Vertrauen nicht möglich sind. Ja, manchmal gewinnen wir den Eindruck, dass Vertrauen zu leicht verschenkt wurde, insbesondere ab gewissen Größenordungen. Eins lässt sich nicht bestreiten: Gerade in der Beziehung zwischen Kreditgebern und Unternehmen spielt das Vertrauen eine herausragende Rolle. Es gibt keine Kreditvergabe ohne ein Risiko, mal ist es kleiner, mal ist es größer, vorhanden aber ist es immer. Jeder Banker weiß, dass bei der Absicherung durch Hypotheken oder sonstige Sicherungselemente durchaus Grenzen gezogen sind; ein Restrisiko bleibt immer. Mit diesem Restrisiko nimmt unser Banker teil an dem Risiko des Unternehmens. Wie auch in früherer Zeit, vor Einführung des Einlagensicherungsfonds, das Unternehmen hat teil am Risiko der Bank. Geht es dem Unternehmen gut, hat es Erfolg, ist dies auch ein Erfolg für den Kreditgeber, denn er hat teil an dem Erfolg des Unternehmens. Wir sehen, selbst in diesem schwierigen Verhältnis lassen sich unschwer Elemente einer Partnerschaft erkennen.

4.4 Partnerschaft mit der Öffentlichkeit

Betrachten wir nun einen letzten Bereich, dessen Vertrauen für das Unternehmen lebensnotwendig ist und fragen uns, ob auch hier partnerschaftliche Elemente in den Beziehungen erkennbar sind oder erkennbar sein sollten. Dieser letzte Bereich ist der Bereich der Öffentlichkeit.

Partnerschaftliche Beziehungen zwischen Unternehmen und Öffentlichkeit? Das mag manchem zunächst als absurd erscheinen, aber schauen wir einmal genauer hin. In Bezug auf Öffentlichkeit und Öffentlichkeitsarbeit haben Unternehmer gewisse Gemeinsamkeiten mit den Politikern: beide, Politiker und Unternehmer, gehören zu denjenigen, von denen man annimmt, dass sie zu den Machern gehören, dass sie Macht haben und dass sie an den Unzuträglichkeiten unseres Lebens, die uns allenthalben begegnen, durch Handeln und Unterlassen beteiligt sind. Es ist dabei gar nicht so wichtig, ob die in der Wirtschaft Tätigen im Vergleich zu den Politikern auch Macht haben oder ob das nicht der Fall ist. Maßgeblich ist allein die Vermutung der Öffentlichkeit. Und so ist es ja in der Tat. Unabhängig von der Wirklichkeit wird vermutet, dass die Unternehmer Arbeitslosigkeit fördern durch dauernde Rationalisierung, dass sie die Umwelt verschmutzen und die Politiker bestechen, kurz: das Vertrauen der Öffentlichkeit in die Unternehmer und damit in die von ihnen geführten Unternehmungen ist genauso gefährdet und zerbrechlich, wie das Vertrauen der Öffentlichkeit in Politiker, und deshalb sind Unternehmungen und Unternehmer genau wie Politiker auf die Öffentlichkeit angewiesen.

Hier in diesem Ausdruck „angewiesen sein“ haben wir bereits ein erstes Indiz für partnerschaftliche Elemente in den Beziehungen zwischen den Unternehmen und der Öffentlichkeit. Und die Fragen: Was wird denn da geteilt? Wer hat teil und woran? sind gar nicht so schwer zu beantworten. Denn die Öffentlichkeit will teilhaben an den Informationen über das, was in den Unternehmen geschieht, und das mit Recht. Selbst wenn man das Rathenau'sche Wort „Wirtschaft ist unser Schicksal“ nicht so wörtlich nimmt, wissen wir alle instinktiv, dass das, was in der Wirtschaft vor sich geht, uns alle angeht. Wenn es in der Wirtschaft gut oder schlecht geht, werden wir langfristig davon nicht unbeeinflusst bleiben, und daher ist das Interesse an der Wirtschaft, d. h. auch an den Einheiten der Wirtschaft, an den Unternehmen, durchaus natürlich.

Es ist unbestreitbar, ein Unternehmen von einer gewissen Größenordnung an ist nun mal Gegenstand öffentlichen Interesses. Die Öffentlichkeit will teilhaben an dem, was in den größeren Unternehmen geschieht. Auch wenn man nicht Aktionär ist, interessiert man sich, wie es in Unternehmen, die viele Arbeitsplätze für eine Region bieten, weitergeht. Hält es Schritt mit der technischen Entwicklung und gerät es nicht in die Verlustzone? Wird es den Eigentümer wechseln? Und vieles mehr. All das sind Fragen, die die Öffentlichkeit interessiert, sie will teilhaben an den Informationen, die es darüber gibt. Glücklicherweise ist Information ja ein Gut, das durch Teilen nicht weniger wird. Warum sind einige Unternehmen so geizig damit?

Da aber Partnerschaft nie etwas Einseitiges ist, müssen wir auch fragen: Was gibt die Öffentlichkeit dem Unternehmen? Woran kann das Unternehmen teilhaben? Es ist das Vertrauen, das die Öffentlichkeit dem Unternehmen schenkt, zumindest aber der Abbau des natürlichen Misstrauens, eines Misstrauens, das die Öffentlichkeit haben muss gegenüber der organisatorischen Einheit, von der sie spürt, das sie in gewisser Weise von ihr abhängig ist, von der sie aber nichts weiß. So dankt die Öffentlichkeit für Informationen mit Vertrauen. Ein Vertrauen, von dem die Unternehmen abhängig sind, denn sie sind – ich zitiere Helge Pross – „...cingebettet in einen politischen Konsens; ohne die ausgesprochene oder die unausgesprochene Zustimmung der Bevölkerung können sie ihre wirtschaftlichen Aufgaben nicht erfüllen".

Schlussbemerkung

Fassen wir zusammen: Ohne große Mühe konnten wir feststellen, dass in den Hauptbeziehungen eines Unternehmens zu Mitarbeitern, zu Kunden und Lieferanten, zu Kredit- und Geldgebern, zur Öffentlichkeit Elemente des partnerschaftlichen Handelns zu finden sind: Vertrauen, Treue, Teilhaben am Erfolg, Teilhaben an Informationen, das partiell aufeinander Angewiesensein. Sie finden sich stärker oder schwächer in allen Beziehungen, und das muss auch so sein, denn Beziehungen zwischen Wirtschaftsobjekten sind auch immer Beziehungen zwischen Menschen, und der Mensch ist nun mal kein reiner homo oeconomicus. Werte, wie Verlässlichkeit, Treue, Vertrauen, Zuverlässigkeit können zwar letztlich auch als „einer langfristigen Nutzungsmaximierung dienend" interpretiert werden, bleiben aber dennoch Faktoren, die mit rein ökonomischen Kategorien nicht vollständig zu erfassen sind.

So bleibt Partnerschaft in der Wirtschaft nicht nur auf das Verhältnis zwischen Kapital und Arbeit beschränkt. Partnerschaft in dem oben verstandenen Sinne, als eine auf Vertrauen ruhende gegenseitige Teilhabe, ist im Beziehungsgeflecht des Unternehmens überall mehr oder weniger ausgeprägt zu finden. Versteht ein Unternehmen die Beziehung zu Mitarbeitern, Geldgebern, Kunden, Lieferanten und Öffentlichkeit als Beziehung zu Partnern, wird es in der Pflege dieser Beziehungen und damit als Unternehmen erfolgreich sein.

Teilhabe am Wachstum: Der Börsenkurs als Indikator des Unternehmenserfolgs und das steuerliche Leistungsfähigkeitsprinzip

Kurt Faltlhauser

1. Einführung

Über kaum eine Form der Mitarbeiterbeteiligung und deren steuerliche Behandlung ist in den letzten Jahren so viel geschrieben worden wie über Stock Options.[1]. Dieser allgemeine englische Begriff für Aktienoptionen wird im kontinentalen Europa praktisch ausschließlich auf Mitarbeiter-Aktienoptionen oder nach US-Sprachgebrauch „incentive Stock Options" angewendet.

Stock Options stellen keine Mitarbeiterbeteiligungen im klassischen Sinne dar, zumal sie als solche noch gar keine Beteiligungen, sondern erst Aussichten auf eine künftige Beteiligung darstellen. Das für den Arbeitgeber üblicherweise vorhandene Motiv, Arbeitnehmer zur Beteiligung und Stärkung der Kapitaldecke aus dem vertraglichen Lohn zu bewegen, fehlt hier meist: Ein Zufluss von Finanzmitteln seitens der Arbeitnehmer an die Arbeitgeber ist eher die Ausnahme. Bei bestimmten Formen von Stock-Options-Programmen, den Stock Appreciation Rights (SAR, auch Phantom Stock), erwerben die Arbeitnehmer zu keinem Zeitpunkt Beteiligungen. Stock-Options-Programme zielen daher nicht auf die Gewinnung von Finanzkapital, sondern von Humankapital ab. Gerade für neue Unternehmen, die neue Produkte der Hochtechnologie entwickeln und vermarkten wollen, sind technisches Wissen und die Fähigkeit zur Umsetzung in marktfähige Erzeugnisse meist weitaus bedeutsamer als Finanzmittel.

Noch weniger gleichen die im Zusammenhang mit Stock Options erörterten steuerlichen Probleme der üblichen steuerlichen Diskussion um Mitarbeiterbeteiligungen. Bei letzteren sollen Arbeitnehmern steuerliche Anreize für den Konsumverzicht und die Einbringung des gesparten Lohns in das Unternehmen verschafft werden. Stock Options entfalten auf Arbeitnehmer eigene Anziehungskraft und sie benötigen solche Anreize nicht. Dennoch bestehen hierfür in nicht wenigen Staaten steuerliche Sonderregelungen.[2] Sie dienen, wie im Folgenden aufgezeigt wird, nicht dazu, mäßig attraktive Angebote der Arbeitgeber steuerlich interessanter zu gestalten. Es geht vielmehr darum, besonders erfolgreiche oder erfolgversprechende Angebote der Arbeitgeber vor steuerlicher Aushöhlung zu bewahren.

2. Das Instrument der Arbeitnehmer-Aktienoptionen

2.1 Formen

Allgemein versteht man unter Aktienoptionen das vertragliche Recht, an einem bestimmten Tag zu einem bestimmten Preis Aktien eines Unternehmens zu erwerben (Call-Option) oder zu veräußern (Put-Option). Wie bei allen Börsentermingeschäften ist die unterschiedliche Einschätzung der künftigen Kursentwicklung Beweggrund für die Teilnahme. Die Aktiengesellschaft selbst ist in der Regel in derartige Optionsgeschäfte nicht eingeschaltet, der Vertragspartner ist ein Dritter (Stillhalter). Treibendes Moment ist die unterschiedliche Risikofreudigkeit der Menschen. Wer lieber mit stabilen Kursen rechnet, kann das Risiko von Kursveränderungen verkaufen. Da hier in der Regel immer nur Differenzen gehandelt werden, drohen dem Optionserwerber hohe Verlustrisiken, aber auch hohe Gewinnchancen. Für jemanden mit guten Nerven erscheint dies attraktiv.

Stock Options spielen hingegen nicht auf dem Finanzmarkt eine Rolle, sondern in erster Linie auf dem Arbeitsmarkt, wo sie als zusätzliches Entlohnungsinstrument eingesetzt werden. Sie müssen deshalb das in die Waagschale werfen, was sie sich als Leistung zutrauen, nämlich eines Tages erfolgreicher zu sein als ihre Konkurrenten. Maßstab dieses Erfolgs ist die Entwicklung des Aktienkurses. Von dieser Entwicklung profitieren die Inhaber der Aktienoptionen, da sie die Aktien zum Zuteilungszeitpunkt zum vorher festgelegten Preis kaufen können, gleichgültig wie sich der Aktienkurs in der Zwischenzeit entwickelt hat.

Stock-Options-Programme sind in der Regel in mehrere Phasen aufgegliedert. Zu unterscheiden ist hierbei der Zeitpunkt, an dem der Arbeitnehmer die Zusage erhält, zu einem späteren Zeitpunkt Aktien vom Arbeitgeber zu einem von Anfang an festgelegten Kurs erwerben zu können. In der Regel handelt es sich hier um ein rechtlich verbindliches Versprechen, das allerdings häufig vom Eintritt bestimmter Bedingungen, in manchen Fällen aber auch von der Beurteilung durch für das Unternehmen eingerichtete Ausschüsse (remuneration committees), abhängig ist. In der Regel erlischt das Bezugsrecht, wenn der Arbeitnehmer innerhalb des Optionszeitraums das Unternehmen verlässt.

Diese Bedingungen müssen innerhalb der Wartezeit eingetreten sein, damit die Option ausgeübt werden kann. Für die Ausübung der Option wird ein Zeitpunkt oder eine Ausübungsfrist bestimmt, zu dem oder innerhalb derer der Optionsberechtigte erklären muss, ob er die Option zu den festgelegten Bedingungen ausüben, das heißt die Aktien erwerben will.

Wird diese Erklärung nicht fristgerecht abgegeben, verliert er sein Optionsrecht. Regelmäßig wird es ausgeübt werden, wenn der Tageskurs deutlich über dem vom Arbeitgeber zugesagten Abgabepreis liegt, während bei einem Tageskurs unterhalb des Abgabepreises der Optionsberechtigte schon deshalb keinen Gebrauch vom Optionsrecht machen würde, weil er die Aktien an der Börse billiger bekommt.

2.2 Motive für die Einräumung

Dabei lassen sich drei unterschiedliche Unternehmenssituationen ausmachen:

- In den vergangenen Jahren haben vor allem Unternehmensneugründungen in den Bereichen Datenverarbeitungs- und Informationstechnologien, der Biotechnologie und der Medienindustrie dieses Instrument für sich entdeckt. Sie stehen vor dem Problem, die benötigten Spezialisten trotz geringen Angebots auf dem Arbeitsmarkt für die Mitarbeit zu gewinnen, ohne bei den im Anfangsstadium des Unternehmens naturgemäß begrenzten Finanzmitteln mit den Gehältern etablierter Unternehmen mithalten zu können. Da im Anfangsstadium aber regelmäßig auch die Weichen für einen durchschlagenden Erfolg (oder auch Misserfolg) gestellt werden, können hoch qualifizierte Mitarbeiter gewonnen werden, wenn sie vom Erfolg des Konzepts und Produkts überzeugt und am Erfolg beteiligt werden.
- Bei einigen Unternehmen – vor allem von Niederlassungen und Tochterunternehmen von US-Gesellschaften – gibt es schon seit Jahren erfolgreiche Aktienoptionsprogramme für die Mitarbeiter. Diese Programme sind oft nicht auf bestimmte Funktionen innerhalb des Unternehmens beschränkt, sondern werden mit unterschiedlichen Konditionen allen Mitarbeitern angeboten, abhängig allerdings von einer unternehmensinternen Leistungsbewertung. Bei Unternehmen, in denen durch diese Programme im Laufe der Jahre beträchtliche Aktienwerte angesammelt werden konnten, liegt das Gehaltsniveau meist messbar niedriger als bei vergleichbaren Unternehmen ohne solche Programme.
- Schließlich haben auch etablierte Unternehmen in letzter Zeit Aktienoptionen als Entlohnungs- und Motivationsinstrument entdeckt, wobei hier in erster Linie Führungskräfte bis ins Mittelmanagement einbezogen werden. Bei diesen Programmen steht weniger im Vordergrund, Gehaltszahlungen zu reduzieren, als die Führungskräfte für den Unternehmenserfolg und den Shareholder Value zu begeistern.

Für die Unternehmen selbst sind Stock Options nicht nur Anreiz zur Gewinnung und Motivation von Mitarbeitern, sondern auch deshalb beliebt, weil sie die Unternehmenskasse selbst oft nicht belasten.[3] Die Aktien, mit denen die Optionen bedient werden, stammen von Mehrheitsaktionären (meist Gründungsaktionären), werden von der Muttergesellschaft zur Verfügung gestellt oder durch den Erwerb eigener Aktien oder durch neue Aktien aus bedingten Kapitalerhöhungen (§ 192 Abs. 2 Nr. 3 AktG) aufgebracht. Diese Finanzierungsmöglichkeit wurde erst durch das Gesetz zur Kontrolle und Transparenz im Unternehmensbereich (KonTraG), das am 1. Mai 1998 in Kraft getreten ist, geschaffen. Nur beim Erwerb eigener Aktien, und auch dort nur, wenn sie erst in zeitlicher Nähe zum Optionsausübungszeitpunkt und entsprechend hohen Kursen stattfindet, wird das Unternehmen selbst belastet. Ansonsten kommen für die bei den Optionsberechtigten auftretenden Vorteile in der Regel die bisherigen Aktionäre auf: Durch unentgeltliche Abgabe von Aktien oder Kurssplitting bei der Kapitalerhöhung. Oft wird in der Sache nicht ganz richtig, aber vom Ergebnis treffend von „börsenfinanziertem Lohn“ gesprochen.

Inhaber von Aktienoptionen sind aber nicht nur am Erfolg des Unternehmens beteiligt, sondern auch vom Misserfolg betroffen. Trotz gemeinsamer Anstrengungen und innovativer Ideen aller Mitarbeiter kann der Erfolg ausbleiben, weil sich das Konzept als technisch undurchführbar oder unvertretbar aufwendig erweist, unverhofft Konkurrenzprodukte am Markt auftreten oder die angesprochene Zielgruppe in wirtschaftliche Schwierigkeiten gerät und als Abnehmer ausfällt. Oder weil – wie in jüngster Zeit – das Kursniveau bei allen auf dem Markt befindlichen Unternehmen drastisch sinkt.

Die Folge: Sinken die Kurse bis zum Zeitpunkt der Optionsausübung unter den zugesagten Optionspreis, machen die Arbeitnehmer von der Optionszusage keinen Gebrauch, weil sie die Aktien billiger an der Börse erwerben können. Der bei der Einräumung der Option erhoffte oder durch die zwischenzeitliche Kursentwicklung möglicherweise schon fest eingeplante zusätzliche Arbeitslohn bleibt dann aus. Aber auch wenn der Kurs im Zeitpunkt der Optionsausübung den Ausgabepreis deutlich überstiegen hat, sind die Arbeitnehmer nicht vor Verlusten gefeit: Denn viele Arbeitnehmer wollen die Aktien ihres Arbeitgebers nicht sofort nach Optionsausübung verkaufen und dürfen dies häufig auch gar nicht, weil für einen bestimmten weiteren Zeitraum eine Veräußerungssperre (lock up) vereinbart wurde. Sinkt jedoch der Kurs bis zur späteren Veräußerung der Aktien, bleibt von dem rechnerischen Vorteil bei der Ausübung der Option unter Umständen nichts mehr übrig. Dies kann im Einzelfall dramatische Formen annehmen, wenn der Optionsvorteil den laufenden Arbeitslohn deutlich überstiegen hat und die darauf entfallende Steuer daher mit Krediten finanziert werden musste.

Vor allem bei „High Flyers“ an der Börse tauchte dieses Problem auf; hier waren die anschließenden Kurseinbrüche oft ebenso heftig wie die vorhergehenden steilen Kursanstiege. In solchen Fällen konnte es zu einer Besteuerung von Vorteilen kommen, die nie realisiert werden konnten. Hier können allerdings nur allgemeine Billigkeitsmaßnahmen helfen, die Besteuerung nach der wirtschaftlichen Leistungsfähigkeit wiederherzustellen.

3. Die Besteuerung von Stock Options nach geltendem Recht

3.1 Grundsätze

Die allgemeine Definition, was Arbeitslohn und damit im Einkommensteuerrecht Einkünfte aus nicht selbstständiger Arbeit sind, findet sich in § 2 Abs. 1 LStDV: „Arbeitslohn sind alle Einnahmen, die dem Arbeitnehmer aus dem Dienstverhältnis zufließen. Es ist unerheblich, unter welcher Bezeichnung oder in welcher Form die Einnahmen gewährt werden.“

Es ist – auch international – unstrittig, dass die Vorteile aus Arbeitnehmer-Aktienoptionen, unabhängig von den Vergabekonditionen zu irgendeinem Zeitpunkt, Arbeitslohn sind, da ein ursächlicher Zusammenhang mit dem bestehenden Arbeitsverhältnis nicht zu verleugnen ist und die ansonsten mögliche Einordnung als Einkünfte aus Kapitalvermögen überlagert. Die Einordnung als Einkünfte aus Kapitalvermögen lässt allerdings nach dem deutschen Steuerrecht – und auch nach dem Recht der meisten europäischen Staaten – Kursgewinne außerhalb der einjährigen Spekulationsfrist (§ 23 Abs. 1 Nr. 2 EStG) unversteuert.

Diese steuerrechtliche Ausgangslage bestimmt die Diskussion über die Möglichkeiten, Stock Options nach geltendem Steuerrecht oder durch Rechtsänderung mehr Attraktivität zu geben.

Der Anreiz von Stock Options besteht in der Erwartung, dass der Börsenkurs der Aktie zwischen der Optionszusage und der Ausübung der Option deutlich ansteigen wird. Auftrieb erhielten diese Überlegungen auch dadurch, dass sich bis Mitte des Jahres 2000 die Börsenentwicklung, vor allem auch am Neuen Markt, in einer zum Teil recht stürmischen Aufwärtsentwicklung befand und es eine Reihe von Aktiengesellschaften gab, deren Börsenkurs sich innerhalb von zwei oder drei Jahren um zwei- bis dreistellige Faktoren erhöhte. Unter dem Eindruck überdurchschnittlicher Kurssteigerungsraten vor allem auf dem Neuen Markt bis zum Sommer des Jahres 2000 bestand daher Interesse, Vorteile aus Aktienoptionen möglichst frühzeitig als steuerpflichtigen Arbeitslohn zu erfassen. Die danach eintretenden Kursveränderungen spielen sich dann im Bereich der privaten Vermögenssphäre des Arbeitsnehmers ab und bleiben – mit der genannten Ausnahme – steuerfrei.

3.2 Vorziehen des Besteuerungszeitpunkts nach geltendem Recht

Neben gesetzlichen Lösungen zum Vorziehen des Besteuerungszeitpunkts, die in Deutschland diskutiert und in anderen Ländern schon umgesetzt wurden, wurde auch versucht, mit unterschiedlichen rechtlichen Konstruktionen bereits nach geltendem Recht zu einem früheren Besteuerungszeitpunkt zu kommen. Allerdings wurde dies in Deutschland – anders als in anderen Staaten – nur als eine Möglichkeit[4] zur Lösung des steuerlichen Problems angesehen oder sogar gänzlich abgelehnt.[5] Zumindest dort, wo bereits langjährige Erfahrungen mit Stock Options und dem Einfluss unterschiedlicher Börsenentwicklungen auf sie bestanden – vor allem bei Töchtern von US-Unternehmen –, galt dem vorgezogenen Besteuerungszeitpunkt nicht die erste Priorität.

Das Problem hierbei: Die Aktienoption ist nur ein – in der Regel vom Eintritt bestimmter Bedingungen abhängiges – Versprechen für eine künftige Leistung. Selbst ein unbedingtes Versprechen künftiger Leistungen stellt noch keinen Zufluss im Sinne des deutschen Steuerrechts dar. Erst die spätere Einlösung dieses Versprechens führt zum Zufluss. Der Lösungsansatz wurde daher auch weniger in einer Verschiebung des Zeitpunkts, sondern in der Form des Zuflusses gesucht: Wenn nämlich die Option als solche bereits als Sachlohn einzuordnen ist, wäre sie bereits bei Einräumung zugeflossen. Die spätere Einlösung der Option wäre dann nur als Austausch von Vermögensgegenständen im Privatbereich anzusehen.

Der Begriff des Sachlohns umfasst nicht nur Sachen im zivilrechtlichen Sinne, also körperliche Gegenstände. § 8 Abs. 1 EStG bestimmt vielmehr, dass Einnahmen „alle Güter sind, die in Geld oder Geldeswert bestehen". Ansprüche im Rechtsverhältnis zwischen Arbeitgeber und Arbeitnehmer stellen noch kein Gut dar, erst ein hinreichend abstraktes Recht, das ein beliebiger Dritter durchsetzen kann, ist wirtschaftlich verwertbar und damit Wirtschaftsgut. Die Finanzverwaltung und später auch der Bundesfinanzhof (BFH, Urteile vom 24. Januar 2001, I R 100/98, BStBl. 2001 II, S. 509, und I R 119/98, BStBl 2001 II, S. 512 sowie Urteil vom 20. Juni 2001, VI R 105/99, BStBl. 2001 II, S. 689) haben darauf abgestellt, dass die Aktienoptionen „handelbar" sein müssten, um bereits zum Zeitpunkt der Einräumung einen Zufluss von Sachlohn anzunehmen.

Da an der Börse schon seit langem unterschiedliche Formen von Aktienoptionen gehandelt werden, stellt es an sich keine Schwierigkeit dar, handelbare Aktienoptionen auch an Arbeitnehmer auszugeben. Dies liegt aber nicht im Interesse der Arbeitgeber, die mithilfe der Optionen die Arbeitnehmer an das Unternehmen binden und für dessen Erfolg stimulieren wollen. Sobald der Arbeitnehmer seine Option veräußert, gehen Chancen und Risiken der weiteren Entwicklung des Unternehmens auf den Käufer über. Vorteile und Nachteile – sieht man vom allgemeinen Interesse am Weiterbestehen des Beschäftigungsbetriebs ab – kann der Arbeitnehmer nicht mehr erwarten.

Die Entwickler entsprechender Modelle standen demnach vor dem Dilemma, dass zwar einerseits die Handelbarkeit der Optionen rechtlich garantiert werden musste, aber anderseits nach Möglichkeit verhindert werden sollte, dass die Optionsinhaber auch tatsächlich mit den Aktien handelten. Die vertraglichen Kautelen machten den Verkauf der Optionen durch den Arbeitgeber, den Kauf durch einen Dritten oder beides meist wirtschaftlich so nachteilig, dass niemand vernünftigerweise einem solchen Geschäft näher treten konnte. Da der Zufluss von Arbeitslohn ein tatsächlicher Vorgang ist, ist jede Optionsgewährung, bei der die tatsächliche Verwertung des Vorteils ausgeschlossen wird, schwerlich zum Vorziehen des Besteuerungszeitpunkts geeignet.

Ab dem Herbst 2000 werden es viele optionsberechtigte Arbeitnehmer begrüßt haben, dass es zu keiner vorgezogenen Besteuerung ihrer Optionen gekommen ist. Jedenfalls dann, wenn – wie nicht selten – der Kurs bis zum zugesagten Optionszeitpunkt so weit gefallen war, dass er unter dem zugesagten Ausgabepreis lag. Deshalb war kein Arbeitslohn zu versteuern. Hingegen hätte eine vorgezogene Besteuerung Bestand gehabt, da die weitere Entwicklung steuerlich dem Privatbereich zuzuordnen war. Es wäre also Steuer für einen Vorteil erhoben worden, der letztlich nicht eingetreten ist.

3.3 Gesetzliches Vorziehen des Besteuerungszeitpunkts

Der Gesetzgeber könnte zwar das Dilemma der vorgezogenen Besteuerung umgehen, indem er nicht auf der Handelbarkeit der Option besteht. Die Rufe nach einer solchen gesetzlichen Lösung sind jedoch leiser geworden, seitdem ihre Problematik für jedermann erkennbar ist. Symptomatisch hierfür war, dass nach Bekanntwerden der Urteile des Bundesfinanzhofs im Jahre 2001, mit dem das Vorziehen des Besteuerungszeitpunkts bei Stock Options praktisch ausgeschlossen wurde, sich kaum mehr Stimmen regten, die eine gesetzliche Regelung in diesem Sinne forderten.[6] Ein Jahr zuvor war dies noch eine der Hauptforderungen.[7] Es wird auch interessant sein, wie Staaten, die die vorgezogene Besteuerung von Stock Options gesetzlich eingeführt haben, auf die inzwischen eingetretene Entwicklung reagieren. Allerdings muss man insgesamt konstatieren, das die Entwicklung an den Börsen das Thema der Stock Options vielfach aus dem Blickpunkt geschoben hat.

3.4 Die Notwendigkeit abweichender Steuerregelungen für Stock Options

Das Erfordernis besonderer Steuerregelungen für Stock Options wird schon dadurch deutlich, dass in den wichtigsten Industriestaaten – bei vergleichbarer steuerlicher Ausgangslage – derartige Regelungen in unterschiedlicher Form bestehen. Offensichtlich wurde dort die Notwendigkeit hierfür gesehen.

Man muss hierbei allerdings auch berücksichtigen, dass Aktiengesellschaften in Deutschland als Rechtsform kleinerer Unternehmen wenig Tradition besitzen, auch wenn ihre Zahl in den letzten Jahren sprunghaft angestiegen ist. Hier rühren auch manche deutsche Vorbehalte her: Spezifische Regelungen zur Besteuerung von Stock Options scheinen ausschließlich Arbeitnehmer von Aktiengesellschaften bzw. deren Töchter zu begünstigen.[8] Dieser Schluss trifft nicht zu: Es geht nicht darum, Vorteile für Mitarbeiter von Aktiengesellschaften zu schaffen, sondern damit verbundene Nachteile zu beseitigen. Verspricht ein Unternehmer seinen Arbeitnehmern, sie künftig an einer Personengesellschaft oder einer GmbH zu beteiligen, löst der Vollzug dieses Versprechens kaum gravierende Folgen aus. Das liegt daran, dass der Marktpreis dieser Anteile für steuerliche Zwecke geschätzt werden muss und diese Schätzung unter dem kaufmännischen Vorsichtsprinzip steht. So werden etwa beim Ansatz des Firmenvermögens das selbst geschaffene Know-how und der selbstgeschaffene Firmenwert nicht angesetzt und die Erfolgserwartungen aus Vergangenheitswerten abgeleitet. Vor allem in der Anfangsphase neu gegründeter Firmen, wo weitgehend mit Fremdkapital gearbeitet wird und in den ersten Jahren kaum Gewinne entstehen, führt das selbst dann zu niedrigen Werten, wenn die Produkte inzwischen vom Markt angenommen wurden und die Umsatzzahlen deutlich nach oben gehen. Die Börse belohnt hingegen die günstigen Zukunftsprognosen vorweg und erhöht so den rechnerischen Vorteil für den Erwerber von Aktien gegenüber einer Bewertung nach Vergangenheitszahlen beachtlich.

Nun wird man gegen eine von den allgemeinen Normen abweichende steuerliche Behandlung einwenden, dass sie in erster Linie die besonders Erfolgreichen begünstigt. Die brauchen aber nicht geschont zu werden, im Gegenteil, das Prinzip der wirtschaftlichen Leistungsfähigkeit im Steuerrecht gebietet gerade, hier in besonderem Maße zuzugreifen. Was hier besteuert wird, ist allerdings nicht allein der eigene Erfolg des Arbeitnehmers, sondern es ist vor allem auch ein Erfolg, der die Volkswirtschaft als Ganzes voranbringt. Denn die Börse honoriert – gerade auf dem Neuen Markt – die Entstehung neuer Güter und Dienstleistungen und deren Umsetzung in marktgängige Produkte. Die vergangenen Jahre haben deutlich gemacht, dass dort das Wirtschaftswachstum am größten ist, wo neue Unternehmen mit neuen Produkten überdurchschnittlich häufig anzutreffen sind. Gelingt es, diese Entwicklung steuerlich zu fördern, ist der Verzicht auf Steuereinnahmen sicher sinnvoller, als wenn fehlende Marktkräfte durch steuerliche Vergünstigung kompensiert werden müssen. Konkret: Trägt ein Arbeitnehmer durch überdurchschnittliche Leistungen mehr zum Erfolg des neuen Produkts oder seiner Vermarktung bei, weil er nicht befürchten muss, dass die Steuer den größeren Teil seines rechnerischen Anteils am Erfolg in Form der Stock Options wieder auffrisst, ist dies auch ein der Allgemeinheit zugute kommender Vorteil. Und er kostet nicht einmal den Steuerausfall, wenn der Erfolg ohne steuerliche Anreize nicht zu erzielen gewesen wäre.

In einer Situation, in der jeder Zehntelprozentpunkt des Wachstums als Fortschritt angesehen wird, drängt sich eine solche Steuermaßnahme geradezu auf: Führt sie nicht zum erwarteten Erfolg, kostet sie letztlich auch nichts. Bringt sie Wachstumsimpulse, steigt das Steueraufkommen trotz Sonderregelungen für optionsberechtigte Arbeitnehmer. Auch ein allgemein niedriges Kursniveau an den Börsen kann hier kein Hindernis sein, im Gegenteil: Die Aussicht auf künftige Gewinne aus Stock Options ist gerade bei gegenwärtig niedrigen Börsenkursen höher.

3.5 Gesetzgeberische Möglichkeiten einer steuerlichen Berücksichtigung der Besonderheiten von Stock Options

Eine denkbare Alternative wäre auch, die Besteuerung erst zum Zeitpunkt des späteren Verkaufs der Aktien vorzunehmen, wie dies in den USA bei Arbeitnehmer-Aktienoptionen gehandhabt wird. Der Vorteil hierbei: Auch bei späteren Kursverlusten wird die Besteuerung nur nach dem tatsächlich zufließenden Vorteil erhoben. Das amerikanische Besteuerungsmodell lässt sich aber auf deutsche Verhältnisse nicht ohne weiteres übertragen, da die Erfassung der späteren Verkäufe – vor allem auch über den Lohnsteuerabzug – nicht gesichert ist.

Zudem bleiben in Deutschland die nach der Ausübung der Option anfallenden Kursgewinne steuerfrei. Die Mehrzahl der deutschen Arbeitnehmer fühlt sich insoweit gegenüber ihren US-Kollegen im Vorteil.

Schließt man die Verschiebung des Besteuerungszeitpunkts wegen der geschilderten Probleme aus, sind in erster Linie die klassischen Instrumente einer steuerlichen Vergünstigung in Erwägung zu ziehen: Die Steuerbefreiung der erzielten Einkünfte, die Ermäßigung der Besteuerungsgrundlage oder ein ermäßigter Tarif.

Eine vollständige Steuerbefreiung wird selbst von den Betroffenen nicht gefordert und wird auch in anderen Ländern bei Stock Options nicht angewendet. Ob man auf Stock Options den halben Steuersatz anwendet wie in den USA, oder wie in Deutschland gefordert wurde, die Steuervorteile dem Halbteilungsgrundsatz unterwirft, ist eher nach gesetzestechnischen Kriterien als nach der erhofften Wirkungsweise bedeutsam. Der Nachteil einer generellen Senkung der Steuerlast des durch Stock Options erzielten Vorteils, gleichgültig nach welcher Methode, ist, dass er praktisch jedem Optionsberechtigten zugute kommt, gleichgültig, ob der Vorteil wegen der außergewöhnlich erfolgreichen Tätigkeit seines Unternehmens auf dem Markt oder wegen allgemein günstiger konjunktureller Entwicklung entstanden ist. Zwar machen manche, vor allem bereits am Markt etablierte Unternehmen, es zur Bedingung, dass die Option nur ausgeübt werden darf, wenn die Entwicklung des Aktienkurses die allgemeine Kursentwicklung übersteigt. Aber dies ist längst nicht bei allen Unternehmen der Fall.

3.6 Zielgerichtete Entlastung erfolgreicher Unternehmen

Mit einer zielgenaueren Maßnahme ließe sich einerseits das Ausfallvolumen begrenzen und andererseits die Stimulans verstärken. Ich habe Überlegungen anstellen lassen, wie eine solche Maßnahme gesetzlich umgesetzt werden könnte. Dies mag etwas kompliziert aussehen, weil für das Verständnis Grundkenntnisse über das Börsengeschehen erforderlich sind. Wer sich als Arbeitnehmer an Optionsprogrammen beteiligt, kommt aber nicht umhin, sich mit der Börse zu beschäftigen, mehr noch, es wird von ihm erwartet, dass er sich dafür interessiert. Für den Betroffenen dürfte es daher keine Schwierigkeiten bereiten, sich mit der Wirkungsweise auseinanderzusetzen. Dass sie nicht jedermann eingängig ist, schadet nicht, denn es ist nicht jeder betroffen. Und die komplexen Berechnungen, die anzustellen sind, sind im Zeitalter der Computer kein Problem. Der Vorschlag sieht folgendermaßen aus:

- Die Besteuerung erfolgt wie bisher im Zeitpunkt der Ausübung der Option.
- Bis zur Höhe des durchschnittlichen Anstiegs der Aktienkurse bleibt es bei der vollen Besteuerung.
- Der darüber hinausgehende Erfolg wird nur zu einem Drittel angesetzt.

Das erfordert eine Definition des überdurchschnittlichen Erfolgs. Dieser ist bei Aktienkursen messbar, weil durchschnittliche Kursentwicklungen durch Aktienindices ausgedrückt werden. Der Erfolg kann aus dem Vergleich der Kursentwicklung der Aktien des Unternehmens des Arbeitgebers und der Entwicklung des Aktienindex abgelesen werden. Die Einräumung von Mitarbeiter-Aktienoptionen hat zwar ihre größte Verbreitung bei neuen auf den Markt drängenden Unternehmen, was zunächst an einen Vergleich mit dem Index Nemax denken ließe. Die Dynamik des Neuen Marktes wird allerdings stark durch die individuelle Entwicklung in einigen Branchen oder Unternehmen bestimmt. Insofern erscheint es sinnvoll, die von den etablierten Unternehmen durch den Dax vorgelegte Entwicklung, die weniger Schwankungen aufweist, zum Maßstab zu nehmen. Das soll wie folgt erreicht werden:

- Der Vorteil des Mitarbeiters am Tag der Zuteilung der Aktien wird wie bisher nach der Differenz zwischen Kurswert und Ausgabepreis berechnet.

- Diese Differenz wird im Verhältnis des Kurszuwachses der Aktien während des Optionszeitraums und des Wertzuwachses des Dax im gleichen Zeitraum aufgeteilt. Stieg beispielsweise der Kurs der Aktien während dieser Zeit um 180 Prozent, während der Dax in der gleichen Zeitspanne nur um 30 Prozent kletterte, wird der steuerpflichtige Vorteil im Verhältnis 1 : 5 aufgeteilt.

- Der Anteil, der unter Berücksichtigung des Das als normale Kursentwicklung zu sehen ist (im Beispiel ein Sechstel), wird normal versteuert.
- Der Anteil, der die normale Kursentwicklung – nämlich die des Dax – (im Beispiel fünf Sechstel) übersteigt, wird für die Besteuerung nur mit einem Drittel angesetzt.

Weshalb ein Drittel? Andere Vorschläge und etwa das US-Steuerrecht sehen es als ausreichend an, die Steuerbelastung für Arbeitnehmer-Aktienoptionen um die Hälfte zu senken. Allerdings erhält dort jeder optionsberechtigte Arbeitnehmer diese Steuerentlastung, während er nach diesem Vorschlag erst durch den Erfolg des Unternehmens verdient werden muss.

- Bei einem unterdurchschnittlichen oder durchschnittlichen Erfolg ist die volle Steuer zu zahlen.
- Erst wenn der Kurswert die des DAX um das Dreifache überschreitet, also viermal so hoch ist wie die Entwicklung des Dax, beläuft sich die steuerliche Gesamtentlastung auf die Hälfte.
- Je mehr der Erfolg des Unternehmens die allgemeine Entwicklung an der Börse übersteigt, desto günstiger stellt sich diese Steuerentlastung gegenüber einer allen Betroffenen gewährten Steuerentlastung um die Hälfte dar.
- Für Unternehmen und ihre Arbeitnehmer in der Spitzengruppe der wirtschaftlichen Entwicklung bietet das Konzept daher auch im internationalen Vergleich Attraktivität. Für Unternehmen, die sich eher am Mittelfeld der wirtschaftlichen Entwicklung orientieren, mögen dann andere Standorte steuerlich günstiger erscheinen.

4. Ausblick

Die Frage der Besteuerung von Stock Options reiht sich nicht in die lange Reihe von Problemen ein, die das deutsche Steuerrecht mit neu auftauchenden Finanzmarktinstrumenten hat. Die Herausforderung besteht vielmehr darin, steuerliche Hemmnisse für erfolgversprechende Ansätze zu beseitigen, die die stagnierende Wirtschaft voranbringen können. Die unterschiedliche Entwicklung, die der Aktienmarkt in den letzten Jahren genommen hat, sollte nicht Anlass sein, dieses – wie internationale Erfahrungen zeigen – langfristig erfolgreiche Instrument aus den Augen zu verlieren. Eine gesetzliche Lösung des Besteuerungsproblems würde dazu beitragen, die Akzeptanz bei Unternehmen und Mitarbeitern zu erhöhen. Die Börsenentwicklung hat gezeigt, dass hierbei aber nicht allein nach der der jeweils aktuellen Situation am nächsten kommenden Lösung gesucht werden sollte, sondern ein langfristig stimmiges und zielgerichtetes Konzept gefunden werden muss.

Anmerkungen

1 Neuerdings umfassend dargestellt ist die Diskussion in Egner/Wildner, Besteuerung von Stock Options – Überbesteuerung oder Besteuerungslücke, FR 2001, S. 62 enthalten.

2 Volks- und Finanzwirtschaftliche Berichte des Bundesministeriums der Finanzen, Spezielle Fragen der Steuerpolitik – Besteuerung von Aktienoptionen im internationalen Vergleich, Dezember 2000.

3 Nach einer Umfrage der Wirtschaftswoche, Ausgabe vom 2. November 2000, S. 153, bei den im Nemax 50 notierten Aktiengesellschaften behandelten 23 Aktienoptionen gewinnneutral, lediglich 8 meinten, Aufwand verbuchen zu müssen (restliche Befragte: keine Antwort bzw. keine Angaben).

4 Pläne für ein Wahlrecht zwischen vorgezogener Besteuerung und Anwendung des Halbeinkünfteverfahrens auf den Kursgewinn bei Optionsausübung bestanden im Bundesministerium der Wirtschaft, Wirtschaftswoche vom 15. Juni 2000, S. 18, entsprechende Forderungen waren auch im Positionspapier vom 8. August 2000 der Deutschen Industrievereinigung Biotechnologie und anderer Verbände und Unternehmen aus dem Bereich der New Economy zu lesen. In einem Positionspapier des Bundesverbandes der Deutschen Industrie vom 11. September 2000 wurde für die vorgezogene Besteuerung lediglich eine vereinfachte Bewertung gefordert (7,5 Prozent des Kurswertes bei Einräumung, entsprechend der belgischen Regelung), während als Voraussetzung von Verwaltung und Rechtsprechung handelbare Optionen gefordert werden.

5 Hoffmann, Aktienoptionen und blinde Justitia, GmbH-StB 1999, 208

6 In seinem Positionspapier vom 11. September 2000 begrüßt der Bundesverband der Deutschen Industrie die Initiative der Bundesregierung, die Besteuerung von Mitarbeiterbeteiligungen als Thema in das Bündnis für Arbeit aufzunehmen. Dieses Thema wurde aber dort nie aufgenommen, möglicherweise, weil sich der Bundesfinanzminister sich kategorisch gegen Sonderregelungen für Stock Options wehrte.

7 Hoffmann, Zur Lohnbesteuerung von Stock Options in der Baisse, DStR 2001, S. 1789.

8 Mit diesem Argument lehnte der Sachverständigenrat zur Begutachtung der gesamtwirt schaftlichen Entwicklung, Jahresgutachten 2000/01, November 2000, Tz. 217 steuerliche Sonderregelungen ab.

Terra incognita: Konsequente Mitarbeiterbeteiligungsformen in Deutschland

Burghard Flieger

Konsequente Mitarbeiterbeteiligungsmodelle werden meistens unter dem Blickwinkel exotischer, nicht übertragbarer Besonderheiten „bestaunt". Mit den folgenden Ausführungen erfährt dieser einseitige Blickwinkel eine Erweiterung. Ziel ist es, Anstöße zur verstärkten Suche nach Möglichkeiten der Weiterentwicklung und Verbreitung demokratisch strukturierter Unternehmen zu geben. Zu diesem Zweck werden die gegenwärtig in der bundesdeutschen Realität vorkommenden elf Typen konsequenter Mitarbeiterbeteiligung beschrieben. Als Grundtypen lassen sich die klassischen Produktivgenossenschaften, die überparitätischen Beteiligungsunternehmen und die Selbstverwaltungsbetriebe identifizieren. Sie sind jeweils vor dem Hintergrund unterschiedlicher Werte und historischer Prägungen entstanden. Um diese herauszuarbeiten, werden Marktbedingungen, Selbstverständnis und besonders auffällige Einzelphänomene, beispielsweise bei der Finanzierung, als Merkmale herangezogen. Die vorgenommene Differenzierung hilft, die einseitige Betrachtung als „Exoten" zu relativieren.[1]

1. Merkmale konsequenter Mitarbeiterbeteiligungsmodelle

Was wird überhaupt unter konsequenter Mitarbeiterbeteiligung verstanden? Weshalb wird sie als Exot betrachtet? Welche Vorurteile gibt es gegen sie? Um diese kennenzulernen, kann auf einen früheren Artikel im Handelsblatt verwiesen werden: „Manager, die sich ständig gängeln lassen, müssen erst noch gefunden werden" (o.V. in: Handelsblatt, 14.03.1988). Der Autor betont die Schwierigkeiten, in konsequenten Beteiligungsmodellen klare Leitungsstrukturen durchzusetzen. Allein schon die Überschrift veranschaulicht dies. Wenn jeder mitreden kann, so eine weit verbreitete Einstellung, entsteht eine diffuse Diskussions- und Entscheidungsstruktur, in der keine sachorientierten Beschlüsse gefällt werden können.

Die Ideen, Werte und auch wirtschaftlichen Erfolge einer konsequenten Mitarbeiterbeteiligung werden in solchen Darstellungen allerdings häufig vernachlässigt. Das ist erstaunlich. Sind doch besondere Werte meist der Ausgangspunkt eines Großteils der konsequenten Mitarbeiterbeteiligungen oder auch der so genannten Teamgründungen. Entsprechend wird beispielsweise in den humanistischen Organisationstheorien von optimistischen Menschenbildern ausgegangen. Eine der einfachsten ist die Gegenüberstellung des Gegensatzpaares „theory X" und „theory Y" von McGregor.[2] Nach der „theory X" hat der Mensch eine angeborene Abneigung gegen Arbeit und versucht, sich soweit wie möglich von ihr zu drücken. Nur durch Kontrolle und Strafandrohung ist er bereit, sich produktiv zum Erreichen der jeweiligen Organisationsziele zu engagieren. Dagegen wird bei der „theory Y" davon ausgegangen, dass Menschen, wenn sie sich mit den Zielen eines Unternehmens identifizieren, eigenverantwortlich verhalten. Sie benötigen hierfür Freiraum, Teilhabe und Integration. Arbeit und Beteiligung stellen dann sogar eine der wichtigsten Quellen ihrer Zufriedenheit dar. Ohne diese verschiedenen Organisationstheorien hier weiter zu erläutern, lässt sich festhalten: Das Menschenbild und die sie tragenden Werte prägen die Entstehung und die sich in konsequenten Mitarbeiterbeteiligungsunternehmen entwickelnde Organisationskultur.[3]

1.1 Empirische Überprüfbarkeit durch das Identitätsprinzip

Vier Werte, die gleichzeitig als Charakteristika konsequenter Mitarbeiterbeteiligungsmodelle gesehen werden können, sollen im Folgenden besonders hervorgehoben werden.[4] Das empirisch am leichtesten überprüfbare Merkmal ist das Identitätsprinzip. Es stellt das am eindeutigsten erkennbare Charakteristikum dar,[5] indem zwei Rollen – die des Kapitaleigners und die des Beschäftigten – im konsequenten Mitarbeiterbeteiligungsmodell in einer Person zusammenfallen. In manchen Fällen erfolgt daraus noch die Übernahme einer dritten Rolle bzw. Funktion, die gleichberechtigte Leitung des Unternehmens. Sie wird allerdings meistens delegiert.

In jedem Mitarbeiterbeteiligungsunternehmen gibt es verschiedene Personengruppen, die einer vollständigen Realisierung des Identitätsprinzips entgegenstehen. Dazu gehören auf der Seite der Beschäftigten vor allem Aushilfskräfte, neue Mitarbeiter, Nichteinstiegswillige und Nichtaufgenommene. Auf der Seite der Kapitaleigner sind es oft außenstehende Geldgeber, die Geld zur Verfügung stellen. Es können aber auch Pensionäre oder aus anderen Gründen aus dem Beschäftigungsverhältnis ausgeschiedene Unternehmensmitglieder sein, die dennoch ihre Anteile im Unternehmen belassen.

Beides führt zu einem Durchbrechen des Identitätsprinzips, muss aber wie bei der finanziellen Solidarität oder beim Einstieg von Neuen nicht mit einer Auflösung des konsequenten Mitarbeiterbeteiligungsmodells zusammenhängen. Insofern sind solche Abweichungen vom Ideal immer genauer zu betrachten, bevor vorschnell von einer Transformation gesprochen wird. Konsequente Mitarbeiterbeteiligungsmodelle werden oftmals mit einer sehr hoch gehängten Messlatte des Idealtyps gemessen. Wie bei jeder anderen Unternehmensform sind aber die realwirtschaftlichen Ausprägungen mit ihren vielfältigen Differenzierungen einzubeziehen, ohne ständig den mit einem abwertenden Beiklang versehenen Transformationsverdacht in den Vordergrund zu stellen.

1.2 Gedankliche Gleichsetzung mit dem Demokratieprinzip

Mit dem zweiten Prinzip, dem Demokratieprinzip „ein Mensch – eine Stimme", werden viele konsequente Mitarbeiterbeteiligungsmodelle am stärksten verbunden.[6] Die Zweiteilung, die im Identitätsprinzip angelegt ist, spiegelt sich hier wider, indem die Doppelnatur der Mitarbeiterbeteiligungsmodelle als Sozial- und Wirtschaftsorganisation unterschiedliche Erfordernisse mit sich bringt. Die Unternehmensmitglieder finden sich in der Sozialorganisation mit unterschiedlichen Geschäftsanteilen zusammen. Unabhängig von der Anzahl der eingebrachten Kapitalanteile agieren sie dort je nach Ausgestaltung des Beteiligungsmodells formal, oftmals weitgehend gleichberechtigt. Sie wählen mit gleichem Stimmrecht Entscheidungsträger wie Geschäftsführung, Vorstand und/oder Aufsichtsrat und sind gemeinsam den gewählten Gremien übergeordnet.

Der Vorstand, oft identisch mit der Geschäftsführung, wechselt in der Wirtschaftsorganisation seine Funktion. Ihm obliegt die unternehmerische Leitung und er muss darauf achten, dass die wirtschaftlichen Leistungen des Unternehmens erbracht werden und stimmen. Da dies in den meisten konsequenten Mitarbeiterbeteiligungsunternehmen mit der Weisungsbefugnis gegenüber den Beschäftigten verbunden ist, gilt dies als Kernpunkt der immer wieder betonten Instabilität dieser Art von Unternehmen. Denn in der Sozialorganisation fungieren alle gleichberechtigt bzw. der Vorstand ist der Generalversammlung sogar untergeordnet und ihr gegenüber rechenschaftspflichtig, während sich in der Wirtschaftsorganisation Differenzierungen bis hin zur Umkehrung des Anordnungsverhältnisses ergeben.

In der Realität liegen von dieser oftmals überbetonten Widersprüchlichkeit völlig unterschiedliche Ausgeprägungen vor. Besonders in Selbstverwaltungsbetrieben als einer speziellen Form des konsequenten Mitarbeiterbeteiligungsunternehmens sind die Mitglieder bestrebt, eine Hierarchie in der Wirtschaftsorganisation zu vermeiden. Sie versuchen, die damit verbundenen Differenzierungen im Arbeitsalltag so gering wie möglich zu halten.

1.3 Bedürfnisberücksichtigung durch Verankerung des Förderprinzips

Das dritte Prinzip, das Förderungsprinzip, besagt, dass nicht die Kapitalverwertung, sondern die Mitgliederziele bezogen auf die Sachaufgabe des Unternehmens im Vordergrund stehen.[7] Entsprechend kann in diesem Zusammenhang auch von Bedürfnisberücksichtigung der Mitarbeiter gesprochen werden. Infolge der Doppelnatur – Wirtschafts- und Sozialorganisation – können zwei Aspekte unterschieden werden: die wirtschaftliche Produktivität und die mitgliederorientierte Effektivität. Bei beiden Aspekten können noch die Bedingungen der Ertragserzielung und der Ertragsverwendung unterschieden werden. Die Berücksichtigung der wirtschaftlichen Produktivität bezogen auf die Ertragserzielung bedeutet oftmals eine starke Rationalisierung, ausgeprägte Arbeitsteilung und hohe Arbeitsintensität. Bei der Ertragsverwendung kommen zentrale Aspekte jeder hierarchischen produktivitätsorientierten Unternehmung wie Firmenwerterhöhung durch Rücklagen oder Gewinnausschüttung nach Wert der Kapitaleinlage zum Tragen.

Sobald die mitgliederorientierte Effektivität im Vordergrund steht, geht es bei den konsequenten Mitarbeiterbeteiligungsunternehmen im Rahmen der Ertragserzielung um angenehme Arbeitsbedingungen, interessante Tätigkeiten, verkürzte Arbeitszeiten als mögliche

Formen der Förderung. Förderungsaufgaben bei der Ertragsverwendung können in diesem Zusammenhang sein: Rückvergütung nach Arbeitsstunden, Sozialleistungen nach dem Caféteria-Prinzip, dass also eine Auswahl nach den individuellen Bedürfnissen möglich ist sowie die Erfolgsbeteiligung pro Person und nicht nach den gezeichneten Anteilen.

1.4 Umstrittenheit des Solidaritätsprinzips

Diese bisher skizzierten drei Prinzipien werden am häufigsten genannt, um konsequente Mitarbeiterbeteiliungsmodelle gegenüber anderen Unternehmensformen abzugrenzen. Sie sind vom Grundsatz her weitgehend unumstritten. Dies gilt nicht mehr für das vierte Prinzip, das als Solidaritätsprinzip bezeichnet werden kann. Bekannter sind weitergefasste Begriffe wie teamorientierte oder kooperationsorientierte Unternehmenskultur.[8] Oft wird es nicht als erforderlich angesehen, eine solche Prägung als Kriterium konsequenter partizipativer Organisation heranzuziehen. In allen partizipativen Strukturen geht es aber immer auch um die Ausprägung und Umsetzung partizipationsförderlicher Werte, Einstellungen und Verhaltensweisen. Durch die Betonung und konsequente Anwendung bestimmter Werte und damit verbundene Verhaltensweisen kann in konsequenten Mitarbeiterbeteiligungsunternehmen insofern eine höhere Stabilität erreicht werden. Das gilt vor allem für Zeiten intensiver sozialer Konflikte und wirtschaftlicher Turbulenzen.

Das Solidaritätsprinzip und seine Überprüfung lässt sich operationalisieren, indem Kernbegriffe bzw. Gegensatzpaare auf einer Likert-Skala gegenübergestellt werden. Auf der einen Seite werden dann Einstellungen aufgeführt, die stärker für eine partizipationsförderliche Haltung stehen. Als Gegenpol können dann Einstellungen abgefragt werden, die sich eher in Unternehmen mit ausgeprägter Hierarchie, innerbetrieblichem Konkurrenzverhalten und utilitaristischer Denkweise herausbilden. Eine partizipationsförderliche Einstellung wäre beispielsweise Teamarbeit, während in hierarchischen Organisationen stärker Einzelarbeit mit individueller Leistungsorientierung im Vordergrund steht. Als weitere Gegensatzpaare können Eigennutz und Solidarität oder geringe Duldsamkeit und Toleranz für potenzielle Einstellungsdifferenzen gesehen werden.

Die Gegensatzpaare sind in der Wirklichkeit nicht ausschließlich partizipativen oder herkömmlichen Unternehmen zuzuordnen. Auch in vielen traditionellen Unternehmen werden die Mitarbeiter als wichtigstes Kapital erkannt.[9] Entsprechend gibt es dort vielfältige Bemühungen, über Personal- und Organisationsentwicklung die Teamarbeit und innerbetriebliche Kooperation zu intensivieren. Oft weisen die Unterschiede deshalb nur Nuancierungen auf. In einigen herkömmlichen Unternehmen kann die Entwicklung sogar so weit gehen, dass dort eine stärkere Ausprägung des Solidaritätsprinzips vorhanden ist als in Unternehmen, die, von ihren sonstigen Merkmalen abgesehen, konsequente Beteiligungsmodelle praktizieren.

Werden Einstellungsunterschiede auf Einzelpersonen bezogen abgefragt und anschließend die Einstellung aller Mitglieder eines konsequenten Mitarbeiterbeteiligungsunternehmens zusammengefasst, kann deren unternehmenskulturelle Ausprägung in Richtung partizipative Grundorientierung widergespiegelt werden. Damit wird eine Fragestellung empirischen Überprüfungen zugänglich, die bisher oftmals eher auf theoretischer Ebene kontrovers ausgetragen wurde. Typische Konflikte in konsequenten Mitarbeiterbeteiligungsunternehmen wie die Generationsproblematik, der Wertedissens, Verteilungsauseinandersetzungen oder die Anweisungs-Kontroll-Problematik, lassen sich bei hoher Ausprägung des Solidaritätsprinzips leichter bewältigen. Das kann als eine Art Selbststeuerung verstanden werden, in dem sich über gemeinsame Werte, Einstellungen und damit zusammenhängende Verhaltensweisen die Zusammenarbeit leichter gestalten lässt. Die Konfliktintensität bleibt so auf ein bewältigbares Ausmaß reduziert.

2. Stagnation klassischer Produktivgenossenschaften

Die Gesamtzahl konsequenter Mitarbeiterbeteiligungsunternehmen kann in Deutschland auf rund 7.000 meist kleine Betriebe geschätzt werden. Unter ihnen gibt es etwa 1.800 eingetragene Genossenschaften. Von den letzteren sind die meisten den klassischen Produktivgenossenschaften zuzuordnen. Dazu werden vor allem Unternehmen gerechnet, die auch die genossenschaftlichen Revisionsverbände als Produktivgenossenschaften bezeichnen. Das bedeutet, sie werden überwiegend in der Rechtsform der eingetragenen Genossenschaft geführt. Auch verstehen sich ihre Träger bzw. Mitglieder selbst als Genossenschaftler. Ihre Tätigkeitsfelder liegen vor allem in landwirtschaftlichen, handwerklichen, manufakturellen bzw. semiindustriellen Branchen bzw. Sektoren. Zu unterscheiden sind die traditionelle westdeutsche Produktivgenossenschaft sowie die handwerkliche ostdeutsche und die landwirtschaftliche ostdeutsche Produktivgenossenschaft.

2.1 Exotik traditioneller Produktivgenossenschaften in Westdeutschland

Schon seit Jahrzehnten wird der als erste zu nennende Untertyp der klassischen Produktivgenossenschaft in Deutschland nur noch als Exot angesehen: die traditionelle westdeutsche Produktivgenossenschaft. Sie existiert nur in geringer Anzahl.[10] Die Angaben in der Literatur und von den Genossenschaftsverbänden schwanken zwischen 10 bis ungefähr 30 Unternehmen.[11] In der Statistik der deutschen Genossenschaftsverbände sind sie unter die 436 erfassten gewerblichen Produktivgenossenschaften subsumiert. Einige sehr traditionsreiche Unternehmen, wie die vor fünf Jahren in Konkurs gegangenen Glaswerke Warmensteinach, gehören zu diesem Typ. Gegründet 1899 wäre sie vor zwei Jahren 100 Jahre alt geworden. Auch die Tübinger Chronik, ein Druckunternehmen mit modernster Technologie arbeitend, zählt hierzu. Sie entstand direkt nach dem Zweiten Weltkrieg und konnte sich bis heute erfolgreich am Markt behaupten.

Die Kennzeichnung als traditionelle Produktivgenossenschaft verdeutlicht, dass diese Unternehmen schon längere Zeit bestehen. Sie agieren überwiegend in tradierten, um nicht zu sagen konservativen Branchen wie dem Bau- oder Textilsektor. Die Marktanforderungen hinsichtlich Innovation und Entwicklung sind im Vergleich zu anderen Branchen eher gering. In ihrer realwirtschaftlichen Ausprägung kommt es meist zu starken Abweichungen von den oben genannten vier Merkmalen. Nur die Hälfte der Beschäftigten oder auch weniger sind Genossenschaftsmitglieder.

2.2 Ehemalige PGHs auf dem Rückzug

Der zweite Untertyp der klassischen Produktivgenossenschaft hat seinen Ursprung in Ostdeutschland, der ehemaligen DDR: Es sind die handwerklichen ostdeutschen Produktionsgenossenschaften, ursprünglich als PGH bezeichnet. Umgewandelt in die Rechtsform der Genossenschaft können noch knapp 450 Unternehmungen dazugezählt werden,[12] aber mit langsam abnehmender Tendenz. Durch die produktivgenossenschaftlichen Unternehmen, die nach dem Zusammenschluss der beiden deutschen Staaten eine andere Rechtsform wählten, sind es noch einmal 200 bis 300 Unternehmen mehr. Historisch geprägt durch die Entwicklung des Staatssozialismus in Ostdeutschland weisen sie dennoch keine besonders grundlegenden Unterschiede zu den traditionellen westdeutschen Produktivgenossenschaften auf.

Sie sind überwiegend handwerklich in Bereichen der Instandsetzung, Reparatur und Montage bzw. semiindustriell tätig und agieren ebenfalls hauptsächlich in Branchen, die sich weniger dynamisch entwickeln. Friseurbetriebe, Malerfirmen und nicht zuletzt Bauunternehmen stellen einen Schwerpunkt dar, während der technologisch orientierte Dienstleistungsbereich als Ausnahme anzusehen ist. Als Beispiel kann die Friseurproduktivgenossenschaft auf Usedom, größter Arbeitgeber der Insel, genannt werden. Nach eine Konsolidierungsphase sind dort heute wieder 60 Frauen – überwiegend auch Mitglieder der Genossenschaft – in 17 Friseurläden beschäftigt. Bezahlt wird der Tariflohn plus eine Prämie bei hohem Umsatz: „Aufgrund des Gefühls, es fließt nichts an einen Fremden raus, besteht eine Leistungsbereitschaft, die in der GmbH nicht erreicht werden könnte,“[13] so die Einschätzung der Situation der heutigen Geschäftsführerin.

Einige Strukturen, die auch das Verhalten prägen, sind für diese Branchen typisch. Hierzu gehört die Ausrichtung auf einen Meister. Dadurch ergibt sich fast „natürlich“ eine bestimmte Form der Autorität, die sich durch die jeweilige Berufskultur bzw. berufsspezifische Ausprägungen in diesen Unternehmen mehr oder weniger zwangsläufig herstellt. Während solche Autoritätsformen in neuen konsequenten Mitarbeiterbeteiligungsunternehmen wie den Selbstverwaltungsbetrieben eher abgelehnt werden, ist sie bei den ostdeutschen Handwerksgenossenschaften ausgeprägt und gleichzeitig auch anerkannt. Die Zukunftschancen dieser Unternehmensform dürften entscheidend davon abhängen, inwieweit sie ihre bisherigen Marktpositionen in Ostdeutschland durch die Strategien Differenzierung oder Konzentration sichern.[14]

2.3 Konservative landwirtschaftliche Genossenschaftskulturen

Als dritter Untertyp der klassischen Produktionsgenossenschaft kann die ostdeutsche landwirtschaftliche Produktionsgenossenschaft, die LPG der früheren DDR, genannt werden. Im Jahr 1993 gibt es 1.430 dieser Unternehmen als eingetragene Genossenschaft.[15] 1999 wurden noch 1.190 dieser Form der Agrargenossenschaft gezählt.[16] Sie sind durch die ostdeutsche Geschichte, durch vielfältige Diskriminierungen sowie durch die Besonderheiten der Landwirtschaft geprägt und weisen von daher eine sehr eigenständige unternehmenskulturelle Ausprägung mit eher konservativer Ausrichtung auf. Auch wenn sich ihre Zahl verringert hat, ist die Situation der meisten Übrigen nach wie vor prekär. Dies wird von vielen Genossenschaftsbetrieben nicht zuletzt auf die verfolgte agrarpolitische Linie zurückgeführt. Zu dieser gehört die Bevorzugung kleiner familiär geführter Landwirtschaftsbetriebe, obwohl gerade durch die bestehenden Großstrukturen die ostdeutschen Agrargenossenschaften den westdeutschen Unternehmen im Wettbewerb langfristig überlegen sind.

Charakteristisch dürfte die Entwicklung der Agrargenossenschaft im sächsischen Arnsfeld sein. Von den ehemals 120 Beschäftigten blieben noch 40 übrig. Die meisten der früheren Mitglieder sind nach der Wende über Vorruhestandsregelungen aus der Landwirtschaft ausgeschieden. Heute arbeitet niemand mehr im Unternehmen, der älter als 55 Jahre ist. Der Tierbestand wurde nicht verringert, sodass der Betrieb, ausschließlich mit Milchwirtschaft und Rinderaufzucht befasst, nach wie vor über einen Bestand von 1.500 Rinder verfügt. Die Genossenschaft bewirtschaftet mehr als 1.067 Hektar Fläche. Feldprodukte werden aber so gut wie nicht verkauft, sondern fast das gesamte Getreide an die Tiere verfüttert. Die wirtschaftliche Entwicklung des Betriebes sehen die Mitglieder, wie fast überall in Ostdeutschland, nach wie vor skeptisch.[17]

3. Experimentierfeld überparitätische Beteiligungsunternehmen

Beim zweiten Haupttyp, den überparitätischen Beteiligungsunternehmen, lassen sich vier Untertypen unterscheiden. Die Mitarbeiterunternehmen, die Arbeitnehmergesellschaften, die Belegschafts-Buy-Outs und die Unternehmermodelle. Ihre quantitative Einschätzung erweist sich als besonders schwierig, da es keine systematischen Erfassungsversuche gibt. Abgesehen von der Arbeitsgemeinschaft zur Förderung der Partnerschaft in der Wirtschaft, der AGP, mit Sitz in Kassel existiert für diese Art der Unternehmensorganisation keine kontinuierliche Öffentlichkeits- und Lobbyarbeit. Auch die AGP konzentriert sich bei ihrer Arbeit generell auf Beteiligungsunternehmen, sodass besonders konsequente Formen der Mitarbeiterbeteiligung nur nebenbei Berücksichtigung finden.

3.1 Mitarbeiterunternehmen: Unternehmerteams mit Zukunft

Der erste Untertyp sind die Mitarbeiterunternehmen, die meistens von Beginn an durch gleichberechtigte Teams gegründet werden.[18] Unternehmensberater, Softwareentwickler, Landschaftsplaner oder auch Architekten stellen typische Berufsgruppen dar, die solche partizipativ strukturierten Unternehmen aufbauen. Die Gründergruppe besteht oft nur aus vier oder fünf Personen. Insofern kann anfangs oft von einer Art Sozietät gesprochen werden. Aufgrund positiver Erfahrungen mit solchen Teamstrukturen wird meist schnell versucht, diese weiter auszubauen und neue Mitarbeiter als gleichberechtigte Gesellschafter aufzunehmen. Selbst bezeichnen sich solche Firmen eher als Partnerschaftsunternehmen. Charakteristisch für Mitarbeiterunternehmen ist die geringe Arbeitsteilung und die hohe Qualifikation der Mitarbeiter.

Als Beispiel kann auf die PSI AG, ein Softwarehaus mit Hauptsitz in Berlin verwiesen werden. Sie war jahrelang eines der größten konsequent demokratisch organisierten Unternehmen in der Bundesrepublik Deutschland.[19] Die PSI AG galt bis zu ihrem Gang an die Börse als Pionierunternehmen in Sachen Mitarbeiterbeteiligung. Etwas mehr als 60 Prozent der Beschäftigten waren bis 1998 Eigentümer des Unternehmens. Nur sie konnten überhaupt Aktien der PSI erwerben. Durch den Gang an die Börse ist die ausschließliche Beschränkung des Eigentums auf Mitarbeiter mittlerweile relativiert.

Ein weiteres Unternehmen dieser Art stellt die Danet GmbH in Weiterstadt dar, eines der führenden europäischen Beratungs- und Software-Unternehmen im Bereich der Telekommunikation. Alle Mitarbeiterinnen und Mitarbeiter können sich an der Firma beteiligen. Annähernd 60 Prozent der über 780 Beschäftigten hat diese Gelegenheit genutzt. Das Modell in einer vergleichsweise komplizierten Verschachtelung sichert den Mehrheiteinfluss der Beschäftigten. Seit Danet-Mitarbeiter auch Mitgesellschafter ihres Unternehmens werden können, steigen Umsatz und Ertrag rascher denn je. Der Wert des Unternehmens hat sich vom Jahr der Einführung im Jahr 1995 bis 2000 mehr als verfünffacht. Jeder Mitarbeiter erfährt insofern durch das Modell die Chance, von diesem Wert-Zuwachs seines Unternehmens auch für sich persönlich zu profitieren.[20]

3.2 Arbeitnehmergesellschaften: Versuche wirtschaftlichen Überlebens

Bekannter als Mitarbeiterunternehmen wie die PSI AG oder die Danet GmbH ist der zweite Typ der überparitätischen Beteiligungsmodelle: Arbeitnehmergesellschaften oder „Konkursbetriebe". Dies sind Unternehmen, die von der ursprünglichen Firmenleitung aufgegeben werden. Die Betriebsorganisation übernehmen die Beschäftigten bzw. ihre Vertreter. Als eine Art betriebliches Überlebensmodell ergeben sich aus den damit zusammenhängenden Bedingungen völlig eigenständige unternehmenskulturelle Ausprägungen.[21] Beispielsweise sind ein Teil der genannten Merkmale konsequenter Beteiligungsunternehmen wenig ausgeprägt, weil der gemeinsame Erhalt der Arbeitsplätze im Vordergrund steht und nicht irgendwelche

Formen gemeinsamer, demokratischer Entscheidung. Bis auf den Arbeitsplatzerhalt findet entsprechend auch die Verwirklichung des Förderungsprinzips wenig Raum.

In einer ausführlichen Monographie von Rainer Duhm wird die Zahl auf etwa 20 bis 30 Betriebe in der Bundesrepublik beziffert, die als Arbeitnehmergesellschaften überlebt haben.[22] Vermutlich sind es weniger, weil viele von ihnen nach einer bestimmten Übergangsphase wieder traditionelle Eigentums- und Entscheidungsstrukturen übernehmen. Dies gilt beispielsweise auch für die Glashütte Süßmuth in Immenhausen bei Kassel, Anfang der Siebzigerjahre eines der ersten Unternehmen dieser Art. Sie existiert mittlerweile nicht mehr. Auch die AN in Bremen, ein bekannteres Beispiel aus der Zeit Anfang der Achtzigerjahre, hat mit nur noch fünf Gesellschaftern ihre Ausprägung als konsequentes Mitarbeiterbeteiligungsmodell weitgehend verloren, ist aber wenigstens als Windkrafthersteller wirtschaftlich erfolgreich.[23]

In den letzten Jahren kommt es wieder zu einem Schub bei der Gründung dieser Form konsequenter Mitarbeiterbeteiligungsunternehmen. Spektakulärer Beginn war 1994 die Ausgliederung von etwa 1.200 Mitarbeitern der Firma DEC (Digital Equipment) mit dem Namen Ditec Informationstechnologie AG und einem Doppelsitz in Villingen-Schwenningen und München. Als Mitgift erhielt das aus der Not geborene Unternehmen 128 Millionen DM von ihrer Mutter, eine Summe, die für den Personalabbau vorgesehen war. Ein Gutteil des auf den ersten Blick hoch erscheinenden Betrages wurde über Verluste im ersten Jahr in Höhe von 47 Millionen DM bei einem Umsatz von 150 Millionen DM verbraucht. Konsequenz war ein Straffen der Personalsituation auf 700 Beschäftigte. 1996/97 wurden mit zwölf Millionen DM erstmals Gewinne erzielt.[24]

3.3 Unternehmermodelle: Arbeitnehmerbeteiligung aus Verantwortung

Der dritte Untertyp der überparitätischen Beteiligungsunternehmen sind die Unternehmermodelle. Bei diesen wird vom ursprünglichen Alleineigentümer aufgrund seiner Werte – oft mit dem Hintergrund der evangelischen oder katholischen Soziallehre oder der Anthroposophie – ein sehr weit gehendes Beteiligungsmodell praktiziert, sodass ein überwiegender Teil der Eigentumstitel bei den Beschäftigten liegt.[25] Arbeitnehmerstiftungen oder überparitätische Beteiligungsmodelle werden hier zugerechnet, wenn sie so weit gehen, dass die Entscheidungsbeteiligung der Betriebsmitglieder gemessen an den gesetzlichen Mitbestimmungsregelungen über 50 Prozent liegt. Auch ihre Anzahl kann in der Bundesrepublik auf rund 30 Unternehmen vermutet werden.

Opel Hoppmann in Siegen oder die Keramikmanufaktur Kupfermühle in der Nähe von Itzehoe sind bekanntere Beispiele. Letztere praktizierte die – mittlerweile aufgegebene – Mitarbeiterbeteiligung sogar über die Rechtsform der Genossenschaft verknüpft mit einer GmbH. Da solche Modelle an die Übertragungsbereitschaft der Alteigentümer gebunden sind, werden sie als Unternehmermodelle bezeichnet.

Viele dieser Entwicklungen erfolgen im Unterschied zu den vorherigen Beispielen im Stillen. Das gilt unter anderem für die Firma Grünbeck-Wasseraufbereitung GmbH in Höchstädt, bei der die Mitarbeiter schon heute als GmbH-Gesellschafter 40 Prozent des Kapitals halten. Die restlichen 60 Prozent sollen im Erbfalle vom derzeitigen Inhaber übertragen werden.[26] Insofern ist die Nachfolgeproblematik, die für viele Klein- und Mittelbetriebe gilt, bei Grünbeck durch einen Zukunftsentwurf in Richtung konsequente Mitarbeiterbeteiligung gelöst. Da Gesellschafterbeschlüsse mit Dreiviertelmehrheit zu fassen sind, läuft bereits heute schon nichts mehr ohne Mitarbeiterzustimmung. Trotzdem oder gerade auch deswegen betrug beispielsweise im Jahre 1996 die Rendite ihres Kapitaleinsatzes 15 Prozent bezogen auf das Nominalkapital.[27]

3.4 Belegschafts-Buy-Out als innovatives Finanzierungsmodell

Ein vierter Untertyp, der zu den überparitätischen Beteiligungsunternehmen gehört, sind die Belegschafts-Buy-Outs.[28] Sie haben vor allem in Ostdeutschland mit der Auflösung der ehemaligen Volkseigenen Betriebe (VEB) zugenommen. Auch in Westdeutschland gibt es in den letzten fünfzehn Jahren verstärkt dieses Phänomen des gemeinsamen Unternehmenskaufs durch die Beschäftigten. Die Motivation kann in einer Koalition der Unternehmensmitglieder – von Management und Belegschaft – gesehen werden, die durch gemeinsamen Aufkauf ihr Unternehmen erhalten wollen. In selteneren Fällen geht es auch um Unabhängigkeit von einer Konzernmutter, indem größere Flexibilität und Erfolg angestrebt werden.

Im Mittelpunkt dieser konsequenten Form der Mitarbeiterbeteiligung steht zumindest in der Gründungs- und Aufbauphase der Kaufakt, oft verbunden mit einem komplexen Finanzierungsmodell. Die Unternehmenskultur wird dadurch geprägt, dass viel über Geld, Finanzierung und damit zusammenhängende Erfordernisse gesprochen wird. Die Anzahl der Betriebe ist nicht bekannt. Mit Ausprägung in Richtung konsequenter Mitarbeiterbeteiligung wird sie sich ebenfalls in der Größenordnung von 20 oder 30 Unternehmen bewegen. Neuere Beispiele sind der ehemals volkseigene Werkzeugmaschinenbauer Schiess Wema GmbH in Aschersleben in Sachsen-Anhalt, übernommen für 20 Millionen DM mit noch 130 Beschäftigten sowie die Büchergilde Gutenberg mit 120 Beschäftigten.[29] Buy-Outs gibt es in der Bundesrepublik Deutschland erheblich mehr, auch wenn quantitative Dimensionen wie in Großbritannien oder den USA nicht erreicht werden.

4. Eigenständige Ausgestaltung selbstverwalteter Betriebe

Der dritte Haupttyp konsequenter Mitarbeiterbeteiligungsunternehmen, sind die Selbstverwaltungsbetriebe.[30] Auch bei diesen lassen sich vier Untertypen unterscheiden: die Kooperationsbetriebe, die unkonventionellen Beschäftigungsinitiativen, die Soziabilitätsgenossenschaften und die Professionsgenossenschaften. Die meisten dieser Unternehmen entstanden vor dem Hintergrund der neuen sozialen Bewegungen und dem Wertewandel Anfang der siebziger bis Mitte der Achtzigerjahre. Insofern gehören Ökologie und Partizipation zu dem sie prägenden Selbstverständnis. Viele von ihnen betrieben in der Gründungs- und Aufbauphase eine Marktnischenpolitik, die auf die Öffnung neuer Märkte hinauslief. Für den ökologischen und sozialen Sektor kam ihnen jahrelang eine Pionierrolle mit allen damit zusammenhängenden Schwierigkeiten zu.

4.1 Kooperationsbetriebe: ein Demokratiemodell der Gründer

Der erste Untertyp bei den Selbstverwaltungsbetrieben kann in Anlehnung an Marlene Kück als Kooperationsbetrieb bezeichnet werden.[31] Das politische Verständnis aus der Gründerzeit haben sie in abgeschwächter Form beibehalten. Zugunsten der Stabilität des Unternehmens, aufgrund von Misstrauen oder aus anderen Motiven nimmt die Gruppe der Gründer und Gründerinnen aber keine weiteren Mitglieder in den formalrechtlichen Status des Kapitaleigners auf. Damit existiert eine Art Kernkollektiv, das den Betrieb kooperativ führt. Neue, Aushilfskräfte etc. werden jedoch nicht oder nur sehr zögerlich in den Kreis dieser Kerngruppe aufgenommen, sodass ein starkes Aufweichen des konsequenten Beteiligungscharakters kennzeichnend für diesen Unternehmenstyp ist.

Als Beispiel für diesen Typus steht die Zimmereigenossenschaft Grünspecht. Deren Entwicklung als eingetragene Genossenschaft kann mit dem Motto „Vom Kollektiv zur teamorientierten Leitung“ überschrieben werden.[32] Von ihrer Entstehung her kommt sie aus dem Spektrum der selbstverwalteten Betriebe. Auch heute sind die wichtigsten Ziele des Unternehmens davon geprägt: Zusammenarbeit, ökologische Orientierung, solidarisches Handeln, gemeinsamer Erfolg. Als verbindlich sind diese Ziele in der Präambel der Satzung verankert. Das Unternehmen besteht seit 18 Jahren, davon 11 Jahre als Genossenschaft. In Vollzeit arbeiten derzeit regelmäßig über 20 Beschäftigte im Unternehmen. Ursprünglich diente die Genossenschaftsvollversammlung als zentrales Entscheidungsgremium, an der alle Mitarbeiter in vierzehntägigem Rhythmus teilnahmen. Von dieser Struktur wurde Abstand genommen. Nur noch fünf Betriebsmitglieder, in den Funktionen von Vorstand und Aufsichtsrat, treffen sich regelmäßig. Alle wichtigen Entscheidungen werden von diesen fünf gefällt. Sie sind gleichzeitig als einzige der Belegschaft auch Mitglieder der Genossenschaft.

4.2 Arbeitsplätze durch unkonventionelle Beschäftigungsinitiativen

Der zweite Untertypus der Selbstverwaltungsbetriebe sind die unkonventionellen Beschäftigungsinitiativen.[33] Als Personenzusammenschlüsse bauen sie sich ihre Arbeitsplätze selbst auf. Einzelnen Mitglieder gelingt es, durch neue Ideen und viel Engagement, für die Schaffung von Arbeitsplätzen öffentliche Fördermittel aufzutreiben. Um mithilfe dieser Gelder ein Unternehmen dauerhaft zu etablieren, dient Selbstverwaltung eher als Mittel. Häufig sind damit verbunden größerer Einsatz der Beschäftigten und die Bereitschaft, ein Einkommen unter dem marktüblichen in Kauf zu nehmen. Da die staatliche Finanzierung das Überleben dieser Betriebe längerfristig sichert, werden das Selbstverständnis und die Organisation dieser Unternehmen hiervon geprägt.

In vielen Fällen agieren diese Unternehmen in der Rechtsform des Vereins, aber auch der GmbH. Die Mitarbeitenden haben durch Vereinsmitgliedschaft, eine vetoberechtigte Mitarbeitervertretung oder über Anteile an der GmbH so starken Einfluss, dass teilweise selbst dann von konsequenter Mitarbeiterbeteiligung gesprochen werden kann, wenn das Vermögen dem Verein, einem kirchlichen, kommunalen oder sonstigen Träger der privaten oder staatlichen Wohlfahrtsorganisation gehört. Voraussetzung dafür ist aber immer, dass ein großer Teil der Beschäftigten dort gleichberechtigt an wichtigen Entscheidungen beteiligt ist.

Als Beispiel kann die Lehrerkooperative mit Sitz in Frankfurt/M. fungieren. Das Hauptmotiv für den im Jahr 1985 gegründeten Trägerverein war das Schaffen von Arbeitsplätzen für Menschen mit einer Ausbildung im pädagogischen und sozialen Bereich. Zu diesem Zweck wurde ein bedarfsorientiertes Dienstleistungsangebot mit sozialer Ausrichtung im Bildungsbereich aufgebaut. Entsprechend tritt die Gruppe nach außen als Bildungsträger mit sozialem Anspruch auf. Als Erfolg kann das Unternehmen verbuchen, dass es gelungen ist, innerhalb von 13 Jahren etwa 120 Arbeitsplätze für Festangestellte und rund 300 für Honorarkräfte zu schaffen. Mitte 1998 weist der Verein damit 420 freie und feste Angestellte auf und erzielt einen jährlichen Umsatz von rund 12 Millionen DM. Die zentralen Unternehmensentscheidungen liegen bei den 100 Vereinsmitgliedern, von denen zwei Drittel auch im Unternehmen mitarbeiten.

4.3 Vertrauen in die Kraft der Gemeinschaft: Soziabilitätsgenossenschaften

Dritter Untertyp sind die Soziabilitätsgenossenschaften.[34] Gleichberechtigtes Zusammenarbeiten gehört hier zum Selbstverständnis und ist in den meisten Fällen das zentrale Gründungsmotiv. Freundschaft, Vertrauen und Kenntnis voneinander, teilweise auch das Zusammenleben stehen in dieser Art konsequenter Mitarbeiterbeteiligungsunternehmen im Vordergrund und nicht der wirtschaftliche Erfolg der Organisation. Überschaubarkeit und Transparenz nehmen einen besonderen Stellenwert ein. Oft werden die Mitglieder durch einen verbindenden Glauben, eine gemeinsame Einstellung oder klar benannte Werte geprägt.

Ein bekanntes Beispiel: Der Finkhof in Arnach agiert sogar in der Rechtsform der eingetragenen Genossenschaft. Er umfasst etwa zwanzig Erwachsene sowie viele Kinder. Gemeinsame Kasse, plenare Entscheidungen, Bekanntheit und Vertrauen gegenüber Einstiegswilligen kennzeichnen diesen Betrieb, sodass allein darüber für sein Wachstum und seine Größe Grenzen bestehen. Zahlen über diesen Unternehmenstyp lassen sich schwer finden. Allein die Kommunen und Gemeinschaftsbetriebe aus dem Selbstverwaltungssektor, die eindeutig zu den Soziabilitätsgenossenschaften zählen, schwanken in den alten Bundesländern nach den

Eigenerhebungen der Kommunen um die Zahl 100. Vielfältige Überschneidungen mit den Kibbuzideen sind auffällig, auch wenn kaum ein Unternehmen die Größenordnung der Kommune Kaufungen überschreitet, die mit etwa 60 Mitgliedern in der Nähe von Kassel liegt.

4.4 Professionalität technologisch orientierter Selbstverwaltungsbetriebe

Als vierter Typ sind bei den Selbstverwaltungsbetrieben die Professionsgenossenschaften zu nennen. Im Gegensatz zu den Soziabilitätsgenossenschaften stehen der Arbeitsinhalt und seine professionelle zielgerichtete Verwertung auf dem Markt im Vordergrund. Kennzeichnend ist eine technisch-rationale Orientierung. Entsprechend können hohe Qualifikation und häufig eine naturwissenschaftlich-technische Ausbildung der Mitarbeiter als Kennzeichen für diese Unternehmen genannt werden. Viele arbeiten im Sektor der regenerativen Energieerzeugung. Sie wollen im Unterschied zu den Soziabilitätsgenossenschaft im Wettbewerb erfolgreich sein. Kommunikationsprobleme werden durch Aufgliederung in kleine Einheiten, klare vertragliche Gestaltungen und oft sehr durchdachte, ausgeklügelte Regelungssysteme reduziert. Die Solarfirmen Solvis in Braunschweig und Wagner & Co in Marburg gehören zu den bekannteren Beispielen dieses Betriebstyps.

Wagner Solar zählt zu den größeren Selbstverwaltungsbetrieben der Bundesrepublik.[35] Von den Mitarbeitern sind knapp die Hälfte Miteigentümer durch Zeichnung von GmbH-Anteilen und auch Teilhaber der Immobilien KG. Unterschiede zu anderen Betrieben ergeben sich allein schon aus der inneren Struktur durch die diversen Sitzungen und Zusammenkünfte. Am Plenum können alle Mitarbeiter teilnehmen, während die Gesellschaftersitzung auf diejenigen begrenzt bleibt, die Anteile im Unternehmen gezeichnet haben. Die Entwicklung alternativer Energien, Selbstverwaltung, angenehmes Arbeiten bei marktwirtschaftlichem Background sowie ein dynamischer Unternehmensaufbau stellen die wichtigsten Unternehmensziele dar. Das Unternehmen wurde 1979 gegründet. Von Beginn an wurde bei den thermischen Solaranlagen auf eine einfache Technik gesetzt, sodass die Entwicklung eines Selbstbausystems nahe liegend war. Insgesamt werden mittlerweile 100 Personen beschäftigt.

5. Veränderungsdruck durch Marktentwicklungen

Die verschiedenen Typen konsequenter Mitarbeiterbeteiligungsunternehmen, das macht der kurze Überblick deutlich, sind immer mit jeweils sehr eigenständigen Ausprägungen der Unternehmenskultur verbunden. Gleichzeitig unterliegen die einzelnen Typen fast immer auch sehr unterschiedlichen Marktsituationen, sodass relativ differenzierte Aussagen über deren Stabilität möglich sind, ob diese Unternehmen also ihren konsequenten Beteiligungscharakter vermutlich noch länger beibehalten werden, ob sie vom Markt wieder verschwinden, oder ob sie sich an herkömmliche Unternehmensstrukturen anpassen. Um die soziale Stabilität einzuschätzen, lassen sich zwei externe Situationsmerkmale heranziehen: Entscheidungsdruck und Handlungsspielraum. Auf diese Weise wird vermieden, die Gefahr des Scheiterns oder der Anpassung pauschal auf die innerbetrieblichen Beteiligungsstrukturen zurückzuführen, indem sich der Zusammenhang mit den jeweils divergierenden Außenbedingungen erkennen lässt.[36] Durch den Entscheidungsdruck werden die Tendenzen zum Wandel mit beeinflusst, durch den Handlungsspielraum die Gefahren des Scheiterns.

Ist also der Handlungsspielraum gering infolge knapper finanzieller Ressourcen und niedrigem Wachstumspotenzial bei der Nachfrage und der Entscheidungsdruck ebenfalls niedrig, weil keine schnellen Veränderungen anstehen, wie beispielsweise bei der traditionellen Produktivgenossenschaft, kann von einem retardierenden Wandel ausgegangen werden:[37] Immer weniger Personen sind Mitglied in der Genossenschaft, nehmen an den demokratischen Entscheidungen teil und profitieren vom genossenschaftlichen Förderauftrag. Schließlich gibt es nur noch eine Kerngruppe, die die genossenschaftliche Hülle aufrechterhält, obwohl der Sozialcharakter weitgehend verloren gegangen ist.

Ist dagegen der Handlungsspielraum groß und der Entscheidungsdruck niedrig, wie dies für viele Soziabilitätsgenossenschaften aufgrund ihres Agierens in Marktnischen gilt, kann von experimenteller Stabilität gesprochen werden. Wirtschaftlich sind keine außergewöhnlichen Entwicklungen zu erwarten, weil aufgrund der Außenbedingungen nichts in diese Richtung drängt. Auch wenn keine großen finanziellen Spielräume vorhanden sind, können die meisten Soziabilitätsgenossenschaften damit existieren. Erklären lässt sich dies mit den selbst geschaffenen Strukturen, umgesetzt in Form geringer Einkommenszahlungen und niedriger Kostenstrukturen. Ihre Entscheidungsspielräume nutzen sie für das soziale Experiment des Zusammenlebens und der solidarischeren Umgangsweise untereinander.

Dagegen kann bei Mitarbeiterunternehmen wie dem Softwareunternehmen PSI AG in Berlin von großen Handlungsspielräumen bei gleichzeitig auch hohem Entscheidungsdruck ausgegangen werden. Der Handlungsspielraum resultiert aus dem Agieren in innovativen neuen Märkten, vor allem im EDV-Sektor. Die dort vorhandenen vielfältigen Handlungsspielräume müssen aber auch aufgrund des hohen Innovationszwangs genutzt werden. Andernfalls besteht die Gefahr, vom Markt verdrängt zu werden. Auf diese Weise entsteht der Druck, zumindest in einzelnen Teilsektoren möglichst einen Schritt voraus zu sein. Beides zusammen erzeugt die Situation des innovativen Wandels.

Auch alle anderen kurz dargestellten Typen konsequenter Mitarbeiterbeteiligungsunternehmen lassen sich mit den beiden Kategorien Entscheidungsdruck und Handlungsspielraum unterschiedlichen Veränderungssituationen zuordnen. Ein solches zweidimensionales Schema weist zwar Schwächen und eine unzulässige Stringenz auf. Gleichzeitig wird damit aber der Blickwinkel von dem klassischen Instabilitätsverdacht gegenüber demokratischen Unternehmensstrukturen und damit auf geringe Überlebensfähigkeit am Markt geöffnet in Richtung einer differenzierteren Betrachtung: Wann besteht die Gefahr des Scheiterns? Wie stark sind externe Einflüsse für die internen Strukturen? Welche Veränderungen in Richtung Innovation, aber auch in Richtung Anpassung sind bei den verschieden ausgeprägten Unternehmenskulturen zu erwarten?

Anmerkungen

1 Vieles der folgenden Ausführungen ist ausführlich dargestellt in Flieger, B.: Produktivgenossenschaft als fortschrittsfähige Organisation. Theorie. Fallstudie. Stabilisierungshilfen, 2. Aufl. Marburg 1997; Grundlagenwerke zum Thema sind auch Loritz, K.-G.: Die Mitarbeit Unternehmensbeteiligter, Konstanz 1984; Fricke, W./Geißler, A. (Hrsg.): Demokratisierung der Wirtschaft. Über die Bedeutung der Modell-Unternehmen für eine Demokratisierungsstrategie, Hamburg 1973.

2 McGregor, D.: The human side of enterprise, New York 1960, S. 33 ff. und S. 47 f.; als Überblick: Staehle, W. H., Management. Eine verhaltenswissenschaftliche Einführung, 3. Aufl., München 1987, S. 212 ff.

3 Kobi, J.-M./Wüthrich, H. A., Unternehmenskultur verstehen, erfassen und gestalten, Landsberg 1986, S. 28ff.; Flieger, B./Beywl, W.: Genossenschaftskultur. Zwischen Eigennutz und Gemeinnützigkeit, in: mitbestimmung, Heft 4, Wien 1994, S. 21-26, hier S. 21; Dülfer, E.: Die „Unternehmenskultur" der Genossenschaft – ein traditionsreiches Thema in neuer Aktualität, in: Institut für Genossenschaftswesen an der Philipps-Universität (Hrsg.), 40 Jahre Institut für Genossenschaftswesen an der Philipps-Universität Marburg, Marburg 1987, S. 17-42, insbesondere S. 28 ff. und S. 34.

4 Siehe beispielsweise die verschiedenen Aufsätze dazu in Laurinkari, J./Brazda, J. (Hrsg), Genossenschaftswesen. Hand- und Lehrbuch, München 1990, S. 70 ff.

5 Eschenburg, R.: Ökonomische Theorie der genossenschaftlichen Zusammenarbeit, Tübingen 1971, S. 6; Velásquez, R. V.: Die Funktionsfähigkeit von Produktivgenossenschaften, Tübingen 1975, S. 4 ff.

6 Winter, H.-W./Mändle, E.: Genossenschaftliches Demokratieprinzip, in: Mändle, E./Winter, H.-W. (Hrsg.), Handwörterbuch des Genossenschaftswesens, Wiesbaden 1980, Spalte 253-261, insbes. Spalte 256 f.

7 Wagner, B.: Bedürfnisorientierte Unternehmenspolitik, Stuttgart 1990, S. 183 ff.; Henzler, R. (Hrsg.), Der genossenschaftliche Grundauftrag: Förderung der Mitglieder, Frankfurt a.M. 1970, S. 193-199.

8 Beyer, H./Fehr, U./Nutzinger, H. G.: Unternehmenskultur und innerbetriebliche Kooperation, Wiesbaden 1995, S. 157 ff.; Hettlage, R.: „Solidarität" und „Kooperationsgeist" in genossenschaftlichen Unternehmungen, in: Arbeitskreis für Kooperation und Partizipation (Hrsg.), Kooperatives Management, Baden-Baden 1990, S. 123-152.

9 Beyer, H./Nutzinger, H. G.: Partizipatives Management in Selbstverwaltungsunternehmen – Entwicklungstendenzen interner Koordination in traditionellen und selbstverwalteten Unternehmen, in: Arbeitskreis für Kooperation und Partizipation (Hrsg.), S. 13-37.

10 Deutsche Genossenschaftsbank (Hrsg.), Die Genossenschaften in der Bundesrepublik Deutschland 1992, Neuwied 1992.

11 Deutsche Genossenschaftsbank (Hrsg.), Die deutschen Genossenschaften 1998. Bericht, Neuwied 1998, S. 45.

12 Müller, K./Sander, H.: Handwerksgenossenschaften im Übergang zur Marktwirtschaft, Göttinger Handwerkswirtschaftliche Arbeitshefte, Heft 29, Göttingen 1994; siehe auch Leinemann, M., Das Zielsystem von Produktivgenossenschaften des Handwerks in der sozialen Marktwirtschaft, Nürnberg 1995.

13 Siehe die Darstellung der Genossenschaft durch den Vorstand in Theoriearbeitskreis Alternative Ökonomie (Hrsg.), Bericht über den Alternativen Genossenschaftstag, in: Rundbrief Alternative Ökonomie, Heft 85 (4/1998), (bestellbar bei AG SPAK Holzheimerstraße 7, 89233 Neu-Ulm).

14 Leinemann, M., a. a. O., 1995, S. 179.

15 Angabe der Deutschen Genossenschaftsbank.

16 Laschewski, L.: Vertagtes Ende oder erfolgreicher Wandel? Die Agrargenossenschaften, in: Hagedorn, H./Eisen, A. (Hrsg.), Lernstücke. Genossenschaften in Ostdeutschland, Berlin 2000, S. 54 ff.
17 Klein, A.: Sind die ostdeutschen Agrargenossenschaften bedroht? in: Junge Welt vom 15.12.1998.
18 Flieger, B.: Miteigentümer zeigen hohe Arbeitsmotivation, in: Blick durch die Wirtschaft vom 10.08.1988.
19 Vgl. Flieger, B.: Eine Firma mit 390 Chefs, in: die tageszeitung, Montag vom 06.01.1997, S. 7; ausführlich auch derselbe: Produktivgenossenschaft als fortschrittsfähige Organisation, a. a. O., S. 181 ff.
20 Postina, T.: Durch „Mitarbeiterhoheit" auf Erfolgskurs, in: Contraste, Heft 204, Heidelberg, Oktober 2001, S. 13.
21 Schneider, U.: Kultur-Konflikt-Koordination: Zum Prozess der Kulturentwicklung in einer Produktivgenossenschaft, in: Dülfer, E. (Hrsg.), Organisationskultur: Phänomen – Philosophie – Technologie, Stuttgart 1988, S. 227-237.
22 Duhm, R.: Wenn Belegschaften ihren Betrieb übernehmen. Probleme und Chancen selbstverwalteter Fortführung von Krisenbetrieben, Frankfurt a. M. 1990, S. 235 ff.
23 Netz e.V. (Hrsg.): Ökologie und Partizipation. Zwei Gesichter zukunftsfähigen Wirtschaftens, Bonn 1997, S. 150 ff.
24 Dannecker, F.: Wenn Beschäftigte zu Unternehmern werden, in: Badische Zeitung vom 24.01.1998.
25 Siehe die ausführliche Darstellung der ersten Beispiele (Ahrensburger Modell und Porst-Modell) in der Bundesrepublik in Huber, J./Kosta J. (Hrsg.): Wirtschaftsdemokratie in der Diskussion, Frankfurt aM 1978, S. 45 ff. und S. 75 ff.
26 O.V., „Ohne Flächentarifvertrag sind wir flexibler", in: Handelsblatt vom 11.03.1996.
27 Fiedler-Winter, R.: Innovative Mitarbeiterbeteiligung, 2. Aufl. 2000, S. 142.
28 Gloede, K (Hrsg.): Management-Buy-Out und Mitarbeiterbeteiligung in den neuen Bundesländern, Potsdam 1991, S. 19; Kessel B.: Management-Buy-Out, Grundlagen und Probleme, Frankfurt/M. 1991.
29 Mulke, W.: Wenn Belegschaften Unternehmer werden, in: Badische Zeitung vom 23.04.1998; o.V., Mitarbeiter werden Chefs, in: Badische Zeitung vom 06.03.1998.
30 Aktuell Heider, F./Hock, B./Seitz, H.-W.: Kontinuität oder Transformation. Zur Entwicklung selbstverwalteter Betriebe. Eine empirische Untersuchung, Gießen 1997; Fundgrube für die gesamte Entwicklung des Selbstverwaltungssektors ist Verein zur Förderung des Genossenschaftsgedankens e.V. (Hrsg.), Neue Genossenschaften, Alternative Ökonomie, Beschäftigungsinitiativen, Neu Ulm 1998.
31 Der Begriff wurde von Marlene Kück bei verschiedenen Vorträgen zur Entwicklung des Selbstverwaltungssektors verwendet. Vgl. auch Kück, M.: Betriebswirtschaft der Kooperative, Stuttgart 1989.
32 Vgl. Netz e.V. (Hrsg.): a. a. O., S. 37 ff.
33 Netz e.V. (Hrsg.), Unternehmen mit sozialer Zielsetzung, bearbeitet von H.-H. Münkner, Neu-Ulm 2000, S. 24 ff.
34 Siehe die Gegenüberstellung von Soziabilitäts- und Professionsgenossenschaft bei Beywl, W./Flieger, B.: Genossenschaften als moderne Arbeitsorganisation, Dreifachkurseinheit; Hrsg. von der Fernuniversität – Gesamthochschule – in Hagen, Hagen 1993, S. 150 ff. Überschneidungen treten mit einem Teil der Sozialgenossenschaften auf, siehe Flieger, B.: Sozialgenossenschaften: Neue Kooperativen zur Lösung gemeindenaher Aufgaben, in: Klöck, T. (Hrsg.): Solidarische Ökonomie und Empowerment, Neu-Ulm 1998.
35 Netz e.V. (Hrsg.), a. a. O., S. 156 ff.
36 Kieser, A./Kubicek, H.: Organisation, 2. Aufl., Berlin 1983, S. 314 ff.
37 Ausführlich hierzu Flieger. B.: Produktivgenossenschaft als fortschrittsfähige Organisation, a. a. O., S. 117 ff.

Erfolgsfaktoren der Mitarbeiterbeteiligung

Hans Paul Frey

In den 30 Jahren, in denen Michael Lezius für die AGP tätig ist, hat sich die Haltung zu Mitarbeiterbeteiligungsmodellen deutlich gewandelt. Die Zeit kontrovers geführter Grundsatzdebatten ist einer sachlichen Einschätzung gewichen. Erfolgs- und Kapitalbeteiligungen werden in den Unternehmen zunehmend zum Vorteil von Arbeitgebern und Arbeitnehmern genutzt. Ob wir aber, wie vom Jubilar prognostiziert, „an der Schwelle zu einem Jahrzehnt der Mitarbeiterbeteiligung" stehen, wird vor allem davon abhängen, in welchem Ausmaß durch Beteiligungsmodelle zur Flexibilisierung, Förderung der Wettbewerbsfähigkeit und der Beschäftigung beigetragen werden kann.

Das Thema Mitarbeiterbeteiligung hat in jüngerer Zeit neue Aktualität erfahren, nicht zuletzt durch die Behandlung im Rahmen des Bündnisses für Arbeit, Ausbildung und Wettbewerbsfähigkeit. Die Spitzenverbände der deutschen Wirtschaft und die deutsche Bundesregierung halten als gemeinsames Ziel den „Ausbau der Möglichkeiten für Vermögensbildung und Gewinnbeteiligung der Arbeitnehmer" fest.[1] Bundeskanzler Schröder sieht in „Mitbestimmung und Beteiligung der Arbeitnehmer am Produktivvermögen bewährte und geeignete Instrumente, den Strukturwandel in Wirtschaft und Gesellschaft zu gestalten."[2] Er hat die Notwendigkeit neuer Formen der Mitarbeiterbeteiligung hervorgehoben und sieht dies insbesondere als Aufgabe der Tarifpartner. Diese Einschätzung entspricht der Haltung der meisten Mitgliedsstaaten der Europäischen Union: dem PEPPER II-Bericht zufolge sehen die Regierungen die Umsetzung von Beteiligungsmodellen im Wesentlichen als Kompetenz der Sozialpartner[3].

Entscheidende Impulse können in der Tat von den Sozialpartnern ausgehen. Ein bereits wirkungsvoll eingesetztes Instrument ist die Unterstützung und Begleitung der Mitarbeiterbeteiligung, etwa durch die Entwicklung beispielhafter Modelle, die auch in kleinen und mittleren Unternehmen praktiziert werden können. Bei der Information und Beratung ist ein guter Standard erreicht, nicht zuletzt auch aufgrund der Arbeit der AGP. Zu der stetigen Zunahme von Beteiligungsmodellen in den Unternehmen hat sicherlich die praktische Unterstützung durch die Verbände oder auch durch Initiativen von Landesregierungen beigetragen. Darüber hinaus geht es um die Frage, wie Beteiligungselemente tarifpolitisch genutzt werden können. Die Tarifvertragsparteien stehen in der Verantwortung, Wettbewerbsfähigkeit und Beschäftigung zu sichern und zu fördern. Mitarbeiterbeteiligung ist kein Selbstzweck, sondern steht in einem übergeordneten Zusammenhang: Die Frage ist, ob und wie Mitarbeiterbeteiligung den von den Tarifvertragsparteien beschrittenen Weg der Flexibilisierung unterstützen kann. Mitentscheidend für den Erfolg von Beteiligungsmodellen wird sein, dass Mitarbeiterbeteiligung als integraler Bestandteil der tariflichen Vergütung begriffen wird.

1. Flexibilisierung als Erfolgsfaktor

Die Herausforderungen, denen sich die Unternehmen im internationalen Wettbewerb zu stellen haben, sind gerade in den letzten zehn Jahren mit aller Deutlichkeit sichtbar geworden. Die globalisierte Wirtschaft treibt den Strukturwandel rasch voran, Märkte und Wettbewerbsbedingungen verändern sich laufend, Produktzyklen werden kürzer, Kostendruck und Investitionsaufwendungen steigen. Flexibilität wird damit zu einem entscheidenden Bestandteil einer zukunftsfähigen Unternehmensstrategie, denn die Unternehmen müssen schnell und effektiv auf veränderte Anforderungen reagieren können. Hinzu kommt, dass im Zuge der Globalisierung nicht nur Unternehmen um Marktanteile konkurrieren, sondern auch Standorte um Investitionen. In der Konkurrenz um international mobiles Investitionskapital muss der Standort Deutschland Rahmenbedingungen bieten, die den Unternehmen die im Wettbewerb erforderliche Flexibilität ermöglichen.

International wettbewerbsfähige Rahmenbedingungen im Bereich des Wirtschafts-, Steuer-, Sozialversicherungs- und Arbeitsrecht zu schaffen, ist Aufgabe des nationalen und auf wesentlichen Gebieten auch des europäischen Gesetzgebers. Soweit die Tarifautonomie reicht, d. h. in erster Linie für die allgemeinen Arbeitsbedingungen, Entgeltstrukturen und die Entgeltfindung, tragen die Tarifvertragsparteien die Verantwortung. Starre, die Arbeitsbedingungen in allen Einzelheiten unabdingbar regelnde Tarifverträge werden dieser Verantwortung nicht gerecht, denn sie widersprechen dem gemeinsamen Interesse von Arbeitgebern und Arbeitnehmern an der Erhaltung und Entwicklung der Unternehmen und damit der Arbeitsplätze.[4]

Wolfgang Franz[5] zieht eine klare Linie zwischen Flexibilität, Standortsicherung und Beschäftigungsförderung. Als entscheidender Faktor wirkt das Flexibilitätspotenzial, das im Verhandlungsprozess geschaffen werden kann. Der Frage, ob dieser Prozess auf betrieblicher oder auf Verbandsebene stattfindet, kommt demgegenüber nur untergeordnete Bedeutung zu.[6] Für Franz ist ausschlaggebend, dass durch tarifvertragliche Regelungen den Flexibilitätsanforderungen der Unternehmen Rechnung getragen werden kann, ohne dass sämtliche Nachteile ausschließlicher betrieblicher Lösungen in Kauf genommen werden müssen.[7] Die Vorteile betrieblicher und überbetrieblicher Regelungen lassen sich auf diese Weise verbinden.

Es gilt somit, flexible Tarifstrukturen zu schaffen, die den Unternehmen bei Bedarf Handlungsspielräume eröffnen. Dieser Aufgabe hat sich die Tarifpolitik seit den 90er-Jahren verstärkt gestellt. So wurden im Bereich der Tarifentgelte Korridorlösungen geschaffen, die Unternehmensleitung und Betriebsrat die Vereinbarung abgesenkter Entgeltsätze ermöglichen, um damit zur Verbesserung der Wettbewerbsfähigkeit, zur Sicherung der Arbeitsplätze oder zur Überwindung wirtschaftlicher Schwierigkeiten beizutragen.[8] In der chemischen Industrie, die eine solche Lösung als erster großer Industriezweig in Deutschland vereinbart hat, kommt ein Element der Mitarbeiterbeteiligung ergänzend hinzu: Auf der Grundlage einer Tarifergänzungsklausel wird erwartet, dass die Unternehmen den Entgeltkorridor auch nach oben öffnen und ihre Arbeitnehmer am wirtschaftlichen Erfolg beteiligen, wenn die wirtschaftliche Lage dies erlaubt.

Weitere Flexibilisierungsinstrumente zeigen, dass Reformen und schnelle Anpassungen an veränderte wirtschaftliche Rahmenbedingungen möglich sind, wenn die Tarifvertragsparteien pragmatisch an die Probleme herangehen. Öffnungsklauseln können für Betriebe in besonderen wirtschaftlichen Schwierigkeiten die Stundung oder Kürzung von Einmalzahlungen wie der tariflichen Jahresleistung oder dem zusätzlichen tariflichen Urlaubsgeld vorsehen. Durch Anpassung der Tarifbedingungen lassen sich Alternativen zur Ausgliederung oder Umstrukturierung von Unternehmensbereichen schaffen. Im Bereich der allgemeinen Arbeitsbedingungen sind es insbesondere Differenzierungen der Arbeitszeit, die entscheidend zur Wirtschaftlichkeit beitragen können. Durch Jahreszeiträume lassen sich Schwankungen im Arbeitszeitbedarf ausgleichen und Arbeitszeiten nach der jeweiligen betrieblichen Situation verteilen, Arbeitszeitkorridore ermöglichen es, von einer festen tariflichen Wochenarbeitszeit abzuweichen und das Arbeitszeitvolumen betrieblich festzulegen.[9]

Diese und weitere Flexibilisierungsinstrumente sind in der Chemischen Industrie und zum Teil auch in anderen Tarifbereichen verwirklicht. Sie geben einen Rahmen vor, der in den Betrieben nach deren spezifischen Bedürfnissen ausgefüllt werden kann. Sicherlich ist damit das Ende der Entwicklung noch nicht erreicht.[10], es gilt weiterhin, überkommene Strukturen zu überprüfen und Spielräume dort zu eröffnen, wo sie zur Förderung der Wettbewerbsfähigkeit und der Beschäftigung benötigt werden.

Dieser Maßstab bildet einen entscheidende Erfolgsfaktor für die Mitarbeiterbeteiligung. Es kann nicht primäres Anliegen der Tarifvertragsparteien sein, Erfolgs- oder Kapitalbeteiligung per se tariflich vorzusehen, schon gar nicht in Form einer bindenden Verpflichtung. Vielmehr geht es darum, wie durch Mitarbeitberbeteiligung Vorteile für Unternehmen und Beschäftigte geschaffen werden können. Beteiligungsmodelle können vielfältige positive Auswirkungen haben (siehe Abschnitt 3), allerdings sind bei den heutigen wirtschaftlichen Rahmenbedingungen und der gegenwärtigen Situation auf den Arbeitsmärkten solche Maßnahmen vorrangig, die den Unternehmen flexible Reaktionen auf das Marktgeschehen ermöglichen, dadurch die Wettbewerbsposition der Unternehmen stärken, und Arbeitsplätze sichern. Solche Vorteile der Mitarbeiterbeteiligung gilt es in erster Linie zu betrachten und zu nutzen. Dabei geht es im Wesentlichen um zwei Fallgestaltungen:

- Erstens kann durch Erfolgsbeteiligung die Nutzung von Flexibilisierungsinstrumenten gefördert werden, die ihrerseits die Sicherung der Wettbewerbsfähigkeit und die Förderung der Beschäftigung bezwecken.

  Diese Wirkung lässt sich an dem vorgenannten Beispiel eines tariflichen Entgeltkorridors deutlich machen: Geht es im Unternehmen etwa um die Entscheidung, ob eine beschäftigungserhaltende oder beschäftigungsfördernde Investition am Standort Deutschland oder im Ausland vorgenommen wird, so sind die fixen Personalkosten vielfach ein wesentlicher Faktor. Durch eine Absenkung der Tarifentgelte unter Nutzung des Entgeltkorridors kann die Investitionsentscheidung zugunsten des Standorts Deutschlands beeinflusst werden. Die Kalkulation erfolgt auf der Basis geringerer Fixkosten, während die Entwicklung der Ertragssituation zunächst noch ungewiss ist. Bei der Inanspruchnahme des Entgeltkorridors kann nun vereinbart werden, dass bei einer positiven Ertragsentwicklung eine Erfolgsbeteiligung ausgeschüttet wird. Dem Spielraum nach unten korrespondiert also eine variable Komponente, die die Absenkung abmildern, kompensieren oder auch überkompensieren kann, je nachdem, ob die Unternehmenssituation dies zulässt.

Es hat sich gezeigt, dass mit einer Kombination von tariflichem Flexibilisierungsinstrument und einem Erfolgsbeteiligungsmodell vielfach den beiderseitigen Interessen Rechnung getragen werden kann. Spielräume, die zur Verbesserung der Wettbewerbsfähigkeit und Sicherung der Beschäftigung geschaffen wurden, bieten damit zugleich Spielraum für Mitarbeiterbeteiligungsmodelle.

- Zweitens bilden Erfolgsbeteiligungsmodelle selbst ein Flexibilisierungsinstrument für die Vergütung.

Eine ausschließlich fixe Vergütung wird den Anforderungen nicht gerecht, die an ein modernes Entgeltsystem zu stellen sind. Sowohl die Gestaltung von Anreizkonzepten als auch die Orientierung an der Marktsituation und an der aktuellen Situation des Unternehmens erfordern die Kombination von fester Grundvergütung mit variablen Entgeltkomponenten. Dieser Zusammenhang ist ebenso bekannt wie die praktischen Gestaltungsmöglichkeiten[11], und tatsächlich werden flexible Entgeltsysteme bereits in vielen Unternehmen praktiziert. Tatsache ist jedoch auch, dass in Deutschland variable Entgeltbestandteile außerhalb des Führungskräftebereichs noch keineswegs die Regel sind, anders als etwa in den USA oder Großbritannien.

Dabei stellt sich die Forderung nach Flexibilisierungsmöglichkeiten im Entgeltbereich mit neuer Dringlichkeit. Es geht nicht allein darum, in schwierigen Unternehmenssituationen, bei konjunkturellen Abschwüngen oder Strukturproblemen Entlastungsmöglichkeiten zu schaffen. Vielmehr gilt es, sich dauerhaft auf die Dynamik des globalisierten Wettbewerbs einzustellen. Rasche und häufige Schwankungen der Marktsituation und entsprechend kurze unternehmerische Planungshorizonte sind keine Ausnahmeerscheinung, sondern müssen als Regelsituation wahrgenommen und verstanden werden. Die Entgelte können hiervon nicht unbeeinflusst bleiben. Diese sind zwangsläufig auch Schwankungen unterworfen, und zwar in beide Richtungen: bei rückläufiger Geschäftsentwicklung kann das Entgelt nicht ebenso hoch sein wie bei einer guten Ertragssituation. Andererseits schafft eine positive Unternehmensentwicklung den Spielraum, um die Arbeitnehmer durch entsprechend erhöhte Entgelte zu beteiligen. Diese Variabilisierung darf nicht als Absenkungspotenzial missverstanden werden. Vielmehr geht es darum, den Unternehmenserfolg als integralen Bestandteil der Vergütung zu begreifen, der entsprechend der Marktsituation Schwankungen nach oben und nach unten unterworfen ist.

Beschrieben ist damit der marktwirtschaftliche Mechanismus von Chance und Risiko. Beteiligungsmodelle sind in der Lage, diesen Mechanismus abzubilden. Allerdings muss diese Möglichkeit auch genutzt werden. Soweit und solange die Unternehmen einen erheblichen Anteil an übertariflicher Vergütung ausschütten können, ist dies weitgehend geschehen. Erfolgskomponenten in der Vergütung fehlen allerdings dort, wo übertarifliches Variabilisierungsvolumen nicht zur Verfügung steht. Dies ist häufig in kleinen und mittelständischen Unternehmen der Fall, zunehmend aber auch in größeren Unternehmen, die im Zuge des wachsenden Kostendrucks zu Umstrukturierungen und Kostensenkungen gezwungen sind. Die Wettbewerbssituation ist auch innerhalb eines Industriesektors stark differenziert, sodass die Tarifentgelte teilweise nicht mehr den Charakter von Mindestbedingungen haben. Damit entfällt der Spielraum für eine Differenzierung durch übertarifliche Bezahlung.[12]

Hier dürfte eine Antwort auf die häufig gestellte Frage nach den Hemmnissen für eine weite Verbreitung von Mitarbeiterbeteiligungsmodellen[13] zu finden sein. Vielfach wird die Beteiligung der Mitarbeiter am Unternehmen als Bonus betrachtet, als ein zusätzlicher Vergütungsbestandteil und letztlich als regelmäßige übertarifliche Entgeltkomponente. Diese Betrachtung ist durchaus legitim, allerdings nur dann, wenn solche Bonuszahlungen betriebswirtschaftlich vertretbar sind. Es sind sicherlich nicht prinzipielle Vorbehalte, sondern vielmehr fehlende Finanzierungsspielräume, die einer weiten Verbreitung von Beteiligungsmodellen entgegenstehen.

Als Beispiel seien deutsche Niederlassungen ausländischer Konzernunternehmen genannt, die ein konzerneinheitliches Entgeltsystem anstreben: vielfach lässt sich die im Konzern übliche erfolgsorientierte Vergütung in Deutschland nicht umsetzen, weil dazu nur oberhalb des Tarifniveaus Spielräume bestehen.

Im Tarifbereich sind erfolgsorientierte Komponenten bislang wenig oder gar nicht vorhanden. Entgeltsteigerungen sind vielfach verknüpft mit der Dauer des Arbeitsverhältnisses und der Zahl der Arbeitsjahre. Auch Einmalzahlungen wie die tarifliche Jahresleistung werden in der Regel unabhängig vom Unternehmenserfolg oder der individuellen Leistung gezahlt. Gerade hier könnte Erfolgsbeteiligung Flexibilität bieten. Beispielsweise ließe sich die Jahresleistung für eine erfolgsabhängige Gestaltung öffnen. Bei negativer Ertragslage ließe sich die Sonderzahlung z. B. auf 50 Prozent reduzieren, umgekehrt könnte bei ausreichender Gewinnsituation eine höhere Jahresleistung von z. B. 150 Prozent gezahlt werden. Damit partizipieren die Arbeitnehmer bei Unternehmenserfolgen an dem variablen Entgeltbestandteil, und bei schwierigen Marktsituationen, konjunkturellen Abschwüngen oder Strukturproblemen bietet ein variabler Entgeltbestandteil Spielraum für einen aktiven Beitrag zur Beschäftigungssicherung. Entsprechendes ließe sich für die laufenden Entgelte vorsehen. Im Wege der Öffnungsklausel bestünde die Möglichkeit, einen bestimmten Anteil des Tarifentgelts erfolgsabhängig zu gestalten. Je nach Situation des Unternehmens lägen die Entgelte dann unter oder über dem ansonsten verbindlichen Tarifsatz.

Tarifliche Öffnungsklauseln können also durchaus dazu führen, dass Erfolgsbeteiligungsmodelle auch dort weite Verbreitung finden, wo bislang kein Spielraum dafür bestand. Die Öffnung eines bestimmten Teils der Tarifentgelte für Variabilisierungen ist meines Erachtens der entscheidende Erfolgsfaktor für die Mitarbeiterbeteiligung. Dabei darf es sich nicht um verpflichtende Regelungen handeln, sondern um eine Option, die von den Betriebsparteien wahrgenommen werden kann. Dies gewährleistet, dass das Beteiligungsmodell auch tatsächlich zum Vorteil von Unternehmen und Mitarbeitern wirkt.

Sicherlich setzen flexible Entgeltstrukturen ein kooperatives, auf partnerschaftliche Zusammenarbeit ausgerichtetes Selbstverständnis im Betrieb voraus. Hier hat sich bereits ein deutlicher Wandel vollzogen. Im verschärften internationalen Wettbewerb ist von entscheidender Bedeutung, dass motivierte Mitarbeiter Verantwortung übernehmen und in wirtschaftlichen Kategorien denken und handeln. Bundeskanzler Schröder spricht in diesem Zusammenhang von „Partnerschaft im Modernisierungsprozess".[14] Dies bedeutet auch erweiterte Handlungs- und Entscheidungsspielräume und verstärkte Einflussmöglichkeiten der Arbeitnehmer auf Prozessgestaltung, Arbeitsergebnis und letztlich auch auf die Entgeltgestaltung. Die traditionelle Leistungsvergütung in Form von Akkord- und Prämienlohn hat deshalb an Bedeutung verloren, weil sich dem Mitarbeiter keine Einflussmöglichkeit auf die festgelegten Bezugsgrößen der Entlohnung bietet, seine Leistung an der Erfüllung einer fremdbestimmten Vorgabe gemessen und die Einhaltung der Vorgabe durch Fremdkontrolle ermittelt wird.[15]. Moderne Anreizkonzepte sehen demgegenüber eine aktive Partizipation der Mitarbeiter im Rahmen von Zielvereinbarungen vor. Gestärkte Selbstverantwortlichkeit und unternehmerisches Denken gehen Hand in Hand mit flexiblen Entgeltsystemen, die Entgeltanteile an individuell vereinbarte Zielgrößen, aber auch an den Erfolg des Betriebes, eines Betriebsteils oder des Unternehmens knüpfen.[16] Das kooperative, Eigenverantwortung betonende Grundverständnis, das sich bei der Vergütung der Leistung durch Zielvereinbarungen zeigt, bildet auch die Basis für die weitere Entwicklung von Erfolgsbeteiligungssystemen.

Die Tarifvertragsparteien werden sich künftig verstärkt mit der Frage nach einer zukunftsfähigen Gestaltung der Entgeltstrukturen befassen müssen. Dabei sind die Reformziele im Grundsatz nicht konträr. In ihrer gemeinsamen Erklärung vom 6. Juli 1999 halten BDA und DGB fest, dass auf Grundlage der Flächentarifverträge auf betrieblicher Ebene eine stärkere Beteiligung der Beschäftigten am Unternehmenserfolg angestrebt wird, um so der unterschiedlichen Ertrags- und Wettbewerbssituation der Unternehmen Rechnung zu tragen. Hinsichtlich der Regelungsinstrumente spricht sich die Erklärung für die Flexibilisierung der Tarifverträge durch „tarifliche Wahl- und Ergänzungsmöglichkeiten, tarifvertragliche Korridore und Öffnungsklauseln" aus.

Voraussetzungen für die breite Verankerung von Mitarbeiterbeteiligungsmodellen im Tarifbereich ist die Bereitschaft der Sozialpartner, bestehende Entgeltstrukturen auf ihre Zukunftsfähigkeit zu überprüfen. Dazu gehört auch eine Verständigung über die Anforderungen, die an ein modernes Entgeltsystem zu stellen sind. Bemerkenswert ist in diesem Zusammenhang, dass das jüngst verabschiedete tarifpolitischen Programm der IG Bergbau,

Chemie, Energie klar davon ausgeht, dass sich das Einkommen der Zukunft aus mehreren Bestandteilen zusammensetzen wird: Genannt ist zunächst die Grundabsicherung, die nach wie vor durch tarifliche Mindesteinkommen geleistet werden muss, außerdem als weitere Bestandteile die Anreize durch zukünftige Leistungssysteme sowie eine künftig stärkere Beteiligung am Erfolg der Unternehmen, wozu tarifliche Regelungen zu entwickeln seien. In der Tat wird es Aufgabe der Tarifpolitik sein, geeignete Wege für die Verknüpfung von fixen und variablen Entgeltbestandteilen zu suchen. Die Schaffung neuer Entgeltstrukturen, die sowohl Flexibilität als auch ein ausreichendes Maß an Sicherheit bieten, ist kein leicht und rasch zu erreichendes Ziel.

Es hat sich aber auch gezeigt, dass durch eine sachliche, pragmatische Herangehensweise der Sozialpartner Lösungen für drängende Zukunftsfragen zu finden sind.

2. Verknüpfung von Erfolgs- und Kapitalbeteiligung

In der Diskussion um die Mitarbeiterbeteiligung steht häufig die Beteiligung am Kapital des arbeitgebenden Unternehmens im Vordergrund. Dabei stellt sich die Frage nach der Beteiligungsform erst in einem zweiten Schritt.[17] Aus tarifpolitischer Sicht muss es zunächst, wie vorstehend beschrieben, um die Etablierung flexibler tariflicher Entgeltstrukturen gehen, die den Spielraum für eine breite Umsetzung von Beteiligungsmodellen in den Unternehmen schaffen.

Entscheidender Faktor ist die Verankerung variabler Entgeltbestandteile, die sich nach dem Unternehmenserfolg bemessen. Jedes erfolgsabhängige Vergütungsmodell ist gleichzeitig ein Modell der Mitarbeiterbeteiligung. Dies bezieht Formen der Kapitalbeteiligung ein, denn bei diesen bemisst sich, abgesehen von festverzinslichen Fremdkapitalbeteiligungen etwa in Form von Arbeitnehmerdarlehen, der Ertrag nach dem Unternehmenserfolg. Im Unterschied dazu ist eine reine Erfolgsbeteiligung ohne gesellschaftsrechtliche oder schuldrechtliche Beteiligung am Unternehmenskapital gestaltet.

Tarifvertragliche Rahmenvorschriften müssen eine Umsetzung sowohl in Form der reinen Erfolgsbeteiligung als auch durch Kapitalbeteiligung ermöglichen. Die Entscheidung, welche Beteiligungsform durchführbar und sinnvoll ist, kann nur auf betrieblicher Ebene anhand der dort bestehenden spezifischen Gegebenheiten getroffen werden. Dabei muss die Gesellschaftsform des Unternehmens nicht unbedingt das ausschlaggebende Moment sein. Zwar scheiden reine Eigenkapitalbeteiligungen wie Belegschaftsaktien, GmbH- bzw. Genossenschaftsanteile, aber auch Stock-Options-Programme oder Wandelschuldverschreibungen für die große Zahl der nicht als Kapitalgesellschaften geführten Unternehmen als Beteiligungsform aus; allerdings stehen Mischformen zwischen Eigen- und Fremdkapitalbeteiligungen wie Genussrechte oder Genussscheine, stille Gesellschaften oder Beteiligungsgesellschaften zur Verfügung, die nicht von der Gesellschaftsform abhängig sind. Beispiele belegen, dass Kapitalbeteiligungen auch in kleineren und mittelständischen Unternehmen durchaus erfolgreich praktiziert werden können.[18] Gleichwohl wäre die Annahme unrealistisch, Kapitalbeteiligungen wären allgemein in den bundesweit 4,5 Millionen Gewerbebetrieben zu etablieren. Es ist nicht zu verkennen, dass eine erfolgsbezogene Vergütung deutlich einfacher einzuführen und mit geringem Aufwand zu handhaben ist. Hierzu tragen nicht zuletzt die komplexen steuerlichen und gesetzlichen Rahmenbedingungen bei.[19]

Auch in Unternehmen, bei denen die Umsetzung einer Kapitalbeteiligung mit Schwierigkeiten verbunden ist, lässt sich in der Regel ein Erfolgsbeteiligungsmodell gestalten. Tarifliche Regelungen werden deshalb schwerlich die Möglichkeit vorsehen, flexible Entgeltbestandteile in Form von Beteiligungen der Arbeitnehmer am Unternehmenskapital zu gewähren; von besonderer Bedeutung wird jedoch die Stärkung der Erfolgsbeteiligung als Entgeltkomponente sein. Dies gilt umso mehr, als sich Kapital- und Erfolgsbeteiligung nicht ausschließen, sondern ergänzen können: eine erfolgsabhängige Vergütung kann für Arbeitgeber und Arbeitnehmer als erster, einfach umzusetzender Schritt genutzt werden, der u. U. eine spätere Einführung einer Kapitalbeteiligung erleichtert. So können Erfolgsanteile zur Finanzierung einer Beteiligung am Unternehmenskapital verwendet werden. Durch eine derartige investive Beteiligung lässt sich eine doppelte Erfolgsabhängigkeit erreichen: sowohl die Höhe der Erfolgsbeteiligung als auch der Ertrag der Kapitalbeteiligung richten sich nach dem wirtschaftlichen Erfolg des Unternehmens. Hinzu kommt, dass sich in der betrieblichen Praxis Erfolgsbeteiligungen wie virtuelle „Aktien" entwickelt haben, die Ähnlichkeiten zu Kapitalbeteiligungsformen aufweisen.

3. Vielfalt und Freiwilligkeit als Erfolgsfaktor

Mit dem Begriff der (materiellen) Mitarbeiterbeteiligung wird (oder ist) ein Bündel von Gestaltungsmöglichkeiten mit unterschiedlichen Auswirkungen und Zielvorstellungen bezeichnet. Wesentliche Faktoren sind die Aufbringung der Mittel für die Beteiligung, die Verwendung für eine bestimmte Beteiligungsform sowie die sich ergebenden Auswirkungen für Unternehmen und Mitarbeiter. Dahinter stehen unterschiedliche Zielvorstellungen, die mit der jeweiligen Gestaltung der Arbeitnehmerbeteiligung verfolgt werden. Häufig setzt die Betrachtung bei den Beteiligungsformen an (Erfolgsbeteiligung, Kapitalbeteiligung in Form von Eigenkapitalbeteiligung, Fremdkapitalbeteiligung oder Mischformen).

Ausgehend von den „klassischen" Instrumenten, die bereits so unterschiedliche Gestaltungen wie Belegschaftsaktien und Mitarbeiterdarlehen umfassen, haben sich weitere Beteiligungsformen entwickelt.[20]. Mischformen wie Genussrechte, Genussscheine, stille Gesellschaften oder indirekten Beteiligungen bieten Spielraum für eine betriebsspezifische Ausgestaltung und können bei Bedarf betriebswirtschaftlich als Eigenkapital konstruiert werden. Teilweise verschwimmen auch die Grenzen zwischen Erfolgs- und Kapitalbeteiligung. So ist bereits die Einordnung der viel diskutierten stock options nicht eindeutig,[21] zumal diese auch als „phantom-stocks" oder virtuelle Optionen gewährt werden können. In ähnlicher Weise verbinden virtuelle „Aktien" eine Erfolgsbeteiligung mit Elementen der Kapitalbeteiligung. Was die Anlage in Form von Fonds angeht, so scheint die Forderung nach Tariffonds überwunden zu sein, die über Jahrzehnte hinweg eine sachliche Diskussion behindert hat. Investmentfonds sind davon deutlich zu trennen. Es kann sich dabei je nach Ausgestaltung um eine Kapitalbeteiligung (bei Investition in das arbeitgebende Unternehmen entsprechend einer Beteiligungsgesellschaft), um eine Erfolgsbeteiligung (bei virtuellen Investmentfonds) oder auch allgemein um ein Instrument der Kapitalbildung ohne direkte Beteiligungselemente handeln (Letzteres bei Investmentfonds, die von neutralen Geldinstituten zur Anlage am allgemeinen Kapitalmarkt aufgelegt sind). Damit sind außerdem Überlegungen angesprochen, durch Mitarbeiterbeteiligung zum Kapitalaufbau für Altersvorsorgezwecke beizutragen.[22] Aufgrund des Tarifvertrags[23] bestehen Systeme, die die Umwandlung von Entgeltbestandteilen einschließlich Förderungsleistungen in den Durchführungswegen des Betriebsrentengesetzes vorsehen; dazu zählen nach den Änderungen durch das Altersvermögensgesetz auch Pensionsfonds.

Bereits dieser stark verkürzte Überblick macht deutlich, dass verbindliche Vorgaben oder Bewertungen von Beteiligungsformen weder möglich noch sinnvoll sind. Solche Bindungen wirken nicht fördernd, sondern hemmend. Ohnehin verbietet sich ein Zwang zur Mitarbeiterbeteiligung sowohl aus ökonomischen als auch aus verfassungsrechtlichen Gründen.[24] Tarifvertragliche Regelungen können im Wege von Öffnungsklauseln Handlungsoptionen anbieten und Rahmenregelungen für die betriebliche Umsetzung vorsehen. Stets muss aber das Prinzip der doppelten Freiwilligkeit gewahrt bleiben. Dies gilt erst recht angesichts der unterschiedlichen Auswirkungen und Zielvorstellungen, die mit der Umsetzung von Mitarbeiterbeteiligungsmodellen verbunden sind. Mögliche Bewertungsfaktoren sind unter anderem: Flexibilisierungsanforderungen (Orientierung an der Marktsituation und an der Wettbewerbsfähigkeit des Unternehmens, Sicherung und Förderung der Beschäftigung), personal- und sozialpolitische Auswirkungen (Anreizwirkung durch leistungs- und erfolgsorientierte Vergütung, dadurch Mitarbeitermotivation und Mitarbeiterbindung, außerdem Identifikation mit dem Unternehmen, Förderung einer partnerschaftlichen Unternehmenskultur, Schärfung des Kostenbewusstseins, Förderung des wirtschaftlichen Verständnisses), finanzwirtschaftliche Aspekte (insbesondere Kapitalzufluss zum Unternehmen und Erfolgsbezug der Kapitalbedienung), Gestaltung der Mitwirkungsrechte der Arbeitnehmer und schließlich auch praktische Fragen der Umsetzung hinsichtlich personellem und sächlichem Aufwand und Durchführungsmodalitäten.

Dass diese Bewertungsfaktoren – und damit der Nutzen für Unternehmen und Mitarbeiter – zunehmen in den Vordergrund treten, ist Zeichen für die erfolgte Versachlichung des Themas und verstärkt die Akzeptanz von Beteiligungsmodellen.[25] Dazu gehört auch, dass der Aspekt der Verteilungsgerechtigkeit nicht mehr als vorrangig zu verfolgendes Ziel betrachtet wird. Hier gilt es, den Denkansatz umzukehren: Wird die Mitarbeiterbeteiligung wegen der genannten Vorteile für Unternehmen und Mitarbeiter genutzt, so ergibt sich Verteilungsgerechtigkeit als Folge, nicht als Ziel.[26]

Zur Vielfalt der Mitarbeiterbeteiligung gehört auch, dass sich nicht alle Vorteile nebeneinander erreichen lassen. So ist evident, dass nicht einerseits Einkommens- und Vermögenszuwächse für die Arbeitnehmer gewährt werden und gleichzeitig zusätzliche Liquidität für die Unternehmen geschaffen werden kann. Zusätzliche Mittel werden in das Unternehmen gelenkt, wenn anderweitige Leistungen ganz oder zum Teil substituiert werden. Eine derartige Finanzierungswirkung fehlt bei Formen der Kapitalbildung, weil die für die Anlage erforderliche Liquidität nicht im Unternehmen verbleibt, sondern auf den Kapitalmarkt abfließt. Liquidität fließt ebenfalls ab, wenn auszugebende Belegschaftsaktien durch (zulässige) Rückkäufe am Markt beschafft werden müssen. Weiter hängt sowohl eine angestrebte Entgeltflexibilisierung als auch das Ziel, die Mitarbeitermotivation zu steigern, maßgeblich von einer erfolgsabhängigen Gestaltung der Vergütung oder der Erträge der Mitarbeiterbeteiligung ab. Auch zur Schärfung des Kostenbewusstseins oder zur Förderung der Mitarbeiterbindung dürften etwa Mitarbeiterdarlehen mit erfolgsunabhängiger Verzinsung kaum beitragen. Umgekehrt führt eine Erfolgsbeteiligung der Mitarbeiter erst dann zu einer Kapitalbildung, wenn die erfolgsbezogene Vergütung nicht bar ausgeschüttet, sondern für ein Investment genutzt wird.

Die Entscheidung für ein bestimmtes Beteiligungsmodell ist von einer Vielzahl von Faktoren abhängig. Die ideale Problemlösung für jede Situation gibt es nicht, vielmehr gilt es, entsprechend der spezifischen betrieblichen Situation ein maßgeschneidertes Modell zu finden. Dabei ist es gerade die Vielfalt der Gestaltungsmöglichkeiten, die eine grosse Offenheit für unternehmensspezifische Modelle bietet und zum Erfolg der Mitarbeiterbeteiligung beitragen kann. Beteiligungsmodelle, die sich nach den Erfolgsfaktoren Flexibilität, Vielfalt und Freiwilligkeit ausrichten und dazu beitragen, die Zukunftsfähigkeit der Unternehmen und der Arbeitsplätze in Deutschland zu sichern, werden künftig an Bedeutung gewinnen.

Fazit: Fünf Thesen zur Mitarbeiterbeteiligung

1. Die Beteiligung der Mitarbeiter am Unternehmen und am Unternehmenserfolg kann dazu beitragen, die Zukunftsfähigkeit der Unternehmen und der Arbeitsplätze in Deutschland zu sichern. Sie muss den von den Tarifvertragsparteien beschrittenen Weg der Flexibilisierung unterstützen. Durch die Einführung von Elementen der Mitarbeiterbeteiligung könnten Jahreseinkommen flexibler und vom Unternehmenserfolg abhängiger gestaltet werden. Flexibilisierung, Förderung der Wettbewerbsfähigkeit und der Beschäftigung sind Erfolgsfaktoren für die Mitarbeiterbeteiligung. Beteiligungsmodelle, die sich nach diesen Prämissen ausrichten, werden künftig an Bedeutung gewinnen.

2. Es bedarf einer stärkeren Beteiligung am Unternehmenserfolg, um so der unterschiedlichen Ertrags- und Wettbewerbssituation der Unternehmen Rechnung zu tragen. Mitentscheidend für den Erfolg von Beteiligungsmodellen wird sein, dass Mitarbeiterbeteiligung als integraler Bestandteil der tariflichen Vergütung begriffen wird. Erfolgsbeteiligungen lassen sich für die Mehrzahl der Unternehmen umsetzen und bieten gleichzeitig die Möglichkeit, durch investive Gewinnbeteiligung Erfolgs- und Kapitalbeteiligung zu verbinden.

3. Die Tarifparteien können die Mitarbeiterbeteiligung unterstützen und begleiten. Es ist Aufgabe der Tarifparteien, tarifliche Öffnungsklauseln und Rahmenregeln zu entwickeln, die in den Betrieben genutzt und ausgefüllt werden können.

4. Die Beteiligung der Arbeitnehmer an den Unternehmen und am Unternehmenserfolg kann nur unternehmensbezogen durchgeführt werden und muss auf dem Prinzip der doppelten Freiwilligkeit beruhen. Nicht alle Unternehmen haben die gleichen Möglichkeiten, Mitarbeiterbeteiligung zu nutzen. Deshalb muss die Vielfalt der Anlageformen erhalten und als Erfolgsfaktor wahrgenommen werden.

5. Dem Gesetzgeber obliegt es, die Umsetzung der Beteiligungsmodelle zu ermöglichen und zu erleichtern. Die weitere Verbreitung von Beteiligungsmodellen wird auch davon abhängen, dass der Gesetzgeber den in Deutschland sehr geringen Umfang der Steuerbegünstigung ausweitet und Beteiligungsleistungen entsprechend den Vorschlägen der europäischen Kommission in ihrem PEPPER II-Bericht von der sozialabgabenpflichtigen Entlohnung getrennt werden. Hinzukommen müssen Erleichterungen für die Umsetzung von Mitarbeiterbeteiligungsprogrammen für europaweit tätige Unternehmen.

Anmerkungen

1 Gemeinsame Erklärung des Bündnisses für Arbeit, Ausbildung und Wettbewerbsfähigkeit vom 7. Dezember 1998.

2 Gerhard Schröder, Mitarbeiter als Mitunternehmer, Beitrag in den Gewerkschaftlichen Monatsheften 6/2000, abgedruckt in der Frankfurter Rundschau vom 3. Juli 2000, S. 8.

3 Die Förderung der Gewinn- und Betriebsergebnisbeteiligung (einschließlich Kapitalbeteiligung) der Arbeitnehmer in den Mitgliedsstaaten, Bericht der Europäischen Kommission 19996, KOM(96) 697, S. 36, 42.

4 Molitor, Karl: Mitbestimmung: Ein Standortproblem im Euroland?, in: Perspektiven. 50 Jahre Tarif- und Sozialpolitik in der Chemie, Wiesbaden 1999, S. 83.

5 Der Flächentarifvertrag in der chemischen Industrie im Spannungsfeld zwischen Tarifpolitik und Beschäftigung, in: Perspektiven. 50 Jahre Tarif- und Sozialpolitik in der Chemie, Wiesbaden 1999, S. 43.

6 Wolfgang Franz, a. a. O., S. 32.

7 Nachteile betrieblicher Regelungen sieht Franz (a. a. O., S. 34) unter anderem in der Verlagerung der Konflikte auf die Betriebsebene, in dem fehlenden Einfluss externer Faktoren auf die Entgelthöhe sowie in der Tendenz unternehmensbezogener Lohnverhandlungen, die Schaffung neuer Arbeitsplätze nachrangig zu behandeln.

8 § 10 des Bundesentgelttarifvertrages für die chemische Industrie sieht eine Abweichung von bis zu 10 Prozent der Tarifentgeltsätze vor. Beschäftigungssichernd und wettbewerbsverbessernd sind dabei unter anderem Investitionen am Standort, die Vermeidung von Entlassungen, die Vermeidung der Verlagerung von Produktion, sonstiger Aktivitäten oder Investitionen ins Ausland oder auch die Vermeidung von Ausgliederungen. Die Verbesserung der Wettbewerbsfähigkeit umfasst auch ihre Wiederherstellung oder Erhaltung sowie sonstige existenzsichernde Maßnahmen für das Unternehmen oder den Betrieb.

9 Für die Chemische Industrie sind Differenzierungen der tariflichen Wochenarbeitszeit in einem Korridor von 35 Stunden bis zu 40 Stunden möglich.

10 Fels, Gerhard: Tarifpolitik in Euroland, in: Perspektiven. 50 Jahre Tarif- und Sozialpolitik in der Chemie, Wiesbaden 1999, S. 52.

11 Vgl. etwa Wildemann, Horst: Entlohnung. Leitfaden zur Einführung neuer Entlohnungskonzepte, München 1999.

12 Franz, a. a. O. (Fn. 5), S. 50.

13 Anzuführen ist hier etwa der PEPPER II-Bericht, a. a. O. (Fn. 3). Ein Arbeitsdokument der Kommissionsdienststellen zur finanziellen Beteiligung der Arbeitnehmer in der Europäischen Union vom 26. 7. 2002, SEK(2001) 1308 verfolgt das Ziel, eine Konsultation aller betroffenen Akteure unter anderem zur Beseitigung transnationaler Hindernisse anzustossen.

14 Schröder, Gerhard: Mitarbeiter als Mitunternehmer, a. a. O. (Fn. 2).

15 Wildemann, Horst: Vom Arbeitnehmer zum Unternehmer, in: Perspektiven. 50 Jahre Tarif- und Sozialpolitik in der Chemie, Wiesbaden 1999, S. 141.

16 Vgl. Gaugler, E.: Variable Entlohnung mit Systemen der Ergebnisbeteiligung, in: Personal 1986, Heft 4, S. 169 f.; R. Bühner: Entgelt – Neue ziel- und qualifikationsorientierte Entgeltsysteme, TCW-report Nr. 7, München 1999.

17 So auch Wagner, Klaus R.: Formen der Mitarbeiterbeteiligung, BB 2000, S. 42, 46.

18 Eine Erfassung und Analyse der finanziellen Beteiligungspraxis mit dem Schwerpunkt auf kleinere und mittelständische Unternehmen enthält die auf Erkenntnissen der AGP aufbauende Studie „Mitarbeiterkapitalbeteiligung in Nordrhein-Westfalen. Bestandsaufnahme – Praxisbeispiele – Einstiegshilfe“, die im Auftrag des Ministeriums für Arbeit und Soziales, Qualifikation und Technologie erstellt wurde. Die Broschüre ist im Internet unter www.masqt.nrw.de verfügbar.

19 Darauf weist auch der PEPPER II-Bericht, a. a. O. (Fn. 3), S. 46, in seinen Schlussfolgerungen hin. Einen Überblick bieten etwa Schanz, Kay-Michael: Mitarbeiterbeteiligungsprogramme, NZA 2000, S. 626 ff.; Dautel, Ralph: Besteuerung von Mitarbeiterbeteiligungen, BB 2000. S. 1757 ff.

20 Vgl. etwa Schanz, Kay-Michael: Mitarbeiterbeteiligungsprogramme, a. a. O. (Fn. 19); Wagner, Klaus-R.: Innovative Wege der Mitarbeiterbeteiligung, Beitrag zum Symposion „Mitarbeiterbeteiligung am Beginn des 21. Jahrhunderts“ der AGP und des Landes Hessen vom 28. September 2000; ders., Formen der Mitarbeiterbeteiligung, a. a. O. (Fn. 17).

21 Für Erfolgsbeteiligung: Schneider, Hans: Innovative Beteiligungsmodelle, Personal Heft 10/200, S. 516, für Eigenkapitalbeteiligung: Schanz, Kay-Michael: Mitarbeiterbeteiligungsprogramme, a. a. O. (Fn. 19), S. 628 f.

22 Vgl. etwa die Initiative der AGP mit einem Lebensversicherungsunternehmen zur Verknüpfung von Mitarbeiterbeteiligung und betrieblicher Altersvorsorge; außerdem bereits Böhmer, Wilfried Erik: Betriebliche Altersversorgung durch Vermögensbeteiligung der Mitarbeiter, Personal, Heft 3/1994, S. 137 ff.

23 Für die chemische Industrie seit 1998 in einem Volumen von 1.200 DM, ab 2002 bis zu 4 Prozent der jeweiligen Beitragsbemessungsgrenze in der gesetzlichen Rentenversicherung (für 2002 West: 2.160 Euro)

24 Verstoß gegen Art. 14 Abs. 1, 12 Abs. 1, 2 Abs. 1 GG, Loritz, Karl-Georg: § 19 a EstG und die Mitarbeiterbeteiligung durch Tarifvertrag, BB 1990, S. 1745.

25 Deutlich betont diese Wirkung Wagner, Klaus-R.: Formen der Mitarbeiterbeteiligung, a. a. O. (Fn. 17), S. 42.

26 So Wagner, Klaus-R.: a. a. O.

Zur Mitbestimmung des Betriebsrats bei der Personalentwicklung

Peter Hanau

Auf Michael Lezius und seinen Einsatz für die Partnerschaft in der Wirtschaft hat mich Frau Prof. Hilger, Richterin, später Vorsitzende am Bundesarbeitsgericht, schon in den Siebzigerjahren aufmerksam gemacht. Seitdem verfolge ich mit Interesse und Sympathie sein unermüdliches Wirken für das große Ziel, das Kapital in den Dienst der Menschen zu stellen. Dieser Beitrag, in dem es um einen wichtigen Aspekt des Humankapitals geht, will im Sinn von Michael Lezius Bestrebungen der Praxis eine Hilfe geben.

1. Stellenbeschreibungen und Anforderungsprofile

1.1 Rechtsprechung

1.1.1 Das grundsätzliche Verhältnis zu den Auswahlrichtlinien

Gleichsam als Ouvertüre hat ein Beschluss des Bundesarbeitsgerichts vom 31.5.1983 (AP Nr. 2 § 95 BetrVG 1972) die Linie vorgegeben. Die Leitsätze lauten: „Anforderungsprofile, in denen für einen bestimmten Arbeitsplatz die fachlichen, persönlichen und sonstigen Anforderungen abstrakt festgelegt werden, die ein Stelleninhaber erfüllen soll, sind keine Auswahlrichtlinien nach § 95 BetrVG. Die nach dem Inhalt von Auswahlrichtlinien bei personellen Einzelmaßnahmen zu beachtenden fachlichen und persönlichen Voraussetzungen, die der betroffene Arbeitnehmer erfüllen soll, sind nicht mit den in Anforderungsprofilen festgelegten fachlichen und persönlichen Anforderungen identisch und durch diese nicht bindend vorgegeben."

Es ging hier um Anforderungsprofile, die der Arbeitgeber im Rahmen seiner Personalentwicklungsplanung einführen und benutzen wollte, um die Anforderungen eines bestimmten Stellentyps an den Stelleninhaber festzuhalten. Für die im Unternehmen vorhandenen Stellen sollten nach einheitlichem Muster und unter Verwendung einheitlicher Kriterien die Anforderungen festgehalten werden, die der jeweilige Inhaber dieser Stelle erfüllen soll.

Das BAG geht davon aus, dass der Betriebsrat nach § 92 I BetrVG über die Einführung von Anforderungsprofilen, ihre Bedeutung und Verwertung zu unterrichten sei. Im Folgenden bemüht sich das BAG um ein Abgrenzung zwischen mitbestimmungsfreien Anforderungsprofilen und nach § 95 mitbestimmungspflichtigen Auswahlrichtlinien. Wie die Leitsätze schon zeigen, zerlegt das BAG diesen Teil des Personalentwicklungsplans in zwei Schritte. In einem ersten Schritt, so stellt es sich vor, stellt der Arbeitgeber mitbestimmungsfrei die Anforderungsprofile auf. Erst in einem zweiten Schritt geht es um die Auswahlentscheidungen bei

Einstellung und Versetzung, bei denen die Anforderungprofile nach der Vorstellung des BAG eine Rolle spielen, aber nicht notwendig eine Selbstbindung des Arbeitgebers im Sinne von Richtlinien darstellen. Eine nach § 95 mitbestimmungspflichtige Richtlinie liegt danach allenfalls darin, dass der Arbeitgeber entschlossen ist, „künftig keinen Arbeitsplatz mit einem Arbeitnehmer zu besetzen, der die in den Anforderungsprofilen festgelegten Anforderungen der Stelle nicht erfüllt“ (AP Nr. 2 § 95 BetrVG 1972 Blatt 976 R). Dass die in den Anforderungsprofilen zum Ausdruck kommenden Vorstellungen in die Entscheidung einfließen, macht sie nach Auffassung des BAG noch nicht zu Auswahlrichtlinien. Anforderungsprofile seien nichts anderes als die festgeschriebenen Vorstellungen des Arbeitgebers darüber, welche Anforderungen eine Stelle an ihren Inhaber stelle, lediglich mit der Besonderheit, dass die Anforderungen nach einheitlichen Kriterien in einem festgelegten und nachvollziehbaren Verfahren ermittelt worden sind. Dies reiche für Auswahlrichtlinien im Sinne von § 95 nicht aus, gleichgültig, ob die Beachtung dieser Vorstellungen ausnahmslos vorgeschrieben oder lediglich empfohlen ist oder rein faktisch sich von selbst ergibt. Es bedürfte, meint das BAG, sonst jede Vorstellung des Arbeitgebers darüber, welche Anforderungen ein bestimmter Arbeitsplatz an den Stelleninhaber stellt, der Zustimmung des Betriebsrats. Ein solches Beteiligungsrecht wäre schon praktisch, so das BAG, nicht durchsetzbar. Unberührt von diesen Überlegungen bleibt auch nach Auffassung des BAG das Recht des Betriebsrats, in Betrieben mit mehr als 1.000 (jetzt 500) Arbeitnehmern nach § 95 II BetrVG Richtlinien auch über die fachlichen Voraussetzungen zu verlangen; diese würden durch vom Arbeitgeber einseitig aufgestellte Anforderungsprofile nicht präjudiziert. Auswahlrichtlinien könnten vielmehr die beim Arbeitnehmer vorauszusetzenden fachlichen und persönlichen Anforderungen anders festlegen, etwa bestimmen, dass eine gemessen an den Anforderungen geringere Qualifikation des Arbeitnehmers ausgeglichen werde durch persönliche oder soziale Umstände wie etwa durch eine längere Betriebszugehörigkeit, Behinderteneigenschaft oder Ähnliches. Sie könnten andererseits Höchstanforderungen festlegen, um die Besetzung von Arbeitsplätzen mit überqualifizierten Arbeitnehmern zu vermeiden.

Die Entscheidung endet mit der zusammenfassenden Feststellung, Anforderungsprofile seien keine Auswahlrichtlinien, die der Zustimmung des Betriebsrats nach § 95 I BetrVG bedürfen. Soweit in der Literatur Anforderungsprofile für mitbestimmungspflichtig gehalten würden, werde übersehen, dass die in Auswahlrichtlinien zu regelnden fachlichen und persönlichen Voraussetzungen solche sind, die der Arbeitnehmer erfüllen muss und die nicht mit den Anforderungen identisch sind, die der Arbeitgeber für eine bestimmte Stelle als seiner Ansicht nach notwendig festlegt.

1.1.2 Der allgemeine Charakter von Auswahlrichtlinien

Auf den ersten Blick ist dies widersprüchlich. Denn wie soll man sich erklären, dass Anforderungsprofile auch dann keine Auswahlrichtlinien sein sollen, wenn ihre Beachtung vom Arbeitgeber ausnahmslos vorgeschrieben ist? Und wie erklärt sich der Unterschied zwischen Auswahlrichtlinien über die fachlichen Voraussetzungen, die der Arbeitnehmer erfüllen muss, und den Anforderungen, die der Arbeitgeber für eine bestimmte Stelle als notwendig festlegt? Beides zeigt, dass das BAG den Unterschied zwischen Anforderungsprofilen und Auswahlrichtlinien doch nicht entscheidend darin sieht, dass Anforderungsprofile für Auswahlentscheidungen nicht verbindlich sind. Was das BAG wirklich meint, wenn auch in dieser Entscheidung nicht klar ausgesprochen hat, ergibt sich aus seiner Überlegung, Anforderungsprofile seien nur die festgeschriebene Vorstellung des Arbeitgebers darüber, welche Anforderungen eine Stelle mit bestimmter Aufgabe stelle, lediglich mit der Besonderheit, dass die Anforderungen nach einheitlichen Kriterien und nach einem festgelegten und nachvollziehbaren Verfahren ermittelt worden sind. Darin kommt die Auffassung zum Ausdruck, dass Anforderungsprofile mitbestimmungsfrei sind, soweit sie sich auf die Anforderungen einzelner bestimmter Arbeitsplätze beziehen. Dafür spricht auch der weitere Satz der Entscheidung, es könne kein Beteiligungsrecht bei der Entscheidung darüber geben, welche Anforderungen ein bestimmter Arbeitsplatz stelle. Hier schwingt offenbar der Gedanke mit, dass Auswahlrichtlinien einen allgemeinen Charakter haben müssen und sich nicht auf die Anforderungen für jeden einzelnen Arbeitsplatz beziehen könnten. Ganz folgerichtig beziehen sich die vom BAG genannten Beispiele für Auswahlrichtlinien nicht auf die Anforderungen an einzelne Arbeitsplätze und ihre Inhaber, sondern auf allgemeine Gesichtspunkte wie die Berücksichtigung von nicht arbeitsplatzbezogenen Umständen, wie Betriebszugehörigkeit und Schwerbehinderung, und die Vermeidung von Überqualifikation.

Insgesamt geht diese Entscheidung also dahin, dass Auswahlrichtlinien einen allgemeinen Charakter haben und nicht in der Ansammlung von Anforderungsprofilen für einzelne Arbeitsplätze bestehen können. Werden die allgemeinen Vorgaben der Richtlinie im Einzelfall nicht beachtet, kann der Betriebsrat der personellen Maßnahme nach § 99 II Nr. 2 widersprechen.

Eine bald darauf folgende Entscheidung vom 31.1.1984 (AP Nr. 3 § 95 BetrVG 1972) geht in die gleiche Richtung. Hier hatten Arbeitgeber und Betriebsrat bereits allgemein gehaltene Auswahlrichtlinien beschlossen, in denen vor allem bestimmt war, dass dem Bewerber der Vorzug zu geben sei, der den Anforderungen der Position am meisten entspricht. Andere Gesichtspunkte waren grundsätzlich nicht zulässig. Stellenbeschreibungen und Anforderungsprofile sollten dem Betriebsrat jeweils vorgelegt werden. Nach Auffassung des BAG war die eine Personalauswahl regelmäßig beeinflussende Wirkung von formellen Anforderungsprofilen damit rechtlich eingefangen und zum zulässigen Inhalt der Auswahlentscheidung gemacht worden. Es stehe dem Betriebsrat frei, eine Änderung der Richtlinie dahin anzustreben, dass die bei der Personalauswahl zu berücksichtigenden Anforderungen anders als in den Anforderungsprofilen festgelegt würden. Der Arbeitgeber werde dadurch aber nicht gehindert, die Anforderungsprofile in einem formalisierten vereinheitlichten Verfahren festzulegen.

Das BAG hat also hier allgemeine Auswahlrichtlinien ausreichen lassen und die Anforderungsprofile der einzelnen Stellen grundsätzlich nicht zu den Auswahlrichtlinien gezählt.

Eine weitere Entscheidung vom 14.1.1986 (AP Nr. 21 § 87 BetrVG 1972 Umgestaltung) macht noch deutlicher, dass das BAG auf bestimmte Stellen bezogene Festlegungen, hier durch Funktionsbeschreibungen, nicht als Auswahlrichtlinien ansieht. Die Entscheidung nimmt Bezug auf die frühere Rechtsprechung, nach der Anforderungsprofile nicht unter § 95 fallen, und fügt hinzu, dass Funktionsbeschreibungen noch nicht einmal Anforderungen hinsichtlich der fachlichen und persönlichen Voraussetzungen der jeweiligen Funktionsträger enthalten. Die streitigen Funktionsbeschreibungen unterschieden sich von mitbestimmungsfreien Stellenbeschreibungen nur dadurch, dass nicht jeder einzelne Arbeitsplatz beschrieben werde, sondern dass für eine Gruppe von Stelleninhabern mit vergleichbaren Tätigkeiten deren Aufgaben allgemein festgelegt würden. Das sei eine reine Bestandsaufnahme und eine planerische Entscheidung des Inhalts, Arbeitsaufgaben jeweils so zu übertragen, dass sie den Funktionsbeschreibungen entsprechen. Die Funktionsbeschreibungen würden damit zu einem Instrument der Personalplanung, über die der Betriebsrat nach § 92 zu unterrichten sei, aber nicht mitzubestimmen habe.

In dieser Entscheidung wird auch die in § 94 II verankerte Mitbestimmung bei allgemeinen Beurteilungsgrundsätzen in die Prüfung einbezogen. Die in den Funktionsbeschreibungen festgelegten Funktionen der Arbeitnehmer könnten eine tatsächliche Grundlage für die Leistungsbeurteilung sein. Ebenso wie Erfassungsbögen seien sie aber allenfalls ein vorbereitendes Element und noch nicht die Beurteilungsgrundsätze selbst.

Eine weitere Entscheidung des BAG vom 23.2.1988 (AP Nr. 2 § 93 BetrVG 1972) hat in diesem Bereich auch eine Mitbestimmung nach § 93 (innerbetriebliche Ausschreibungen) abgelehnt. Es unterliege allein der Organisationsgewalt des Arbeitgebers festzulegen, welche Funktionen innerhalb des Betriebes der Inhaber einer bestimmten Stelle zu erfüllen hat und welche Anforderungen er an den Inhaber einer bestimmten Stelle oder dem Bewerber für eine bestimmte Stelle stellen wolle. Dann sei es aber auch allein Sache des Arbeitgebers, in einer Stellenausschreibung diejenigen Anforderungen zu bestimmen, die ein Bewerber für die ausgeschriebene Stelle erfüllen müsse.

Überlegt man, wie sich dieses Recht des Arbeitgebers, die Anforderungen an bestimmte Stellen und Stelleninhaber festzulegen, zu der Mitbestimmung über Auswahlrichtlinien verhält, erweist sich wiederum als einzige Lösung, dass die Auswahl der Anforderungen in Bezug auf einzelne Stellen dem Arbeitgeber obliegt, während die Auswahlrichtlinien allgemeine Grundsätze für Stellenbesetzungen enthalten.

1.1.3 Bestätigung durch Beschluss des BAG vom 27.10.1992

Besondere Beachtung verdient ein Beschluss des BAG v. 27.10.1992 (AP Nr. 29 § 95 BetrVG 1972), in dem es unmittelbar um Auswahlrichtlinien ging, die eine Einigungsstelle aufgestellt hatte. Diese Auswahlrichtlinien legten nicht selbst die Anforderungen an die einzelnen Arbeitsplätze fest, sondern bestimmten insoweit, dass die Ausschreibung jeder Stelle eine Tätigkeitsbeschreibung enthalten müsse. Die eigentlichen Auswahlrichtlinien enthielten ein System, das vor allem enthielt: Grundqualifikation, Leistungsbeurteilungen, Potenzialanalysen, Dauer der Erfahrungen, zusätzlich für den ausgeschriebenen Arbeitsplatz vereinbarte fachliche Qualifikationen.

Die Entscheidung stellt zunächst fest, dass selbst die Anforderung an eine Ausschreibung, eine Tätigkeitsbeschreibung zu enthalten, zu weit gehe. Denn der Betriebsrat habe kein Mitbestimmungsrecht bei der Erstellung von Anforderungsprofilen, Stellenbeschreibungen oder Funktionsbeschreibungen. Dazu heißt es wörtlich (Blatt 985): „Es unterliegt allein der Organisationsgewalt des Arbeitgebers festzulegen, welche Funktionen innerhalb des Betriebes der Inhaber einer bestimmten Stelle zu erfüllen hat und welche Anforderungen er an den Inhaber stellen will. Dann ist es aber auch allein Sache des Arbeitgebers, in einer Stellenausschreibung diejenigen Anforderungen zu bestimmen, die ein Bewerber für die ausgeschriebene Stelle erfüllen muss. Der Senat hat dementsprechend ein Mitbestimmungsrecht über Form und Inhalt von Stellenausschreibungen verneint.“ Der Senat fügt hinzu, es könne nicht gesagt werden, dass das zwingende Mitbestimmungsrecht nach § 95 ins Leere laufe, wenn dem Betriebsrat nicht zugleich ein erzwingbares Mitbestimmungsrecht hinsichtlich Form und Inhalt der Stellenausschreibung zugebilligt werde. Beide Bereiche seien vielmehr trennbar und nach dem Gesetz auch zu trennen. Es sei Sache des Arbeitgebers, der die Auswahlrichtlinien zu beachten hat, gegebenenfalls zu berücksichtigende Kriterien zusätzlich zu ermitteln, wenn er diese nicht schon in der Ausschreibung genannt hat.

All dies bestätigt die Annahme, dass sich Auswahlrichtlinien nicht auf Funktionen und Anforderungen der Inhaber bestimmter Stellen beziehen können, denn dies soll ja nach dem Beschluss „allein in der Organisationsgewalt des Arbeitgebers“ liegen. In der Auswahlrichtlinie sind vielmehr nicht die Anforderungen an einzelne Arbeitsplätze, sondern allgemeine Grundsätze der Personalauswahl festzulegen. Genau dem entspricht die Formulierung des Beschlusses (Blatt 986):

„Unter Auswahlrichtlinien sind allgemeine Grundsätze zu verstehen darüber, welche Gesichtspunkte der Arbeitgeber bei personellen Maßnahmen zu berücksichtigen hat.“

1.1.4 Folgerungen für das Vetorecht des Betriebsrats nach § 95 I BetrVG

Bei der Auswertung des Beschlusses im Einzelnen ist Vorsicht geboten, da es hier um einen Fall des § 95 II BetrVG ging, also um den Anspruch des Betriebsrats in Betrieben mit mehr als 500 (früher 1000) Arbeitnehmern auf Auswahlrichtlinien. Vielfach ist dagegen nur § 95 I anwendbar, der dem Betriebsrat kein Initiativ-, sondern ein Vetorecht in Bezug auf Auswahlrichtlinien gibt. Dieses Vetorecht kann nicht so ausgeübt werden, dass vom Arbeitgeber die Aufstellung umfassender Auswahlrichtlinien verlangt wird. Das Vetorecht bezieht sich immer nur auf die Auswahlrichtlinie, die der Arbeitgeber selbst aufstellt, und diese kann sich auf einzelne Aspekte der Personalauswahl beschränken, so z. B. die Vereinbarung eines Negativkatalogs, in dem festgestellt wird, welche Gesichtspunkte keine Rolle spielen (Fitting/Kaiser/Heither/Engels: BetrVG, 20. Aufl., 2000, § 95 Rn. 5; Däubler/ Kittner/ Klebe, BetrVG, 7. Aufl. 2000, Rn. 4). Aber auch in diesem engeren Mitbestimmungsbereich des § 95 I sind die Aussagen des Beschlusses zu dem generellen Zweck der Mitbestimmung über Auswahlrichtlinien bedeutsam (Blatt 987 R). Danach geht es zum einen um die Transparenz der Auswahlentscheidung und zum anderen um die Gewichtung fachlicher und persönlicher Voraussetzungen. Darüber hinaus umfasst § 95 I, insofern weitergehend als II, auch die Regelung des Auswahlverfahrens (Erfurter Kommentar zum Arbeitsrecht/Hanau/Kania: 2. Aufl. 2001, § 95 Rn. 7; Däubler/Kittner/Klebe BetrVG, 7. Aufl., § 95 Rn. 17, hM).

Das Gesamtergebnis des Beschlusses vom 27.10.1992 lässt sich demnach so zusammenfassen: Der Betriebsrat hat zwar ein Informations- und Beratungsrecht gem. § 92, aber kein Mitbestimmungsrecht gem. § 95 bei Stellenbeschreibungen und Anforderungsprofilen. Soweit der Arbeitgeber sich selbst bindet, die Anforderungsprofile seinen Auswahlentscheidungen zugrunde zu legen, kann der Betriebsrat der dadurch entstandenen Auswahlrichtlinie nach § 95 I widersprechen, wenn sie intransparent ist oder wenn sie so absolut ist, dass sie keinen Raum für eine Abwägung mit persönlichen und sozialen Gesichtspunkten lässt. Zur Transparenz gehört vor allem, dass die Anforderungsprofile, die den Auswahlentscheidungen zugrunde gelegt werden, offen gelegt werden.

1.1.5 Übereinstimmung mit der Rechtsprechung zum Kündigungsschutz

Aus der späteren Rechtsprechung sind nur noch einige Entscheidungen zum Kündigungsschutz zu nennen, in denen die bisherige Rechtsprechung im Wesentlichen bestätigt wurde. So heißt es in einer Entscheidung des BAG v. 10.11.1994 (AP Nr. 65 § 1 KSchG 1969 Betriebsbedingte Kündigung) wieder, es unterliege grundsätzlich der freien unternehmerischen Entscheidung, das Anforderungsprofil für einen eingerichteten Arbeitsplatz festzulegen. Soweit die Erfüllung bestimmter Voraussetzungen für die sachgerechte Erledigung der Arbeitsaufgaben erforderlich sei, könne die unternehmerische Entscheidung nur daraufhin überprüft werden, ob sie offenbar unsachlich ist. So sei die Entscheidung des Arbeitgebers, bestimmte Tätigkeiten nur von Arbeitnehmern mit besonderer Qualifikation ausführen zu lassen oder z. B. aus Sicherheitsgründen bei gewissen Kontrollaufgaben ausreichende Sprachkenntnisse zu verlangen, grundsätzlich zu respektieren.

Ein Urteil des BAG v. 5.10.1995 (AP Nr. 71 a. a. O.) hat das wiederholt. Ein weiteres Urteil des BAG v. 7.11.1996 (AP Nr. 82 a. a. O.) bekräftigt schon im Leitsatz, es unterliege grundsätzlich der freien unternehmerischen Entscheidung des Arbeitgebers, das Anforderungsprofil für einen eingerichteten Arbeitsplatz festzulegen. In den Gründen wird dann wieder dargelegt, die unternehmerische Entscheidung, bestimmte Voraussetzungen für die sachgerechte Erledigung der Arbeitsaufgaben zu fordern, könne nur darauf überprüft werden, ob sie offenbar unsachlich ist.

Erwähnenswert schließlich ein Beschluss des LAG Niedersachsen v. 18.10.1994 (Lage Nr. 15 § 05 BetrVG) zur Abgrenzung der Sozialauswahl nach § 1 III KSchG zu Auswahlrichtlinien für Kündigungen i. S. v. § 95 BetrVG. Hier heißt es, die soziale Auswahl im Rahmen eines konkreten Kündigungsanlasses unterscheide sich von den Auswahlrichtlinien, die voraussetzten, dass sie nicht nur für einen bestimmten Anlass, sondern für alle zukünftigen Fälle gelten sollen.

Insgesamt bestätigt also auch die Rechtsprechung zum Kündigungsschutz, dass sich die Mitbestimmung des Betriebsrats nach § 95 nicht auf die Festlegung von Tätigkeitsbeschreibungen und Anforderungsprofilen beziehen kann, da dies zum Bereich der freien unternehmerischen Entscheidung gehört. Dies führt nicht zum Leerlaufen der Mitbestimmung nach § 95, sondern lässt ihr Raum in Bezug auf allgemeine Anforderungen an die Transparenz der Entscheidungsgrundlagen einschließlich der Anforderungsprofile und ihrer Abwägung mit persönlich-sozialen Umständen.

1.2 Schrifttum

Auch das Schrifttum bemüht sich um die Abgrenzung von unternehmerischer Entscheidungsfreiheit und Mitbestimmung nach § 95. In dem Kommentar von Fitting/Kaiser/Heither/Engels, a. a. O., Rn. 4, heißt es eingangs, Auswahlrichtlinie seien Grundsätze, in der Regel *abstrakt-genereller* Natur, die allgemein oder für bestimmte Arten von Tätigkeiten festlegen, was bei den personellen Einzelmaßnahmen zu berücksichtigen sei. Anders heißt es in Rn. 16, die Anforderungen des Arbeitsplatzes könnten Bestandteil der Auswahlrichtlinie sein. Dass dies von der BAG-Rechtsprechung abweicht, wird ausdrücklich verzeichnet. Es liegt auf der Hand, dass beides nicht zusammenpasst, da die Anforderungen einzelner Arbeitsplätze konkret und nicht abstrakt-generell sind. Der Widerspruch lässt sich nur so auflösen, wie es oben dargetan wurde.

Richardi geht dagegen in seinem Kommentar zum BetrVG (7. Aufl. 1998, § 95 Rn. 19, 20) davon aus, dass Stellen- und Funktionsbeschreibungen sowie Anforderungsprofile nicht zu den Auswahlrichtlinien gehören, mit denen sie sich allerdings überschnitten. Sobald der Arbeitgeber die Anforderungsprofile seiner Personalentscheidung zugrunde lege, mache er sie zur Auswahlrichtlinie. Richardi beruft sich dabei auf die eingangs besprochene Entscheidung des BAG v. 31.5.1983 (AP Nr. 2 § 95 BetrVG 1972). Wie oben dargelegt wurde, ist diese BAG-Entscheidung indessen keineswegs so zu verstehen, dass die Anforderungsprofile in Auswahlrichtlinien zu übernehmen seien. Vielmehr sieht die Entscheidung die Funktion der Auswahlrichtlinie darin, den Stellenwert der Anforderungsprofile neben anderen, allgemeinen Kriterien der Personalauswahl festzulegen.

Ein anderes Kriterium findet sich in dem Gemeinschaftskommentar (GK) zum BetrVG von Fabricius/Kraft/Wiese/Kreutz/Oetker (6. Aufl. 1998, § 95 Rn. 30). Im Anschluss an Zöllner (FS Gerhard Müller, 1981, 665, 677) wird hier angenommen, die Erstellung von Anforderungsprofilen sei der Bewerberauswahl vorgelagert. Der Arbeitgeber mache damit von seiner Entscheidungsfreiheit Gebrauch, die Stelle nur zu besetzen, wenn der Bewerber gewisse Mindestqualifikationen aufweise. Erfüllten Bewerber diese Anforderungen nicht, könnten sie von vornherein bei der Auswahlentscheidung nicht berücksichtigt werden. Die Festlegung des Arbeitgebers, Arbeitsplätze nur mit Arbeitnehmern zu besetzen, die die Anforderungen erfüllen, sei mithin keine Auswahlrichtlinie. In dem bereits erläuterten Beschluss des BAG vom 31.5.1983 (AP Nr. 2 § 95 BetrVG), hatte es dazu geheißen, die Versachlichung und Durchschaubarkeit personeller Einzelmaßnahmen könnten Auswahlrichtlinien auch da bewirken, wo es nicht um eine echte Auswahl unter mehreren in Frage kommenden Arbeitnehmern geht, sondern um eine bloße Einzelentscheidung, ohne dass abschließend die Frage zu entscheiden wäre, ob Auswahlrichtlinien nur so genannte Präferenzregeln enthalten dürfen, wie Zöllner und der GK meinen. Der GK (aaO) interpretiert das BAG dahin, dass es die Präferenztheorie ablehne. Dies dürfte in der Tat so sein. Dass Anforderungsprofile noch keine Auswahlrichtlinien sind, bedeutet nicht, dass sie der Auswahlentscheidung unabänderlich vorgegeben sind. Auch wenn nur ein Bewerber vorhanden ist, können neben den Anforderungsprofilen die vom BAG benannten allgemeinen Kriterien bedeutsam sein, so die Rücksichtnahme auf Schwerbehinderte und die Vermeidung von Überqualifikationen.

Diese Auffassung deckt sich weitgehend mit der von Matthes, Vorsitzender Richter am BAG a.D., im Münchener Handbuch zum Arbeitsrecht (2. Aufl. Bd. 3, 2000, § 349 Rn. 10, 11) vertretenen. Auch hier heißt es zunächst, unter Bezugnahme auf die Rechtsprechung des BAG, der Betriebsrat habe kein Mitbestimmungsrecht bei der Aufstellung von Stellen- und Funktionsbeschreibungen oder von Anforderungsprofilen. Sie seien den Auswahlrichtlinien jedoch nicht bindend vorgegeben. Diese könnten vielmehr die für eine Auswahlentscheidung maßgeblichen persönlichen und fachlichen Voraussetzungen auch anders festlegen und beispielsweise bestimmen, dass eine fehlende bestimmte Qualifikation durch andere, auch soziale Umstände, ausgeglichen wird. Es gehe darum, dass personelle Einzelmaßnahmen nicht nur im Hinblick auf größtmögliche Effektivität, sondern auch unter Berücksichtigung weiterer persönlicher und sozialer Gesichtspunkte erfolgen und so als gerecht empfunden werden können. Die Arbeitnehmer hätten ein Interesse daran, dass etwa der innerbetriebliche Aufstieg nicht durch überhöhte Anforderungen oder dadurch erschwert wird, dass Arbeitsplätze von vornherein mit überqualifizierten Bewerbern besetzt werden. Inwieweit die Auswahlrichtlinien von den Anforderungen abweichen dürfen, sei eine Frage der betrieblichen Einigung.

Auch diese Ausführungen machen deutlich, dass sich die Mitbestimmung des Betriebsrats nach § 95 nicht auf die Einzelheiten der Anforderungsprofile bezieht, sondern auf die Beachtung allgemeiner Grundsätze wie die Berücksichtigung persönlicher Umstände und Vermeidung von Überqualifikation.

Der Kommentierung von Löwisch in seinem Taschenkommentar zum BetrVG (4. Aufl. 1996, § 95 Rn. 3, 7) ist es dagegen nicht gelungen, den (scheinbaren) Widerspruch zwischen der Mitbestimmung über Auswahlrichtlinien und der fehlenden Mitbestimmung über Anforderungsprofile aufzulösen. Einerseits heißt es hier, zu den in Auswahlrichtlinien festzulegenden Voraussetzungen könnten sowohl Ausbildungsabschlüsse als auch die Beherrschung bestimmter Kenntnisse und Fähigkeiten gehören. Andererseits wird gesagt, Auswahlrichtlinien seien lediglich Präferenzregeln und hinderten den Arbeitgeber deshalb nicht, auch ohne Beteiligung des Betriebsrats Mindestqualifikationen festzulegen. Dass sich dies nicht verträgt, liegt auf der Hand. Ähnlich widersprüchlich ist der Kommentar zum BetrVG von Hess/Schlochauer/Glaubitz (5. Aufl. 1997, § 95 Rn. 5, 6, 8) der aber immerhin den richtigen Ansatz enthält, dass nur die Grundsätze und nicht arbeitsplatzspezifische Detailregelungen der Mitbestimmung unterlägen.

Konsequent ist dagegen die Auffassung des Kommentars zum BetrVG von Däubler/Kittner/Klebe (7. Aufl. 2000, § 96 Rn. 6), dass die Festlegung von Anforderungsprofilen bereits zu den Auswahlrichtlinien gehöre. Freilich ist dies mit der BAG-Rechtsprechung unvereinbar und auch nicht erforderlich, um für Auswahlrichtlinien genügend Raum zu lassen.

1.3 Folgerungen

Nach alledem steht fest, dass der Betriebsrat über Stellenbeschreibungen und Anforderungsprofile gemäß § 92 I BetrVG zu unterrichten ist, aber nicht mitzubestimmen hat. Im Rahmen der vertrauensvollen Zusammenarbeit (§ 2 BetrVG) ist der Arbeitgeber gehalten, dem Betriebsrat mitzuteilen, welchen Stellenwert Tätigkeitsbeschreibungen und Anforderungsprofile bei Einstellungen und Versetzungen haben sollen. Denn daraus ergibt sich, ob und welche Auswahlrichtlinien im Sinne des § 95 I BetrVG er anwendet. Als Erstes ist klarzustellen, ob Stellenbeschreibungen und Anforderungsprofile die Leitlinie für Einstellungen und Versetzungen bilden sollen, was wahrscheinlich ist, oder ob sie, was immerhin auch möglich ist, nur eine unverbindliche Orientierungsgröße für Personalentscheidungen sein sollen, die sich im Einzelfall nach der Qualität der Bewerber richten. In letzterem Fall gäbe es im fachlichen Bereich keine Auswahlrichtlinie. Sollen Stellenbeschreibungen und Anforderungsprofile Leitlinie sein ist klarzustellen, ob sie das einzige Kriterium für Einstellungen und Beförderungen sein sollen oder ob daneben zusätzliche, insbesondere persönliche und soziale Gesichtspunkte berücksichtigt werden sollen. Sollen sie der einzige Maßstab sein, kann der Betriebsrat nach § 95 I seine Zustimmung mit der Begründung verweigern, neben der auf das Fachliche beschränkten Auswahlrichtlinie müsse Raum für bestimmte persönliche und soziale Gesichtspunkte sein. Ferner kann er die Zustimmung mit der Begründung verweigern, die Auswahlrichtlinie müsse auch einen Schutz vor Überqualifikation vorsehen. Erklärt der Arbeitgeber schon von sich aus, dass er neben den sich aus Anforderungsprofilen ergebenden fachlichen Anforderungen im Einzelfall auch persönliche und soziale Gesichtspunkte berücksichtigen werde, ohne insoweit eine Auswahlrichtlinie aufzustellen, beschränkt sich die Mitbestimmung auf das Vermeiden von Überqualifikationen. Dies bedeutet nicht, dass der Betriebsrat verlangen und die Einigungsstelle im Streitfall für jede einzelne Stelle entscheiden könnte, wo die Obergrenze der Qualifikation liege. Denn dies würde die, wie dargelegt, auf allgemeine Gesichtspunkte beschränkte Mitbestimmung überschreiten. Betriebsrat und Einigungsstelle können die Zustimmung zu einer von dem Arbeitgeber aufgestellten Auswahlrichtlinie nur von ergänzenden allgemeinen Kriterien abhängig machen. Ob diese im Einzelfall beachtet werden, ist erst gemäß § 99 II Nr. 2 bei jeder einzelnen Personalmaßnahme Gegenstand der Mitbestimmung. Verweigert der Betriebsrat die Zustimmung zu einer Auswahlrichtlinie, kann der Arbeitgeber auf sie verzichten oder zu ihrer Durchsetzung die Einigungsstelle anrufen.

2. Mitarbeitergespräche, (nicht entgeltwirksame) Zielvereinbarungen

2.1 Mitbestimmung nach § 87 I Nr. 1 BetrVG

2.1.1 Rechtsprechung

Das BAG hat sich mit der Mitbestimmung bei Mitarbeitergesprächen und Zielvereinbarungen anscheinend noch nicht befasst. Mittelbar einschlägig ist aber der bekannte Beschluss des BAG v. 8.11.1994 (AP Nr. 24 § 87 BetrVG Ordnung des Betriebes), mit dem formalisierte Krankengespräche zur Aufklärung eines überdurchschnittlichen Krankenstandes der Mitbestimmung nach § 87 I Nr. 1 unterworfen wurde. Schon der Leitsatz dieser Entscheidung stellt das zentrale Problem heraus, ob es um das nach dieser Bestimmung mitbestimmte Ordnungsverhalten oder das mitbestimmungsfreie Arbeitsverhalten geht. Dieser Leitsatz lautet: „Es geht dabei um das Verhalten der Arbeitnehmer in Bezug auf die betriebliche Ordnung und nicht um das Verhalten bei der Arbeitsleistung selbst." In den Gründen wird dazu erläutert, es könne offen bleiben, ob sich eine Maßnahme, die das so genannte Krankheitsverhalten der Arbeitnehmer beeinflussen soll, schon allein wegen dieses Ziels generell dem Ordnungsverhalten oder dem mitbestimmungsfreien Arbeitsverhalten zurechnen lasse. Die Mitbestimmungspflichtigkeit der Krankengespräche ergebe sich nämlich unabhängig von den Fernzielen des Arbeitgebers aus der Art ihrer Durchführung. Umstrittener Regelungsgegenstand sei nicht das Krankheitsverhalten, sondern das Verhalten der Arbeitnehmer bei der Führung der Gespräche selbst. Dieses gehöre aber nicht unmittelbar zur Erbringung der Arbeitsleistung.

Mitarbeitergespräche, die sich auf die Tätigkeit und die Perspektiven des Arbeitnehmers im Betrieb beziehen, stehen der Arbeit und dem Arbeitsverhalten deutlich näher als Krankengespräche über das Krankheitsverhalten. Man könnte aber das BAG dahin verstehen, dass es darauf gar nicht ankomme, weil es eben nur um das Verhalten der Arbeitnehmer bei der Führung der Gespräche selbst gehe. Andererseits lassen sich die Gespräche nicht von ihrem Gegenstand trennen. So führt das BAG auch weiter aus, es sei um eine betriebliche Aufklärungsaktion gegangen. Bei einer Mitwirkung daran erfüllten die Arbeitnehmer eine arbeitsvertragliche Nebenpflicht, die dem Ordnungsverhalten zuzurechnen sei. Auch das lässt sich nicht ohne weiteres auf die Mitarbeitergespräche über die Arbeitsleistung und die berufliche Stellung im Betrieb übertragen, da diese untrennbar mit der Hauptleistung des Arbeitnehmers verbunden sind. Dies wird noch deutlicher aus der abschließenden Bemerkung des BAG, das die Beteiligung des Betriebsrat erfordernde Schutzbedürfnis ergebe sich in besonderer Weise aus dem Gesprächsgegenstand, da die Frage nach Krankheiten und ihren Ursachen die Privatsphäre berühren. Das ist bei den Mitarbeitergesprächen aber nicht der Fall.

Eine Entscheidung des LAG Baden-Württemberg v. 12.6.1995 (16 Ta BV 12/94), hat in einem in der Datenbank JURIS veröffentlichten Leitsatz einen ersten Schritt zur Einbeziehung von Mitarbeitergesprächen in die Mitbestimmung nach § 87 I Nr. 1 getan. Dies gelte dann, wenn es nicht um die bloße Verwirklichung sog. arbeitsnotwendiger Maßnahmen, sondern darum gehe, die Mitarbeiter kollektiv und verbindlich in eine die Arbeitspflicht übergreifende Unternehmensstrategie einzubeziehen. Zu einer Entscheidung des BAG ist es in dieser Sache nicht gekommen.

Weitere Rechtsprechung liegt von den Verwaltungsgerichten zu den § 87 I Nr. 1 BetrVG entsprechenden Vorschriften des Personalvertretungsrechts vor. Das Verwaltungsgericht Karlsruhe (7.3.1997, Personalrat 1997, 407) und der VGH Baden-Württemberg (9.5.2000, Personalrat 2000, 291) haben grundsätzlich bejaht, dass Mitarbeitergespräche als zentrales Führungsinstrument der Mitbestimmung über die Ordnung in der Dienststelle und das Verhalten der Beschäftigten unterliegen. Nach Auffassung des VGH ist Gegenstand des Beteiligungsrechts, dass überhaupt Mitarbeitergespräche mit Zielvereinbarung durchgeführt werden, in welchem zeitlichen Rahmen und Abstand diese stattfinden, wo und auf wessen Einladung wer als Führungskraft mit welchem Mitarbeiter das Gespräch führt, in welcher Form die Zielvereinbarung abgeschlossen und in welcher Form das Mitarbeitergespräch dokumentiert wird, was Gegenstand des Gesprächs und der Zielvereinbarung sein kann und wer schließlich über das Gespräch und den Abschluss der Zielvereinbarung unterrichtet werden darf. Zu der auch nach dem Personalvertretungsrecht wesentlichen Frage, ob es um Ordnungs- oder Arbeitsverhalten geht, heißt es in der Entscheidung des VGH, das Mitarbeitergespräch sei der Mitbestimmung nicht entzogen, weil es nicht unmittelbar oder im Schwerpunkt die Erledigung der von den Beschäftigten zu leistenden Arbeit betreffe und die Erfüllung der Aufgaben der Dienststelle nicht im Vordergrund stehe. Es gehe nämlich um ein zentrales Führungs- und Steuerungselement in der gesamten Landesverwaltung, das von den einzelnen zu erfüllenden Aufgaben abgeschichtet sei. Die bessere Erfüllung der Aufgaben bzw. die Optimierung der Arbeitsergebnisse stehe nicht im Vordergrund.

2.1.2 Schrifttum

Im personalvertretungsrechtlichen Schrifttum hat die die Mitbestimmung bejahende Rechtsprechung der Verwaltungsgerichte Zustimmung gefunden. So heißt es in dem Kommentar zum BundespersonalvertretungsG von Grabendorff/Ilbertz/Widmaier (9. Aufl. 1999, § 75 Rn. 179a), strukturierte und formalisierte Mitarbeitergespräche mit Zielvereinbarung unterfielen dem Mitbestimmungsrecht der Personalvertretung. Denn solche Gespräche zielten zwar auch auf eine möglichst gute Erfüllung der von den Beschäftigten zu erbringenden Arbeitsleistung, seien aber gleichzeitig als eine Regelung gedacht, die die spezifische Art der Zusammenarbeit von Vorgesetzten und Mitarbeitern fördern solle. Im Mittelpunkt stehe also nicht die Ausgestaltung des Direktionsrechts, sondern die Gestaltung der Ordnung des Verhaltens von Mitarbeitern zueinander. Unabhängig von der Art und Weise der im Einzelnen zu erledigenden Aufgaben gehe es um eine stärkere Motivation, um ein größeres Engagement und um die Flexibilität der Mitarbeiter. Das Mitbestimmungsrecht der Personalvertretung beziehe sich allerdings nicht auf den fachbezogenen Inhalt der Gespräche bzw. auf die vorgesehene Zielvereinbarung, sondern ausschließlich darauf, welche Gesprächspartner in welchen Zeitabständen miteinander zu reden habe. Dabei gehe es auch um die Regelung des Verfahrens hinsichtlich des Zugangs zu entsprechenden Protokollen und zu den Abgrenzungen zwischen Mitarbeitergesprächen einerseits und Beurteilungsgesprächen andererseits.

Geffken (Der Personalrat 1997, 518) geht davon aus, dass von Seiten der öffentlichen Arbeitgeber der Mitbestimmungstatbestand regelmäßig verneint werde, da Anordnungen, die die Erfüllung dienstlicher Aufgaben regeln, nicht der Mitbestimmung unterliegen könnten. Geffken hält dem entgegen, dass es sich hier nicht um Fragen der unmittelbaren Dienstaufgaben handele, sondern um im Verhältnis zur Arbeit sekundäre Fragen des Verhaltens, wie z. B. Fragen der Zusammenarbeit, der Planung und Organisation oder des Verhältnisses zu Mitarbeitern. Es gehe deshalb um nichts anderes als um das Verhalten der Beschäftigten. Es handele sich hier um einen völlig neuen Führungsstil.

Im Betriebsverfassungsrecht ist der Meinungsstand kontroverser. Soweit ich sehe, geht von den Kommentaren zum BetrVG nur der von Däubler/Kittner/Klebe (7. Aufl. 2000, § 87 Rn. 52) auf die Frage ein und bejaht unter Hinweis auf die Entscheidung des VG Karlsruhe vom 7.3.1997 die Mitbestimmung bei der Einführung von Mitarbeitergesprächen mit Zielvereinbarung. Der Kommentar wendet sich allerdings grundsätzlich gegen die vom BAG in ständiger Rechtsprechung anerkannte Trennung von Arbeits- und Ordnungsverhalten, sodass man dem Kommentar nicht eindeutig entnehmen kann, ob sich die Mitbestimmung nach seiner Auffassung auch bei Zugrundelegung der BAG-Rechtsprechung ergeben würde.

Tondorf (Arbeitsrecht im Betrieb 1998, 323, 325) äußert Zweifel, ob sich die Mitbestimmung nach § 87 I Nr. 1 auf der Grundlage der BAG-Rechtsprechung zur Trennung zwischen mitbestimmungsfreiem Arbeits- und mitbestimmungspflichtigem Ordnungsverhalten begründen lasse, und macht dann Vorschläge zu einer Betriebsvereinbarung. Dies erinnert daran, dass eine solche Betriebsvereinbarung nicht nur bei Bejahung des Mitbestimmungsrechts, sondern im Rahmen des § 88 BetrVG auch als freiwillige Regelung zulässig ist. Den Entwurf einer Betriebsvereinbarung über Zielvereinbarungen hat neuerdings auch Pfister vorgelegt (Arbeitsrecht im Betrieb 1999, 375 f.).

In den anderen Kommentaren zu § 87 I Nr. 1 BetrVG habe ich keine Äußerung zu den Mitarbeitergesprächen gefunden. Hier befasst man sich vor allem mit der Entscheidung des BAG vom 8.11.1994 zur Mitbestimmung bei den Krankengesprächen, die überwiegend abgelehnt wird (so in den Kommentaren von Richardi und Hess/Schlochauer/Glaubitz sowie von Raab NZA 1993, 193).

2.1.3 Stellungnahme und Folgerungen

Nach alledem ist eine Mitbestimmung über Mitarbeitergespräche und Zielvereinbarungen gemäß § 87 I Nr. 1 BetrVG ernstlich in Betracht zu ziehen. Eine Entscheidung des BAG fehlt allerdings noch und es ist keineswegs sicher, dass sie zugunsten der Mitbestimmung ausfallen würde. In einer Entscheidung vom 23.10.1984 (AP Nr. 8 § 87 BetrVG 1972 Ordnung des Betriebs) hat das BAG nämlich eine Mitbestimmung nach § 87 I über Führungsrichtlinien grundsätzlich abgelehnt. Regelten Führungsrichtlinien, in welcher Weise Mitarbeiter allgemein ihre Aufgaben und Führungskräfte ihre Führungsaufgaben zu erledigen haben, werde damit lediglich das Arbeitsverhalten der Mitarbeiter geregelt. Daran ändere sich nichts dadurch, dass die Regelungen hinsichtlich des Führungsverhaltens der Vorgesetzten gleichzeitig und notwendig auch das Verhältnis Vorgesetzter zum nachgeordneten Mitarbeiter bestimmen und mitgestalten. Das Verhältnis Vorgesetzter zum nachgeordneten Mitarbeiter sei nicht gleichzusetzen mit dem Verhältnis der Mitarbeiter zueinander im Rahmen der sozialen Ordnung. Es sei auch nicht richtig, dass die Führungsrichtlinien nicht den Inhalt der Arbeitsleistung regelten, sondern nur Randbedingungen für deren eigentliche Arbeit. Sicherlich dienten die Regelungen dazu, auch ein reibungsloses Zusammenarbeiten zu gewährleisten. Es gehe aber dabei um die Organisation des Ineinandergreifens einzelner sachlich zusammengehörender oder voneinander abhängiger Arbeiten.

Es ist also keineswegs sicher, dass das BAG – wie etwa der VGH Baden-Württemberg – zwischen mitbestimmungsfreiem reinen Arbeitsverhalten und mitbestimmtem Führungsverhalten unterscheiden würde.

Hinzu kommt, dass das Mitarbeitergespräch in § 82 BetrVG anders als im Personalvertretungsrecht eine Sonderregelung erfahren hat. Nach dieser Bestimmung hat der Arbeitnehmer das Recht, in betrieblichen Angelegenheiten, die seine Person betreffen, von den nach Maßgabe des organisatorischen Aufbaus des Betriebs hierfür zuständigen Personen gehört zu werden. Er ist berechtigt, zu Maßnahmen des Arbeitgebers, die ihn betreffen, Stellung zu nehmen sowie Vorschläge für die Gestaltung des Arbeitsplatzes und des Arbeitsablaufs zu machen. Der Arbeitnehmer kann verlangen, dass mit ihm die Beurteilung seiner Leistungen sowie Möglichkeiten seiner beruflichen Entwicklung im Betrieb erörtert werden. Er kann ein Mitglied des Betriebsrats hinzuziehen.

Diese Vorschrift begründet das Mitarbeitergespräch aus der Sicht des Arbeitnehmers und seines Anhörungs- und Erörterungsrechts. Dabei sieht die Bestimmung keine Mitbestimmung des Betriebsrats vor, sondern nur das Recht des Arbeitnehmers, ein Mitglied des Betriebsrats zu den Gesprächen hinzuzuziehen. Es lässt sich gut vertreten, dass dies nicht anders sein kann, wenn das Mitarbeitergespräch nicht vom Arbeitnehmer, sondern vom Arbeitgeber initiiert wird.

Nach alledem muss die Frage als offen bezeichnet werde, ob § 87 I Nr. 1 auf Mitarbeitergespräche mit nicht entgeltwirksamen Zielvereinbarungen anwendbar ist. Deswegen ist dem Arbeitgeber zu raten, zunächst einmal unter Zurückstellung der Rechtsfrage eine Einigung mit dem Betriebsrat zu suchen. Lässt sich diese Einigung erreichen, mag der Betriebsrat bei der Rechtsauffassung bleiben, dass § 87 I Nr. 1 anwendbar sei, während der Arbeitgeber die Regelung als freiwillige Betriebsvereinbarung ansehen kann. Ist man sich einig, spielt die Rechtsgrundlage keine Rolle. Sie hat allerdings nach § 77 VI Bedeutung für die Nachwirkung, die deshalb ausdrücklich geregelt werden sollte.

2.2 Mitbestimmung über allgemeine Beurteilungsgrundsätze gemäß § 94 II BetrVG

Diese Bestimmung gibt dem Betriebsrat kein Recht, die Aufstellung allgemeiner Beurteilungsgrundsätze zu verlangen, erfordert aber seine Zustimmung, wenn der Arbeitgeber selbst solche Beurteilungsgrundsätze aufstellt. In dem Kommentar von Däubler/Kittner/Klebe (a. a. O. § 94 Rn 36) wird die Auffassung vertreten, Regelungen für Mitarbeitergespräche mit Zielvereinbarungen seien nach § 94 II mitbestimmungspflichtig. Differenzierter hat Geffken (Personalrat 1997, 518, 519) zu den entsprechenden personalvertretungsrechtlichen Regelungen ausgeführt, Beurteilungsrichtlinien legten allgemein fest, nach welchen Kriterien die Leistung eines Beschäftigten bewertet werden solle. Verhaltensvereinbarungen ermöglichten Leistungskontrollen in erheblichem Umfang. Andererseits unterfielen Regelungen über Leistungskontrollen im Vorfeld von Beurteilungen nur dann der Mitbestimmung, wenn sie durch technische Einrichtungen erfolgen. Insgesamt seien Verhaltens- und Zielvereinbarungen als Leistungsbewertungen anzusehen, weil sie einen wesentlichen Teil der nachfolgenden Beurteilung darstellten.

Die Rechtsprechung ist allerdings zurückhaltender. So heißt es in der bereits mehrfach erwähnten Entscheidung des VG Karlsruhe vom 7.3.1997 (Personalrat 1997, 407, 408), Mitarbeitergespräche mit Zielvereinbarungen seien keine Personalfragebögen und keine Beurteilungsrichtlinien. Weder durch das vertrauliche Gespräch zwischen Mitarbeiter und Vorgesetztem, noch durch die Aufzeichnung dieses Gesprächs wolle der Dienstherr persönliche Verhältnisse oder berufliche Werdegänge ermitteln. Ziel der Mitarbeitergespräche seien keine Auskünfte über Person und Eignung der Gesprächspartner, sondern eine Verbesserung der Zusammenarbeit zwischen zwei durch den Dienst verbundenen Personen auf jeder Ebene des Unternehmens. Die Gespräche dienten nicht der dienstrechtlichen Beurteilung der Beschäftigten. Der damals streitige Leitfaden enthielte auch keine allgemeinen Bewertungskriterien, nach denen Eignung und Leistung der Gesprächspartner dienstlich zu beurteilen wären.

Das BAG hat in seiner ebenfalls bereits erwähnten Entscheidung vom 23.10.1984 (AP Nr. 8 § 87 BetrVG Ordnung des Betriebs) zu den Führungsrichtlinien ausgeführt, an sich liege die Einstufung als allgemeine Beurteilungsgrundsätze hinsichtlich der Erfolgskontrolle nahe, weil diese nach der ausdrücklichen Festlegung in den Richtlinien Maßstab für die Beurteilung des Mitarbeiters in fachlicher und führungsmäßiger Hinsicht und Grundlage seiner Förderung sei. Allgemeine Beurteilungsgrundsätze seien aber Regelungen, die die Bewertung des Verhaltens und der Leistung der Arbeitnehmer objektivieren und nach einheitlichen, für die Beurteilung jeweils erheblichen Kriterien ausrichten sollten. Es gehe damit um die Regelung der Frage wie, das heißt nach welchen Gesichtspunkten, der Arbeitnehmer insgesamt oder in Teilen seiner Leistung oder seines Verhaltens beurteilt werden solle. Mit solchen allgemeinen Beurteilungsgrundsätzen solle ein einheitliches Vorgehen bei der Beurteilung und ein Bewerten nach einheitlichen Maßstäben ermöglicht und so erreicht werden, dass die Beurteilungsergebnisse miteinander vergleichbar sind. Nicht die Tatsache als solche, dass Mitarbeiter beurteilt werden sollen, löse das Mitbestimmungsrecht nach § 94 aus, sondern erst die Einführung allgemeiner Beurteilungsgrundsätze. Der Umstand, dass das Ergebnis einer Erfolgskontrolle – gleichgültig wie differenziert es ausfällt und nach welchen Kriterien eine differenzierte Beobachtung im Einzelfall vorgenommen worden ist – als Maßstab für die Beurteilung des Mitarbeiters gilt und zur Grundlage seiner Förderung gemacht wird, möge zwar die Einführung allgemeiner Beurteilungsgrundsätze angezeigt erscheinen lassen, begründe aber so lange kein Mitbestimmungsrecht, als der Arbeitgeber solche Grundsätze nicht einführe.

Diese Ausführungen beziehen sich auf die Führungsrichtlinien nach dem sog. Habsburger Modell, die sich von den heute üblichen unterschieden; sie scheinen militärische Führungsgrundsätze nachgebildet zu haben. Allerdings kann man die Ausführungen des BAG generell dahin verstehen, dass Erfolgskontrollen im Einzelfall, wie sie durch Zielvereinbarungen ermöglicht werden, so lange nicht Beurteilungsgrundsätze sind, wie sie nicht in ein allgemeines Beurteilungs- und Bewertungssystem eingebracht werden. Klar dürfte allerdings sein, dass Mitarbeitergespräche allein noch keine Beurteilungsgrundsätze sind, während sich Zielvereinbarungen ihnen immerhin annähern, da sie eine genaue Erfolgskontrolle erlauben, was allerdings nach der Entscheidung des BAG für § 94 II noch nicht ausreicht.

Insgesamt gilt für die Mitbestimmung nach § 94 II dasselbe wie für die nach § 87 I Nr. 1: die Frage ist offen, weil noch nicht höchstrichterlich entschieden und bis heute kontrovers. Deshalb ergibt sich hier der gleiche Rat wie zu § 87 I Nr. 1: Versuch einer Einigung mit dem Betriebsrat, ggf. unter Wahrung beiderseitiger Rechtsstandpunkte; wenn eine Einigung misslingt, erneutes Überprüfen der Rechtslage und daraus zu ziehender Konsequenzen.

Praktische Problemstellungen bei der Implementierung von Stock-Option-Plänen börsennotierter und nicht börsennotierter Aktiengesellschaften

Brun-Hagen Hennerkes/Andreas Wiedemann

1. Einleitung

Die Einräumung eines Rechtes zum Bezug von Aktien (so genannte Stock Options) gehörte in den USA schon seit längerer Zeit zu einem selbstverständlichen Bestandteil der Vergütungsstruktur des Managements (vgl. Weiß, 1999, S. 8. ff. und Kohler 249). Die zunehmende Internationalisierung der Märkte und die Einflüsse aus den USA haben dazu geführt, dass auch in Deutschland vermehrt über Stock-Option-Pläne für Führungskräfte diskutiert wurde. Um deutschen Unternehmen die Möglichkeit zu geben, Führungskräfte über Stock Options zu beteiligen, hat das Gesetz zur Kontrolle und Transparenz im Unternehmensbereich (KonTraG), das am 1.5.1998 in Kraft getreten ist, die Möglichkeit geschaffen durch eine bedingte Kapitalerhöhung so genannte reine Aktienoptionen (naked options oder naked warrants, vgl. § 192 Abs. 2 Nr. 3 AktG) auszugeben, sodass auf die vor In-Kraft-Treten des KonTraG übliche, allerdings relativ umständliche Möglichkeit der Begebung von Wandelschuldverschreibungen verzichtet werden kann.

Im Gegensatz zu der Einräumung von isolierten Bezugsrechten erfordert die Begebung von Wandelschuldverschreibungen, die ebenfalls durch ein bedingtes Kapital abgesichert werden, einen Ausschluss des Bezugsrechtes der Aktionäre, der durch einen entsprechenden Bericht des Vorstands zu begründen ist. Die Gerichte hatten sich in den vergangenen Jahren nicht zuletzt aus diesem Grund wiederholt mit der Überprüfung von Aktienoptionsplänen für Vorstandsmitglieder und Mitarbeiter, die auf der Ausgabe von Wandelschuldverschreibungen beruhen, beschäftigt und die Zweifel an der Rechtmäßigkeit solcher Optionsprogramme im Grundsatz ausgeräumt (OLG Stuttgart DB 1998, 1757 ff. = ZIP 1998, 1482 ff.; OLG Braunschweig ZIP 1998, 1585 ff.; LG Frankfurt DB 1997, 517 ff. = AG 1997, 185 ff.; LG Stuttgart DB 1997, 2421 ff.; a.A. LG Braunschweig DB 1998, 666 ff.).

Trotzdem haben bereits unmittelbar nach In-Kraft-Treten des KonTraG verschiedene deutsche Aktiengesellschaften (z. B. Höchst, Fresenius, RWE etc.) auf Grundlage der neuen Vorschriften Aktienoptionspläne für ihre Führungskräfte durch die Hauptversammlung beschließen lassen. In der nach dem In-Kraft-Treten des KonTraG folgenden Hauptversammlungssaison 1999 hat sich empirischen Untersuchungen folgend die reine Aktienoption als Form der Mitarbeiterbeteiligung durchgesetzt, wenn auch nach wie vor ein Teil der Unternehmen auf die Wandelschuldverschreibung zurückgreift (vgl. Feddersen/Pohl). Galten Stock Options im Jahre 1999 und zu Beginn des Jahres 2000 als Turbo für hohe Gehälter, insbesondere bei börsennotierten

Gesellschaften, die am Neuen Markt gelistet sind, so hat sich die Situation mit der beginnenden drastischen Abschwächung des Kapitalmarkts ab der Mitte des Jahres 2000 grundlegend geändert. Viele Aktienoptionen sind durch den Börsencrash wertlos geworden. Als Beispiel lässt sich die Intershop Communications AG nennen, die als eine der ersten Gesellschaften Mitarbeiter u. a. mit Optionen bezahlt hat. Mitarbeiter, denen zu Beginn des Jahres 2000 Optionen von Intershop eingeräumt wurden, sind berechtigt, die Optionen zu Beginn des Jahres 2002 zu dem damaligen Börsenkurs von etwa 100 Euro auszuüben. Der Kurs im Oktober 2001 lag jedoch lediglich bei ca. 2,00 Euro, sodass die Aktie um über 5000 Prozent steigen müsste, damit eine Ausübung der Option wirtschaftlich sinnvoll wäre (vgl. Börse Online 7/2001, S. 90).

Auch wenn Aktienoptionen durch die Entwicklung der Kapitalmärkte den Glanz etwas verloren haben, bleiben sie jedoch weiterhin attraktiv, da die Möglichkeit besteht, jederzeit neue Tranchen mit günstigeren Ausübungspreisen einzuräumen, wodurch die Wertlosigkeit der alten Optionen kompensiert werden kann. Aus diesem Grund halten viele Unternehmen an Aktienoptionen als zusätzlichem Lohnbestandteil neben dem Festgehalt und weiteren variablen Vergütungsformen fest. Laut einer Studie von Hewitt Associates beteiligt bereits jede zweite Aktiengesellschaft ihre Mitarbeiter am geschäftlichen Erfolg. Zusätzlich macht der Anteil der variablen Vergütungen – in Relation zum Festgehalt – einen immer größeren Prozentsatz aus (vgl. Börse Online 7/2001, S. 92).

Vor dem Hintergrund der Bedeutung, die Aktienoptionen als variabler Vergütungsbestandteil nach wie vor zukommt, sollen im Folgenden einzelne praktische Problemstellungen bei der Implementierung von Optionsplänen unter aktienrechtlichen, wertpapierhandelsrechtlichen, bilanziellen und steuerlichen Aspekten erörtert werden.

2. Aktienrechtliche Aspekte

2.1 Die Notwendigkeit eines Erfolgsziels gemäß § 193 Abs. 2 Nr. 4 AktG

2.1.1 Typische Problemstellungen bei noch nicht börsennotierten Unternehmen

§ 193 Abs. 2 Nr. 4 AktG bestimmt, dass in dem Beschluss über die bedingte Kapitalerhöhung zur Gewährung von isolierten Bezugsrechten Erfolgsziele benannt werden müssen. Gemeint sind damit bestimmte Ziele, die erreicht sein müssen, bevor die Bezugsrechte ausgeübt werden dürfen. Der Begriff geht zurück auf eine Beschlussempfehlung des Rechtsausschusses (vgl. BT-Drucks. 13/10038, S. 9, 26 und Hüffer, AktG, § 193 Rn. 9). Die Formulierung „Erfolgsziel" anstelle des ursprünglich vorgesehenen Wortes „Kursziel" soll die Vielgestaltigkeit von Aktienoptionsprogrammen berücksichtigen, die nicht notwendig auf absolute Kursziele, sondern unter Umständen auch auf die relative Performance oder Renditeziele abstellen (Beschlussempfehlung des Rechtsausschusses zum KonTraG, ZIP 1998, 487, 488 und Kohler, 260, 261).

Bei noch nicht börsennotierten Aktiengesellschaften, die sich den Börsengang als Ziel gesetzt haben, stellt sich die Frage, ob die erstmalige Notierung der Aktien an einer Börse als Erfolgsziel im Sinne des § 193 Abs. 2 Nr. 4 AktG ausreicht. Dies könnte zweifelhaft sein, weil der Wechsel in der gesetzlichen Terminologie vom ursprünglichen „Kursziel" zum „Erfolgsziel" bezweckt hat, dass eine Vielzahl von Vergleichsparametern neben den reinen börsenbezogen Kursen und Indices, wie z. B. Eigenkapitalrendite-, Gewinn- und Umsatzsteigerungen als Ausübungshürden ermöglicht werden sollten. Mit der Änderung des Begriffs sollte jedoch offensichtlich nicht jeder Zusammenhang mit der Steigerung des wirtschaftlichen Werts der Wirtschaftskraft des Unternehmens und des so genannten shareholder value aufgehoben werden. Insoweit ist entscheidend, ob der Börsengang als solcher zu einer Steigerung der Wirtschaftskraft des Unternehmens führt. Die Börseneinführung ist zumindest dann mit einer Steigerung des Unternehmenswertes verbunden, wenn im Rahmen der Börseneinführung eine Kapitalerhöhung beschlossen wird und die aus dieser Kapitalerhöhung stammenden jungen Aktien über die Börse verkauft werden und der Gesellschaft dadurch Eigenkapital zufließt (i. d. S. auch LG München ZIP 2001, 287, 288).

Weiterhin stellt sich die Frage, ob auf die Festlegung eines Erfolgsziels von den Aktionären verzichtet werden kann. Ein Verzicht auf ein konkretes Erfolgsziel kann im Hinblick darauf, dass die wirtschaftliche Entwicklung bezüglich des Börsenkurses, aber auch bezüglich anderer Renditeziele bei jungen Unternehmen, die einen Börsengang erst mittelfristig anstreben, aber schon in der pre-IPO-Phase zur Motivationsförderung Aktienoptionen an ihre Mitarbeiter ausgeben möchten, häufig nicht hinreichend konkret vorhersehbar ist, wirtschaftlich sinnvoll sein (vgl. i. d. S. Vogel, 938). Ein Verzicht auf ein Erfolgsziel muss jedenfalls dann zulässig sein, wenn dieser Verzicht von allen Aktionären ausgesprochen wird. Dies erklärt sich aus dem Schutzzweck, der mit der Festlegung eines Erfolgsziels verbunden ist. Zentraler Gesichtspunkt ist der Verwässerungsschutz der Herrschafts- und der Vermögensposition der Anteilseigner. Durch die Festlegung der Erfolgsziele soll sichergestellt werden, dass mit der Verwässerung der Anteilseigner durch die Optionsrechte für die Mitarbeiter eine Wertsteigerung des Unternehmens verbunden ist. Wenn die Aktionäre auf ihr gesetzliches Bezugsrecht im Rahmen von Kapitalerhöhungen verzichten können, so muss es ihnen auch frei stehen, auf die Festlegung von Erfolgszielen im Rahmen von Aktienoptionsprogrammen zu verzichten. Ein Interesse anderer Personengruppen als der Anteilseigner an der Festlegung von Erfolgszielen ist nicht ersichtlich. Auch Praktikabilitätsgesichtspunkte sprechen nicht gegen einen Verzicht, wenn der Aktionärskreis – wie häufig bei noch nicht börsennotierten Unternehmen – überschaubar ist.

2.1.2 Typische Problemstellungen bei börsennotierten Unternehmen

In Optionsplänen von Unternehmen, die nach US-GAAP bilanzieren, findet sich häufig folgende vergleichbare Regelung bezüglich des Ausübungspreises und des Erfolgsziels:

„Der Ausübungspreis zum Erwerb einer Aktie der Gesellschaft richtet sich nach dem Mittelwert der an der Frankfurter Wertpapierbörse im XETRA-Handel festgestellten Schlusskurse der Aktie der Gesellschaft an den fünf Börsentagen vor dem Tag, an dem die Optionen gewährt werden (nachfolgend „Referenzpreis"), mindestens aber der auf eine Aktie entfallende anteilige Betrag des Grundkapitals zuzüglich eines Aufschlags von 15 Prozent auf den Referenzpreis als Erfolgsziel (Referenzpreis zuzüglich Aufschlag nachfolgend „Ausübungspreis")."

Hintergrund einer solchen Regelung ist, dass dadurch nach US-GAAP ein so genannter „fi xed plan" geschaffen und die Entstehung von Personalaufwand vermieden werden soll (vgl. dazu unter 5.). Fraglich ist jedoch, ob eine solche Formulierung dem Erfordernis eines Erfolgszieles im Sinne des § 193 Abs. 2 Nr. 4 AktG gerecht wird. Das Landgericht Stuttgart (ZIP 2000, 2110, 2113) und das OLG Stuttgart (ZIP 2001, 1367, 1370)[1] haben dies bei einer vergleichbaren Gestaltung ausdrücklich bejaht. Das OLG Stuttgart betont, dass die gesetzliche Regelung des § 193 Abs. 2 Nr. 4 AktG den Unternehmen bei der Auswahl der geeigneten Erfolgsparameter weitgehende Freiheit belasse. Das OLG Stuttgart legt weiter dar, dass in der Begründung des Regierungsentwurfs zum KonTraG die Ausrichtung der Erfolgsziele an eine relative Performance, etwa die Anbindung an einen Aktienindex, zwar empfohlen werde, da bei einem solchen Erfolgsziel mögliche Zufallsgewinne, wie sie bei haussierender Börse aber gleichzeitiger Unter-Performance des konkreten Unternehmens entstehen können, nicht zu einer Ausübbarkeit der Option und damit nicht zu einer „Belohnung" des Managements führe, die Orientierung an einem bestimmten künftigen Kursniveau der Aktie der Gesellschaft (so genannte absolute Performance) werde von dem Gesetzgeber aber gleichfalls als ein mögliches Erfolgsziel angesehen (OLG Stuttgart, a. a. O. mit Verweis auf Begr. RegE zum KonTraG, ZIP 1997, 2059, 2068).

Die Entscheidung des OLG Stuttgart erscheint im Ergebnis richtig, wenn auch im Hinblick auf den Gesetzeswortlaut nicht unzweifelhaft. Die im Beispielfall dargestellte Regelung stellt eine wirtschaftliche Ausübungshürde dar, weil eine Ausübung der Option nur dann sinnvoll ist, wenn der Kurs der Aktien am Ausübungstag um mehr als 15 Prozent gegenüber dem Kurs bei Einräumung der Option gestiegen ist. Faktisch ist die Ausübung der Option demnach an die Kursentwicklung der Aktie geknüpft (absolute Performance), ob jedoch ausdrücklich ein Erfolgsziel genannt ist, erscheint zweifelhaft. Diese wäre zweifellos dann der Fall, wenn in dem Optionsplan explizit bestimmt wäre, dass eine Ausübung der Option nur dann zulässig ist, wenn der Börsenkurs seit dem Zeitpunkt der Einräumung bis zum Zeitpunkt der Ausübung der Option um mindestens 15 Prozent gestiegen ist. Wird der Optionsplan in dieser Weise ausgestaltet, so führt dies dazu, dass nach US-GAAP ein „variable plan" vorliegt und Personalaufwand ausgelöst wird.[2]

Die Entscheidung des OLG Stuttgart, die noch nicht rechtskräftig ist, hat für die Frage, ob Optionspläne geschaffen werden können, die nach US-GAAP kein Personalaufwand erzeugen und dennoch im Einklang mit den Bestimmungen des Aktienrechts stehen, zentrale Bedeutung. Der Ausgang dieses Verfahrens wird für die weitere Gestaltungspraxis deswegen von großer Bedeutung sein (das Revisionsverfahren ist beim BGH unter AZ II ZR 204/01 anhängig).

3. Beteiligung von Aufsichtsratsmitgliedern an Stock-Option-Plänen

Gerade junge Wachstumsunternehmen haben einen erhöhten Beratungsbedarf und sind deswegen darauf angewiesen, qualifizierte Aufsichtsratsmitglieder zu gewinnen. Da die Liquidität dieser Unternehmen es häufig nicht zulässt, eine adäquate Vergütung zu entrichten, bietet sich bei Unternehmen, die den Börsengang als „Exit" planen, an, den Aufsichtsratsmitgliedern Stock Options einzuräumen. Eine Beteiligungsmöglichkeit des Aufsichtsrates an Stock-Option-Plänen durch die Einräumung von isolierten Bezugsrechten besteht auf der Grundlage des Aktiengesetzes jedoch nicht (Zimmer, 1000). Noch im Referentenentwurf war vorgesehen, dass die Möglichkeit, Aktienbezugsrechte einzuräumen, auf alle Organmitglieder einschließlich des Aufsichtsrates erstreckt werden sollte (Referentenentwurf zur Änderung des AktG (KonTraG), ZIP 1996, 2129, 2137 f.). Nach einer negativen Stellungnahme des Handelsrechtsausschusses des Deutschen Anwaltsvereins, in welcher die These vertreten wurde, die Überwachungsaufgabe des Aufsichtsrates erfordere es nicht, dass dieser ein finanzielles Interesse an der Steigerung des Unternehmenswertes habe, wurde die Möglichkeit, isolierte Bezugsrechte an Aufsichtsratsmitglieder auszugeben, nicht in die endgültige gesetzliche Regelung übernommen (Referentenentwurf zur Änderung des AktG (KonTraG) – Stellungnahme des DAV, ZIP 1997, 163, 173). Der Handelsrechtsausschuss führt in seiner Stellungnahme weiter aus, dass die Aufsichtsratstätigkeit auch künftig nur eine Nebentätigkeit darstelle, sodass eine Vergütung mit Stock Options nicht angebracht erscheine (Referentenentwurf zur Änderung des AG (KonTraG) – Stellungnahme des DAV, ZIP 1997, 163, 173).

Diese Thesen werden einem modernen Verständnis des Aufsichtsrates nicht gerecht. Die Tätigkeitsbereiche zwischen Vorstand und Aufsichtsrat rücken einander näher. Zwar dürfen dem Aufsichtsrat keine Maßnahmen der Geschäftsführung übertragen werden (§ 111 Abs. 4 Satz 1 AktG); jedoch wird in der Praxis zunehmend von der Möglichkeit Gebrauch gemacht, dem Vorstand einen umfangreichen Katalog zustimmungspflichtiger Geschäfte aufzuerlegen, als dessen Folge der bloßen Überwachung und Abstimmung über die Leitlinien ein enger Gedankenaustausch über den Unternehmenserfolg zwischen Vorstand und Aufsichtsrat weicht. Der Aufsichtsrat ist Organ des Unternehmens und sollte damit im Interesse des Unternehmens und seiner Gesellschafter im Rahmen seiner spezifischen Aufgabe an einer Wertsteigerung des Unternehmens mitwirken (vgl. Claussen, AG 1996, 481, 487). Der Aufsichtsrat kann hierzu einen maßgeblichen Beitrag leisten, insbesondere durch eine erfolgreiche Personalpolitik bei der Besetzung des Top-Managements des Unternehmens. Der Einsatz von Aktienoptionen kann daher eine wünschenswerte Komponente der Aufsichtsratsvergütung darstellen (so auch Weiß, S. 201 m w. N.)

Sollen Aufsichtsratsmitglieder Optionsrechte erhalten, kann auf das alte Modell der Ausgabe von Wandelschuldverschreibungen (§ 192 Abs. 2 Nr. 1 AktG) zurückgegriffen werden, da der Wortlaut des § 192 Abs. 2 Nr. 1 durch das KonTraG unverändert geblieben ist, eine Einschränkung des begünstigten Personenkreises somit nicht vorgenommen wurde (LG München ZIP 2001, 287 ff. und Zimmer, 1000). Die Zulassung von Aktienoptionen stellt insoweit lediglich ein zusätzliches leistungsbezogenes Vergütungselement dar, das die bisherigen gesetzlich eröffneten Möglichkeiten im Rahmen von Wandelschuldverschreibungen nicht eingeschränkt (LG München ZIP 2001, 287 ff.).

Für die Vergütung der Aufsichtsratsmitglieder einschließlich der Festlegung aller Einzelheiten der Vergütung ist allein die Hauptversammlung zuständig. Ein Hauptversammlungsbeschluss, der eine zusätzliche Aufsichtsratsvergütung durch die Gewährung von Wandelschuldverschreibungen vorsieht, ist somit anfechtbar, wenn es dem Vorstand überlassen bleibt, durch Festlegung des Zeichnungszeitpunktes den Wandlungspreis zu bestimmen und darüber zu entscheiden, ob die vorgesehenen Anteile auf einmal oder in mehreren Tranchen zu begeben sind (LG München ZIP 2001, 289 ff.).

Die Ausgabe von Wandelschuldverschreibungen an Mitglieder des Aufsichtsrates kommt somit nur dann in Betracht, wenn die Hauptversammlung die vollständige Programmregelung der Anleihebedingungen beschließt und dem Vorstand bei der Gestaltung der Konditionen der den Aufsichtsratsmitgliedern zugeteilten Wandelschuldverschreibungen kein wesentlicher Entscheidungsfreiraum zukommt. Teilweise wird darüber hinaus ein satzungsändernder Beschluss der Hauptversammlung gemäß § 113 Abs. 1 Satz 2 AktG mit der Begründung für erforderlich gehalten, dass durch die bloße Beschlussfassung über die Schaffung eines bedingten Kapitals zur Ausgabe von Wandelschuldverschreibungen die Satzung, was die Vergütung der Aufsichtsratsmitglieder angeht, unverändert bleibt, sodass aus dem Handelsregister heraus der dessen Richtigkeitsprinzip widersprechende Eindruck entstehen kann, eine weitere als die in der Satzung enthaltene Vergütung sei den Aufsichtsratsmitgliedern nicht bewilligt (LG Memmingen AG 2001, 375 f.). Diese Ansicht vermag indes nicht zu überzeugen, da § 113 Abs. 1 Satz 2 AktG bestimmt, dass die Vergütung der Aufsichtsratsmitglieder in der Satzung festgesetzt oder von der Hauptversammlung bewilligt werden kann. Es erscheint demnach kein zusätzlicher satzungsändernder Beschluss erforderlich. Dringend zu empfehlen ist jedoch, dass die Hauptversammlung neben der Beschlussfassung über die bedingte Kapitalerhöhung zur Ausgabe von Wandelschuldverschreibungen hinaus einen zusätzlichen Bewilligungsbeschluss im Sinne des § 113 Abs. 1 Satz 2 AktG fasst (ein solcher Beschluss lag auch dem durch das LG München zu entscheidenden Fall zugrunde, LG München ZIP 2001, 287 ff.)

Die Einräumung von Wandelschuldverschreibungen an Mitglieder des Aufsichtsrates setzt gemäß §§ 221 Abs. 4, 186 Abs. 4 AktG einen Bericht des Vorstandes über den Bezugsrechtsausschluss voraus, der bekannt zu machen ist. Der Bericht muss konkrete Tatsachen mitteilen, die den Bezugsrechtsausschluss materiell rechtfertigen. Auf die Bekanntmachung und den Vorstandsbericht kann jedoch durch die Aktionäre verzichtet werden, was insbesondere bei noch nicht börsennotierten Aktiengesellschaften, die über einen kleinen Aktionärskreis verfügen, in Betracht kommt.

Im Hinblick auf die unterschiedlich intensive Einbindung von Vorstand/Führungskräften und Aufsichtsrat kann es bei Aufsichtsratsmitgliedern nur darum gehen, diese in deutlich reduziertem Umfang gegenüber Vorstandsmitgliedern in Optionsprogramme einzubinden. Vor diesem Hintergrund erscheint es fraglich, ob der Umweg über die Wandelschuldverschreibung im Hinblick auf den Aufsichtsrat überhaupt praktikabel ist. Neben der Einräumung von Wandelschuldverschreibungen bleiben nach der derzeitigen Rechtslage aber nur der kostenintensivere Umweg über den Erwerb eigener Aktien durch die Gesellschaft oder die Bereitstellung von Aktien durch einen Altaktionär als Möglichkeiten, um Stock Options, die an Aufsichtsratsmitglieder eingeräumt werden, zu bedienen.

4. Kapitalmarktrechtliche Aspekte

Presseberichte über Ermittlungsverfahren oder Schadensersatzprozesse gegen Organmitglieder von am Neuen Markt gelisteten Unternehmen wegen Verstöße gegen die Vorschriften des Wertpapierhandelsgesetzes werfen in der Praxis immer wieder die Frage auf, welche kapitalmarktrechtlichen Aspekte im Zusammenhang mit der Ausgabe und der Ausübung von Optionen zu beachten sind. (Das LG Augsburg hat im September 2001 erstmals Vorstandsmitglieder einer börsennotierten Aktiengesellschaft verurteilt, einem Aktionär, der durch eine falsche ad hoc Meldung zum Kauf von Aktien veranlasst wurde, Schadensersatz zu leisten. Vgl. FAZ vom 29. September 2001, S. 23.) Insofern lassen sich folgende Grundsätze festhalten:

Die Beschlussfassung über die Einführung eines Aktienoptionsplans, d. h. die Aufstellung des Plans, die Entscheidungen der verschiedenen Gremien der Gesellschaft und die Zuteilung der Aktienoptionen an die Begünstigten, verstößt grundsätzlich nicht gegen die Insiderhandelsverbote, da sich die während der Einführungsphase erfolgenden Aktionen auf die Beschaffung neuer Optionsrechte oder auf die Ausgabe junger Aktien beziehen und insoweit keine Insiderpapiere betreffen (Fürhoff, 84 und Assmann, 58). Etwas anderes kann u. U. gelten, wenn es sich um Optionsscheine handelt, die bereits an einer Börse zum Handel zugelassen sind oder wenn Aktien über einen Aktienrückkauf bereitgestellt werden.

Die für die Beschaffung der Aktien notwendigen Kapitalmaßnahmen unterfallen regelmäßig der Ad-hoc-Publizität des § 15 WpHG, da sie in der Regel eine nicht öffentlich bekannt gemachte Tatsache darstellen, die im Tätigkeitsbereich der Gesellschaft eingetreten ist und wegen ihrer Auswirkung auf die Vermögens- und Finanzlage geeignet ist, den Börsenpreis der bereits zum Handel zugelassenen alten Aktien erheblich zu beeinflussen (zu den Tatbestandsmerkmalen des § 15 WpHG vgl. Assmann/Schneider, WpHG, § 15 Rn. 28 ff.). Wegen des von der Ankündigung eines Aktienoptionsplans auf den Börsenkurs der Gesellschaft u. U. ausgehenden Ankündigungseffekts wird man für den Publizitätszeitpunkt weniger auf die Beschlussfassung über die Kapitalerhöhung durch die Hauptversammlung oder deren Durchführung als vielmehr auf den Abschluss der internen Beschlussfassung über die Auflegung eines Aktienoptionsplans abstellen (Zur ähnlich gelagerten Problematik der sog. mehrstufigen Entscheidungsprozesse vgl. das Bundesaufsichtsamt für den Wertpapierhandel, 2.2.1.2.2, S. 32. und Assmann/Schneider, WpHG, § 15 Rn. 48 ff.).

Werden nicht ausnahmsweise bereits zum Handel am Kapitalmarkt zugelassene Optionsrechte an die Begünstigten verteilt, ist auch die Zuteilung der Aktienoptionen mangels Eigenschaft als Insiderpapier gemäß § 12 WpHG insiderrechtlich nicht relevant. Eine erneute Mitteilung gemäß § 15 WpHG ist grundsätzlich nicht erforderlich, da die bloße Zuteilung keine hinreichende Eignung zur Kursbeeinflussung aufweist. Anderer Ansicht ist insoweit Feddersen, 290) für den Fall, dass bereits am Kapitalmarkt zugelassene Optionsrechte an den Begünstigten ausgegeben werden.

Mit der Ausübung des Optionsrechts werden die Aktien zum Handel am Kapitalmarkt zugelassen oder es ist zumindest ein Zulassungsantrag gestellt worden. In beiden Fällen gelten die gewährten jungen Aktien nunmehr als Insiderpapiere im Sinne des § 12 WpHG. § 14 WpHG betrifft von seinem Schutzzweck (Schutz des Kapitalanlegers und der guten Ordnung im Kapitalmarkt) jedoch nur den Aktienerwerb im Sekundärmarkt, nicht jedoch den Erwerb von Aktien aus einer Neuausgabe (vgl. insoweit Assmann/Schneider, WpHG, § 12 Rn. 6 a und § 14 Rn. 88 i.). Darüber hinaus wird es bei der Ausübung der Aktienoptionen regelmäßig auch an der Kausalität der Kenntnis von einer Insidertatsache für die Entscheidung zur Ausübung der Aktienoptionen führen, da diese ohnehin nur ausgeübt werden, wenn dies nach den Optionsbedingungen zulässig und wirtschaftlich sinnvoll ist. Wissensvorsprünge – egal ob positiv oder negativ kurserheblich – können insoweit gar nicht ausgenützt werden (Assmann, AG 1997, 50, 58; Süßmann, AG 1997, 63, 65).

Die eigentliche insiderrechtliche Relevanz erlangen Aktienoptionsprogramme bei der Veräußerung der durch die Ausübung von Optionen erworbenen Aktien durch die Begünstigten (vgl. Schneider, 1774/1775 und Claussen, Rn. 69). Neben dem strafrechtlichen Risiko für den Einzelnen (vgl. § 38 Abs. 1 WpHG) drohen dem Unternehmen allein durch die Einleitung eines Ermittlungsverfahrens erhebliche Reputationsverluste. Ein Insidergeschäft liegt vor, wenn Aktien in Kenntnis einer Insidertatsache unter Ausnutzung dieser Kenntnis veräußert werden. Das Insiderwissen muss dabei für die Veräußerungsentscheidung ursächlich gewesen sein. Die Insidertatsache kann sich auf Vorgänge im Unternehmen selbst, aber auch auf außerhalb des Unternehmens liegende Umstände beziehen, sofern ihr Kursbeeinflussungspotenzial zukommt. Für diese Tatbestandsmerkmale sind die Strafverfolgungsbehörden grundsätzlich beweispflichtig. Allerdings begründet die Kenntnis der Insidertatsache quasi den Beweis des ersten Anscheins, dass auch die Kursrelevanz erkannt wurde. Nicht unter den Strafbestand des § 14 Abs. 1 Nr. 1 WpHG fällt das Unterlassen einer Veräußerung in Kenntnis positiver und/oder negativer Insidertatsachen, da § 14 Abs. 1 Nr. 1 WpHG nur das „Erwerben“ oder „Veräußern“ sanktioniert, nicht aber das bloße Unterlassen eines Erwerbs oder einer Veräußerung.

Als Präventivmaßnahmen zur Verhinderung von Insidergeschäften kommt insbesondere in Betracht, so genannte „trading windows“, also enge „Handelsfenster“, in denen die Aktien veräußert werden dürfen, beispielsweise unmittelbar nach Veröffentlichung der Quartalsberichte im Optionsplan festzulegen. Auch eine konsequente Bekanntmachungspolitik des Unternehmens kann Insiderverstöße einschränken, da mögliche Insidertatsachen sofort öffentlich bekannt gemacht werden (weitere Hinweise zur Vermeidung von Insiderverstößen bei Fürhoff 85 f.). In der Praxis ist es üblich, dass die Mitarbeiter nach Belehrung über die Insiderregeln eine schriftliche Erklärung abgeben, wonach sie sich auch gegenüber dem Unternehmen verpflichten, die Insiderregeln zu beachten. Ein Verstoß gegen diese Verpflichtung kann eine ordentliche oder außerordentliche Kündigung durch das Unternehmen nach sich ziehen.

5. Bilanzielle Auswirkungen von Stock-Option-Plänen

Zu Beginn des Jahres 2000 waren Schlagzeilen in den Zeitungen zu lesen, wonach sich der Vorstand des Software-Unternehmens SAP AG sehr besorgt über den Höhenflug der SAP-Vorzugsaktie äußerte. Der Grund lag darin, dass das Bonusprogramm für die Mitarbeiter an die Entwicklung des Aktienkurses gekoppelt war und nach den Bilanzierungsregeln von US-GAAP zu bilanziellem Aufwand in Milliardenhöhe geführt hat (vgl. FAZ vom 17.01.2000, S. 13). Nicht anders ging es der Brokat Technologies AG, deren Bilanzverlust in Höhe von 77 Mio. DM im Geschäftsjahr 1999 zu einem wesentlichen Teil aus dem durch die Ausgabe von Aktienoptionen ausgelösten Personalaufwand resultierte (vgl. Wirtschaftswoche Nr. 45 vom 2.11.2000, S. 152).

Die vorgenannten Fälle machen deutlich, welche Ergebnisauswirkungen mit der Ausgabe von Stock Options verbunden sein können. Im Folgenden sollen die möglichen Konsequenzen bei den verschiedenen Bilanzierungsmethoden dargestellt werden. Im Zentrum der Diskussion steht dabei die Bilanzierung nach US-GAAP, da – nach derzeitigem Kenntnisstand – gerade bei diesen Bilanzierungsregeln Personalaufwand ausgelöst wird.

5.1 Bilanzierung nach HGB

Das Handelsgesetzbuch (HGB) enthält keine spezifische Regelung für die bilanzielle Behandlung von Stock Options, die an Mitarbeiter als Entlohnungsbestandteile gewährt werden. Im Schrifttum hat die Frage der bilanziellen Erfassung einer Mitarbeiterentlohnung in Form von Stock Options, die im Rahmen einer bedingten Kapitalerhöhung ausgegeben werden, zu einer kontroversen Diskussion geführt. Im Zentrum der Diskussion steht die Frage, ob im Zusammenhang mit der unentgeltlichen Optionsgewährung bzw. mit der verbilligten Ausgabe der Aktien eine bilanzielle Einlage vorliegt. Es wird vorgeschlagen, diesen Sachverhalt durch die Buchung Personalaufwand an Kapitalrücklage abzubilden. In Anlehnung an Statement of Financial Accounting Standards (SFAS) 123 sollen Optionen, wenn sie Vergütungscharakter haben, im Zeitpunkt der Zusage bewertet und als Personalaufwand über die Perioden bis zum Ende der Sperrfrist verteilt werden. Die Gegenbuchung soll durch eine entsprechende Erhöhung der Kapitalrücklage erfolgen. Diese Buchung soll erforderlich sein, um die Vermögens-, Finanz- und Ertragslage im Jahresabschluss zutreffend abzubilden (vgl.

Herzig, 6; Pellens/Crasselt). Diese Ansicht wird auch vom Deutschen Standardisierungsrat (DSR) in dessen Positionspapier zur Bilanzierung von Aktienoptionsplänen und ähnlichen Entlohnungsformen vertreten.[3] Gegenmeinungen sind der Ansicht, dass diese Vorgehensweise nicht mit den GoB vereinbar ist (vgl. Naumann).[4] Nach dieser Gegenansicht handelt es sich bei den Stock Options um Vorteilsgewährungen der Aktionäre an Arbeitnehmer der Aktiengesellschaft. Der Vorgang soll danach die Gesellschaft nicht berühren. Eine bilanzielle Berücksichtigung soll demnach nicht stattfinden. Diesem Ansatz wird von den Unternehmen in der Praxis gefolgt.

5.2 Bilanzierung nach IAS

Nach IAS stellt sich die Situation nach derzeitigem Kenntnisstand ähnlich dar wie nach dem HGB. Im Gegensatz zu US-GAAP bestehen – noch – keine spezifischen Regelungen zur Behandlung von Stock-Option-Plänen im Jahresabschluss, abgesehen von umfangreichen Anhangsangaben zur Ausgestaltung des Plans (i. d. S. Eisolt). Börsennotierte Aktiengesellschaften sind demnach nach IAS derzeit nicht verpflichtet, einen entsprechenden Aufwand als Personalaufwand in der Gewinn- und Verlustrechnung auszuweisen. Insofern erscheint es aber durchaus wahrscheinlich, dass IAS zukünftig Regelungen zur bilanziellen Behandlung von Stock Options enthalten wird, die möglicherweise dazu führen, dass durch die Ausgabe von Optionen Personalaufwand ausgelöst wird. Inwieweit solche Regelungen gegebenenfalls Rückwirkung auf bereits laufende Optionspläne entfalten werden, ist nicht voraussehbar.

5.3 Bilanzierung nach US-GAAP

Nach US-GAAP bestehen für die Bilanzierung von Stock Options grundsätzlich zwei verschiedene Rechnungslegungsmethoden. Nach beiden Methoden werden Stock Options als aufwandswirksame Entlohnungsbestandteile eingestuft. Es handelt sich dabei zum einen um die Opinion 25 „Accounting for Stock Issued to Employees" des Accounting Principles Board (APB) und die im Oktober 1995 neu veröffentlichten Statement of Financial Accounting Standards (SFAS) 123. Die APB-Opinion 25 und SFAS 123 unterscheiden sich vor allem durch den unterschiedlichen Ansatz der Bewertung (Zu den unterschiedlichen Bilanzierungsmethoden vgl. Kramarsch). Nach APB 25 entspricht der Personalaufwand der Differenz zwischen dem Marktpreis der Aktie und dem vom Arbeitnehmer gezahlten Optionspreis. Der Differenzbetrag wird als intrinsic value (*innerer Wert* oder auch stille Reserve) bezeichnet. Der maßgebliche Stichtag für die Erfassung des Personalaufwands (Bewertungszeitpunkt) nach APB 25 ist der Tag, an dem 1. die Anzahl der Aktien, die ein Arbeitnehmer zu erhalten berechtigt ist, und 2. der Optionspreis bekannt sind. Die Bilanzierung nach APB 25 führt dazu, dass in Höhe der Differenz zwischen Ausübungspreis und Marktpreis ein Aufwand entsteht, der erfolgswirksam auf die Laufzeit der Option zu verteilen ist. Der Zeitwert der Option wird bei dieser Rechnungslegungsmethode nicht berücksichtigt.

Auch nach SFAS 123 führt die Ausgabe von Stock Options zu Personalaufwand, wenn der Marktpreis der ausgegebenen Option über der von dem zur Ausübung berechtigten Arbeitnehmer geleisteten (Zu-)Zahlung liegt. Die Höhe des Personalaufwands bestimmt sich jedoch nicht nach dem inneren Wert der Option, sondern nach dem *Zeitwert* einer Option. Gemäß SFAS ist der Bewertungsstichtag der Tag, an dem die Optionsrechte zugesagt werden (grant date). Zur Ermittlung des Zeitwertes der Option sind die in der Finanzmathematik anerkannten Grundsätze der Optionsbewertung zugrunde zu legen (Black-Scholes-Formel). Die Black-Scholes-Formel legt der Bewertung von Optionen folgende Kriterien zugrunde:

- gegenwärtiger Preis der zugrunde liegenden Aktien,
- Laufzeit der Option,
- Ausübungspreis,
- risikoloser Zinsfuß während der Laufzeit der Option,
- erwartete Volatilität.

Massive Widerstände der börsennotierten Unternehmen in den USA haben dazu geführt, dass in den SFAS 123 ein Wahlrecht dahin gehend aufgenommen wurde, weiterhin die alten Bilanzierungsregeln anzuwenden (vgl. Zabel, S. 133/134). Erfolgt die Bilanzierung nach APB 25, so sind im Anhang allerdings entsprechende Angaben pro forma erforderlich. Es ist zudem nicht zulässig, in Konzernen die alte und neue Regelung nebeneinander anzuwenden. Im Falle eines Wechsels hin zu der neuen Regelung darf zukünftig nur noch diese Anwendung finden.

Wird das Wahlrecht hinsichtlich APB 25 ausgeübt, so entsteht kein Personalaufwand, wenn der innere Wert der Option (intrinsic value) 0 DM beträgt. Entscheidend für die Bemessung des Aufwandes nach APB 25 ist das Datum („measurement date"), an dem der innere Wert ermittelt wird, also derjenige Zeitpunkt, zu dem erstmals die Anzahl der Bezugsrechte und der Ausübungspreis feststeht. Ein innerer Wert von 0 DM kommt bei APB 25 nur dann zustande, wenn ein so genannter „fixed plan" vorliegt. Ein „fixed plan" setzt voraus, dass die Anzahl der Aktien, die ein Mitarbeiter zeichnen kann, und der Ausübungspreis im Zeitpunkt der Gewährung der Optionen fest steht. Weiter muss der Ausübungspreis dem Marktpreis im Zeitpunkt der Gewährung der Option entsprechen.

Ein „variable plan" ist insbesondere immer dann anzunehmen, wenn die Anzahl der Aktien, die ein Mitarbeiter beziehen kann, von Bedingungen abhängen, die in der Zukunft erreicht werden müssen, wie z. B. eine vorgegebene Kurssteigerung oder eine bessere Entwicklung als ein Index. Wird eine relative Performance (bessere Entwicklung der Aktie gegenüber einem Index) als Erfolgsziel im Optionsplan vereinbart, so liegt in jedem Fall ein „variable plan" vor, der Personalaufwand auslöst.

Soll Personalaufwand vermieden werden, so muss das gemäß § 193 Abs. 2 Nr. 4 AktG erforderliche – und vom Kapitalmarkt auch erwartete – Erfolgsziel (vgl. dazu die Ausführungen unter 2.1) in Einklang mit den Voraussetzungen für einen „fixed plan" gebracht werden. In

Betracht kommt insoweit ein so genanntes Premium-Modell.[5] Bei dem Premium-Modell wird dem aktienrechtlichen Erfordernis eines Erfolgsziels durch einen Aufschlag (Premium) auf den Ausübungspreis genüge getan werden. In der Praxis wird häufig ein Aufschlag von 10-20 Prozent vorgesehen. (Zur Frage, ob ein solches Modell den aktienrechtlichen Erfordernissen des § 193 Abs. 2 Nr. 4 AktG genügt, vgl. die Ausführungen unter 2.1.2).

Neben dem erhöhten Ausübungspreis (beispielsweise 115 Prozent des Kurswertes im Zeitpunkt der Einräumung der Option) kommt in Betracht, im Optionsplan festzulegen, dass eine Ausübung des Optionsrechtes nur zulässig ist, wenn der Kurs mindestens einmal um einen bestimmten Prozentsatz – im hier vorliegenden Beispielfall um 15 Prozent – gestiegen ist. Mit einer solchen Formulierung wird neben der wirtschaftlichen Ausübungshürde, die durch den erhöhten Ausübungspreis gesetzt wird, zweifelsfrei auch ein konkretes Erfolgsziel im Sinne des § 193 Abs. 2 Nr. 4 AktG genannt (vgl. insoweit die Ausführungen unter 2.1.2).

Es handelt sich somit bis zur Erreichung dieses Erfolgsziels um einen „variable plan". „Measurement day" ist nach dieser Formulierung der Tag, an dem der Kurs erstmalig um 15 Prozent gegenüber dem Wert am Tag der Gewährung gestiegen ist. Da der Ausübungspreis – im vorgenannten Beispiel – ebenfalls bei 115 Prozent dieses Wertes liegt, ergibt sich zu diesem Zeitpunkt kein innerer Wert und somit kein Personalaufwand nach US-GAAP in der Gewinn- und Verlustrechnung bei Bilanzierung nach APB 25. Ab diesem Zeitpunkt steht die Anzahl der Aktien, die ein Mitarbeiter beziehen kann, fest. Wenn keine weiteren Ereignisse/Erfolgsziele für die Ausübung der Option vereinbart sind, liegt dann ein „fixed plan" vor.

Abschließend bleibt darauf hinzuweisen, dass sich bei allen Gestaltungen, die gewählt werden, um Personalaufwand zu vermeiden, in jedem Fall empfiehlt, das jeweilige Optionsmodell vorab mit dem Abschlussprüfer der Gesellschaft abzusprechen.

6. Steuerliche Aspekte von Stock Options

6.1 Steuerliche Behandlung

Die Überlassung von Aktienoptionen an Mitarbeiter führt zu einem geldwerten Vorteil und damit, da die Optionen in der Regel im Hinblick auf das Arbeitsverhältnis gewährt werden, zu Arbeitslohn, wenn die Aktien zu einem Preis erworben werden können, der unter dem Verkehrswert (Börsenwert) liegt. Problematisch ist insoweit, zu welchem Zeitpunkt dieser geldwerte Vorteil zu besteuern ist, im Zeitpunkt der Einräumung der Option (so genannte Anfangsbesteuerung) oder im Zeitpunkt der Ausübung der Option (so genannte Endbesteuerung).

Nach der Rechtsprechung und einem Teil des Schrifttums erfolgt die Besteuerung erst im Zeitpunkt der Ausübung des Optionsrechts (BFH DB 1999, 1932 f.; BFHE 105, 348 = BFH BStBl II 1972, 596; BFHE 115, 366 = BFH BStBl II 1975, 690; FG München EFG 1982, 179 f.; Herzig; Thomas; Schückens, 896 und Schmidt, EStG, § 19 Rn. 50; Streck, Mack, Schwedhelm, AG 1999, 179 und AG 2001, 260). Begründet wird dies damit, dass in der Einräumung einer Option lediglich die Chance zu einem preisgünstigen Vermögenserwerb zu sehen sei und der einkommensteuerlich relevante Zufluss erst bei der Ausübung der Option erfolge, da der Vermögensvorteil erst durch Ausübung der Option realisiert werde. Allein die Zusage des Arbeitgebers, dem Arbeitnehmer künftig Leistungen zu erbringen, führe noch nicht zu einem Zufluss im Sinne des § 38 Abs. 2 Satz 2 EStG (BFH DB 1999, 1932, 1933). Die Mindermeinung sieht hingegen schon in der Option ein geldwertes Wirtschaftsgut mit der Folge, dass bereits der Wert der Option im Zeitpunkt ihrer Einräumung der Einkommensteuer unterliegt, spätere Wertsteigerungen des Optionsrechts jedoch steuerfrei bleiben, sofern das Optionsrecht bzw. die aufgrund des Optionsrechts erworbenen Aktien nach Ablauf der – nunmehr – einjährigen Spekulationsfrist veräußert werden (Haas/Pötschan; Kau/Leverenz, 2270/2271; Portner/Bödefeld, 632 f. und Fasold; Neyer, BB 1999, 130 ff. Teilweise wird vertreten, dass eine Besteuerung der Optionen in dem Zeitpunkt zu erfolgen hat, ab dem Berechtigte erstmalig über die Option durch Ausübung oder Veräußerung verfügen kann. Vgl. dazu Kroschel).

Der BFH hat nunmehr nochmals in zwei Entscheidungen (BFH BB 2001, 1180 ff. und BFH BB 2001, 1184) seine bisherige Rechtsprechung bestätigt. Der BFH führt insoweit aus, dass in der Einräumung eines nicht handelbaren Optionsrechts auf den späteren Erwerb von Aktien zu einem bestimmten Übernahmepreis nur die Einräumung einer Chance und noch kein geldwerter Vorteil zu sehen sei. Ein geldwerter Vorteil fließe dem Berechtigten erst zu, wenn dieser die Option ausübe und der Kurswert der Aktien den Übernahmepreis übersteige. Der BFH hat es jedoch wiederum offen gelassen, ob die vorgenannte Rechtsprechung auch auf handelbare Optionen zu übertragen ist (so bereits BFH DB 1999, 1932, 1933). Die Möglichkeit, Optionsmodelle zu schaffen, bei denen eine Besteuerung bereits bei Einräumung der Option erfolgt, um dadurch den zwischen Einräumung und Ausübung der Option erfolgenden Wertzuwachs steuerfrei zu stellen, erscheint demnach grundsätzlich nach wie vor möglich (Eine Übersicht über verschiedene Modelle geben Kessler/Strnad, 646/647; vgl. auch Bredow, 2034; ausführlich Ettinger S. 119 ff.). Dies setzt voraus, dass die Optionen handelbar bzw. verkehrsfähig sind (zum Merkmal der Marktgängigkeit vgl. OFD Berlin, DB 1999, 1241). Verkehrsfähigkeit bedingt, dass die freie Verfügbarkeit des Mitarbeiters über das Optionsrecht nicht oder nur unwesentlich eingeschränkt ist.

Der BFH hat sich zu der Frage, ob die Besteuerung der Option im Zeitpunkt der Einräumung durch Modelle, die auf die Handelbarkeit abstellen, erreicht werden kann, bislang nicht geäußert. Für die Praxis besteht deswegen in Anbetracht der Tatsache, dass der Unterschied zwischen der Anfangsbesteuerung und der Endbesteuerung je nach Entwicklung des Unternehmenswerts erheblich sein kann, im Hinblick auf die dem Unternehmen obliegende Lohnsteuerhaftung die Notwendigkeit, bei der Finanzverwaltung eine Lohnsteueranrufungsauskunft beim Betriebsstättenfinanzamt zu erwirken (i. d. S. auch Kessler/Strnad, 647). Nach herrschender Meinung hat eine solche Auskunft jedoch nur im Verhältnis zum Unternehmen Wirkung und entfaltet keine Bindungswirkung zugunsten des Mitarbeiters gegenüber seinem Veranlagungsfinanzamt (vgl. die Nachweise bei Ettinger, S. 127). Hervorzuheben ist in diesem Zusammenhang, dass die Anfangsbesteuerung nicht nur Vorteile aufweist, sondern dazu führt, dass der Mitarbeiter in jedem Fall vorerst ein Investment leisten muss, ohne Gewähr dafür, ob er den mit der Option verbundenen Vorteil jemals realisieren kann (vgl. Peltzer, 315). In der Praxis hat sich aus diesem Grund häufig gezeigt, dass Modelle, die auf die Anfangsbesteuerung abzielen, bei den Mitarbeitern auf Akzeptanzprobleme stoßen. Darüber hinaus wird in der Regel gewünscht sein, dass der Mitarbeiter nur höchstpersönlich die Möglichkeit hat, das Optionsrecht auszuüben. In diesem Fall ist die Option aber per se nicht marktgängig, sodass nach der Rechtsprechung des BFH die Anfangsbesteuerung ausscheidet.

6.2 Geltendmachung von Betriebsausgaben

Eine weitgehend noch ungeklärte Frage besteht darin, ob der Arbeitgeber des Optionsempfängers Betriebsausgaben im Sinne des § 4 Abs. 4 EStG aus der Optionsgewährung geltend machen kann. Werden Optionen – wie im Regelfall – durch die Ausgabe neuer Aktien aus bedingtem Kapital bedient, so geht die wohl herrschende Meinung davon aus, dass ein Betriebsausgabenabzug nicht in Betracht kommt (vgl. dazu Neyer, BB 1999, 1143 und Herzig/Lochmann, 87). Wie bereits dargestellt (vgl. die Ausführungen unter 5.1), wird derzeit jedoch diskutiert, ob in Anlehnung an US-GAAP auch nach deutschem Handelsbilanzrecht Aufwand zu buchen ist. Dies wird beispielsweise von dem Deutschen Standardisierungsrat in seinem Positionspapier (siehe Abschnitt 4.1) ausdrücklich gefordert. Sollte sich diese Ansicht durchsetzen, so erschiene in Anbetracht des im § 5 Abs. 1 EStG geregelten Maßgeblichkeitsgrundsatzes ein Betriebsausgabenabzug in Höhe des Wertes der Optionen durchaus möglich (i. d. S. Ackermann/Strand).

Bei der Gewährung von Stock Options an Arbeitnehmer einer deutschen Tochtergesellschaft durch eine ausländische Konzernmutter stellt sich gleichfalls die Frage, ob der Abzug von Betriebsausgaben zulässig ist. Bei diesen Fallkonstellationen beschränkt sich die Beteiligung der deutschen Gesellschaft lediglich auf die Verpflichtung zum Lohnsteuereinbehalt gemäß § 38 Abs. 1 Satz 2 EStG, da in der Lieferung der Aktien nach Ausübung der Option nach überwiegender Meinung eine Lohnzahlung durch Dritte gesehen wird (EFG 1999, 116, 117 und Streck, Mack, Schwedhelm, AG 2001, 260). Eine Verpflichtung des Arbeitgebers gemäß § 38 Abs. 1 Satz 2 EStG, die Lohnsteuer einzubehalten, besteht allerdings nicht, wenn dieser von der Zuwendung keine konkrete Kenntnis hat (vgl. BFH, BB 2001, 1180, 1181). Der Betriebsausgabenabzug bei der inländischen Tochtergesellschaft wird insbesondere deshalb in Betracht gezogen, weil die Arbeitnehmer die Optionen und damit auch die dadurch erlangten Aktien aufgrund ihrer an die inländische Tochtergesellschaft erbrachten Arbeitsleistung erhalten, sodass ein Abzug bei der ausländischen Muttergesellschaft, die die Aktien direkt an die Optionsberechtigten liefert, regelmäßig ausscheiden wird (vgl. insoweit Neyer, BB 1999, 1142, 1145). Die Frage, ob ein solcher Betriebsausgabenabzug bei der deutschen Tochtergesellschaft in Betracht kommt, ist durch Rechtsprechung und Finanzverwaltung bislang nicht geklärt. In der Literatur zeichnet sich jedoch die Tendenz ab, dass ein solcher Betriebsausgabenabzug nur dann möglich ist, wenn vor Einräumung der Option zwischen Mutter- und Tochtergesellschaft eine ausdrückliche schriftliche Rückbelastungsvereinbarung geschlossen wird (i. d. S. Ackermann/Strand und Fischer).

6.3 Ausblick

In Deutschland sind im vergangenen Jahr Stimmen laut geworden, die eine Änderung des Steuerrechts bezüglich der Besteuerung von Stock Options gefordert haben. Dies geschah auch vor dem Hintergrund, dass in den europäischen Nachbarländern teilweise signifikante Steuervergünstigungen für Optionsprogramme bestehen. So ist beispielsweise in Italien und Frankreich gesetzlich geregelt, dass unter bestimmten Voraussetzungen eine Besteuerung erst im Zeitpunkt des Verkaufes der Aktien eintritt (Eisolt/Wickinger,127). Vor diesem Hintergrund und im Hinblick auf die Tatsache, dass insbesondere im IT-Bereich gerade im vergangenen Jahr dringend Mitarbeiter gesucht worden sind, haben ca. 40 Unternehmen der Technologiebranche, die am Neuen Markt gelistet sind, eine Gesetzesinitiative zur Verbesserung der steuerlichen Rahmenbedingungen für Stock Options gefordert (Financial Times Deutschland v. 5.7.2000). Das Bundesministerium für Wirtschaft hat in diesem Zusammenhang vorgeschlagen, den Mitarbeitern ein Wahlrecht zwischen der Anfangs- oder der Endbesteuerung einzuräumen (Die Welt v. 30.5.2000 und FAZ vom 29.5.2000). Teilweise wurde sogar eine gänzliche Steuerfreiheit für Aktienoptionen nach Ablauf der einjährigen Spekulationsfrist (FAZ v. 18.08.2000) oder die Besteuerung erst bei Verkauf der Aktien unter Berücksichtigung des Halbeinkünfteverfahrens (vgl. insoweit ein Positionspapier der Arthur Andersen Wirtschaftsprüfungsgesellschaft, Steuerberatungsgesellschaft mbH vom Mai 2000) gefordert. Die Bundesregierung hat die verschiedenen Forderungen nicht in das Steuersenkungsergänzungsgesetz aufgenommen und angekündigt, dass die Vorschläge im Bündnis für Arbeit besprochen werden sollen (HB v. 22.11.2000). Die Kursstürze am Neuen Markt haben offensichtlich dazu geführt, dass dieses Thema in der aktuellen Steuerdiskussion derzeit an Bedeutung verloren hat.

Anmerkungen

1 Das OLG Stuttgart hat in dieser Entscheidung weiter klargestellt, dass es eines Ausschlusses des Bezugsrechtes bei einer bedingten Kapitalerhöhung zum Zwecke der Bedienung eines Aktienoptionsplans nicht bedarf, da die bedingte Kapitalerhöhung aufgrund ihrer Zweckgebundenheit kein Bezugsrecht der Aktionäre kennt. Eine darüber hinausgehende materielle Inhaltskontrolle ist jedenfalls dann nicht erforderlich, wenn der Basispreis für die Ausübung der Option den im Zeitpunkt ihrer Ausgabe bestehenden aktuellen Börsenkurs nicht wesentlich unterschreitet (a. a. O., 1370). Das OLG Stuttgart hat weiter dargelegt, dass es gemäß der klaren Bezugsrechtsregelung in § 193 Abs. 2 Nr. 4 AktG keines Vorstandsberichtes bedarf (a. a. O., 1371) und die Beschlüsse über Aktienoptionspläne keine Grundlagengeschäfte im Sinne der Holzmüller-Doktrin darstellen (a. a. O., 1371).

2 Zum Wesen eines „variable plan" und zu einem alternativen Modell, das ein Erfolgsziel explizit nennt und u. U. trotzdem kein Personalaufwand auslöst, vgl. die Ausführungen unter 5.

3 Das Positionspapier der Arbeitsgruppe Stock Options des Deutschen Standardisierungsrates (DSR) kann über das Internet (www.drsc.de) abgerufen werden. Eine Stellungnahme zu dem Positionspapier findet sich bei Sigloch/Egner.

4 In diesem Sinne auch Rammert. In der Literatur werden weitere unterschiedliche Meinungen vertreten. Vgl. beispielsweise Esterer/Härteis, die die Ausgabe von Optionen auf der Grundlage eines Ermächtigungsbeschlusses der Hauptversammlung in verschiedene bilanzielle Vorgänge aufteilen.

5 Zum Premium-Modell und anderen Gestaltungsmöglichkeiten zur Vermeidung von Personalaufwand bei Bilanzierung nach US-GAAP vgl. Kunzi, Hasbargen, Kahre.

Literatur

Ackermann, U./Strnad, O.: Betriebsausgabenabzug des Arbeitgebers bei Stock Options, in: DStR 2001, 477 ff.

Assmann, H.-D./ Schneider, U.: Wertpapierhandelsgesetz, Köln 1999.

Assmann, H.-D.: Rechtsanwendungsprobleme des Insiderrechts, in: AG 1997, 50 ff.

Bredow, G.: Steuergünstige Gestaltung von Aktienoptionen für leitende Angestellte („stock options"), in: DStR 1996, 2033 ff.

Bundesaufsichtamt für den Wertpapierhandel, Insiderhandelslehre und Ad-hoc-Publizität nach dem Wertpapierhandelsgesetz, 2. Aufl., Frankfurt am Main 1998.

Claussen, C.: Aktienrechtsreform 1997, in: AG 1996, 481 ff.

Claussen, C.: Insiderhandelsverbot und Ad-hoc-Publizität, Köln 1996.

Eisolt, D.: Bilnazierung von Stock Options nach US-GAAP und IAS, in: StR 1999, 759 ff.

Eisolt, D./Wickinger, S.: Mitarbeiterbeteiligungen: Endbesteuerung auch im Fall von Wandelschuldvershreibungen?, in: BB 2001, 122 ff.

Ersterer, F./Hörteis, L.: Die Bilanzierung von Stock Options in der Handels- und Steuerbilanz, in: DB 1999, 2073 f.

Ettinger, J.: Stock-Options, Köln 1999.

Fasold, Steuerfreiheit von Gewinnen aus Ankaufs- und Vorvertragsrechten, in: DB 1963, 809 f.

Feddersen, D./Pohl, M.: Die Praxis der Mitarbeiterbeteiligung seit Einführung des KonTraG, in: AG 2001, 26 ff.

Feddersen, D., Aktienoptionsprogramme für Führungskräfte aus kapitalmarktrechtlicher und steuerlicher Sicht, in: ZHR 161 (1997), 269 ff.

Fischer, H.-J.: Zulässigkeit und Grenzen des Betriebsausgabenabzugs der inländischen Tochtergesellschaft bei der Umsetzung internationaler Stock Option-Pläne in Deutschland, in: DB 2001, 1003 ff.

Fürhoff, I: Insiderrechtliche Behandlung von Aktienoptionsprogrammen und Management Buy-Out, in: AG 1998, 83 ff.

Haas, W./Pötschan, H.: Ausgabe von Aktienoptionen an Arbeitnehmer und deren lohnsteuerliche Behandlung, in: DB 1998, 2138 ff.

Herzig, N./Lochmann, U.: Bilanzierung von Aktienoptionsplänen und ähnlichen Entlohnungsformen – Stellungnahme zum Positionspapier des DRSC, in: WPg 2001, 82 ff.

Herzig, N.: Steuerliche und bilanzielle Probleme bei Stock Options und Stock Appreciation Rights, in: DB 1999, 1 ff.

Hüffer, U.: Aktiengesetz, München 2002.

Kau, W./Leverenz, N.: Mitarbeiterbeteiligung und leistungsgerechte Vergütung durch Aktien-Options-Pläne, in: BB 1998, 2269 ff.

Kessler, M/Strnad, O.: Der Besteuerungszeitpunkt bei Stock Options – nächste Runde, in: BB 2000, 641 ff.

Kohler, K.: Stock Options für Führungskräfte aus der Sicht der Praxis, Frankfurt am Main, in: ZHR 161 (1997), 246 ff.

Kramarsch, M. M.: Bilanzierung von vergütungshalber gewährten Aktienoptionen, in: KoR 2/2001, 49 ff.

Kroschel, J.: Zum Zeitpunkt der Besteuerung von Arbeitnehmer-Aktienoptionen, in: BB 2002, 176 ff.

Kunzi, D./Hasbargen, U./Kahre, B.: Gestaltungsmöglichkeiten von Aktienoptionsprogrammen nach US-GAAP, in: DB 2000, 285 ff.

Naumann, W.: Zur Bilanzierung von Stock Options, in: DB 1998, 1428 ff.

Neyer, W.: Arbeitnehmer – Aktienoptionen: Betriebsausgabenabazug beim Arbeitgeber, in: BB 1999, 1142 ff.

Neyer, W.: Steuerliche Behandlung von Arbeitnehmer-Aktienoptionen, in: BB 1999, 130 ff.

Pellens, B./Crasselt, N.: Bilanzierung von Stock Options, in: DB 1998, 217 ff. und 1428 ff.

Peltzer, M.: Steuer- und Rechtsfragen bei der Mitarbeiterbeteiligung und der Einräumung von Aktienoptionen (Stock Options), in: AG 1996, 307 ff.

Partner, R./Bödefeld, A.: Besteuerung von Arbeitnehmer-Aktien-Optionen, in: DStR 1995, 629 ff.

Rammert, S.: die Bilanzierung von Aktienoptionen für Manager-Überlegungen zur Anwendung von US-GAAP im handelsrechtlichen Jahresabschluss, in: WPg 1998, 766 ff.

Schmidt, L., Einkommensteuergesetz, München 2001.

Schneider, U., Aktienoptionen als Bestandteil der Vergütung von Vorstandsmitgliedern, in: ZIP 1996, 1769 ff.

Schückens, H.P.: Zum Zuflusszeitpunkt bei Erwerb von Ankaufs-, Vorvertrags- und ähnlichen Rechten, in: DB 1964, 895 ff.

Sigloch, J./Egner, T.: Bilanzierung von Aktionoptionen und ähnlichen Entlohnungsformen, in: BB 2000, 1878 ff.

Streck/Mack/Schwedhelm: Einkommensteuerliche Behandlung von Optionen auf Aktien bei Arbeitnehmern, in: AG 1999, 178 f.

Streck/Mack/Schwedhelm: Steuerliche Probleme bei der Mitarbeiterbeteiligung, in: AG 2001, 260.

Thomas, M.-I.: Einige Anmerkungen zu § 19a EStG und zum BFH-Beschluss v. 8.8.1991, VI B 109/90, in: DStR 1991, 1405 ff.

Vogel, F.: Aktienoptionsprogramme für nicht börsennotierte AG – Anforderungen an Hauptversammlungsbeschlüsse, in: BB 2000, 937 ff.

Weiß, D.: Aktienoptionspläne für Führungskräfte, Köln 1999.

Zabel, M.: Stock Options, in: Going Public 10/00, 132 ff.

Zimmer, L.: Die Ausgabe von Optionsrechten an Mitglieder des Aufsichtsrats und externe Berater, in: DB 1999, 999 ff.

Erfolgreiche Mitarbeiterbeteiligung in der Praxis: Das Bauhütte-Leitl-Werke-Modell

Christoph Leitl

1. Einleitung

Die Mitarbeiterbeteiligung in der Bauhütte Leitl-Unternehmensgruppe hat nicht nur seit langem Tradition, sondern besitzt auch schon auf europäischer Ebene, ja sogar über die europäischen Grenzen hinaus, einen hohen Bekanntheitsgrad. Diesem Umstand kommt umso mehr Bedeutung zu, da in Österreich Mitarbeitbeteiligungssysteme keinen hohen Verbreitungsgrad besitzen und Karl Leitl sein Modell schon in den frühen Siebzigerjahren umsetzte, als die Mitarbeiterbeteiligung in Österreich so gut wie unbekannt war.

2. Zur Geschichte der Mitarbeiterbeteiligung

Unter Dipl. Ing. Karl Leitl wurden die 1895 gegründeten Ziegeleibetriebe in Eferding nach dem Zweiten Weltkrieg unter gleichzeitiger Modernisierung wieder aufgebaut. Das zunächst ausgezeichnete Klima zwischen der Unternehmensleitung und den Mitarbeitern drohte nach einige Jahren schlechter zu werden. Karl Leitl nahm dies als Anlass, zunächst im Jahre 1953 eine Erfolgsbeteiligung für die Mitarbeiter vorzubereiten und schlussendlich im Jahre 1955 einzuführen. Der Berechnung der Erfolgsanteile lag folgende Formel zu Grunde:

Erlöse (Umsatz einer Periode) +/– Bestandsänderungen

– Kosten (ohne Kapital- und Arbeitskosten)
– Löhne und Gehälter
– Abschreibungen (5 % des Produktionswertes)
– Kapitalverzinsung (5 % des Eigenkapitals)
– Arbeitsrisikoquote (= soziale Aufwendungen)
– Kapitalrisikoquote(2,5 % des Produktionswertes)

= verteilbares Ergebnis

Das Ergebnis wurde zu 75 Prozent an den Faktor Kapital (Eigenkapital der Gesellschafter) und zu 25 Prozent an die Mitarbeiter (jährliche Lohn- und Gehaltssumme) verteilt. Ab 1957 erhielten Betriebsräte den doppelten Anteil an der Erfolgsbeteiligung. Dies wurde mit der Übernahme zusätzlicher Verantwortung der Betriebsräte neben ihrer normalen Arbeit und ihrer außergewöhnlichen Mitwirkung an der Erfolgsbeteiligung begründet. Zudem erfolgte 1957 eine Staffelung der Erfolgsanteile, welche die Dauer der Betriebszugehörigkeit der Mitarbeiter berücksichtigte. Auf den Erfolgsanteil wurde eine so genannte Treueprämie aufgeschlagen, die wie folgt aussah:

- bei 5 Jahren Zugehörigkeit 10 %
- bei 10 Jahren Zugehörigkeit 20 %
- bei 15 Jahren Zugehörigkeit 30 %
- bei 20 Jahren Zugehörigkeit 40 %
- bei 25 Jahren Zugehörigkeit 50 %

Dahinter standen zweierlei Motivationen. Der langjährige Mitarbeiter könne auf Grund seines Erfahrungsschatzes erheblicher für den Unternehmenserfolg beitragen. Darüber hinaus war der Zuschlag als Ausdruck der Achtung des Betriebes gegenüber seinen langjährigen Mitarbeitern gedacht. Die Gutschrift der Erfolgsanteile erfolgte vierteljährlich. Die Auszahlung erfolgte jährlich unmittelbar nach der Bekanntgabe der Jahresrechnung. Zudem hatte der Mitarbeiter die Möglichkeit, die Erfolgsanteile im Unternehmen gegen eine außerordentliche Verzinsung von 8 Prozent zu belassen mit der Möglichkeit, die gutgeschriebenen Anteile jederzeit zu entnehmen. Das Unternehmen profitierte, indem es einen Kredit bekam, dessen Zinsen unter den marktüblichen Zinsen lagen.

Die Erfolgsbeteiligung, die das Ergebnis aus der Zusammenarbeit zwischen der Geschäftsleitung und dem Betriebsrat war, wurde von einem ausführlichen Berichtswesen begleitet. Aufgrund der Erfolgsbeteiligung hatten die Mitarbeiter mehr Interesse an der Richtung der wirtschaftlichen Entwicklung des Unternehmens. In Monatsabständen erhielten die Mitarbeiter sowohl den Geschäftsbericht als auch eine Erfolgsrechnung. Im Jahresabstand wurden sie von Jahresbilanz und Geschäftsbericht in Kenntnis gesetzt. Die Werte zur Berechnung der Erfolgsanteile, wie Umsatz, Produktionswert*, Verzinsung des Gesellschafterkapitals und auch die Beträge, die den Gesellschaftern für Entnahmen zur Verfügung standen, wurden ausgewiesen. Insgesamt wurden im Zeitraum 1953 bis 1970 neun Millionen Schilling im Rahmen der Erfolgsbeteiligung an die Mitarbeiter ausgeschüttet (vgl. Leitl, 2001, S. 7 ff.).

Auch ermöglichte die Geschäftsleitung den Mitarbeitern ein gewisses Maß an Mitbestimmung, das über die vom österreichischen Betriebsversfassungsrecht vorgesehenen Regeln hinausging. In jedem Werk wurde ein Partnerschaftsausschuss gegründet. Dieser setzte sich aus Betriebsratsmitgliedern, Vorarbeitern und Angestellten zusammen. Mindestens alle drei Monate und zusätzlich fallweise trat dieser Ausschuss zur Behandlung der aufgetretenen Probleme zusammen.

2.1 Vermögensbeteiligung

Die mit der Person Karl Leitls verbundene Mitarbeiterbeteiligung wurde im Jahre 1970 eingeführt. Die einzelnen Mitarbeiter erhielten eine Unterbeteiligung am Gesellschaftsanteil des Hauptgesellschafters der Firma, Bauhütte-Leitl-Werke OHG. Die Untergesellschafter schlossen sich zu einer Mitarbeitergesellschaft zusammen, die der Rechtsform nach eine Gesellschaft des bürgerlichen Rechts war. Im Folgenden wird die Präambel aus den entsprechenden Partnerschaftsurkunden wiedergegeben, nicht zuletzt deshalb, weil daraus die Motivation für die Einführung der Mitarbeiterbeteiligung und die damit verfolgten Ziele deutlich hervorgehen:

„In einer Zeit der Suche nach einer neuen Gesellschaftsordnung, für die eine neue Betriebsverfassung von wesentlicher Bedeutung sein wird, wollen Dipl.-Ing. Karl Leitl und seine Mitarbeiter den Versuch machen, mit kleinen und risikobeschränkten Schritten einen Beitrag für eine moderne Betriebsverfassung zu leisten, der im Rahmen der bestehenden, aus der Tradition gewachsenen Rechtslage praktikabel ist.

Das Ziel muss sein, die Betriebsverfassung in eine Richtung zu steuern, dass die Tendenz unserer Zeit nach immer größerer Sicherheit mit der unabdingbaren Forderung nach Freiheit des Einzelmenschen aufeinander abgestimmt wird. Es müssen dazu Lösungen gesucht werden, die den Leistungswillen nicht herabsetzen, sondern fördern. Aus abhängig arbeitenden Belegschaftsmitgliedern sollen mitarbeitende Miteigentümer werden, die Vermögensanteile an den Produktionsmitteln besitzen.

Die Idee der Partnerschaft im Betrieb ist in der Firma Bauhütte Leitl-Werke seit dem Jahre 1953 mit Erfolg verwirklicht. Es besteht ein Vertrauensverhältnis durch innerbetriebliche Information und ein Mitbestimmungsrecht, sodass nunmehr die Zeit reif erscheint, allen Mitarbeitern, die daran interessiert sind, den Weg zum mitverantwortlichen Wirtschaftsbürger nicht mehr wie bisher in der Form einer Erfolgsbeteiligung, sondern durch eine echte Beteiligung am Vermögen zu bahnen. Es würde dem Leistungsgedanken widersprechen, wenn diese Anteile geschenkt würden. Die richtige Einstellung zum Eigentum findet man nur, wenn man es aus eigener Leistung schafft und zugleich erkennt, dass es nicht nur Vorteile beinhaltet, sondern mit Risiko und Verantwortung untrennbar verbunden ist. Dennoch wurde der Erwerb dadurch gefördert, dass Herr Leitl den Mitarbeitern die Anteile begünstigt abtritt und die Einzahlung der Entgelte langfristig möglich ist, obwohl die Beteiligung sofort beginnt.

Die Vertragsschließenden hoffen, dass sich in den nächsten Jahren die Richtigkeit des aufgezeigten Weges beweisen und damit auch anderen Betrieben ein Beispiel gegeben wird. Von diesem Geist getragen, werden die Partnerschafts-Verträge geschlossen." (vgl. Strasser, 1974, S. 37 ff.)

2.2 Vertragliche Ausgestaltung der Vermögensbeteiligung

Voraussetzung für die Vermögensbeteiligung war der Abschluss sowohl eines Partnerschaft-Vermögensbeteiligungsvertrags als auch, unmittelbar an die Beteiligung geknüpft, eines Partnerschafts-Mitarbeiter-Gesellschaftsvertrags durch den interessierten Mitarbeiter. Karl Leitl, der einzige geschäftsführende Gesellschafter, besaß einen Gesellschaftsanteil in der Höhe von 92,5 Prozent. Mitarbeiter, die aus eigenem Willen eine Vermögensbeteiligung an der Firma Bauhütte Leitl-Werke OHG erwerben wollten, schlossen direkt mit ihm den Partnerschafts-Vermögensbeteiligungsvertrag ab.

Die Unterbeteiligung erfolgte gegen Zahlung eines Entgelts. Sie wurde von Karl Leitl in zweierlei Hinsicht gefördert. Zum einen räumte er seinen Mitarbeitern einen ermäßigten Preis ein. Zum anderen ermöglichte er es ihnen, die erworbenen Anteile durch Teilzahlung abzugelten. Es konnte sich grundsätzlich jeder Mitarbeiter am Gesellschaftsanteil von Karl Leitl beteiligen. Das war allerdings nicht in unbegrenztem Ausmaß möglich. Die kleinste Beteiligung lag bei einem halben, die höchste bei drei Promille.

Entsprechend ihrer Beteiligung trugen die Mitarbeiter Gewinn bzw. Verlust von Karl Leitl am Ergebnis der OHG mit. Die Berechnung seines Anteils orientierte sich an der Handelsbilanz. Die Beteiligung des Mitarbeiters setzte sofort mit Vertragsabschluss ein, unabhängig davon, ob der Mitarbeiter seinen Anteil bereits bei Vertragsabschluss vollständig abgegolten hatte oder diesen in Teilzahlungen erwarb. 50 Prozent der auf einen beteiligten Mitarbeiter entfallenden Gewinne konnten von diesem frei entnommen werden. Die restlichen 50 Prozent wurden einbehalten, um einerseits die angefallenen Steuern zu entrichten und andererseits, um Rücklagen für möglicherweise anfallende Verluste zu bilden. Die Einlagen wurden mit einem Zinssatz, der über dem marktüblichen Niveau liegt, verzinst. Die einbehaltenen Gewinne standen dem Mitarbeiter allerdings für den Notfall zur Verfügung. Sie wurden ausbezahlt, wenn ein Mitarbeiter aus dem Unternehmen ausschied. Die Haftung der beteiligten Mitarbeiter war auf die Höhe der für die Beteiligung eingezahlten Beträge begrenzt.

Rechtlich sind die Unterbeteiligung und die Zugehörigkeit zur Mitarbeitergesellschaft verknüpft. Ein Vertrag hat nur mit beiden Bestand. Ähnliches gilt auch für die Beendigung der Verträge. Die Beendigung des einen Rechtsverhältnisses bedingt auch die Beendigung des anderen.

Sinn und Zweck der Mitarbeitergesellschaft ist es, zu gewährleisten, dass die unterbeteiligten Partner mit einer Stimme auftreten. Damit wurde eine optimalere Interessenvertretung der Unterbeteiligten gegenüber dem Hauptbeteiligten möglich. Ebenso profitierte der Hauptbeteiligte, der sich nicht einer Vielzahl von differierenden Meinungen gegenüber sah, sondern mit einer einheitlichen Position der Unterbeteiligten rechnen konnte. Die Gestaltung der Mitarbeiterverträge trug diesem Umstand Rechnung. So wurde der Mitarbeitergesellschaft unwiderruflich die ausschließliche Ausübung aller Rechte und Pflichten aus der Unterbeteiligung übertragen. Davon ausgenommen und damit individuell auszuüben waren folgende Rechte:

- Beendigung des Vertrages
- Verfügung über das individuelle Verrechnungskonto
- Einsichtnahme in die Geschäftsbücher zwecks Überprüfung des Rechnungsabschlusses

Die beteiligten Partner waren auf mehrfache Art und Weise in die Geschäftsführung miteingebunden. Ein Vorstandsmitglied nahm an der Geschäftsführung teil, indem es zu jeder Gesellschafterversammlung beizuziehen ist und vor jeder Beschlussfassung anzuhören ist. Weiter hat der geschäftsführende Gesellschafter die Pflicht, über Maßnahmen der außerordentlichen Geschäftsführung zeitgerecht in Kenntnis zu setzen und, soweit dies im Interesse des Unternehmens liegt, auf eingelangte Stellungnahmen Rücksicht zu nehmen. Zudem besitzen die Beteiligten noch weitere Informations- und Kontrollrechte. Es bleibt aber festzuhalten, dass die beteiligten Mitarbeiter weniger über die Vermögensbeteiligung als vielmehr über die Mitbestimmungsregelungen auf die Geschäftsführung Einfluss nehmen können.

Die Beteilung und das Arbeitsverhältnis stehen miteinander zwar in enger Verbindung, unterliegen aber nicht absolut gleichen Regelungen. Eine Lösung des Arbeitsverhältnisses muss nicht automatisch mit der Aufhebung der Unterbeteiligung einhergehen. Unter der Bedingung, dass ein Arbeitsverhältnis mehr als zehn Jahre lang bestanden hat und es zu einer Beendigung dieses Verhältnisses wegen Erreichung der Altersgrenze bzw. wegen Invalidität kommt, muss das Beteiligungsverhältnis nicht gelöst werden und kann bestehen bleiben. Wenn bei der Lösung des Beteiligungsverhältnisses die Schlussrechnung ein negatives Ergebnis bringt, braucht der negative Saldo nicht vom Beteiligten ersetzt zu werden, vorausgesetzt, der negative Saldo begründet sich nicht durch Abhebungen des Beteiligten, sondern durch ein nachteiliges Geschäftsergebnis. Grundsätzlich war es möglich, die Beteiligung jährlich zu kündigen. Eine Veräußerung der Mitarbeiterbeteiligung an Dritte ist nicht möglich, insbesondere um stille Eigentümerwechsel zu vermeiden. Ebenso können die Unterbeteiligungen nicht vererbt werden.

Bei anderen Beendigungsfällen wird die Beteiligung wertgesichert in Bezug auf die tatsächliche Einlage dem Unterbeteiligten abgegolten. Dafür wird jährlich von der Geschäftsleitung ein Richtwert festgelegt, der als Referenz dient. Zession und Verpfändung des Guthabens aus der Vermögensbeteiligung durch den Unterbeteiligten sind an die Zustimmung des Hauptbeteiligten gebunden.

Wichtig für den Fortbestand der Beteiligung war, dass der Tod des Hauptbeteiligten das Verhältnis mit den Unterbeteiligten nicht auflösen würde. Die Erben des Hauptbeteiligten würden mit den Unterbeteiligungen anteilsmäßig belastet werden.

Grundsätzlich ist es ausgeschlossen, dass die Gerichte angerufen werden oder die Zuständigkeit zur Entscheidung von Streitigkeiten an ein Schiedsgericht übertragen werden.

2.3 Mitbestimmung

1968 einigten sich die Unternehmensleitung und der Zentralbetriebsrat auf die versuchsweise Etablierung einer gleichberechtigten Mitbestimmung auf Ebene der Geschäftsleitung. Im Sinne einer umfassenden Partnerschaft wäre es zu wenig gewesen, die Mitarbeiter nur materiell am gemeinsam erarbeiteten Ergebnis beteiligt zu sehen. Die Mitbestimmung sah vor, dass nun erstmals in der Geschäftsleitung, der auch der Zentralbetriebsratsobmann angehörte, gleichberechtigt abgestimmt wurde. Es erfolgte eine Aufwertung der Geschäftsleitung vom beratenden zum bestimmenden Organ. Die Mitbestimmung wurde sukzessive seit 1968 ausgebaut, ein Partnerschaftskomitee wurde errichtet und schlussendlich 1974 das Mitbestimmungsstatut (für den Statutstext siehe Strasser, 1974, 50 ff.) erlassen.

2.4 Bildungsurlaub

Schon 1972 wurde in der Bauhütte Leitl-Werke erkannt, dass Weiterbildung während der Ausübung des Berufes für ein Unternehmen außerordentliche Wichtigkeit besitzt. Durch ein in diesem Jahr erlassenes Statut erwarben die Mitarbeiter der Unternehmung einen Rechtsanspruch auf Bildungsurlaub. Durch diesen Rechtsanspruch waren abgedeckt:

- Freistellung von der Arbeit
- Fortzahlung des Entgelts
- Fallweise die Übernahme der Aus- bzw. Weiterbildungskosten durch die Bauhütte Leitl-Werke

Die Bildung konzentrierte sich auf den technischen, kaufmännischen und sozialwirtschaftlichen Bereich. Voraussetzung für die Inanspruchnahme eines Bildungsurlaubs war, dass lediglich der angestrebte Bildungszweck erreicht wird. Pro Kalenderjahr besteht das Anrecht auf zwei Wochen. Diese zwei Wochen können entweder in Teilen oder auf einmal in Anspruch genommen werden.

2.5 Das Institut für partnerschaftliche Betriebsverfassung

1973 wurde auf Betreiben von Karl Leitl und dem damaligen Zentralbetriebsratsobmann Johann Renk der Verein „Institut für partnerschaftliche Betriebsverfassung“ gegründet. Sie wollten damit ihrer praktischen Tätigkeit eine wissenschaftlich theoretische Basis verleihen. Das Institut wurde nach seiner Schaffung an die Hochschule Linz angeschlossen. Wissenschaftlicher Leiter wurde Univ. Prof. Dr. Strasser, damaliger Vorstand des Institutes für Arbeitsrecht und Sozialrecht.

Der Zweck des Institutes war, die Probleme bei der Gestaltung von Betriebs- und Unternehmensverfassungen unter besonderer Berücksichtigung des Gedankens einer Förderung der Kooperation von Kapitaleigner und Arbeitnehmerschaft wissenschaftlich zu bearbeiten und darzustellen. Die Entwicklung der betrieblichen Partnerschaft sollte dadurch weiter gefördert und begleitet werden. Mittel zur Erreichung dieser Ziele sind:

- Forschungsarbeiten (Diplomarbeiten, Dissertationen)
- Forschungsaufträge
- Anregung und Förderung wissenschaftlichen Arbeiten und Veranstaltungen

3. Die Mitarbeiterbeteiligung heute

Der Tod Karl Leitls bedingte eine gesellschaftliche Umstrukturierung sowie die Veränderung rechtlicher Rahmenbedingungen. Die Mitarbeiter sind heute in Form eines partiarischen Darlehens an der Leitl Spannton Ges.m.b.H beteiligt, die vom jeweiligen Handels-Bilanzgewinn den Anteil an die Mitarbeiter abtritt. Diese sind beim Mitarbeiter als Einkommen zu versteuern (derzeit gilt ein Freibetrag von ATS 10.000 [Euro 726,72]). Die Verlustanteile werden mit künftigen Gewinnen verrechnet.

Im Prinzip handelt es sich bei dieser Form der Mitarbeiter-Beteiligung um eine Art stille Beteiligung an der Leitl Spannton Ges.m.b.H. Die Interessen der Mitarbeiter werden nach wie vor durch den Vorstand der Mitarbeiter-Beteiligungsgesellschaft wahrgenommen. Der Vorstand besteht aus drei Mitgliedern. Eines dieser Mitglieder ist der Zentralbetriebsratsobmann.

Zusätzlich vertreten zwei weitere durch Wahl bestellte beteiligte Mitarbeiter die Interessen aller beteiligten Mitarbeiter gegenüber dem Unternehmen. Aktuell sind 70 von insgesamt 175 berechtigten Mitarbeitern an der Leitl Spannton Ges.m.b.H. beteiligt. Die Beteiligten halten rund 10 Prozent am Unternehmen mit einem Beteiligungskapital von etwas mehr als ATS 6 Millionen (Euro 436.037). Die letzte Beteiligungsaktion fand zu Beginn des Jahres 1997 statt.

4. Bewertung

4.1 Gewinn- bzw. Verlustzuweisungen

Bei der Betrachtung der Periode von 1970 bis 1997 wurden insgesamt nur drei Verlustjahre ausgewiesen (1975, 1976 und 1982). Im Durchschnitt wurden Gewinne von ATS 10.000 (726,72 Euro) pro Jahr und pro Promille-Anteil ausgeschüttet.

Vergleicht man die Gewinnentwicklung eines 1-Promille-Anteils mit einer mit 6 Prozent verzinsten Spareinlage, ergibt sich ein mehrfacher Ertrag zugunsten der Vermögensbeteiligung. Die Gewinnausschüttungen durch die Vermögensbeteiligung beliefen sich im Betrachtungszeitraum 1970 bis 1997 auf rund ATS 400.000 (Euro 29.069,13), während sich der Ertrag aus dem Sparbuch auf knapp über ATS 100.000 (Euro 7.267,2) belaufen würde.

4.2 Allgemeine Bewertung

Insgesamt gesehen waren die Mitarbeiter-Beteiligung und die betriebliche Partnerschaft ein voller Erfolg, nicht nur auf finanzieller Ebene, sondern auch auf gesellschaftlicher Ebene. Das Beteiligungsmodell der Bauhütte Leitl-Werke wurde auf grund seines Erfolges oft als Musterbeispiel in der Literatur zitiert. Noch viel wichtiger ist, dass nicht zuletzt aufgrund der

Beteiligung die Arbeitszufriedenheit der Mitarbeiter, welche die wichtigste Säule eines Unternehmens bilden, außerordentlich hoch ist.

Das Ergebnis der jüngsten Mitarbeiterbefragung, die ein regelmäßig eingesetztes Instrument der Bauhütte Leitl-Werke ist, ist deutlich positiv. Die Auswertung des Fragebogens, der die Befragung der Mitarbeiter über ihre Zufriedenheit mit dem Unternehmen, der Arbeit und den Vorgesetzten zum Inhalt hat, brachte folgendes Ergebnis:

- 93 Prozent der Mitarbeiter sind mit der Arbeit zufrieden.
- Beteiligte Mitarbeiter und Vorgesetzte sind in der Regel zufriedener als nicht beteiligte Mitarbeiter.
- Nur 22 Prozent aller Befragten sind nicht an einer Beteiligung interessiert.
- Es herrscht ein ausgezeichnetes Betriebsklima.
- Die Identifikation der Mitarbeiter mit dem Unternehmen ist hoch.
- Das Kostenbewusstsein der Mitarbeiter ist sehr ausgeprägt.
- Management und Betriebsrat bringen einander großes Verständnis entgegen.
- Die Mitarbeiter sind der Meinung, dass sich Produktivität und Qualität erhöht haben (nicht quantifizierbar).
- Die beteiligten Mitarbeiter konnten tatsächlich eine finanzielle Besserstellung erreichen.
- Die Mitarbeiter weisen ein hohes Verständnis für wirtschaftliche Belange auf.
- Die Vermögensbeteiligung wird zur Altersvorsorge genutzt.
- Die beteiligten Mitarbeiter lassen keine Verschwendung bzw. Senkung der Produktivität durch nichtbeteiligte Mitarbeiter zu.
- Das Verbesserungsvorschlagswesen funktioniert (mehr als 50 Prozent der Mitarbeiter haben Verbesserungsvorschläge eingereicht, 60 Prozent davon gelangen zur Umsetzung)

Abschließend zu den Ausführungen über die Mitarbeiterbeteiligung möchte ich noch einige Worte von Karl Leitl aus seiner Ansprache anlässlich der Gründung des Institutes für partnerschaftliche Betriebsverfassung wiedergeben. Beim Lesen dieser Worte erkennt man, dass Karl Leitl mit seinen Ideen, Konzepten und den Einschätzungen um die Wichtigkeit des Mitarbeiters für das Unternehmen seiner Zeit um Einiges voraus war. Diese Worte besitzen heute noch genauso Gültigkeit, wie sie sie vor mehr als 25 Jahren besaßen.

„Jahr für Jahr wurde nun an unseren Errungenschaften gearbeitet, gefeilt, die Zusammenarbeit im Betrieb verbessert. Vieles mußten wir wieder aufgeben, es hat auch Irrwege gegeben. Vor allem aber konnte ich den Aufstieg der Firma konstatieren. Wenn sich das Unternehmen in so kurzer Zeit, in Jahren mit teilweise sehr schlechter Konjunktur und in einer Branche, die ständig schrumpfte (seit dieser Zeit haben ca. zwei Drittel meiner Branchenkollegen stillgelegt), von einer ländlichen Ziegelei zu einem international anerkannten Betrieb entwickelt hat, dann kann das nicht die Leistung eines einzelnen Unternehmers oder eines guten Führungsteams sein, dann kann das nur die Leistung vieler Mitarbeiter sein, die alle das gleiche Ziel haben.“ (vgl. Strasser, 1974, S. 70).

In diesem Sinne geht es mir nicht nur darum, das Beteiligungsmodell einfach nur weiterzuführen, sondern es geht mir vielmehr darum, das Beteiligungsmodell ständig zu verbessern. Die Partnerschaft zwischen unserem Unternehmen und seinen Mitarbeitern braucht, wie jede andere Partnerschaft auch, die erfolgreich bestehen möchte, stets neue Impulse.

Anmerkung

* Maßgeblich war nicht der Umsatz, sondern die Veränderungen des Lagerbestandes und damit der Produktionswert. Dies machte insofern Sinn, da die Mitarbeiter mehr die Produktion an sich beeinflussen konnten.

Literatur

Leitl, F.: Das Mitarbeiterbeteiligungsmodell der Leitl-Werke, WdF-magazin 1/2/2001, S. 7-10.

Strasser, R.: Partnerschaft in Theorie und Praxis: das Bauhuette-Leitl-Modell. Hrsg. von Rudolf Strasser, Wien 1974 (Gesellschaft und Betrieb; 1).

Stock Options bei deutschen Aktiengesellschaften

Andreas Löhr/Jan Althaus/Heiner Weskamp

1. Einleitung

Die Konzepte des „Shareholder Value", bzw. „Stakeholder Value" haben mittlerweile auch in die deutsche Unternehmenskultur Einzug gehalten. Die Ausrichtung der Unternehmensführung an der langfristigen Entwicklung des Wertes, den das Unternehmen für seine Eigentümer erwirtschaftet, hat wesentlich dazu beigetragen, dass die Wertsteigerung auch zum Maßstab der Entlohnung geworden ist. Eines der wertorientierten Vergütungsinstrumente sind Stock Options. Durch die Beteiligung des Managements am Unternehmen über Aktienoptionen wird der Principal-Agent-Konflikt, der durch das Auseinanderfallen von Eigentum am und Kontrolle über das Unternehmen entsteht, entschärft.

Von einem ausgewogen gestalteten Stock-Option-Programm sollten alle Beteiligten (Aktionäre, Begünstigte, das Unternehmen sowie weitere „Stakeholder") profitieren. Die Begünstigten des Programms können bei entsprechendem Erfolg zum Teil erhebliches Vermögen bilden und den Aktionären kommt die überdurchschnittliche Wertentwicklung ihres Unternehmens zugute. Das Unternehmen selbst profitiert von einer höheren Produktivität: beteiligte Mitarbeiter sind höher motiviert, fallen seltener durch Krankheit aus und sind weniger abwanderungsgefährdet. Gerade für junge Unternehmen, die noch keine hohen Gehälter zahlen können, stellt eine Erfolgsbeteiligung ein geeignetes Instrument dar, um im Wettbewerb mit großen etablierten Unternehmen die besten Arbeitskräfte für sich zu gewinnen und langfristig an sich zu binden. Die Einführung von Optionsplänen wird von den institutionellen Kapitalmarktteilnehmern daher allgemein als positives Signal aufgenommen (vgl. Langner/Bursee, 2001; Löwe/Sieber, 2000, S. 55 ff.).

Infolge der negativen Kursentwicklung vor allem der Neuer-Markt-Unternehmen in 2000/2001 wurde jedoch (wieder einmal) verstärkt Kritik an Stock Options geäußert. Diese Kritik setzte weniger an der grundlegenden Bedeutung als an der Ausgestaltung einzelner Pläne an. So war es für zahlreiche Betroffene fatal, wenn Stock Options den deutlich beherrschenden Anteil der Vergütung darstellten und Wertmaßstab für die Steigerung des Unternehmenswertes allein der – auch durch äußere Faktoren wie die allgemeine Marktentwicklung bestimmte – Börsenkurs war. Die Grenzen zwischen Arbeitnehmern und Trägern des unternehmerischen Risikos verwischen dabei zunehmend. Auch bei überdurchschnittlicher Kursentwicklung kann es zu erheblichen Auswirkungen kommen, wie das Beispiel der SAP AG zeigt, deren Mitarbeiterbonusprogramm STAR für das Unternehmen im Jahr 2000 Aufwendungen in Höhe von ca. 440 Mio. Euro bedeutete.

Um eine ausgewogene, individuelle Ausgestaltung eines Stock-Option-Planes zu erreichen, sind vielfältige Überlegungen hinsichtlich Unternehmenskultur, Gesellschaftsrecht, Steuern, Liquiditätsplanung, Bilanzierung oder auch internationaler Aspekte erforderlich, von denen einige wesentliche im Folgenden skizziert werden sollen.

2. Wesen und Arten von Stock Options

Ein Stock-Option-Programm ist ein Anreizsystem, das Topmanagement, Führungskräfte oder/und sonstige Mitarbeiter von Aktiengesellschaften bei Erreichen festgelegter Erfolgsziele an der Wertsteigerung des Unternehmens als Gegenleistung für ihre Arbeitsleistung durch verbilligten Aktienerwerb oder Barausgleich partizipieren lässt. Beabsichtigt ist i. d. R. nicht die Abgeltung von in der Vergangenheit erbrachten Leistungen, sondern eine besondere Erfolgsmotivation für die Zukunft (BFH-Urteil vom 24.1.2001 – I R 100/98, DB 2001, S. 1173).

Die rechtlichen Rahmenbedingungen für Aktienoptionen wurden in den letzten Jahren angesichts der steigenden Bedeutung dieser Vergütungsform wesentlich verbessert. Durch das am 1. Mai 1998 in Kraft getretene „Gesetz zur Kontrolle und Transparenz im Unternehmensbereich“ (KonTraG) und die darin enthaltenen Änderungen des AktG ist nunmehr die Vergabe „nackter“ Optionsrechte (naked warrants) ohne den zuvor erforderlichen Umweg über die Ausgabe von Wandel- oder Optionsanleihen möglich. Der schwerfällige Weg über Wandel-/Optionsanleihen ist zwar unverändert gangbar, die Ausgabe „nackter“ Aktienoptionen ist jedoch inzwischen zu der mit Abstand meist genutzten Variante bei börsennotierten Unternehmen geworden (vgl. Löhr, 2000, S. 133) und soll aufgrund der praktischen Bedeutung allein Gegenstand der folgenden Erläuterungen sein.

Zur Ausgabe nackter Optionsrechte gibt es grundsätzlich die Möglichkeit,

- „echte“ Aktienoptionen,
- „virtuelle“ Optionen oder
- eine Kombination aus beidem

aufzulegen.

2.1 Echte Aktienoptionen

Bei echten Aktienoptionen wird den Begünstigten das Recht zum faktischen Bezug von Aktien der Gesellschaft durch die i. d. R. unentgeltliche Einräumung von Kaufoptionen gewährt. Der Optionsinhaber kann damit innerhalb einer vorgegebenen Ausübungsfrist eine bestimmte Anzahl von Aktien der Gesellschaft zu einem vorher fest vereinbarten Preis erwerben. Die Option wird i. d. R. an bestimmte erfolgsabhängige Bedingungen geknüpft, um als Anreizsystem zu wirken. Der Mitarbeiter wird die Option nur dann ausüben, wenn diese zum

Ausübungszeitraum im Geld ist, d. h. wenn der zu zahlende Preis unter dem Marktpreis liegt. Die Inanspruchnahme des Unternehmens, als Stillhalter der Option Aktien liefern zu müssen, ist somit ungewiss.

Zur Beschaffung der im Fall der Optionsausübung zu liefernden Aktien hat die Gesellschaft verschiedene Möglichkeiten: Bei der Ausgabe von Stock Options auf gesellschaftsrechtlicher Ebene kommt es bei Ausübung der Option zur Kapitalerhöhung. Der von den Begünstigten zu zahlende Bezugspreis wird dabei dem Grundkapital und der Kapitalrücklage gutgeschrieben. Bei der Ausgabe von Stock Options auf betrieblicher Ebene wird die ausgeübte Option dagegen aus dem Unternehmensvermögen und nicht durch Ausgabe junger Aktien bedient. Die Lieferverpflichtung wird in diesem Fall über den Erwerb eigener Aktien oder über am Kapitalmarkt gehandelte Optionen auf Aktien der Gesellschaft erfüllt. Dem Unternehmen stehen insbesondere folgende drei praxisrelevante Alternativen zur Verfügung:

- die bedingte Kapitalerhöhung gem. § 192 Abs. 2 Nr. 3 AktG,
- der Erwerb eigener Aktien gem. § 71 Abs. 1 Nr. 8 AktG und
- der Erwerb und die Weitergabe von Optionen auf eigene Aktien.

Bedingtes Kapital

Gem. § 192 Abs. 2 Nr. 3 AktG kann durch Beschluss der Hauptversammlung ein bedingtes Kapital bis zu 10 Prozent des Grundkapitals zur Bedienung eines Stock-Option-Programms geschaffen werden. Ein solcher Beschluss bedarf einer satzungsändernden Mehrheit gem. § 193 Abs. 1 AktG. Die Erhöhung des Grundkapitals erfolgt nur insoweit, als von den Bezugsrechten Gebrauch gemacht wird. Um dem Vorstand einen möglichst großen Durchführungsspielraum zu verschaffen, kann der Beschluss anstatt als zeitnah zur Hauptversammlung auszuführender Zustimmungsbeschluss als Ermächtigungsbeschluss gefasst werden (§ 192 Abs. 2 Nr. 3 Alt. 2 AktG), sodass der Vorstand nach pflichtgemäßem Ermessen über den Zeitpunkt, die Details bzw. auch die evtl. Nichtdurchführung des Programms entscheiden kann (zu den Anforderungen an einen Ermächtigungsbeschluss anch § 192 Abs. 2 Nr. 4 AktG s. OLG Stuttgart, DB 2001, S. 1605 m. w. N.). Gemäß der Natur der bedingten Kapitalerhöhung gibt es kein gesetzliches Bezugsrecht der Altaktionäre (Hüffer, AktG, 1999, § 192 Rn. 3, 18). Hieraus wird bereits ersichtlich, dass ein Stock Option-Programm aus einer bedingten Kapitalerhöhung über den Verwässerungseffekt von den Aktionären „bezahlt" wird. Diese werden daher dem Programm nur dann zustimmen, wenn die zu erwartende Wertsteigerung den rechnerischen Verlust durch die Verwässerung ihrer Anteile übersteigt. Der Vorteil für die Gesellschaft liegt darin, dass keine Liquidität aufgewendet werden muss, sondern – je nach Ausübung des Programms durch die Berechtigten – dem Unternehmen Liquidität zufließt.

Alternativ könnte die Aktiengesellschaft einen Stock-Option-Plan auch über genehmigtes Kapital nach den §§ 202 ff. AktG („normales" genehmigtes Kapital I oder genehmigtes Kapital II mit Ermächtigung zum Ausschluss des Bezugsrechts) bedienen. Diese Variante erscheint jedoch deutlich weniger praktikabel, da zum einen die Ermächtigung des Vorstands, mit Zustimmung des Aufsichtsrates neue Aktien auszugeben, auf fünf Jahre beschränkt ist und zum anderen ein gesetzliches Bezugsrecht der Aktionäre besteht bzw. ein Beschluss über den Ausschluss des Bezugsrechts anfechtungsgefährdet ist.

Erwerb eigener Aktien

Nach § 71 Abs. 1 Nr. 8 AktG können eigene Aktien erworben werden, bis diese Aktien zusammen mit den bereits im Besitz der Gesellschaft befindlichen Aktien max. 10 Prozent des Grundkapitals erreichen. Zweck eines solchen Rückkaufes kann auch die Bedienung eines Stock Option-Programms sein. Der HV-Ermächtigungsbeschluss gilt allerdings jeweils nur für max. 18 Monate und wird daher regelmäßig bei der ordentlichen Hauptversammlung (vorsorglich) zu erneuern sein. Des Weiteren ist die u. U. erhebliche Bindung von Liquidität zu bedenken, die darüber hinaus bei Aktien mit geringem Handelsvolumen zu allein nachfragebedingten Kurssteigerungen führen kann, die (noch) nicht auf die beabsichtigte Steigerung des Unternehmenswertes zurückzuführen sind. Die Kosten können allerdings als Personalaufwendungen steuerlich geltend gemacht werden. Vorteilhaft ist ferner, dass die Aktionärsstruktur unverändert bleibt; ein Verwässerungseffekt tritt nicht ein.

Der Aktienrückkauf gem. § 71 Abs.1 Nr. 2 AktG (Belegschaftsaktien für Arbeitnehmer) erscheint dagegen weniger praktikabel, da Organmitglieder als Begünstigte nicht erfasst werden und die erworbenen Aktien innerhalb eines Jahres nach Erwerb an die Berechtigten auszugeben sind.

Erwerb und Weitergabe von Optionen auf eigene Aktien

Im Falle größerer börsennotierter Aktiengesellschaften werden vielfach auf deren Aktien von Kreditinstituten herausgegebene Optionen gehandelt. Der Erwerb solcher Kaufoptionen unterliegt nicht den Beschränkungen des § 71 AktG (Hüffer, AktG, 1999, § 71 Rn. 5). Während die Verwertung der Optionen durch Ausübung der Rechte der Gesellschaft verwehrt ist, ist die Verwertung durch Veräußerung möglich. Vorteilhaft ist bei der Beschaffung der Aktien auf diese Art, dass ein Hauptversammlungsbeschluss nicht erforderlich ist, da es sich wie bei virtuellen Aktienoptionen (siehe Abschnitt 2) um eine reine Geschäftsführungsmaßnahme handelt. Weitere Vorteile sind steuerlicher Natur: der Aufwand für den Erwerb der Optionen kann als Betriebsausgabe bei der Gesellschaft steuerlich geltend gemacht werden und der Begünstigte muss den Kurswert der Option bei ihrer Einräumung, also vor der erhofften Wertsteigerung, als Einkommen versteuern.

2.2 Virtuelle Optionen

Mit virtuellen Optionen (auch „Phantom Stocks“ oder „Stock Appreciation Rights“ – SARs – Wertsteigerungsrechte) können den Begünstigten virtuelle Kaufoptionen eingeräumt werden. Dabei erhalten die Berechtigten keine Aktien der Gesellschaft, sondern eine Bonuszahlung in bar, deren Höhe und Fälligkeit von der Steigerung des Unternehmenswertes abhängig ist. Die Wertsteigerung ist bei börsennotierten Unternehmen über den Aktienkurs und ggf. die Ausschüttungsbeträge leicht errechenbar. Bei nicht börsennotierten Unternehmen, für die virtuelle Optionen naturgemäß besonders interessant sind, ist die Wertsteigerung über unternehmensinterne Kennziffern zu berechnen.

Die Vorteile virtueller Aktienoptionen liegen u. a. darin, dass die Aktionärsstruktur nicht verändert wird und somit keine Gewinnverwässerung stattfindet, dass die Auszahlungen beim Unternehmen als Personalaufwand steuerlich abzugsfähig sind und der Mitarbeiter keine Liquidität durch Zahlung eines Basispreises aufwenden muss. Zudem ist für diese erfolgsabhängige Bezahlung – wie bei der Gewährung von Tantiemen – kein (anfechtungsgefährdeter) Beschluss der Hauptversammlung erforderlich, solange es sich nicht um ein Programm für eine Vielzahl von Arbeitnehmern, sondern um Leistungsanreize für einzelne Führungskräfte und – als Ausnahmefall – einzelne mit Schlüsselaufgaben betraute Arbeitnehmer handelt (vgl. von Bredow, 1999, S. 236 ff.). Eine derartige Geschäftsleitungsaufgabe obliegt dem Vorstand, bzw. im Fall der Vergütung des Vorstands dem Aufsichtsrat. Somit handelt es sich um ein besonders praktikables Verfahren. Wesentlicher Nachteil dieser Programme ist der u. U. erhebliche Liquiditätsabfluss bei Ausübung, sodass ein solches Programm eher für Unternehmen mit hohem Cashflow in Frage kommt. Eine Deckelung bzw. der Abschluss entsprechender Sicherungsgeschäfte zum Schutz vor unkalkulierbaren, hohen Belastungen erscheint empfehlenswert (vgl. Löhr, 2000, S. 134). Die Gestaltungsparameter virtueller Optionen sind ansonsten weitgehend identisch mit denen echter Aktienoptionsprogramme.

2.3 Kombination echter und virtueller Optionen

Da Stock-Option-Programme für jedes Unternehmen individuell gestaltet werden, ist im Einzelfall zu prüfen, ob und inwieweit eine Kombination virtueller und echter Optionen sinnvoll ist. Häufig werden SARs auch neben echten Stock Options gewährt, um den Begünstigten die Finanzierung der Aktienausübung bzw. die Begleichung der entstehenden Steuerlast zu erleichtern.

3. Gestaltungsmöglichkeiten

Bei der Einräumung eines Stock Option-Programms nach deutschem Recht bieten sich verschiedene Ansatzpunkte für eine individuelle Ausgestaltung (zu den Einzelheiten eines dualen Stock-Option-Planes, der die Besonderheiten deutschen und US-amerikanischen Rechts berücksichtigt s. Leuner/Radschinsky, 2001, S. 362 ff.). Exemplarisch werden im Folgenden die wesentlichen einzelnen Parameter für echte Stock Options dargestellt.

Zunächst sollte das Gesamtvolumen des Programms nach der Anzahl der auszugebenden Aktien in absoluten Zahlen und in Relation zum Gezeichneten Kapital geklärt werden. Entscheidend für den Charakter des Stock-Option-Modells ist sodann die Frage nach der Herkunft der zu liefernden Aktien. Für den Fall der Herkunft der Aktien aus bedingtem Kapital und aus einem Aktienrückkauf (§ 71 Abs. 1 Nr. 8 Satz 5 2. halbsatz AktG verweist insofern auf die entsprechenden Vorschriften) ist die Festlegung bestimmter Eckdaten im Hauptversammlungsbeschluss gesetzlich vorgeschrieben. Diese Aspekte sind allerdings auch bei sonstigen Optionsplänen regelungsbedürftig. Nach § 193 Abs. 2 AktG sind der Zweck der Kapitalerhöhung, der Kreis der Bezugsberechtigten, der Ausgabebetrag, die Aufteilung der Bezugsrechte auf Mitglieder der Geschäftsführung und Arbeitnehmer der Gesellschaft sowie verbundener Unternehmen, Erfolgsziele, Erwerbs- und Ausübungszeiträume und die Wartezeit bis zur erstmaligen Ausübung in dem Beschluss der Hauptversammlung festzustellen.

Der Kreis der Bezugsberechtigten bei einer bedingten Kapitalerhöhung ist durch § 192 Abs. 2 Nr. 3 AktG auf Arbeitnehmer und Mitglieder der Geschäftsführung des Unternehmens sowie verbundener Unternehmen beschränkt. Mitgliedern des Aufsichtsrates, Beratern oder anderen Externen dürfen keine („nackten") Stock Options aus bedingtem Kapital gewährt werden. Die Frage der Zulässigkeit „nackter" Stock Options für Aufsichtsratsmitglieder bei anderweitiger Aktienbeschaffung als aus bedingter Kapitalerhöhung ist noch nicht abschließend geklärt (s. dazu Oltmanns, 2000, S. 224; zur Vergütung von Aufsichtsräten und Beratern über Wandelschuldverschreibungen s. Zimmer, 1999, S. 999 ff.). Je nach Unternehmensphilosophie können alle Mitarbeiter oder z. B. nur Führungskräfte berücksichtigt werden. Für letztere erscheinen Stock Options besonders geeignet, da Manager zum einen maßgeblichen Einfluss auf die Entwicklung des Unternehmenswertes nehmen und sich zum anderen ihre Leistung gut an dieser Entwicklung messen lässt.

Zur Erfüllung der Anreizfunktion wird die Ausübung i. d. R. an eine bestimmte prozentuale oder absolute Wertentwicklung des Börsenkurses der Gesellschaft geknüpft. Alternativ oder in Kombination bietet sich die Kopplung an eine Benchmark, z. B. die Entwicklung eines bestimmten Aktien(Branchen-)index, an. Damit werden sog. „Windfall-Profits", die allein durch eine positive allgemeine Marktentwicklung entstehen, vermieden. Auch in einem negativen Aktienmarkt sind auf diese Weise vergleichsweise bessere Entwicklungen des einzelnen Unternehmens honorierbar. Die Optionen können auch so gestaltet werden, dass sie nur im Falle des Erreichens eines bestimmten unternehmensinternen Erfolges ausgeübt werden können, etwa eines Mindestgewinns pro Aktie nach DVFA.

Festzulegen ist auch der Basispreis. Das ist der Preis, zu dem der Optionsinhaber die Aktie erwerben darf. Der Basispreis orientiert sich i. d. R. am Kurswert der Aktie bei Einräumung der Option. Um extreme kurzfristige Schwankungen auszuschließen, wird üblicherweise ein durchschnittlicher Börsenkurs der Aktie innerhalb eines bestimmten Zeitraums vor der Einräumung zugrunde gelegt. Bei Gewährung von Stock Options vor dem Börsengang, bietet sich der Emissionspreis als Basispreis an (zur Einführung eines Stock-Option-Programms im Rahmen eines Börsengangs s. Löhr, 2000, S. 132 ff.). Zu beachten ist, dass der Basispreis dann angepasst werden muss, wenn während der Laufzeit der Optionsrechte Kapitalmaßnahmen durchgeführt werden (Bereinigung).

Die Ausübung des Optionsrechts kann auf den Optionsberechtigten selbst beschränkt werden. Er selbst soll ja motiviert und an das Unternehmen gebunden werden. Eine Übertragung kann aber in bestimmten Fällen, etwa für den Erbfall, vorgesehen werden. Um eine möglichst langfristige Bindung der Arbeitnehmer zu erreichen, wird im Aktienoptionsplan i. d. R. eine Verfallklausel als auflösende Bedingung gem. § 158 BGB vereinbart, nach der die Optionen bei Ausscheiden des Mitarbeiters entfallen („Goldene Handschellen").

Die Laufzeit bis zu dem Zeitpunkt, an dem letztmals eine Option ausgeübt werden kann, wird wegen der gewünschten langfristigen Bindung des Begünstigten an das Unternehmen i. d. R. mindestens fünf Jahre betragen. Diese ist unterteilt in eine Wartezeit, nach der erstmals die Option ausgeübt werden darf (gem. § 193 Abs. 2 Nr. 4 AktG mindestens zwei Jahre), und einen Ausübungszeitraum. Der gesamte Erdienungszeitraum bis zur Ausübung wird auch als „vesting period" bezeichnet. Sog. Restricted Stock Options beinhalten eine Vereinbarung, nach der die erworbenen Aktien erst nach Ablauf einer zusätzlichen Haltefrist veräußert werden dürfen. Je nach Ausgestaltung kann eine Option auf einen Schlag nach Ablauf einer Gesamtwartezeit oder in zeitlich gestaffelten Tranchen sukzessive ausgeübt werden. Auch eine Ausübung vor dem Börsengang ist möglich. Bezüglich des Ausübungszeitraumes werden i. d. R. sog. „Trading Windows" vereinbart, die die Ausübung auf bestimmte Fristen, z. B. nach Veröffentlichung von Ergebnissen (Quartals-, Halbjahres-, Gesamtjahreszahlen) oder nach der Hauptversammlung, beschränken. Damit soll dem Umstand Rechnung getragen werden, dass die Berechtigten häufig über Insiderkenntnisse verfügen, aber an der Ausübung ihrer Optionen nicht gehindert werden sollen (vgl. Empfehlungen des BAWe vom 1.10.1997).

4. Arbeitsrechtliche Aspekte

4.1 Rechtsgrundlage

Die Gewährung von Stock Options ist ein Bestandteil der betrieblichen Lohngestaltung. Der Anspruch des Berechtigten auf Teilnahme an einem Aktienoptionsprogramm kann auf verschiedenen Rechtsgrundlagen beruhen. Häufig wird eine individuelle Zusage z. B. im Anstellungs- oder Dienstvertrag geregelt. Die Vereinbarungen mit den Vorständen sind gem. § 112 AktG mit dem Aufsichtsrat zu treffen. Zu beachten ist, dass bei einer Vielzahl gleich lautender individueller Zusagen eine kollektive Regelung vorliegen kann, die die Mitwirkung des Betriebsrates erforderlich machen kann, sofern es sich bei den Berechtigten nicht ausschließlich um leitende Angestellte handelt (zur Mitbestimmung des Betriebsrates bei Aktienoptionen s. Baeck/Diller, 1998, S. 1410 f.). Daneben können Ansprüche über eine Gruppenzusage durch die gleich lautende, formlos mögliche Information der Mitarbeiter über die Einführung und Einzelheiten eines Stock-Options-Programms begründet werden. Auch hier sind Mitwirkungsrechte des Betriebsrates zu beachten. Der dritte Weg einer Betriebsvereinbarung nach § 88 Nr. 3 BetrVG dürfte dagegen wenig praktikabel sein, da diese für leitende Angestellte und Vorstände nicht gilt. Denkbar ist eine Anspruchsbegründung schließlich auch in Haustarifverträgen.

Werden in drei aufeinander folgenden Jahren gleichartige Leistungen gewährt, droht das Entstehen einer betrieblichen Übung, wenn der Mitarbeiter rechtmäßig erwarten konnte, dass das Unternehmen auch in Zukunft derart verfahren wird (BAG, DB 1994, S. 2034). Werden etwa in Gesamtzusagen Regelungen über die Folgejahre getroffen oder wird die einmalige Ausgabe von Stock Options in den Folgejahren zu ähnlichen Konditionen wiederholt, so ist zur Vermeidung einer solchen betrieblichen Übung ein klarstellender Hinweis (Freiwilligkeitsvorbehalt) erforderlich, dass mit der Einräumung des Stock-Option-Programms keine Gewährung solcher Ansprüche für die Zukunft verbunden ist, sondern künftig jeweils neu über die Einräumung weiterer Stock Options entschieden wird (zu den Grenzen des Freiwilligkeitsvorbehalts bei Verträgen, bei denen Stock Options wesentlicher Bestandteil der Vergütung sind s. Buhr/Radtke, 2001, S. 1884 f.).

Bei der Einräumung von Stock Options hat das Unternehmen als Arbeitgeber den arbeitsrechtlichen Gleichbehandlungsgrundsatz zu beachten und darf einzelne Arbeitnehmer nicht ohne billigenswerten Grund schlechter behandeln als solche in vergleichbarer Stellung (BAG (st. Rspr.) NJW 1993, S. 874; Zu einzelnen Differenzierungen (Fallgruppen) des Gleichbehandlungsgrundsatzes s. Baeck/Diller 1998, S. 1408 ff.).

4.2 Verfallklauseln

Neben der Grenze der Sittenwidrigkeit nach §§ 138, 242 BGB sind Verfallklauseln unter dem Gesichtspunkt der unbilligen Kündigungserschwerung für den Arbeitnehmer zu prüfen. Der Verfall einer Aktienoption während einer bis zu fünf Jahren dauernden Wartezeit gilt dabei auch bei einer Kündigung durch das Unternehmen als zulässig, ohne dass eine unbillige Kündigungserschwerung vorliegt (vgl. Mechlem/Melms, 2000, S. 1615). Bei einer Kündigung nach Ablauf der Wartezeit und vor dem nächsten Ausübungsfenster ist ein Verfall dagegen unzulässig, wenn dem Berechtigten erhebliche Vergütungsbestandteile entzogen würden und er so in seiner beruflichen Freiheit eingeschränkt wäre; eine Verpflichtung zur Rückübertragung bereits ausgeübter Optionen ist in jedem Fall unwirksam (vgl. Mechlem/Melms, 2000, S. 1616). Nach überwiegender Ansicht als zulässig erachtet werden dagegen schuldrechtliche Verfügungsbeschränkungen (Haltefristen, Veräußerungssperren) über die erworbenen Aktien für einen gewissen Zeitraum (vgl. Buhr/Radke, 2001, S. 1885 m w. N.; Mechlem/Melms, 2000, S. 1615 f.). Ein Verstoß kann zwar nicht zur Unwirksamkeit der Aktienveräußerung führen, da das Aktiengesetz aktienrechtliche Verfügungsbeschränkungen abschließend regelt (BayOLG vom 24.11.1988, DB 1989, S. 214), kann aber schuldrechtliche Sanktionen nach sich ziehen.

5. Besteuerung bei den Begünstigten

Vorteile aus der Einräumung von Stock Options sind von den Begünstigten als Einkünfte aus nicht selbstständiger Arbeit i. S. von § 19 Abs. 1 Nr. 1 i. V. m. § 8 Abs. 1 EStG zu versteuern. Dies gilt auch dann, wenn einem Arbeitnehmer einer inländischen Tochtergesellschaft Stock Options von der ausländischen Muttergesellschaft gewährt werden (vgl. Jacobs/Portner, 2000, S. 179 m. w. N. aus der Rspr.). Die Steuerlast entsteht gem. § 38 Abs. 2 Satz 2 in dem Zeitpunkt, in dem der Arbeitslohn dem Arbeitnehmer zufließt; dies kann – je nach Ausgestaltung – entweder bei Einräumung (Anfangsbesteuerung) oder bei Ausübung der Option (Endbesteuerung) der Fall sein.

Für den – aufgrund der gewünschten Bindung der Mitarbeiter – Regelfall der nicht handelbaren Optionen ist nach den beiden Urteilen des BFH vom 24.1.2001 (BFH-Urteile: I R 100/98 = DB 2001, S. 1173 ff. und I R 119/98 = DB 2001, S. 1176 f.) die Endbesteuerung maßgeblich. Nach diesen Urteilen bedeutet die Gewährung einer nicht handelbaren Option im Rahmen eines Arbeitsverhältnisses lediglich die Einräumung einer Chance, während ein geldwerter Vorteil dem begünstigten Arbeitnehmer erst bei Ausübung der Option in Form des im Vergleich zum Kurswert verbilligten Übernahmepreises der Aktien zufließt. Der gesamte Zeitraum zwischen Gewährung und Ausübung der Option gilt als sog. Erdienungszeitraum. Steht das Besteuerungsrecht für die Einkünfte des Begünstigten in diesem Zeitraum im Fall einer Auslandstätigkeit teilweise Deutschland und teilweise ausländischen Staaten zu, so ist der geldwerte Vorteil unabhängig von dessen Zuflusszeitpunkt zeitanteilig aufzuteilen (BFH-Urteil vom 24.1.2001 – I R 100/98, DB 2001, S. 1175). Ob die Ausübung der Option oder der Ablauf der Sperrfrist, bzw. der Wegfall der Verwertungshindernisse maßgeblich sein soll, bleibt offen, da in den entschiedenen Fällen beide Zeitpunkte zusammenfielen (s. dazu: Herzig/Lochmann, 2001, S. 1438 f.).

Der Arbeitnehmer muss demzufolge die volle Wertsteigerung der Unternehmensanteile, die während der Laufzeit der Option entstehen, versteuern und kann somit gezwungen sein, einen erheblichen Teil der Aktien allein zur Deckung der Steuerschuld zu veräußern. Da zusätzlich für den geldwerten Vorteil auch Beiträge zur gesetzlichen Sozialversicherung zu entrichten sind, wird diese Art der Besteuerung teilweise als für deutsche Unternehmen im Wettbewerb um die weltweit besten Mitarbeiter nachteilig empfunden.

Um diese negativen Konsequenzen zu vermeiden, werden in der Praxis Modelle strukturiert, die eine Anfangsbesteuerung bewirken. Dies ist bei verkehrsfähig gestalteten Optionen der Fall, wenn der Begünstigte frei über das ihm eingeräumte Recht verfügen kann (vgl. Müssener/Prahs, 2000, S. 6; Jacobs/Portner, 2000, S. 182 m. w. N. aus Rspr. und Verw.). Über bestimmte Ausgestaltungen von Rückerwerbs- oder Vorkaufsrechten des Unternehmens soll gleichzeitig der Motivation der Stock Option-Pläne Rechnung getragen werden. Je nach Formulierung erscheint jedoch fraglich, ob der Zufluss des geldwerten Vorteils tatsächlich bereits zum Zeitpunkt der Einräumung der Option stattfindet, oder ob nicht vielmehr doch der Regelfall der Endbesteuerung einschlägig ist (OFD Berlin, Verfügung vom 25.3.1999, DB

1999, S. 1241: keine uneingeschränkte Veräußerbarkeit liegt vor, wenn Arbeitgeber als Stillhalter der Option Vorkaufsrecht vereinbart). Da der Arbeitgeber für den ordnungsgemäßen Lohnsteuerabzug verantwortlich ist, sollte er eine verbindliche Auskunft gem. § 42 e EStG seines zuständigen Betriebsstättenfinanzamtes bez. einer gewünschten Anfangsbesteuerung seines Stock-Option-Planes einholen. Im Falle der Anfangsbesteuerung ist hinsichtlich der Bewertung auf die bekannten finanzmathematischen Modelle, wie etwa die Black-Scholes-Formel, zurückzugreifen (zur Bewertbarkeit von Optionen vgl. Deutschmann, 2000, S. 101 ff. m. w. N.; Black/Scholes, 1973, S. 637 ff.).

Bezüglich späterer Veräußerungsgewinne bestehen keine Sonderregelungen, sodass es hier bei einer Veräußerung der durch Ausübung der Option erworbenen Aktien nach Ablauf der Spekulationsfrist und einer nicht wesentlichen Beteiligung nicht zu einer neuerlichen Besteuerung kommt.

6. Bilanzierung von Stock Options nach HGB, IAS und US-GAAP

6.1 HGB

In Ermangelung expliziter Vorschriften erscheint die Bilanzierung von Aktienoptionen im deutschen Handels- und Steuerrecht weitgehend ungeklärt. Das Meinungsspektrum erstreckt sich von einer Bilanzierungspflicht, über Wahlmöglichkeiten bis hin zu Bilanzierungsverboten (vgl. u. a. Pellens/Crasselt, 1998, S. 217 ff.; Naumann, 1998, S. 1428 ff.). Die bilanzielle Behandlung der Aktienoptionen ist davon abhängig, ob diese im Rahmen einer bedingten Kapitalerhöhung ausgegeben werden, ob die Optionen mit erworbenen eigenen Aktien bedient werden, ob die Gesellschaft gekaufte Optionen an die Mitarbeiter weitergibt (Programmkauf) oder ob es sich um virtuelle Optionen handelt. Kommt man zu dem (Ent)schluss, dass Aktienoptionen bilanziert werden, stellt sich die Frage nach der Bewertung der Optionen. Da diese Problematik ebenfalls nicht gesetzlich geregelt ist, haben sich auch hier unterschiedliche Meinungen gebildet. Die beiden praxisrelevanten Möglichkeiten sind die Bewertungen mit dem inneren Wert einer Option (innerer Wert = Aktienkurs – Bezugspreis) oder die Bewertung der gesamten Option (innerer Wert und Zeitwert), der mittels finanzmathematischer Optionsbewertungsmodelle (vgl. Steiner/Bruns, 1999, S. 299 ff., S. 322 ff. und oben) zu errechnen ist.

Gewährung von Bezugsrechten auf neue Aktien i.V.m. einer bedingten Kapitalerhöhung nach § 192 Abs. 2 Nr. 3 AktG

Bei einer Gewährung von Aktienoptionen, die im Ausübungsfall durch junge Aktien aus bedingtem Kapital bedient werden, hat sich nach deutschem Recht noch keine einheitliche Bilanzierungsform durchgesetzt. Zum einem wird in der Literatur die Meinung vertreten, dass die Gesellschaft nicht zu einer Bilanzierung verpflicht ist, da die Stillhalteverpflichtung im Ausübungsfall durch die Kapitalerhöhung, also durch die jungen Aktien bedient wird (vgl. Herzig, 1999, S. 6). Somit besteht zu keiner Zeit eine bilanzielle Verpflichtung oder eine Eventualverbindlichkeit, für die eine Rückstellung gebildet werden müsste. Werden die Optionen ausgeübt, wird der vereinnahmte Bezugspreis in das Nennkapital und die Kapitalrücklage eingebucht.

Auf der anderen Seite wird die Meinung vertreten, dass die Gewährung von Aktienoptionen einer Entlohnung für zukünftige Arbeitsleistungen entspricht (vgl. Deutscher Standardisierungsrat, 2000). Somit wäre eine Verbuchung – verteilt über den Leistungszeitraum (Sperrfrist) als Personalaufwand mit gleichzeitiger Einbuchung in die Kapitalrücklage – unabdingbar, um die Ausweisung eines Scheingewinns zu vermeiden.

Gewährung von Erwerbsrechten auf Aktien, welche die Gesellschaft gem. § 71 Abs. 1 Nr. 8 AktG erwirbt

In diesem Fall liegt bis zur möglichen Ausübung ein schwebendes Geschäft vor, bei dem die Gesellschaft die Stillhalterverpflichtung aus Gesellschaftsmitteln bedienen muss. Grundsätzlich zieht dieser Schwebezustand keine bilanziellen Verpflichtungen nach sich, da die Arbeitskraft des Arbeitnehmers als Gegenleistung der Optionen anzusehen ist und Arbeitsverhältnisse als schwebende Dauerrechtsverhältnisse ebenfalls keine bilanziellen Auswirkungen zur Folge haben, solange keine Verluste drohen (vgl. Herzig, 1999, S. 9). Als Konsequenz ist zu prüfen, ob bei Einräumung der Optionen bzw. bei den Bilanzstichtagen ein Erfüllungsrückstand vorliegt (vgl. Pellens/Crasselt, 1998, S. 135). Ein Kriterium könnte der innere Wert (Aktienkurs > Bezugspreis) der Option sein. Liegt dieser Fall vor, ist der Erfüllungsrückstand als Verbindlichkeit oder als Rückstellung für Eventualverbindlichkeiten über den Personalaufwand als Gegenkonto zu bilanzieren. Falls die Gesellschaft Sicherungsinstrumente (z. B. Kauf eigener Aktien) bereits zum Bilanzstichtag erworben hat, sind diese Instrumente nach dem strengen Niederstwertprinzip im Umlaufvermögen – bei gleichzeitiger Einstellung in die Rücklage für eigene Anteile – zu aktivieren.

Programmkauf

Bei einem Programmkauf erwirbt die Gesellschaft Optionen von einem Dritten, die unter bestimmten Voraussetzungen an Mitarbeiter weitergegeben werden. Der aufgewendete Betrag für diesen Programmkauf wird dem mehrjährigen Erdienungszeitraum zugeordnet und ist als Vorleistung anzusehen. Die Kosten sind dementsprechend als Personalaufwand über die einzelnen Rechnungslegungsperioden zu verteilen (vgl. Adam-Müller/Wangler, 2001, S. 8 f.).

Virtuelle Optionen

Bei virtuellen Optionen ist das Unternehmen verpflichtet, z. B. die Differenz des Aktienkurses und des Bezugspreises im Ausübungsfall in bar zu begleichen. Da vom Grundsatz die gleichen Verpflichtungen wie bei Abschnitt 6.1.2 bestehen, ist analog zu verfahren.

6.2 IAS

Bilanziert ein Unternehmen nach IAS, ist es lediglich verpflichtet, im Anhang der Bilanz Angaben zu dem Stock-Option-Programm zu machen (IASC (1999) IAS 19, Par. 145, 146 ff.). Dort müssen u. a. die Art, Anzahl und Regelungsinhalte der Aktienoptionspläne, die angewandten Bilanzierungs- und Bewertungsmethoden, Angaben über zur Absicherung gehaltene Eigenkapitalinstrumente und bei virtuellen Optionen über den Zeitwert gemacht werden. Des Weiteren ist nach den Grundsätzen des IAS lediglich geregelt, dass alle Aktienoptionsprogramme eines Unternehmens einheitlich zu bilanzieren und zu bewerten sind und sich im Übrigen an Verlautbarungen anderer Standardsetter und anerkannter Branchenpraktiken zu orientieren haben, soweit diese mit dem IAS-Framework vereinbar sind (IASC (1999) IAS 1, Par. 22).

6.3 US-GAAP

Bilanziert ein Unternehmen nach US-GAAP sind die Regeln APB Opinion No. 25 Accounting for Stock Issued to Employees und SFAS No. 123 Accounting for stock-based Compensation einschlägig. Die neuere Regelung SFAS No. 123 ist zwar grundsätzlich die verbindlich anzuwendende Norm, bietet aber wiederum die freie Wahlmöglichkeit, weiterhin nach APB No. 25 zu bilanzieren. Demnach steht es den Unternehmen frei, ob sie einen de facto erfolgsneutralen Ausweis von Aktienoptionen präferieren (Ausweis nach APB 25) oder aus steuerlichen Gründen die Aktienoptionen in die GuV einfließen lassen. Nach einer Studie (vgl. Hees/Lüders, 2001, S. 12 ff.) bilanzierten 98 der NASDAQ-100-Unternehmen im Jahr 1999 so, dass Aktienoptionen nicht bilanzwirksam ausgewiesen worden sind. Demzufolge erscheint börsennotierten US-amerikanischen Unternehmen ein positiver Ergebnisausweis wichtiger als eine Steuerersparnis, die letztlich den Aktionären zu Gute kommt.

APB No. 25 – de facto erfolgsneutraler Ausweis

Nach APB No. 25 stellt die Ausgabe von Aktienoptionen eine Entlohnung für bereits erbrachte oder künftige Arbeitsleistungen dar. Somit besteht zwar grundsätzlich die Pflicht, die Aufwendungen für ein solches Stock-Option-Modell erfolgsmindernd als Personalaufwand zu verbuchen. Die Höhe der zu bilanzierenden Summe richtet sich allerdings nach dem inneren Wert der Optionen im Bemessungszeitpunkt. Der Bemessungszeitpunkt ist der Termin, an dem sämtliche Eigenschaften des Optionsmodells festliegen. Regelmäßig liegt zu diesem Zeitpunkt der Aktienkurs nicht über dem Bezugskurs (innerer Wert = 0), sodass eine erfolgsmindernde Bilanzierung vermieden wird.

SFAS No. 123 – erfolgsbeeinflussender Ausweis

Bei einer Anwendung der SFAS No. 123 wird der Wert einer Option ebenfalls als Entgelt für eine bereits erbrachte oder noch zu erbringende Leistung definiert. Somit fällt auch hier ein zwingend zu verbuchender Personalaufwand an. Im Unterschied zu APB No. 25 werden die Aktienoptionen jedoch mit ihrem „Fair Value" im Zeitpunkt der Optionszusage bewertet. Der „Fair Value" teilt sich in die Komponenten innerer Wert und Zeitwert, wobei bei börsennotierten Unternehmen in der Regel der Zeitwert nach dem Black-Scholes-Modell errechnet wird. Nachträgliche Änderungen (beispielsweise durch sinkende Aktienkurse) werden nicht bilanziell wirksam. Bei nicht börsennotierten Unternehmen wird der „Fair Value" mittels des Barwertkalküls oder eines Optionspreismodells geschätzt.

Literatur

Adam-Müller, A./Wangler, C.: Das Positionspapier der Arbeitsgruppe Stock Options des Deutschen Standardisierungsrates: Implikationen für Bilanzierung und Besteuerung, in: Finanz Betrieb 2001, Beilage „Kapitalmarktorientierte Rechnungslegung" Nr. 1/2001, S. 1 ff.

Baeck, U./Diller, M.: Arbeitsrechtliche Probleme bei Aktienoptionen und Belegschaftsaktien, in: Der Betrieb 1998, S. 1405 ff.

BAWe, Insiderrechtliche Behandlung von Aktienoptionsprogrammen für Führungskräfte – Schreiben des Bundesaufsichtsamtes für den Wertpapierhandel an die Vorstände der börsennotierten Aktiengesellschaften vom 1.10.1997.

Black, F./Scholes, M.: The Pricing of Options and Corporate Liabilities, Journal of Political Economy 1973, S. 637 ff.

von Bredow, F.: Aktienwertsteigerungsrechte (stock appreciation rights): Virtuelle Kapitalbeteiligungen für Führungskräfte und Mitarbeiter, in: Finanz Betrieb 1999, S. 232 ff.

Buhr, M./Radtke, S.: Internationale Aktienoptionspläne und deren arbeitsrechtliche Behandlung in Deutschland, in: Der Betrieb 2001, S. 1882 ff.

Deutscher Standardisierungsrat: Positionspapier: Bilanzierung von Aktienoptionen und ähnlichen Entlohnungsformen, Berlin 2000.

Deutschmann: Vergütungshalber gewährte Aktienoptionen im deutschen und US-amerikanischen Steuerrecht, 2000.

Hees, D./Lüders, E.: Mitarbeiteroptionen steigern den ausgewiesenen Gewinn: Eine Studie der NASDAQ 100, in: Finanz Betrieb 2001, Beilage „Kapitalmarktorientierte Rechnungslegung", Nr. 1/2001, S. 12 ff.

Herzig, N.: Steuerliche und Bilanzielle Probleme bei Stock Options und Stock Appreciation Rights, in: Der Betrieb 1999, S. 6 ff.

Herzig, N./Lochmann, U.: Der Besteuerungszeitpunkt von Stock Options, in: Der Betrieb 2001, S. 1436 ff.

Hüffer, U.: Aktiengesetz, München 1999.

Jacobs, O./Portner, R.: Die steuerliche Behandlung von Stock Option-Plans in Deutschland, in: Achleitner/Wollmert (Hrsg.), Stock Options, Stuttgart 2000, S. 173 ff.

Langner, S./Bursee, M.: Aktienoptionsprogramme aus Sicht der Aktionäre, Studie PwC Deutsche Revision, 2001.

Leuner, R./Radschinsky, S.: Duale Stock-Option-Modelle als effektiver Weg zur Bindung und Motivation von Mitarbeitern in Deutschland und in USA, in: Finanz Betrieb 2001, S. 362 ff.

Löhr, A.: Börsengang, Stuttgart 2000, insbes. S. 132 ff.

Löwe, C./Sieber, U.: Erfahrungen mit dem Einsatz von Stock Option-Plänen – Die Reaktion des Kapitalmarktes, in: Achleitner/Wollmert (Hrsg.), Stock Options, Stuttgart 2000, S. 47 ff.

Mechlem, H.-P./Melms, C.: Verfall- und Rückzahlungsklauseln bei Aktienoptionsplänen, in: Der Betrieb 2000, S. 1614 ff.

Müssener, I./Prahs, H.: Die Besteuerung von Aktienoptionen im internationalen Vergleich, in: BMF Volks- und Finanzwirtschaftliche Berichte – Spezielle Fragen der Steuerpolitik, Dez. 2000, S. 6 ff.

Naumann, T.: Zur Bilanzierung von Stock Options – Replik auf den Beitrag von Pellens/Crasselt, in: Der Betrieb 1998, S. 1428 ff.

Oltmanns, M.: Stock Options für Aufsichtsräte?, in: Achleitner/Wollmert (Hrsg.), Stock Options, Stuttgart 2000, S. 213 ff.

Pellens, B./Crasselt, N.; Bilanzierung von Stock Options, in: Der Betrieb 1998, S. 217 ff.

– Aktienkursorientierte Entlohnungsinstrumente im Jahresabschluss, in: Pellens (Hrsg.), Unternehmenswertorientierte Entlohnungssysteme, Stuttgart 1998, S. 125 ff.

Steiner, M./Bruns, C.: Wertpapiermanagement, Stuttgart 1999.

Zimmer, L.: Die Ausgabe von Optionsrechten an Mitglieder des Aufsichtsrats und externe Berater, in: Der Betrieb 1999, S. 999 ff.

Mitarbeiterbeteiligung und Altersvorsorge: Das Partnerschaftsmodell

Heidi Mahr

Bislang wurde davon ausgegangen, dass die Mitarbeiterbeteiligung nicht für die private Altersvorsorge nutzbar gemacht werden könne. Es wurde argumentiert, diese beiden Institute seien zu konträr. Die Mitarbeiterbeteiligung ist naturgemäß mit einem Risiko behaftet. Wie viel Geld dem Mitarbeiter zu einem bestimmten Auszahlungszeitpunkt, z. B. zum Zeitpunkt des Renteneintritts, zur Verfügung steht, hängt bei der Mitarbeiterbeteiligung von dem Erfolg des Unternehmens zu diesem Zeitpunkt ab – und kann schlechtestenfalls auch Null sein. Demgegenüber soll die Altersvorsorge gerade einen sicheren Kapitalstock im Rentenzeitpunkt bieten. Es wurde daher stets eingewendet, dass sich der Arbeitnehmer bei der Mitarbeiterbeteiligung gerade nicht darauf verlassen könne, hierdurch hinreichendes Kapital im Alter zur Verfügung zu haben, das seine Versorgung absichert.

Die AGP hat nun im Jahr 2000 und verstärkt im Jahr 2001 unter Einbeziehung der Versicherungswirtschaft ein Modell zur Verbindung von Mitarbeiterbeteiligung und privater Altersvorsorge entwickelt. Das Modell verbindet zwei schon immer bekannte Elemente: die Mitarbeiterbeteiligung einerseits und Versicherungsverträge andererseits. Neu ist die Kombination dieser beiden Elemente und die daraus resultierenden Folgen sowie die Möglichkeit, bei hinreichender Gestaltung für dieses Modell u. U. Förderungen im Rahmen der Riester-Reform zu erhalten. Das Modell trägt den Namen „Partnerschaftsmodell", weil Arbeitgeber, Arbeitnehmer und Versicherung eine Partnerschaft bilden sollen.

Im Folgenden werden zunächst die für das Partnerschaftsmodell wesentlichen Neuerungen im Rentensystem durch die Riester-Reform sowie anschließend das Partnerschaftsmodell selbst vorgestellt:

1. Das deutsche Rentensystem beruhte bislang auf der Solidarität einer sozialen Gemeinschaft. Die Erwerbstätigen zahlen in die Rentenversicherung ein; die Pensionäre erhalten ihre Pensionen aus diesem so geschaffenen Topf der Rentenversicherung. Es wurde sozusagen „aus der Hand in den Mund" gelebt. Eine kapitalgedeckte Altersversorgung, bei der der für den Einzelnen im Alter auszubezahlende Betrag zunächst durch diesen Einzelnen angespart und angesammelt werden muss, bestand in der gesetzlichen Rentenversicherung bislang nicht.

   Da sich die Alterspyramide verschoben hat, sind die Rentenkassen nun überlastet. Die Menschen werden immer älter und beziehen immer länger Rente. Gleichzeitig werden immer weniger Kinder geboren, sodass es immer weniger Beitragszahlende gibt.

Um die gesetzlichen Rentenkassen zu entlasten und eine zusätzliche private Altersversorgung aufzubauen, will die Riester-Reform die kapitalgedeckte Privatvorsorge des Einzelnen fördern.

Die private Altersvorsorge kann bestehen in Rentenversicherungen, die eine lebenslange Rente gewähren, Lebensversicherungen, Fonds- und Banksparplänen, betrieblicher Altersversorgung, Altersversorgung im Wege der Gehaltsumwandlung, Investitionen in Pensionsfonds, ferner Aktien, Immobilien etc., also alles, was einen Kapitalstock im Alter bringt. Allerdings sind nicht alle Anlageformen förderungswürdig unter dem Riester-Konzept.

Am 11.5.2001 hat der Bundesrat dem „Gesetz zur Reform der gesetzlichen Rentenversicherung und zur Förderung eines kapitalgedeckten Altersvorsorgevermögens – Altersvermögensgesetz – AVmG" zugestimmt. Das AVmG selbst ist kein geschlossenes Gesetz, sondern es beinhaltet eine Vielzahl von Änderungen und Ergänzungen bestehender und neu geschaffener Gesetze, insbesondere des EStG und des Altersvorsorgeverträge-Zertifizierungsgesetzes (AltZertG).

Das AVmG fördert Anlageformen, die im Alter eine Absicherung durch lebenslange, ratenweise Leistungen bieten. Entscheidend ist, dass im Zeitpunkt des Eintritts in die Rente nicht ein Einmalbetrag ausbezahlt wird, sondern ratierliche Versorgungsleistungen bis zum Lebensende erfolgen.

Betreibt der Einzelne private Altersvorsorge im Sinne des AVmG, wird zunächst eine Zulage gezahlt (§ 83 EStG). Die Zulage setzt sich zusammen aus einer Grundzulage (§ 84 EStG) und gegebenenfalls einer Kinderzulage (§ 85 EStG). Die Grundzulage beträgt nach dem derzeitigen Gesetzesstand in den Jahren
- 2002 und 2003: 38 €
- 2004 und 2005: 76 €
- 2006 und 2007: 114 €
- ab 2008 jährlich: 154 €

Die Kinderzulage beträgt für jedes Kind:
- 2002 und 2003: 46 €
- 2004 und 2005: 92 €
- 2006 und 2007: 138 v
- ab 2008 jährlich: 185 €

Die Zulage muss gemäß § 89 EStG beantragt werden.

Zudem können die Altersvorsorgebeiträge im Sinne des § 82 EStG als Sonderausgaben abgezogen werden. Als abzugsfähige maximale Beträge sieht der nun eingeführte § 10 a EStG nach dem derzeitigen Gesetzesstand vor:
- 2002 und 2003: 525 €
- 2004 und 2005: 1.050 €

- 2006 und 2007: 1.575 €
- ab 2008 jährlich: 2.100 €

Werden diese Vergünstigungen für die Altersvorsorgebeiträge in Anspruch genommen, ist die im Alter auszuzahlende Rente voll zu versteuern. Es wird also nicht nur Steuer auf den Ertragsteil der Rente erhoben, wie dies beispielsweise bei der gesetzlichen Rente der Fall ist, sondern auch auf den Kapitalanteil.

Gefördert werden nur solche Anlageformen, die einen Altersvorsorgevertrag im Sinne des § 1 Abs. 1 AltZertG darstellen. Hierfür sind nach dem AltZertG elf Voraussetzungen erforderlich:

(1) Der Arbeitnehmer muss in der Ansparphase laufend freiwillige Aufwendungen, sog. Altersvorsorgebeiträge, erbringen.
(2) Die Leistungen zur Altersversorgung dürfen nicht vor Vollendung des 60. Lebensjahres oder dem Beginn einer Altersrente aus der gesetzlichen Rentenversicherung ausgezahlt werden (Beginn der Auszahlungsphase).
(3) Der Anbieter muss zusagen, dass zu Beginn der Auszahlung mindestens die eingezahlten Altersvorsorgebeiträge für die Auszahlung zur Verfügung stehen (eine Verzinsung ist nicht erforderlich).
(4) Die Auszahlung ab Beginn der Auszahlungsphase muss in Form einer lebenslangen (gleich bleibenden oder steigenden) monatlichen Leibrente oder eines Auszahlungsplans erfolgen.
(5) Falls ein Auszahlungsplan vereinbart wird, müssen für diesen die Voraussetzungen des § 1 Abs. 1 Nr. 5 AltZertG erfüllt sein.
(6) Es kann eine ergänzende Hinterbliebenenabsicherung vorgesehen werden.
(7) Die Altersvorsorgebeiträge, die erwirtschafteten Erträge und Veräußerungsgewinne müssen in
    - Rentenversicherungen oder Kapitalisierungsprodukten im Sinne des Versicherungsaufsichtsgesetzes,
    - Bankguthaben mit Zinsansammlung oder Investmentfonds unter bestimmten Bedingungen oder
    - Anteilen an bestimmten in- und ausländischen thesaurierenden oder ausschüttenden Investmentfonds

    angelegt werden. Insbesondere zu diesen Voraussetzungen der Förderungswürdigkeit wird es für das Partnerschaftsmodell maßgeblich auf die Gestaltung im Einzelfall und auf die Zertifizierung durch die Zertifizierungsstelle ankommen (hierzu unten Ziff. 2).
(8) Die für den Altersvorsorgevertrag entstehenden Abschluss- und Vertriebskosten müssen über einen Zeitraum von mindestens zehn Jahren in gleichmäßigen Jahresbeträgen verteilt werden, soweit sie nicht als Prozentsatz von den Altersvorsorgebeiträgen abgezogen werden.

(9) Der Anbieter muss sich verpflichten, den Arbeitnehmer jährlich schriftlich über die Verwendung der eingezahlten Altersvorsorgebeträge, das bisher gebildete Kapital, die einbehaltenen anteiligen Abschluss- und Vertriebskosten, die Kosten für die Verwaltung des gebildeten Kapitals, die erwirtschafteten Erträge sowie bei Umwandlung eines bestehenden Vertrags in einen Altersvorsorgevertrag über die bis zum Zeitpunkt der Umwandlung angesammelten Beiträge und Erträge zu informieren.

(10) Der Arbeitnehmer muss während der Ansparphase das Recht haben,
- den Vertrag ruhen zu lassen,
- den Vertrag mit einer Frist von drei Monaten zum Ende eines Kalendervierteljahres zu kündigen, um das gebildete Kapital auf einen anderen auf seinen Namen lautenden Altersvorsorgevertrag desselben oder eines anderen Anbieters übertragen zu lassen oder
- mit einer Frist von drei Monaten zum Ende eines Kalendervierteljahres die teilweise oder vollständige Auszahlung des gebildeten Kapitals für eine Investition in eine förderungswürdige Immobilie zu verlangen.

(11) Die Abtretung oder Übertragung von Rechten aus dem Altersvorsorgevertrag an Dritte muss ausgeschlossen sein.

Um eine Förderung zu erlangen, muss das jeweilige Anlagemodell, auf das sich der Altersvorsorgevertrag bezieht, zertifiziert sein. Hierfür wurde eine Zertifizierungsstelle eingerichtet. Im Rahmen des Zertifizierungsverfahrens stellt die Zertifizierungsstelle auf Antrag fest, ob die Vertragsbedingungen des jeweiligen Altersvorsorgevertrages den oben genannten elf Kriterien entsprechen.

2. Das Partnerschaftsmodell soll grundsätzlich für alle Formen der Mitarbeiterbeteiligung im weitesten Sinne verwendbar sein. Es soll sowohl für rein schuldrechtliche Beteiligungen der Mitarbeiter am Unternehmenserfolg (also Mitarbeiterbeteiligung ohne Kapitalbeteiligung und ohne gesellschaftsrechtliche Teilhaberschaft am Unternehmen) nutzbar sein, wie z. B. Mitarbeiterdarlehen, Einbehaltung und erfolgsabhängige Verzinsung von Sondervergütungen, Schuldverschreibungen, Genussscheine und Genussrechte etc. Ferner soll das Modell auch bei echten gesellschaftsrechtlichen Mitarbeiterbeteiligungen, z. B. in Form von Aktien oder Aktienoptionen, eingesetzt werden können. Alle diese Formen der Mitarbeiterbeteiligung sollen dazu dienen, die Mitarbeiter enger an das Unternehmen anzubinden, die Eigeninitiative und das Verantwortungsbewusstsein der Mitarbeiter zu stärken, ihr Engagement und ihren unternehmerischen Geist zu fördern und damit letztlich den Erfolg und die Gewinne des Unternehmens zu steigern. Durch die Mitarbeiterbeteiligung sollen die Mitarbeiter Unternehmer im Unternehmen werden. Durch das Partnerschaftsmodell sollen sie gleichzeitig private Altersvorsorge betreiben, die gegebenenfalls auch nach den Voraussetzungen der Riester-Reform förderungswürdig ist. Das Partnerschaftsmodell gestaltet sich wie folgt:

Der Mitarbeiter stellt einen bestimmten Betrag seines Einkommens jährlich für das Partnerschaftsmodell zur Verfügung, z. B. 1.000 pro Jahr. Dieser Betrag wird gesplittet: Ein Teil dieses Betrages (z. B. 700 €) fließt unmittelbar in die Mitarbeiterbeteiligung und damit in das Unternehmen. Der andere Teil (z. B. 300 €) wird in eine Versicherung einbezahlt. Durch den Abschluss dieser Versicherung wird abgesichert, dass die vom Mitarbeiter insgesamt bereitgestellten Beträge (in dem Beispiel 1.000 € pro Jahr) zum Zeitpunkt des Eintritts in die Altersrente garantiert zur Auszahlung zur Verfügung stehen. Dies wird in der Regel durch Abschluss einer Direktversicherung oder einer sonstigen Versicherungsform geschehen. Damit wären die Anforderungen von § 1 Abs. 1 Satz 1 Nr. 3 AltZertG berücksichtigt.

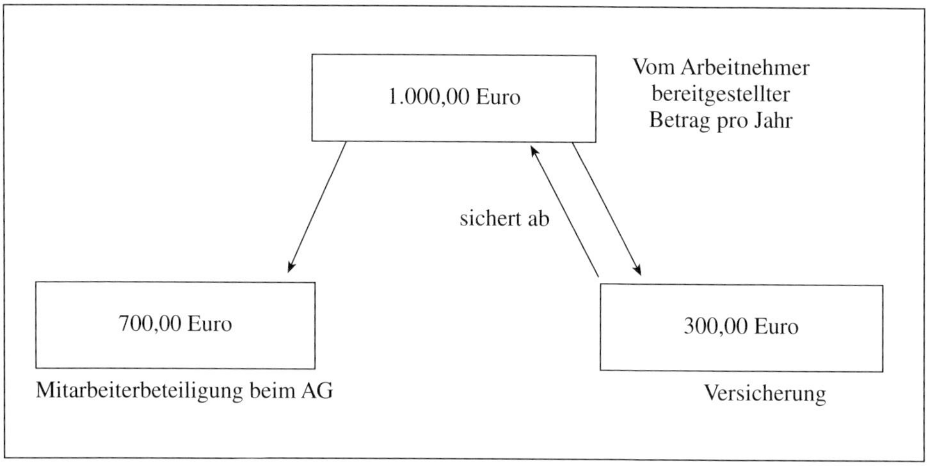

Das Verhältnis der beiden Betragsanteile richtet sich nach dem Alter und der Dauer der Betriebszugehörigkeit des Mitarbeiters: Je nach Alter zahlt der Mitarbeiter etwa zwischen 30 Prozent und 70 Prozent seines für das Partnerschaftsmodell bereitgestellten Gesamtbetrages in die Versicherung ein. Je älter der Mitarbeiter ist, desto höher wird der Beitragsanteil für die Versicherung sein. Dieser Beitrag ist erforderlich, aber auch ausreichend, um durch die Versicherung die vollen, vom Mitarbeiter aufgewendeten Beträge zur Auszahlung im Rentenzeitpunkt sicherzustellen.

Da die Versicherung durch die Beitragszahlungen in der Regel einen Überschuss (durch Anlagen, Verzinsungen etc.) erwirtschaftet, verringert sich in den Folgejahren der Aufwand, der zur Sicherung des vom Mitarbeiter bereitgestellten Gesamtbetrages notwendig ist. Dies führt dazu, dass sich die vom Mitarbeiter tatsächlich zu zahlenden Versicherungsbeiträge im Laufe der Zeit reduzieren. Die dementsprechend verbleibenden Beträge werden dann nicht mehr der Versicherung, sondern dem Arbeitgeber im Rahmen der Mitarbeiterbeteiligung zugeführt. Folge ist, dass sich im Laufe der Jahre der vom Mitarbeiter für das Partnerschaftsmodell bereitgestellte Betrag zugunsten der Mitarbeiterbeteiligung verschiebt.

Das Partnerschaftsmodell bewirkt:

- Der Mitarbeiter erhält im Falle der Insolvenz/Unternehmensstillegung/sonstiger Umstände im Hinblick auf die Zahlungsfähigkeit des Arbeitgebers in jedem Fall den Gesamtbetrag der von ihm aufgewendeten Beträge zum Zeitpunkt der Altersrente von der Versicherung ausbezahlt.

- Der Mitarbeiter erhält – im Falle des Erfolges des Unternehmens – zusätzlich die Erträge aus der Mitarbeiterbeteiligung.
- Verlässt der Mitarbeiter vorzeitig das Unternehmen des Arbeitgebers, nimmt er die Versicherung mit und kann sie ggf. bei einem neuen Arbeitgeber einbringen, sofern auch dieser ein Mitarbeiter-Beteiligungsmodell anbietet. Sollte dies nicht der Fall sein, kann der Mitarbeiter die Versicherungsbeiträge selbst weiterbezahlen wie bisher oder das gebildete Kapital auf einen anderen Altersvorsorgevertrag übertragen oder den Versicherungsvertrag ruhend stellen. Hinsichtlich der Mitarbeiterbeteiligung beim alten Arbeitgeber gelten die für den Fall des Ausscheidens mit dem Arbeitnehmer in dem jeweiligen Mitarbeiter-Beteiligungsmodell getroffenen Regelungen.
- Im Falle des Todes des Mitarbeiters können die Erben den Ertrag aus den geleisteten Versicherungsbeiträgen und der Mitarbeiterbeteiligung erhalten, soweit dies gesetzlich zulässig ist.
- Bei Eintritt in die Altersrente erfolgt die Auszahlung des Versicherungskapitals und des angesammelten Mitarbeiter-Beteiligungskapitals in Form einer lebenslangen Leibrente im Rahmen einer Rentenversicherung.

Das Partnerschaftsmodell kann den elf Kriterien in § 1 Abs. 1 Satz 1 AltZertG wie folgt entsprechen:

(1) Der Mitarbeiter erbringt laufend Eigenbeiträge sowohl in die Versicherung als auch in die Mitarbeiterbeteiligung aus seinem Einkommen.

(2) Es wird eine Vereinbarung getroffen, wonach die Auszahlungsphase sowohl hinsichtlich der Mitarbeiterbeteiligung als auch hinsichtlich des Versicherungskapitals nicht vor Vollendung des 60. Lebensjahres oder dem Beginn einer Rente wegen Alters beginnt.

(3) Die Versicherung verpflichtet sich, aufgrund der eingezahlten Versicherungsbeiträge zu Beginn der Auszahlungsphase mindestens die insgesamt für das Partnerschaftsmodell aufgewendeten Beträge zur Verfügung zu stellen.

(4) Die Auszahlung des sich sowohl aus der Mitarbeiterbeteiligung als auch aus der Versicherung ergebenden Kapitals erfolgt in Form einer lebenslangen gleich bleibenden oder steigenden monatlichen Leibrente oder eines entsprechenden Auszahlungsplans.

(5) Im Falle eines Auszahlungsplans werden die Voraussetzungen des § 1 Abs. 1 Satz 1 Nr. 5 AltZertG erfüllt.

(6) Die Vereinbarung einer ergänzenden Hinterbliebenenabsicherung ist möglich.

(7) Das Partnerschaftsmodell mit Mitarbeiterbeteiligung muss unter die Anlageformen in § 1 Abs. 1 Satz 1 Nr. 7 AltZertG subsumiert werden können. Hierfür wird im Einzelfall die Zertifizierung des jeweiligen Modells nach dem AltZertG ausschlaggebend sein.

(8) Die für das Partnerschaftsmodell anfallenden Abschluss- und Vertriebskosten werden über einen Zeitraum von mindesten zehn Jahren in gleichmäßigen Jahresbeträgen verteilt bzw. als Vomhundertsatz von den vom Mitarbeiter aufgebrachten Beträgen abgezogen.

(9) Arbeitgeber und Versicherung informieren den Arbeitnehmer jährlich schriftlich über die Verwendung der eingezahlten Beträge, das bisher gebildete Kapital, die einbehaltenen anteiligen Abschluss- und Vertriebskosten, die Kosten für die Verwaltung des gebildeten Kapitals, die erwirtschafteten Erträge, bei Umwandlung eines bestehenden Vertrages in einen Altersvorsorgevertrag über die bis zum Zeitpunkt der Umwandlung angesammelten Beiträge und Erträge sowie über die Berücksichtigung ethischer, sozialer und ökologischer Belange.

(10) Der Arbeitnehmer hat einen Anspruch, den Versicherungsvertrag ruhen zu lassen oder mit einer Frist von drei Monaten zum Ende eines Kalendervierteljahres zu kündigen, um das gebildete Kapital auf einen anderen auf seinen Namen lautenden Altersvorsorgevertrag desselben oder eines anderen Anbieters übertragen zu lassen oder um es an sich zur Verwendung für eine eigenen Wohnzwecken dienende Immobilie auszahlen zu lassen. Durch den anderen Altersvorsorgevertrag können ggf. die vom Mitarbeiter für die Mitarbeiterbeteiligung bereitgestellten Beträge wiederum im Auszahlungszeitpunkt abgesichert werden.

(11) Mit dem Arbeitnehmer wird vereinbart, dass die Abtretung oder Übertragung der Forderungen und Rechte aus dem Versicherungsvertrag an Dritte ausgeschlossen ist.

Letztlich wird es für die Förderungswürdigkeit des jeweiligen Modells auf die Beurteilung durch die Zertifizierungsstelle im Einzelfall ankommen. Allerdings kann das Partnerschaftsmodell auch außerhalb der Förderungskriterien des AltZertG und damit außerhalb der Förderung durch die Riester-Reform durchgeführt werden. Das Partnerschaftsmodell kann nutzbar gemacht werden, um einen Anreiz für Mitarbeiterbeteiligung im Unternehmen zu schaffen.

Dies insbesondere in Unternehmen, die bereits ein Mitarbeiterbeteiligungsprogramm haben, dieses in Zukunft ausbauen wollen und gleichzeitig innovative Modelle für die private Altersvorsorge anbieten möchten. Ein Einstieg in die Mitarbeiterbeteiligung kann das Partnerschaftsmodell aber auch bei Unternehmen sein, die bislang keine Mitarbeiterbeteiligung haben und diese nun im Zuge ihrer Angebotspalette von Altersvorsorgemodellen einführen wollen. Die jeweilige Ausgestaltung wird von den Gegebenheiten im Unternehmen, der Anzahl der Arbeitskräfte, der Struktur der Belegschaft, insbesondere der Altersstruktur der Arbeitnehmer, der Art der Mitarbeiterbeteiligung, den Intentionen des Unternehmens und den Unternehmensrichtlinien sowie gesellschaftsrechtlichen und steuerlichen Gegebenheiten abhängen. Dies obliegt letztlich, soweit gesetzlich zulässig, der Vertragsgestaltung durch die Parteien. Ziel und Aufgabe des Modells ist es, bestehende Elemente, nämlich Mitarbeiterbeteiligung und Altersvorsorge, innovativ miteinander zu verknüpfen, die Partnerschaft zwischen Arbeitgeber und Arbeitnehmer zu stärken, Kapital in das Unternehmen zu bringen, den Mitarbeitern im Rahmen der Mitarbeiterbeteiligung eine Teilhabe am Unternehmenserfolg zu gewähren, gleichzeitig eine Möglichkeit für den Mitarbeiter zur privaten Altersvorsorge zu schaffen, das üblicherweise die Mitarbeiterbeteiligung begleitende Verlustrisiko durch eine Versicherung aufzufangen und schließlich – nach Möglichkeit – die Förderungen der Riester-Reform in Anspruch zu nehmen.

Stakeholder Society des 21. Jahrhunderts

Siegmar Mosdorf

Die Einführung der sozialen Marktwirtschaft in Deutschland nach dem Zweiten Weltkrieg war zugleich eine Entscheidung gegen die kommunistisch geprägte Planwirtschaft und auch gegen den reinen Manchesterkapitalismus. Diese Entscheidung bedeutete die Hinwendung zu einer Marktwirtschaft, allerdings mit sozialer Ausprägung. Ein Kernanliegen war es – und ist es auch noch heute – die Bevölkerung möglichst weitgehend an den Produktionsmitteln zu beteiligen. Diese Aufgabe wurde seinerzeit dadurch angegangen, dass die Bundesrepublik Deutschland teilweise von ihr gehaltene Anteile an Unternehmen sowohl nach marktwirtschaftlichen als auch nach sozialen Überlegungen veräußerte. Damit entstand die Volksaktie. Mit ihr war der erste Schritt getan, um breite Kreise der Bevölkerung am Produktionsvermögen zu beteiligen. Man kann durchaus sagen, dass dieser Schritt gelungen ist. Denn nicht nur die Beteiligung neuer sozialer Schichten am Produktionsvermögen wurde erreicht. Die Bevölkerung wurde auch – erfolgreich – an die Aktie als Instrument der Kapitalanlage und der Finanzierung herangeführt. Diese Entwicklung hat sich fortgesetzt. Eine Untersuchung des Deutschen Aktieninstitutes vom August 2001 zeigt, dass die Zahl der Aktionäre – neuerdings auch shareholder genannt – gerade in den letzten Jahren stark zugenommen hat.

So stieg die Zahl der direkten Aktionäre von 3,9 Millionen im Jahre 1997 auf 6 Millionen im ersten Halbjahr des Jahres 2001, ein Anstieg um rund 50 Prozent. Die Zahl der indirekten Aktionäre, also der Fondsbesitzer, stieg im gleichen Zeitraum von 1,7 Millionen auf 7,5 Millionen, ein Anstieg um rund 350 Prozent.

Im ersten Halbjahr 2001 besaßen 13,4 Millionen Personen Anteile an Unternehmen, das entspricht rund 17 Prozent der Bevölkerung. Hält man sich zudem noch vor Augen, dass in dem genannten Zeitraum die Kurse gefallen sind, so ist die erreichte Zahl direkter und indirekter Aktionäre umso bemerkenswerter. Abzuwarten bleibt allerdings, wie sich die jüngste Kursentwicklung langfristig auf die genannten Zahlen auswirken wird.

Von den 6 Millionen direkter Aktionäre im ersten Halbjahr 2001 besaßen 979.000 ausschließlich Belegschaftsaktien und 625.000 sowohl Belegschafts- als auch andere Aktien. Von 1988 bis 2001 stieg die Anzahl der Belegschaftsaktionäre um 47,3 Prozent auf 1,6 Millionen.

Der Anteil der Belegschaftsaktionäre, die auch andere Aktien besitzen, an der Gesamtzahl der Belegschaftsaktionäre ist von 18 Prozent im Jahr 1988 auf 39 Prozent im ersten Halbjahr 2001 gestiegen. Diese Zahl zeigt die herausragende Bedeutung der Ausgabe von Belegschaftsaktien für die Etablierung der Aktie als Kapitalanlage insgesamt. Auf die Belegschaftsaktie will ich hier allerdings nicht näher eingehen, denn dies wird an anderer Stelle dieser Festschrift getan.

Schon vor der Einführung der sozialen Marktwirtschaft war bei Teilen der Unternehmerschaft durchaus ein Bewusstsein dafür vorhanden, dass sie für die bei ihnen Beschäftigten Verantwortung tragen und dass sich darüber hinaus diese Verantwortung auch auf das Gemeinwesen erstreckt, in dem ihr Unternehmen tätig ist. Ich will hier für Deutschland nur an die Krupp'schen Stiftungen erinnern. In den Vereinigten Staaten war und ist das Stiftungswesen weitaus ausgeprägter als in Deutschland mit der Folge, dass dort z. B. der Kulturbetrieb ohne Stiftungen gar nicht denkbar wäre. Allerdings sind die kulturellen Aktivitäten der Staaten um ein erhebliches geringer als bei uns. Es gab also schon früh Ansätze im Unternehmertum, sich in sozialen und kulturellen Bereichen zu engagieren.

In jüngerer Zeit wächst bei vielen Unternehmen die Erkenntnis, dass es nicht mehr ausreicht, sozial oder kulturell tätig zu sein. Es geht vielmehr in einem umfassenden Ansatz darum, eine Geschäftspolititk zu verfolgen, mit der die Interessen aller Personen oder Institutionen berücksichtigt werden, die an dem Geschick des Unternehmens teilhaben. Für diese Gruppe hat sich der Begriff des stakeholder eingebürgert. Dazu zählen in erster Linie die unmittelbar vom Unternehmen Abhängigen, die Inhaber oder Aktionäre des Unternehmens und dessen Mitarbeiter. Weiter zählen zu den stakeholdern die Kunden des Unternehmens, seine Lieferanten und die Fremdkapital gebenden Kreditinstitute. Ihnen allen ist gemeinsam, dass sie dem Unternehmen entweder durch Verträge oder durch Rechtsstellung (Aktionär oder Teilhaber) verbunden sind.

In der Diskussion ist die Frage, ob auch solche Personen und Institutionen zu den Stakeholdern zu zählen sind, die ohne vertragliche Beziehung zu dem Unternehmen dennoch von dessen Wohlergehen abhängen. Zu denken ist hier an den örtlichen Handel, aber auch an den Staat. Letzterer hängt sicherlich aufgrund der Steuereinnahmen, die er von einem Unternehmen erhält, von dessen Wohlergehen zumindest teilweise ab. Auch der örtliche Handel ist vom Unternehmen abhängig, da bei einem Rückgang der wirtschaftlichen Aktivitäten oder gar der Insolvenz die Kaufkraft der entlassenen Mitarbeiter und ihrer Familien wegfällt. Letztlich ist ein derart weit gefasster Stakeholder-Begriff jedoch nicht hilfreich.

Die Diskussion hierüber kann auch an dieser Stelle nicht vertieft werden. Die systematische Berücksichtigung der Interessen derer, die keine vertraglichen Beziehungen zu einem Unternehmen haben, würde dieses vor unlösbare Probleme stellen. Es würde darauf hinauslaufen, dass das Unternehmen es allen recht machen müsste, was sprichwörtlich keiner kann. Im Übrigen ist zu bedenken, dass kein Unternehmen sein Geschäftsgebaren auf einen derart weit gefassten Kreis von Interessenten ausrichten könnte. Man könnte es kurz auch so ausdrücken: Kein Unternehmen arbeitet allein mit dem Ziel, Steuern zu bezahlen.

Die Geschäftspolitik eines Unternehmens, das die Interessen der stakeholder in dem von mir dargelegten Sinne verfolgt, geht dennoch weit über den Shareholder-Value-Ansatz hinaus. Während eine am shareholder value orientierte Unternehmensführung allein das Ziel vor Augen hat, den Wert des Unternehmens für den Aktionär zu vergrößern, berücksichtigt eine Stakeholder-Value-Politik auch andere Interessen. Mit dem Wort „auch" will ich verdeutlichen, dass eine Stakeholder-Politik selbstverständlich ebenfalls die Interessen der shareholder, der

Aktionäre und Gesellschafter, zu berücksichtigen hat. Denn nur ein florierendes Unternehmen kann die Interessen aller stakeholder, einschließlich der shareholder, befriedigen. Die Berücksichtigung der Shareholder-Interessen ist zudem in der globalisierten Welt ein Muss, da gerade internationale Kapitalanleger auf renditeträchtige Engagements achten. Ebenfalls ein Muss ist aber auch die Berücksichtigung der Interessen der Arbeitnehmer, weil das Wohlergehen eines Unternehmens nicht nur von den Kapitalgebern, sondern vor allem auch von dem Können seiner Mitarbeiter abhängt.

Die Berücksichtigung dieser Mitarbeiterinteressen kann über die gerechte Verteilung der Einkommen hinaus am besten durch eine Beteiligung am Unternehmen geschehen. Indem man die Mitarbeiter am Unternehmen beteiligt, sei es in Form von Aktien oder sonstigen verbrieften Rechten, wird der Arbeitnehmer nicht nur Anteilseigner (shareholder) sondern seine Arbeitnehmerfunktion wird um seinen Wert als Beteiligter des Unternehmens erweitert, in dem er arbeitet. Dies hat eine höhere Motivation des Arbeitnehmers zur Folge, was sowohl dem Unternehmen als auch dem Arbeitnehmer als shareholder zugute kommt. Wenn es auch vielfach aufgrund der Gesellschaftsform des Unternehmens nicht möglich ist, allen Arbeitnehmern Anteile an *ihrem* Unternehmen zu verschaffen, so kann in solchen Fällen doch die Möglichkeit gegeben sein, sich an anderen Unternehmen zu beteiligen. Diese Beteiligung der Arbeitnehmer am Produktivkapital erhöht auch die Akzeptanz für die soziale Marktwirtschaft. Den Arbeitnehmern muss freie Hand gelassen werden, ob und in welcher Form sie sich am Produktivvermögen beteiligen. Allein die Freiheit der Entscheidung entspricht dem Leitbild des mündigen und selbst bestimmenden Menschen. Um dem Arbeitnehmer diese Beteiligung am Produktivkapital zu ermöglichen, sind sowohl vermögenspolitische als auch steuerliche Fördermaßnahmen erforderlich.

Ein Thema, das in diesem Zusammenhang besondere Bedeutung hat, ist die Besteuerung von Mitarbeiter-Aktienoptionen. Sie geben dem Mitarbeiter das Recht, Aktien des Arbeitgeberunternehmens zu einem späteren Zeitpunkt zu einem von vornherein festgelegten Preis zu erwerben (Kaufoption). Ob der Berechtigte für die Gewährung der Kaufoption ein Entgelt zu entrichten hat, unterliegt der Individualvereinbarung.

Gerade die Mitarbeiter-Aktienoption trägt in besonderer Weise dazu bei, dass sich der Mitarbeiter mit seinem Unternehmen identifiziert und sich für dieses stark engagiert, um dessen Wert und den Kurs der Aktien zu steigern; denn nur in diesem Fall kann er von der Aktienoption profitieren. Dieser von der Mitarbeiter-Aktienoption ausgehende Motivationsschub sollte nicht durch übermäßige Steuern belastet werden. Sicherlich ist die Option zu besteuern. Die Frage ist nur zu welchem Zeitpunkt, ob bei der Einräumung oder der Ausübung der Option. Hier ist es durchaus denkbar, dass dem Optionshalter die Wahl de facto überlassen bleibt. Da der Optionsinhaber praktisch ein aufschiebend bedingter Gesellschafter ist, wäre es vorstellbar, Gewinne aus der Ausübung der Aktienoption als Einkünfte aus Kapitalvermögen zu versteuern. Die Konsequenz daraus wäre, dass keine Sozialabgaben auf die Einkünfte zu zahlen wären. Ein weiterer denkbarer Weg wäre auch ein gesonderter Freibetrag für Erträge aus Anlagen in das Produktivkapital.

Die Mitarbeiter-Aktienoption ist ein gutes Beispiel für den beiderseitigen Nutzen dieses Instrumentes. Der Mitarbeiter hat die Perspektive eines Gewinnes und das Unternehmen kann übertarifliche Lohnkosten sparen. Dies ist gerade für junge Unternehmen von erheblicher Bedeutung.

Neben dem Staat sind insbesondere die Tarifvertragsparteien gefordert, die Beteiligung der Arbeitnehmer am Produktivkapital voranzutreiben. Dieses Ziel ist deshalb für die Tarifpartner attraktiv, weil eine solche Beteiligung die Wirkung hat, dass die aus dem Produktivvermögen fließenden Gewinne sozialverträglich verteilt werden.

Aber nicht nur Mitarbeiter und Unternehmen versprechen sich von dem stakeholder value Vorteile. Auch die anderen stakeholder sehen sich durch die Berücksichtigung ihrer Interessen in der Geschäftspolitik von Unternehmen begünstigt: Die Kunden versprechen sich Qualität, Service, Gewährleistung und Ersatzteilversorgung; die Lieferanten erwarten konstante Lieferbeziehungen und eine erhöhte Zahlungsmoral; die Kreditinstitute erwarten Zins und Tilgung der herausgelegten Kredite.

Selbstverständlich werden diese Erwartungen teilweise auch durch vertragliche Gestaltungen gesichert. Es ist jedoch ein Unterschied, ob ein Unternehmen die Berücksichtigung der Interessen von stakeholdern von vornherein zu seiner Geschäftspolitik macht oder Ansprüche erst durchgesetzt oder eingeklagt werden müssen. Letzteres trägt sicher nicht zur Vertrauensbildung zwischen Unternehmen und stakeholder bei. Auf der anderen Seite verspricht sich ein Unternehmen, das eine Politik des stakeholder value verfolgt, davon naturgemäß auch einen Gewinn für sich selbst. Gerade in gesättigten Märkten kann ein Unternehmen oft langfristig nur dann überleben und die nötige Unterstützung erhalten, wenn es konsequent den Erwartungen seiner stakeholder entspricht.

Über den Vorteilen einer stakeholder-society dürfen aber auch deren Risiken nicht übersehen werden. Das immer wieder fast naturgesetzlich eintretende Auf und Ab der Aktienkurse und die auch immer wieder möglichen Insolvenzen von Unternehmen zeigen, dass Beteiligungen in jeder Form auch Gefahren in sich bergen.

Ludwig Erhard hatte die „Gesellschaft der Teilhaber“ vor Augen. Teilhaber bedeutet aber nicht nur nehmen, sondern auch geben. Eine Teilhabergesellschaft – das wäre der deutsche Begriff für die stakeholder society – ist eine Gesellschaft des wechselseitigen Gebens und Nehmens. Der jeweils andere ist der Teilhaber und Partner.

Die Bewährungsprobe für eine solche Gesellschaft ist immer der Ernstfall, d. h. wenn es einem Unternehmen schlecht geht oder gar die Insolvenz droht. Was könnte in einem solchen Falle die stakeholder society leisten? Vorstellbar – und in vielen Fällen auch bereits praktiziert – wäre es, einen teilweisen Einkommensverzicht sowohl der Arbeitnehmer als auch der Geschäftsleitung und Aktionäre eines Unternehmens zu vereinbaren. Weiter kommt eine Reduzierung der Arbeitszeit gegen Einkommensverzicht in Betracht. Die Kunden könnten schneller bezahlen, die Lieferanten und Kreditinstitute beispielsweise Zahlungsziele verlängern.

Man sieht, dass die stakeholder society durchaus Anforderungen an alle stellen kann. Diese sind aber auf das Wohl des Unternehmens gerichtet. Deren Erfüllung kommt letztlich allen zugute. Im Grunde ist zunächst einmal Flexibilität verlangt, um die Probleme zur Zufriedenheit aller in den Griff zu bekommen.

Außerdem wird von allen Beteiligten ein hohes Maß an Verantwortungsbewusstsein verlangt. Dies kann aber nur erfolgversprechend wahrgenommen werden, wenn möglichst volle Transparenz herrscht und alle beteiligten Seiten in gleichem Umfang über die Geschäftslage des Unternehmens und die Pläne für die Zukunft informiert sind.

Gerade die Beteiligung der Arbeitnehmer am Unternehmen stärkt das Interesse und das Bewusstsein für wirtschaftliche Zusammenhänge. Damit wächst das Verständnis für die jeweils andere Seite. Letztlich dürfen die stakeholder von „ihrem" Unternehmen eine Begründung dafür erwarten, warum es so und nicht anders gehandelt hat oder warum z. B. ihre Interessen hinter denen anderer stakeholder zurücktreten mussten. Das Unternehmen wird beispielsweise begründen müssen, warum es ein Zweigwerk gerade an diesem und nicht an einem anderen Ort aufgibt. Man sollte nicht die Augen davor verschließen, dass das Unternehmen seine wirtschaftlichen Interessen in den Vordergrund zu stellen hat. Diese können im Ergebnis auf eine Schließung hinauslaufen, weil z. B. dieses Zweigwerk nicht so rentabel gearbeitet hat oder arbeiten wird wie ein weiter bestehendes. Diese Entscheidung ist dann zwar für die von der Schließung betroffenen stakeholder bitter, dient aber letztlich der Gesamtheit der stakeholder.

Im Kern ist die stakeholder society eine Gesellschaft des systematischen Interessenausgleichs und des aktiven Dialoges. Probleme der Unternehmen werden erörtert, ihre Handlungen begründet. Die stakeholder society führt damit zu einer Transparenz der Entscheidungsabläufe und der Entscheidungen. Eine derart offene Gesellschaft ist ein Ziel, für das sich der Einsatz lohnt.

Mitarbeiter als Unternehmer eigener Fähigkeiten: Eine neue Arbeitskultur entsteht

Arend Oetker

Die Arbeitswelt wandelt sich. Die Nachfrage nach einfachen Tätigkeiten, die eher als lästige Pflichterfüllung gesehen werden, weil sie mit dem eigenen Leben nicht viel gemein haben, hat in den letzten Jahrzehnten merklich abgenommen. Immer mehr qualifizierte, gar hoch qualifizierte Menschen werden benötigt. Anders als diejenigen, die nur einfache Arbeiten anbieten können oder wollen, versuchen sie sich durch ihre Arbeit selbst zu verwirklichen. Die neue Arbeitswelt verändert somit den Wert der Arbeit und letztlich auch das Selbstverständnis der Arbeitenden. Qualifizierte, dynamische Arbeitnehmer sehnen sich nicht nach einem „Arbeitsplatz". Vielmehr sehen sie sich als Unternehmer in eigener Sache, die auf dem Arbeitsmarkt ihre Fähigkeiten anbieten. Den Zuschlag erhält das beste Unternehmen, ohne dass daraus wie früher ein Bund für das gesamte Arbeitsleben wird. Die eigene Leistung zu vermarkten, sich also wie ein typischer Unternehmer zu geben, impliziert, die eigene „Produktpalette" – sprich die eigenen Fähigkeiten – fortwährend weiterzuentwickeln. Das heißt, der moderne Arbeitnehmer muss ständig und zielgerichtet lernen, will er in der sich ändernden Arbeitswelt Erfolg haben.

1. Auf Bildung und Selbstverantwortung kommt es an

Die neu entstehende Arbeitswelt ist, so wird sie mitunter recht diffus beschrieben, elementarer Teil der sich Stück für Stück herauskristallisierenden Wissensgesellschaft. Computer, Mikrochips, Software oder auch gentechnische Verfahren erscheinen uns als Insignien einer solchen Gesellschaft. Sie kennzeichnen wohl unsere Epoche, aber sie sind nicht die Quelle des Fortschritts. Über die Zukunft einer Gesellschaft entscheidet einzig und allein die Zahl der klugen und eigenständigen Köpfe, die sie hervorbringt. Wissen ist damit die bedeutenste Ressource einer Volkswirtschaft und Bildung, die dieses Wissen hervorbringt und formt, ihr wichtigstes Werkzeug. Selbstverantwortung und Bildung sind mithin Kennzeichen moderner Arbeits- und Unternehmenskultur und nicht zuletzt Grundlage einer modernen, konkurrenzfähigen Volkswirtschaft. Das ist sicherlich keine neue Erkenntnis, aber angesichts der dramatischen Umwälzungen in der Informations- und Kommunikationstechnologie – flankiert durch Liberalisierung und Globalisierung – von bestürzender Aktualität. Mangelnde Eigeninitiativen und eine veraltete Bildung schwächen die Innovationsfähigkeit von Unternehmen ab. Volkwirtschaften, bei denen sich dies zu einem strukturellen Problem auswächst, fallen im internationalen Standortwettbewerb zurück.

Es öffnet sich innerhalb der hochindustrialisierten Ländern allmählich eine Schere. Auf der einen Seite befinden sich die Gesellschaften, die gut ausgebildeten Menschen viele Chancen bieten. Auf der anderen Seite sind die Gesellschaften, die Eigeninitiative im Keim ersticken und deren Bildungsstand veraltet oder gar völlig unzureichend ist. Solche Gesellschaften haben keine Zukunft. Unwissenheit, marginale Aktualität des Wissens und oft genug mangelnde Einsatzbereitschaft bzw. fehlende Möglichkeiten mindern die gesellschaftlichen und erst recht die persönlichen Chancen auf Wohlstand. Alfred Herrhausen hat das Problem einmal so ausgedrückt: „Jede Gemeinschaft kann auf Dauer nur so intelligent, leistungsfähig und erfolgreich sein wie die Menschen, aus denen sie besteht." Erfolgreiche Gesellschaften beheimaten erfolgreiche Unternehmen mit kompetenten Arbeitnehmern. Sie besitzen sehr gute, international anerkannte Forschungs- und Bildungseinrichtungen. Das ist kein Glück oder purer Zufall. Vielmehr sorgen diese Gesellschaften für eine entsprechende Infrastruktur, eingebettet in wettbewerbsfähige Rahmenbedingungen. Die Menschen erhalten das für den Erfolg notwendige Rüstzeug.

2. Arbeitnehmer und Unternehmer müssen lebenslang lernen

Mehr denn je kommt es auf die richtige Bildung bzw. Ausbildung, das heißt auf verwertbare fachliche Qualifikationen und – was immer wichtiger wird – auf die eigene Persönlichkeit an. Schlüsselqualifikationen müssen erworben werden, die in einer Wissensgesellschaft auch tatsächlich gebraucht werden. Kein Mensch kann es sich leisten, nur mit dem notwendigsten Wissen versehen auf dem Arbeitsmarkt begrenzte, nicht besonders attraktive Fähigkeiten anzubieten. Wer so handelt oder nur so handeln kann, ist jederzeit ersetzbar. Wer lediglich die Arbeit anbietet, die ohnehin jeder kann und gleichzeitig keine eigene Initiative entwickelt, keine Selbstverantwortung an den Tag legt, hat es in einer Wissensgesellschaft mit modernen Arbeits- und Unternehmenskulturen denkbar schwer. Über Aufstieg oder Niedergang von Individuen und Gesellschaften entscheiden in unserem Jahrhundert die Qualität und die Menge des verfügbaren Wissens sowie die soziale Kompetenz des Wissensträgers. In der in Bewegung geratenen Arbeitswelt bedeutet das zwangsläufig, dass sich jeder selbst fortwährend um neue Qualifikationen bemühen muss.

Aber warum ständig lernen? Manche könnten sich dieser Forderung mit Hinweis auf ihre qualifizierte Ausbildung verweigern. Wer so argumentiert übersieht: Die Menge des Wissens wächst immer schneller, die Zeit, es zu verwerten wird dagegen immer kürzer. Wissen veraltet heute sehr schnell: Die Halbwertzeit beträgt im Durchschnitt nach Schätzungen von Experten nur fünf Jahre. Beim Schulwissen beträgt sie derzeit 20 Jahre, bei Hochschulwissen – je nach Fachbereich – zehn Jahre und beim technologischen Wissen ein bis drei Jahre. Dies zeigt nachdrücklich, dass einmal erlangtes Wissen nur für eine begrenzte Zeit nutzbar ist. Das gilt für Unternehmer genauso wie für jeden einzelnen Mitarbeiter. Lebenslanges Lernen ist die einzig richtige Konsequenz. Berufe, die von ihrem Inhalt her Generationen überdauern, sind passé.

Die Arbeitnehmer, die Erfolg haben wollen, sind schon allein in dieser Hinsicht Unternehmer in eigener Sache. Denn es kommt nicht darauf an, für die einmal erworbene Qualifikation einen Arbeitsplatz zu suchen. Es kommt darauf an, sich selbst neue Optionen zu schaffen. Der Verteidiger, der nur einen rechten Fuß hat und nur Manndecker spielen kann, sitzt eher auf der Reservebank als ein Allroundspieler. Wer Erfolg haben will, sollte nicht auf die klassische Karriere in der Hierarchie setzen, sondern Kompetenzfelder besetzen.

3. Die Kultur der Arbeit verändert sich

Wir sehen, dass Bildung und Selbstverantwortung immer wichtiger werden. Der eigenverantwortlich Handelnde gewinnt Freiraum und Ansehen. Gesellschaftliche Strukturen, die das vormals beschränkten, werden in den Staaten, die sich dieser Entwicklung bewusst sind, allmählich aufgebrochen. Analog dazu verändert sich die Bildungslandschaft. Neue Aus- und Weiterbildungsangebote sprießen wie Pilze aus dem Boden. Selbst in Deutschland beginnen etablierte Bildungseinrichtungen sich langsam mit dem Wettbewerbsgedanken auseinanderzusetzen. Effizienz und Qualität scheinen auch in dem lange dahinschlummernden Bildungssektor wieder gefragte Werte zu sein. Aber es bleibt doch die Frage: Wohin geht die Reise? Wie sehen die neuen Arbeitswelten ganz konkret aus? Welche Beziehungsmuster entstehen? Was bedeutet das für die Kultur der Arbeit und eng damit verbunden für die Kultur in den Unternehmen? Darauf gibt es letztlich keine eindeutigen Aussagen, da wir uns mitten in einem Transformationsprozess befinden: Ende offen!

Aber wir erkennen erste Merkmale: Die klassischen, uns heute noch vertrauten Ausbildungs- und Arbeitsmarktstrukturen lösen sich auf: Schule, Lehre oder Studium und schließlich der Beruf – der typische Ausbildungsweg wird von vielen nicht mehr stringent vollzogen. Die Wege sind oftmals verschlungener, aber nicht notwendigerweise weniger erfolgreich. Oft erlernt ein Mensch während seines Arbeitslebens nicht ein, sondern mehrere Berufe. In einem Beruf bildet er sich weiter fort, erlernt vielleicht bedingt durch die Zwänge des Arbeitsmarktes, einen zweiten hinzu und übt später hingegen eine völlig andere Tätigkeit aus, die er sich selbst beigebracht hat. Lebenslange durchgängige Erwerbsbiografien gehören zunehmend der Vergangenheit an.

Es verändert sich indes nicht nur die Struktur, sondern auch das Arbeitsangebot: Bereits heute ist die Arbeitswelt gekennzeichnet durch vielfältige Formen und Arten von Tätigkeiten, über die noch vor 20 Jahren jeder den Kopf geschüttelt hätte. Das Studium abbrechen, um in einer Garage an einer Software für PCs zu arbeiten – unglaublich. Oder in einem virtuellen Shop weltweit Bücher, Wertpapiere oder andere Dinge an den Mann bzw. die Frau zu bringen – verrückt. Aber das Unglaublich ist mittlerweile Realität. Die Verrückten von gestern haben heute Erfolg. Und der dahinter stehende Siegeszug neuer Technologien verändert eingespielte Arbeitsprozesse und die uns bekannte Arbeitskultur.

4. Andere Orte – andere Zeiten

Prognosen besagen, dass in der Zukunft vier Fünftel aller anfallenden Arbeiten mit Informationen zu tun haben. Daten sammeln, sie auswerten, interpretieren und aufbereiten wird immer wichtiger. Wo und wie das geschieht ist relativ uninteressant: Sei es Zuhause, allein oder eingebunden in Netzwerken, oder in gemeinschaftlich genutzten Büros. Die Zahl der Telearbeiter, der Zeitarbeiter oder der virtuellen Unternehmen wächst entsprechend. Oft wechselt mit der Art der Aufgabe auch der Ort der Leistungserstellung. Zusätzlich kommt es zu einer Erosion der Zeitdimensionen. Acht Stunden täglich am Arbeitsplatz absitzen – wie in der Schule? Was für eine Ineffizienz. Gearbeitet wird dann, wenn es notwendig ist. Vor neun Uhr, nach siebzehn Uhr oder am Wochenende und dafür nicht mittwochmorgens. Der Tagesablauf richtet sich nach dem, was gerade gefordert wird, und nicht die anfallenden Arbeiten nach der Stechuhr. Die neuen Arbeitsmöglichkeiten laufen immer weniger nach den bislang üblichen Mustern ab. Flexibilität ist Trumpf. Das Bild des klassischen Industriearbeiters oder die gewohnten Abläufe in den Büros sind überkommene Strukturen, die immer weniger mit der Wirklichkeit übereinstimmen.

5. Unternehmer statt Arbeitsplatzbesitzer

In der neuen Arbeitskultur, in der Freiheit, Entfaltung und Erfüllung an Bedeutung gewinnen, laufen Karrieren zunehmend anders ab, als wir es bislang gewohnt waren. Begabte Nachwuchskräfte sehen das, was sie tun, weniger als Job, sondern vielmehr als einen Teil dessen was ihnen Spaß macht. Sie wollen nicht als Lohnempfänger behandelt werden, sondern als Menschen, die ihr Können einsetzen, damit ihr Unternehmen Erfolg hat: als Mitgestalter – mit mehr Verantwortung, größeren Entscheidungs- und Handlungsspielräumen.

Man kann sogar noch einen Schritt weiter gehen. Alle Facetten, welche die neue Arbeitswelt charakterisieren, zeigen: Der arbeitende Mensch von heute ist im Gegensatz zu den Menschen früherer Zeiten nicht mehr fremdbestimmt, sondern selbst bestimmend durch das selbstbewusste Anbieten der eigenen Fähigkeiten. Arbeitnehmer werden gleichsam zu Unternehmern ihrer eigenen Arbeitskraft, die ihre Chancen eigenverantwortlich in wechselnden Aufgaben suchen. Sei es innerhalb des Unternehmens, das sie beschäftigt, oder außerhalb, indem sie ihr Können gleichzeitig oder nacheinander mehreren Unternehmen anbieten. Der Arbeitsplatz wird damit auf Dauer nicht mehr im Mittelpunkt stehen. Der Begriff „Arbeitsplatz“ spiegelt ohnehin die neuen Realitäten nur bedingt wider. Es geht darum, die eigenen Fähigkeiten auf der Höhe der Zeit zu halten und bestmöglich zu vermarkten.

6. Neue Arbeitskulturen verändern Unternehmenskulturen

Wenn die Gesellschaft von morgen tatsächlich mehr als in der Vergangenheit eine Gesellschaft von Unternehmern bzw. frei agierenden, arbeitenden Individuen ist, dann hinterlässt eine derartige Entwicklung in den Unternehmen zweifellos deutliche Spuren. Eine Arbeitskultur, in der Freiheit, Entfaltung und Erfüllung immer wichtiger werden, benötigt schließlich korrespondierende Unternehmenskulturen, die moderne Strukturen und Organisationen aufweisen. Funktional oder hierarchisch strukturierte Unternehmen werden immer mehr zu Relikten. Gefragt sind prozessorientierte Organisationen. Projektteams, in denen Führung von der jeweiligen Sach- und sozialen Kompetenz abhängt, werden die entscheidenden Leistungszentren eines Unternehmens sein. Hier zählen Teamfähigkeit, Eigenverantwortung und Risikobereitschaft zu den herausragenden Eigenschaften. Mitarbeiter, die diese Fähigkeiten in das Unternehmen einbringen, müssen selbstverständlich in angemessener Weise honoriert werden. Das klassisch starre Lohn- und Arbeitszeitkonzept ist da hinderlich. Statt die schlichte Pflichterfüllung zu honorieren, sollte der Erfolg als monetäre Messgröße herhalten. Erwartet werden erfolgsabhängige Vergütungen. Unternehmen, die aber an ihren bisherigen Strukturen festhalten, frustrieren ihre Leistungsträger. Die gehen dann viel lieber zu den Unternehmen, die ihnen Besseres bieten. Oder sie werden direkt Unternehmer in eigener Sache und bieten ihr Wissen als Selbstständige und Freiberufler an.

7. Familienunternehmen versus neue Arbeitskultur

Internet und Globalisierung haben die Arbeitswelt längst erreicht. Vieles von dem zuvor Gesagten zeichnet sich bereits ab. Deutlich wird das vor allem daran, dass der Konkurrenzkampf um Talente und Leistungsträger an Schärfe gewinnt. Unternehmen müssen dem Rechnung tragen mit modernen Strukturen und leistungsabhängigen Vergütungssystemen. Aber die deutsche Wirtschaft ist mittelständisch orientiert: Bei uns spielen Familienunternehmen mit Tradition eine wesentlich stärkere Rolle als zum Beispiel in den USA. Es ist unschwer sich vorzustellen, dass es solchen Unternehmen bzw. solchen Unternehmern wesentlich schwerer fällt als den großen Publikumsgesellschaften, Angestellte zum Beispiel als Mitunternehmer anzuerkennen. Für viele Eigentümer ist es sicherlich ein eigenartiges Gefühl, sich mit Arbeitnehmern auseinanderzusetzen, die sich über ihre unternehmerischen Entscheidungen nicht nur informieren, sondern auch eigene Vorstellungen entwickeln. Das erfordert ein völlig neues Selbstverständnis. Hier stehen wir vielfach noch am Anfang.

8. Eine neue Kultur des Denkens ist gefragt

Neue Arbeitswelten und damit innovative Arbeits- und Unternehmenskulturen sind erst im Entstehen. Es gibt noch kein fertiges Mosaik, lediglich einzelne Mosaiksteine: moderne Bildungsangebote, lebenslanges Lernen, Eigeninitiative, Selbstverwirklichung, flache Hierarchien, prozessorientierte Unternehmstrukturen, leistungsabhängige Entlohnung und Arbeitnehmer, die wie Unternehmer agieren. Damit sich aus diesen einzelnen Bausteinen tatsächlich eine international wettbewerbsfähige Volkswirtschaft mit international konkurrenzfähigen Unternehmen entwickelt, müssen Arbeitnehmer, Unternehmen und die Politik gleichermaßen umdenken. Neue Technologien stoßen gesellschaftliche Veränderungen an, aber der entscheidende Durchbruch gelingt erst dann, wenn es zu einer Veränderung in den Köpfen kommt. Modernitäts-Posen, so wie wir sie oft genug beobachten können, reichen nicht aus. Wir brauchen heute in allen gesellschaftlichen Bereichen eine neue Kultur des Denkens.

Die Aktienprogramme im Lufthansa Konzern

Markus Ott

1. Aktuelle Lage

Die Terroranschläge des 11. September 2001 haben die Welt verändert. Auch die Aktienmärkte blieben nicht verschont. Besonders die Aktien der Airlines leiden. Im Oktober berechnet die Investmentbank UBS Warburg ein Absacken der Aktienkurse für die Airline Branche weltweit um durchschnittlich 34,9 Prozent. Einige ehemals als durchaus solide geltende Fluglinien stehen vor dem wirtschaftlichen Bankrott (Swissair, Sabena, LTU) und können nur mit Subventionen am Leben erhalten werden. In den USA gewährt die Regierung den Airlines eine Beihilfe von über 15 Milliarden US-Dollar.

Gleichzeitig bewirken die Angst vor weiteren Terroranschlägen, in die Flugzeuge verwickelt sein könnten, und eine sich anbahnende Rezession in den westlichen Ländern einen dramatischen Abbau der Flugnachfrage. Amerikanische Airlines entlassen mehr als 100.000 ihrer Mitarbeiter. Ähnliches – wenn auch in weit geringerem Ausmaß – geschieht in Europa. Der Lufthansa Vorstand beschließt einen sofortigen Investitions- und Einstellungsstopp und die Außerdienststellung von 43 Flugzeugen.

Bei diesen Rahmenbedingungen fällt es schwer, über Mitarbeiter-Aktienprogramme zu schreiben. Besonders wenn dies nicht nur eine historische Übung sein soll. Es darf schließlich nicht vergessen werden, dass Tausende Lufthansa Angestellte beim jetzigen Aktienkurs durch ihre Teilnahme an den bestehenden Mitarbeiter-Aktienprogrammen beträchtliche Summen verloren haben. Und doch ist für die Mitarbeiterbeteiligung nicht aller Tage Abend!

Als Erstes bleiben die zahlreichen Vorteile auch zukünftig bestehen, die sich aus einer Beteiligung der Belegschaft an „ihrem" Unternehmen ergeben und die der Jubilar dieser Festschrift in unermüdlicher Weise die vergangenen Jahre immer wieder treffend hervorzuheben wusste. Und auch für die Lufthansa erscheint trotz gedämpften Aktienkurses und schwieriger Lage der Luftfahrtindustrie ein Licht am Ende des Tunnels. Auf Befragung bei der von UBS Warburg kürzlich durchgeführten Transport Conference in London äußerten bereits 43 Prozent der anwesenden internationalen Investoren, Airline-Aktien schon bis zum Jahresende in den von ihnen gemanagten Portfolios stärker gewichten zu wollen.

2. Aktien im Rahmen der Ergebnisbeteiligung

Bis vor wenigen Jahren hatten Aktienprogramme für Mitarbeiter der Lufthansa keine ausgesprochene Tradition. Ende der Achtzigerjahre gab es für die Mitarbeiter zweimal die Möglichkeit zum Bezug von Belegschaftsaktien nach dem in Deutschland bekannten Muster gemäß § 19 a EStG. Mit der durch den Ausbruch des Golfkrieges Anfang der Neunzigerjahre ausgelösten Krise der Luftverkehrsbranche ging es für die Lufthansa um das Überleben der Gesellschaft. Belegschaftsaktienprogramme wurden nicht aufgelegt. Es ist anzunehmen, dass angesichts der reellen Gefahr des Arbeitsplatzverlustes die Mitarbeiter Aktien erst gar nicht gezeichnet hätten. So dauerte es bis ins Jahr 1995, bis erstmals wieder Mitarbeiteraktien an die Belegschaft ausgegeben wurden. Seither allerdings gehört die Lufthansa in Deutschland zu den Vorreitern innovativer Aktienmodelle. Dies gilt sowohl für die Anzahl der den Lufthanseaten angebotenen Programme als auch für deren Akzeptanz durch Mitarbeiter und Führungskräfte.

In 1995 wurden den Mitarbeitern eine Sonderzuwendung angeboten, bei der sie wählen konnten zwischen

a) einem festen Geldbetrag,
b) einem um 25 Prozent höheren Betrag in Lufthansa Aktien und
c) einem nochmals um 25 Prozent höheren Betrag, gewährt als 50-prozentiger Preisnachlass beim Kauf von Lufthansa Aktien.

Die Aktien wurden seitens der Lufthansa mit einer sechsjährigen Verkaufssperre versehen, um die steuerlichen Vorteile des § 19 a EstG auszunutzen. Die Einbuchung der Aktien erfolgte in die privaten Wertpapierdepots der Mitarbeiter bei deren Hausbanken. Schon bei dieser Sonderzuwendung wurden Prinzipien erkennbar, die sich auch in allen späteren Lufthansa Aktienprogrammen wieder finden:

(1) Der Bezug von Aktien wird gegenüber dem Bezug einer Geldleistung besonders gefördert, um möglichst viele Lufthanseaten zu Aktionären ihres Unternehmens zu machen.
(2) Zwischen zwei Aktienvarianten wird diejenige, die zum Bezug von mehr Aktien führt, bevorteilt.
(3) Der Mitarbeiter hat die Wahlmöglichkeit. Der Bezug von Aktien erfolgt auf seine freie Entscheidung hin.
(4) Der Mitarbeiter erhält echte Aktien und keinen phantom stock. Ihm stehen sämtliche Aktionärsrechte zu.
(5) Steuerliche Vorteile werden, auch wenn sie gering sind, genutzt.
(6) Die Abwicklung der Programme erfolgt professionell über Bankdepots. Die Lufthansa entscheidet sich bewusst dagegen, eine Depotverwahrung anzubieten.
(7) Die den Mitarbeitern zufließenden Aktien kauft die Lufthansa am Markt, was steuerlich für das Unternehmen die bessere Lösung ist.

3. Das innovative Programm „LH-Chance“

Trotz der besonderen Aktienförderung wählten bei der Sonderzuwendung in 1995 51 Prozent der Mitarbeiter die Geldleistung und nur 49 Prozent eine der beiden Aktienvarianten. Deshalb beauftragte der Vorstand eine Arbeitsgruppe mit Vertretern aus Personal-, Steuer- und Finanzabteilung, ein Modell zur Mitarbeiterbeteiligung zu entwickeln, mit dem Mitarbeiter stärker als bisher zu Aktionären werden und an der Entwicklung des Aktienkurses teilhaben können. Ergebnis dieser Arbeitsgruppe war in 1996 die Einführung eines so genannten „**E**mployee **S**hare **O**wnership **P**rograms" (ESOP-Modell), wie es in Kontinentaleuropa hauptsächlich bei der Privatisierung französischer Staatsunternehmen und in Deutschland zuvor von der Continental AG in Hannover und kurz nach Lufthansa von der Deutschen Telekom im Rahmen ihrer Börseneinführung den Mitarbeitern angeboten wurde. Das ESOP-Modell der Lufthansa erhielt den verheißungsvollen Namen „LH-Chance". Die Ergebnisbeteiligung in 1996 bot dem Mitarbeiter wiederum drei Wahlmöglichkeiten:

a) Geldbetrag in Höhe von 500 DM
b) Aktien im Wert von 625 DM
c) Teilnahme an „LH-Chance I" im Wert von 750 DM.

Programmbeschreibung: „LH-Chance I"

„LH-Chance" ist ein Paket mit kursgesicherten, teils dem Mitarbeiter geschenkten, teils über ein zinsloses Arbeitgeberdarlehen finanzierten Lufthansa Aktien. Im Jahr 1996 erhielt der Mitarbeiter, der sich für „LH-Chance I" entschied, insgesamt 133 Aktien zum am 10.12.1996 (Programmstart) an der Frankfurter Wertpapierbörse amtlich festgestellten Kurs von 20,95 DM in einem für ihn bei der Dresdner Bank eröffneten Depot verwahrt. 14 dieser Aktien waren geschenkt, für die restlichen 119 Aktien räumte Lufthansa ein Darlehen in Höhe von 2.493,05 DM ein. Eine Kurssicherung schloss für den Programmteilnehmer Wertverluste aus. Die Programmlaufzeit betrug zwei Jahre. Der Mitarbeiter erhielt die volle Dividende auf seine 133 Aktien und genoss vollen Aktionärsstatus, z. B. Stimmrecht auf der Hauptversammlung. Ihm entstanden außerdem keine zusätzlichen Verwaltungskosten.

Der Wert dieses Paketes, bestehend aus geschenkten Aktien, zinsfreiem Darlehen, Kurssicherung und Depotverwaltung, betrug genau 751,30 DM. Von dieser Zuwendung musste der Mitarbeiter aber nur 452,13 DM versteuern. Der zugewendete Zinsvorteil von 299,17 DM (6 Prozent p.a. auf zwei Jahre), blieb steuerfrei, sofern dem Mitarbeiter von Lufthansa keine den Betrag von 5.000 DM übersteigenden zinsvergünstigten Darlehen gewährt wurden. Eventuelle Kursgewinne am Ende der zweijährigen Programmlaufzeit waren ebenfalls steuerfrei.

Der Mitarbeiter entscheidet

An alle zum Erhalt der Ergebnisbeteiligung berechtigten Mitarbeiter wurde ein Anschreiben des Vorstands, eine farbige Broschüre zu den Aktienmodellen, ein Merkblatt mit technischen Details und ein mit personalisierten Daten versehener Rückantwortbogen versandt. Den Mitarbeitern blieben acht Wochen Zeit, ihre Wahl aus den oben beschriebenen Alternativen zu treffen und ihre Antwortbögen an die Personalverwaltung zu schicken. Der Tag der Wahrheit für „LH-Chance" rückte näher. Die „Pessimisten" schätzten, dass ca. 2.000 bis 3.000 Mitarbeiter „LH-Chance" wählen würden, die „Realisten" lagen irgendwo zwischen 5.000 und

10.000 und nur „den nicht mehr zu helfenden Optimisten“ erschienen Werte von über 10.000 Mitarbeitern für möglich.

Tatsächlich wählten 14.000 Lufthanseaten „LH-Chance I“ (32 Prozent) und nur 19,5 Prozent die traditionellen Belegschaftsaktien. Erstmals war der Anteil der cash-Liebhaber mit 48,5 Prozent kleiner als der der Aktienbefürworter. Ein positiver Trend für „LH-Chance“ war schon bei den Anrufern der eigens für die Ergebnisbeteiligung eingerichteten telefonischen Hotline zu verzeichnen. Eine schöne Anekdote hierzu: Bei einem getätigten Rückruf war nicht der Lufthanseat, sondern dessen Vater am Telefon, der dann etwas schüchtern fragte, ob auch er einige Fragen stellen dürfe. Er wisse, was sein Sohn wissen wolle. Man habe „LH-Chance“ gestern beim Abendessen diskutiert und sei äußerst interessiert. Das war kein Einzelfall, obwohl, was Familienmitglieder anbelangt, sonst – ohne alte Klischees aufwärmen zu wollen – eher Ehemänner von Lufthanseatinnen anriefen, um abzuklären, auf was sich ihre Frauen da einlassen würden. Dass „LH-Chance“ derart bis in die Familien hinein für Diskussionsstoff sorgen würde, hätten selbst die Optimisten nicht erwartet. Ein Ziel aller Aktienprogramme, dass nämlich die Belegschaft Interesse am Aktienkurs zeigt, ist bei Lufthansa erreicht.

Auch die Intention des Vorstands, möglichst viele Aktien in Mitarbeiterhände zu bringen, erhielt durch LH-Chance einen kräftigen Schub. Über die traditionellen Belegschaftsaktien wurden 240.000 Aktien Mitarbeitern zugewendet, über „LH-Chance I“ 1,86 Mio.

Das Programmende von „LH-Chance I“

Zum Programmende im Dezember 1998 betrug der für die Abrechnung herangezogene als Durchschnitt aus den Kassakursen der letzten fünf Börsentage vor Programmende ermittelte Kurs 35,36 DM und lag damit deutlich über dem Einstandskurs. Der Mitarbeiter hatte bei der Programmauflösung nunmehr drei Wahlmöglichkeiten:

Als Alternative A konnte er alle seine 133 Aktien in sein privates Wertpapierdepot bei seiner Hausbank übertragen lassen und zahlte den eingeräumten Firmenkredit von 2.493,05 DM aus eigenen Mitteln zurück. Die Alternative B sah einen Verkauf von gerade soviel Aktien, wie zur Tilgung des Firmenkredits benötigt, und einen Übertag der restlichen Aktien in das private Wertpapierdepot vor. Alternative C letztlich bestand aus dem Verkauf aller 133 Aktien und der Überweisung des Verkaufserlöses nach Abzug des Firmenkredits auf das private Girokonto. Trotz des bereits erreichten Kursanstiegs blieb das Vertrauen der Programmteilnehmer in eine auch zukünftig positive Kursentwicklung der LH-Aktie groß. 50,5 Prozent der Teilnehmer entschieden sich, alle ihre Aktien weiter zu behalten. Weitere 17,3 Prozent verkauften Aktien nur, soweit es nötig war, das Firmendarlehen zu tilgen und 32,2 Prozent verkauften alle Aktien. Somit verbleiben über 1 Mio. Aktien längerfristig bei den Mitarbeitern. Die wirtschaftliche Betrachtung von „LH-Chance I“ stellt sich wie folgt dar:

133 Aktien mal 35,36 DM	=	4.702,88 DM
plus Dividenden	+	186,20 DM
abzüglich Arbeitgeberdarlehen	–	2.493,05 DM
Ergebnis		2.396,03 DM

Im Vergleich zur Geldzahlung von 500,– DM aus der Wahlmöglichkeit 1 bei Programmstart, die bei einer unterstellten Verzinsung von 4 Prozent p. a. in zwei Jahren auf 540,80 DM angewachsen wäre, hat der Teilnehmer an „LH-Chance I" mehr als das Vierfache erwirtschaftet. Oder, wenn man die 500,– DM Geldzahlung als Eigeninvest des an „LH-Chance I" teilnehmenden Mitarbeiters betrachtet, erzielte er in zwei Jahren 379 Prozent statt 8,16 Prozent Rendite. Diese Rendite übersteigt bei weitem den Kursanstieg der Aktie. Sie ist deshalb so hoch, weil das Eigeninvest, auf das die Rendite bezogen ist, nur 17,9 Prozent des Aktieninvestments von 2.786,35 DM (133 Aktien mal 20,95 DM) ausmacht. Diese Wirkung wird als leverage-Effekt bezeichnet.

Anzumerken bleibt noch, dass bei der Programmauflösung im Falle eines gesunkenen Aktienkurses alle Aktien an die Dresdner Bank übertragen worden wären. Diese hätte dann aufgrund der Kurssicherung das Firmendarlehen getilgt und dem Mitarbeiter den ursprünglichen Gegenwert der 14 geschenkten Aktien (293,30 DM) ausgezahlt.

Exkurs: Der Weg zu „LH-Chance"

Neben dem interessanten finanziellen Vorteil von „LH-Chance I" war auch der Weg bis zur Auflegung des Programms interessant. Dazu ein paar kurze Gedanken.

Noch sehr gut klingt dem Autor, als er der erwähnten Arbeitsgruppe sicherlich mit etwas Begeisterung die Grundzüge eines ESOP-Modells vortrug, die gar nicht übel gesinnte Bemerkung eines Kollegen im Ohr, er möge sich mit diesem Beteiligungsprogramm – der Name „LH-Chance" war noch nicht erfunden – doch nicht gar zu sehr abmühen: Das Programm würde, wenn es überhaupt käme, doch niemand wählen, weil es viel zu kompliziert sei.

Da diese Ansicht nicht ganz von der Hand zu weisen ist, trifft möglicherweise unternehmensintern die Installierung innovativer Mitarbeiter-Beteiligungsmodelle auf subtile Hürden: Wer will schon die Mühe der Programmentwicklung auf sich nehmen, die Kosten bei der Ausarbeitung und technischen Vorbereitung verantworten und nachher den Spott ertragen, im Fall, dass sich tatsächlich nur eine lächerliche Minderheit für das innovative Programm entscheiden sollte?

Allerdings gewannen bei Lufthansa diese Art Gedanken nie die Oberhand, trotz, was ja auch nicht verwunderlich ist, ab und an aufkommender Zweifel sowohl an den Erfolgsaussichten als auch an der rein technischen Durchführbarkeit eines solchen Programms für über 40.000 Mitarbeiter. Hilfreich war in diesem Zusammenhang das deutliche commitment des Vorstandes, möglichst viele Lufthanseaten zu Aktionären des eigenen Unternehmens zu machen und die feste Überzeugung, dass ein Invest in Aktien auf Dauer gesehen generell eine lukrative

Geldanlage auch für Kleinanleger und somit das Angebot entsprechender Aktienprogramme per se eine gute Sache ist.

„LH-Chance“ selbst entstand in einem recht arbeitsteiligen Prozess: Die Finanzabteilung betrieb das financial engineering und entwickelte ein Modell, das die Steuerexperten optimierten und die Personalpolitiker in Abstimmung mit Personalvertretern in die Ergebnisbeteiligung einpaßten. Die Personalverwaltung sorgte für die reibungslose technische Durchführung. Am Marketing des gemeinsamen Produkts waren einschließlich der über ein competitive bidding für die Depotverwaltung und Kurssicherung ausgewählten Dresdner Bank alle beteiligt. Die Projektführung lag im Finanzbereich.

„LH-Chance“ in den Folgejahren

In 1997 erfolgt die tarifvertragliche Regelung der Ergebnisbeteiligung und damit auch von „LH-Chance“, das als innovatives Aktienprogramm neben den traditionellen Belegschaftsaktien angeboten wird. Im Rahmen der tarifvertraglichen Regelung wird zudem eine Koppelung der Höhe der Ergebnisbeteiligung an die Dividendenhöhe vereinbart. Dies hat zur Folge, dass die den Mitarbeitern zugewendete Ergebnisbeteiligung in den Folgejahren stark ansteigt. Damit steigt auch das Programmvolumen von „LH-Chance“.

In diesem Zusammenhang erfährt das dritte „LH-Chance“-Programm in 1998 eine leichte Modifikation. Die Kurssicherung gilt nunmehr nur noch für die kreditfinanzierten Aktien. Aus dieser Einsparung bei der Kurssicherung lässt sich die Anzahl der geschenkten Aktien aufstocken.

Die nächste größere Änderung wird dann im Jahr 2000 bei der fünften „LH-Chance“ vorgenommen. Dem schon in den Vorjahren seitens der Belegschaft vielfach geäußerten Wunsch, die Kosten für die Kurssicherung einzusparen, wird entsprochen. Das bedeutet, dass der Programmteilnehmer das Kursrisiko für alle Aktien trägt. Allerdings kann durch die Einsparung der Kurssicherungskosten die Anzahl der kostenfreien Aktien erhöht werden. Somit stehen dem höheren Risiko mehr kostenfreie Aktien gegenüber, die einen Puffer für den Fall eines Kursrückgangs bieten. Des Weiteren erfolgt die Tilgung des Darlehens nun nicht mehr bei Programmende in einer Summe, sondern durch monatliche Raten, die für die Dauer der Programmlaufzeit (zwei Jahre) vom Gehaltskonto des Mitarbeiters per Lastschrift eingezogen werden. Zum Programmende verfügt damit der Mitarbeiter über bereits bezahlte Aktien in seinem Depot. Deshalb und wegen der durch die fehlende Kurssicherung entfallenen Notwendigkeit einer zentralen Depotverwaltung werden die Aktien aus „LH-Chance V“ direkt in die Privatdepots der Mitarbeiter bei deren Hausbanken übertragen.

Mit dieser Anpassung des Programms wird sicherlich stärker als bei der Ausgestaltung zuvor der Gedanke des Vermögensaufbaus durch Aktien betont. Zudem hat sich sowohl die Lufthansa als Unternehmen als auch ihre Belegschaft beim Thema Aktien auf der so oft zitierten „learning curve“ während der letzten Jahre entschieden nach vorne bewegt. Dies lässt dann auch die Übernahme eines höheren, nicht mehr abgesicherten Risikos der Belegschaft beim

Investment in Aktien vertretbar erscheinen. Die Belegschaft hat diese rationalen Ansichten allerdings nicht goutiert. Der Marktanteil von „LH-Chance“ innerhalb der drei Wahlmöglichkeiten der Ergebnisbeteiligung ist stark geschrumpft. Das alte Modell mit seinem sehr spekulativen (und weniger vermögensaufbauenden) Touch bei gleichzeitigem Sicherheitsnetz hatte wohl seinen speziellen Reiz.

4. „LH-Performance“: das Aktienoptionsmodell für Führungskräfte

Anforderungen

Lufthansa ist sich bewusst, dass Aktienoptionsprogramme für Führungskräfte eine kritische Aufmerksamkeit bei Presse, Investoren, Gewerkschaften und unternehmensintern hervorrufen. Solche Programme werden oftmals heftig kritisiert (Stichworte: „Selbstbediener“, „Absahnermodelle“). Dabei richtet sich die Kritik in der Regel gegen zwei Punkte:

a) Führungskräfte partizipieren an Kurssteigerungen der Aktie, für die sie nicht verantwortlich sind (windfall-profits) und
b) sie nehmen nicht am Risiko fallender Kurse teil.

Bei Lufthansa herrschte schnell ein Verständnis darüber, dass „LH-Performance“ diese Punkte aufgreifen müsse. Dies ist durch die zwei im Folgenden beschriebenen Konstruktionsmerkmale des Programms geschehen.

Outperformance-Option

„LH-Performance“ ist das erste Aktienoptionsprogramm in Deutschland, bei dem die Auszahlung an die Programmteilnehmer von der relativen Entwicklung des Lufthansa Aktienkurses im Vergleich zu einem Konkurrenzindex abhängt. Da es keinen brauchbaren Branchenindex gibt, hat Lufthansa eigens einen Konkurrenzindex geschaffen. Dieser setzt sich zur Zeit zusammen aus den Aktien der British Airways mit einer Gewichtung von 40 Prozent, der Air France, der KLM und der Swissair mit jeweils 20 Prozent. Es erfolgt bewusst eine Beschränkung auf europäische Wettbewerber, da nur diese in einem vergleichbaren Umfeld operieren, und auf börsenmäßig liquide Werte, wodurch kleinere Fluglinien und vor allem die europäischen Staatsairlines ausscheiden. Sicherlich ist bei einer Neuauflage von „LH-Performance“ die Zusammensetzung des Index – insbesondere im Hinblick auf die Beinah-Pleite der Swissair – zu überdenken und ggf. durch neu am Markt aufgetretene oder zwischenzeitlich börseneingeführte Wettbewerber (z. B. Iberia, Ryanair, easyJet) zu ergänzen. Maßstab für die Berechnung der Outperformance ist der Total-Shareholder-Return, womit neben der Kursentwicklung auch Dividenden, Bezugsrechte und sonstige Ausschüttungen berücksichtigt werden.

Beobachtet wird, wie sich der Wert der Lufthansa Aktie am Ende der Programmlaufzeit (nach Wahl der Führungskraft in drei oder vier Jahren) in Relation zum Konkurrenzindex entwickelt hat. Vergleichsbasis sind die Kurse der fünf Fluggesellschaften an ihrer jeweiligen Heimatbörse zum Programmstart. Entwickelt sich der Wert der Lufthansa Aktie bis zum Programmende besser als der Konkurrenzindex, erhalten die Programmteilnehmer für jeden vollen Prozentpunkt, den die Lufthansa Aktie den Vergleichsindex schlägt, eine Zahlung vom Unternehmen, die mit der Höhe der Outperformance in Stufen ansteigt und bei einer Outperformance von 40 Prozent gekappt ist. Die Limitierung der möglichen Ausschüttungssumme auf einen von vornherein bekannten Wert ist notwendig, da Lufthansa ihr Risiko begrenzen möchte.

Die Outperformance-Option gewährleistet die Belohnung einer lufthansaspezifischen Leistung und nicht von Aktienkurssteigerungen aufgrund allgemein steigender Aktienmärkte. Umgekehrt wirkt sie im Falle einer allgemeinen Aktienbaisse für die Führungskräfte nicht demotivierend, da es ihr auf die relative Entwicklung des Lufthansa Aktienkurses ankommt. Gerade der letzte Punkt gewinnt bei der seit dem Jahr 2000 anhaltenden Börsenbaisse an Bedeutung. Obwohl sich natürlich auch der Lufthansa Aktienkurs dem allgemeinen Kursverfall nicht entziehen konnte, erzielt die Lufthansa Aktie gegenüber dem Index zur Zeit für alle ausstehenden Programme einen positiven Outperformance-Wert.

Aktieninvestment

Ein elementarer Bestandteil von „LH-Performance" ist ein Investment in Lufthansa Aktien. Zum Programmstart kaufen die Führungskräfte, die an „LH-Performance" teilnehmen möchten, Aktien ihres Unternehmens. Dabei ist ein Aktieninvestment in Schritten von 2.500 € möglich, und Zahlungen aus der leistungsvariablen Vergütung an die Führungskräfte können zur Begleichung des Kaufpreises verwandt werden. Die Höhe des Investments ist begrenzt durch eine Investmentobergrenze, die für die einzelnen Führungskräfteebenen unterschiedlich hoch ist. Die Zahlung aus der Outperformance-Option bezieht sich immer auf eine Tranche von 2.500 € Aktieninvestment. Damit besteht für die Führungskraft ein Anreiz, möglichst viele Tranchen zu zeichnen.

Mit ihrem Aktieninvestment unterliegen die Programmteilnehmer wie jeder Aktionär Vermögensgewinnen und -einbußen durch die Kursschwankungen. Das heißt, auch die Führungskraft trägt das volle Verlustrisiko für ihr Investment, das abhängig von der Managementebene bei „LH-Performance 2001" bis zu 30.000 € betragen kann. Ein Verkauf der Aktien vor Programmende verwirkt die Ansprüche aus der Outperformance-Option.

Technische Details

Als Berechnungsstelle für die Outperformance ist die Dresdner Bank beauftragt, die den Programmteilnehmern auch eine depotmäßige Verwahrung der Aktien anbietet. Die Programmteilnehmer können allerdings die Aktien auch in einem Depot bei ihrer Hausbank verwahren lassen. Die Führungskräfte können den monatlich aktualisierten Stand der Outperformance dem Lufthansa Intranet, einem konzerninternen Online-Informationssystem, entnehmen.

Die Berechnung der Outperformance erfolgt auf Grundlage eines Durchschnittskurses der einhundert Börsentage vor Programmende. Dadurch sind kurzfristige Kursschwankungen eliminiert und dem möglichen Vorwurf einer Kursmanipulation wird vorgebeugt.

Öffentlichkeit und interne Akzeptanz

Das von Lufthansa entwickelte Programm „LH-Performance" findet bei Investoren und Presse ein durchweg gutes Echo. Bereits bei der im Rahmen der Vollprivatisierung durchgeführten Road-Show fragten nahezu alle Bankanalysten nach dem Aktienoptionsprogramm und würdigten positiv die Ausgestaltung von „LH-Performance". Als Kompliment besonderer Art darf sicherlich auch die Aussage der Financial Times gelten, das Lufthansa Aktienoptionsprogramm räume dem Management „a distinctly un-German direct financial incentive to outperform" ein.

Gewiss schöner liest sich da ein Börsen-Zeitungs-Artikel mit der Überschrift „Lufthansa: Shares and More", der zum Schluss über „LH-Performance" resümiert: „Über das eigene Unternehmen hinaus setzt sie (die Lufthansa) damit Maßstäbe, wie aktienkursbasierte Erfolgsbeteiligungen auch im Rahmen der heutigen Gesetze aussehen können, ohne zur risikolosen Selbstbedienung des Managements auszuarten."

Auch die Beteiligungsquote des Managements ist trotz des von den Führungskräften geforderten Eigeninvestments erfreulich. Seit der Erstauflage von „LH-Performance" in 1997 wurde das Programm jährlich neu angeboten. Die dabei erzielten Beteiligungsquoten lagen in jedem Jahr zum Teil deutlich über 50 Prozent.

Natürlich gibt es auch kritische Stimmen. Besonders als kurz nach der Auflage des ersten Programms bereits im Oktober 1997 der Aktienkurs an Boden verlor und um einiges unter den Einstandskurs der Führungskräfte fiel. Einige Manager sprachen schon vom „Führungskräfteenteignungsprogramm". Nunmehr sind die beiden ersten Programme ausgelaufen und haben – wie sicherlich von niemandem erwartet – die maximale Outperformance von 40 Prozent weit überschritten. Ein weiteres Programm läuft im Januar 2002 aus und zeigt eine ebenfalls erfreuliche Outperformance, auch wenn die 40-Prozent-Marke dieses Mal wahrscheinlich nicht erreicht wird. Trotzdem dürfte die Zahlung aus der Outperformance-Option die Führungskräfte über den zwischenzeitlich erfolgten Kursverlust ihres Aktien-Investments in Lufthansa hinwegtrösten. Doch neben der Frage nach einem aktuellen Gewinn oder Verlust hat das Programm „LH-Performance" zwei besonders erfreuliche Entwicklungen gefördert: Das Lufthansa Management hat die sportliche Herausforderung einer Outperformance gegenüber den Wettbewerbern angenommen und ist – im Gegensatz zu der noch vor wenigen Jahren herrschenden Meinung – extrem an der Entwicklung des Aktienkurses interessiert.

E-Learning und Online-Wissenstransfer: Innovative Potenziale für die materielle und immaterielle Mitarbeiterbeteiligung

Hans-Christian Riekhof

1. Was versteht man unter E-Learning und Online-Wissenstransfer?

Die öffentliche Diskussion wie auch die wissenschaftliche Erforschung der materiellen und der immateriellen Mitarbeiterbeteiligung erhält seit Jahren durch aktuelle politische Ereignisse immer wieder neue Impulse. Dabei setzen sich Initiativen, Unternehmen, Verbände und politische Gruppen unter dem Aspekt der Einkommensverteilung und Tarifpolitik, des generellen Lohn- und Gehaltsniveaus, der Vermögensverteilung und Vermögensbildung in Arbeitnehmerhand und der finanziellen Stärkung mittelständischer Unternehmen mit diesem Thema auseinander.

Bislang gibt es aber noch keine ausgeprägten Initiativen, die neuen internetbasierten Kommunikationsmedien zu nutzen, um die Einführung materieller und immaterieller Mitarbeiterbeteiligungsformen voranzutreiben. Hier setzt der vorliegende Beitrag an: es geht darum, die Chancen und innovativen Potenziale zu bewerten, die im E-Learning und online Wissenstransfer für die Mitarbeiterbeteiligung liegen.

1.1 E-Learning

Zunächst soll eine Begriffsbestimmung helfen, E-Learning richtig einzuordnen. Unter E-Learning verstehen viele Unternehmen sämtliche Formen des elektronisch unterstützten Lernens, d. h. also sowohl interaktive als auch nicht interaktive Formen, wie auch simultane und nicht simultane Formen (vgl. Abbildung 1 und Schüle, 2001, S. 315 ff.).

Unter E-Learning im engeren Sinne sind die webbasierten Formen des Lernens zu verstehen, da nur die Interaktivität einerseits und die Realtime-Aktualität andererseits die Potenziale des elektronischen Lernens voll zu erschließen erlauben.

1.2 Online-Wissenstransfer

Eng verwandt mit dem E-Learning ist der Online-Wissenstransfer. Eine Unterscheidung ist aber sinnvoll, um die unterschiedlichen Zielsetzungen und Anwendungsbereiche deutlich zu

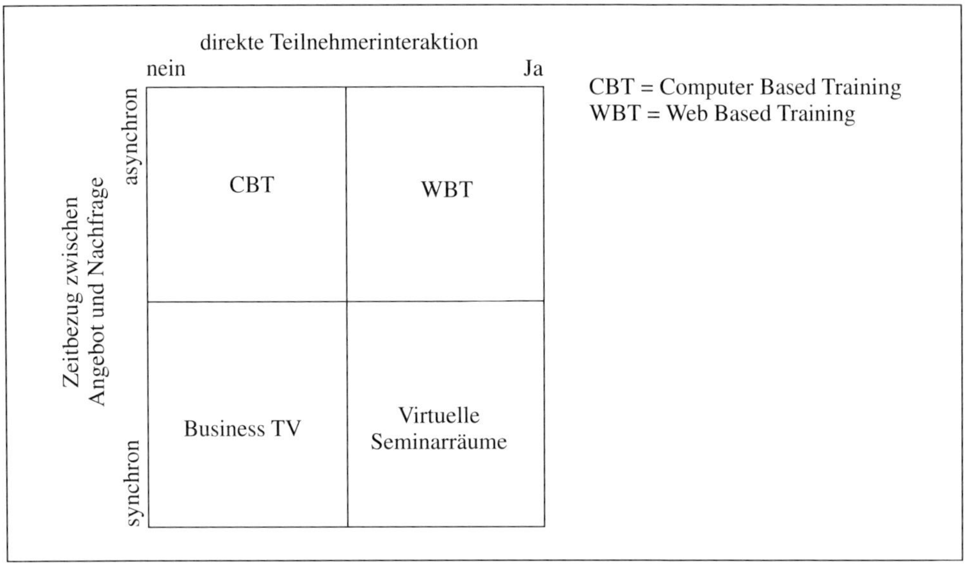

Abbildung 1: Portfolio zur Klassifizierung von E-Learning-Formen
Quelle: unicmind.com

machen. Während E-Learning auf den Erwerb allgemeiner Qualifikationen gerichtet ist, zielt online Wissenstransfer auf organisations- bzw. unter nehmensspezifische Inhalte, die beispielsweise aus der Unternehmensstrategie abgeleitet werden (vgl. Abbildung 2).

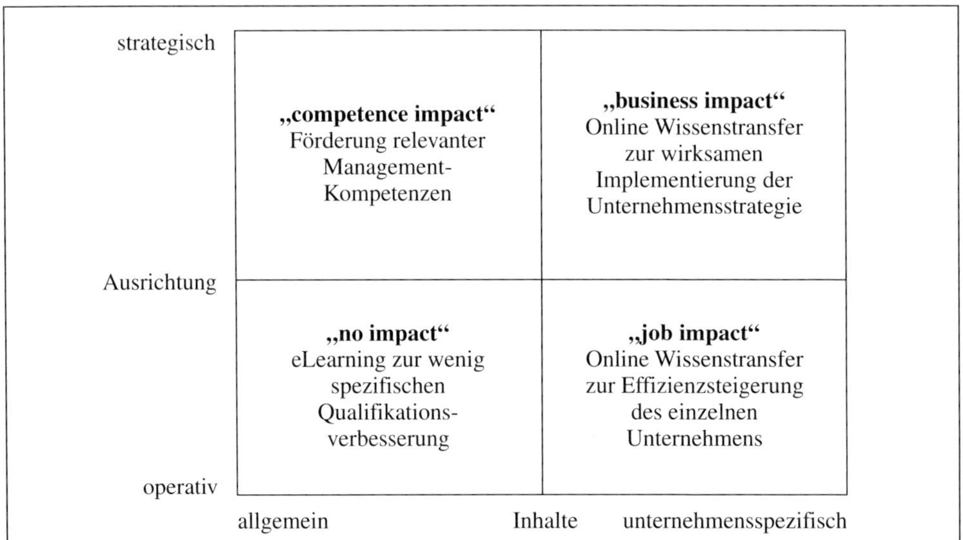

Abbildung 2: Wissensmanagement als strategischer Geschäftsprozess
Quelle: unicmind.com

Zusätzlich wird in der Matrix der Abbildung 2 danach unterschieden, ob die E-Learning-Programme bzw. der online Wissenstransfer auf die Verbesserung der eigenen Geschäftsergebnisse zielen („business impact"). Dieses ist im Grunde der vielversprechendste Ansatz, aber gleichzeitig auch der heute noch am wenigsten verbreitete. Dieses Stichwort leitet über zur Darstellung einer von der unicmind.com AG in Auftrag gegebenen Studie über die Verbreitung von E-Learning und Wissensmanagement in Deutschland (vgl. Riekhof/Schüle, 2001, S. 341 ff.). Eine Kurzversion der Ergebnisse ist unter www.unicmind.com abrufbar.

2. Wie verbreitet sind E-Learning und online Wissenstransfer in Deutschland?

2.1 Zielsetzungen der unicmind.com Studie

Erstmals wurde im Frühjahr 2001 in einer Befragung der TOP-350-Unternehmen Deutschlands erhoben, welche Verbreitung E-Learning in diesen Unternehmen hat, aus welchen Elementen die E-Learning-Programme bestehen, welche Zielsetzungen damit verbunden sind, welche Budgets hier zur Verfügung gestellt werden und welche Wirkungen man bisher feststellen konnte. Diese Studie wurde an der Privaten Fachhochschule Göttingen unter Leitung von Prof. Schüle durchgeführt. Der Methodensteckbrief ist in Abbildung 3 wiedergegeben.

Ziel	Die von der unicmind.com AG in Auftrag gegebene Studie ist die erste dieser Art, die die TOP-350-Unternehmen der deutschen Wirtschaft nach ihren Zielsetzungen, nach den Aktivitäten und Erfahrungen mit E-Learning und mit Online-Wissensmanagement befragt. In diesem Zusammenhang war es zentrales Anliegen der Studie, Aufschlüsse darüber zu liefern, welchen Stellenwert E-Learning und Wissensmanagement für Unternehmen haben bzw. zukünftig einnehmen werden.
Zielgruppe	Es wurden 350 Unternehmen der deutschen Wirtschaft nach dem Stand sowie der geplanten Weiterentwicklung in den Anwendungsgebieten E-Learning und Wissens-management befragt.
Bezugsgröße	Top 500-Ranking deutscher Unternehmen von 1999 der Tageszeitung DIE WELT (www.welt.de/wirtschaft/ranglisten/500_1999.htx)
Untersuchungsdesign	Fragebogen und Telefoninterview
Untersuchungszeitraum	5. März bis 17. April 2001
Wissenschaftliche Leitung	Die unicmind.com AG hat die Studie beim Lehrstuhl für Wirtschaftsinformatik der Privaten Fachhoch-Schule Göttingen in Auftrag gegeben. Die Leitung der Studie hatte Prof. Dr. Hubert Schüle.

Abbildung 3: Methodischer Steckbrief

2.2 Wichtige Ergebnisse der unicmind.com Studie

Was zunächst die von den Unternehmen mit E-Learning verbundenen Zielsetzungen anbetrifft, so steht die Kostensenkung eindeutig an erster Stelle (vgl. Abbildung 4), gefolgt von der Schulung aktueller Themen, der hohen Aktualität und dem flexiblen Lernen.

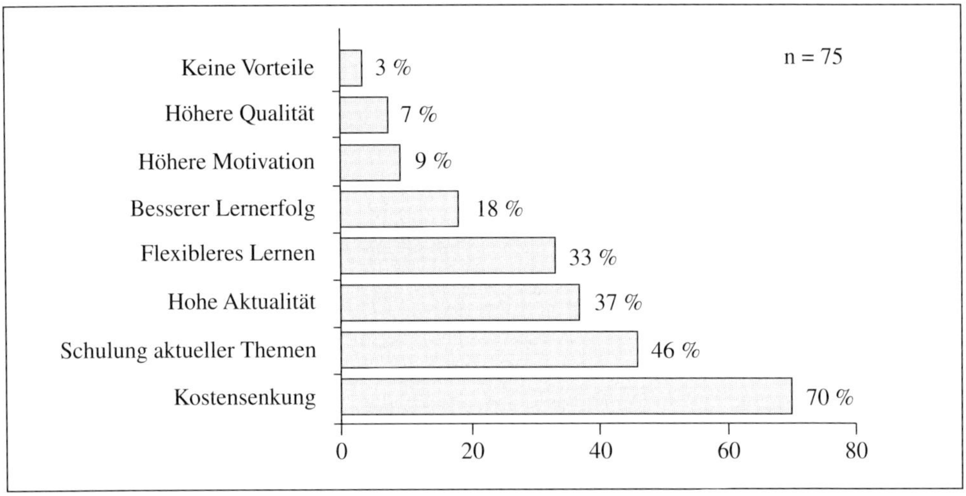

Abbildung 4: Chancen von E-Learning
Quelle: unicmind.com

Dieses Ergebnis ist einerseits natürlich nachvollziehbar, führt E-Learning doch zu Einsparungen bei den Reisekosten, zu weniger Arbeitsausfall etc. Offensichtlich hat sich die Erkenntnis aber noch nicht sehr weit durchgesetzt, dass E-Learning auch eine höhere Lerneffizienz und eine bessere Lernerfolgskontrolle ermöglichen.

Für das Wissensmanagement (in elektronischer Form und auf klassischem Wege) werden ganz andere Zielsetzungen genannt (vgl. Abbildung 5). Hier steht ganz eindeutig der Know-how-Transfer an erster Stelle. Dies ist nachvollziehbar, denn in typischen Knowledge-management-Systemen werden Ressourcen gebunden, um das Know-how zu dokumentieren, während die spätere Nutzung und Wiederverwendung des Know-how keiner exakten Auswertung unterliegt.

Dass E-Learning heute von den Unternehmen in einem sehr weiten Sinne interpretiert wird, ist der Abbildung 6 zu entnehmen. Der Einsatz von CBT, Schulungsvideos und Intranet führt die Rangliste der Formen des E-Learning an.

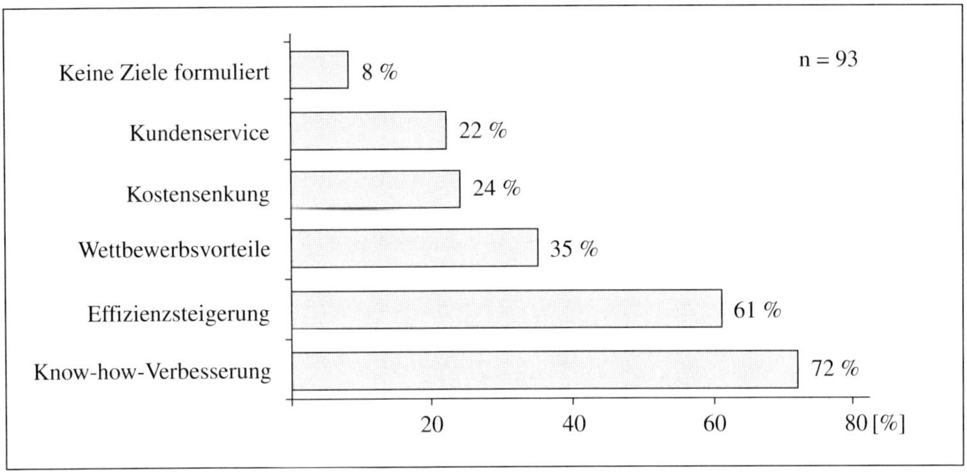

Abbildung 5: Zielsetzungen Wissensmanagement
Quelle: unicmind.com

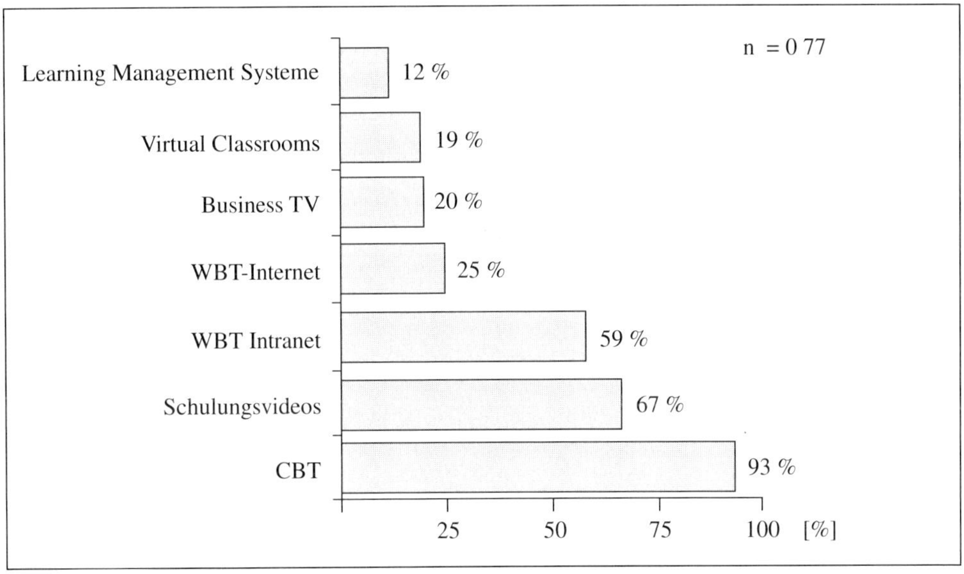

Abbildung 6: Erscheinungsformen von E-Learning
Quelle: unicmind.com

Das webbasierte E-Learning, das in Abschnitt 1.1 als die eigentlich zukunftsträchtige Version bezeichnet wurde, liegt heute erst auf dem vierten Rangplatz.

Sehr aufschlussreich ist auch die Frage nach den Inhalten, die heute via E-Learning vermittelt werden (vgl. Abbildung 7). Es dominieren ganz eindeutig die IT-bezogenen Fragestellungen. Dies ist einerseits nachvollziehbar, haben doch die IT-Mitarbeiter die größte Affinität und auch den besten Zugang zu den elektronischen Medien.

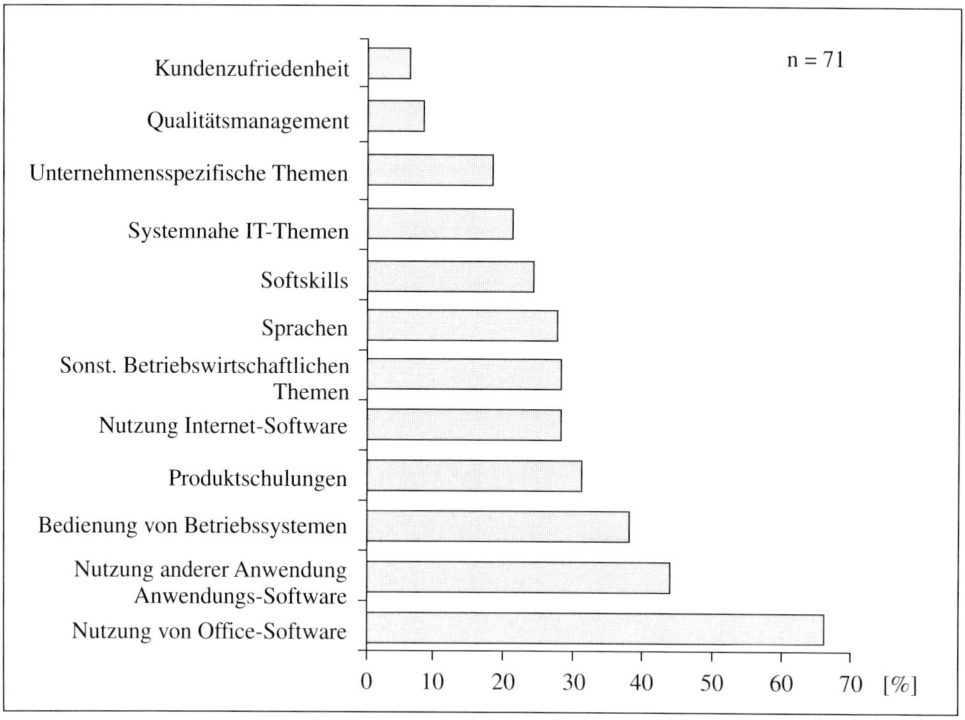

Abbildung 7: Schulungsthemen für E-Learning heute
Quelle: unicmind.com

Andererseits gibt es sehr attraktive Potenziale für das E-Learning, die bislang noch nicht sehr weit erschlossen wurden. Hier ist vor allem an unternehmensspezifische Themen zu denken, z. B. an produktbezogenes Know-how und an den Austausch über best practises im Unternehmen.

Dass diese Fragestellungen zumindest zukünftig stärkere Beachtung finden sollen, dokumentiert Abbildung 8, in der die Antwort der Unternehmen auf die Frage nach den zukünftigen thematischen Schwerpunkten des E-Learning dargestellt ist. Offensichtlich gibt es hier sehr klare Schwerpunktverschiebungen, auch wenn IT-bezogene Fragestellungen weiterhin einen ganz wesentlichen Stellenwert behalten. Bemerkenswert ist im Übrigen auch, dass E-Learning bislang noch sehr selten mit Fragen der Qualitätsverbesserung im Unternehmen in Verbindung gebracht wird. Es wäre sicherlich interessant, der Frage nachzugehen, wie Strategien der Fehlervermeidung tagesaktuell, multimedial aufbereitet und interaktiv zu den einzelnen Mitarbeitern getragen werden können.

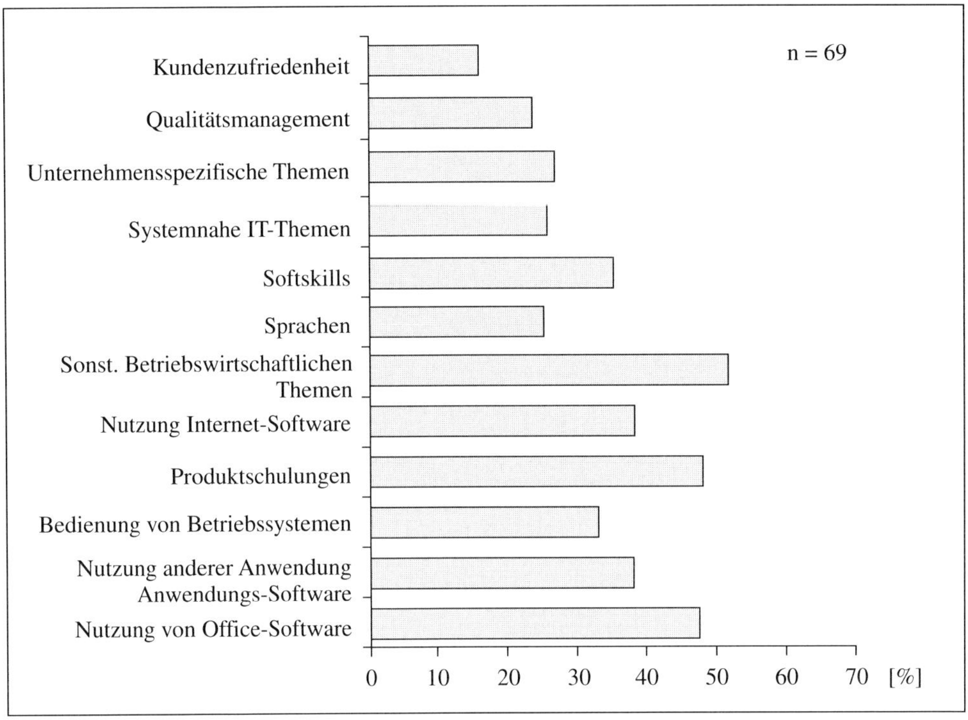

Abbildung 8: Zukünftige Schulungsthemen für E-Learning
Quelle: unicmind.com

Ein sehr aufschlussreicher Indikator für den tatsächlichen Stellenwert des E-Learning in den Unternehmen ist das zur Verfügung stehende Budget. E-Learning erfordert im Gegensatz zu klassischen Präsenztrainings eine gewisse investive Vorleistung zur Entwicklung der einzelnen Lerneinheiten.

Die technische Infrastruktur ist in den meisten Großunternehmen vorhanden, aber eine Software-Plattform ist zumindest zusätzlich erforderlich. In Abbildung 9 sehen wir, dass bislang nur ein begrenzter Anteil des Weiterbildungsbudgets für E-Learning zur Verfügung gestellt wird. Folgestudien werden aber zeigen, ob hier nicht enorme Zuwachsraten zu verzeichnen sind.

Als Ergänzung zur Frage nach den Budgets sind die Teilnehmerzahlen (vgl. Abbildung 10) zu sehen. Sie belegen die bislang in vielen Unternehmen noch begrenzte praktische Umsetzung des E-Learning. Aber auch hier ist davon auszugehen, dass in Folgestudien beachtliche Wachstumsraten dokumentiert werden können.

Um die Realisation von E-Learning-Projekten in den Unternehmen besser nachvollziehen zu können, wurde in der Studie erfragt, wer für die E-Learning Initiative in den Unternehmen

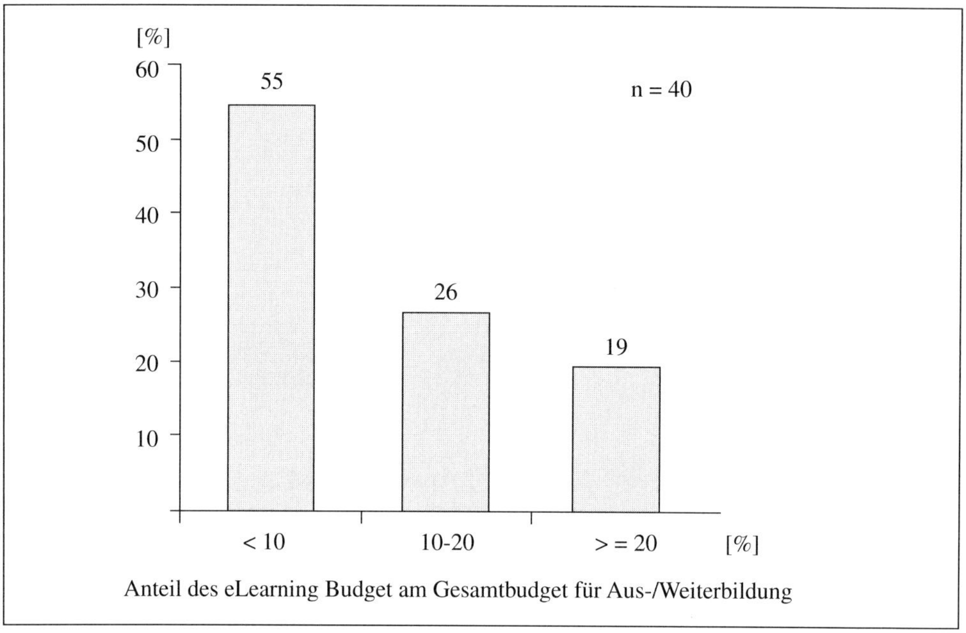

Abbildung 9: Anteile E-Learning-Budget am Gesamtbudget für Aus-/Weiterbildung
Quelle: unicmind.com

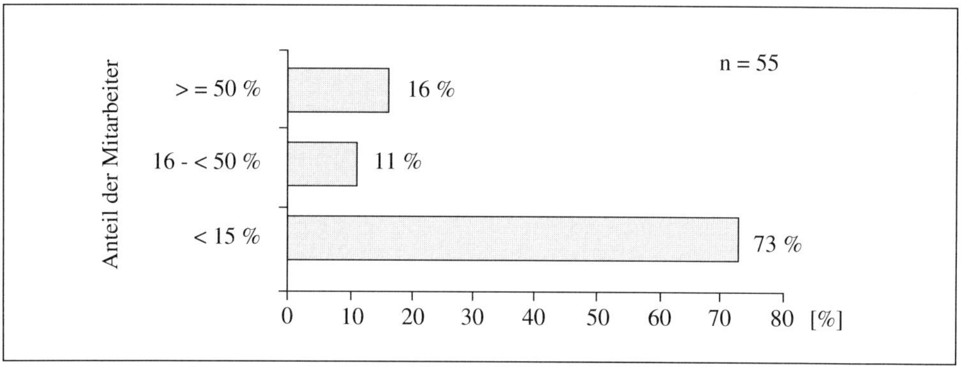

Abbildung 10: Anteil E-Lerner heute
Quelle: unicmind.com

verantwortlich zeichnet (vgl. Abbildung 11). Hier zeigt sich ganz eindeutig, dass der Personalbereich derartige Projekte in die Unternehmen trägt. Dies ist natürlich unmittelbar plausibel, wird doch der Personalbereich als verantwortlich für Mitarbeiterentwicklung und Qualifizierungsprozesse angesehen. Andererseits ist es doch bemerkenswert, dass beispielsweise der Marketing- und der Vertriebsbereich die Chancen des E-Learning zur Erreichung marktbezogener Zielsetzungen und zum Know-how-Transfer an den Außendienst noch nicht erkannt zu haben scheinen.

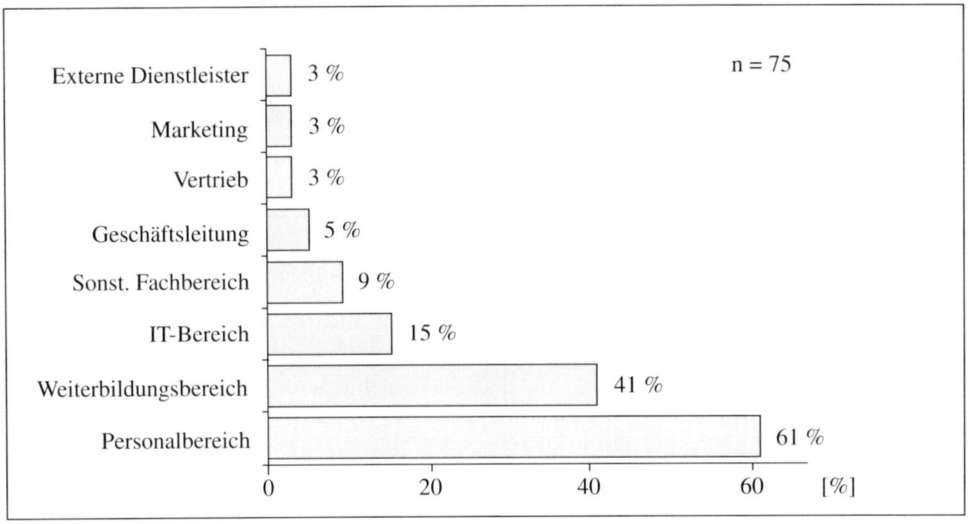

Abbildung 11: Organisatorische Verankerung von E-Learning
Quelle: unicmind.com

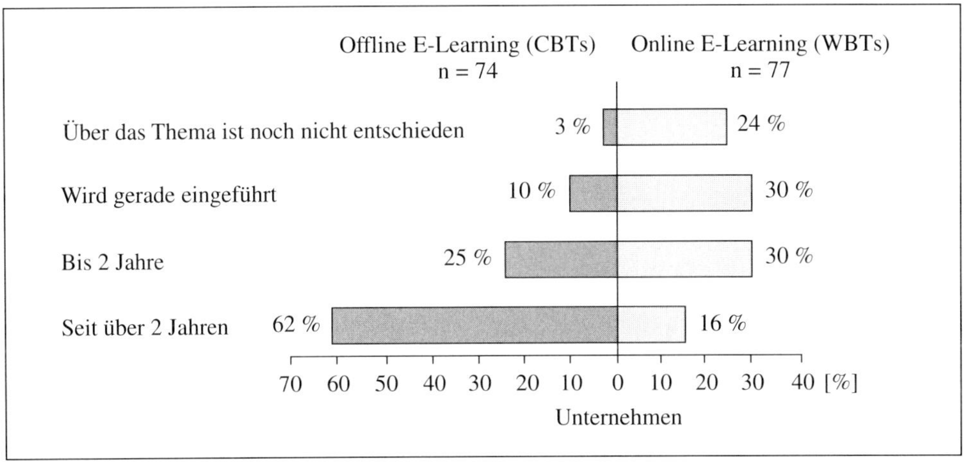

Abbildung 12: Einsatz Offline und Online E-Learning
Quelle: unicmind.com

Dass die meisten Unternehmen erst am Beginn ihrer E-Learning Aktivitäten stehen und wir es hier mit einem sehr neuen Instrument der Mitarbeiterqualifikation zu tun haben, ist der Abbildung 12 zu entnehmen. Der Schwerpunkt der Aktivitäten wurde von den Unternehmen vor ca. einem Jahr gestartet.

2.3 Zu erwartende Entwicklungen im E-Learning und Online-Wissenstransfer

Teilweise ist in den vorangehenden Abschnitten bereits angedeutet worden, in welche Richtung sich E-Learning und (online) Wissenstransfer voraussichtlich entwickeln werden. Zusammenfassend können folgende Tendenzaussagen getroffen werden:

1. Die Zielsetzung des Business Impact wird zukünftig einen höheren Stellenwert erhalten. E-Learning wird stärker darauf ausgerichtet werden, das eigene Geschäft direkt voranzubringen. Allgemeine Qualifikationen zu erwerben, wird nicht mehr im Vordergrund stehen.
2. Während heute Schulungen für Standard-Software im E-Learning dominieren, kann man davon ausgehen, dass zukünftig solche Themen wichtiger werden, die das Know-how über Produkte, Prozesse und Technologien im Unternehmen in die Mannschaft tragen.
3. Die Unternehmensstrategie wird zukünftig stärker zum Auswahlkriterium dafür, ob E-Learning-Inhalte tatsächlich oberste Priorität haben oder nicht. Das bedeutet auch, dass die Geschäftsleitung stärker in die Zielsetzungs- und Konzeptphase eingebunden werden wird.
4. Webbasiertes E-Learning wird einen größeren Anteil am gesamten E-Learning-Markt erhalten, weil die gleiche Aktualität und Interaktivität durch kein anderes Medium darstellbar sind.
5. Unternehmensspezifische Inhalte werden weiter an Bedeutung gewinnen, weil sich die Erkenntnis durchsetzen wird, dass Standardinhalte nur zu Standardqualifikationen führen. An austauschbaren Programmen hat aber im Grunde kein Unternehmen ein Interesse.
6. Lernerfolgskontrollen werden noch wichtiger werden. Auch die für Präsenzseminare ausgegebenen Budgets werden stärker auf ihre Wirksamkeit hin überprüft werden, und hier wird der Vorteil des E-Learning noch einmal sehr deutlich zum Tragen kommen.
7. Wirtschaftlichkeitsüberlegungen für Qualifizierungsprogramme werden insgesamt einen höheren Stellenwert erhalten.

3. Was kann man aus bisherigen E-Learning- und Online-Wissenstransfer-Projekten lernen?

In den vergangenen zwei bis drei Jahren wurden E-Learning- und online Wissenstransfer-Projekte gestartet, die inzwischen relativ weit in der Umsetzung sind und mit denen verschiedene praktische Erfahrungen gesammelt wurden.

3.1 Der Stellenwert von Technologie und Lernplattformen

In verschiedenen von internationalen Konzernen durchgeführten E-Learning-Projekten, die auch in der Literatur dokumentiert sind bzw. über die auf Kongressen berichtet wurde, wurden Millionenbeträge aufgewendet, um eine Software-Lösung als Lernplattform zu etablieren. Es stand also die Idee im Mittelpunkt, zunächst eine Lerninfrastruktur zu schaffen, die dann genutzt werden sollte, um intern Lerninhalte erstellen zu lassen und um sie dann einer Vielzahl von Nutzern online zur Verfügung zu stellen.

Natürlich handelt es sich hier nur um einzelne Unternehmen und einzelne Projekte, und heute ist eine Prognose schwierig, ob sich dieses Modell des E-Learning nachhaltig etablieren wird. Zumindest sind hier Zweifel angebracht, ob der Anteil der Investitionen für die IT-Infrastruktur nicht im Vergleich zum Budget für die Inhalte deutlich zu hoch bemessen war. Folgenden Themen sollte in diesem Zusammenhang eine hohe Aufmerksamkeit geschenkt werden:

1. Wie hoch ist der Aufwand der internen Vernetzung der Lernmanagement-Systeme mit den vorhandenen IT-Strukturen? Steht er in einem sinnvollen Verhältnis zum Gesamtaufwand?

2. Wie gut ist der Content aufbereitet, der von den eigenen Mitarbeitern erstellt wird? Hier ist an Multimedialität und Interaktivität zu denken, aber auch an die verschiedenen Formen der Lernerfolgskontrolle, die externe Dienstleister in der Regel gut beherrschen.

3. Wird der interne Aufwand der Erstellung und der Aktualisierung der Lernprogramme dokumentiert, um die Gesamtkosten der E-Learning-Programme realistisch abbilden zu können?

4. Wie funktioniert die Priorisierung der Inhalte, die in das E-Learning-System aufgenommen werden? Sicherlich können nicht alle aus Sicht des einzelnen Mitarbeiters wichtigen Themen sofort umgesetzt und verfügbar gemacht werden. Die Unternehmensstrategie ist hier ein gutes Kriterium für die Auswahl von Schwerpunkten.

5. Wie gut ist die tatsächliche Akzeptanz dieser Lernplattformen durch die Teilnehmer? Hier sind Befragungen hilfreich, die die Einstellungen und Erfahrungen der Nutzer dokumentieren.

6. Wie konkret ist die Wirtschaftlichkeit derartiger durchaus beachtlicher Investitionen in Lernplattformen darstellbar? Es ist in der Regel sehr viel einfacher, Aufwand und Nutzen einzelner Content-Einheiten zu quantifizieren, als komplexe E-Learning Infrastrukturen „rechenbar" zu machen.

3.2 Die Rolle des Content

Der Content, also der eigentliche Lerninhalt und die zu vermittelnde Botschaft, ist das Herzstück des E-Learning – nicht aber die IT-Infrastruktur. Deshalb ist es wichtig, den Aufwand für die Lernmanagement-Software dem Aufwand gegenüberzustellen, der für die Erstellung des Content betrieben wird. Manche Projekte haben eine überaus starke IT-Lastigkeit; der Anwendernutzen bleibt begrenzt, wenn Inhalte nicht zur Verfügung stehen. Die klassische Aussage „content is king" wird zukünftig in der Praxis stärkere Beachtung finden müssen.

Dabei stellt sich allerdings die Frage nach der Menge und der Auswahl des Content. Wie bereits erwähnt, kann hier die Unternehmens- oder Geschäftsbereichsstrategie helfen, Prioritäten zu setzen: nur was die Umsetzung strategischer Konzepte fördert, sollte in Angriff genommen werden.

Wichtig ist in diesem Zusammenhang, dass es nicht allein darauf ankommt, Content zu sammeln und verfügbar zu machen. Vielmehr ist die Aufbereitung von entscheidender Bedeutung für die Wiederverwendung, und der Umfang der Wiederverwendung ist letztlich ein Indikator dafür, ob der gespeicherte bzw. aufbereitete Content für andere Mitarbeiter des Unternehmens von praktischer Relevanz ist.

3.3 Der Aufwand für Interaktivität, Multimedialität und Webdidaktik

Viele der älteren in der Praxis eingesetzten E-Learning-Programme zeichnen sich durch eine hohe Textlastigkeit aus. In der jüngeren Vergangenheit ist es gelungen, durch Video- und Audiosequenzen eine abwechslungsreichere Gestaltung der Lerneinheiten zu realisieren. Damit kann die Aufmerksamkeit des Lernenden sicherlich unterstützt werden.

E-Learning bedeutet nicht, vorhandene Powerpoint-Foliensätze über ein Internet konzernweit verfügbar zu machen. Die im E-Learning liegenden Potenziale werden nur dann ausgeschöpft, wenn Inhalte sorgfältig ausgewählt und didaktisch aufbereitet werden. Dazu bieten die neuen Medien einige sehr interessante Möglichkeiten, die allerdings sehr genau auf ihren jeweiligen Anwendungszweck hin ausgewählt werden müssen.

Multimedialität heißt in diesem Zusammenhang, dass Texte und Grafiken durch Audios und Videos ergänzt werden können, dass Bilder und Grafiken animiert werden können (d. h. bewegte Elemente aufweisen) oder dass Simulationen und Berechnungen durchgeführt werden können. Jedes dieser multimedialen Elemente hat seine spezifischen Vorteile, aber gegebenenfalls auch Nachteile, die sorgfältig gegeneinander abgewogen werden müssen.

Allerdings stellt sich die Frage, ob jede Form der Multimedialität zu einem entscheidenden Vorteil des E-Learning wird. Wenn man einmal den historischen Vergleich zieht, dann hat das Fernsehen als Medium gegenüber dem Radio das bewegte Bild als neue Dimension erschlossen; das Internet als Medium eröffnet dem Nutzer zusätzlich die Interaktivität und die Individualisierbarkeit. Insofern kann als Prüfstein webbasierter Lernprogramme das Ausmaß der Interaktivität, Aktualität und Individualisierbarkeit herangezogen werden.

3.4 Die Rolle von Lernerfolgskontrollen

Der klassische Weg des E-Learning ist das Aufbereiten von Videos oder das Verteilen von CD-ROMs. Jeder weiß aber aus eigener Erfahrung, dass viele CD-ROMs kostenlos verteilt werden, die man später gar nicht ansieht. Es ist also aufgrund fehlender Rückkopplungsmöglichkeiten nicht feststellbar, mit welcher Intensität und welchem Erfolg die Inhalte bearbeitet wurden.

Hier findet sich der entscheidende Vorteil webbasierter Lösungen: durch online Testfragen kann festgestellt werden, ob die Inhalte verstanden wurden und welcher Anteil der Lernenden welche Schwierigkeiten bei den Lernerfolgskontrollen hat. Aus dem Feedback können nicht nur die Teilnehmer, sondern auch die Führungskräfte sehr viele Rückschlüsse ziehen.

3.5 Die Aufgabe begleitender Motivationskampagnen

Man kann aufgrund der bisherigen Erfahrung mit E-Learning und online Wissenstransfer davon ausgehen, dass sich ein neues online gestelltes E-Learning-Angebot nicht von allein einen Weg zum Nutzer sucht. Vielmehr sind begleitende Aktionen erforderlich, um die Aufmerksamkeit auf das neue Angebot zu lenken, um den möglichen Nutzen zu erläutern und um ggf. auch besondere (materielle oder immaterielle) Anreize zu bieten, wenn die online Kurse absolviert werden. Immer mehr Unternehmen gehen dazu über, hier von vornherein entsprechende Budgets zu reservieren und Kampagnen aufbereiten zu lassen.

4. Wo liegen die Nutzenpotenziale des Online-Wissenstransfers für die materielle Mitarbeiterbeteiligung?

Die Verknüpfung von online Wissenstransfer und materieller Mitarbeiterbeteiligung ist bislang in der Praxis selten vollzogen worden. Dies liegt sicherlich auch daran, dass eher Großunternehmen Vorreiter für E-Learning-Initiativen sind, und dass die überwiegende Zahl von Mitarbeiterbeteiligungsmodellen im Mittelstand zu finden ist. Gleichwohl ist es aus verschiedenen Gründen sehr interessant und vielversprechend, diese beiden Themen miteinander in Verbindung zu bringen.

4.1 Lernen über materielle Beteiligungsmodelle

Eine von der AGP in Auftrag gegebene und von der unicmind.com AG realisierte Lernplattform und Lerneinheit über die Formen der materiellen Mitarbeiterbeteiligung zeigt, wie webbasiertes Lernen und Mitarbeiterbeteiligung in der Praxis verknüpft werden können. Diese Lerneinheit ist unter AGPeV.de abrufbar. Sie stellt auf mehr als 100 Screens, sechs Audios, 20 Grafiken und Tabellen die sechs Schritte zur Mitarbeiterbeteiligung vor. Insgesamt acht Vertiefungssequenzen bieten auch dem Experten interessante Themen. In Simulationen kann die mögliche Entwicklung des Wertes der materiellen Beteiligung durchgespielt werden. In einem Lexikon werden komplexe Begriffe, z. B. aus dem Steuerrecht, erläutert.

4.2 Einsichten über das unternehmensspezifische Beteiligungskonzept

Bei der praktischen Realisation materieller Mitarbeiterbeteiligungsmodelle kann eine solche E-Learning-Einheit helfen, im Vorfeld der Diskussion eine gute und vor allem gemeinsame Informationsgrundlage bei allen Beteiligten (Unternehmer, Mitarbeiter, Banken, Arbeitnehmervertreter) zu schaffen. Je nach individuellem Informationsbedürfnis und individueller Bearbeitungsgeschwindigkeit können inhaltliche Vertiefungen vorgenommen werden.

Was in der vorliegenden Form als allgemeine Information über die verschiedenen Beteiligungsmodelle und Gestaltungsoptionen konzipiert ist, lässt sich natürlich auch als unternehmensspezifische Einheit entwerfen, um den Mitarbeitern des eigenen Unternehmens die Chance zu geben, das Beteiligungsangebot in allen Details zu verstehen. Daher können die Vor- und Nachteile der eigenen Beteiligungsmodelle besonders herausgearbeitet werden. Es lassen sich auch Funktionalitäten schaffen, mit deren Hilfe jeder einzelne Parameter eingegeben werden kann, auf deren Basis dann Simulationen über die Wertentwicklung der Anteile durchgeführt werden können. Damit können Chancen, aber auch Risiken einer materiellen Beteiligung sehr plastisch veranschaulicht werden.

4.3 Erfahrungsaustausch über Beteiligungsmodelle

Neben dem Lernen über Beteiligungsmodelle im engeren Sinne kann eine Lernplattform natürlich auch dazu genutzt werden, den unternehmensübergreifenden wie auch den unternehmensinternen Erfahrungsaustausch zu fördern. Hier können Experten verschiedener Bereiche (Unternehmer, Finanzexperten, Juristen, Steuerexperten, Personalfachleute) ihr Wissen miteinander in unkomplizierter und effizienter Weise teilen. Dieser Austausch kann so weit gehen, dass man ein regelrechtes Prozess-Benchmarking schafft. Dabei können dann die beteiligungsspezifischen Prozesse und Abläufe dargestellt und verglichen werden. In der Regel werden für Prozessvergleiche die Dimensionen C = cost, V = value, Q = quality und T = time verwandt. Das bedeutet, dass man beispielsweise den Verwaltungsaufwand des Beteiligungsmodells vergleichen kann, die Akzeptanzquoten der Beteiligung durch die Mitarbeiter, die Geschwindigkeit der Einführung und die Auswirkungen auf unternehmerische Kennzahlen wie Fluktuation, Absenz, Anzahl von Verbesserungsvorschlägen u. a.

5. Wo liegen die Nutzenpotenziale für die immaterielle Mitarbeiterbeteiligung?

Funktionalitäten wie animierte Grafiken oder Simulationen lassen sich sehr gut mit der materiellen Mitarbeiterbeteiligung in Verbindung bringen. Andere Funktionalitäten wie etwa die Kommunikations- und Interaktionsmöglichkeiten kommen gerade auch bei einer immateriellen Mitarbeiterbeteiligung sehr gut zum Einsatz, geht es hier doch um die verstärkte Einbeziehung von Mitarbeitern in Entscheidungsprozesse.

5.1 Hintergrundinformationen zum Markt und zur Unternehmensstrategie

Für Mitarbeiter, die am eigenen Unternehmen beteiligt sind bzw. die in besonderer Weise in Entscheidungsprozesse einbezogen werden, ist es nicht unerheblich, die Entwicklungen im Unternehmensumfeld, die Strategien von Wettbewerbern und die quantitativen Entwicklungen im Markt richtig einschätzen zu können. Dies ist Teil der allgemeinen Erwartungsbildung der Mitarbeiter.

Eine E-Learning-Plattform ist hier ein geeignetes Instrument, um derartige Hintergrundinformationen aufzubereiten, zu veranschaulichen und sie auch zur Diskussion zu stellen. Dies ist sicherlich auch eine Möglichkeit, um allgemeine Unternehmensdarstellungen in der Presse zu präzisieren oder auch zu relativieren.

Ein weiterer Bereich, der für die aktive Einbeziehung von Mitarbeitern in Entscheidungsprozesse wichtig ist, sind Hintergrundinformationen zur Unternehmensstrategie und zur Geschäftsentwicklung. Hier gibt es bereits mittelständische Unternehmen, für die unicmind.com entsprechende Konzepte umgesetzt hat.

5.2 Partizipation an Meinungsbildungs- und Entscheidungsprozessen

Webbasierte Lern- und Kommunikationsplattformen lassen sich nicht nur für Informations- und Kommunikationsprozesse nutzen. Vielmehr können hier unmittelbare Meinungsbildungs- und Entscheidungsprozesse realisiert werden. Man denke etwa an die Möglichkeit, bestimmte geschäftsstrategische Optionen oder geplante organisatorische Veränderungen im Unternehmen einer breiten internen Öffentlichkeit zu präsentieren, auf diesbezügliche Fragen zu antworten (dies kann ggf. im Namen der Geschäftsleitung geschehen) und Umfragen zu starten. Inwieweit sich eine Diskussion anstehender Entscheidungen im Vorfeld zu einer tatsächlichen online Meinungsbildung und ggf. sogar Abstimmung weiterentwickeln lässt, wird sehr stark vom Einzelfall und von der jeweiligen Unternehmenskultur abhängen.

5.3 Innovationsideen und kontinuierliche Verbesserungsprozesse

Ein von der unicmind.com AG bereits in der Praxis realisiertes Instrument der online Willensbildung sind Innovationsprozesse. Sie nutzen die interne online Kommunikationsplattform dazu, um die Ideen von Mitarbeitern zu kanalisieren, um ein Forum zur Auseinandersetzung mit innovativen Konzepten zu schaffen und um sicherzustellen, dass kein Verbesserungsvorschlag unnötig lange unbeantwortet bleibt.

Dabei ist es aber wichtig, dass die Prozesse zunächst auch unabhängig von der Kommunikationsplattform funktionsfähig sind. Die wirksame Integration eines Verbesserungsvorschlagwesens in die Kommunikationsplattform gelingt nur, wenn bestimmte Praktiken der Bearbeitung und Bewertung, der Umsetzung und Prämierung von Ideen etabliert sind.

Unternehmen tun gut daran, sich hier mit den Prinzipien auseinanderzusetzen, wie sie sich in japanischen Unternehmen finden. Deren Grundsätze sind relativ einfach nachvollziehbar:

- Bei den Vorschlägen zählt Quantität vor Qualität. Möglichst alle Mitarbeiter sollen sich engagieren.
- Bei der Bearbeitung ist Schnelligkeit angesagt. Ein zügiges Feedback ist unabdingbar.
- Bei der Prämierung gilt, dass möglichst viele Vorschläge auch materiell anerkannt werden sollen; die pro Vorschlag gezahlten Beträge sollen allerdings (im Gegensatz zur europäischen Praxis) sehr überschaubar bleiben. Dies macht die Entscheidung im Endeffekt leichter.
- Eine hohe Quote umgesetzter Vorschläge soll die Motivation der Mitarbeiter zum Mitmachen erhöhen bzw. aufrechterhalten.

Diese Grundsätze lassen sich prinzipiell sehr gut mit einem online Innovationssystem realisieren. Eine Kategorisierung des Vorschlages durch den Betroffenen selbst, eine zügige Erstbewertung durch ein Fachgremium und eine schnelle Weiterleitung von Stellungnahmen durch Entscheider sind sehr einfach umzusetzen. Man kann ferner den Weg eines Verbesserungsvorschlags durch die „Instanzen“ sichtbar machen, sodass der Betroffene jederzeit weiß, in welchem Bearbeitungsschritt sein Vorschlag gerade steckt.

6. Schlussfolgerungen

Materielle wie auch immaterielle Modelle der Mitarbeiterbeteiligung leben davon, dass die Mitarbeiter mehr als nur einmal im Jahr über ihre Anteile informiert werden, und dass sie in interaktiven Prozessen konkretes Engagement zeigen können. Online Wissenstransfer und E-Learning bieten das Potenzial, um zu einem lebendigen Austausch über diese Themen beizutragen.

Literatur

Riekhof, H.-C./Schüle, H.: E-learning in Deutschland. Empirische Ergebnisse einer unicmind.com Studie. in: Riekhof, H.-C. (Hrsg.): Strategien der Personalentwicklung, 5. Aufl., Wiesbaden 2001, S. 341 ff.

Riekhof, H.-C./Schüle, H. (Hrsg.): E-Learning, Konzepte, Erfahrungen, Fallstudien, Wiesbaden 2002.

Schüle, H.: Strategisches Wissensmanagement als Aufgabe der Managemententwicklung. in: Riekhof, H.-C. (Hrsg.): Strategien der Personalentwicklung, 5. Aufl., Wiesbaden 2001, S. 315 ff.

Tendenzen der Erfolgsbeteiligung

Hans J. Schneider

In Literatur und Praxis hat sich die Bezeichnung „Erfolgsbeteiligung“ als Oberbegriff für alle Beteiligungsformen durchgesetzt, bei denen die Mitarbeiter zusätzlich zu Lohn und Gehalt eine erfolgsabhängige Zuwendung erhalten. Erfolgsbeteiligungen gehören mit der Mitarbeiterkapitalbeteiligung zu den materiellen Formen der Mitarbeiterbeteiligung (Abbildung 1) und unterliegen dem arbeitsrechtlichen Regelungsbereich. Dies hat zur Folge, dass Erfolgsanteile, unabhängig von ihrer Bezeichnung, der Lohnsteuer und der Sozialversicherung unterliegen.

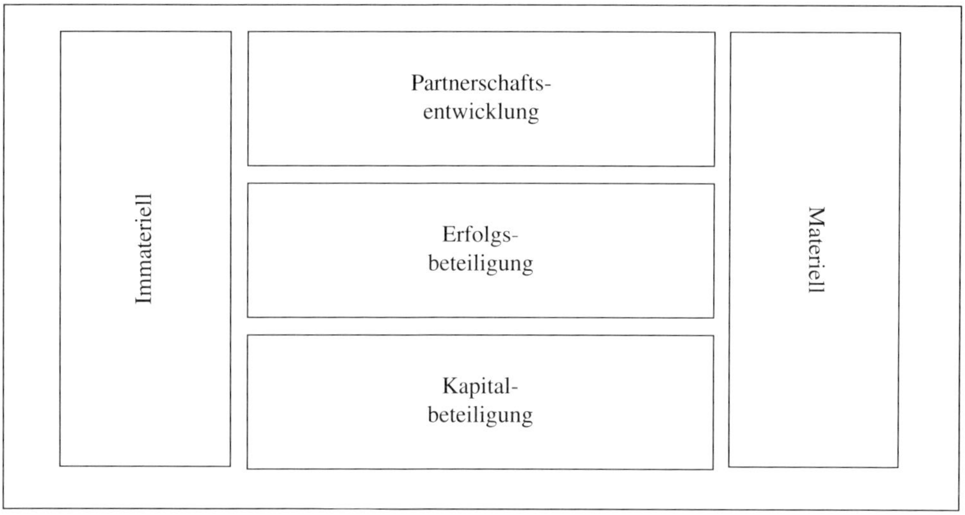

Abbildung 1: Systematik der Mitarbeiterbeteiligung

1. Verbreitung und Bedeutung der Erfolgsbeteiligung

In der Bundesrepublik Deutschland existiert keine Statistik, in wie vielen Unternehmen Modelle der Erfolgsbeteiligung praktiziert werden. Ebenso fehlten bisher verlässliche Schätzungen, die Informationen über Ausmaß und Verbreitung von Erfolgsbeteiligungsmodellen geben könnten.

In Expertenkreisen bestand schon immer die Meinung, dass es – selbst wenn man Tantieme-Regelungen für Führungskräfte außer Acht lässt – mehrere tausend Betriebe sein müssten, die in irgendeiner Form Beteiligungen der Mitarbeiter am Erfolg praktizieren. Ein Minimum an quantifizierenden Aussagen ließen allenfalls die Einführungszahlen von Erfolgsbeteiligungsmodellen in Verbindung mit der investiven Anlage in Form der Kapitalbeteiligung zu. Hier konnte abgeleitet werden, dass die Blütezeit der Erfolgsbeteiligung zwischen den Jahren 1970 und 1980 lag. In dieser Ära war auch die einschlägige Literatur geprägt von der Diskussion um diese Modelle, ihre Berechtigung und ihre Einsatzmöglichkeiten. In der Zeit ab 1983/84 konnte ein deutlicher Einbruch festgestellt werden. Die Ursache dafür lag in gesetzgeberischen Maßnahmen, die Nachteile bei der Lohnsteuer und Sozialversicherung mit sich brachten. Erst im Zusammenhang mit der Lean-Management-Diskussion und den daraus resultierenden Reorganisationsmaßnahmen waren auch Erfolgsbeteiligungsmodelle wieder verstärkt in die Diskussion gelangt, da die Notwendigkeit von flexiblen Entlohnungsbestandteilen aus motivationaler und struktureller Sicht mehr Bedeutung gewann.

Erstmals wurden im Jahre 2000 Zahlen über die Verbreitung von Modellen der Erfolgsbeteiligung vorgelegt (vgl. Möller, 2001, 4120, S. 1 ff.) Im Rahmen des von der Bundesanstalt für Arbeit regelmäßig durchgeführten IAB-Betriebspanels wurde im Jahr 1998 die Frage nach einer praktizierten Mitarbeiterbeteiligung gestellt. Die auf den Befragungsergebnissen beruhenden Hochrechnungen führen zu einer Zahl von 97.000 Unternehmen, die ein Modell der Mitarbeiterbeteiligung anwenden. Zieht man davon die von der Arbeitsgemeinschaft Partnerschaft in der Wirtschaft AGP und der Gesellschaft für innerbetriebliche Zusammenarbeit GIZ GmbH ermittelten 3.000 Unternehmen mit einer Kapitalbeteiligung der Mitarbeiter ab, so praktizieren in der Bundesrepublik 94.000 Unternehmen ein System Erfolgsbeteiligung, dies entspricht etwa 5 Prozent aller Unternehmen in Gesamtdeutschland. Begünstigt davon sind 15 Prozent der Mitarbeiter (4,35 Mio.) in Westdeutschland und 8,5 Prozent (0,5 Mio.) der Mitarbeiter in Ostdeutschland.

2. Klassische Systeme

Theorie und Praxis der Erfolgsbeteiligung orientierten sich in den letzten Jahrzehnten an den so genannten klassischen Systemen mit der Differenzierung nach Leistungsbeteiligung, Ertragsbeteiligung und Gewinnbeteiligung (vgl. Abbildung 2):

Die Vielzahl der angeführten Formen suggeriert eine enorme Bandbreite der in der Praxis angewandten Modelle. Dies ist jedoch nicht der Fall, die in Abbildung 2 angeführten Formen der Erfolgsbeteiligung haben mehr systematischen als praktischen Nutzen. Die Gründe dafür sind einleuchtend. Sämtliche Spielarten der Leistungs- und Ertragsbeteiligung unterliegen dem Manko, sich zu einseitig an den Unternehmensinternas oder an der Marktsituation auszurichten. Beispielsweise prämiert die Produktionsbeteiligung üblicherweise das Überschreiten eines Plan-Produktionswertes. Wird der Planwert überschritten, erhalten die Mitarbeiter einen Erfolgsanteil, ohne dass in irgendeiner Form die Absatzsituation berücksichtigt wurde. Dies kann dazu führen, dass Erfolgsanteile fällig werden, obwohl „rote Zahlen" geschrieben werden.

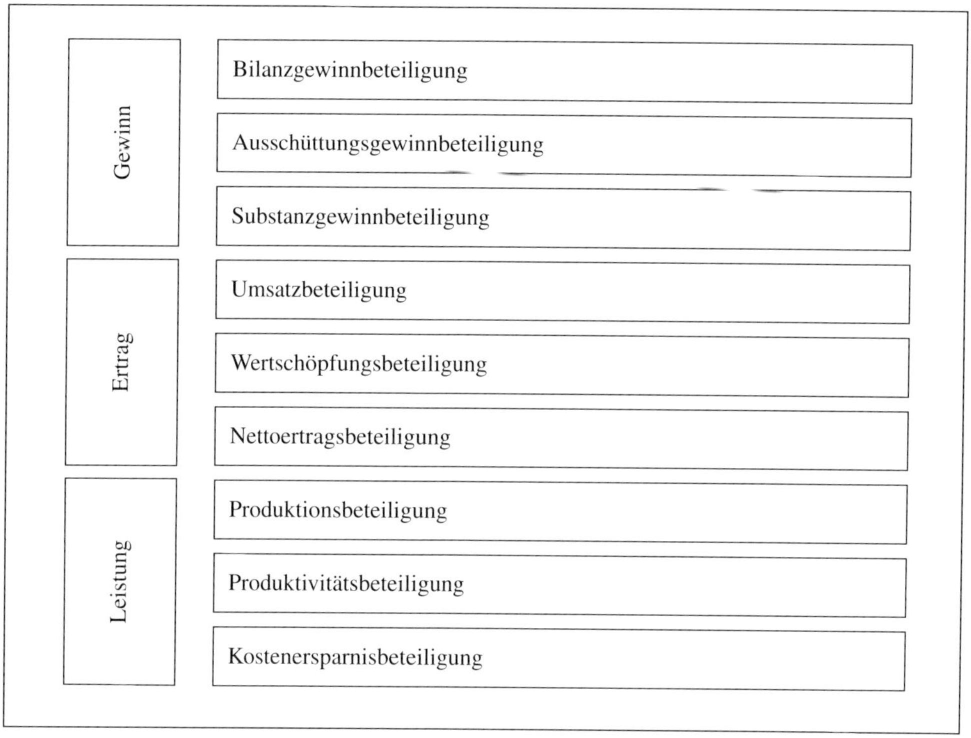

Abbildung 2: Klassische Formen der Erfolgsbeteiligung

Dieser Sachverhalt und die weitere Erschwernis, dass vor allem Leistungsbeteiligungssysteme einen hohen Aufwand für die Modellpflege erfordern, haben in der betrieblichen Praxis überwiegend Gewinnbeteiligungssysteme auf der Basis Bilanzgewinn entstehen lassen. Die Varianten Ausschüttungs- und Substanzgewinnbeteiligung haben sich in der praktischen Anwendung nicht bewährt.

Der betriebswirtschaftliche Vorteil der Gewinnbeteiligung wird vor allem darin gesehen, dass ein Erfolgsanteil eben nur dann anfällt, wenn es die Gewinn- und Verlustrechnung zulässt, da die Gewinnbeteiligung sowohl die Kosten- als auch die Marktseite berücksichtigt. Weitere Vorteile, wie z. B. die Fokussierung der Mitarbeiter auf den Gewinn, die relativ einfache Modellgestaltung und geringe Anforderungen an die Modellpflege verstärken den Trend zur Gewinnbeteiligung.

3. Aktuelle Tendenzen

3.1 Vereinfachung des Systembaus

Vor allem die in den 70er bis 90er Jahren entstandenen Systeme waren von der ideologischen Frage bestimmt, ob denn der Produktionsfaktor Arbeit einen Anspruch auf den Gewinn habe. Dabei lieferten sich in der Literatur die Vertreter der so genannten „reinen Kapitalbeteiligung" und die Vertreter der so genannten „laboristischen Variante" intensive Auseinandersetzungen. Die Anhänger der Lehre der reinen Kapitalbeteiligung lehnten einen Anspruch des Produktionsfaktors Arbeit auf den Gewinn als ordnungspolitisch verfehlt grundsätzlich ab. Eine Beteiligung der Mitarbeiter am Gewinn kam nach deren Ansicht nur in Frage, wenn die Mitarbeiter einen Kapitalanteil am arbeitgebenden Unternehmen halten und somit der Anspruch auf Gewinn auf dem Kapital basiert. Die Vertreter der laboristischen Philosophie argumentierten dagegen, dass ein Gewinn nur entstehen könne, wenn die Faktoren Arbeit und Kapital effizient zusammen arbeiten. Deshalb sei es wenig einsichtig, dass dann der Gewinn auschließlich dem Kapital zufalle.

Die Ideologie der laboristischen Anhänger führte in der Praxis zu nahezu philosophisch untermauerten und ausgeklügelten Systemen der Gewinnbeteiligung, die vielfach vom Aspekt der Verteilungsgerechtigkeit geprägt waren. Dabei waren bei der praktischen Umsetzung vier Fragen (Problemebenen) zu klären:

1. Welche Ausgangsbasis ist am besten geeignet? Überwiegend entfiel die Entscheidung auf den Steuerbilanzgewinn.

2. Welche betriebswirtschaftlichen Anforderungen sind zu beachten? Dies führte üblicherweise dazu, dass der Steuerbilanzgewinn um Korrekturfaktoren wie z. B. Unternehmerlohn und Eigenkapitalzins reduziert wurde. Das Ergebnis wurde als „verteilungsfähiger Gewinn" bezeichnet.

3. Welcher Anteil am verteilungsfähigen Gewinn soll auf den Faktor Arbeit entfallen? Bei der Lösung dieser Frage wird die philosophische Grundhaltung besonders deutlich: Die Verteilungslösung war vom paritätischen Ansatz geprägt und führte meistens dazu, den verteilungsfähigen Gewinn hälftig auf Kapital und Arbeit zu verteilen.

4. Nach welchen Grundsätzen soll der insgesamt auf den Produktionsfaktor Kapital entfallende Erfolgsanteil auf die einzelnen Mitarbeiter verteilt werden? Hier wurden zum kleineren Teil nivellierende Lösungen (gleicher Erfolgsanteil für alle Mitarbeiter), zum größeren Teil leistungsorientierte Verteilungssysteme (häufig: Lohnsummenverteilung) gewählt.

In der betrieblichen Praxis war in den vergangenen Jahren die Tendenz unverkennbar, Gewinnbeteiligungssysteme vom ideologischen Ballast zu befreien. Damit einher ging eine Vereinfachung des Systembaus. Typisch für die neuere Modellgestaltung ist die Definition der

Ausgangsbasis (Steuerbilanzgewinn), die Quotierung des Anteils der Mitarbeiter (üblich: 10 bis 20 Prozent des Steuerbilanzgewinnes) und die Regelung der Individualverteilung.

3.2. Integration der wertorientieren Systeme

Die klassischen Konzepte der Erfolgsbeteiligung orientierten sich an der Leistung, am Ertrag oder am Gewinn. Mit den Aktienoptionen sind Systeme entwickelt worden, bei denen die Ausgangsbasis für den Erfolgsanteil der Mitarbeiter die Steigerung des Unternehmenswertes ist.

Aktienoptionen beinhalten das Recht, Aktien des arbeitgebenden Unternehmens innerhalb einer bestimmten Frist zu einem vorher vereinbarten Preis zu erwerben. Nachdem es hierbei um den Erwerb von Aktien geht, liegt die Vermutung nahe, dass hier Systeme der Kapitalbeteiligung entstehen. Dies wäre ein mögliches Ergebnis, entspricht aber nicht der aktuellen Beteiligungspraxis. Ein Erfolg von Aktienoptions-Programmen ist in der Regel eingetreten, wenn die zum vereinbarten Preis erworbenen Aktien zum (höheren) Marktpreis wieder verkauft worden sind. In Höhe der Kaufpreisdifferenz erzielen die Mitarbeiter einen „geldwerten Vorteil", somit einen Erfolgsanteil. Auch die steuerliche Behandlung der Aktienoptionen verdeutlicht, dass diese der Kategorie der Erfolgsbeteiligung zuzuordnen sind. Der im Rahmen der Ausübung von Aktienoptionen entstehende Erfolgsanteil unterliegt als geldwerter Vorteil der Lohnsteuer und ggf. der Sozialversicherung.

Reguläre Aktienoptionen setzen die Rechtsform der Aktiengesellschaft voraus. Darüber hinaus bereiten die rechtlichen Voraussetzungen und formalen Anforderungen vielen Unternehmen ernsthafte Probleme. Um diese zu vermeiden bzw. auch Nicht-AGs wertorientierte Beteiligungsformen zu ermöglichen, hat die betriebliche Praxis so genannte virtuelle Optionen in Form der Stock Appreciation Rights bzw. Phantom Stocks entwickelt. Stock Appreciation Rights räumen den berechtigten Führungskräften das Recht ein, an der Wertsteigerung der Aktien zu partizipieren, ohne dass Aktien erworben werden. Die erzielte Wertsteigerung wird als Erfolgsanteil an die Führungskräfte ausbezahlt.

Phantom Stocks zielen primär auf die Unternehmen, die nicht in der Rechtsform der Aktiengesellschaft firmieren und simulieren eine Beteiligung der Mitarbeiter am Wert (Kapital) des arbeitgebenden Unternehmens. Erhöht sich der Unternehmenswert, erhalten die Mitarbeiter den vereinbarten Erfolgsanteil.

3.3 Gruppen- und Individualorientierung

Ein typisches Merkmal für Erfolgsbeteiligungssysteme der Vergangenheit war die Gruppenorientierung. Dies bedeutet, dass ein Erfolgsanteil stets für eine definierte Gruppe von Mitarbeitern (Projektgruppe, Abteilung, häufig: alle Mitarbeiter mit einer Mindestbetriebszugehörigkeit) ermittelt wurde, der dann nach ganz bestimmten Kriterien auf die berechtigten Mitarbeiter aufgeteilt wurde (Individualverteilung). Historisch gesehen war der Gruppenansatz eine Antwort auf die im Leistungslohnbereich aufgetretenen Missstände. Insbesondere wollte man damit das Gruppendenken, die Gemeinschaftsleistung und das Miteinander betonen.

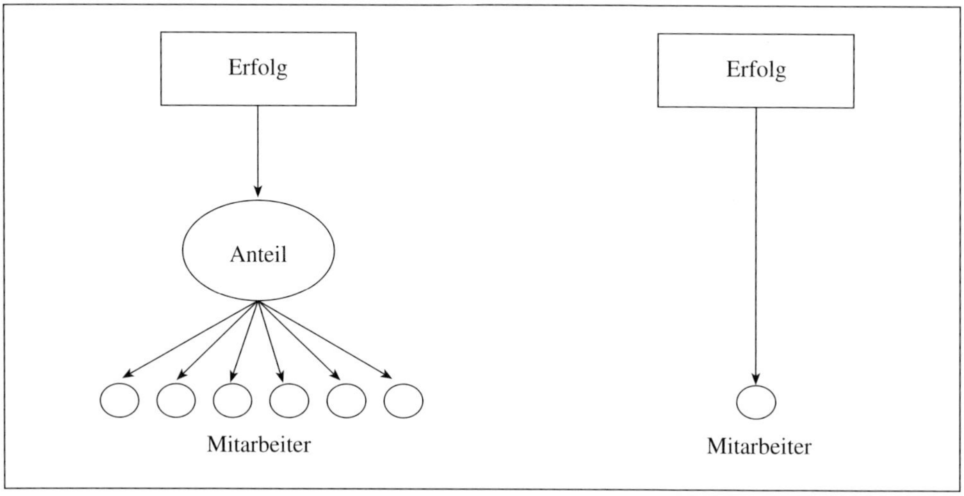

Abbildung 3: Gruppen- versus Individualorientierung

Die Erfahrungen der Beteiligungspraxis belegen, dass gerade darin die Stärke und die Effizienzpotenziale der gruppenorientierten Systeme liegen. Das insgesamt positive Bild wird nicht wesentlich getrübt von vereinzelten Fehlentwicklungen, die beispielsweise durch den möglichen Gruppendruck und die „Free-rider-Problematik" auftreten kann. Gruppenorientierte Systeme führen manchmal dazu, dass durch die Gruppe verstärkt Druck auf einzelne Mitarbeiter ausgeübt wird, sich an die vereinbarten Leistungsnormen anzupassen. Dieser Effekt ist so lange nicht negativ zu bewerten, wie diese Kontrollmechanismen im Toleranzbereich bleiben.

Das „Free-rider-Problem" beschreibt den Sachverhalt, dass der einzelne Mitarbeiter den Erfolg, den er mit seinem größeren Engagement bewirkt hat, mit den anderen berechtigten Mitarbeitern teilen muss.

In letzter Zeit ist immer wieder zu beobachten, dass Unternehmen in verstärktem Maße individualorientierte Komponenten im Gesamtsystem der Erfolgsbeteiligung vorsehen. Dies geschieht vielfach, indem eine Synthese mit anderen personalwirtschaftlichen Systemen eingegangen wird, insbesondere mit der Leistungsbeurteilung und der Zielvereinbarung. Die bisher beobachtbaren Ergebnisse sind zwiespältig. Es sind Fälle bekannt, bei denen der individualorientierte Ansatz die erhofften Erfolge auch tatsächlich erbracht hat. In einigen Unternehmen hat man aber erkennen müssen, dass eine Synthese mit anderen personalwirtschaftlichen Systemen kontraproduktive Wirkungen haben kann, in dem vorhandene Schwächen beispielsweise in einem Leistungsbeurteilungssystem auf die Erfolgsbeteiligung ausstrahlen.

3.4 Short-Term-Incentives/Long-Term-Incentives

Die traditionellen Systeme der Erfolgsbeteiligung sind der Kategorie der Short-Term-Incentives zuzuordnen. Üblicherweis erstreckte sich die Erfolgsmessung auf das Kalender- bzw. Geschäftsjahr. Vielfach wurden auch Versuche beobachet, die Bewertungszeiträume auf das Quartal oder sogar Monat herunterzubrechen. Der damit verbundene Denkansatz hat auch heute noch seine Gültigkeit. Je zeitnäher Leistung und Belohnung (Erfolgsanteil) liegen, desto eher erkennen die Mitarbeiter den Zusammenhang und desto stärker dürfte die Motivationswirkung sein. Insofern wird auch in Zukunft der kurzfristige Ansatz eine bedeutende Rolle spielen.

Die zunehmende Bedeutung der Informationstechnologie und die personalwirtschaftlichen Zwänge bei vielen jungen Unternehmen haben das Ziel der „Betriebsbindung" in den Vordergrund rücken lassen. Dabei sollen langfristige Gestaltungsformen helfen. Ein typisches Beispiel sind die Aktienoptionen, die regelmäßig erst nach einer Zeitspanne von mehreren Jahren ausgeübt werden können und meistens zusätzlich voraussetzen, dass das Arbeitsverhältnis mit dem Inhaber der Optionen noch besteht.

Versuche der Betriebsbindung sind eine Erklärung für Long-Term-Incentives, eine zweite – vielleicht nocht wichtigere – liegt in der strategischen Komponente. Mit langfristig ausgerichteten Erfolgsbeteiligungen können verstärkt strategische Ansätze verfolgt werden. Für diese Konzepte dürfte sich die Zielgruppe primär auf Führungskräfte beschränken.

Zusammenfassung

Das ruhige Fahrwasser, in dem die Erfolgsbeteiligung in den letzten zwanzig Jahren dahin dümpelte, ist vorbei. Viele innovative Ansätze sind in der betrieblichen Praxis zu beobachten. Die klassischen Konzepte werden nach wie vor ihre Existenzberechtigung haben und eine tragende Rolle spielen. Allerdings werden sie in verstärktem Maße die betriebsindividuellen Anforderungen angepasst werden, indem individual- bzw. gruppenorientierte Gestaltungsformen hinterfragt und die Fristigkeit (Long-Term-/Short-Term-Incentives) auf den Prüfstand gestellt wird.

Literatur

Möller, I.: Produktivitätswirkung von Mitarbeiterbeteiligung. In: Guski/Schneider: Handbuch Mitarbeiterbeteiligung, 4120, S. 1 ff, Nachlieferung August 2001.

Durch Partnerschaft zum Erfolg: Mit motivierten Mitarbeitern die Zukunft meistern

Gerhard Schuler

In unserer Gesellschaft, und besonders auch in der Wirtschaft, wird heute viel von Partnerschaft geredet. Dabei denkt man in erster Linie an die Partnerschaft mit Kunden, Lieferanten, Dienstleistern und sogar Wettbewerbern. Sicher lassen sich damit Erfolge erzielen. Von entscheidender Wichtigkeit ist jedoch die innerbetriebliche Partnerschaft.

In der innerbetrieblichen Partnerschaft und der damit verbundenen Gewinnung von motivierten, engagierten, ja unternehmerisch denkenden und handelnden Mitarbeitern sehe ich einen hochkarätigen Erfolgsfaktor, ja den Königsweg zum Erhalt unserer Wettbewerbsfähigkeit.

Die deutsche Wirtschaft kommt hinsichtlich ihrer internationalen Wettbewerbsfähigkeit zunehmend unter Druck. Dies ist einerseits auf den weltweit stattfindenden Globalisierungsprozess und andererseits auf die Struktur- und Standortprobleme zurückzuführen. Die Folgen davon sind die hohe Zahl der Arbeitslosen, die ständig steigende Zahl der Firmenzusammenbrüche sowie der starke Rückgang der Investitionen in Deutschland. Dies kann und darf so nicht weitergehen! Auf die Politik und die Tarifpartner bezogen heißt dies, der Reformstau muss aufgelöst werden und wir brauchen Zurückhaltung bzw. neue Elemente in der Tarifpolitik.

In großem Maße sind jedoch wir Unternehmer gefordert. Wir müssen selbst unseres Glückes Schmied sein. Für mich heißt dies: die Ressourcen, die in unseren meist gut ausgebildeten Mitarbeitern stecken, müssen mehr genutzt werden. Um erfolgreich zu sein, brauchen wir motivierte, engagierte und verantwortungsbewusste, ja unternehmerisch denkende und handelnde Mitarbeiter. Erreichen können wir dies nur mit partnerschaftlichen Strukturen, d. h. wenn wir unsere Mitarbeiter zum Mitunternehmer machen. Partnerschaft fußt auf zwei Säulen, ja sie hat zwei Dimensionen, die immaterielle, wie wir miteinander umgehen, und die materielle, die Erfolgs- bzw. Kapitalbeteiligung.

1. Die immaterielle Mitarbeiterbeteiligung

Für die Motivation und das Engagement der Mitarbeiter ist die immaterielle Seite, also der Umgang miteinander, von besonderer Bedeutung. In der modernen Managementlehre wird dieses Thema umfassend angegangen. Hier existiert jedoch ein erhebliches Realisierungsdefizit. Zu wenig wird auch berücksichtigt, dass bei unserer jungen Generation ein erheblicher Wertewandel stattfindet. Der berufliche Aufstieg und die Leistungsbereitschaft stehen teilweise nicht mehr im Vordergrund. In zunehmendem Maße herrschen andere Wertvorstellungen. Hierzu gehören Sicherheit, Familie, Freundschaft, Vereinsleben, Reisen, Kunst, Sport und überhaupt Freizeit. Alles Aktivitäten, die sicher nicht verwerflich sind, aber uns in den Unternehmen wenig weiterhelfen.

Um erfolgreich zu sein, müssen die Wertvorstellungen der Mitarbeiter wieder auf das Unternehmen gerichtet werden. Die Mitarbeiter müssen ihr Interesse, ja ihre Chance auch im Unternehmen sehen – und dies auf breiter Basis.

Wir brauchen in großem Umfang motivierte Mitarbeiter, mit ein paar Überfliegern sollten wir uns nicht begnügen. Hierzu muss die Motivation der Mitarbeiter zur Chefsache werden. Der richtige Umgang miteinander muss von oben herunter vorgelebt werden und er muss aus der Kultur des Unternehmens kommen bzw. derselben entsprechen.

Begriffe wie null Bock, Mobbing, Frustration oder innere Kündigung müssen Motivation, Engagement und Verantwortungsbewusstsein weichen, ja eigentlich muss es zu einer Lust an der Leistung kommen. Dazu braucht es entsprechende Umgangsformen, ja eine entsprechende Unternehmens- und Führungskultur mit folgenden hohen Anforderungen: Vorbild sein – echt sein, gegenseitiges Vertrauen, umfassende Information, Mitentscheidung, Anerkennung, Aus- und Weiterbildung, Bindung und Zugehörigkeit, Bedürfnisbefriedigung.

Die Anforderung *Vorbild sein – echt sein* gilt insbesondere für die Unternehmensleitung und das Management. Wer Vorbild ist, lebt vor und erwartet von sich mehr als von den anderen. Echt sein heißt: offen, ehrlich, vertrauensvoll, ja glaubwürdig sein. Dazu gehört auch, eigene Schwächen zu erkennen und dieselben auch zuzugeben. Führungskräfte scheitern meist nicht am Fachlichen, sondern an ihrem Verhalten. Schlecht ist auch, wenn sie sich selber immer ins Licht rücken und den anderen gar „die Butter vom Brot nehmen". Etwas Bescheidenheit ist angebracht.

Für das Funktionieren jeder Partnerschaft ist *gegenseitiges Vertrauen* eine ganz wichtige Voraussetzung. Ohne Vertrauen werden auch Aufgaben und vor allem Verantwortung nicht ausreichend delegiert. Den Mitarbeitern muss man mit einem Vertrauensvorschuss begegnen und man muss Vertrauen in deren Entwicklungsfähigkeit haben. Schlecht ist das ständige Herumnörgeln an Schwächen, anstatt die Stärken zu stärken.

Sehr wichtig ist die *umfassende Information*. Schon im Sprichwort heißt es: „Was ich nicht weiß, macht mich nicht heiß". Wir wollen doch unsere Mitarbeiter „heiß" machen. Dies geht nicht ohne umfassende Information. Skepsis, ja Widerstände bei Mitarbeitern, Betriebsräten und sogar Gewerkschaften sind meistens auf Desinformation und daraus resultierende Missverständnisse zurückzuführen. Das übertriebene Geheimhaltungsdenken und Misstrauen sowie unzureichende Informationsorganisation behindern den notwendigen Informationsfluss.

Sehr wichtig ist auch *Mitentscheidung*. Die Mitarbeiter müssen in großem Umfang in den Entscheidungsprozess einbezogen sein. Messbare hohe, aber erreichbare Ziele müssen gemeinsam festgelegt werden. Die Vision, der Sinn und die Perspektive der Ziele müssen begeisternd vermittelt werden. Man muss die Mitarbeiter zu Prozessbevollmächtigten machen.

Dies funktioniert jedoch nur, wenn man sie auch Fehler machen lässt, sonst machen sie nichts mehr. In diesem Zusammenhang ist allerdings zu sagen, dass durch die Einbeziehung der Mitarbeiter die Kompetenz und Verantwortung der Unternehmensleitung nicht beseitigt wird.

Oft zu wenig gewährt wird *Anerkennung*, sie ist jedoch ein starkes Motiv zur Leistung. Jeder Mensch braucht Anerkennung – eigentlich sein ganzes Leben lang. Dies wird von unseren Führungskräften zu wenig bedacht. Nicht nur wir Schwaben sind zu sparsam mit Lob, wir sagen: „net gscholda isch gnuag globt", auf Hochdeutch: nicht gescholten ist genug gelobt. Auf die Dauer gesehen darf es auch nicht nur bei anerkennenden Worten bleiben. Leistung muss nicht nur belobigt werden, Leistung muss sich lohnen. Es muss zu Spaß und Freude, ja zu einer Lust an der Leistung kommen. Selbstbewusste, begeisterte Mitarbeiter können Berge versetzen.

Hohe Bedeutung kommt auch der *Aus- und Weiterbildung* zu.

Hinsichtlich der Ausbildung haben wir in Deutschland fast ideale Voraussetzungen. Ich wünsche mir nur, dass dabei mehr Leistungsbereitschaft vermittelt wird. Was die Weiterbildung anlangt sind die Unternehmen selbst gefordert. Bei der Kurzlebigkeit der Technologie- und Informationsprozesse ist eine verstärkte, gezielte innerbetriebliche Weiterbildung unerlässlich. Sonst können die Unternehmen den rasch steigenden Anforderungen nicht gerecht werden. Die Mitarbeiter müssen das Anforderungsprofil abdecken, sonst kommt es zur Frustration.

Eine wichtige Rolle spielen auch die *Bindung und Zugehörigkeit*. Die Bindung gehört zu den elementaren Bedürfnissen der Menschen. Deshalb ist die Identifikation – die Bindung und Zugehörigkeit zum Unternehmen – erstrebenswert und ein wichtiger Motivationsfaktor. Daraus entsteht auch mehr Verantwortungsbereitschaft . Es muss zu einem richtigen Wir-Gefühl kommen, zu einem Zugehörigkeitsgefühl zum Team, zum Unternehmen.

Beachtet werden muss auch die *Bedürfnisbefriedigung*. Wir müssen uns bewusst sein, dass nicht nur die Unternehmen, sondern auch die Mitarbeiter fundamentale Bedürfnisse haben. In den 50er-Jahren hat Abraham A. Maslow ein Modell über die menschlichen Bedürfnisse entwickelt, die „Maslowsche-Bedürfnispyramide". Wichtig ist, dass die Bedürfnisse des Unternehmens mit den Bedürfnissen der Mitarbeiter in Einklang gebracht werden.

Mit den im Vorausgegangenen aufgeführten Verhaltens- und Führungsgrundsätzen sind die Grundzüge des partnerschaftlichen Umgangs, ja einer partnerschaftlichen Unternehmenskultur gemeint. Es gibt jedoch kein allgemein gültiges, optimales, in jedem Fall anwendbares Führungsverhalten, kein Patentrezept. Die Führung muss situativ optimiert und muss den zu Führenden angepasst werden, und auch die jeweils praktizierte Kultur muss berücksichtigt werden.

Wir bei der Homag haben die immaterielle Seite, das gewollte Führungsverhalten, durch die Führungsrichtlinien „Unser Führungsverhalten" implementiert. Bestandteil sind hier die im Vorangegangenen aufgezeigten Führungsgrundsätze. Beachtlich ist hier auch der Satz: „Den

Betriebsrat aktiv in Führungsaufgaben einbeziehen". Praktiziert wird dies dadurch, dass im ganzen Konzern keine Managementbesprechung, keine Vorstandssitzung ohne Mitwirkung des Betriebsratsvorsitzenden stattfindet. Ohne Ausnahme kann diesbezüglich von einem großen Erfolg gesprochen werden, wir sitzen alle in einem Boot und alle rudern mit.

Zusammenfassend kann festgestellt werden, dass die immaterielle Mitarbeiterbeteiligung unter Beachtung der aufgeführten Führungsgrundsätze einerseits sehr hohe Anforderungen an das Management stellt, andererseits lassen sich damit über die gewonnene Motivation, Identifikation und Leistungsbereitschaft entscheidende Erfolge erzielen. Sie kann als die wichtigste erfolgversprechende Führungsaufgabe und entscheidende Komponente einer partnerschaftlichen Unternehmenskultur gesehen werden. Die Wichigkeit der immateriellen Mitarbeiterbeteiligung, also wie wir miteinander umgehen, zeigt auch das nachfolgende Zitat von John Davison Rockefeller: „Wer es versteht, mit den Menschen umzugehen, besitzt eine Fähigkeit, für die ich bereit bin, mehr zu bezahlen als für alles andere unter der Sonne".

2. Die materielle Mitarbeiterbeteiligung

Die Wichtigkeit der immateriellen Mitarbeiterbeteiligung, d. h. wie wir miteinander umgehen, steht außer Frage. Wenn wir jedoch den Begriff „Partnerschaft" für uns in Anspruch nehmen wollen, gehört schon im gesellschaftsrechtlichen Sinne auch die Erfolgs-, ja die Kapitalbeteiligung mit dazu. Darüber hinaus muss festgestellt werden, dass Leistung nur dann dauerhaft erbracht wird, wenn sie entsprechend belohnt wird, d. h. wenn sie sich lohnt.

Wie die immaterielle Seite, so umfasst auch die materielle Seite eine große Bandbreite an Möglichkeiten. Hier denkt man zuerst an die leistungsabhängige Entlohnung, an die Erfolgs- und Ergebnisbeteiligungen. Im gewerblichen Bereich wird hier zunehmend die reine Akkordentlohnung durch Prämienentlohnungen ersetzt, wo zusätzlich Menge, Qualität, Termineinhaltung und überhaupt die Zielerreichung den Maßstab bilden. Im Angestelltenbereich spielt neben der Zielerreichung auch die Ergebniskomponente eine wichtige Rolle. Überhaupt kommt der flexiblen Entlohnung, einer Lohndifferenzierung, eine immer bedeutendere Rolle zu. Sie schafft während angespannter Zeiten Freiräume in den Unternehmen, wogegen die Mitarbeiter in guten Phasen über Erfolgslöhne und Gewinnbeteiligungen partizipieren. Wir haben in der Bundesrepublik ein sehr hohes Lohnniveau. Unsere Mitarbeiter wollen zum Erhalt und zum weiteren Ausbau ihres Lebensstandards auch weiterhin gut verdienen. Dies können sie jedoch nur, wenn entsprechende Leistung erbracht wird, wenn unsere Unternehmen zuvor Geld verdienen.

Eine höhere Form der materiellen Mitarbeiterbeteiligung ist die Kapitalbeteiligung der Mitarbeiter am Unternehmen. Auch hier gibt es ein breites Spektrum: Mitarbeiterdarlehen, Indirekte Beteiligung, Genussrechte, Stille Beteiligung, GmbH-Beteiligung. Die Zahl der Beteiligungsunternehmen dürfte in der Bundesrepublik bei 2.500 liegen. Erfreulich ist die steigende Akzeptanz, ja die steigende Zahl solcher Beteiligungsmodelle; zurzeit kann man hier von einer wirklichen Renaissance der Mitarbeiterbeteiligung sprechen. Aktuell und stark zunehmend sind besonders die Beteiligungsmodelle bei börseneingeführten Aktiengesellschaften, und hier die Belegschaftsaktien und die Aktienoptionsmodelle. Die Zahl der Belegschaftsaktionäre wird mit 1,8 Millionen angegeben: Ob aber damit dauerhaft der angestrebte Motivations- und Identifikationseffekt erreicht wird, kann bezweifelt werden, zumal es sich hier meist auch um größere Unternehmen handelt. Generell ist zu sagen, dass der Motivations- und Identifikationseffekt der Kapitalbeteiligungen bei mittelständischen Unternehmen bei KMUs wirkungsvoller ist als bei Großunternehmen.

Entscheidend für den Motivationseffekt – und damit den Erfolg der Erfolgs- und Kapitalbeteiligung – sind neben einer einfachen und für die Mitarbeiter überschaubaren Vertragsgestaltung die Höhe bzw. der Umfang der Erfolgs- und Kapitalbeteiligung. Diesbezüglich konnte ich schon sagen: „Mit einer Banane kann man einen Elefanten nicht aus dem Urwald locken". Unter der Voraussetzung, dass möglichst die ganze Belegschaft in das Beteiligungsmodell einbezogen wird, was anzustreben ist, heißt dies, dass mindestens 15 Prozent, besser 25 Prozent oder gar 33 Prozent der Gewinne disponibel gemacht werden sollten. Dies trifft auch für Kapitalanteile der Mitarbeiter zu. Eine wichtige Frage, ja ein Problem der Mitarbeiter ist immer wieder die Aufbringung der Beteiligungen. Hier wäre die tarifrechtliche Realisierung des Investivlohns sehr hilfreich.

Wir bei der Homag haben die Mitarbeiterkapitalbeteiligung schon im Jahre 1974, also vor 27 Jahren, in Form der Stillen Beteiligung eingeführt, dies auf Basis einer Betriebsvereinbarung. Jeder unserer Mitarbeiter kann nach einem Jahr Betriebszugehörigkeit Stiller Gesellschafter werden. Die Höhe der Beteiligung richtet sich nach dem Einkommen. Es beträgt zurzeit das Sechsfache des Monatsverdienstes. Die Geschäftsleitung hat sich jedoch vorbehalten, leitende Mitarbeiter auch höher zu beteiligen. Die Aufbringung der Einlage erfolgt durch die Mitarbeiter. Bei Bedarf gewährt das Unternehmen den Mitarbeitern dafür ein verzinsliches Darlehen.

Die Gewinn- und Verlustzuweisung erfolgt analog dem Kapitalanteil. Das Kontroll- und Mitspracherecht wird durch den Beteiligungsrat wahrgenommen, derselbe besteht aus dem Betriebsratsvorsitzenden, dessen Stellvertreter und einem leitenden Angestellten aus dem Finanz- und Rechnungswesen.

Wir haben hier eine fast 100-prozentige Akzeptanz. Das Kapital unserer Mitarbeiter ist zwischenzeitlich auf 35 Millionen DM angewachsen, dies entspricht ca. 20 Prozent des Gesamtkapitals. Diesbezüglich möchte ich auch feststellen, das Kapital unserer Mitarbeiter ist uns lieber als das von Außenstehenden, dazu zähle ich auch die Banken und Beteiligungsunternehmen.

Auch das Thema Kapitalbeteiligung möchte ich abschließen mit den Worten einer bedeutenden Persönlichkeit, unserem Alt-Bundespräsidenten Roman Herzog: „Wir brauchen einen neuen Gesellschaftsvertrag zugunsten der Zukunft, wir brauchen eine Vision. Wir brauchen eine Initiative für die Beteiligung aller Arbeitnehmer am Ertrag, Erfolg und Vermögen ihres Unternehmens. Deutschland braucht eine neue Arbeitskultur, eben eine Gesellschaft von Teilhabern".

3. Die Win-Situation

Wie wohl bei keiner anderen Maßnahme lassen sich über die Realisierung der Mitarbeiterbeteiligungen, ja über die Schaffung von partnerschaftlichen Strukturen in allen Bereichen, d. h. bei den Unternehmen, den Mitarbeitern, aber auch bei Staat und Gesellschaft, ganz erhebliche, entscheidende Erfolge, ja Vorteile erreichen.

Die Win-Situation bei den Unternehmen

Bei den Unternehmen lassen sich bei richtiger Praktizierung der Mitarbeiterbeteiligung, der Partnerschaft mit ihrer immateriellen und materiellen Komponente, wohl die größten Gewinne bzw. Vorteile erzielen. Durch die erreichbare höhere Identifikation und Motivation kommt es zu einem höheren Verantwortungsbewusstsein, einer größeren Leistungsbereitschaft und mehr Kreativität der Mitarbeiter. Es kommt, wie schon erwähnt, zu einer erheblichen Produktivitätssteigerung, aber auch die Bereitschaft zu mehr Flexibilität in der Arbeitszeit steigt und es kommt zu mehr Kostenbewusstsein und damit zur Kostenminimierung. Erheblich sind auch die Einsparungen durch weniger Fehltage und geringere Fluktuation, und im Wettstreit bei der Beschaffung qualifizierter Mitarbeiter gehen Beteiligungsunternehmen meist als Sieger hervor. Auch das zunehmende Problem der Unternehmensnachfolge kann über Mitarbeiterbeteiligung einer Lösung zugeführt werden. Ganz wichtig ist auch das über die Mitarbeiterbeteiligung gewonnene zusätzliche Eigenkapital und der damit verbundene höhere Kreditspielraum, die höhere Kreditwürdigkeit. Darüber hinaus kann in der Regel auch von einer Verbesserung der Finanzierungskonditionen ausgegangen werden.

Die sehr positive Wirkung der Mitarbeiterbeteiligung auf die Unternehmen geht auch aus der Literatur und vielerlei Erfahrungsberichten hervor. Ein neuerlicher Beweis dafür liefert eine aktuelle Analyse aus dem Institut für Arbeitsmarkt und Berufsforschung der Bundesanstalt für Arbeit. Demnach liegt bei westdeutschen Betrieben mit Mitarbeiterbeteiligung die Wertschöpfung pro Beschäftigten bei durchschnittlich 125.000 DM, bei Betrieben ohne Mitarbeiterbeteiligung sind es nur 79.400 DM. Diese Angaben beruhen auf Daten aus dem Jahr 1998. Darüber hinaus wird angegeben, dass Betriebe mit Mitarbeiterbeteiligung in der Regel größer und innovativer sind. Ihre Mitarbeiter sind besser qualifiziert, ihr Exportanteil ist hoch, sie bilden mehr aus und sind häufiger an Tarifverträge gebunden.

Interessant in diesem Zusammenhang ist auch eine neuerliche Aussage der Wiesbadener Gallup GmbH. Demnach entsteht der deutschen Wirtschaft durch nicht motivierte, unzufriedene Mitarbeiter jährlich ein Schaden von ca. 225 Milliarden €. Diese Größenordnung entspricht fast dem gesamten Bundeshaushalt. Im Umkehrschluss heißt dies, dass durch die mit der Mitarbeiterbeteiligung erreichte Motivation und Zufriedenheit analog Beträge gewonnen werden können.

Die Wichtigkeit der Mitarbeiterbeteiligung für die Unternehmen geht auch aus einer Aussage von Reinhard Mohn, der in seinem Unternehmen die Partnerschaft mit großem nachhaltigen

Erfolg realisiert hat, hervor: „Die wirkliche Identifikation der Mitarbeiter mit ihrem Unternehmen ist die wohl letzte und damit entscheidendste Chance, den Standort Deutschland wettbewerbsfähig zu erhalten. Gelingen kann uns dies nur mit unternehmerisch denkenden und handelnden Menschen“.

Die Win-Situation bei den Mitarbeitern

Die großen Gewinner der Mitarbeiterbeteiligung sind jedoch nicht nur die Unternehmen bzw. die Unternehmer, es gewinnen auch die Mitarbeiter, sowohl immateriell als auch materiell.

Die neue Dimension im Umgang miteinander und besonders das Mehr an Information und das Mehr an Mitsprache schafft für die Mitarbeiter mehr Freiräume, Selbstverwirklichung, ein gesteigertes Selbstwertgefühl und mehr Sicherheit am Arbeitsplatz. Durch die mitarbeiterorientierte Unternehmensführung kommt es auch zu der angestrebten Humanisierung der Arbeit.

Die Beteiligung der Mitarbeiter an Ertrag, Erfolg und Vermögen ihres Unternehmens ergibt ein zusätzliches Einkommen, eine zusätzliche Vermögensbildung und damit auch eine zusätzliche private Altersvorsorge. In der Regel kann man hier auch von einem höheren Status ausgehen. Anlässlich eines Interviews sagte unser Betriebsratsvorsitzender: „Ich fühle mich als ein Stückle von Homag“, d. h. ein Stückle von Homag gehört auch mir.

Die Win-Situation bei Staat und Gesellschaft

Bei der Realisierung der Mitarbeiterbeteiligung bzw. der Schaffung von partnerschaftlichen Strukturen gibt es jedoch noch einen dritten Gewinner, das sind der Staat und die Gesellschaft, wobei hier sowohl von einer ökonomischen Dimension als auch einer sozialethische Dimension gesprochen werden kann.

Die mit der Mitarbeiterbeteiligung verbundene bessere Wettbewerbsfähigkeit der Unternehmen führt zu weniger Arbeitslosen, damit zur Entlastung des diesbezüglichen Haushaltes und zu höheren Steuereinnahmen. Hier kann von Milliardenbeträgen ausgegangen werden. Darüber hinaus wird der Konflikt zwischen den Produktionsfaktoren Kapital und Arbeit entschärft und es kommt zu einer Überwindung vom Denken in Klassen. Die Mitarbeiterbeteiligung sichert damit nicht nur unsere marktwirtschaftliche Ordnung, sie zeigt neue Wege zu deren Verbesserung auf. Auch das schwelende Thema Vermögensbildung und Beteiligung der Mitarbeiter am Produktivvermögen wird einer Lösung zugeführt. Die Vision von Ludwig Erhard, „eine Gesellschaft von Teilhabern“, wird Wirklichkeit. Es geht also um eine leistungsfähige, menschenwürdige und freiheitliche Gesellschaftsordnung mit einem Maximum an wirtschaftlicher Effizienz und einem Höchstmaß an sozialer Gerechtigkeit.

Die gesellschaftspolitische Bedeutung und Herausforderung hat auch Bundeskanzler Gerhard Schröder anlässlich der 50. Jahrestagung der AGP am 28. März 2000 in Wolfsburg wie folgt zum Ausdruck gebracht:

„Die Beteiligung der Arbeitnehmer am Produktivkapital ist eine Säule der sozialen Marktwirtschaft ... Mitbestimmung und Beteiligung der Arbeitnehmer am Produktivvermögen sind bewährte und geeignete Instrumente, den Strukturwandel in Wirtschaft und Gesellschaft zu gestalten. Sie können dazu beitragen, die Qualität der Arbeit und Betriebsergebnisse zu verbessern ... Vor allem aber bringen Mitbestimmung und Mitarbeiterbeteiligung uns in einer Zeit, da viele alte Gewißheiten der sozialen Marktwirtschaft in Frage gestellt werden, unseren großen gesellschaftlichen Zielen näher: Einer zivilen Teilhabegesellschaft, in der Verantwortung, Chancen und Mitsprache gerecht verteilt sind."

Auch Bundeskanzler Schröder ist also der Ansicht, dass mit der Mitarbeiterbeteiligung in Staat und Gesellschaft erhebliche Erfolge und Fortschritte erzielt werden. Im eigenen Interesse sollten deshalb Förderungsmaßnahmen, wie von der AGP und anderen Stellen immer wieder gefordert, Selbstverständlichkeit sein. Dies besonders auch als Zeichen, dass die Politik die Verbesserung, ja den Wandel wirklich will. Dabei müssen Fördermaßnahmen gar nicht teuer sein bzw. den Staat nicht einmal zusätzliches Geld kosten, was zum Beispiel bei der Einbeziehung der betrieblichen Mitarbeiterbeteiligung in die Förderung der privaten Altersvorsorge der Fall wäre. Eine solche Regelung würde der für alle Beteiligten so vorteilhaften Mitarbeiterbeteiligung einen gewaltigen Schub verleihen. Dasselbe trifft auch für tarifvertragliche Vereinbarungen über betriebliche Investivlohnanteile zu, selbst wenn diese auf freiwilliger Basis beruhen würden. Es geht wirklich nur darum, Tür und Tor für die Realisierung der Mitarbeiterbeteiligung zu öffnen und damit den Weg für eine bessere Zukunft frei zu machen. Hier sind der Staat, die Parteien und die Tarifparteien wirklich gefordert. Mit Pionierleistungen einzelner Unternehmen allein wird der große Durchbruch nicht geschafft.

Unabhängig von Fördermaßnahmen und staatlicher Reglementierung sollte man bei dem gewaltigen Erfolgspotenzial annehmen können, dass die Mehrzahl der Unternehmen die Mitarbeiterbeteiligung im wohlverstandenen eigenen Interesse realisiert. Es sind dies jedoch nur rund 2 Prozent. Offensichtlich wird das Erfolgspotenzial nicht ausreichend erkannt oder nicht hoch genug eingeschätzt. Hier sind offensichtlich bei den Beteiligten auch Ängste vorhanden, die erkannt und überwunden werden müssen. Überwunden werden muss auch das Festhalten an eingefahrenen Geleisen und Wertvorstellungen, ideologische Grundsätze und politische Positionen müssen auf den Prüfstand.

Der Umfang des Erfolges, der möglichen Gewinne und die Systemverbesserung hängen einerseits von der Richtigkeit der Konzepte und andererseits besonders von der konsequenten Umsetzung der Partnerschaft mit ihren materiellen und immateriellen Komponenten ab. Normalerweise sage ich diesbezüglich: „Eine halb bzw. halbherzig durchgeführte Sache ist eine ganze Pleite". Bezogen auf die Partnerschaft mag dies übertrieben erscheinen. Sicher ist jedoch, dass je nach Richtigkeit und Durchführungsgrad unterschiedliche Erfolge erzielt werden, dies trifft sowohl für den materiellen als auch für den immetariellen Bereich zu. Deshalb möchte ich meinen Beitrag beenden mit einer Binsenweisheit, die so auch in unseren Führungsrichtlinien steht: „Es gibt nichts Gutes, außer man tut es – nur Taten zählen".

Die Bedeutung der Unternehmenskultur im Rahmen der immateriellen Mitarbeiterbeteiligung

Dagmar Wilbs

„Unternehmen haben Vorteile im Wettbewerb, wenn ihre Beschäftigten Mitbestimmungsrechte und Beteiligungschancen haben und wahrnehmen. Reibungsverluste zwischen Unternehmensführung und Mitarbeitern bzw. deren gewählten Vertretungen sind unproduktiv und müssen überwunden werden. Das gemeinsame Bemühen um eine partnerschaftliche Unternehmenskultur lohnt sich.“(Nikolaus Simon)

1. Einführung

Die Bedeutung der Unternehmenskultur für den langfristigen Erfolg ist unbestritten. Um den Begriff „Unternehmenskultur'“ näher zu bestimmen, bedarf es jedoch einer näheren Ausführung, die rasch zu der Erkenntnis führt, dass es keine Einigkeit in der Definition und Beschreibung des Begriffes gibt. Die zwei bedeutenden Forschungsrichtungen der Unternehmenskultur – Objektivismus und Subjektivismus – haben ihre unterschiedliche Ausprägung in der Einordnung des Kulturbegriffes. Der objektivistische Ansatz besagt, dass ein Unternehmen eine Kultur *hat*, während der Subjektivismus betont, dass ein Unternehmen eine Kultur *ist*. Es würde den Rahmen dieses Beitrags sprengen, darauf weiter einzugehen. Doch soviel lässt sich auf einer vereinfachten Ebene sagen:

Unternehmenskultur ist in gewisser Hinsicht die „Persönlichkeit“ eines Unternehmens und verleiht diesem Unternehmen ein einzigartiges Profil. Keller beispielsweise definiert Kultur als „sämtliche kollektiv geteilten, impliziten oder expliziten Verhaltensnormen, Verhaltensmuster, Verhaltensäußerungen und Verhaltensresultate, die von den Mitgliedern einer sozialen Gruppe erlernt und mittels Symbolen von Generation zu Generation weitervererbt werden“ (vgl. Keller, 1990). Unternehmenskultur setzt sich im Unterbewusstsein fest und beeinflusst so die Handlungen der Mitarbeiter eines Unternehmens stärker als viele „offizielle“ Verfahrensweisen und Regeln. Unternehmenskultur besteht aus sichtbaren und unsichtbaren Elementen und ist deshalb auch das am schwierigsten steuerbare und veränderbare Merkmal eines Unternehmens.

Zu den unsichtbaren Elementen gehören dabei Werte, Einstellungen und Denkmuster, aber auch gemeinsame unternehmensbezogene Erfahrungen, Handlungsmuster und -schemata, die das aktuelle Verhalten als sichtbaren Teil der Kultur beeinflussen und prägen. Daher wirkt Unternehmenskultur verhaltensbestimmend. Keller führt weiter aus, dass jede Entscheidung an Werten ausgerichtet wird, die innerhalb eines bestimmten Kulturkreises dem Entscheidungsträger vermittelt worden sind (vgl. Keller, 1990).

Daraus lässt sich ableiten, dass Kultur durch gezielte Maßnahmen beeinflusst, sowie durch das Vorleben und Fördern von bestimmten Werten und Verhaltensweisen weiterentwickelt werden kann. Nach Professor Pribilla ist die Unternehmenskultur aus folgenden Gründen so bedeutsam (vgl. Pribilla, 2000):

- Sie gibt Orientierung und hat damit eine gewisse Koordinierungsfunktion.
- Sie prägt das Verhalten der Mitarbeiter und Führungskräfte, die Art der Zusammenarbeit, den Führungsstil und das gegenseitige Vertrauen.
- Sie gilt als wichtige Basis gemeinsamer Wertvorstellungen für die Identifikation der Mitarbeiter mit dem Unternehmen, für das WIR-Gefühl in der Zusammenarbeit, aber auch für die Sinngebung der Arbeit an sich.

Die Bedeutung der Unternehmenskultur für die immaterielle Mitarbeiterbeteiligung muss unter dem Aspekt der unterschiedlichen Funktionen der Unternehmenskultur betrachtet werden. Nach Keller lassen sich primäre und sekundäre Funktionen unterscheiden (vgl. Keller, 1990). Die vier von ihm genannten primären Funktionen sind:

- Die *Sinnvermittlungsfunktion*, d. h. durch die Kultur werden bestimmte Bewertungs- und Bedeutungsmuster von beispielsweise Aktivitäten und Gegebenheiten vorgegeben.
- Die *Stabilisierungsfunktion*, die dem Unternehmen einen eher kontinuierlich, zeitlich-stabilisierenden Charakter verleiht, der wiederum das Verhalten der Mitarbeiter über einen langen Zeitraum beeinflusst.
- Die *Ordnungsfunktion*, die dem Unternehmen zu einem gewissen Grad eine gemeinsame Ausrichtung des Verhaltens verschafft.
- Die *Rationalisierungsfunktion*, durch die z. B. Prozesse und entsprechende Verhaltensweisen in gewissem Maße standardisiert werden und nicht jedesmal von neuem abgestimmt werden müssen.

Die sekundären Funktionen sind nach Keller spezieller und werden primären Funktionen untergeordnet (vgl. Keller, 1990). Ohne jetzt auf alle von ihm genannten sekundären Funktionen einzugehen, wird klar, dass die immaterielle Mitarbeiterbeteiligung sich hier einordnen lässt – nämlich am ehesten in der Motivations-, Identifikations- oder Integrationsfunktion. Bei der *Motivationsfunktion* zum Beispiel entsteht durch ein gemeinsames Grundverständnis in den Wertvorstellungen eine Basis für konstruktive Verständigung und Zusammenarbeit. Dies führt zu einer höheren Arbeitszufriedenheit und Arbeitsmotivation und schließlich zu einer stärkeren Bindung des Mitarbeiters an das Unternehmen, sowie zu einer höheren Beteiligung im Unternehmen. Bei der *Identifikationsfunktion*, die eng mit der *Integrationsfunktion* verknüpft ist, findet eine Bindung des Mitarbeiters z. B. dadurch statt, dass er sich mit den Zielen, Aufgaben und Wertvorstellungen des Unternehmens identifiziert und sich deshalb stärker engagiert und durch gezielte Beiträge beteiligt.

Die Unternehmenskultur spielt somit eine wesentliche Rolle für die Bindung an das Unternehmen sowie für die „emotionale“ und „tatkräftige“ Beteiligung der Mitarbeiter an dem Unternehmen.

In den letzten Jahren hat sich gezeigt, dass ein Nichtbeachten von kulturellen Unterschieden bei der Fusion zweier Unternehmen oder bei einem Unternehmenskauf mit anschließender Integration des gekauften Unternehmens häufig der Grund für das letztendliche Scheitern war, zumindest aber zu großen Schwierigkeiten führte. Unternehmen, die sich dieser Tatsache bewusst sind, lassen beispielsweise im Vorfeld einer Fusion mittels einer Cultural Due Diligence untersuchen, ob und inwieweit die Kulturen zweier Unternehmen zusammenpassen.

Bei einer Cultural Due Diligence werden Unternehmen hinsichtlich ihrer Unternehmenskultur evaluiert und beschrieben. Dabei ist es wichtig, Unterschiede und Ähnlichkeiten sowie mögliche Chancen- und Risikopotenziale für einen zukünftigen Zusammenschluss aufzuzeigen und entscheidende Handlungsempfehlungen daraus abzuleiten. Der daraus spezifisch für diese Unternehmen erstellte kulturelle Integrationsplan hat den Anspruch, negative Aspekte möglichst gering zu halten und die positiven Wirkungen der jeweiligen Kultur zu bewahren bzw. zu fördern.

Je höher die Bedeutung der Integration beider Unternehmen ist, desto wichtiger ist die Frage nach der „kulturellen Passung". Zusätzlich zu der Fragestellung nach kulturellen Ähnlichkeiten und Unterschieden müssen bei internationalen M&A auch die länderspezifischen Kulturen und die jeweilige Auswirkung auf die Unternehmenseinheiten beachtet werden. Die Cultural Due Diligence sollte sich u. a. mit folgenden Fragestellungen beschäftigen:

- Wie wird Führung gelebt? Welche Bedeutung haben Hierarchie, Statussymbole und Führungsrituale?
- Wofür gibt es im Unternehmen Anerkennung, Wertschätzung und Förderung? Wie ist der Umgang mit Leistung? Welche Handlungs- und Entscheidungsspielräume gibt es? Wie hoch ist die Fehlertoleranz? Welches Verhalten wird belohnt, welches sanktioniert?
- Ist das Unternehmen stärker von einer Vertrauens- oder Misstrauenskultur geprägt? Wie offen ist der Umgang miteinander? Wie äußert sich das Lernverhalten?
- Wie stellt sich das Unternehmen am Markt und beim Kunden dar? Wie ausgeprägt ist die Kundenorientierung? Wie hoch ist die Wettbewerbsdynamik? Wie offensiv werden Wettbewerbsvorteile gespielt?

Die Bedeutung des Führungsstils, der Führungsprozesse und -strukturen als prägende Elemente der Unternehmenskultur wird dabei deutlich. Im Folgenden soll insbesondere auf zwei prägende Faktoren der Unternehmenskultur eingegangen werden:

1. Partnerschaftliche Unternehmens- und Mitarbeiterführung als beteiligender Führungsstil.
2. Führungskräfteentwicklung – Bedeutung der Befähigung und Förderung von Führungskräften.

2. Partnerschaftliche Unternehmens- und Mitarbeiterführung als beteiligender Führungsstil

Was kann ein Unternehmen tun, um eine Problemlösungs- und Kommunikations- und damit eine Beteiligungskultur zu verwirklichen? Zum einen muss die Bereitschaft der Mitarbeiter gefördert werden, anspruchsvolle Ziele, aber auch Probleme als Herausforderung anzunehmen und Lösungen und Beiträge aktiv zu gestalten. Materielle und immaterielle Reize sind dafür gut geeignet. Gleichzeitig muss die Unternehmensführung bereit sein, Hierachien abzubauen und Entscheidungskompetenzen abzugeben.

Partnerschaftliche Unternehmens- und Mitarbeiterführung steht für ein Führungskonzept, das die Führungskraft sowie den einzelnen Mitarbeiter in bestimmte Unternehmensprozesse, -entscheidungen, und -aktivitäten einbindet. Dieses Führungskonzept kann ein wichtiger Aspekt einer *„beteiligenden Unternehmenskultur"* sein, das die im Unternehmen tätigen Mitarbeiter zu einer Identifikation mit dem Unternehmen, dessen Philosophie und Kultur bewegt und ermutigt. Das ist jedoch keineswegs automatisch der Fall, sondern setzt voraus, dass die Vorgesetzten die Unternehmensphilosophie und Unternehmenskultur kommunizieren und vorleben sowie im Idealfall gemeinsam mit den Führungskräften weiterentwickeln.

Der Gewinn liegt in der Mitgestaltung einer vertrauensbasierten Kultur mit Freiräumen für Reflexion und kreativem Zusammenwirken sowie der Sicherung des eigenen Beschäftigungswerts durch den Aufbau zukunftsträchtiger Kompetenzen und Qualifikationen.

Identifiziert sich der Mitarbeiter mit dem Unternehmen, so führt dies neben dem Aspekt der hohen Motivation zu einer Bindung des Mitarbeiters an das Unternehmen. Gerade vor dem Hintergrund eines immer stärker werdenden Wettbewerbs um „Talente" ist dies auch ein wichtiger Baustein, um Mitarbeiter zu halten.

Eine nicht partnerschaftliche Unternehmensführung mit einer beispielsweise stark am Konzept des Shareholder Value orientierten, also auf Steigerung des Aktienkurses ausgerichteten Unternehmenspolitik, kann zu starken Verwerfungen führen – insbesondere in den Unternehmen, in denen bislang ein kooperativer Führungsstil praktiziert wurde und die Fokussierung auf die Belange der Mitarbeiter von hoher Bedeutung war.

Werden bei der Analyse der Unternehmenskultur Elemente erkannt, die dem Ziel der geplanten Managementinnovationen widersprechen und den Erfolg gefährden, so sollte die Unternehmensführung neben der Umgestaltung der formellen Strukturen und Prozesse auch einen Wertewandel in Gang setzen. Gelingt es nicht, die Belegschaft von der Notwendigkeit veränderter Führungsmaxime zu überzeugen, ist der Erfolg des geplanten Managementwechsels außerordentlich fraglich.

Mit einer partnerschaftlichen Unternehmenskultur und dem Einbinden der Führungskräfte und Mitarbeiter in die Unternehmensentscheidungen schafft das Unternehmen die Basis dafür, dass Führungskräfte und Mitarbeiter sich in einem hohen Maße mit den Zielen, Werten und Strategien des Unternehmens identifizieren und sich für deren Verwirklichung einsetzen. Innerbetriebliche Veränderungsprozesse, die oftmals für alle Beteiligten beschwerlich sind, lassen sich so einfacher durchsetzen.

Das Human Capital des Unternehmens gewinnt in einem Unternehmen mit partnerschaftlicher Unternehmenskultur noch mehr an Bedeutung. Die Erhaltung des Wissens und der Erfahrungen der Mitarbeiter, die für den Bestand und die Weiterentwicklung des Unternehmens wichtig sind, wird zur zentralen Frage und durch erforderliche Maßnahmen entsprechend gefördert.

3. Führungskräfteentwicklung: Bedeutung der Befähigung und Förderung von Führungskräften

Der „Kampf" um die besten Talente hält an. Für die Personalverantwortlichen in den Unternehmen heißt dies zum einen, Potenziale zu erkennen und zu halten und zum anderen, für mögliche Bewerber so attraktiv zu sein, dass diese die Entscheidung treffen, zu wechseln bzw. sich für das Unternehmen zu entscheiden. Gerade in Unternehmen mit partnerschaftlichem Führungsstil steigen die Anforderungen an die Mitarbeiter. Nicht nur fachliches Wissen ist ausschlaggebend für die Entscheidung, ob ein Mitarbeiter Potenzial hat, sondern ebenso Qualifikationen wie zum Beispiel Teamfähigkeit, die Bereitschaft Wissen zu teilen, Führungsqualitäten und Verantwortungsbewusstsein.

Andererseits stellen auch die Gesuchten immer höhere Anforderungen an das Unternehmen. Hier spielen nicht nur monetäre Anreize eine entscheidende Rolle, sondern in immer stärker werdendem Maße sind die Unternehmenskultur und Führungskonzepte sowie die eigenen Entwicklungsmöglichkeiten von Bedeutung. Dabei reicht der Prozess der Führungskräfteentwicklung von der Rekrutierung und gezielten Positionsbesetzung über die Potenzial- und Performance-Einschätzung bis hin zu gezielten Förder- und Entwicklungsmaßnahmen.

Dem Unternehmen und damit dem Top-Management muss überzeugend dargelegt werden, dass eine „strategie- und kulturgekoppelte" Führungskräfteentwicklung eine Investition in die Zukunft ist und daher für den Gesamtunternehmenserfolg essenziell erforderlich ist. Eine kurzfristige „Absorption" von Talenten ist keine Entwicklungsarbeit und führt ohne kontinuierliche Weiterentwicklung und Förderung zu einem kurzfristigen „Verschleiß" mit anschließend nachlassender Erfolgswirkung.

Mitarbeiter und Führungskräfte haben die hohe Bedeutung von Wissen als strategischer Ressource erkannt und übernehmen persönliche Verantwortung, Wissen kontinuierlich aufzubauen und weiterzuentwickeln, es intensiv mit anderen zu teilen, um schließlich die Umsetzung von Wissen in Geschäftserfolge zu ermöglichen.

Abschließend lässt sich sagen, dass Mitarbeiter zukünftig vermehrt Sinngehalt der Arbeit, geteilte Werte und Identifikation mit dem Beruf suchen. Immaterielle Mitarbeiterbeteiligung zum Beispiel in Form von Partizipation bei Entscheidungen und Einbezogensein in wichtige Unternehmensprozesse werden immer mehr zu einem Entscheidungsgrund für oder gegen ein Unternehmen.

Reinhard Mohn nennt diese *partnerschaftliche Unternehmensführung* einen wichtigen Aspekt für die Zukunft des Standortes Deutschland. Seine Ausführung fasst die wesentliche Botschaft dieses Beitrags zusammen:

„Die wirkliche Identifikation der Mitarbeiter mit ihrem Unternehmen ist wohl die letzte und damit entscheidende Chance, den Standort Deutschland wettbewerbsfähig zu erhalten. Gelingen kann uns dies nur mit unternehmerisch denkenden und handelnden Menschen."

Literatur:

Hermann, S. (Hrsg.): Unternehmenskultur und Strategie, Frankfurt 2001

Keller, A.: Die Rolle der Unternehmenskultur im Rahmen der Differenzierung und Integration der Unternehmen, Bern. Stuttgart 1990.

Langer, B.: Früherfassung der Unternehmenskultur als Risikofaktor bei Mergers & Acquisitions, Hamburg, 1999

Picot, G. (Hrsg.): Handbuch Mergers & Acquisitions, Stuttgart 2000

Pribilla, P.: Handbuch Mergers & Acquisitions, hrsg. v. G. Picot, Stuttgart 2000

Zimmer, A.: Unternehmenskultur und Cultural Due Diligence bei Mergers & Acquisitions, Aachen 2001

Private Equity und Mitarbeiterkapitalbeteiligung im Mittelstand

Klaus-R. Wagner

Dieser Festschriftbeitrag ist Michael Lezius zu seinem 60. Geburtstag gewidmet. Er hat sein ganzes berufliches Leben mit viel Idealismus der Idee der Mitarbeiterkapitalbeteiligung gewidmet. Es sei folgende These gewagt: Ohne Michael Lezius stünde das Thema der Mitarbeiterkapitalbeteiligung nicht dort, wo es heute ist. Er hat es wie kein anderer verstanden, Gegensätze zusammenzubringen, seien es Arbeitgeber(verbände) und Gewerkschaften, unterschiedliche Parteien, Non-Profit-Unternehmen, Konzerne, mittelständische Unternehmen, Handwerksbetriebe, Wissenschaftler, Berater etc. Er hat es erreicht, dass dieses Thema inzwischen ideologisch entkrampft ist. Und während Mitarbeiterkapitalbeteiligungen von Gewerkschaften und Arbeitgeberverbänden aus unterschiedlichen Gründen lange Zeit abgelehnt wurden und von der Politik nur unter dem Aspekt der Verteilungsgerechtigkeit behandelt wurden, hat Michael Lezius es erreicht, dass das Thema der Mitarbeiterkapitalbeteiligung heute viel weitgehender diskutiert und eingesetzt wird: Als Gehaltsflexibilisierungsinstrument, zur Eigenkapitalstärkung von Unternehmen und für Zwecke der Unternehmensnachfolge (incl. Management Buy Out), Existenzgründung (incl. Spin Off), als Sanierungsbaustein und Privatisierungskonzeption sowie zur Vermögensbildung.

Dieses gerade auch für die Gesellschaft so wichtige Engagement von Michael Lezius hat es verdient, dass die Gesellschaft ihm im Gegenzug das gebührende Maß an Dank und Anerkennung für seine Lebensleistung zukommen lässt. Und in diesem Sinne soll dieser Beitrag eine weitere neue Seite der Möglichkeiten der Mitarbeiterkapitalbeteiligung aufschlagen, die er noch lange begleiten möge.

1. Einführung

Zwei Entwicklungen treffen derzeit aufeinander, die es zu werten gilt: Private Equity und Mitarbeiterkapitalbeteiligung. Nach neuesten Erhebungen (Lezius, FAZ, 14.5.2001, S. 30) wird gegenwärtig in 97.100 deutschen Betrieben (davon 77.000 in West- und 20.100 in Ost-Deutschland) in unterschiedlichster Form Mitarbeiterbeteiligung als Erfolgs- und Kapitalbeteiligung praktiziert. In Deutschland befinden sich derzeit mehr als 30 Mrd. DM „Firmenkapital" in Händen von 2,2 Mio. Mitarbeitern (Lezius, a. a. O., 2001). Mitarbeiterkapitalbeteiligung als gesellschafterliche Beteiligung – wozu u. a. auch der Management Buy Out gezählt wird – eignet sich bei Familienunternehmen u.a. auch zur Unternehmensnachfolge und zur Stärkung der Eigenkapitalstruktur von Unternehmen (Norddeutsches Handwerk, 1.2.2001, S. 13). Gleichzeitig wird Private Equity, das Geschäft für außerbörsliches Beteiligungskapital im privaten Mittelstand (oder bei Töchtern großer börsennotierter Gesellschaften), immer populärer. Private Equity eignet sich nicht nur für Expansionsbestrebungen von mittelständischen Unternehmen, sondern ebenfalls zur Lösung der Nachfolgefrage bei Familienunternehmen (lt. Braun, FAZ v. 16.5.2001, S. B 3 sind derzeit über 90 Prozent der Unternehmen in Deutschland im Familienbesitz), bei denen keine Führungskräfte aus der Familie zur Verfügung stehen (v. Hodenberg, HB 14.5.2001, S. 15) sowie im Hinblick auf Basel II zur Neuausrichtung von Finanzierungskonzeptionen von Unternehmen. Mitarbeiterkapitalbeteiligung und Private Equitity sind mithin bezüglich des Themas Unternehmensnachfolge und der Stärkung der Eigenkapitalstruktur bei solchen Familiengesellschaften durchaus konkurrierende Entwicklungen.

Andererseits stellt sich die interessante Frage, wie denn vorhandene Mitarbeiterkapitalbeteiligungen und Private Equity zusammenpassen, wenn sie aufeinander treffen. Dies kann z. B. dann der Fall sein, wenn Private Equity-Gesellschaften sich künftig verstärkt an nicht börsennotierten Gesellschaften beteiligen werden (lt. HB, 16.5.2001, S. 28 wird für den deutschen Markt mit Transaktionen zwischen 85 Mio. € und 850 Mio. € gerechnet), darunter auch an solchen, die über Mitarbeiterkapitalbeteiligungsmodelle verfügen.

2. Private Equity

Hierunter wird die kapitalmäßige Beteiligung „institutionalisierter, durch „privates" Kapital ausgestattete Kapitalbeteiligungsgesellschaften an nicht börsennotierten Gesellschaften" verstanden, „die mittel- bis langfristig angelegt ist" (Schüppen/Ehlermann, Corporate Venture Capital, 2000, Rn. 5). Es handelt sich dabei um einen Unterfall von Venture-Capital (VC) Investitionen, wobei allerdings VC-Investitionen sich „durch stärkere Managementunterstützung sowie durch den Wachstumsfinanzierungscharakter der Kapitalüberlassung abheben" (Schüppen/Ehlermann, a. a. O., 2000). Während folglich VC-Investitionen dazu dienen, mittels einer (Teil-)Unternehmensfinanzierung bestimmte Projekte und eine oder mehrere Realisationsphasen zu finanzieren,[1] hat Private Equity den Erwerb von zumindest Mehrheitsbeteiligungen an nicht börsennotierten Unternehmen zum Gegenstand, um die Werthaltigkeit besagter Unternehmen zu verbessern, um alsdann an diesen Wertverbesserungen im Zuge des Beteiligungsverkaufs zu partizipieren.

Private Equity ist eine Alternative zum Börsengang und ermöglicht durch Erwerb einer Mehrheit an Unternehmen die Weiterentwicklung durch Restrukturierung bis zum Zukauf von oder der Integration in andere Unternehmen (Luchhterhand, FAZ vom 16.5.2001, S. B 4). Da für den Erfolg einer solchen Zielsetzung dem Management eine entscheidende Bedeutung zukommt, legen Private-Equity-Kapitalgesellschaften Wert auf die Bindung des Managements, was oft durch eine Führungskräftebeteiligung (worunter die gesellschafterliche Beteiligung von Führungskräften als Minderheitsgesellschafter verstanden wird) erfolgt (Luchterhand, a. a. O., 2001; von Amerongen, FAZ 16.5.2001, S. B 2: „Wenn diese [Beteiligungsunternehmen] sich an unternehmerischen Prinzipien orientieren, wenn sie die Geschäftsführer und die leitenden Angestellten unter anderem am Kapital der Unternehmen beteiligen, schaffen sie damit auch eine moderne Unternehmenskultur. Nicht mehr der abhängig beschäftigte Arbeitnehmer ist das Leitbild, sondern die bewusste Identifikation des Teilhabers mit seinem Unternehmen auf allen Ebenen, die dafür geeignet erscheinen."). Private Equity eignet sich auch für Unternehmer zur Lösung eigener Unternehmensnachfolgeprobleme, indem Private-Equity-Kapitalgesellschaften auch aus diesem Anlass Unternehmensbeteiligungen erwerben. Diese streben mit der Zeit an, sich von diesen (Mehrheits-)Beteiligungen wieder zu lösen, sei es durch einen „Exit" über die Börse, einen „Trade Sale" (Verkauf an einen strategischen Investor) oder einen „Secondary Buy Out" an eine andere Private-Equity-Kapitalgesellschaft (Luchhterhand, a. a. O., 2001).

Von dem Erwerb von (Mehrheits-)Beteiligungen an außerbörslichen Unternehmen durch Private-Equity-Kapitalgesellschaften zu unterscheiden ist die Finanzierung von Leveraged Buy Outs (LBO) durch Private-Equity-Fonds. Es handelt sich hierbei u. a. auch um am freien Kapitalanlagemarkt aufgenommene Gelder (kapital-markt intern 21/01 v. 23.5.2001, S. 2: „Allerdings müssen die Anbieter auch nachweisen, dass sie das Geld ihrer Anleger optimal eingesetzt haben"). Dazu sollen seitens solcher Fonds derzeit in Europa nach vorsichtiger Schätzung mindestens 30 bis 40 Milliarden € an Eigenkapital zur Verfügung stehen, womit unter zusätzlicher Aufnahme von Fremdkapital der Erwerb von Unternehmensbeteiligungen in einer Größenordnung von mindestens 150 Milliarden € finanziert werden können. Deutschland soll dabei der Markt mit dem größten Potenzial für LBOs sein (Nick, FAZ, 16.5.2001, S. B 7). Solche Kapitalbeschaffungsmöglichkeiten eignen sich auch für Umstrukturierungen bislang börsennotierter Kapitalgesellschaften im Zuge eines Going-Private oder eines Management Buy Out (MBO – die gesellschafterliche Beteiligung von Führungskräften zumindest als Mehrheitsbeteiligung). MBOs können folglich entweder durch das MBO-Team mithilfe eines Leveraged Buy Outs (LBO) durch Private-Equity-Fonds finanziert werden oder gemeinsam von MBO-Team und einer Private-Equity-Kapitalgesellschaft durchgeführt werden (Veitch, FAZ, 16.5.2001, S. B 7). Hier bieten sich auch dort Möglichkeiten, wo Konzerne sich verstärkt auf ihr Kerngeschäft besinnen und per Spin Off sich von Betriebsteilen bzw. Teilbetrieben trennen wollen (Veitch, a. a. O., 2001). Sowohl beim MBO wie auch beim Spin Off ist es wesentlich, (zumindest) das Management beteiligungsmäßig einzubinden, weil nur so gewährleistet ist, Mehrwert im Beteiligungsunternehmen zu schaffen, an dem Private-Equity-Kapitalgesellschaften bzw. Fonds schließlich partizipieren wollen (Veitch, a. a. O., 2001).

Private-Equity-Kapitalgesellschaften gehen inzwischen ferner dazu über, im Rahmen sog. „Buy-and-Build"-Strategien Branchen- bzw. Marktsegmente zu konsolidieren. Dies geschieht z. B. in der Weise, dass bisherige Wettbewerber zusammengeführt werden, um sie national, europaweit oder international am Markt besser positionieren zu können (Nach Theis/Niederdrenk, FAZ, 16.5.2001, S. B 7 geschieht dies in der Regel durch die Gründung einer neuen Gesellschaft (sog. „NewCo"), die als Holding fungiert, während die bisherigen Unternehmen am Markt unter ihren Marken weiter tätig sind. Diese Unternehmen oder ihre Gesellschafter sind im Verhältnis des Werts ihrer Beteiligungen an der Holding beteiligt. Kann man sich nicht auf eine vergleichbare Bewertung einigen, so kann die Private-Equity-

Kapitalgesellschaft dabei eine Vermittlerrolle einnehmen.). Private-Equity-Kapitalgesellschaften stehen bei einem solchen Prozess nicht nur als Eigenkapitalgeber zur Verfügung, sondern ergreifen oft auch die Initiative, entsprechende Unternehmen bzw. Wettbewerber für ein solches „Buy-and-Build"-Konzept zu interessieren. Außer einer denkbaren Vermittlerrolle in dem notwendigen Annäherungsprozess der bisherigen Wettbewerber übernimmt es die Private-Equity-Kapitalgesellschaft auch, die beteiligten Unternehmen bzw. deren jeweiliges Management bei der Umstrukturierung zu unterstützen und strategisch zu begleiten (Theis/Niederdrenk, FAZ, 16.5.2001, S. B 7).

3. Mitarbeiterkapitalbeteiligung

Mit dem Begriff beteiligter „Mitarbeiter" verbindet man den beteiligter Arbeitnehmer, Führungskräftebeteiligungen bis hin zum Management Buy Out. Die Arten der mittelbaren (in solchen Fällen sind beteiligte Mitarbeiter Gesellschafter einer Mitarbeiterbeteiligungsgesellschaft, die ihrerseits wiederum am arbeitgebenden Unternehmen beteiligt ist) bzw. unmittelbaren Beteiligungen reichen von Ergebnisbeteiligungen über schuldrechtliche Beteiligungen (Genussscheine, Genussrechte) bis hin zu direkten gesellschafterlichen Beteiligungen. Mitarbeiterkapitalbeteiligungen können als Gehaltsflexibilisierungsinstrument, zur Eigenkapitalstärkung von Unternehmen und für Zwecke der Unternehmensnachfolge (incl. Management Buy Out), zu Zwecken der Existenzgründung (incl. Spin Off) sowie als Sanierungsbaustein und Privatisierungskonzeption eingesetzt werden. Damit wird deutlich, dass in der Beteiligungspraxis das vormalige politische Ziel der Förderung von Mitarbeiterkapitalbeteiligungen, eine Verbesserung der Verteilungsgerechtigkeit, nicht mehr Primärziel sondern Folge der anderen genannten Beteiligungsziele ist.

In Deutschland hielten beteiligte Mitarbeiter im Jahr 2000 in 3.000 Betrieben eine Beteiligungssumme in Höhe von 35 Mrd. DM (Wiebking, Norddeutsches Handwerk, 1.2.2001, S. 13; im Vergleich dazu waren es 1986 7,6 Mrd. DM in weniger als 1.400 Unternehmen). Je mehr das Beteiligungsvolumen zunimmt, umso größer muss das Interesse beteiligter Mitarbeiter an strategischen Zukunftsfragen der arbeitgebenden Unternehmen zunehmen, an denen sie sich beteiligen. Denn Mitarbeiterkapitalbeteiligung ist keine sozialpolitische Wohltat sondern ein Investment, das sich auch für beteiligte Mitarbeiter als Investoren rentieren soll. Dazu gehören u.a. folgende Fragen:

- Wie innovations- und zukunftsfähig ist das arbeitgebende Unternehmen, an dem man sich beteiligt?
- Wo wird das arbeitgebende Unternehmen mittelfristig in fünf Jahren und längerfristig in zehn Jahren stehen? Warum soll/wird es dann noch existieren?
- Ist das Management professionell genug, das Unternehmen in diese Zukunft zu führen?
- Gibt es für die Zukunftsorientierung ein darauf ausgerichtetes Geschäftskonzept und Controlling sowie ein internes Informationssystem für die Gesellschafter im Hinblick auf deren diesbezüglich eingegangenes Investment?

- Welche Maßnahmen müssen dafür in die Wege geleitet werden?
- Wer begleitet das Unternehmen für diese Dauer beratend?

4. Private Equity und Mitarbeiterkapitalbeteiligung bei mittelständischen Unternehmen

Zwei Entwicklungen sollen nachfolgend näher untersucht werden:

(1) Bundesfinanzminister Eichel führte u. a. aus (FAZ, 16.5.2001, S. B 1):

„Besondere Bedeutung hat der Markt für Beteiligungskapital. Eigenkapital steht den Unternehmen längerfristig zur Verfügung und partizipiert an den unternehmerischen Risiken. Es erfolgt keine fixe Vergütung, sondern seine Entlohnung passt sich an die wirtschaftliche Entwicklung des Unternehmens an ... Der Beteiligungsmarkt sorgt dafür, dass aus guten Ideen erfolgreiche Unternehmen werden ... Das Kapitalbeteiligungsgeschäft ist in den letzten Jahren in Deutschland deutlich gewachsen und zu einem wichtigen Element der Finanzierung kleiner und mittlerer Unternehmen geworden.“

Beteiligen sich Private Equity-Gesellschaften mittels Anteilserwerb an mittelständischen Unternehmen, so werden sie zwar „zu Partnern in der Unternehmensentwicklung“ (von Amerongen, FAZ, 16.5.2001, S. B 2), aber es stellt sich dabei die Frage, ob diesbezüglich Grundsätze gesellschafterlicher Beteiligungen oder von Kapitalbeteiligungen zu beachten sind, ob also Gesellschaftsrecht oder Kapitalanlagerecht dominiert. Je nachdem, zu welchem Ergebnis man kommt, wird der weiteren Frage nachzugehen sein, ob gesellschafterliche Mitarbeiterkapitalbeteiligungen an vergleichbaren Prämissen zu messen sind (dazu umfassend Wagner BKR 2002, 17).

(2) Die Bank für internationalen Zahlungsverkehr (BIZ) in Basel – eine Art Zentralbank der Zentralbanken – hat mit dem sog. Baseler Akkord II (Basel II) ein neues Regelwerk geschaffen, um die Stabilität des nationalen und internationalen Bankensystems besser abzusichern (die neue Baseler Eigenkapitalvereinbarung Basel II, Deutsche Bundesbank, Monatsbericht April 2001, S. 15 ff.; Storcks, WirtschaftsBild 2001, S. 12). Ab 2006 sollen danach auszulegende Bank-Kredite und deren Konditionen stärker nach der Eigenkapitalunterlegung und Bonität des Kreditschuldners ausgerichtet werden (Hansen, HB, 24.4.2001, S. B 3; Städtler, HB, 24.4.2001, S. B 2). Bankkredite sollen dann aufgrund eines sog. externen oder internen Rating vergeben werden, worüber im Vergleich zum Ausland in Deutschland derzeit nur wenige Unternehmen verfügen.[2] Nicht mehr der Kredit als solcher, sondern dessen Ausfallwahrscheinlichkeit, die anhand der vom Kreditnehmer gegebenen Messdaten ermittelt wird, wie auch das unternehmerische Umfeld des Kreditnehmers und dessen operationale Risiken sowie die Eigenmittelunterlegung[3] sollen Maßstab für die Kreditvergabe werden. Und so wird befürchtet, dass vor allem mittelständische Unternehmen bei der Finanzierungsbeschaffung vor großen Hindernissen stehen könnten (Hansen, HB u. Städtler, a. a. O., 2001), indem sich

für diese die Kreditkosten verteuern bzw. die Kreditbeschaffungsmöglichkeiten erheblich verschlechtern könnten (Storcks, a. a. O., 2001, S. 12 f.). Eigenkapital wird daher eine steigende Bedeutung erlangen und dort, wo dies nicht im ausreichenden Maße vorhanden ist, wird ein dies stärkendes Beteiligungskapital an Bedeutung gewinnen. Beteiligungen durch Private-Equity-Gesellschaften/Fonds könnten diese Lücke schließen.

Da die Eigenkapitalanforderungen künftig für diejenigen Unternehmen sinken sollen, die über ein gutes Rating verfügen, was tendenziell bei solchen Unternehmen zu einer Verbilligung von Krediten führen würde (Storcks, WirtschaftsBild 2001, S. 12), während sich andererseits bei Unternehmen mit schlechtem Rating Kredite verteuern werden,[4] führt dies einerseits zu der Frage, ob und inwieweit ein solches Rating nicht auch ein hilfreiches Informationsinstrument für Mitarbeiterkapitalbeteiligungen sein kann, wird doch dabei statt vergangenheitsorientierter Kennzahlen nach einheitlichen Maßstäben die Zukunftsfähigkeit des Unternehmens in den Mittelpunkt der Bewertung gestellt (Kolbeck/Wimmer, (FN 35), S. B 2), wozu neben anderen Faktoren[5] auch die Nachfolgeregelung eine Rolle spielt, bei der die Mitarbeiterbeteiligung nicht außen vor gelassen werden sollte (Hansen, HB, 24.4.2001, S. B 3). Andererseits kann sich in Anbetracht dieser neuen Entwicklung für mittelständische Unternehmen die Frage stellen, ob nicht nur von Private-Eqity-Fonds angebotene Beteiligungen, also Eigenkapital, sondern auch alternative Fremdfinanzierungen (Hansen, HB, 24.4.2001, S. B 3) wie die von Private-Equity-Fonds angebotene, eine Alternative zu herkömmlichen Bankfinanzierungen sein können. Und sieht man in einer Mitarbeiterkapitalbeteiligung aus Sicht des Unternehmens eine besondere Finanzierungsform, wird sich die weitere Frage stellen, ob zwischen Mitarbeiterkapitalbeteiligungen und Private Equity-Fonds ein Informationsgefälle bestehen kann/darf (Wagner BKR, 2002, 17).

Diese Frage wird sich aber auch dort stellen, wo Kapitalformen, die Merkmale von Eigen- und Fremdkapital vereinen (sog. Mezzanine-Kapital), da diese dort, wo Fremdkapital zu teuer wird, eine größere Verbreitung finden werden (Arnold, Unternehmer-Magazin, 2001, S. 32).

Dazu gehören nicht nur nachrangiger Eigenkapitalersatz durch Gesellschafterdarlehen, die bei mittelständischen Unternehmen verbreitet sind, sondern auch typisch stille Beteiligungen und Genussscheine/-rechte (Arnold, a. a. O., 2001, S. 32), wie sie gerade auch bei Mitarbeiterkapitalbeteiligungen anzutreffen sind.

4.1 Gesellschafterliche Beteiligung oder Kapitalanlage?

Was unterscheidet eine gesellschafterliche Beteiligung von einer als Kapitalanlage? Die gesellschafterliche Beteiligung wird durch die Eigenschaft bestimmt, Mitglied eines Verbundes zu sein,[6] während bei einer Beteiligung als Kapitalanlage ihre Eigenschaft hinzu kommt, Bestandteil eines Kapitalmarktes zu sein.[7] Werden Beteiligungen an Gesellschaften veräußert, so begründet dies ungeachtet des Umstandes, dass Verkäufer und Käufer dabei u.U. entgegengesetzte Interessen verfolgen, folgende Aufklärungspflichten:

Jeder Vertragspartner ist verpflichtet, den anderen Teil „über solche Umstände aufzuklären, die den Vertragszweck (des anderen) vereiteln können und daher für seinen Entschluss von wesentlicher Bedeutung sind, sofern er die Mitteilung nach der Verkehrsauffassung erwarten konnte“ (BGH 04.04.2001 – VIII ZR 32/00, DStR 2001, 901, 902 u.H.a. BGH 16.10.1987 – V ZR 170/86, NJW-RR 1988, 394; BGH 06.12.1995 – VIII ZR 192/94, NJW-RR 1996, 429). Insoweit besteht rechtlich kein Unterschied, ob Mitarbeiter eines Unternehmens gesellschafterliche Beteiligungen erwerben oder etwa eine Private-Equity-Kapitalgesellschaft. Auch was den rechtlichen Pflichtenumfang dessen betrifft, worüber aufzuklären ist, besteht kein Unterschied: So hat der Verkäufer dem Kaufinteressenten gegenüber eine gesteigerte Aufklärungspflicht, indem er diesen in die Lage versetzen muss, eine Bewertung der zu kaufenden Beteiligungen vorzunehmen. So soll sich der Käufer ein einigermaßen zutreffendes Bild von wertbildenden Faktoren im Hinblick auf den Ertragswert des Unternehmens machen könne, wozu Bilanzen, laufende betriebswirtschaftliche Auswertungen, Buchführungsunterlagen und ergänzende Auskünfte des Inhabers und Geschäftsführers gehören (BGH 04.04.2001 – VIII ZR 32/00, DStR 2001, 901, 902). Hinzu kommen Aufklärungspflichten gegenüber dem Käufer im Hinblick auf alle Umstände, welche die Überlebensfähigkeit des Unternehmens gefährden können, insbesondere drohende oder bereits eingetretene Zahlungsunfähigkeit oder Überschuldung (BGH 04.04.2001 – VIII ZR 32/00, DStR 2001, 901, 903). So weit die Theorie – Die Praxis sieht jedoch anders aus.

4.1.1 Betriebliche Mitarbeiterkapitalbeteiligung

Soweit betriebliche Mitarbeiterkapitalbeteiligung als gesellschafterliche Beteiligungen eingeräumt werden, wird für den Fall des Beteiligungsverkaufs bei Führungskräftebeteiligungen,[8] Management Buy Out,[9] Spin Offs[10] oder der Kombination mit Arbeitnehmerkapitalbeteiligungen[11] vergleichbar verfahren.

Anders dagegen bei Arbeitnehmerkapitalbeteiligungen, die z. B. im Rahmen eines Investivlohnmodells zu Zwecken der Gehaltsflexibilisierung (Loritz AuA 1997, 224; Loritz FS f. Kissel, 1994, Seite 687; Neyer DStR 1996, 1476; Wagner BB 1997, 150; Wagner BB 1998, Beilage 11; Wagner BB 2000, 42, 43 [„Beteiligungslohn“] und 44 [„Gehaltsflexibilisierung“]) oder als Bausteine einer Altersvorsorge (Loritz FS f. Kraft, 1998, S. 385; Wagner BB 2000, 42, 43) (anteilige Vergütung durch Gewährung von Beteiligungen) meist verbilligt gewährt werden.[12] Hier findet oft eine verbilligte Überlassung mit einem Abschlag zum Nominalwert der Beteiligungen statt, ohne dass dem zuvor umfangreichen Pflichtenkatalog der Rechtsprechung genügt würde (BGH 8.6.1978 – III ZR 136/76, BGHZ 72, 92, 102). Und dies wiederum hat zur Folge, dass einige Gewerkschaften wiederholt das Insolvenzrisiko des Unternehmens als Doppelrisiko für Arbeitsplatz- und Beteiligungsverlust politisch thematisieren[13] und die Sicherungsbedürftigkeit betrieblicher Mitarbeiterbeteiligungen als Hemmnis für eigene Empfehlungen ansprechen.[14] Dieses Risiko wird allerdings auch von der Rechtsprechung gesehen, jedenfalls wenn der Beteiligungsverkauf an Mitarbeiter eines Unternehmens durch Bankkredite finanziert wird, weil dann der finanzierte Beteiligungsverkauf analog den Grundsätzen der Rechtsprechung des BGH zum finanzierten Abzahlungskauf behandelt wurde, mit der Folge, dass dann sogar das finanzierende Kreditinstitut für Aufklärungsdefizite des Beteiligungsverkäufers im Insolvenzfall des Unternehmens einstehen musste (BGH 08.06.1978 – III ZR 136/76, BGHZ 72, 92).

4.1.2 Beteiligungsverkauf an Private Equity-Gesellschaften/Fonds

Es ist inzwischen Usus, dass bei Beteiligungskäufen durch Venture Capital Gesellschaften oder Private Equity-Gesellschaften/Fonds diese zuvor eine Due Diligence Prüfung des Zielunternehmens vornehmen (Zu due diligence siehe Bremer GmbHR 2000, 176; Fleischer/Körber BB 2001, 841; Götze ZGR 1999, 202; Hartmann/Spors BuW 1999, 345; Lechtape/Krumbholz StuB 1999, 826; Lubos DStR 1999, 951; Lutter ZIP 1997, 613; Mertens AG 1997, 541; Oppenländer GmbHR 2000, 535; Schroeder DB 1997, 2161; Wegen WiB 1994, 532; Wegmann/Koch DStR 2000, 1027; Weitnauer, Handbuch Venture Capital, 2000, Seite 204, 290, 293 f., Anhang III; Werner ZIP 2000, 989; Wissmann WPK-Mitt. 1999, 143.). Dies u. a. auch deshalb, weil es sich hierbei um Kapitalbeteiligungsgesellschaften handelt, die ihrerseits das zu investierende Kapital von Kreditinstituten, instutionellen Investoren oder auch auf dem freien Kapitalmarkt aufnehmen.

Und gerade auch in letzterem Fall stehen solche Kapitalbeteiligungsgesellschaften wiederum besagten Kapitalanlegern gegenüber in einer gesteigerten Aufklärungspflicht, die sogar so weit geht, dass sie sich aktiv um Informationsbeschaffung bemühen müssen, andernfalls sie darüber aufklären müssen, wenn sie es nicht getan haben oder dazu außerstande waren (Zur Informations-Pflicht des Kapitalanlagevermittlers bei als Kapitalanlagen vertriebenen GbR-Beteiligungen BGH 13.01.2000 – III ZR 62/99, WM 2000, 426; Zur Informations-Pflicht des Kapitalanlagevermittlers bei als Kapitalanlagen vertriebenen Kommandit-Beteiligungen BGH 22.03.1979 – VII ZR 259/77 BGHZ 74, 103 und BGH 25.11.1981 – IVa ZR 286/80, NJW 1982, 1095; zur Informations-Pflicht des Kapitalanlagevermittlers bei als Kapitalanlagen vertriebenen stillen Beteiligungen als Kapitalanlagen BGH 13.05.1993 – III ZR 25/92, WM 1993, 1238; zur Aufklärungspflicht gegenüber Kapitalanlegern einer Publikums-GmbH BGH 17.06.1991 – II ZR 121/90, WM 1991, 1543.). Und die Umsetzung dieser von der Rechtsprechung indizierten Informationsbeschaffungspflicht ist die von diesen Kapitalbeteiligungsgesellschaften beim Beteiligungserwerb durchgeführte Due-Diligence-Prüfung.

4.1.3 Zwischenergebnis

Es zeigt sich folglich, dass beim Erwerb von gesellschafterlichen Beteiligungen am (arbeitgebenden) Unternehmen zwischen Arbeitnehmerkapitalbeteiligungen einerseits und MBOs, Führungskräftebeteiligungen und Beteiligungskäufen durch Kapitalbeteiligungsgesellschaften andererseits Unterschiede bestehen:

- Arbeitnehmerkapitalbeteiligungen werden oftmals verbilligt mit einem Abschlag zum Nominalwert der Beteiligungen Mitarbeitern eingeräumt. Eine Due-Diligence-Prüfung durch diese Mitarbeiter oder von ihnen eingeschaltete Berater findet nicht statt, weil nämlich der „Kaufpreis“ in diesen Fällen nicht am wirklichen – in der Regel höheren – Wert der Beteiligungen ausgerichtet wird. Statt diesen Wertvorteil zu sehen, ermöglicht dies manchen Gewerkschaften, ohne konkrete Anhaltspunkte politisch ihre Ablehnung unter Thematisierung eines theoretischen Doppelrisikos von Arbeitsplatz- und Beteiligungsverlust im Gespräch zu halten. Andererseits unterliegen mit der Rechtsprechung des BGH Beteiligungsverkäufer und die solche Beteiligungsverkäufe finanzierende Bank wegen aufgezeigter Informationsdefizite einem erhöhten Haftungsrisiko, wenn es zur Insolvenz von Beteiligungsunternehmen kommen sollte.

- Bei Beteiligungsverkäufen an Führungskräfte als Minderheitsbeteiligungen oder im Rahmen von Mehrheitsbeteiligungen mittels eines MBO oder alternativ bei einem Spin Off entfällt derzeit noch oftmals ebenfalls eine Due-Diligance-Prüfung durch diese. Allerdings wird in der Praxis in der Regel dem von der Rechtsprechung geforderten umfangreichen Pflichtenkatalog von Aufklärungs- und Informationspflichten bei Beteiligungsverkäufen durch den Verkäufer (Gesellschafter) entsprochen und dies auch vertraglich fixiert. Denn der vereinbarte und zu zahlende Preis wird in der Regel äquivalent zum Wert der Beteiligung vereinbart.
- Bei Beteiligungsverkäufen an Private-Equity-Gesellschaften/Fonds werden diese ihrer Kaufentscheidung eine vorab durchzuführende Due-Diligance-Prüfung zu Grunde legen. Denn einerseits soll der zu zahlende Preis wertäquivalent sein, andererseits wollen diese aus dargestellten kapitalanlagerechtlichen Gründen Risikominimierung durch die von der Rechtsprechung geforderte Transparenz betreiben.

Es zeigt sich damit, dass die Rechtsprechung die Frage von eingeräumten Wertvorteilen bei Arbeitnehmerkapitalbeteiligungen keinen bevorzugten Stellenwert einräumt, sondern eine Risikobetrachtung anstellt. Dies verwundert auch nicht, kommen doch in aller Regel die Fälle vor Gericht, in denen sich Wertvorteile verflüchtigt und Risiken realisiert haben.

4.2 Folgerungen

Es stellt sich mithin für gesellschafterliche Mitarbeiterkapitalbeteiligungen – nicht für Ergebnisbeteiligungen und auch nicht für schuldrechtliche Beteiligungen (Arbeitnehmerdarlehen, die ohnehin abzusichern sind und Genussrechte, Genussscheine und wohl auch typisch stille Beteiligungen) die Frage, ob eine Gleichstellung mit Kapitalbeteiligungen durch Private-Equity-Gesellschaften/Fonds geboten ist? Dies würde zur Folge haben, auch bei Eingehen von Mitarbeiterkapitalbeteiligungen einschließlich der Arbeitnehmerkapitalbeteiligungen zu beteiligenden Mitarbeitern als Käufern das Recht auf eine Due-Diligence-Prüfung zuzugestehen. Oder soll es beim Erwerb von gesellschafterlichen Mitarbeiterkapitalbeteiligungen bei denen von der Rechtsprechung geforderten Aufklärungs- und Informationspflichten für Beteiligungsverkäufe durch den Verkäufer bleiben? Kann es nicht sogar im Interesse des Verkäufers liegen, sich dieser Pflichten – an deren nicht ausreichende Erfüllung ja auch Haftungsfolgen geknüpft sind – sich dadurch zu entledigen, dass er der Käuferseite, einerlei ob

Mitarbeiter oder Private-Equity-Gesellschaft/Fonds, das Recht der Due-Diligence-Prüfung einräumt? Die Wertäquivalenz von Beteiligungswert und Höhe des Kaufpreises wäre dann allerdings wohl auch bei gesellschafterlichen Arbeitnehmerkapitalbeteiligungen die wirtschaftliche Folge. Diesen Fragen gilt es nachzugehen.

Dass Private-Equity-Gesellschaften/Fonds im Verhältnis zu ihren Kapitalgebern in der dargestellten Pflicht für eine Due-Diligence-Prüfung stehen, ist eine Sache. Besteht aber auch im Verhältnis zum Beteiligungsverkäufer seitens des Käufers ein Recht oder gar eine solche Rechtspflicht dazu (die Frage des Rechtsanspruches betrifft das Außenverhältnis des Käufers zum Verkäufer, die Frage der Rechtspflicht dagegen die des Innenverhältnisses auf Käuferseite. Eine solche Rechtspflicht bejahend Kiethe NZG 1999, 976, 977 und 981) oder ist es Pflicht des Verkäufers, denen von der Rechtsprechung ihm auferlegten Aufklärungspflichten (BGH 04.04.2001 – VIII ZR 32/00, DStR 2001, 901, 902 f.) gegenüber dem Käufer zu entsprechen? Während einerseits die Meinung vertreten wird, dem Erwerber stehe kein Recht auf eine Due-Diligence-Prüfung zu (Bremer GmbHR 2000, 176; Götze ZGR 1999, 202, 206; Lutter ZIP 1997, 613, 616; Mertens AG 1997, 541, 543; Oppenländer GmbHR 2000, 535, 537), wird andererseits nach anderen Kriterien differenziert. So wird etwa darauf hingewiesen, dass in den USA grundsätzlich der redliche Verkäufer nicht für Mängel der Kaufsache hafte, weshalb es deshalb Sache des Käufers sei, den Kaufgegenstand – sei es Anteils- oder Sachkauf – einer eingehenden Prüfung zu unterziehen (Fleischer/Körber BB 2001, 841, 842). In Deutschland wird derzeit diskutiert, ob sich eine Verkehrssitte verfestige bzw. verfestigt habe, die beim Unternehmenskauf zwar eine Pflicht zur Due-Diligence-Prüfung beinhalte, möchte der Verkäufer nicht riskieren, sich den Fahrlässigkeitsvorwurf entsprechend dem Rechtsgedanken des § 462 Satz 2 BGB entgegenhalten lassen zu müssen (Fleischer/Körber BB 2001, 841, 846 f. m. w. N.). Für den Beteiligungs- bzw. Anteilskauf hat sich eine solche Verkehrssitte aber noch nicht verdichtet (Fleischer/Körber BB 2001, 841, 849) wie auch mit dem zuvor Ausgeführten ein Recht des Käufers auf Due-Diligance-Prüfung gegenüber dem Verkäufer abgelehnt wird (Bremer GmbHR 2000, 176; Götze ZGR 1999, 202, 206; Lutter ZIP 1997, 613, 616; Mertens AG 1997, 541, 543; Oppenländer GmbHR 2000, 535, 537).

Besteht folglich weder für Mitarbeiter eines Unternehmens noch für Private-Equity-Gesellschaften/Fonds, die sich an einem Unternehmen gesellschafterlich beteiligen wollen, ein Rechtsanspruch gegenüber dem Beteiligungsverkäufer oder dem Unternehmen auf vorherige Durchführung einer Due-Diligance-Prüfung, dann verbleibt einerseits, dass der Beteiligungsverkäufer die von der Rechtsprechung (BGH 04.04.2001 – VIII ZR 32/00, DStR 2001, 901, 902 f.) geforderten Aufklärungs- und Informationspflichten zu beachten hat, während andererseits beteiligungswillige Mitarbeiter derzeit ihren Beteiligungsentschluss nicht von einer vorherigen Due-Diligance-Prüfung abhängig machen. Private-Equity-Gesellschaften/Fonds werden dagegen darauf bestehen, andernfalls sie sich nicht beteiligen werden. Dies hat wiederum zur Folge, dass zwischen kapitalbeteiligten Mitarbeitern einerseits und beteiligten Private-Equity-Gesellschaften/Fonds andererseits ein Informationsgefälle bestehen bleiben wird.

Aber auch dies hat wiederum Folgen: Die betriebliche Mitarbeiterkapitalbeteiligung geht in der Regel davon aus, dass den Mitarbeitern vom arbeitgebenden Unternehmen bzw. vom beherrschenden Gesellschafter dieses Unternehmens – faktisch also vom Arbeitgeber – aufgrund eines Mitarbeiterbeteiligungsmodells Kapitalbeteiligungen angeboten werden. Damit stellt sich die Frage, ob unabhängig von der Aufklärungs- und Informationspflicht des Beteiligungsverkäufers der Arbeitgeber in solchen Fällen nicht zusätzlich gegenüber beteiligungswilligen und beteiligten Mitarbeitern als Fürsorgepflicht eine Beratungspflicht hat. Diese Fragestellung wurde erstmals von Loritz aufgeworfen und bejaht (Loritz ZfA 2001, 183). Loritz hinterfragt zunächst, ob es (Haftungs-)Verantwortlichkeiten von Arbeitgebern, Betriebsräten und Gewerkschaften gäbe, wenn diese Arbeitnehmern zu betrieblichen, außerbetrieblichen oder gar Börsenbeteiligungen raten würden. Gibt es eine diesbezügliche Finanzverantwortlichkeit (Loritz ZfA 2001, 183, 186 f.)? Und er schließt dem die Frage an, dass dann, wenn es eine solche Verantwortlichkeit gäbe, darüber nachgedacht werden müsse, wie daraus folgende Haftungsrisiken vermieden werden könnten (Loritz ZfA 2001, 183, 188). An Hand von Fallvarianten (Loritz ZfA 2001, 183, 190 f. und 199 f.) weist Loritz[15] nach, dass es bei Mitarbeiterkapitalbeteiligungsmodellen außerhalb der Hauptpflichten des Arbeitsverhältnisses durchaus Aufklärungs-, Beratungs-, Hinweis- oder sonstige diesbezügliche Pflichten geben könne. Zwar habe der Arbeitgeber keine Pflicht, Arbeitnehmer zu beraten, wie diese ihr Geld anlegen sollten, und demzufolge hafte er diesbezüglich auch nicht für Vermögensschäden von Arbeitnehmern (Loritz ZfA 2001, 183, 198). Aber es sei nicht ausgeschlossen, dass arbeitsgerichtliche Rechtsprechung, wenn sie sich einmal dieses Themas der Mitarbeiterkapitalbeteiligungsmodelle annehme, zu vergleichbaren Aufklärungspflichten kommen könne, wie dies die zivilgerichtliche Haftungsrechtsprechung bei der Emission von Kapitalanlagen getan habe (Loritz ZfA 2001, 183, 198). Als Haftungsvermeidungsstrategie spricht Loritz an (Loritz ZfA 2001, 183, 202 f.), ein nachprüfbares Chancen- und Risikoprofil des angebotenen Modells transparent und zum Gegenstand eines Gutachtens durch einen ausgewiesenen Sachverständigen zu machen, das auch auf die spezielle Situation beteiligungswilliger Arbeitnehmer und Führungskräfte eingeht und deren jeweiligen speziellen Kenntnisstand berücksichtigt. Den Anforderungen an Transparenz im Sinne einer anlagegerechten und anlegergerechten Beratung müsse in einem solchen Gutachten entsprochen werden. Ferner solle seitens des Arbeitgebers dafür gesorgt werden, dass beteiligungswilligen Arbeitnehmern externe Berater zur Verfügung stehen, die sich in dieser Materie auskennen.

Dort, wo der seinen Mitarbeitern gesellschafterliche Beteiligungen Anbietende sich zuvor freiwillig einer Due-Diligence-Prüfung unterziehen würde, wie er es aus dargestellten tatsächlichen Gründen auch wird tun müssen, wenn eine Beteiligung durch eine(n) Private-Equity-Gesellschaft/Fonds angestrebt würde, würden diese Denkansätze von Loritz an Gewicht verlieren, da dann über die Aufklärungs- und Informationspflichten aufgrund der Rechtsprechung hinaus (BGH 04.04.2001 – VIII ZR 32/00, DStR 2001, 901, 902 f.) alles unternommen worden wäre, was auch für eine Meinungsbildung beteiligungswilliger Mitarbeiter möglich wäre. In mittelständischen Unternehmen, in denen Mitarbeiterkapitalbeteiligungen und Private-Equtity-Beteiligungen zusammentreffen, wären dann Informationsgefälle zwischen diesen Beteiligungsgruppen vermieden und beteiligte Mitarbeiter müssten nicht das ungute Gefühl haben, informell hinter fremden Kapitalgebern zurückzustehen. Da Private-Equity-Beteiligungen nur auf Zeit eingegangen werden, wäre dann für beteiligte Mitarbeiter auch transparenter, ob für den Fall des Beteiligungsverkaufs durch eine Private-Equity-Gesellschaft es sich anbieten könnte, in einer Kombination von Mitarbeiterkapitalbeteiligung und MBO als potenzieller Käufer zur Verfügung zu stehen (Wagner BKR 2002, 17).

5. Fazit

Es ist deutlich geworden, dass gerade (auch) kleinere und mittlere mittelständische (Familien-)Unternehmen aus dargestellten Gründen sich verstärkt werden Kapitalmärkten zuwenden müssen (Mang, Unternehmer-Magazin 2001, 34). Solche Unternehmen müssen mithin Mitarbeiterkapitalbeteiligungen neu einordnen.

Neben bisher für Mitarbeiterkapitalbeteiligungen vorhandene Motive[16] tritt ein neues hinzu, das als Finanzierungsinstrument.[17]

Gerade mittelständische Unternehmen werden sich neuen Anforderungen stellen müssen. Um den Anforderungen an Basel II genügen zu können, werden diese viel mehr als bisher für eine eigene positive Selbstdarstellung und ein gutes Rating tun müssen, um eine positive „Credit Story" (Everling, Unternehmer-Magazin 2001, 36) präsentieren zu können und nicht von der Kreditvergabe abgeschnitten zu werden oder aufgrund zu teurer Kredite Wettbewerbsnachteile zu erleiden. In eine solche „Credit Story" kann die Mitarbeiterkapitalbeteiligung positiv einbezogen werden, denn die Stärkung der Eigenkapitalgrundlage kann nicht nur durch die Beteiligung von Private-Equtity-Gesellschaften/Fonds, sondern stattdessen oder in Kombination auch durch gesellschafterliche Mitarbeiterkapitalbeteiligungen erfolgen. Folglich ist es angezeigt, auch solchermaßen beteiligten Mitarbeitern die Informationen zukommen zu lassen, auf die künftig auch Kreditinstitute aufgrund Basel II verstärkt Wert legen werden.

Basel II wird aber auch zur Folge haben können, dass gerade mittelständische Unternehmen verstärkt in alternative Finanzierungen ausweichen werden, wozu auch von Private-Equity-Fonds aufzunehmende Kredite als Mezzanine-Kapital gehören werden. Kreditinstitute und Private-Equity-Fonds werden zur eigenen Risikoeinschätzung verstärkte Informationsanforderungen stellen. Erstere wegen Basel II, letztere, weil sie ihren eigenen Kapitalgebern dazu verpflichtet sind. Dazu wird eine verstärkte Datenaufbereitung und ein darauf zugeschnittenes Controlling erforderlich werden. Mitarbeiter, die auf schuldrechtlicher Grundlage (Arbeitnehmerdarlehen, Genussrechte, Genussscheine, typisch stille Beteiligungen) dem arbeitgebenden Unternehmen Geld zur Verfügung stellen, sind letztlich ebenfalls Kreditgeber und sollten an diesen Informationen ebenfalls partizipieren.

Dort, wo gerade bei mittelständischen Unternehmen deren Gesellschafter aus unterschiedlichsten Gründen eigene Beteiligungen an Private-Equity-Gesellschaften/Fonds verkaufen oder diese Unternehmen sich im Wege der Kapitalerhöhung für die Aufnahme derselben als neue Mitgesellschafter öffnen, wird Due Diligence die notwendige Folge sein. Dann aber sollte man die dabei Private-Equity-Gesellschaften/Fonds zur Verfügung gestellten Informationen auch solchen Mitarbeitern ermöglichen, die sich gesellschafterlich am arbeitgebenden Unternehmen beteiligt haben oder sich beteiligen sollen/können.

Gesellschafterlich beteiligte Mitarbeiter und beteiligte Private-Equity-Gesellschaften/Fonds, wenn sie erst einmal an mittelständischen Unternehmen als Gesellschafter beteiligt sind, haben jeweils gleiche Informations- und Kontrollrechte (bei der GbR § 716 BGB; bei der OHG § 118 HGB; bei der KG § 166 HGB; bei stiller Gesellschaft § 233 HGB; bei der GmbH § 51 a GmbHG; bei der AG § 131 Abs. 1 Satz 1 AktG).

Mitarbeiterbeteiligung wird sich verstärkt von der sozialpolitischen Forderung („Verteilungsgerechtigkeit") zu einer Teilhabe von Mitarbeitern an wirtschaftlichen Vorgängen entwickeln, wo Mitarbeiter dies wollen. Dies wird aber zur Folge haben, dass Mitarbeiter, die vergleichbar zu Kreditinstituten oder Private-Equity-Gesellschaften/Fonds über keine eigenen Rechtsabteilungen verfügen, gerade bei Mitarbeiterbeteiligungen in mittelständischen Unternehmen einer qualifizierten und vertrauensvollen Beratung und Betreuung bedürfen. Dies können erfahrene Anwälte sein, dies kann aber vor allen Dingen gerade auch eine Organisation wie die AGP Arbeitsgemeinschaft Partnerschaft in der Wirtschaft e.V. sein (wegen der vielfältigen rechtliche Bezüge aus Gründen des RBerG allerdings nur in Zusammenarbeit mit in Sachen Mitarbeiterbeteiligung erfahrenen Rechtsanwälten. Zur Notwendigkeit der anwaltlichen Einbeziehung aus Gründen des RBerG siehe: BVerfG 29.10.1997 – 1 BvR 780/87, BVerfGE 97, 12; BVerfG 15.12.1999 – 1 BvR 2161/93, NJW 2000, 1251; BGH 26.06.1996 – III ZR 266/95, AG 1997, 42). Für den Jubilar dieser Festschrift, Michael Lezius, endet mit dem 60. Geburtstag mithin nicht eine Ära des vor allem von ihm stets und immer wieder beförderten Themas der Mitarbeiterbeteiligung, wofür ihm die Gesellschaft uneingeschränkten Dank schuldet, im Gegenteil: Es beginnt für ihn als Geschäftsführendem Vorstand der AGP Arbeitsgemeinschaft Partnerschaft in der Wirtschaft e.V. der Aufbruch nach neuen Ufern!

Anmerkungen

1 Ebbing/Grüner NZG 2000, 347; Kussmaul/Richter DStR 2000, 1155; dies. DStR 2000, 1195; Leopold DStR 1999, 470; Pfeifer BB 1999, 1665; Schüppen/Ehlermann, Corporate Venture Capital, 2000; Weitnauer, Handbuch Venture Capital, 2000

2 Nach Everling (www.oliver@everling.de Newsletterausgabe 24/2001 vom 13.06.2001) wurden in Deutschland bislang 180 Unternehmen extern mit einem veröffentlichten Ergebnis geratet, während es in den USA mehr als 8.000 sein sollen. Kolbeck/Wimmer, Gläserne Unternehmen – Studie zu Basel II: Entscheider denken über alternative Finanzierungen nach, FAZ vom 21.5.2001, S. B 1 und Hansen, Handelsblatt vom 24.4.2001, S. B 3, wonach derzeit auch über die Alternative eines internen Rating nachgedacht wird. Nach einer von der Zeitschrift Impulse Ende 2000 durchgeführten Untersuchung gaben fast 50 Prozent der befragten Mittelständler an, dass Rating bisher für sie ein gänzlich unbekanntes Thema sei, so Hansen, Handelsblatt vom 24.4.2001, S. B 3. Zum neuen

Markt von Analyseteams als Ratingfirmen für den Mittelstand siehe Everling, Markt 2001, S. 18, der das erforderlich werdende Thema des Rating von Ratingagenturen anspricht.

3 Nach Storcks, WirtschaftsBild 2001, Seite 12 werden diese seitens der Banken mit einer 20-prozentigen Eigenmittelunterlegung (statt bisher 8 Prozent der Kreditsumme [Die neue Baseler Eigenkapitalvereinbarung (Basel II), Deutsche Bundesbank, Monatsbericht April 2001, Seite 16]) eingeschätzt

4 Tippelskirch, Unternehmer-Magazin 2001, 30, 31: Für Kreditnehmende Firmen soll künftig die Risikogewichtung betreffend Eigenkapitalunterlegung von 20 Prozent (AAA) bis 150 Prozent (B+ und schlechter) reichen.

5 Hansen, Handelsblatt vom 24.04.2001, Seite B 3: Qualität des Managements, Branchenperspektive, Benchmarking zu Wettbewerbern, Innovationskraft, Marktstellung, Bilanzzahlen. Nach Storcks, WirtschaftsBild 2001, S. 12 f. treten diese verstärkt neben die Analyse der Finanzverhältnisse, Planrechnungen, Branchenanalysen, Beurteilung des Managements, Qualität des Rechnungswesens, der aufbereiteten Daten und deren aktuelle Verfügbarkeit sowie das Vorhandensein eines Controlling.

6 Schiessl, Aktienrechtliche Anfechtungsklage, in Schriftenreihe der Gesellschaftsrechtlichen Vereinigung, Bd. 2 1999, S. 57, 66

7 Assmann in: Assmann/Schütze, Handbuch des Kapitalanlagerechts, 2. Aufl. 1997, § 1 Rdn. 3

8 Minderheitsbeteiligungen. Dazu Wagner, Management Buy Out, Führungskräftebeteiligung, Arbeitnehmerbeteiligung, 1993, S. 46, 56.

9 Mehrheitsbeteiligungen. Dazu Wagner, Management Buy Out, Führungskräftebeteiligung, Arbeitnehmerbeteiligung, 1993, S. 47 ff.

10 Dazu Wagner, Management Buy Out, Führungskräftebeteiligung, Arbeitnehmerbeteiligung, 1993, S. 20, 152 f.; Wagner, Kapitalbeteiligung von Mitarbeitern und Führungskräften, 2000, S. 174.

11 Dazu Wagner, Management Buy Out, Führungskräftebeteiligung, Arbeitnehmerbeteiligung, 1993, S. 19 ff., 57 ff.

12 Wagner, Kapitalbeteiligung von Mitarbeitern und Führungskräften, 2000, S. 125 ff.

13 Wagner, Kapitalbeteiligung von Mitarbeitern und Führungskräften, 2000, S. 42 ff.

14 Eine andere Ursache des sich Verweigerns für Empfehlungen betreffend betriebliche Mitarbeiterkapitalbeteiligungen mag wohl (auch) darin begründet sein, dass einige Gewerkschaften glauben, bei gesellschafterlichen Beteiligungen Einfluss zu verlieren, weil solche nicht zum Gegenstand von Tarifverträgen gemacht werden können. Zur Frage, wie Gewerkschaften und Arbeitgeber bzw. Arbeitgeberverbände als Verbände und nicht als Tarifvertragsparteien in Investivlohnkonzepte eingebunden werden könnten, siehe Issen in: Spilker (Hrsg.), Investive Lohnpolitik – Vision für Aufbau und Beschäftigung, 1994, S. 43, 47 ff.; Wagner BB 1995, Beilage 7, S. 6; Wagner NZG 1998, 2, 3 und 6; Wagner BB 1998, Beilage 11; Wagner, Management Buy Out, Führungskräftebeteiligung, Arbeitnehmerbeteiligung, 1993, S. 232 ff.; Wagner, Kapitalbeteiligung von Mitarbeitern und Führungskräften, 2000, S. 123 ff.; Wagner/Loritz in: Guski/Schneider, Mitarbeiterbeteiligung (MAB), Fach 6910. Zum Tarifvertrag Phoenix zwischen Ostmetall und Christlicher Gewerkschaft Metall vom 15.05.1998 siehe Wagner BB 1998, Beilage 11, Seite 5* f.

15 Loritz ZfA 2001, 183, 195 u.H.a Rechtsprechung des BAG. Des Weiteren Blomeyer in: Münchener Handbuch zum Arbeitsrecht, 2. Aufl. Bd. 1, 2000, § 94 Rn. 25 ff., § 96 Rn. 99 f. m. w. N.; Schaub, Arbeitsrechts-Handbuch, 9. Aufl. 2000, Rn. 204 m. w. N., wobei Blomeyer und Schaub sich allerdings zu diesem Thema nur mit Fragen betreffend die Altersversorgung und den öffentlichen Dienst befassen.

16 Wagner, Kapitalbeteiligung von Mitarbeitern und Führungskräfte, 2000, S. 95 ff: Unternehmensnachfolge, Wohnungsversorgung, Altersvorsorge, Schaffung neuer Arbeitsplätze, Finanzierungshilfe für Arbeitsplatzsicherung, Existenzgründung, Gehaltsflexibilisierung.

17 Dazu bereits Wagner, Management Buy Out, Führungskräftebeteiligung, Arbeitnehmerbeteiligung, S. 87 f.

Europäische Entwicklung der Mitarbeiterbeteiligung

The European Union Privacy Directive: Impact on US Financial Participation Plans; a Model for the Future?

David A. Hildebrandt

With the growth of electronic plan administration, concern for the integrity and privacy of profit sharing/401k plan participant information has intensified. The European Union has been especially active in legislation to protect such „private" and indentifying information. The EU Data Privacy Directive (the „Directive") sets forth the rules under which particpant information may be transmitted electronically and may have application for US profit sharing companies with multi-national operations in the EU. It may also serve as a model of the type of legislation which we may see in the US in the future.

In addition to the administration of profit sharing/401k plans, the Directive may impact activities such as recruitment, screening, assessment of candidates, access control to buildings and computers, payroll, work assessments and evaluations, benefits (e.g., retirement, bonus, stock option and stock purchase plans), disciplinary actions and company directories. The Directive, which became effective in October 1998, was intended to establish uniform laws in each of the 15 member states of the European Union („EU") concerning the processing (e.g., the collection, recording, use, organization, storage, alteration, retrieval, disclosure or dissemination) and transfer of personal data. Personal data is any information relating to an identified or identifiable person (as opposed to corporations or other entities). Some examples of personal data include: name, address, telefone number, data of birth, salary, length of service, tax ID number and marital status. If it identifies an individual- it's personal data.

Although the Directive permits the free flow of information within the EU, the transfer of data to a non-EU country is restricted unless the receiving country provides for an „adequate" level of privacy protection. The EU has determined that the U.S. does not provide for an adequate level of privacy protection. Accordingly, a EU country can prevent a European subsidiary or branch office of a U.S. company from transferring data concerning its employees to the U.S. parent company. This applies, for example, to a US participant in a profit sharing 401k plan who is working on a temporary assignment in the EU, and to an EU citizen who worked in the US long enough to participate in the profit sharing/401k plan and has returned to the EU.

The Directive does permit employers to process personal data or transfer such data to the U.S in only limited circumstances.: (i) with the unambiguous consent of the employee; (ii) for the performance of a contract to which the employee is a party (e.g., employment contract); (iii) for compliance with a legal obligation to which the employer is subject (e.g., tax withholding or reporting); (iv) in order to protect the vital interests of the employee; (v) for the performance of a task carried out in the public interest or in the exercise of official authority (e.g., public safety); or (vi) for the legitimate interest of the employer or a third-party. In order to avoid determining whether an action is in the „vital interest" of the employee, in the „public interest" or in the „legitimate interest" of the employer, the most straightforward way to comply with the Directive is to obtain employee consent to process and transfer personal data.

The Directive also requires member states to ensure that employers comply with the following data protection principles: (i) the processing and use of the data is relevant and limited to a specific purpose; (ii) retain data no longer than necessary; (iii) data is correct and kept up to date; (iv) notify the employee of the purpose for the data processing and the identity of the data controller (e.g., the employer) and any third-party recipient of the data (e.g., third-party administrator, broker, etc.); (v) protect data with security measures commensurate with its sensitivity; and (vi) provide employees with access to the data, the ability to correct errors and the right to object to some types of processing. Even if an employer complies with all of these data protection principles, processing data concerning ethnic origin, religious or other beliefs, physical or mental health, sex life, criminal convictions, labor union membership, and political opinions or affiliations, is prohibited unless the employee explicitly consents or such data is necessary to carry out certain obligations or legitimate activities.

The U.S. and the EU have negotiated the so-called „safe harbor agreement" pursuant to which U.S.-based employers can comply with the Directive by adhering to certain data privacy principles (the „safe harbor principles"). The safe harbor principles are essentially the same as the data privacy principles espoused in the Directive (e.g., notice, choice, security, data integrity, access and enforcement). In order to fall within the safe harbor agreement, U.S. companies are required to certify to the U.S. Department of Commerce that they are in compliance with the safe harbor principles. Although the decision to apply for safe harbor protection is voluntary, a company must (i) subject itself to the jurisdiction of the Federal Trade Commission („FTC"), (ii) revise its privacy policy in compliance with the safe harbor principles, or in many instances establish a privacy policy, (iii) publicly disclose its privacy policy and (iv) unambiguously and publicly disclose its commitment to the safe harbor principles. In addition, the U.S. Department of Commerce will compile a list of companies that agree to subscribe to the safe harbor principles.

The list will be available to the general public over the Internet. A company failing to comply with the safe harbor principles faces not only FTC enforcement under Section 5 of the Federal Trade Commission Act, which forbids misrepresentation and deceptive trade practices, but may encounter negative publicity. More than 100 companies have sought safe harbor protection, including Hewlett Packard, Intel, Microsoft and Procter & Gamble.

Although the Directive imposes harmonization of national laws, it does not override existing national labor, tax and personnel laws. Therefore, companies doing business in Europe will still need to comply with national laws that vary from country-to-country. The Directive is applicable to both EU and non-EU countries. In several EU countries (e.g., France, Italy and

U.K.) employers are required to register with the data privacy authorities in order to collect, process or transfer personal data concerning their employees. In addition, under local law, employers are often required to obtain their employees' consent to collect, process or transfer personal data. Again, the Directive was intended to make the national laws meet a minimum level- it was not intended to replace local law. Therefore, in many instances, an employer will have to register with the local authorities in a particular country, as well as comply with the terms of the Directive.

Failure to comply with the Directive and local countries' laws could potenzially result in the disruption of data flows, lawsuits, criminal actions, the suspension of business operations, fines, and, of course, negative publicity. The specific method of enforcement is determined at the national level, and, consequently, the fines, penalties, and other types of enforcement are not uniform. Furthermore, watchdog groups such as London-based Privacy International, which is a leading advocacy organization, have begun investigating the information practices of 25 multi-national companies (e.g., Ford, Hilton, Marriott, Microsoft and Untied Airlines) for any signs of failure to comply with the EU privacy laws. If violations are discovered, Privacy International has indicated that it will bring litigation before the European courts.

Although there is no standard approach to comply with the Directive, a company should start by conducting a review of its privacy policies and practices. If a company doesn't have any such practices or policies, the company should develop some. It is usually helpful to have one individual in the company who is designated as the privacy or information officer to manage this process. Many companies, such as AT&T, Microsoft and U.S. Bancorp, have recently established a new position of „Chief Privacy Officer" or „CPO."

Zur deutschen und europäischen Gesellschaftspolitik: Die Beteiligung der Arbeitnehmer am Produktivkapital – ein Beitrag aus christlich-sozialer Sicht

Winfried Menrad

1. Anmerkungen zur Vermögenspolitik: Geschichte, Ziele und Modelle

1.1 Christlich-soziale Impulse: Anfänge der Beteiligungspolitik in Deutschland und Europa

Der Zusammenbruch der kommunistischen Systeme in Osteuropa am Ende des letzten Jahrhunderts hat gezeigt, dass Wirtschafts- und Gesellschaftsordnungen, die das Privateigentum ablehnen, an der Natur der Menschen vorbeigehen. Diese Einsicht war vor über 100 Jahren bereits in der Sozialenzyklika „Rerum Novarum“ (RN) enthalten. Dort und in vielen anderen Dokumenten der christlichen Soziallehre ist gleichzeitig auch die Rede von der „universalen Bestimmung der Güter der Erde“ für alle Menschen. Die von Papst Leo XIII. verfasste Enzyklika wurde zur Grundlage der Katholischen Soziallehre. Nicht zuletzt findet sich die Konzeption der breiten Streuung des Eigentums seither in allen Sozialenzykliken wieder, einschließlich der Enzyklika „Centesimus annus“ (1991).

Der Mainzer Arbeiterbischof Ketteler hatte schon seit den 60er-Jahren des 19. Jahrhunderts der entstehenden christlichen Arbeiterbewegung den Gedanken der Eigentumsbildung in Arbeitnehmerhand mit auf den Weg gegeben. Einzelpersönlichkeiten wie Franz von Baader – „Über das dermalige Missverhältnis der Vermögenslosen oder Proletairs zu den Vermögen besitzenden Klassen“, 1835 – oder Franz Josef Ritter von Buß – F. J. von Buß, erste sozialpolitische Rede in einem deutschen Parlament in der badischen Kammer: freiwillige Gewinnbeteiligung; Gründung von Sparkassen für Arbeiter, 1837 – gingen voran. Der spätere Zentrumsführer Peter Franz Reichensperger forderte 1847 (in: Die Agrarfrage), dass dem Arbeiter „auf gesetzlichem Wege ein bestimmter Anteil am reinen Gewinn derjenigen Fabrik, worin er beschäftigt ist“, zugesichert wird. Seine Ausführungen erinnern in einigen Punkten an heute praktizierte Gewinn- und Kapitalbeteiligungsmodelle beziehungsweise an entsprechende gesetzliche Regelungen in verschiedenen Mitgliedstaaten der EU. Er begründet bereits die Notwendigkeit von Sperrfristen, innerhalb derer der Arbeitnehmer nicht über seinen Anteil verfügen kann.

Leo XIII. nannte v. Ketteler seinen „grand prédécesseur“. Großer Vorgänger wurde der Mainzer Bischof auch im Blick auf die Eigentumslehre in RN und in anderen Sozialenzykliken.

Sie rechtfertigen die Institution des Privateigentums, betonen seine Verwurzelung im Naturrecht und schärfen den Besitzenden zugleich die Sozialpflichtigkeit ihres Individualeigentums beziehungsweise die Notwendigkeit einer gleichmäßigen Verteilung des Vermögens ein. Die Bedeutung v. Kettelers ist in der vermögenspolitischen Literatur zu gering veranschlagt. Zwei Punkte sind in diesem Zusammenhang besonders interessant:

1. Er setzte sich ein für die Idee, parteipolitisch unabhängige Gewerkschaften zu gründen und sie mit einer vermögenspolitischen Konzeption auszustatten (vgl. Arbeiterbewegung und Religion in: Johannes Mumbauer, „Wilhelm Emmanuel von Kettelers Schriften“, Bd. III, 1911, S. 84 ff.).
2. Er versuchte, über das kirchliche Lehramt Einfluss zu nehmen auf die Gestaltung der Gesellschafts-, Sozial-, und Vermögenspolitik in Europa. So wollte er die deutschen Bischöfe auf ihrer Konferenz in Fulda 1869 für eine sozialpolitische Initiative auf dem ersten Vatikanischen Konzil gewinnen (vgl. Sozialcaritative Fürsorge der Kirche für die Arbeiterschaft, Mumbauer, S. 195 ff.).

Über die *Situation in England*, die Entwicklung der Gewerkschaften (Trade Unions) und der Genossenschaften sowie die industriellen Partnerschaften klärte ihn der Nationalökonom und Gewerkschaftstheoretiker Prof. Lujo Brentano auf.[1]

Dieser war marktwirtschaftlich und christlich-sozial orientiertes Mitglied des „Vereins für Sozialpolitik“.

Stichworte des Meinungsaustausches zwischen dem Bischof und dem Volkswirtschaftsprofessor waren:

- Unterschiede zwischen Produktivgenossenschaften, die völlig im Eigentum der Arbeitnehmer stehen, und Partnergesellschaften oder Teilhabergesellschaften mit einem Unternehmer als Vollhafter bzw. Geschäftsführer und kapitalbeteiligten Arbeitnehmern als Teilhafter;
- Mitbestimmung durch betriebliches Miteigentum;
- außerbetriebliche Anlagealternativen für Beteiligungswerte der Arbeitnehmer;
- staatliche Förderung der Beteiligung der Arbeitnehmer an Aktiengesellschaften und anderen Unternehmungsformen.

Neben England ist *Frankreich* das zweite Musterland der Beteiligung der Arbeitnehmer an Gewinn und Kapital. Frankreich hat auch eine sehr lange Tradition der Arbeitnehmerbeteiligung. Dort ging die Initiative weniger von der christlich-sozialen Bewegung aus als von den „utopischen Sozialisten“. Proudhon verfasste 1840 eine Denkschrift mit dem Titel „Was ist Eigentum?“ Erste Antwort: „Eigentum ist Diebstahl“, und zwar das ohne Arbeit erworbene Eigentum. Zweite Antwort: „Eigentum ist Freiheit“ – er meinte das „ehrliche, selbsterworbene Eigentum“ der kleinen Leute. Louis Blanc, Mitglied der provisorischen französischen Revolutionsregierung von 1848 verlangte die Errichtung von Arbeiter-Produktivgenossenschaften mithilfe von Staatskrediten[2].

Nach 1945 gab es eine Reihe staatlicher Initiativen. So entwickelte die Regierung in Paris einen Plan für kollektive Gewinnprämien für die Arbeitnehmer, die an die Produktivität geknüpft werden sollten. Eine starke Verbreitung der verschiedenen Modelle setzte jedoch erst in den 80er-Jahren ein (vgl. Friedrich-Ebert-Stiftung, 1999, S. 20).

1.2 Gesetzliche Regelungen, Modelle, Ziele, Grundsätze

1.2.1 Deutschland: Vermögensbeteiligungsgesetze und Modelle einschließlich des Investivlohnkonzepts

Der Anspruch, die Vermögenspolitik besonders zu fördern, hatte über viele Jahrzehnte in Deutschland keine Chance der Verwirklichung. Erst nach dem Zweiten Weltkrieg änderte sich das. Heute können die meisten Arbeitnehmer in der Bundesrepublik neben Löhnen und Gehältern auch vermögenswirksame Leistungen geltend machen, in der Regel auf der Grundlage allgemeinverbindlicher Tarifverträge. Dabei ist nicht zu verkennen, dass die staatlich unterstützte Vermögensbildung zunächst überwiegend in den Formen des Konten-, Versicherungs- und Bausparens verlief. Zuerst wurde das Wohnungsbauprämiengesetz (1952), dann das Sparprämiengesetz (1959) erlassen (zu den Gesetzen über die Förderung der Vermögensbildung in der Bundesrepublik vgl. Müller, 1999, S. 188 ff.). Dies war der Reihenfolge nach verständlich, denn das Wichtigste war, dass die Menschen wieder ein Dach über dem Kopf hatten, bevor man sie für die Idee einer Beteiligung am Produktivvermögen gewinnen konnte. Das 1961 verabschiedete und 1965 mit der Tariffähigkeit ausgestattete so genannte Vermögensbildungsgesetz, das seit 1970 Einkommensgrenzen im Blick auf das zu versteuernde Einkommen (24.000/48.000 DM + 1.800 DM je Kind) vorsah, förderte bereits die Anlage in Belegschaftsaktien.

Mit der Novellierung dieses Gesetzes zur Förderung der Vermögensbildung der Arbeitnehmer (VermBG) 1984 und 1987 gab es die Sparzulage auch für andere Beteiligungswerte (stille Beteiligungen, Genossenschaftsanteile, fremde Aktien, Investmentzertifikate, GmbH-Anteile). Seit dieser Zeit wurden alle genannten Beteiligungen auch steuerrechtlich begünstigt, womit das alte Erhard'sche Belegschaftsaktiengesetz ausgeweitet und in den § 19 a EStG übernommen wurde.

In den zehn Jahren nach der relativ weit gehenden gesetzlichen Reform der Vermögensbildung von 1984 ist die Beteiligung der Arbeitnehmer am Produktivkapital im Rahmen des VermBG von 2 Prozent auf 10 Prozent angestiegen (vgl. Menrad, 1998, S. 21). Die Arbeitsgemeinschaft Partnerschaft in der Wirtschaft e. V. (AGP) schätzt für 1994 ca. 2.000 Beteiligungsunternehmen mit rund 1,7 Millionen am Produktivkapital beteiligten Arbeitnehmern (vgl. Friedrich-Ebert-Stiftung, 1999, S. 12). In dem so genannten PEPPER II-Bericht wird der Wert des in Arbeitnehmerhand befindlichen Produktivvermögen mit rund 20 Milliarden DM angegeben (vgl. PEPPER II, 1996, S. 17).

Inzwischen hat die AGP Daten für 1996 veröffentlicht. Danach war sowohl von der Höhe der Beteiligungssumme als auch von der Zahl der beteiligten Mitarbeiter die Belegschaftsaktie eindeutig das dominierende Instrument. Unter dem Aspekt der Zahl der Unternehmen, die ihre Mitarbeiter beteiligen, spielt die stille Beteiligung die größte Rolle. Die Gesamtzahl der beteiligten Mitarbeiter betrug nach dieser Quelle rund zwei Millionen, der Wert des Beteiligungskapitals etwa 25 Milliarden DM (vgl. Friedrich-Ebert-Stiftung, 1999, S. 12). In der Zeit nach 1996 hat sich durch die Privatisierungen und die Ausgabe der Telekom-„Volksaktie" die Zahl der Kleinaktionäre in Deutschland wesentlich erhöht. Das gilt auch für Arbeitnehmer mit Aktienbesitz. Genaue Zahlen liegen nicht vor.

In jedem Falle sind die Beteiligungszahlen zu niedrig, wenn wir als Ziel der Sozialen Marktwirtschaft nicht nur „Wohlstand für alle", sondern auch „Eigentum für alle" (Erhard) anstreben.

Dem ersten Ziel sind wir in der Bundesrepublik näher gekommen als dem zweiten, vor allem wenn wir das Produktivvermögen betrachten. Kapitalbeteiligungsmodelle sind seit den 50er-Jahren allerdings genügend entwickelt worden, nicht zuletzt von der Christlich-Demokratischen Arbeitnehmerschaft (CDA), der Katholischen Arbeitnehmerbewegung (KAB), der Evangelischen Arbeitnehmerbewegung und von Christlich-Sozialen in verschiedenen Gewerkschaften.

Während eines Tarifkonflikts in der Metallindustrie von Nordbaden und Nordwürttemberg im Jahr 1954 warf beispielsweise der frühere Stuttgarter CDU-Bundestagsabgeordnete und Diözesanvorsitzende der Katholischen Arbeitnehmerbewegung (KAB) Erwin Häussler den Gedanken des *Investivlohns* in die Debatte.

Seine Verfechter wollten, dass die Arbeitnehmer einen Teil ihrer Lohnerhöhungen eine gewisse Zeit sparen. Die nicht ausgezahlten Lohnanteile würden für Investitionen im eigenen Betrieb bzw. in anderen Unternehmen verwendet. Als Gegenleistung erhielten die Arbeitnehmer Teilhaberrechte (Aktien bzw. andere Zertifikate). „Sparen ohne Konsumverzicht" (Nell-Breuning) hieß die Formel, denn die Barlöhne sollten in Höhe des Wirtschaftswachstums steigen. Damit würde ein Nachfrageausfall oder gar eine Stagnation vermieden. Wenn auch die Gesamtlöhne (bar + investiv) stärker als der Produktivitätsfortschritt zunähmen, stünden der Wirtschaft nicht weniger Mittel für Investitionen zur Verfügung.

Die Mittel würden jedoch anders aufgebracht: Die Eigenfinanzierung durch Arbeitnehmer ersetzte teilweise die Selbstfinanzierung aus den Gewinnen der Unternehmen und die Fremdfinanzierung. Beteiligungskapital aus breiten Schichten der Bevölkerung könnte mobilisiert werden. Schließlich würden Preissteigerungen und Inflation verhindert, weil der Lohnanteil, der über den Zuwachs an (Verbrauchs-)Gütern hinausgeht, nicht konsumiert wird.

Häussler selbst wollte die durch Tarifvertrag aufgebrachten Mittel (Investivlöhne) einer Investment-Treuhand-Gesellschaft als einer gemeinsam beauftragten Einrichtung der beiden Tarifparteien zuführen. Sie sollte die angesammelten Beträge in Eigentumsanteile für Arbeitnehmer (Aktien usw.), zum Teil auch in Schuldverschreibungen solider und ertragsgünstiger

Unternehmen anlegen. Die Arbeitnehmer erhielten die Beteiligungstitel auf persönlichen Einzelkonten gutgeschrieben (vgl. Häussler, 1955, S. 19 f.). Häussler gab zunächst überbetrieblichen Fondskonstruktionen den Vorzug, betonte aber gleichzeitig auch den Wert betrieblicher Gewinn- und Kapitalbeteiligungen (vgl. Häussler, 1956, S. 17).

Die AGP und insbesondere Michael Lezius leisteten wichtige argumentative Beiträge für die Vorteile betrieblicher Beteiligungen. Sie fanden immer mehr Anklang in der südwestdeutschen CDA.

Dazu kam, dass unter dem Vorsitz von E. Häussler in Stuttgart eine „Studienvereinigung für Gesellschaftspolitik" ins Leben gerufen wurde, in der neben Wissenschaftlern und führenden CDA-Politikern auch eine Reihe bedeutender CDU-Politiker aus Nordwürttemberg mitarbeiteten, die überwiegend auf betriebliche Modelle fixiert waren. Dieser Häussler-Kreis gab wichtige Anstöße zur deutschen Vermögenspolitik der Nachkriegszeit (vgl. Dietrich, 1995, S. 72 ff.; Winterstein, 1961, S. 40 ff.) und entscheidende Anregungen z. B. zu breitgestreuten Privatisierungen von Bundesvermögen (VW, VEBA), zum VermBG (damals 312 DM-Gesetz), zum Gesetz über Kapitalanlagegesellschaften (Investmentgesetz/KAGG) und zum Sparprämiengesetz.

Seit den 1970er Jahren bis heute versucht die südwestdeutsche CDA auch durch Anträge auf CDU-Landesparteitagen und auf CDA-Bundestagungen ihre Positionen durchzusetzen.

Sie bedeuten Vorrang für betriebliche Beteiligungen. Besonders leicht möglich sind sie bei Aktiengesellschaften (Belegschaftsaktien). Sehr viel schwerer ist es für Arbeitnehmer von Kleinen und Mittleren Unternehmen (KMU), die in der Regel eine andere Rechtsform haben, sich am eigenen Betrieb zu beteiligen. Die Aussage gilt für alle EU-Staaten.

Überall hätten wir das Problem: Was geschieht mit tariflichen Investivlöhnen bzw. mit investiven Gewinnbeteiligungen an Arbeitnehmer von KMU, wenn sie nicht betrieblich angelegt werden? Viele mittelständische Handwerker klagen, dass ihre Beteiligungslöhne schließlich bei großen Konzernen landen, deren Aktien ihre Arbeitnehmer kaufen könnten. Die Kleinen finanzieren dann die Investitionen und die Arbeitsplätze der Großen.

Deshalb sind außerbetriebliche Anlagealternativen nötig, die die finanziellen Leistungen (Löhne, Gewinnbeteiligungen) wieder an die Unternehmen und Betriebe zurückführen, die in der Regel ohne Zugang zur Börse sind.

Die CDA hat die Problematik seit den 70er-Jahren erkannt und entsprechende Lösungsvorschläge unterbreitet. Der deutsche Gesetzgeber lässt seit 1987 besondere Investmentgesellschaften zu, die sich an mittelständischen Unternehmen beteiligen können, ebenso Unternehmensbeteiligungsgesellschaften. Beide Formen erhalten eine staatliche Förderung (z. B. durch das VermBG). Diskutiert werden auch Anlagegenossenschaften.

Weil die Entschließungen des Europäischen Parlaments (EP) von 1992 und 1998 zu den großen Berichten über Gewinn- und Kapitalbeteiligungen der Arbeitnehmer in der EU alle drei Einrichtungen empfehlen, will ich sie kurz beschreiben:

In Deutschland sind *Investmentgesellschaften* möglich, welche die in ihren Fonds angesparten Mittel nicht nur in Wertpapieren großer Aktiengesellschaften anlegen, sondern auch in *stillen Beteiligungen* an kleinen Unternehmen.

Unternehmensbeteiligungsgesellschaften (UBG) übertragen durch verschiedene Formen der Beteiligung (nicht zur Börse zugelassene Aktien, GmbH-Anteile, stille Beteiligungen) ihre Mittel ausschließlich nicht börsennotierten Unternehmen, um deren Eigenkapitalausstattung zu verbessern. Diese Mittel sollen hauptsächlich durch Aktienausgabe an das breite Publikum (Arbeitnehmer) aufgebracht werden.

Einem Modell des Bundes Katholischer Unternehmer (BKU) gebe ich besondere Zukunftschancen. Es will so genannte *„Anlagegenossenschaften"* errichten. Sie sollen durch Ausgabe von Geschäftsanteilen an *alle* Bevölkerungskreise, insbesondere an Arbeitnehmer, Sparkapital bilden, mit dem sie sich an Unternehmen beteiligen, die keinen Zugang zur Börse haben.

Neben der Möglichkeit, Investitionskapital für den Mittelstand zu beschaffen, besitzen diese Anlagegenossenschaften den Vorzug, dass kleine Kapitalgeber und mittelständische Kapitalnehmer in größenmäßig übersichtlichen Genossenschaften nach dem Prinzip „eine Person – eine Stimme" zusammenarbeiten. Eine gewisse Anbindung an bestehende Organisationsstrukturen der Industrie- und Handelskammern und der Handwerkskammern wäre notwendig (vgl. Menrad, 1991, S. 12).

Diskutiert wird, ob auch die Tarifpartner solche außerbetrieblichen Modelle errichten sollten. Die südwestdeutsche CDA wollte zumindest eine rechtliche Klarstellung, dass Unternehmensbeteiligungsgesellschaften (UBG) und Kapitalanlagegesellschaften (KAG) über tarifvertragliche Instrumente als gemeinsame Einrichtungen gegründet werden könnten. Dies wird seit der Diskussion und der Verabschiedung des 3. Vermögensbeteiligungsgesetzes 1998 bejaht. Darüber, ob dies wirtschafts- und sozialpolitisch zweckmäßig ist, gibt es dagegen weiter kontroverse Meinungen. In Dokumenten der AGP findet sich ein Kompromissvorschlag, von dem ich vermute, dass Michael Lezius der Erfinder ist. Wir nannten ihn den Lezius-Plan. Tarifpartner könnten danach vereinbaren, in einer gemeinsamen Einrichtung die durch Investivlöhne aufgebrachten Anlagegelder zu sammeln (Inkasso- und Beratungsagenturen), dann aber bestehende KAG's bzw. UBG's für die Anlage zu nutzen. Die CDA Baden-Württemberg begrüßte diesen Vorschlag (vgl. Antrag des CDA-Bezirksverbands Nordwürttemberg, der am 10.9.1996 auf der Landesausschusssitzung der CDA Baden-Württemberg angenommen wurde; vgl. auch Arbeitspapier des CDA-Landesverbands Baden-Württemberg vom 18.2.1997).

1.2.2 Gemeinsame Ziele und Grundsätze einer Beteiligung der Arbeitnehmer am Produktivkapital

Bei vielen Modellen der Kapitalbeteiligung der Arbeitnehmer, die in Europa nach dem Zweiten Weltkrieg entwickelt wurden, werden immer wieder drei Argumente für diese Politik angeführt (vgl. Politische Akademie d. ÖVP, 1987, S. 25; Weddigen, 1963, S. 30 ff., S. 75; Winterstein, 1961, S. 28 ff., insbesonderre zum Häussler- und zum Neel-Brenning-Plan, S. 40 ff.):

1. Die Beteiligung der Arbeitnehmer am Wachstum der Wirtschaft, an den offenen und stillen Reserven der Unternehmen. Sie sei gerechtfertigt, weil die Arbeitnehmer das Wachstum mit erwirtschaftet hätten.
2. Eine Ergänzung von Löhnen und Renten durch ein zweites Einkommensbein: Einkommen aus Kapitalvermögen.
3. Machtkontrolle, die auf personenbezogenem Miteigentum einzelner Arbeitnehmer beruht.

Zur Sicherung dieser Ziele sollten drei Grundsätze beachtet werden (Politische Akademie, a. a. O.; Weddigen, a. a. O.):

1. Verbesserung der Sparfähigkeit der Arbeitnehmer: Das deutsche VermBG sieht deshalb Sparzulagen des Staates vor. Die meisten anderen EU-Staaten gewähren Steuererleichterungen. Der Weg über die Steuer begünstigt höhere Einkommen. Das deutsche System ist gerechter. Bei fehlenden staatlichen Mitteln sind Einkommensgrenzen für die Förderung richtig.

2. Sicherung der Sparwilligkeit: Arbeitnehmer sind sparwillig vor allem im Blick auf das Kontensparen. Weniger vertraut sind sie mit dem Beteiligungssparen. Deshalb sollen staatliche Leistungen nur gewährt werden, wenn die Beteiligung innerhalb einer bestimmten Sperrfrist nicht veräußert wird. Die Sperrfristen in den EU-Staaten sind recht unterschiedlich (vgl. PEPPER I und PEPPER II; Friedrich-Ebert-Stiftung, 1999, S. 25, 30).

3. Freiwilligkeit und Subsidiarität: In Deutschland haben die Vorkämpfer des Investivlohns oft folgende Rangfolge für seine rechtliche Verankerung vorgeschlagen: Einzelarbeitsvertrag und Betriebsvereinbarung zuerst, dann investive Lohn- und Gewinnbeteiligung durch Tarifvertrag und schließlich den gesetzlichen Beteiligungslohn, für den sich die CDU auf ihrem Hamburger Parteitag 1973 als Mindestnorm (20 DM monatlich) ausgesprochen hat.

Die Vorstellung, die Höhe des Beteiligungslohns gesetzlich vorschreiben zu können, ist – anders also in Frankreich – völlig aus der seriösen politischen Diskussion in Deutschland verschwunden (vgl. Konrad-Adenauer-Stiftung, 1974, S. 75). In der deutschen Diskussion wurde aber immer deutlicher, dass es ohne tarifvertragliche Lösungen nicht zu nennenswerten Beteiligungen der Arbeitnehmer am Produktivkapital kommen wird.

1.2.3 Verstärkte Beteiligung der Arbeitnehmer als Antwort auf den Zusammenbruch planwirtschaftlicher Systeme in Mittel- und Osteuropa

Die besonderen Chancen einer Beteiligungspolitik durch die Sozialpartner wurden unmittelbar nach der Befreiung der mittel- und osteuropäischen Staaten vom Kommunismus und nach der Wiedervereinigung Deutschlands im Zusammenhang mit dem Ziel der Umwandlung der Planwirtschaft in eine Soziale Marktwirtschaft bzw. der Privatisierung volkseigener Betriebe und Kombinate betont.

Die CDA warnte rechtzeitig davor, „die Chancen eines Neuanfangs zu verpassen, sodass die Eigentümer in Westdeutschland sitzen und die Arbeitnehmer in Ostdeutschland" (vgl. Menrad, 1991, S. 21).

Der CDA-Bundesausschuss unterbreitete Ende 1990 detaillierte Vorschläge zur Vermögenspolitik vor allem in den neuen Bundesländern, zu den vermögenspolitischen Aufgaben der Treuhandanstalt und zu einer besonderen Gestaltung der Beteiligungspraxis und des Beteiligungsrechts in Ostdeutschland, wie z. B. höhere Sparzulagen (vgl. Soziale Ordnung 1/1991, S. 7 und S. 14 f.).

Zur Rechtfertigung einer vermögenspolitischen Begünstigung der Arbeitnehmer in den neuen Bundesländern ist auf die Hypothek (vgl. Menrad, 1991, S. 21) verwiesen worden, mit der die Einkommenspolitik in der ehemaligen DDR ähnlich wie in anderen vormals kommunistischen Staaten belastet war. Ihre Bürger (mit Ausnahme der Nomenklatura) haben lange Jahre für viel Arbeit nur wenig Lohn bekommen. Der erste slowakische Privatisierungsminister nach der Wende, A. M. Huska, sah das so: „Über 40 Jahre hat das kommunistische System die Menschen ausgebeutet und bestohlen. Es ist also gerecht, wenn wir unseren Bürgern wenigstens einen Teil des Wertes an Staatseigentum, eigentlich Diebesgut, zurückgeben und/oder den Erwerb von Privateigentum der Arbeitnehmer besonders begünstigen."

Es ist nicht zu bestreiten, dass in der Vermögenspolitik mit Blick auf die alte und die neue Bundesrepublik auch „manche Chance verpasst" wurde. Doch schließlich gab es mit der Fortentwicklung des „Gesetzes zur Förderung der Beteiligung der Arbeitnehmer am Produktivvermögen" (Drittes Vermögensbeteiligungsgesetz) wenigstens vom Gesetzgeber her einen Ruck nach vorne. Nun sind die Tarifpartner in besonderer Weise gefordert.

Nicht ohne Stolz stellte Bundesarbeitsminister Norbert Blüm bei der Einbringung des Gesetzes Anfang März 1998 im Bundestag fest: „Wir erhöhen die Sparzulage für Beteiligungen von 10 Prozent auf 20 Prozent. Wir erweitern zweitens den Begünstigungsrahmen (für vermögenswirksame Leistungen) von 936 DM auf 1.736 DM. Damit wächst die Sparzulage von heute 94 DM auf 254 DM. Der Kreis der zu begünstigenden Arbeitnehmer wird größer (zwei Drittel), weil wir die Einkommensgrenzen des VermBG erhöhen (von 27.000/54.000 DM auf 35.000/70.000 DM). Das Ganze kostet jährlich 1,1 Mrd. DM mehr."

Die im Juli 1998 schließlich verabschiedete Gesetzesnovelle verbesserte für Arbeitnehmer aus Ostdeutschland die Sparzulage auf 25 Prozent (befristet bis 2004; vgl. Menrad, 1998, S. 11 ff.). Die optimistische Darstellung Norbert Blüms bestätigte Bundeskanzler Gerhard Schröder anlässlich der 50. Jahrestagung der AGP in seinem Festvortrag: „Früher war das Produktivkapital bei der Förderung gegenüber Geldvermögen benachteiligt. Diese Benachteiligung haben wir aufgehoben. Zwei Drittel aller Arbeitnehmer kommen jetzt in den Genuss der Förderung, wenn sie vermögenswirksame Leistungen zum Erwerb von Beteiligungen verwenden" (Amtliches Bulletin Nr. 18 v. 1.4.2000, S. 5)[3].

Der besondere Pfiff der unter Norbert Blüm neu konzipierten deutschen Vermögenspolitik besteht darin, dass die Stellung der Tarifpartner wesentlich aufgewertet wurde. So kann künftig durch Tarifvertrag festgelegt werden, dass die nach dem Vermögensbildungsgesetz vorgeschriebene Wahlfreiheit der Arbeitnehmer unter verschiedenen Anlageformen auf die eigentlichen Beteiligungswerte und auf Bausparverträge eingeschränkt wird.[4]

2. Europäische Beteiligungspolitik der Gegenwart

2.1 Die Vermögenspolitik der EU bis zu den PEPPER-Berichten

Die sich Ende der 90er-Jahre abzeichnende Konzentration der deutschen Vermögenspolitik auf die Stärkung der Rolle der Sozialpartner ist vom EP im Januar 1998 als vorbildlich anerkannt worden, und zwar in einer Entschließung zum Bericht der EU-Kommission über „Die Förderung der Gewinn- und Betriebsergebnisbeteiligung einschließlich der Kapitalbeteiligung der Arbeitnehmer in den Mitgliedstaaten". Es handelt sich um den sogenannten PEPPER II-Bericht. Der erste Bericht der Kommission, PEPPER I, wurde 1991 veröffentlicht. Er bildete die Basis für eine Empfehlung des Ministerrats von 1992, in der die Regierungen der EU-Staaten um verstärkte Aktivitäten und um ergänzende Angaben zur Vermögenspolitik gebeten wurden. Ihre Bewertung führte zum PEPPER II-Bericht. PEPPER steht für Promotion of Employment Participation in Profits and Enterprise Results.

Bei PEPPER geht es um den Vergleich der Vermögenspolitik der EU-Länder, damit die Mitgliedstaaten auch in ihrer nationalen Gesetzgebung nach dem Prinzip der besten Praktiken von den Erfahrungen der anderen Länder lernen können.

Doch gab es in der EU auch Versuche, durch die europäische Gesetzgebung unmittelbar die Vermögenspolitik zu gestalten. So findet sich in der Stellungnahme des Parlaments zum PEPPER I-Bericht (vollständig in: Das Neue Unternehmen, 3/1992, S. 18 ff.) der Vorschlag, die Notwendigkeit einer Richtlinie für Teilbereiche der Vermögenspolitik zu prüfen, z. B. zur Vereinheitlichung der Förderungsmöglichkeit für Unternehmen mit europäischer Dimension oder zur Sicherstellung der Förderung von vermögenswirksamen Leistungen an bzw. von Wanderarbeitnehmern, wenn diese damit im Produktivbereich ihrer Heimat (und nicht nur im Beschäftigungsland) Beteiligungswerte erwerben (ebenda, S. 19)[5].

Seit dem Weißbuch über „Wachstum, Wettbewerbsfähigkeit und Beschäftigung" von 1993 haben sich die EU und vor allem das EP grundsätzlich zur Beteiligung der Arbeitnehmer am Produktivkapital bekannt. Das ist festzustellen im Blick auf verschiedene Dokumente, insbesondere auf die jährlichen Wirtschaftsberichte und vor allem auf die jährlichen Beschäftigungsberichte. Sehr oft gehörte die EVP-Fraktion zu den Initiatoren (vgl. Menrad, 1998, S. 14). Das gilt in besonderem Maße für den Parlamentsbeschluss zu den Beschäftigungspolitischen Leitlinien 2000 und zum Kölner Gipfel 1999. In allen Fällen haben die Staats- und Regierungschefs der EU auf diese Anliegen des EP nicht reagiert (vgl. Menrad, 2001, S. 16 f., S. 32).

Die PEPPER-Berichte der Kommission stellen nicht nur die Gewinnbeteiligungen, sondern auch die Kapitalbeteiligungen der Arbeitnehmer ins Zentrum ihrer Aussagen.

2.2 Die vermögenspolitische Situation in den Mitgliedstaaten (nach PEPPER)

Was bereits 1991 festgestellt wurde, galt auch noch 1998: Europäische Musterschüler in der Vermögenspolitik sind Frankreich und Großbritannien. Das hat sich auch nicht geändert durch die Empfehlung der EU von 1992. Sie wurde gerade von diesen beiden Mitgliedstaaten besonders ernst genommen. So berichtet PEPPER II, dass die vermögenspolitische Schere immer weiter auseinander geht, obwohl es in Mitgliedsländern wie Deutschland und Italien auch gewisse Aktivitäten gab. Andere Länder vernachlässigten diesen Bereich völlig (vgl. PEPPER II, insbesondere S. 36).

Auch 2000 und 2001 konnten Frankreich (Gesetz Nr. 2000 -152 v. Februar 2001, das eine gezielte Förderung der Spartätigkeit der Arbeitnehmer ermöglichte) und das Vereinigte Königreich (Finance Act 2000, er sieht neue steuerliche Anreize für bestimmte Unternehmenskategorien im Vereinigten Königreich vor) ihre Vorreiterrolle mit Blick auf finanzielle Beteiligungen ausbauen. So schaute ich bei meiner Rede zu PEPPER II im Plenum des EP als Deutscher mit etwas „Neid" auf die „großen Erfahrungen" der beiden Klassenbesten der EU, die damals je zehnmal so viele Modelle besaßen wie wir in Deutschland (Wortprotokoll des EP v. 14.1.1998, S. 56).

In Frankreich sind besonders zwei Modelle erfolgreich. Seit 1959 existiert das l'intéressement des salariés, eine bargeldmäßige Gewinnbeteiligung. Die zweite wichtige Variante ist die participation aux fruits de l'expansion, die so genannte „Wachstumsbeteiligung". Diese seit 1967 obligatorische Gewinnbeteiligung sieht für Arbeitnehmer sehr interessante betriebliche und außerbetriebliche Anlagemöglichkeiten in Produktivkapital vor (PEPPER I, S. 69 ff; Friedrich-Ebert-Stiftung, 1999, S. 20 f.).

Auch in Großbritannien trug die Regierungspolitik zur Ausarbeitung verschiedener Arbeitnehmerbeteiligungsmodelle bei. In der Beobachtungszeit für PEPPER II (1992 bis 1996) nahmen vor allem die Gewinnbeteiligungen auf Aktienbasis, gewinnabhängige Entlohnungsformen (PRP) über bargeldmäßige Gewinnbeteiligungen und Aktiensparpläne (SAYE), die auch Aktienoptionsprogramme umfassen, zu. Es handelt sich dabei um das seit 1984 im Vereinigten Königreich am schnellsten wachsende Modell (vgl. v.d. Bulcke, 1998, S. 3; PEPPER II, S. 167; Friedrich-Ebert-Stiftung, 1999, S. 24 f., S. 28), welches am Anfang – wie ähnliche Projekte in Frankreich – nur Führungskräfte begünstigte.

Die staatliche Förderung erfolgte in den meisten Staaten der EU in Form von steuerlichen Begünstigungen (der Arbeitnehmer und der Unternehmen), und zwar bei bar ausgeschütteten Gewinnbeteiligungen, bei Beteiligungen am Eigenkapital – vor allem durch Belegschaftsaktien – und am Fremdkapital im Wege des Erwerbs von Obligationen, bei Beteiligungen durch Wandelschuldverschreibungen und Aktienoptionen (stock options) bzw. der Zuweisung von Bezugsrechten.

2.3 Die Stellungnahmen des Europaparlaments zu den Kommissionsberichten

Das Parlament setzte sich intensiv auseinander sowohl mit beiden PEPPER-Berichten als auch mit dem Vorschlag für eine Empfehlung des Ministerrats von 1992 (vgl. Das Neue Unternehmen 3/1992, S. 18 ff. und Protokoll des EP v. 15.1998, S. 36 ff.). Es ergänzte den Gedanken einer Beteiligung der Arbeitnehmer im Zuge der Privatisierung staatlicher Unternehmen durch den Vorschlag an die Kommission, in die von ihr angeregten Modellprojekte auch Unternehmen aus den ehemals kommunistischen Staaten, die jetzt als Beitrittskandidaten der EU verbunden sind, einzubeziehen.

Der PEPPER-Bericht beschreibt überwiegend betriebliche Kapitalbeteiligungen der Arbeitnehmer, insbesondere soweit sie durch Wertpapiere verbrieft sind. Das Parlament empfiehlt den Mitgliedstaaten die Förderung auch von Beteiligungsformen, wie sie überwiegend bei Kleinen und Mittleren Unternehmen (KMU) vorkommen. In Österreich und Deutschland sind das beispielsweise stille Gesellschaften.

Die Parlamentsbeschlüsse befürworten neben steuerrechtlichen Lösungen *Sparzulagen*, die auch Arbeitnehmern zugute kommen, die keine oder wenig Steuern zahlen. Es werden richtige Akzente gesetzt mit dem Vorschlag, Kapitalbeteiligungen, die der Finanzierung von Arbeitsplätzen dienen, in der staatlichen Förderung gegenüber an Arbeitnehmer bar auszuschüttende Gewinnanteile zu bevorzugen. Sie werden ja nicht unmittelbar für Investitionen, sondern möglicherweise zum Konsum verwendet.

In den Entschließungen des Parlaments sind für KMU Alternativen für den Fall gefordert, dass betriebliche Lösungen nicht möglich sind (öffentlicher Dienst) oder abgelehnt werden (Arbeitgeber oder Arbeitnehmer wollen keine Beteiligung am eigenen Unternehmen). Sie beziehen besondere Investmentgesellschaften für den Mittelstand und Anlagegenossenschaften als Beteiligungsformen ein.

Ferner fordert das Parlament die Mitgliedstaaten auf,

- sorgfältig zu prüfen, wie eine *Absicherung der am eigenen Betrieb beteiligten Arbeitnehmer für den Konkursfall* erfolgen kann (z. B. durch Insolvenzschutzversicherungen, Bankbürgschaften usw.), und zwar vor allem während der Zeit, in der sie nicht über ihren betrieblichen Anteil frei verfügen können. Sonst sind die kapitalbeteiligten Arbeitnehmer innerhalb dieser Sperrfrist verstärkt einem doppelten Risiko (Verlust des Arbeitsplatzes und des Beteiligungswertes) ausgesetzt;
- den Gedanken einer zusätzlichen Alterssicherung durch Vermögensbildung zu fördern. Dabei müssen nach den Vorstellungen der EVP verstärkt Erwerbstätige *mit unterdurchschnittlichen Einkommen* einbezogen werden. Sie forderte dies mit dem Argument, Eigentum schaffe auch soziale Sicherheit. „So wird die gesetzliche Altersversicherung durch Eigentumsbildung in Arbeitnehmerhand ergänzt.“ In diesem Zusammenhang kam es bei der Parlamentsdebatte im Januar 1998 (Protokoll des EP v. 14.1.1998, S. 56 f.) noch zu einer heftigen Kontroverse.

In Deutschland wird die Idee der Geldvermögensbildung mit der Reform der sozialen Sicherungssysteme verbunden. Ähnliche Überlegungen stellen Italien und Österreich an (Arbeitsdokument der Kommissionsstellen, SEK (2001) 1308 v. 26.7.2001, S. 10).

Die CDA diskutiert die Notwendigkeit einer Empfehlung der EU, die verhindern soll, dass sich Beteiligungssparen, Alterssparen und Sparen für Wohneigentum in der Sparförderung der Mitgliedstaaten ausschließen (Antrag Nr. 23 des CDA-Landesverbands Baden-Württemberg auf der Bonner Bundestagung der CDA 2001, Allgemeine Anträge, S. 27).

Die Entschließung des Parlaments vom Januar 1998 enthält die Vorstellung einer Lohnpolitik, die sich an der *Produktivität* orientiert, um Arbeitslosigkeit zu bekämpfen. Sie ist von der EU den Tarifpartnern seit dem Weißbuch über „Wachstum, Wettbewerbsfähigkeit und Beschäftigung" (1993) immer wieder empfohlen worden.

Die Arbeitnehmer wissen, dass dies im Klartext Zurückhaltung bei Barlohnerhöhungen bedeutet. Über dadurch verbesserte Gewinne sollen Investitionen bzw. Arbeitsplätze finanziert werden. Ein Euro kann nur einmal ausgegeben werden – bar oder investiv. Es genügt nicht, die Mitarbeiter für diese Einsicht mit einem „Dankeschön" oder „Vergelt's Gott" abzuspeisen. Vielmehr müssen sie in freiwilligen Modellen an den Gewinnen und Investitionen beteiligt werden, die ohne ihre Zurückhaltung überhaupt nicht entstanden wären. Damit sind wir bei einer Frage, die in den PEPPER-Berichten und in den Resolutionen des Parlaments sowie in zahlreichen Studien immer wieder erörtert wurde: Wie wirken sich die Beteiligungssysteme auf Produktivität, Wettbewerbsfähigkeit, Investitionsbereitschaft und Beschäftigung aus?

2.4 Die Auswirkung der Arbeitnehmerbeteiligung an Gewinn und Kapital auf Produktivität und Beschäftigung

Die PEPPER-Berichte gelangten zu folgenden Schlussfolgerungen: In allen Fällen geht eine Beteiligung der Arbeitnehmer am Unternehmensgewinn mit einer Produktivitätssteigerung einher, und zwar unabhängig von der Methode, der spezifischen Anwendung eines Modells und den verwendeten Daten. Die Entwicklung finanzieller Beteiligungssysteme hängt in starkem Umfang von den Maßnahmen der jeweiligen Regierung ab, insbesondere wenn diese steuerliche Anreize vorsehen (vgl. PEPPER I und II; Arbeitsdokument der Kommission SEK (2001) 308, S. 5).

Vermutet wird an vielen Stellen der Berichte und Stellungnahmen des EP, dass durch finanzielle Beteiligung der Arbeitnehmer neben der Produktivität auch die Wettbewerbsfähigkeit, die Flexibilität und die Investitionsbereitschaft der Unternehmen gefördert würden, was zu mehr Beschäftigung führe.

Mit dieser Problematik hat sich die südwestdeutsche CDA intensiv auseinander gesetzt. Sie kommt zu den eben beschriebenen Ergebnissen (vgl. z. B. die Anträge des CDA-Landesverbands Baden-Württemberg auf der Rüsselsheimer Bundestagung der CDA von 1995, insbesondere Antrag Nr. 25; Menrad, 1998, S. 17 f.), und zwar mit ganz ähnlichen Argumenten, wie sie im Aktionsprogramm von 1990 (S. 35 f.) zur Gemeinschaftscharta der sozialen Grundrechte der Arbeitnehmer in der EU aufgeführt sind. Dort heißt es unter anderem: „Mit der Beteiligung des Arbeitnehmers am Unternehmenskapital lassen sich sein Wunsch nach besserer Bezahlung und der Wunsch nach einem finanziellen Gleichgewicht des Unternehmens verbinden."

Lohnerhöhungen von 2 Prozent bar plus 1 Prozent investiv sind mehr als 2,5 Prozent Barlohnerhöhungen alleine. Wer nur über den Konsumlohn Tarifverhandlungen führt, verzichtet auf eine auch für Arbeitnehmer mögliche Beteiligung am investiven Teil des Sozialprodukts.

Die Mehrheit des EP wollte sich (zunächst) mit dem Begriff „Investivlohn" nicht so richtig anfreunden. Man bevorzugte „investive Gewinnbeteiligung". Jedenfalls wurde 1990 im Europaparlament ein Investivlohnantrag (Nr. 26) der EVP-Fraktion zum Aktionsprogramm (für die Gemeinschaftscharta) ebenso abgelehnt wie 1992 ihr Antrag in der vermögenspolitischen Empfehlung, ein etwas umfassender gestaltetes Beteiligungslohnkonzept zu verankern (Änderungsantrag Nr. 23 zu Anhang Ziffer 5a).

In jüngerer Zeit versuchte Michael Lezius, den Investivlohn wieder verstärkt in die deutsche und europäische Debatte der Vermögenspolitik einzubringen, so auf einer Veranstaltung der AGP und des Sozialministeriums Baden-Württemberg in Stuttgart im Juli 1998. In begrenztem Umfang ist ihm das gelungen. Auf dem Stuttgarter Kongress erläuterte Prof. Dr. Hans Werner Sinn sein Projekt „Beschäftigung schaffen durch Investivlohn", das im Blick auf Deutschland und Europa feststellt: „Die Fortsetzung der bisherigen Lohnpolitik ist unmöglich, eine Niedriglohnpolitik ist andererseits den Arbeitnehmern nicht zuzumuten." Als Ausweg aus dem Dilemma bietet er Investivlöhne an, die zunächst auf Insider begrenzt werden, das heißt auf diejenigen, die einen Arbeitsplatz haben (vgl. AGP und Sozialministerium Baden-Württbg., 1998, S. 110 ff.).

Auch das neue Arbeitsdokument der Kommissionsdienststellen (SEK (2001) 1308) betont eher die Unterschiede zwischen den tariflichen Lohnabschlüssen und den Leistungen aus den allgemeinen Systemen einer finanziellen Beteiligung als die Möglichkeiten einer Kombination beider Systeme. (Einige wissenschaftliche Untersuchungen über die europäische Vermögenspolitik gehen in die gleiche Richtung, vgl. insbesondere Friedrich-Ebert-Stiftung 1999, S. 70 ff.) Doch gerade diese Verbindung sollte Teil einer zukunftsbezogenen Gesellschaftsordnung sein.

3. Zukunftsperspektiven für die Idee der Mitarbeiterbeteiligung

Das neue Dokument „Finanzielle Beteiligung der Arbeitnehmer in der EU“ (SEK (2001) 1308) vom Juli 2001 ist grundsätzlich zu begrüßen. Doch hat es neben dem Fehlen tariflicher Überlegungen und lohnpolitischer Zusammenhänge noch andere Unzulänglichkeiten. So wurden die Möglichkeiten der Beteiligung der Arbeitnehmer in KMU nur ganz am Rande erörtert. Auch sollte ein Entwurf, der möglicherweise zu PEPPER III, zu einer neuen Empfehlung und zu einem neuen Akionsplan der europäischen Vermögenspolitik weiterzuentwickeln ist, mehr Zukunftsperspektiven enthalten. Eine Vermögenspolitik der Zukunft kann zwar nicht auf steuerliche Begünstigungen oder auf Zulagen verzichten, doch die konventionelle Sparförderung allein reicht nicht mehr aus.

Die Vermögenspolitik muss sich vor allem zwei Ziele setzen:

1. Die Beteiligung sollte stärker am Entstehungsprozess der Wertschöpfung in der Wirtschaft ansetzen. Dieser Aspekt stand im Zentrum der Jubiläumsveranstaltung „50 Jahre AGP“ im März 2000.
2. Wir brauchen eine Neukonzipierung der Sozial- und Gesellschaftspolitik unter Berücksichtigung der Idee einer breiten Eigentumsstreuung.

Konkrete Ansätze hierzu beschloss die CDA-Bundestagung 2001 in Bonn (vgl. insbesondere Änderungsantrag 23 des CDA-Landesverbands Baden-Württemberg zur deutschen und europäischen Vermögenspolitik, allgemeine Anträge 2001, S. 27 f.). Zuvor schon entwickelte sich die christlich-soziale Bewegung zu einem konzeptionellen Vordenker (vgl. Perspektiven einer künftigen Vermögenspolitik – die Konzeption der CDA Baden-Württemberg 1986, S. 16 ff.).

Zu Ziffer 1

In einigen Ländern der EU haben wir eine fast stürmische Entwicklung von Aktienoptionen (Großbritannien, Frankreich). Sie führen bei einer Umwandlung der Bezugsrechte zu Kapitalerhöhungen. Gewandelt werden kann (nach einer bestimmten Frist) lediglich bei einem erheblichen Zuwachs an Unternehmenswert.

Aktienoptionsrechte werden häufig in der New Economy, aber auch in traditionellen Unternehmen ausgegeben, und zwar sehr oft nur an das Management. Eine ganz zentrale Frage ist, wie diese Bezugsrechte *allen* Arbeitnehmern angeboten werden können, ohne dass für sie unzumutbare Risiken entstehen. In Deutschland gibt es entsprechende Modelle zum Beispiel bei VW, Jenoptik und der deutschen Helvetia-Versicherungen.

Auch in der europäischen Vermögenspolitik ist aus den Erfahrungen der anderen zu lernen. Die CDA-Bundestagung 2001 hat in diesem Zusammenhang vorgeschlagen:

- Grundsätzlich soll die Besteuerung in allen Staaten der EU erst bei der Ausübung der Option erfolgen, auch wenn es sich um handelbare Stock-options-Zertifikate handelt. Eine

Besteuerung bereits bei der Einräumung des späteren Optionsrechts hätte für die Arbeitnehmer Nachteile des Mittelabflusses zur Folge, noch bevor sie die Möglichkeiten der Option durch verbilligten Aktienbezug nutzen können.

- Eine Förderung über Sparzulagen. Dies wäre zum Beispiel in Deutschland machbar durch Erweiterung des Anlagekatalogs des VermBG um Optionsrechte.

Daneben will die CDA die Prüfung der Entwicklung eines Förderprogramms, in das bestimmte, bisher noch nicht begünstigte Beteiligungswerte aufgenommen werden, die eine Teilhabe der Arbeitnehmer am Wachstum einschließlich der offenen und stillen Reserven sichern, ohne sie dem vollen Risiko der Kapitalmärkte (insbesondere der Weltkapitalmärkte) auszusetzen. In Deutschland sind solche Werte zum Beispiel Genussrechte, die Anteile an den wachsenden Rücklagen verbriefen, oder atypische stille Beteiligungen beziehungsweise Arbeitnehmerkommanditanteile. Hier ist das steuerrechtliche Problem der Mitunternehmerschaft zu lösen, bevor der Förderkatalog des VermBG erweitert werden kann.

Zu Ziffer 2

Langfristiges Ziel ist ein neues Unternehmensrecht, das Miteigentum und Mitbestimmung aufeinander abstimmt. Dies hat der Hamburger Parteitag der CDU bereits 1973 (vgl. Konrad-Adenauer-Stiftung, 1974, S. 9 ff., S. 33 ff.) für Deutschland gefordert. Als Fernziel muss das auch für Europa gelten. Dies zu erreichen wird schwierig werden, weil Verordnung und Richtlinie über die Europäische Aktiengesellschaft erst im Jahr 2001 ohne diese Verbindung verabschiedet wurden. Zusammenfassend ist auf folgende Zusammenhänge und Tatbestände zu verweisen:

- Personenbezogenes *Miteigentum* der Arbeitnehmer führt auch zu *Mitbestimmung* und zu einer besonderen Form der Mitverantwortung. Diese Feststellung gilt vor allem für *Aktiengesellschaften*. Einzelne Belegschaftsaktionäre allein können allerdings die Unternehmenspolitik nur wenig gestalten. Zumindest müssen über Belegschaftsaktionärsvereinigungen die Aktienverwaltung und die Stimmrechtsausübung der kapitalbeteiligten Arbeitnehmer in der Hauptversammlung koordiniert und strukturiert werden. (realisiert zum Beispiel bei der Siemens AG, mittlerweile unter dem Namen „Verein unsere Aktien".)

  Im Zusammenhang mit der Diskussion über die Änderung der Zusammensetzung des Aufsichtsrats beziehungsweise der Reform der Mitbestimmung in der Bundesrepublik, die sich in den 70er-Jahren vollzog, schlug die CDU Nordwürttemberg die Verbundkonzeption von Mitbestimmung und Eigentumsbildung für Arbeitnehmer vor, die auf Anregungen der Studienvereinigung für Gesellschaftspolitik und der CDA Nordwürttembergs zurückgeht. Sie bezog sich auf das Berliner Programm der CDU, das eine 7:5 Formel vorsah, das heißt, der Aufsichtsrat würde aus sieben Vertretern der Kapitaleigner und fünf Vertretern der Arbeitnehmer bestehen. Eine Belegschaftsaktionärsversammlung sollte jetzt den siebten für die Aktionäre vorgesehenen Platz mit einem kapitalbeteiligten Arbeitnehmer besetzen (vgl. CDU-Bezirksverband Nordwürttemberg, 1973, S. 4), sofern sich mindestens 5 Prozent der Kapitalanteile in den Händen der Arbeitnehmer befinden (Minderheitenschutz).

- Bei der Beteiligung von Arbeitnehmern an Gesellschaftsformen, die nicht Aktiengesellschaften sind, könnten *Mindestmitbestimmungsrechte* gefordert werden, in Deutschland und Österreich z. B. ein Mitspracherecht der Versammlung stiller Arbeitnehmergesellschafter bei außergewöhnlichen Geschäften und/oder die Einrichtung eines paritätisch besetzten Partnerschaftsausschusses, der in Beteiligungsfragen entscheidet. Die staatliche Vermögensförderung wäre in einem Rahmengesetz abhängig zu machen von der Einhaltung solcher Vorschriften.

- Der Unterschied zwischen der deutschen und der französischen Beteiligungspolitik ist oft der zwischen Theorie und Praxis. 1994 wurden in Frankreich bei der obligatorischen Wachstumsbeteiligung zusätzliche Regelungen geschaffen, die die Beteiligung von Arbeitnehmern, die Anteile an ihrem Unternehmen besitzen, an der Unternehmensleitung fördern (vgl. Friedrich-Ebert-Stiftung, 1999, S. 22.

- Auch mit Blick auf die europäische Gesetzgebung ist eine Verbindung von Mitwirkung und Miteigentumsbildung vorgeschlagen worden. In einem Parlamentsbericht zur Novellierung der Richtlinie über den Europäischen Betriebsrat (EBR) heißt es unter anderem: „... eine generelle Ausdehnung der Themenstellung des Informations- und Konsultationsprozesses mit dem EBR auf von der Unternehmens- und Konzernleitung geplante Maßnahmen im Zusammenhang mit der... finanziellen Beteiligung der Arbeitnehmer (z. B. Aktienoptionen)" ist erforderlich (A5 0282/2001, S. 9).

Eine neue Unternehmensverfassung in Deutschland und Europa steht noch in weiter Ferne. Sie ist aber notwendig, um den Arbeitnehmer vom Außenstehenden zum Mitglied der Unternehmung zu machen im Sinne der alten christlich-sozialen Forderung, den Lohnvertrag zum Gesellschaftsvertrag weiterzuentwickeln. Von Michael Lezius haben wir zur Verwirklichung unserer Bestrebungen wichtige Anregungen erhalten.

Anmerkungen

1 Ketteler hat nach eigenen Angaben Brentanos Buch über „Das Industrial-Partnership-System, ein Versuch zur Lösung der Arbeiterfragen", 1868, gelesen. Vgl. auch Briefwechsel Brentano-Ketteler: 7.11.1868; 17.11.1868; 3.3.1871, in: Wilhelm Emmanuel Freiherr von Ketteler, „Briefe und öffentliche Erklärungen", Bd. II/5: 1866-1870, 1997 und ebenda, Band II/6: 1871-1877, 2001. Vgl. auch das von Brentano eigens für Ketteler angefertigte Schriftstück vom 7.11.1868 mit dem Titel „Vorschlag zur Gründung der ersten Gesellschaft zur Einrichtung und Unterstützung von Produktivassoziationen und industriellen Partnerschaften", Original des Schriftstücks im Bistumsarchiv der Diözese Mainz.

2 Zwischen der christlich-sozialen Bewegung in Frankreich und den utopischen Sozialisten bestanden vielfach Querverbindungen. Die deutschen Christlich-Sozialen orientierten sich allerdings stärker an sozial vorbildlichen französischen Unternehmen, die Gewinn- und Kapitalbeteiligungen und

Vermögensbildung von Wohneigentum favorisierten (vgl. Kettelers Schriften, Bd. III, 1911, S. 154 ff. – Sozialcaritative Fürsorge).

3 Unter „wir" ist der Gesetzgeber des Frühjahres 1998, d.h. der damalige Bundestag und der Bundesrat, Bundeskanzler Schröder lobte ausdrücklich die Verdoppelung der Sparzulage und die zusätzliche Leistung an Arbeitnehmer aus Ostdeutschland, ebenso die Änderung der Einkommensgrenze durch das 3. Vermögensbeteiligungsgesetz.

4 Die CDA hatte auf ihrer 26. Bundestagung in Rüsselsheim 1995 darüber hinaus die Möglichkeit einer Einschränkung der gesetzlichen Förderung vermögenswirksamer Leistungen durch Tarifvertrag oder Betriebsvereinbarung *allein* auf das Produktivkapital gefordert – vgl. Antrag Nr. 25 des CDA-Landesverbandes Baden-Württemberg auf der Rüsselsheimer Bundestagung der CDA von 1995, allgemeine Anträge, S. 68.

5 Das bezieht sich vor allem auf Deutschland. Dort ist es nach dem VermBG allerdings inzwischen möglich, börsennotierte Aktien anderer Länder zu erwerben.

Literatur

AGP und Sozialministerium Baden-Württemberg (Hrsg.): Mitarbeiter werden Mitunternehmer, 1998.

CDU-Bezirksverband Nordwürttemberg (Hrsg.): Mitbestimmung und Eigentumsbildung für Arbeitnehmer, 1973

Dietrich, Y.: „Eigentum für jeden", 1995, S. 72 ff.

Friedrich-Ebert-Stiftung (Hrsg.): „Auf dem Weg zur Teilhabergesellschaft?", 1999

Häussler, E.: „Die Arbeitnehmer von Morgen, Mit-Eigner und Mit-Träger in der Wirtschaftsgesellschaft", 2. Aufl., 1955, 3. Aufl., 1956

Ketteler, W.E. Freiherr von: Briefe und öffentliche Erklärungen, 1866-1870 (1997), 1871-1877 (2001).

Konrad-Adenauer-Stiftung (Hrsg.): Partnerschaft und Parität, 1974

Menrad, W.: „Vergesst das Soziale nicht", 1998, S. 21

– Das zähe Leben der alten christlich-sozialen Idee, in: Themen 3/1991.

– Arbeitsplätze fallen nicht vom Himmel, 2. Aufl., 2001

Müller, U.: „Die vermögens- und verteilungspolitischen Aspekte einer Mitarbeiterbeteiligung", 1999

Mumbauer, J.: Wilhelm Emmanuel von Kettelers Schriften, 1911.

PEPPER II Bericht der Kommission – Die Förderung der Gewinn- und Betriebsergebnisbeteiligung (einschließlich Kapitalbeteiligung) der Arbeitnehmer in den Mitgliedsstaaten", 1996

Politische Akademie der ÖVP (Hrsg.): Neue Impulse zur Vermögensbildung in Arbeitnehmerhand, Wien, 1987, S. 25;

Van Den Bulcke, F.: Vermögensbildung für Arbeitnehmer in Europa, 1998

Weddigen, W.: Die wirtschaftlichen Folgen des Investivlohns, 1963

Winterstein, H.: „Der Investivlohn in der Bundesrepublik Deutschland", 1961.

Der Herausgeber

Dr. iur. Klaus-R. Wagner ist Rechtsanwalt und Notar, Fachanwalt für Steuerrecht in Wiesbaden. Rechtsanwalt seit 1976, in eigener Kanzlei seit 1986. Von 1980 bis 1986 zunächst Prokurist, dann Geschäftsführer einer größeren Steuerberatungsgesellschaft, seit 1989 auch Notar. Neben der Tätigkeit als Rechtsanwalt und Notar von 1990 bis 1995 Lehrbeauftragter an der Bayerischen Julius-Maximilians-Universität in Würzburg und 2001 Lehrbeauftragter an der Philipps-Universität in Marburg. 1994-2001 Mitglied des Vorstandes der Notarkammer Frankfurt/Main und 1997-2001 auch Mitglied des Präsidiums und Vizepräsident der Notarkammer Frankfurt/Main. Seit 1984 Mitglied der AGP Arbeitsgemeinschaft Partnerschaft in der Wirtschaft e.V. sowie Mitglied des wissenschaftlichen Beirates dort. – Mitherausgeber der „Neue Zeitschrift für Gesellschaftsrecht (NZG)", „Zeitschrift für notarielle Praxis (ZNotP)" sowie ständiger Mitarbeiter des „Betriebs-Berater". Zahlreiche Bücher, Fachveröffentlichungen, Vorträge und Gutachten, auch zur betrieblichen Mitarbeiterbeteiligung. Als Rechtsanwalt auch beratend/gestaltend bei der Einführung betrieblicher Mitarbeiterbeteiligungsmodelle tätig.

Die Autoren

Jan Althaus, Dipl. Betriebswirt (FH), Corporate Finance Consultant bei Löhr & Cie absolvierte seine Ausbildung bei der Bayerischen Vereinsbank AG und der Fachhochschule Mainz mit den Schwerpunkten International Business sowie Bank- und Finanzdienstleistungen. Neben zahlreichen Veröffentlichungen, insbesondere zu den Themen Kapitalmarkt/Aktienemissionen, unterstützt er die Gründerinitiative Science4Life.

Dr. Boy-Jürgen Andresen, Rechtsanwalt, Gesellschafter-Geschäftsführer und Vorsitzender der Geschäftsführung der Dr. Dr. Heissmann GmbH Unternehmensberatung für Versorgung & Vergütung, Wiesbaden. Seit 1987 Vorsitzender der Arbeitsgemeinschaft für betriebliche Altersversorgung e. V. (aba), Heidelberg, und ehrenamtlicher Richter am Bundessozialgericht (Mitglied des Großen Senats). Nach dem Studium der Rechtswissenschaften an den Universitäten Gießen und Tübingen, der Promotion und Referendarzeit 1975 Eintritt in den Bereich Arbeits- und Sozialrecht der Daimler-Benz AG in Stuttgart. Nach verschiedenen Zwischenstationen in leitenden Positionen von 1990 bis 1995 Leiter der Konzerndirektion Personal- und Sozialpolitik der Daimler-Benz AG. 1996 Wechsel in die Geschäftsführung der Dr. Dr. Heissmann GmbH Unternehmensberatung für Versorgung & Vergütung. Herausgeber und Autor verschiedener Bücher und Publikationen zu Fragen der Vergütung, der betrieblichen Altersversorgung sowie der Frühpensionierung.

Hermann-Josef Arentz, geb. 1953 in Köln; Studium der Geschichts- und Sozialwissenschaften an der Universität Köln. Ab 1976 Familienbildungsreferent bei der Kath. Arbeitnehmerbewegung (KAB) und Pressesprecher; wurde 1985 Abteilungsleiter der CDU-Bundesgeschäftsstelle für Sozialpolitik; seit 1992 bei der Rheinbraun AG. Ab 1980 politische Laufbahn als CDU-Abgeordneter im Landtag NRW mit wichtigen Aufgaben in der Sozial- und Gesellschaftspolitik. 1995 stv. Fraktionsvorsitzender der CDU-Landtagsfraktion, Landesvorsitzender der CDA NRW; 1998 Mitglied des Bundesvorstandes der CDU und seit 2000 im Präsidium der CDU. Befürworter des Kombilohns für Arbeitslose ohne qualifizierte Ausbildung, des Investivlohns und einer Kurskorrektur in der Familienpolitik der CDU.

Dr. Lutz Bellmann, geb. 1956 in Hamburg; Studium der Wirtschaftswissenschaften in Hannover (1976-1980); Wissenschaftlicher Mitarbeiter an der Universität Hannover und dem Institut für Arbeitsmarkt- und Berufsforschung der Bundesanstalt für Arbeit in Nürnberg; seit 1.7.1997 Leiter des Projekts „IAB-Betriebspanel". Lehrbeauftragter an den Universitäten Bamberg, Würzburg und Trier sowie der Hochschule für Verwaltungswissenschaften in Speyer. Research Fellow am Institut „Zukunft der Arbeit", Bonn.

Prof. Dr. Ulrich Blum (Jahrgang 1953), ist Prof. für Volkswirtschaftslehre. Nach Promotion (1982) und Habilitation (1986) an der Universität Karlsruhe Gastprofessur an der Universität Montreal 1987 Professur für Volkswirtschaftslehre an der Universität Bamberg. Seit 1991 Inhaber des Lehrstuhls für Wirtschaftspolitik und Wirtschaftsforschung an der Technischen Universität Dresden. Ab 1994 Gesellschafter und Geschäftsführer der Unternehmensberatung Institut für Angewandte Wirtschaftsforschung und Wirtschaftsberatung (IAWW). Seit 2000 Vorsitzender der Kommission zur Evaluierung der Wirtschaftsintegrierenden Forschungsförderung beim Bundesminister für Wirtschaft und Technologie. Prof. Blum ist Autor und Herausgeber von zahlreichen wirtschaftswissenschaftlichen Veröffentlichungen in den Bereichen der Institutionen- und Industrieökonomik sowie der Regional- und Verkehrsökonomie und von Lehrbüchern zur Volkswirtschaftslehre, zur Wirtschaftspolitik und zu Fragen des Entrepreneurship.

Dr. Helga Breuninger, Diplomvolkswirtin und promovierte Psychologin. Seit 1974 wissenschaftliche Tätigkeit im Bereich systemisch orientierter Lernpsychologie. Aufbau eines eigenen Forschungsinstituts in Essen. Mitbegründerin des Fachverbandes für integrative Lerntherapie e. V. Seit 1989 Leiterin des Forschungsbereichs der Breuninger Stiftung GmbH, Stuttgart. 1995 Initiatorin und Vorstand des EXZET Existenzgründerzentrums Stuttgart e. V. Geschäftsführerin der successio – GmbH zur Beratung mittelständischer Betriebe beim Generationswechsel.

Dr. Michael Bursee, Jahrgang 1967, seit 1999 bei PwC Deutsche Revision im Bereich Global Human Resource Solutions Leiter des Bereiches Beteiligungsmodelle. Sein Aufgabenbereich umfasst die Entwicklung und Implementierung von Total Compensation Konzepten, insbesondere innovative und wertorientierte Vergütungskomponenten. Nach dem Studium der Betriebswirtschaftslehre an der Universität Hamburg 1993 Anstellung in einem mittelständischen Beratungshaus. 1996 erfolgte der Wechsel zur KPMG Consulting GmbH. Veröffentlichungen von Artikeln und Monographien zu Themen der Vergütung und Organisation.

Udo Donau, Rechtsanwalt, Fachanwalt für Steuerrecht und seit 1980 selbstständig. Seine Mandanten sind überwiegend wirtschaftlich tätige Unternehmen, auch aus dem hoheitlichen und steuerbegünstigten Bereich. Spezielles Engagement im Projektmanagement und der Mitarbeiterbeteiligung. Publikationen zu Fragen der Rechtsformwahl und Unternehmensumwandlung, Buchhaltung und Besteuerung, Gläubiger- und Schuldnerberatung, Controlling und Marketing (insbes. für Theater) und der wirtschaftlichen Betätigung von steuerbegünstigten gemeinnützigen und kirchlichen Organisationen.

Dr. Walter Döring, Wirtschaftsminister, geb. 1954 in Stuttgart, studierte Geschichte und Anglistik an der Eberhard-Karls-Universität in Tübingen; Promotion 1981. Bis 1988 im Schuldienst, dann Abgeordneter der FDP im Baden-Württembergischen Landtag. 1994-1996 Lehrbeauftragter der Fachhochschule Polizei in Villingen-Schwenningen; 1998 Lehrbeauftragter der Export Akademie in Reutlingen und seit 1999 Senator e.h. an der Universität Politehnica Bukarest. Ab 1981 politische Laufbahn: Kreisvorsitzender der FDP in Schwäbisch Hall, Bezirksvorsitzender des Bereichs Franken, Landesvorsitzender der FDP/DVP in Baden-Württemberg, seit 1995 im Bundespräsidium; seit 1996 Wirtschaftsminister und stellvertretender Ministerpräsident von Baden-Württemberg und seit 1999 stellvertretender Bundesvorsitzender.

Dr. oec. publ. Christian Dräger, Dipl.-Kfm., Jahrgang 1934; nach Abschluss der Ausbildung zum Feinmechaniker Studium der Betriebswirtschaftslehre und Wirtschaftsgeschichte an den Universitäten München und Wien. 1961 Leiter der betriebswirtschaftlichen Abteilung Drägerwerk, Lübeck; 1970 Vorstandsmitglied Drägerwerk AG und ab 1984 Vorstandsvorsitzender Drägerwerk AG. Seit 1997 Stellvertretender Vorsitzender des Aufsichtsrates der Drägerwerk AG.

Hans Eichel, Bundesminister der Finanzen, geb. 1941 in Kassel, Studium der Germanistik, Philosophie, Politik und Geschichte in Marburg und Berlin. Seit 1964 SPD-Mitglied, gehörte von 1969 bis 1972 als Stellvertreter des Bundesvorsitzenden dem Juso-Bundesvorstand an, ab 1991 dem SPD-Bundesvorstand. 1970-1975 Vorsitzender der SPD-Fraktion in der Stadtverordnetenversammlung und 1975-1991 Oberbürgermeister von Kassel. Am 8. Juli 1989 wählte ihn die hessische SPD zum Landesvorsitzenden und nominierte ihn als Spitzenkandidaten für die Landtagswahl 1991. Er wurde zum Ministerpräsidenten des Landes Hessen gewählt. Seit April 1999 ist er Bundesfinanzminister.

Prof. Dr. Kurt Faltlhauser, Staatsminister der Finanzen, geb. 1940 in München; Studium der Volkswirtschaft, der Politischen Wissenschaft und der Rechtswissenschaft in München, Berlin und Mainz; 1967 Diplom-Volkswirt, 1971 Doktor der Politischen Wissenschaft, Lehrbeauftragter der Volkswirtschaftlichen Fakultät der Universität München, Honorarprofessor. Mitglied des Bayerischen Landtags von 1974 bis 1980 und seit 1998 und des Bundestages von 1980 bis 1995; Vorsitzender des „Arbeitskreises Finanzen und Haushalt“ der CSU-Landesgruppe; Vorsitzender der Arbeitsgruppe Finanzen der CDU/CSU-Bundestagsfraktion; stellvertretender Vorsitzender der CDU/CSU-Bundestagsfraktion, Parlamentarischer Staatssekretär beim Bundesminister der Finanzen. Staatsminister und Leiter der Bayerischen Staatskanzlei von 1995 bis 1998. Seit 6.10.1998 Bayerischer Staatsminister der Finanzen.

Dr. Burghard Flieger, Jahrgang 1952; promovierter Diplomvolkswirt und Soziologe, ist freiberuflich als Organisationsberater in sozialinnovatorischen Entwicklungsprozessen von Unternehmen, Sozialbetrieben und Verbänden engagiert. Die berufliche Arbeit mit den inhaltlichen Schwerpunkten Corporate Identity und Genossenschaften stellt eine Kombination aus fachlicher Organisationsberatung, politischer Promotorfunktion, wissenschaftlicher Konzeptentwicklung und journalistischer Vermittlungsaufgabe dar. Aktuelle Funktionen sind Vorstand der OekoGeno eG (Beratungsgenossenschaft für nachhaltiges Wirtschaften unter ethischen & sozialen Gesichtspunkten), Vorstand der innova eG Entwicklungspartnerschaft für Selbsthilfegenossenschaften, außerdem Aufsichtsratsvorsitzender der Wohnungsbaugenossenschaft GEBAU SÜD und Gesellschafter des Instituts für Ökologische Wirtschaftsforschung (IÖW) gGmbH in Berlin.

Wilga Föste, Diplom-Ökonomin, Jahrgang 1969, Studium der Wirtschaftswissenschaft an der Bergischen Universität – Gesamthochschule Wuppertal, ist seit 1995 wissenschaftliche Mitarbeiterin am Forschungsinstitut für Ordnungspolitik (FiO) in Köln. Forschungsschwerpunkte sind die ordnungstheoretischen und wirtschaftsethischen Grundlagen der Sozialen Marktwirtschaft sowie die Ausgestaltung sozialstaatlicher Systeme.

Hans Paul Frey, geb. 1945 in Wittenberg Lutherstadt; Studium der Rechtswissenschaften an der Universität Hamburg; 1973-1979 juristischer Referent beim Arbeitgeberverband Chemie Baden-Württemberg e.V., Baden-Baden; 1980-1990 dort Geschäftsführer und Leiter der Rechtsabteilung und ab 1991 Hauptgeschäftsführer und zugleich Geschäftsführer des Verbandes der Chemischen Industrie e.V., Landesverband Baden-Württemberg sowie Geschäftsführer der Landesverbände der pharmazeutischen Industrie und der Lackindustrie. Ab Juni 1995 Hauptgeschäftsführer des Bundesarbeitgeberverbandes Chemie e.V., Wiesbaden.

Univ.-Prof. Dr. Dres. h.c. Eduard Gaugler, geb. 1928 in Stuttgart; Studium der Wirtschafts- und Sozialwissenschaften an der Universität München und Wirtschaftshochschule Nürnberg. 1966 Habilitation für Betriebswirtschaftslehre an der Universität München und Universitätsdozent. 1967-1970 o. Professor für Betriebswirtschaftslehre an der Universität Regensburg. 1972-1996 Ordinarius für Betriebswirtschaftslehre und Inhaber des Lehrstuhls für Personalwesen an der Universität Mannheim und 1973-1976 Rektor. 1991-1998 Direktor des Instituts für Mittelstandsforschung der Universität Mannheim. Mitglied in vielen Gremien der Wirtschaft und der Wissenschaft und zahlreiche Veröffentlichungen

Dr. Hanspeter Georgi, geb. 1942 in Berlin-Lankwitz; Studium der Volkswirtschaftslehre in Berlin (FU), Saarbrücken und Münster. 1970-1972 Mitarbeiter in Finanz- und Investitionsplanung eines Automobilunternehmens, 1972 Mitarbeiter der IHK Saarland und 1989 ihr Hauptgeschäftsführer; seit 29.9.1999 Minister für Wirtschaft im Saarland. Seit 1970 Mitglied der CDU mit besonderem Engagement für den Wirtschaftsstandort Saarland und Vorsitzender des Aufsichtsrats der Saarländischen Investitionskreditbank und Verwaltungsrat der Saar-LB (Landesbank Saar Girozentrale). Auf Bundesebene arbeitet er in der Grundsatzkommission und im Bundesfachausschuss Wirtschafts- und Finanzpolitik.

Prof. Dr. Hans Peter Haarland, Jahrgang 1944, ist Professor für Volkswirtschaftslehre, Geschäftsführer des Forschungsinstituts für Ordnungspolitik (FiO) und der Forschungsstelle für empirische Sozialökonomik in Köln. Forschungsschwerpunkte sind die sozialökonomische Verhaltensforschung, die Transformationsökonomie – speziell Osteuropa und China – und die Ordnungspolitik – speziell die Entwicklungsperspektiven der Sozialen Marktwirtschaft.

Prof. Dr. Peter Hanau, geboren 1935 in Berlin; Studium der Rechtswissenschaft, Promotion und Habilitation an der Universität Göttingen. 1968-1971 o. Professor für Privatrecht an der Freien Universität Berlin, seitdem an der Universität zu Köln, dort Direktor des Forschungsinstituts für Sozialrecht und 1986-1989 Rektor; seit August 2000 emeritiert. 1984-1992 Mitglied der Ständigen Deputation des Deutschen Juristentages, seit 1990 Präsident, seit 1999 Ehrenpräsident des Deutschen Arbeitsgerichtsverbandes. Ehrendoktor der Universitäten Uppsala und Ritsumeikan/Kyoto. Veröffentlichungen zu allen Bereichen des Arbeitsrechts.

Prof. Dr. Brun-Hagen Hennerkes, Rechtsanwalt, Jahrgang 1939; Seniorpartner der Kanzlei Hennerkes Kirchdörfer & Partner, Stuttgart; trat nach dem Studium in Hamburg, Saarbrücken und Freiburg in die Direktionsabteilung von Mannesmann ein und wechselte 1970 als Junior-Partner zu Conrad Böttcher; seit 25 Jahren befasst er sich ausschließlich mit der Beratung von Familienunternehmen; er ist Mitglied in einer Vielzahl von Aufsichtsräten und Beiräten; er arbeitet wissenschaftlich auf dem Gebiet des Steuer- und Gesellschaftsrechts und liest an der Universität Stuttgart Unternehmenssteuerrecht.

David A. Hildebrandt is a partner in the Washington DC Office of White & Case LLP. He is the General counsel to the Profit Sharing/401k Council of America, and is the President of the International Association for Financial Participation in Paris, France. Internet address is dhildebrandt@whitecase.com

Peter Janßen, Diplom-Ökonom, Jahrgang 1967, Studium der Wirtschaftswissenschaft an der Bergischen Universität Wuppertal 1995-2002 wissenschaftlicher Mitarbeiter am Forschungsinstitut für Ordnungspolitik (FiO) in Köln, seit April 2002 wissenschaftlicher Mitarbeiter am Institut der deutschen Wirtschaft in Köln. Forschungsschwerpunkte sind die ordnungstheoretischen und wirtschaftsethischen Grundlagen der Sozialen Marktwirtschaft sowie die ordnungspolitische Gestaltung des Arbeitsmarktes.

Michael Jungblut, geb. 1937 in Düsseldorf; Studium der Volkswirtschaft, Betriebswirtschaft und Soziologie in Köln und Hamburg. Seit 1965 Wirtschaftsredakteur der Wochenzeitung DIE ZEIT und 1977-1986 Leiter der Wirtschaftsredaktion; seit 1986 Leiter der Hauptredaktion Wirtschafts-, Sozial- und Umweltpolitik beim ZDF, Mainz; Moderator von Sendungen wie WISO, Im Kreuzfeuer, Richtung Deutschland, ZDF-spezial, Zur Sache, 3sat Börse und Autor zahlreicher Publikationen.

Prof. Dr. Gerhard Kleinhenz, geb. 1940 in Poppenhausen/Unterfranken; Studium der Volkswirtschaftslehre, Soziologie und Politikwissenschaft in München (1960-1964); Ordentl. Universitätsprofessor an der Universität Passau seit 1978. Vorsitzender des Ausschusses für Sozialpolitik im Verein für Socialpolitik (1989-1993). Seit 1. April 1997 Direktor des Instituts für Arbeitsmarkt- und Berufsforschung der Bundesanstalt für Arbeit in Nürnberg. Mitglied des Wissenschaftlichen Beirates für Familienfragen beim Bundesministerium für Familie, Frauen, Senioren und Jugend; Mitherausgeber der Jahrbücher für Nationalökonomie und Statistik sowie der Mitteilungen aus der Arbeitsmarkt- und Berufsforschung.

Roland Koch, geb. 1958 in Frankfurt/Main; Studium der Rechtswissenschaften an der Universität Frankfurt/Main. 1985-1999 selbstständiger Rechtsanwalt mit den Schwerpunkten Wirtschafts- und Wettbewerbsrecht in Eschborn. Mitglied der Jungen Union, 1983-1987 stellvertretender Bundesvorsitzender der Jungen Union Deutschlands. 1977-1994 CDU-Stadtverordneter in Eschborn; 1979 CDU-Kreisvorsitz Main-Taunus. 1989-1997 führte er den Vorsitz der CDU-Fraktion im Kreistag des Main-Taunus-Kreises. Seit 1987 Mitglied des Hessischen Landtags, viermal direkt gewählt. Seit 1991 stellvertretender, 1993 bis 1999 Vorsitzender der CDU-Fraktion im Landtag. Seit 1998 Landesvorsitzender der CDU Hessen. Seit 7. April 1999 Ministerpräsident des Landes Hessen.

Professor Dr. Bernd Kriegesmann, Dipl.-oec., Dr. rer. oec., Jahrgang 1963; Studium der Wirtschaftswissenschaften an der Ruhr-Universität Bochum, 1989-1990 Mitarbeiter am Institut für angewandte Innovationsforschung (IAI) Bochum e.V., 1991-1993 Fachreferent beim Bundesministerium für Forschung und Technologie (Innovationsförderung), von 1993 bis Februar 2000 Geschäftsführer des IAI, seit März 2000 Professor für Betriebswirtschaftslehre an der Fachhochschule Gelsenkirchen, geschäftsführendes Vorstandsmitglied des IAI und Mitglied in verschiedenen Arbeitskreisen und Beiräten. Arbeitsschwerpunkte: Innovationsmanagement, Personal- und Organisationsentwicklung.

Dr. Frank Leibbrand, wissenschaftlicher Assistent am Lehrstuhl Volkswirtschaftslehre, insbes. Wirtschaftspolitik und Wirtschaftsforschung an der TU Dresden. Er studierte Wirtschaftsingenieurwesen mit den Schwerpunkten Operations Research und Informatik an der Universität (TH) Karlsruhe. Die wissenschaftlichen Veröffentlichungen und Forschungsschwerpunkte liegen in den Bereichen Handlungs- und Wissenschaftstheorie, Verkehrswissenschaften, Kulturökonomik, Politische Ökonomie, Strategisches Management, Mitarbeiterbeteiligung und Politikbewertung. Er ist geschäftsführender Gesellschafter des Instituts für Angewandte Wirtschaftsforschung und Wirtschaftsberatung, das Strategieberatung für öffentliche Institutionen und private Unternehmen durchführt.

Dr. Christoph Leitl, geb. 1949 in Linz; Studium der Sozial- und Wirtschaftswissenschaften an der Universität Linz. 1977-1990 in der Geschäftsführung der Bauhütte Leitl-Werke, eines mittleren familiären Baustoffunternehmens. 1990 Wirtschafts-Landesrat in Oberösterreich, 1995 Landeshauptmann-Stellvertreter in Oberösterreich und seit 2000 Präsident der Wirtschaftskammer Österreich.

Dr. rer. pol. Andreas Löhr, Dipl.-Volksw., MBA, ist für den Bereich Unternehmensberatung verantwortlicher Partner von Löhr & Cie., Königstein. Er hat in seiner 18-jährigen Berufspraxis in leitenden Funktionen in Industrie, Bank und Dienstleistung zahlreiche Unternehmensverkaufstransaktionen verantwortet und eine Reihe von Unternehmen beim Gang an die Börse beraten. Er ist Autor diverser Fachaufsätze sowie des Buchs „Börsengang" Creditreform 2000.

Prof. Dr. jur. habil. Karl-Georg Loritz ist Professor an der Universität Bayreuth und Steuerberater. Seine berufliche Laufbahn begann er im Bayerischen Staatsministerium der Finanzen. Anschließend war er Inhaber von Lehrstühlen und Institutsdirektor an den Universitäten Berlin, Würzburg und Mainz. 1998 wechselte er an die Universität Bayreuth, wo er zusätzlich die Forschungsstelle für Unternehmensteuer und Kapitalanlagerecht leitet. Zusätzlich ist er in überörtlicher Sozietät als Steuerberater tätig.

Dr. Heidi Mahr, Rechtsanwältin, geb. 1969; Studium der Rechtswissenschaften an der Universität München. Sie ist Fachanwältin für Arbeitsrecht mit den Schwerpunkten Mitarbeiterbeteiligung und leistungsorientierte, variable Vergütung, innovative Modelle zur privaten Altersversorgung mit Mitarbeiterbeteiligung, flexible Arbeitszeitgestaltung, Altersteilzeit und Vorruhestand, Outsourcing und Unternehmensgestaltung sowie Verhandlungen und Erstellung von Tarifverträgen/Haustarifverträgen/Betriebsvereinbarungen. Publikationen und Vorträge über leistungsorientierte Vergütung, innovative Modelle im Rahmen der Rentenreform, „Scheinselbstständigkeit" sowie über Beschäftigungsverhältnisse im Medienbereich.

Winfried Menrad, geb. 1939 in Schwäbisch Gmünd; Studium der Wirtschaftswissenschaften. Tätig als Berufsschullehrer und Studiendirektor. Seine politische Laufbahn als CDU-Mitglied: Kreisvorsitzender von Schwäbisch Hall, Bezirksvorsitzender der Christlich-Demokratischen Arbeitnehmerschaft (CDA) von Nordwürttemberg und Mitglied des Landesvorstandes der CDA; stellv. CDA-Bundesvorsitzender; Mitglied des Präsidiums der Europäischen CDA. Seit 1989 Mitglied im Europäischen Parlament in den Funktionen: Vizepräsident des Ausschusses für Beschäftigung und soziale Angelegenheiten; stellvertretendes Mitglied des Ausschusses für die Rechte der Frau und des Haushaltsausschusses; stellv. Mitglied bei der paritätischen Versammlung des Abkommens zwischen den Staaten Afrikas, des Karibischen Raumes und des Pazifischen Ozeans und der Europäischen Union; stellv. Vorsitzender der

Arbeitnehmergruppe der EVP-Fraktion; sozialpolitischer Sprecher der CDU/CSU-Gruppe. Kooptiertes Mitglied der CDU/CSU-Arbeitnehmergruppe im Bundestag.

Siegmar Mosdorf, geb. 1952 in Erfurt; Studium der Wirtschafts-, Rechts- und Sozialwissenschaften an der Universität Konstanz mit Studienaufenthalten in den USA und Großbritannien. 1978-1981 Angestellten-, Ingenieurs- und Bildungsarbeit der IG Metall Stuttgart; zuständig für die Beratung der Betriebs- und Aufsichtsräte von Daimler Benz, Bosch, SEL, IBM, Hewlett Packard und Porsche. 1981-1990 Landesgeschäftsführer der SPD Baden-Württemberg und seit 1990 Mitglied des Deutschen Bundestages. 1996-1998 Vorsitzender der Enquête-Kommission „Zukunft der Medien und Wirtschaft und Gesellschaft – Deutschlands Weg in die Informationsgesellschaft“ des Deutschen Bundestages. Von Ende 1998 bis 2002 Parlamentarischer Staatssekretär beim Bundesminister für Wirtschaft und Technologie und Koordinator für Luft- und Raumfahrt der Bundesregierung und seit 2002 Vorstand der CNC (Communications and Network Consulting) AG mit Sitz in München und London.

Rainer Nahrendorf, geb. 1943 in Mauritzen/Steiermark; Studium der Politischen Wissenschaften an der Freien Universität Berlin. War zunächst Persönlicher Assistent für den Vorsitzenden des Bundesverbandes Deutscher Banken. Seit 1972 gehört er, zunächst als Redakteur im Ressort Wirtschaft und Politik, der Handelsblatt-Redaktion an. 1980 wurde er Leitender Redakteur. Vom 1. April 1989 bis zum 31.12.2001 war er Chefredakteur, seit dem 1. April arbeitet er als Chefkorrespondent und Berater der Handelsblatt-Redaktion.

Dr. Arend Oetker, geb. 1939; Studium der Betriebswirtschaftslehre und politischen Wissenschaften in Hamburg, Berlin und Köln. Er ist Geschäftsführender Gesellschafter der Dr. Arend Oetker Holding GmbH & Co., Berlin und hat Beteiligungen, Mandate und Aufsichtsratsmandate in Kontrollgremien in- und ausländischer Wirtschaftsunternehmen, aber auch wichtige Funktionen in wissenschaftlichen und kulturpolitischen Stiftungen, Vereinen und Institutionen.

Markus Ott, geb. 1960 in Groß-Gerau; Studium der Betriebswirtschaftslehre an der Johann Wolfgang Goethe-Universität, Frankfurt/Main. 1984/85 MBA an der University of Pittsburgh; 1986-1990 Mitarbeiter der BHF-Bank, Traineeprogramm und Corporate Finance. Seit 1990 bei der Lufthansa, zunächst als Direktionsassistent, dann Referent Projektfinanzierung, 1997-99 Leitender Referent Strukturierte Finanzierungen und seit 2000 Hauptabteilungsleiter Strukturierte Finanzierungen und Geschäftsführer der Lufthansa Leasing GmbH.

Hans-Rainer Pohl, Diplom-Betriebswirt, ist Partner im Geschäftsbereich Human-Resource-Beratung von PwC Deutsche Revision AG. Nach dem Studium der Betriebswirtschaftslehre sammelte er zunächst Erfahrungen in der Industrie und Energiewirtschaft im Bereich Controlling und Personalwesen, später wechselte er in die Beratung und betreute verschiedene Unternehmen in innovativen Personalfragen. Heute leitet er die nationalen Aktivitäten von

PwC Deutsche Revision AG in der Beratung von Mandanten zur Wertsteigerung ihres Human Capital. Hierzu gehören u.a. moderne Stock-Option-Programme, wertorientierte Vergütung, internationales Personalmanagement, Management Audits und Accessment-Centers, HR-Flexibility sowie die Optimierung von Personalprozessen.

Dr. Hans Reckers, geb. 1953 in Rheine; Nach dem Jura-Studium zunächst Rechtsanwalt in Reutlingen. Die weiteren Stationen seiner Laufbahn führten ihn unter anderem in das Bundesministerium der Finanzen, Bundesministerium der Verteidigung und das Bundeskanzleramt. Von 1990-1992 war er Staatssekretär im Sächsischen Finanzministerium. 1993 übernahm er die Leitung der Haushaltsabteilung im Bundesfinanzministerium, die er bis 1998 wahrnahm. Seit 1999 ist er Präsident der Landeszentralbank in Hessen. Seit Mai 2002 ist er Mitglied des Vorstands der Deutschen Bundesbank.

Prof. Dr. Hans-Christian Riekhof, Jahrgang 1954; Studium der Betriebswirtschaftslehre in Münster und Göttingen. Zunächst Wissenschaftlicher Mitarbeiter an der Universität Göttingen, dann Wechsel in die Personalentwicklung des Otto Versand. 1988 wure er Leiter der Strategieplanung bei der Beiersdorf AG. 1991-1996 Leiter eines operativen Geschäftsbereiches. Seit 1996 Professor an der Privaten Fachhochschule Göttingen. 1998-2000 Marketingdirektor im Otto Versand und seit 2001 Vorstand Marketing und Vertrieb in der unicmind.com AG sowie UNIC*consult* – Partner. Ausgewählte Veröffentlichungen: Als Herausgeber: Praxis der Strategieentwicklung. Konzepte – Erfahrungen – Fallstudien, 2. Auflage 1994; Beschleunigung von Geschäftsprozessen, 1997; Strategien der Personalentwicklung, 5. Auflage 2002. E-Branding: Strategien – Konzepte – Fallstudien, 2001; E-Learning, Strategien, Konzepte, Fallstudien, Wiesbaden 2002 (zu. mit H. Schüle).

Prof. Dr. Rüdiger von Rosen ist seit 1995 Geschäftsführendes Vorstandsmitglied des Deutschen Aktieninstituts e. V. (DAI), Frankfurt am Main. Nach der Assistententätigkeit (1970-1973) am Institut für Kapitalmarktforschung war er Assistent der Geschäftsführung der Deutschen Gesellschaft für Wertpapiersparen (DWS) und wechselte 1974 zur Deutschen Bundesbank. Dort war er u. a. ab 1980 Leiter des Präsidentenbüros und ab 1984 Leiter der Hauptabteilung Presse und Information. Ende 1986 übernahm er die neu geschaffene Stelle eines Geschäftsführers der Arbeitsgemeinschaft der Deutschen Wertpapierbörsen. 1990-1994 war er Mitglied des Vorstands der Deutsche Börse AG. Veröffentlichungen u. a. über Kapitalmarktpolitik, Kapitalmarktrecht, Corporate Governance und Altersvorsorge.

Harald Schartau, geb. 1953 in Duisburg; Berufsausbildung zum Chemielaboranten und Tätigkeit bei der Mannesmann AG/Duisburg-Huckingen. Nach der Sozialakademie Dortmund Sachbearbeiter in der Personalwirtschaft bei der Mannesmann Duisburg-Huckingen. 1973-1976 Studium der Betriebswirtschaft an der Hochschule für Wirtschaft und Politik in Hamburg. 1977-1978 Jugendbildungsreferent beim DGB-Landesbezirk NRW und bis 1984 Sachbearbeiter beim Vorstand der IG Metall in Frankfurt. 1984-1992 Bezirkssekretär in der IG Metall/Bezirksleitung Essen, und Dortmund und 1992-1996 Leiter des IG Metall-Bezirks

Dortmund. Ab 1997 Leiter des IG Metall-Bezirks Nordrhein-Westfalen und seit Mitte 2000 Minister für Arbeit und Soziales, Qualifikation und Technologie des Landes Nordrhein-Westfalen.

Prof. Dr. Hans J. Schneider, Jahrgang 1944; Studium der Wirtschaftswissenschaften an der Universität Erlangen-Nürnberg. Seit 1971 beratend tätig auf dem Gebiet des betrieblichen Personalwesens, insbesondere Entwicklung von Modellen der Mitarbeiterbeteiligung. Seit 1974 Mitarbeiter der Gesellschaft für innerbetriebliche Zusammenarbeit GIZ-GmbH, seit 1975 Gesellschafter und Geschäftsführer. 1977 Übernahme der Schriftleitung der Zeitschrift PERSONAL. Seit Herbst 1984 Professor für Personalwirtschaft und Organisation an der Fachhochschule Nürnberg. Zahlreiche Veröffentlichungen zur Mitarbeiterbeteiligung, u. a. (mit H.-G. Guski) Autor grundlegender empirischer Erhebungen zur betrieblichen Vermögensbeteiligung in der Bundesrepublik Deutschland.

Ute Scholz, Diplomvolkswirtin; 1989-1991 Bankausbildung bei der Deutschen Bank AG in Hamburg; von 1997-1999 Vorstandsassistentin der Wünsche AG, Hamburg, dann Wechsel in das Personalwesen der Daimler-Chrysler, Ludwigsfelde, zur Vorbereitung einer Promotion zum Thema Total Compensaion. Seit 2001 ist sie Beraterin für Vergütungssysteme bei der Dr. Dr. Heissmann GmbH, Unternehmensberatung für Vergütung und Versorgung in Wiesbaden.

Gerhard Schuler, geb. 1927 in Freudenstadt. Er lernte nach dem Krieg das Schreinerhandwerk und legte die Meisterprüfung ab. Danach Studium der Holztechnik in Rosenheim. Nach der Tätigkeit als Technischer Leiter einer Schwarzwälder Möbelfabrik machte er sich 1956 als Unternehmensberater selbstständig und baute dieses Unternehmen, das seinen Namen trägt, zielstrebig zur Marktführerschaft aus. 1960 gründete Schuler mit Eugen Hornberger die heutige Homag Holzbearbeitungssysteme AG, die zu dem weltweit führenden Holzbearbeitungsmaschinenbau-Konzern ausgebaut wurde. Er war Vorsitzender des Vorstandes und ist seit 1999 Vorsitzender des Aufsichtsrates. Er engagiert sich stark an der Fachhochschule Rosenheim, die ihn zum Ehrensenator ernannte. Als Vorsitzender des Vorstandes der Arbeitsgemeinschaft Partnerschaft in der Wirtschaft (AGP) setzt er sich mit Nachdruck für die Schaffung von partnerschaftlichen Strukturen in der Wirtschaft ein.

Dr. Hermann Otto Solms, geb. 1940 in Lich, Oberhessen. Nach einer Banklehre Studium der Wirtschaftswissenschaften und der Landwirtschaft an den Universitäten Frankfurt/Main, Gießen, Kansas State, USA. 1976-1984 unternehmerische Tätigkeit und Mitglied im Beirat und Aufsichtsrat verschiedener Unternehmen. Er wurde 1971 Mitglied der FDP und schlug eine politische Laufbahn ein: 1976-1989 Kreisvorsitzender in Gießen. Mitglied des Präsidiums und des Bundesvorstandes der FDP. Von 1987-1999 Bundesschatzmeister der FDP. Seit 1980 Mitglied des Bundestages und bis 1991 finanzpolitischer Sprecher der FDP-Bundestagsfraktion. 1985-1991 stellvertretender Vorsitzender und 1991-1998 Vorsitzender der FDP-Bundestagsfraktion. Seit Oktober 1998 Vizepräsident des Deutschen Bundestages und finanzpolitischer Sprecher der FDP-Bundestagsfraktion.

Prof. Dr. rer.-pol., Dr. rer.-pol. habil., Dipl.-Phys. Erich Staudt, Jahrgang 1941, Dipl.-Physiker, Studium der Physik und der Wirtschafts- und Sozialwissenschaften, neben Projektarbeit in der Wirtschaft Promotion und Habilitation, 1978-1986 Lehrstuhl für Betriebswirtschaftslehre mit dem Schwerpunkt Planung und Organisation an der Universität Duisburg, seit 1982 Leitung des Instituts für angewandte Innovationsforschung (IAI) Bochum e.V., seit 1986 Lehrstuhl für Arbeitsökonomie an der Ruhr-Universität Bochum. Forschungs- Unternehmens- und Politikberatung im Grenzgebiet Technik/Ökonomie/ Soziale Implikationen: Personal-, Organisations-, Unternehmens- und Regionalentwicklung. Autor zahlreicher Aufsätze, Monographien und Sammelwerke zur Unternehmensführung, Planung, Organisation, Personalwirtschaft, Technologie- und Forschungspolitik; Herausgeber der „Berichte aus der angewandten Innovationsforschung" sowie der Reihe „Innovation: Forschung und Management". Mitglied in verschiedenen Sachverständigenkreisen, Enquete-Kommissionen des Bundestages, Aufsichtsräten, Beiräten und Kuratorien.

Heiner Weskamp, Corporate Finance Consultant bei Löhr & Cie hat nach seiner Berufsausbildung zum Bankkaufmann bei der Deutschen Bank in Düsseldorf Rechtswissenschaften mit wirtschaftswissenschaftlicher Zusatzausbildung an der Universität Bayreuth studiert. Er ist heute als Rechtsanwalt in Bad Homburg v.d. Höhe zugelassen. Sein Schwerpunkt ist das Wirtschaftsrecht.

Dr. Andreas Wiedemann, geb. 1968 in Villingen-Schwenningen. Studium der Rechtswissenschaft an der Universität Konstanz. Ende 1996 Eintritt in die Sozietät Hennerkes, Kirchdörfer & Lorz und dort seit 2001 Partner. Umfangreiche Erfahrung in Aufsichtsräten mittelständischer Unternehmen. Er ist Referent zahlreicher Vorträge zum Thema Mitarbeiterbeteiligung und im Bereich „Familienunternehmen". Seine Schwerpunkte sind die Beratung von – börsennotierten – Aktiengesellschaften in aktienrechtlichen und wertpapierhandelsrechtlichen Fragestellungen, die Erstellung und Begleitung von Nachfolgekonzepten, die Umstrukturierung von Gesellschaften sowie der Entwurf und die Begleitung von Mitarbeiterbeteiligungsprogrammen, insbesondere Stock-Option-Plänen.

Dr. Dagmar Wilbs, Studium der Betriebswirtschaftslehre sowie der ABO-Psychologie an der Universität Tübingen, ist seit vielen Jahren im Personal-Management-Geschäft sowohl national als auch international zu allen Themen und Geschäftsfeldern von Human Resources tätig. Ihre Stationen waren Unternehmen wie Hewlett Packard, Whirlpool Europe und die Deutsche Bank AG. In ihrer Zeit als Associate Partner bei Roland Berger & Partner baute sie den Beratungsbereich Human Resources Management auf und positionierte es am Markt. Sie ist als Visiting Professor zum Thema „Change Management bei M&A" an der *International University of Germany* in Bruchsal tätig. Seit Anfang 2001 ist sie Partnerin Human Resources Consulting bei PWC und berät mit ihrem Team Kunden zu Fragestellungen im Bereich Human Resource Management.

Dr. phil. Peter Wilke, geb. 1954 in Stade, Studium der Volkswirtschaft und Politik an der Universität Göttingen. 1981-1986 Wissenschaftlicher Mitarbeiter am Institut für Friedensforschung und Sicherheitspolitik, Hamburg, danach am Institut für Politische Wissenschaft, Universität Hamburg. Seit 1990 Unternehmensberater, von 1992-2000 Mitglied der Geschäftsleitung der ISA Consult GmbH. 1995 Gastprofessor Monterey Institute of International Studies, Kalifornien. 1996-2000 verantwortlich für die Beteiligung der Gewerkschaften an der EXPO 2000 in Hannover. In 2001 Gründung von Dr. Wilke und Partner, Unternehmensberatung.

Margareta Wolf, geb. 1957 in Lennestadt-Meggen (Sauerland); studierte Spanisch, Englisch, Volkswirtschaft in Heidelberg und Madrid, 1980 Eintritt bei den Grünen, zahlreiche Funktionen auf Kreisebene; 1984 Mitglied im Bundesvorstand der Grünen; 1985-1989 zunächst Frauenreferentin der hessischen Grünen, dann bis 1994 Politische Landesgeschäftsführerin des Landesverbandes Hessen. Seit 1994 Mitglied des Deutschen Bundestages, Parlamentarische Geschäftsführerin, Mitglied im Fraktionsvorstand, wirtschaftspolitische Sprecherin. Seit 1998 zunächst politische Koordinatorin des Arbeitskreises I (Wirtschaft, Finanzen, Soziales, Arbeitsmarkt, Gesundheit), Sprecherin der Fraktion für Wirtschaft und Technologie. Dann seit 2001 Parlamentarische Staatssekretärin beim Bundesminister für Wirtschaft und Technologie und „Beauftragte der Bundesregierung für den Mittelstand“

Prof. Dr. Rolf Wunderer, geb. 1937; Gründer und Direktor des Instituts für Führung und Personalmanagement der Universität St. Gallen bis 2001 – Studium der Wirtschaftswissenschaften und Psychologie an der Universität München, Lehrbeauftragter an der Universität München sowie an der Universität der Bundeswehr in München, von 1974-1983 Ordinarius für Betriebswirtschaftslehre an der Universität Essen, 1981/82 Visiting Professor an der University of California (Los Angeles und Berkeley), 1983-2001 o. Professor für Betriebwirtschaftslehre an der Universität St. Gallen, 1995-1997 Gastprofessor für Personalwesen im Teilzeitpensum an der Universität München, 1998 Visiting Professor an der Hitotsubashi-University, Tokyo. Schwerpunkte: Führungs- und Kooperationsbeziehungen, Förderung internen Unternehmertums, Personalmanagement, Zukunft des Personalwesens, Personal-Controlling, Personalentwicklung, laterale Kooperation, Meditätsmanagement im Personalwesen.

Anhang

AGP und Gabler Verlag danken folgenden Unternehmen für ihre Unterstützung:

Deutsche Postbank

Drägerwerk AG

Eisenwerke Friedrich Wilhelm Düker AG & Co. KGaA

Elektro Meyer GmbH & Co KG

FEN-Fahrzeugtechnik

Frieß Metallbau AG

Globus SB-Warenhaus Holding GmbH & Co. KG

Goldbeck GmbH

Homag Holzbearbeitungssysteme AG

Hoppecke Batterien GmbH & Co. KG

IVG Immobilien AG

Jowat Klebstoffe

Ministerium für Arbeit und Soziales, Qualifikation und Technologie des Landes Nordrhein-Westfalen

Norddeutsche Landesbank

Nörr, Stiefenhofer, Lutz, Rechtsanwälte

Obi Bau- & Heimwerkermärkte GmbH & Co. KG

Plansecur Finanzplanungs-GmbH

Project Consult GmbH

Sedus Stoll AG

Volkswagen AG

Wilkhahn

Dr. Dr. Heissmann GmbH — DR. DR. HEISSMANN GMBH, UNTERNEHMENSBERATUNG FÜR VERSORGUNG & VERGÜTUNG

SAP AG — SAP

„Reichtum ist mehr als Geld."
Klaus Dieter Trayser
Geld hat zwei Seiten – eine materielle und eine ideelle. Die systematische Finanzplanung der Plansecur versucht, stets beide zu berücksichtigen: einerseits Ihren Bedarf an Vorsorge und Absicherung. Und andererseits Ihren Wunsch, als Mensch mit Ihren Zielen und Ihren Möglichkeiten der Maßstab für eine fundierte Beratung zu sein. Eine Beratung, die Sie meint – nicht nur Ihr Geld. Kommen wir in Kontakt.
Jeder Tag ein Vermögen.
Plansecur
Die systematische Finanzplanung
secur-ServiceZentrale · Fon 05 61 / 93 55-150
ail service@plansecur.de · www.plansecur.de

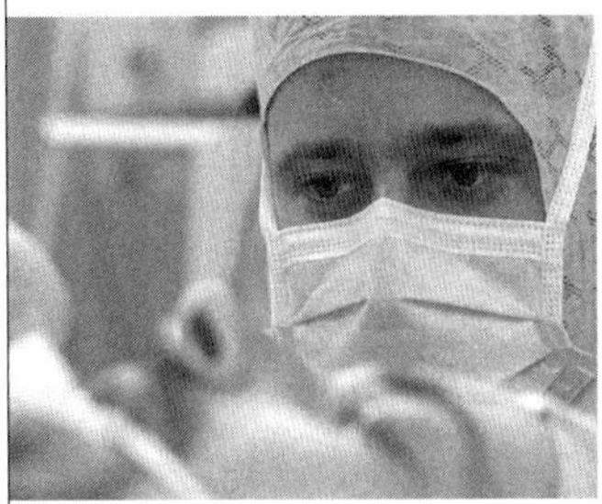

Elektro Meyer Mitarbeiterbeteiligung – erfolgreich seit 30 Jahren!

Vom Erfolg der Mitarbeiterbeteiligung ist auch Roland Meyer, Firmengründer von Elektro-Meyer, überzeugt. Sein ebenfalls in der Rechtsform einer GmbH & Co KG geführtes Unternehmen hat neben dem Stammsitz in Heusweiler auch Filialen in Altenkessel und Saarbrücken. Das Beteiligungsmodell gibt es hier schon länger, genauer gesagt seit 30 Jahren. 1972 aus Anlass des zehnjährigen Bestehens der Firma eingeführt, hat es sich im Laufe der Zeit zu einem wichtigen Bestandteil der Unternehmenskultur entwickelt.

„Es ist mit Leben erfüllt und keine Alibi-Veranstaltung" meint Roland Meyer und lässt die Zahlen für sich sprechen. Den Mitarbeitern gehören mittlerweile Anteile im Wert von mehr als eine Million Euro am Unternehmen, 5 Millionen Euro wurden in den vergangenen Jahren zusätzlich zu Löhnen und Gehältern ausgezahlt.

Der Leitgedanke bei Elektro-Meyer ist klar. Arbeitnehmer und Unternehmer sollen gemeinsam an der Weiterentwicklung des Betriebes arbeiten, um wirtschaftlichen Erfolg zu erzielen.

„Das System basiert auf dem eigenverantwortlichen Handeln unserer rund 210 Mitarbeiter. Sie sind sozusagen Unternehmer im Unternehmen", formuliert Geschäftsführer Klaus Hesler.

Grundlegend für das „System Meyer" ist der Jahresgewinn, der je nach Höhe in einer bestimmten Quote aufgeteilt wird. Liegt er unter 150.000 Euro, wird er im Verhältnis 65 Prozent zu 35 Prozent zwischen Unternehmer und Beschäftigten aufgeteilt, liegt er höher, dann verbessert sich die Quote für die Mitarbeiter auf 60 zu 40. Die Verteilung erfolgt entsprechend der Jahreslohnsumme des Unternehmens. Die Mitarbeiter müssen keine Eigenleistung erbringen. Der Zufluss des Gewinnanteils an die Beschäftigten erfolgt auf drei Wegen:

– Darlehen
– Genussrechte
– Auszahlung des verbleibenden Restes.

Zur Erläuterung: Beim Darlehen lässt der Arbeitnehmer einen bestimmten Betrag des auf ihn entfallenden Gewinnanteils in der Firma stehen und erhält die Zinsen, die die Firma für Kontokorrentkredite zahlen muss. Das Darlehen ist bankbürgschaftlich abgesichert, wird steuerlich gefördert (150 Euro bleiben steuerfrei, zuzüglich 150 Euro aus Gewinnbeteiligung, die in der Firma verbleiben) und kann neuerdings nach § 19a EkStG ohne Einhaltung einer Sperrfrist ausbezahlt werden. Ein weiterer Teil des Gewinnanteils wird der Firma für so genannte Genussrechte zur Verfügung gestellt. Hierfür gibt es Tantiemen (je nach Unternehmenserfolg bis zu 12 Prozent). Allerdings sind keine gesellschaftlichen Stimmrechte damit verbunden, eventuelle Verluste (die aber bis jetzt noch nicht vorgekommen sind) reduzieren die Einlage auf dem Genussrechtekonto. Die Genussrechte sind im Falle einer Insolvenz nicht abgesichert. Der verbleibende Rest des Gewinnanteils wird nach Abzug von Steuern und Sozialabgaben ausbezahlt.

Vertragspartner im Gewinn- und Kapitalbeteiligungsmodell von Elektro-Meyer sind die Geschäftsleitung und die Belegschaft, die durch drei Betriebsobleute vertreten wird. Der Steuerberater bescheinigt den Obleuten die Richtigkeit des erzielten verteilungsfähigen Gewinns.

Eine gewisse Rolle im Modell spielen die Fehlzeiten der Beschäftigten. Wer länger als fünf Tage im Jahr krank war, erhält eine Beteiligungskürzung. Für den Fall, dass keine Fehlzeiten angefallen sind, gilt eine Bonusregelung, wobei Bonustage mit früheren Fehlzeiten verrechnet werden können.

Insgesamt ist Roland Meyer zufrieden mit dem, was seit Einführung des Modells erreicht wurde. „Ich würde es jederzeit wieder so machen" so der Firmenchef. Wobei er es sich nicht nehmen lässt, auf den Erfolg des Unternehmens hinzuweisen. „Bei uns musste noch niemand aus wirtschaftlichen Gründen entlassen werden". Auch zur aktuellen Rentendiskussion stellt Meyer Bezüge her, indem er die Möglichkeiten herausstreicht, die sein Modell für eine deutlich verbesserte Altersversorgung bietet. „Bei uns gibt es Leute in der Firma, die haben mittlerweile an die 25.000 Euro auf ihren Beteiligungskonten stehen. Und das zusätzlich zu den bereits jährlich erfolgten Auszahlungen". Was er sich wünscht, ist eine deutlich verbesserte Förderung der Mitarbeiterbeteiligung durch den Gesetzgeber, unabhängig davon, welche Parteien gerade die Regierung bilden.

Die Historie der Mitarbeiterbeteiligung in der Fa. Frieß Metallbau AG

1989: zum 25-jährigen Jubiläum Einführung von Genussscheinen in Form der VWL-Anlagen (Dividende war jährlich 15 %)

1993: Einführung der „großen Mitarbeiterbeteiligung“ in Form von „Investivlöhnen“ (7 Jahre fest, Verzinsung 5 %)

1997: Umwandlung beider Beteiligungsformen in Mitarbeiter**aktien**kapital

Seither:
Mitarbeiterbeteiligung
in Form von Aktienanteilen

frieß

Kompetenz in
Glas, Stahl, Alu

Das Mitarbeiter-Kapitalbeteiligungsmodell der Accumulatorenwerke HOPPECKE Carl Zoellner & Sohn GmbH

oder

Partnerschaft durch Mitarbeiterbeteiligung

1. Das Unternehmen

Das Familienunternehmen Accumulatorenwerke HOPPECKE Carl Zoellner & Sohn GmbH (kurz HOPPECKE) wurde 1927 von Carl Zoellner in Brilon-Hoppecke gegründet und wird heute von dem Enkel des Gründers (Claus Zoellner) und dessen Sohn (Dr. Marc Zoellner) geleitet. Zum Unternehmen gehören folgende Gesellschaften:

⇨ HOPPECKE Batterien GmbH & Co.KG (Antriebs- und Stationärbatterien)
⇨ HOPPECKE Batterie Systeme GmbH (Alkalische Batterien)
⇨ Metallhütte HOPPECKE GmbH & Co.KG (Blei-Recycling)
⇨ 16 ausländische Vertriebsgesellschaften, und zwar in folgenden Ländern: Frankreich, Belgien, Niederlande, England, Schweden, Norwegen, Spanien, Italien, Polen, Tschechien, Ungarn, Singapur, China, Japan, Indonesien, USA)

HOPPECKE erwirtschaftet derzeit (2002) mit ca. 920 Mitarbeiterinnen und Mitarbeitern (davon 710 in Deutschland und 210 im Ausland) einen Umsatz von ca. 160 Mio. EUR pro Jahr.

2. Das HOPPECKE-Mitarbeiterbeteiligungskonzept

Partnerschaft und Mitarbeiterbeteiligung gehören nach Überzeugung von Gesellschaftern und Geschäftsführung von HOPPECKE zu den ganz wichtigen Erfolgsfaktoren eines Unternehmens. Aus diesem Grunde ist die HOPPECKE-Personalpolitik schon seit Jahrzehnten auf die Förderung und stetige Weiterentwicklung der Partnerschaft zwischen dem Unternehmen und seinen Mitarbeiterinnen bzw. Mitarbeitern ausgerichtet. Ihren Ausdruck findet diese Politik in einer Reihe von personalwirtschaftlichen Instrumenten, die den Mitarbeiterinnen und Mitarbeitern in vielfältiger Weise die Beteiligung am Unternehmensgeschehen ermöglichen, aber auch abfordern.

Die partnerschaftlichen Beteiligungsinstrumente sind zum Einen immateriell und zum Anderen materiell ausgerichtet. Beide Instrumentengruppen sind aber als Einheit zu sehen – so wie eine Medaille zwei Seiten hat. Die wichtigsten immateriellen Beteiligungsinstrumente sind

⇨ Personalentwicklung
⇨ Zielvereinbarungen
⇨ Projektmanagement
⇨ Gruppen- / Teamarbeit
⇨ Informations- und Kommunikationssysteme

Die wichtigsten materiellen Beteiligungsinstrumente sind:

⇨ Mitarbeiter-Kapitalbeteiligung
⇨ Variable (erfolgsabhängige) Vergütungssysteme
⇨ Ergebnisbeteiligung für Führungskräfte
⇨ Betriebliches Vorschlagswesen

Die Mitarbeiter-Kapitalbeteiligung hat bei HOPPECKE nunmehr schon eine knapp 30-jährige Tradition. Der Start wurde mit dem von 1973 bis 1976 praktizierten Modell „Vermögensbildung durch Arbeitnehmerdarlehen" gemacht. Von 1977 bis 1983 folgte das Modell „Vermögensbildung durch Erfolgs- und Kapitalbeteiligung als stille Gesellschafter". Seit 1984 gibt es das Genussrechtsmodell.

3. Genussrechtskapital und Genussrechte

Genussrechtskapital ist ein dem Eigenkapital sehr ähnliches Kapital eines Unternehmens. Es gehört zu den sog. Eigenmitteln und ist somit Haftungskapital, das einen Anspruch auf Gewinnbeteiligung begründet und in Verlustjahren in der Regel am Verlust beteiligt wird. Sowohl die Gewinnbeteiligung als auch die Verlustbeteiligung sind in Grenzen frei gestaltbar.

Im Falle der Insolvenz bzw. Liquidation sind alle Gläubigeransprüche vorab zu befriedigen. Danach, aber vorrangig vor den Ansprüchen der Gesellschafter auf einen evtl. Liquidationserlös haben die Inhaber von Genussrechtskapital Anspruch auf Rückzahlung ihres Kapitals, ggf. vermindert um eine Verlustbeteiligung.

Genussrechte sind die Werteinheiten („Aktien") des Genussrechtskapitals. Sie haben einen definierten Nennwert und sind die „Berechtigungsscheine" für die anteiligen Gewinnansprüche, die in der Regel ausgezahlt werden, aber auch wieder angelegt werden können.

4. Das HOPPECKE-Genussrechtsmodell

Die **HOPPECKE-Genussrechte**

⇨ haben einen Nennwert von 50 EUR,
⇨ können im Rahmen jährlicher Zeichnungsaktionen von den unbefristet beschäftigten Mitarbeiterinnen und Mitarbeitern gekauft werden (Abwicklung erfolgt über die Verdienstabrechnungen),
⇨ müssen eine bestimmte Zeit (Sperrfrist) vom Erwerber behalten werden, ehe sie wieder an HOPPECKE zurückgegeben werden können,
⇨ werden nach Ablauf der Sperrfrist jährlich mit einer Treueprämie von 2,5 % vom Nennwert belegt, solange sie nicht zurückgegeben werden (Erhöhung des Rücknahmepreises.

Die Genussrechte werden in zwei verschiedenen **Typen (Ausgestaltungen)** angeboten:

⇨ Beim **Typ A** liegt der Kaufpreis in Folge eines steuerfreien Arbeitgeberzuschusses von z.Z. maximal 154 EUR unter dem Nennwert; die Sperrfrist beträgt 6 Jahre; die Gewinn- und Verlustbeteiligung ist jeweils auf 25 % vom Nennwert begrenzt; der Kauf kann nach dem Vermögensbildungsgesetz gefördert werden.

⇨ Beim **Typ B** ist der Kaufpreis gleich dem Nennwert; die Sperrfrist beträgt 2 Jahre; die Gewinnbeteiligung kann maximal 25 % vom Nennwert betragen; eine Beteiligung am Verlust gibt es nicht; der Kauf ist nicht förderungsfähig.

Die Berechnung der **Gewinnbeteiligung** erfolgt in zwei Schritten:

⇨ Zunächst wird der Gewinn der HOPPECKE-Unternehmensgruppe zur Sicherung der Substanzerhaltung fiktiv um 40 % gekürzt. Der so gekürzte Gewinn ist der sog. „bereinigte" Gewinn.

⇨ In Höhe des Anteils des Genussrechtskapitals an den Eigenmitteln (Eigenkapital + Gesellschafterdarlehen + Genussrechtskapital) erhält das Genussrechtskapital eine Beteiligung am bereinigten Gewinn, die ausgeschüttet wird.

Beispiel für die Berechnung der Gewinnbeteiligung (mit fiktiven Zahlen):	
Gewinn der HOPPECKE-Unternehmensgruppe	6.000.000 EUR
Abzüglich 40 % Kürzung zur Sicherung der Unternehmenssubstanz	2.400.000 EUR
„Bereinigter" Gewinn	3.600.000 EUR
Eigenkapital	40.000.000 EUR
Genussrechtskapital zum Nennwert	2.500.000 EUR
Gesamtkapital	42.500.000 EUR
Genussrechtskapital in % vom Gesamtkapital	5,9 %
Gewinnbeteiligung (5,9 % von 3,6 Mio EUR)	212.400 EUR
Gewinnbeteiligung pro Genussrecht (212.400 EUR : 50.000 GR)	4,25 EUR

Ein von den Genussrechtsinhabern gewählter **Partnerschaftsausschuss** vertritt die Interessen der Genussrechtsinhaber gegenüber den Gesellschaftern und der Geschäftsführung der Accumulatorenwerke HOPPECKE Carl Zoellner & Sohn GmbH (Holding). Er hat besondere Informationsrechte gegenüber der Geschäftsführung der Holding und den Geschäftsleitungen der einzelnen HOPPECKE-Gesellschaften und wirkt bei der Ausgestaltung der jährlichen Zeichnungsangebote mit. Bei Änderungen der Genussrechtsbedingungen ist er ebenfalls einzuschalten.

5. Rendite und Entwicklung des HOPPECKE-Genussrechtsmodells

Wie oben geschildert, hat das HOPPECKE-Genussrecht 3 Renditekomponenten:

- ⇨ Die Gewinnbeteiligung,
- ⇨ den Arbeitgeberzuschuss zum Kauf von Genussrechten des Typs A und
- ⇨ die Treueprämie nach Ablauf der Sperrfrist.

Aus dem Beispiel ist erkennbar, dass das Genussrechtsmodell äußerst attraktiv ist. Entsprechend war in den vergangenen Jahren auch der Zuspruch zu dem Modell – auch in schwierigen Zeiten, in denen es keine Gewinnausschüttungen gab. Die Entwicklung des Genussrechtskapitals seit 1984 ist aus der folgenden Tabelle „Entwicklung des Genussrechtskapitals" ersichtlich.

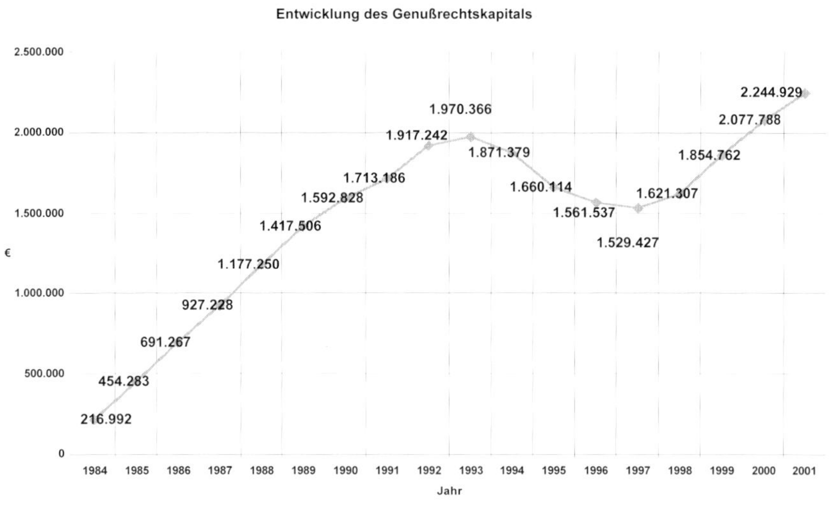

Das Modell des „Mitarbeiter-Buy-out“

Steckt ein Unternehmen in Schwierigkeiten, heißt dies in der Regel: Personal wird abgebaut und in die Arbeitslosigkeit entlassen, Insolvenz, Schließung oder Verkauf drohen. Für Belegschaften, die in der Krise ihr Unternehmen bzw. Unternehmensanteile übernehmen, bietet eine Form der Mitarbeiterbeteiligung einen Weg aus der Sackgasse.

Ohne Verständigung und Zusammenarbeit zwischen alter Unternehmensführung, Betriebsrat, Gewerkschaft, Insolvenzverwalter und den gründungswilligen Mitarbeitern ist ein erfolgreiches Mitarbeiter-Buy-out nicht möglich. Dazu gehört in erster Linie die Bereitschaft aller Beteiligten, am Aufbau einer neuen Struktur eines neuen Unternehmens mitzuarbeiten.

Zur erfolgreichen Umsetzung des Modells gehört darüber hinaus zwingend externe fachliche Beratung, die Augen öffnen und einen objektiven Blick ermöglichen kann. Neben der Analyse der akuten Problemlage und der Entwicklung eines tragfähigen Unternehmenskonzeptes gehört es zu den Hauptaufgaben des externen Beraters, mit der praktischen Umsetzung der geplanten Strategien zu beginnen. Ziel dabei muss eine konsensorientierte, und somit realisierbare Lösung sein.

Der Niedergang des mittelständischen Metallbetriebs Tiefenbach (Essen) begann Anfang der 90er Jahre: Von der Unternehmensleitung als notwendig erachtete Restrukturierungsmaßnahmen führten zu einer ersten Entlassungswelle, 80 von 290 Mitarbeitern wurden entlassen. Zweieinhalb Jahre später wurde die Sparte Bergbausysteme verkauft und schon nach einem weiteren halben Jahr wurde die komplette Firma mit 144 Mitarbeitern von einem früheren Konkurrenten aufgekauft. Der neue Eigentümer stellte einen Sanierungsplan auf, der die Verlegung einer gewinnbringenden Abteilung zum neuen Stammsitz und die Schließung von zwei verlustreichen vorsah. Dies hätte das Ende des alten Standorts bedeutet: 47 Arbeitssuchende mehr.

In dieser Situation entwickelten 13 Mitarbeiter eine Idee: die Weiterführung der betroffenen Abteilung als eigenständiger Betrieb unter Beteiligung der dazu bereiten Kollegen als Gesellschafter. Mit Hilfe der Abfindung von elf und zusätzlich eigenem Kapital zweier Mitarbeiter. Und mit der Gründung einer Belegschaftsinitiative wurde die Voraussetzung zur Erlangung von Fördermitteln geschaffen, die es ermöglichten, eine externe Beratungsgesellschaft mit der Entwicklung einer tragfähigen Unternehmenskonzeption zu beauftragen. Darüber hinaus verkaufte der „Generalbevollmächtigte“ des neuen Eigners der **„Mitarbeitergesellschaft Fertigungstechnik Tiefenbach“** den benötigten Maschinenpark ihrer alten Abteilung, kam den Kollegen bei der Miete für die Halle entgegen, überließ ihnen das Lager in Kommission und versorgte mit ersten Aufträgen. Im Laufe der nächsten Jahre wurde die Betriebsimmobilie erworben und von Grund auf renoviert, ein eigener Vertrieb wurde aufgebaut, die Kundenakquisition wurde intensiviert etc. Heute beschäftigt das Unternehmen neben den 13 „Urgesellschaftern“ weitere 16 Mitarbeiter, die in einer nunmehr prosperierenden Firma arbeiten.

Diese Entwicklung vom Niedergang eines alteingesessenen Unternehmens und seines Neustarts unter Mitarbeiterbeteiligung unterstreicht die Notwendigkeit der Zusammenarbeit aller Beteiligten sowie die Bedeutung ihres Engagements, ihres Know-hows und nicht zuletzt der finanziellen Beiträge seitens der betroffenen Arbeitnehmer. Und sie zeigt ein Weiteres: Betroffene Mitarbeiter, Gesellschafter, Unternehmensberater, engagierte Politiker und nicht zuletzt die beteiligten Banken vermögen durch den Einsatz und die Umsetzung unkonventioneller Methoden viel zu retten.

PCG - PROJECT CONSULT GmbH
- Prof. Dr. Kost & Collegen -
Friedrich-List-Straße 2
45128 Essen
Tel.: +49 (0)201 / 105 92-0
www.pcg-projectconsult.de